Robert und Einzi Stolz · Servus Du

Nach Erzählungen,
Tonbändern und Dokumenten von
Robert Stolz
aufgezeichnet von
Aram Bakshian jr.

Robert und Einzi Stolz

Servus Du

Robert Stolz und sein Jahrhundert

Blanvalet Verlag

© 1980 Blanvalet Verlag GmbH, München / 5 4 3 2 1
Gesamtherstellung Druckhaus R. Kiesel, Salzburg
ISBN 3-7645-1400-0 · Printed in Austria

INHALT

Erstes Buch
EINE MUSIKALISCHE WIEGE

1. Musikant, Musikant, wo ist deine Heimat? 11
2. Wien wird bei Nacht erst schön 14
3. Der bunte Vogel 18
4. Frühjahrsparade 22
5. Vor meinem Vaterhaus 25
6. Mutter 29
7. »Großvater« Brahms 32
8. Postscriptum zu Brahms 38
9. Anton Bruckner 42
10. Der schlechteste Schüler der Steiermark 46
11. Mizzi kommt zu Hilfe 50
12. Mein heimlicher Teufel 52
13. Erste Liebe mal sechs 57
14. Grazer Ring-Zyklus 63

Zweites Buch
ZIGEUNERTAGE

1. Das Debüt 71
2. Der Walzerkönig von Marburg 76
3. Sonnenaufgang, Sonnenuntergang 81
4. Wein, Weib, Gesang und Leberkäse 88
5. Veilchen und Vitriol 91
6. Der Brave Soldat Stolz 98
7. Geliebtes Rußland 102
8. Wer uns getraut 108
9. Der Rückzug aus Rußland 112
10. Troubadour der Freudenmädchen 114

11. Der Zirkusprinz   122
12. Ein Bart für Brünn   128
13. Erste Platte – erste Ehe   135

Drittes Buch
FRÜHLING IN WIEN

1. Freiheit in Krähwinkel   147
2. Die beiden Witwen am Theater an der Wien   154
3. Die Liebe fliegt aus dem Fenster   166
4. Maroni und Evergreens bei Madame Kathrin   174
5. Götter auf tönernen Füßen   178
6. Der Tanz in den Abgrund   187

Viertes Buch
ADIEU, MEIN KLEINER GARDEOFFIZIER

1. »Kakania« zieht in den Krieg   197
2. Eine kleine Marschmusik   203
3. Du sollst der Kaiser meiner Seele sein   210

Fünftes Buch
IM PRATER BLÜH'N WIEDER DIE BÄUME

1. Ende, Anfang und Salome   223
2. Madonnen und Ehebruch   231
3. Die Liebe geht um (und um und um und um)   245
4. Puccini, Toscanini und andere Genies   252
5. Theaterwahn und Theaterkrise   259
6. Abschied von Wien   263

Sechstes Buch
GOLDENES BERLIN

1. Berliner Luft   269
2. Come to the Cabaret   273
3. Grausame Freunde – freundliche Fremde   277

4. Pas de trois am Neppski-Prospekt –
und Handbrausen in Wien   281
5. Komm in den Park von Sanssouci   285
6. Son et lumière   290
7. Das Mikrophonzeitalter beginnt   293
8. Die ganze Welt ist himmelblau – oder doch nicht?   301
9. Glanz und Gloria der Tenöre   306
10. Futsch ist futsch   309

Siebentes Buch
FRAG NICHT, WARUM ICH GEHE

1. Klein, aber mein   319
2. Das Hakenkreuz auf der Motorhaube   325
3. Gott schütze Österreich!   327
4. Gaité Parisienne   332
5. Der große Juwelenraub   339
6. Ein Mädchen namens Einzi   349
7. Fiebertraum   358

Achtes Buch
SYMPHONIE AUS DER NEUEN WELT

1. Der 1. April in New York   367
2. Ich entdecke Amerika – Amerika entdeckt mich   370
3. Das Letzte von Lilli   378
4. Mit Musikern, Millionären und
Löwenbändigern im alten New York   382
5. Ein Wanderer in der Traumfabrik   388
6. Hollywood, wie es lacht und weint   394
7. Gespräche mit einem atonalen Magier   398
8. »Broadway-Bobby« erweckt die Wiener Musik
zu neuem Leben   402
9. »Oklahoma!« wird geboren – die »Lustige Witwe«
erobert den Broadway   412
10. Clarissa: die »andere Frau« in meinem Leben   420
11. Albert Einstein spielt auf   425
12. Krieg, Frieden und Hochzeitsglocken   429

Neuntes Buch
EPILOG. »EIN SCHÖNER HERBST« 1946 bis 1975

1. Ein Brief von Einzi Stolz   447
2. Wiedererstanden aus der Asche   461
3. Roberts goldener Herbst   490
4. Zwei Herzen im Dreivierteltakt   513

Anhang

1. Zeittafel   519
2. Werkeverzeichnis   526
3. Auswahl-Discographie   543
4. Personenregister   552

ERSTES BUCH

Eine musikalische Wiege

Vor meinem Vaterhaus, da steh'n drei Rosen,
die hat gehegt, gepflegt mein Mütterlein,
doch jetzt zur Zeit der Herbstzeitlosen,
da werden sie verwelkt schon sein!

Doch wenn ich komm', dann blüh'n sie wieder,
wie sie mein Sehnen blühen sieht,
dann knie' ich vor den Rosen nieder,
wo ich als Kind so gern gekniet!

Dann knie' ich vor den Rosen nieder,
wer weiß, wer weiß, wann das geschieht!

Worte von Bruno Hardt-Warden zum Robert-Stolz-Lied
»Vor meinem Vaterhaus«

1.
Musikant, Musikant, wo ist deine Heimat?

Jeder Musiker ist ein wenig Zigeuner, ein Wanderer in der Welt des Klanges und der Gefühle! Jeder neue Laut, jedes neue Gefühl ist eine Entdeckung, und wir reisen und lernen immer weiter, solange wir Ohren haben, um zu hören, und eine Phantasie, die uns beflügelt.

Aber unsere Musik bedarf einer Heimat, damit ihr auch Herz und Seele zu eigen sind. Jedes Lied, jede Melodie hat seine eigene Geburt und Geburtsstätte – im strahlenden Glanz eines Sommermorgens, im Lächeln einer schönen Frau, im Schmerz über eine verlorene Liebe oder im Lachen eines Freundes. Und so wie jedes Lied seine Wurzeln hat, so bedarf ihrer auch jeder Künstler. Er mag, wie ich, in der Welt herumirren, vom Rußland der Romanow zum Rio des Atomzeitalters, aber sein Herz muß eine Heimat haben.

Ich habe in vielen Städten gelebt und geliebt und komponiert – im stillen schönen alten Graz, meiner Geburtsstadt in der grünen Steiermark, im silbrig-melancholischen Venedig mit seinen vornehmen, zerbröckelnden Palästen an sanft plätschernden Kanälen, auf denen die Gondolieri ihre Lieder singen; im elektrisierenden, von Leben sprühenden Berlin der 20er Jahre mit seiner erfrischenden Energie; im Budapest der Zigeuner, voll magyarischem Glanz und Feuer; in Paris, der Geliebten aller Künstler; in New York und Hollywood; im kraftvollen, loyalen Amsterdam; im heiligen Jerusalem, in dessen alten Mauern drei große Glaubensbekenntnisse und zweitausend Jahre menschlichen Leids, menschlicher Not und menschlichen Triumphs ihre steinernen und spirituellen Spuren hinterlassen haben.

Aber mein Lieblingsort, meine musikalische Heimat, wird immer Wien sein. Unsere Liebe währt nun schon fast neunzig Jahre, seit dem Tag, an dem wir uns kennenlernten.

Ich war damals kaum acht Jahre alt, aber die Stadt war schon eine große Dame, Herrin eines mächtigen Reiches. Dennoch war es Liebe auf den ersten Blick. Und all das verdanke ich meinem lieben Onkel Emanuel.

Ich wünschte, jeder könnte Wien so kennenlernen, wie ich es erfahren habe. Ich war ein kleiner Bub mit blanken, staunenden Augen und hatte das Glück, einen fidelen Reisebegleiter zu haben, der die große alte Kaiserstadt wie seine eigene Tasche kannte. Onkel Emanuel war damals ein Herr in mittleren Jahren, hatte schon ein paar graue Härchen, eine rote Nase und einen rundlichen Bauch, die von seiner Vorliebe für gutes Essen und Trinken zeugten. Und da es ihm auch an jugendlichem Übermut nicht fehlte, wurde für uns beide jeder neue Tag zum Abenteuer. Er war der ideale Kumpan für seinen scheuen kleinen Neffen, der darauf brannte, endlich die Stadt seiner Träume zu erleben.

Der »reiche Onkel Emanuel« war, schon lange bevor ich ihn das erste Mal sah, eine legendäre Figur in der Familie Stolz. Die Erwachsenen sprachen stets mit Ehrfurcht und Zuneigung von ihm, besonders meine Mutter hielt große Stücke auf ihren vornehm aussehenden Bruder, von dem jedermann behauptete, er sei eine wichtige Persönlichkeit in der Hauptstadt. Für uns Kinder war er eine geradezu furchterregende Erscheinung, ein Held der Familienmythologie, ein Wiener Halbgott, von dem wir nur mit gedämpfter Stimme sprachen. Irgendwann, so hofften wir, könnte es, sofern wir sehr brav wären und sehr viel Glück hätten, vielleicht doch geschehen, daß wir den reichen Onkel Emanuel persönlich kennenlernten.

Nun, ich war kein besonders braver Bub, aber das Glück war mir hold, denn eines Tages stürzte Mutter aufgeregt ins Wohnzimmer.

»Was sagt ihr, Kinder«, rief sie und winkte mit einem offenen Brief, der eine elegante Handschrift zeigte, »euer Onkel Emanuel kommt uns besuchen!«

Wir Kinder stießen einen Freudenschrei aus, und sogar der würdevolle Papa, der selten seine Gefühle verriet, fing an zu strahlen. Es war, als habe man uns mitgeteilt, daß Seine Majestät der Kaiser unser Haus mit Seiner Anwesenheit auszeichnen wolle.

In den nächsten Tagen wurde im Stolzschen Haushalt nur noch gebürstet und abgestaubt, poliert und geflickt, und wir Kinder wurden unentwegt ermahnt, uns tadellos zu benehmen.

Dann war es soweit. Onkel Emanuel erschien, prächtig gekleidet und gepflegt, einen Spazierstock mit silbernem Knauf in der behandschuhten Linken und eine Blume im Knopfloch. Das einzige, das nicht so recht zu ihm passen wollte, war sein Gepäck. Sein großer Koffer schien doch ein wenig betagt, allzusehr mitgenommen von jahrelangen Reisestrapazen, als daß er einem so wohlhabenden Mann von Welt noch angestanden hätte. Aber wer möchte schon an einen alten Koffer denken, angesichts dieser blendenden Erscheinung aus dem kaiserlichen Wien, mit ihrem freundlichen Lächeln, ihren vornehmen Gesten und ihrem köstlichen Sinn für Humor.

Ich glaube, daß während der Woche, die Onkel Emanuel bei uns verbrachte, mehr Gelächter in unserem Hause war als zu jeder andren Zeit meiner Kindheit. Mit Papa konnte er stundenlang über

Politik und Musik sprechen oder über die letzten Vorstellungen im Burgtheater oder im Theater an der Wien. Mama und die Mädchen wurden mit Geschichten von den verschwenderischen Bällen der feinen Welt versorgt und mit den neuesten Indiskretionen über die schöne, geheimnisvolle Kaiserin Elisabeth und das schlechte Benehmen der ungezogenen Erzherzöge.

Wenn Onkel Emanuel Hof hielt und sein Zaubergarn spann, wagte selbst Julie, unsere alte Hausgehilfin, die nie weiter als einige Kilometer über die Stadtgrenze von Graz hinaus gereist war, einen Blick durch die Salontür. Dann traten ihre Augen vor Aufregung fast aus den Höhlen, während sie versuchte, ein paar Bruchstücke unserer abendlichen Konversation zu erlauschen.

Ich erinnere mich auch, wie stolz ich war, als Papa mich am dritten oder vierten Abend endlich aufforderte, das zu tun, worauf ich seit der Ankunft unseres Helden gewartet hatte: »Robertl, spiel etwas am Klavier für deinen Onkel Emanuel, vielleicht ein kleines Mozart-Stück.«

Schon mit acht Jahren hatte ich viele Male in der Öffentlichkeit gespielt, in schwarzen Samt gekleidet, ganz so wie der junge Wolfgang Amadeus vor mehr als einem Jahrhundert, und, wie er, von einem strengen, aber liebevollen Vater begleitet. Wir waren in die Provinzstädte gefahren und hatten in den Musiksalons des Adels und der wohlhabenden Bürger gespielt – doch nie hatte ich mich dem Klavier mit mehr Aufregung genähert als am heutigen Tage.

Aber wie nervös auf dem Weg zum Klavier ich auch sein mag: wenn die Tasten einmal offen vor mir liegen und ich zu spielen beginne, bin ich der unangefochtene Herrscher in meiner eigenen Welt. Es ist eigenartig, aber so gut ich mich erinnere, für Onkel Emanuel gespielt zu haben, so wenig weiß ich, was ich gespielt habe.

Sehr gut kann ich mich auch an die Reaktion meines Publikums erinnern. Ich hatte kaum mit dem Spielen aufgehört, da wirbelten mich schon zwei starke Arme durch die Luft.

»Bravo, Robertl! Ausgezeichnet! Wirklich, Ida, dein Sohn ist ein Genie. Er verdient ein größeres Publikum als hier in der Provinz. Er verdient das Wiener Publikum!«

So sprach Onkel Emanuel, und meine Mutter errötete! Kann irgend etwas so überwältigend sein wie der Stolz einer Mutter? Sogar Papa freute sich. Schließlich war ich sein Sohn und sein Schüler. Die auf mich gemünzten Komplimente galten auch ihm. Dann sprach man von anderen Dingen, und ich wurde bald zu Bett geschickt.

13

Aber Onkel Emanuel muß später noch ernstlich über die Angelegenheit gesprochen haben. Denn am nächsten Morgen, beim Frühstück, sah mich Mama einen Augenblick an, ohne ein Wort zu sagen, und dann platzte sie heraus: »Robertl, möchtest du wohl gern einmal Wien sehen? Traust du dir zu, ein tapferer kleiner Mann zu sein und auch in Wien zu bleiben, wenn Papa und Mama nicht bei dir sind?«

Ich sah Mama einen Augenblick an, und dann schielte ich zum anderen Ende des Tisches, zu Onkel Emanuel. Er blinzelte mir aufmunternd zu.

Mehr brauchte ich nicht. »Ja, Mama. Ich bin jetzt schon ein großer Bub.«

»Ja, Robertl, aber du mußt allein mit Onkel Emanuel fahren.«

»O ja, Mama«, rief ich. »Ich weiß, daß ich's kann!«

»So ist es richtig!« rief Onkel Emanuel. »Man braucht Mut und Talent, um in der Welt Erfolg zu haben, Ida! Und dein Robertl hat beides. Also abgemacht. Wir fahren morgen.«

Und so geschah es im Jahre des Herrn 1888, daß ein kleiner Bub aus Graz zum erstenmal nach Wien kam, in die Stadt seiner Träume.

Mein Weg fürs Leben war vorgezeichnet.

2.
Wien wird bei Nacht erst schön

Die wichtigsten Veränderungen in meinem Leben ereignen sich meistens sehr schnell, fast wie durch Zufall. Sie kommen, sei's ein Wechsel zum Guten oder zum Schlechten, wie der Blitz. Und so verließ ich Graz bereits am nächsten Tage, in Begleitung meines großartigen Onkels. Der in aller Eile gepackte Koffer enthielt mehr Klaviernoten als Kleidung.

Mein erster, richtiger Abschied! Mama, Papa, Julie und meine Schwestern Mizzi, Pauline und Susi begleiteten uns bis zur Tür. Es war alles so plötzlich gekommen, und Onkel Emanuel war so überzeugend gewesen, daß wir über Details gar nicht gesprochen hatten. Ich fuhr einfach mit dem großen Mann auf Besuch nach Wien, um dort zu spielen. Was wollte man noch mehr?

Beim Wegfahren war ich zu glücklich, um den Tränen, die Mama sich von den Wangen wischte, viel Aufmerksamkeit zu schenken. Onkel Emanuels schäbiger alter Reisekoffer folgte meinem Köfferchen auf den Vordersitz des Fiakers, der Kutscher zog an den Zügeln, und wir fuhren davon, zum Bahnhof nach Wien.

Normalerweise hätte mich der Gedanke an die Bahnfahrt begei-

stert. Die große schwarze Lokomotive, die Rauch und Dampf aus-
stieß, die Rufe der Schaffner und das Durcheinander der Reisenden
– dieses geschäftige Schauspiel hätte zu jeder anderen Zeit meine
ganze Aufmerksamkeit in Anspruch genommen. Aber heute hatte
ich dafür keinen Sinn.

Dörfer, Brücken und Tunnels zogen vorbei, ohne daß ich es
merkte. Nicht einmal der durchdringend schrille Pfiff der Signal-
pfeife konnte mich in meiner Träumerei stören. Und das rhythmische Schnaufen der Lokomotive schien meiner erregten Phantasie
nur immer zuzuflüstern: »Wien, Wien, Wien ...«

Und als wir in Wien aus dem Zug stiegen, in einen Fiaker spran-
gen und in der Dämmerung langsam durch die prachtvolle Kaiserstadt fuhren, kam ich mir wie verzaubert vor.

Onkel Emanuel rauchte eine große, kunstvoll in Form eines
Türkenkopfes geschnitzte Meerschaumpfeife, und während er
genüßlich daran zog, erklärte er mir die Schönheiten der Stadt. Ich
war von der großen Meerschaumpfeife fast ebenso beeindruckt wie
von der Karlskirche, der Pestsäule und der Hofburg. Der exotische
Türkenkopf mit seinen gekräuselten Rauchwolken paßte zu den
spiralförmigen Säulen der Karlskirche wie zum barocken Schwung
der Pestsäule am Graben. Meinem ungeschulten Auge schienen sie
alle von der gleichen Hand entworfen.

Als wir zum Stephansdom kamen, vergaß ich Pfeife, Pestsäule
und alles übrige. Hier erhob sich wie ein Schattenriß gegen die un-
tergehende Sonne das Symbol eines viel älteren, des mittelalterlichen Wiens, stark und unbeirrt zum Himmel strebend, gestützt von
der Kraft seiner Frömmigkeit. Die reinen, scharfen Konturen des
alten Steffl überragten all den weltlichen Prunk, der nach ihm gebaut worden war.

Als wir um den Stephansdom herumgefahren waren, ließ der
Fiaker seine Peitsche knallen, und nun ging's direkt zu Onkel
Emanuels Haus. Nach seinen Erzählungen hatte ich mir vorgestellt,
daß er in einem Palast wohnte, aber gegen Ende der Fiakerfahrt
wurden die Straßen immer enger, und im flackernden Licht der
Gaslampen kam mir die ganze Gegend unheimlich vor. Doch neben
mir im Fiaker saß ja, elegant und gelassen, Onkel Emanuel und
paffte seelenruhig seine Pfeife. Und je dunkler und schmäler die
Gassen wurden, um so größer und vertrauenswürdiger erschien mir
mein Onkel. Wir fuhren noch um eine enge Kurve, dann zügelte der
Fiaker sein Pferd: »Sie haben doch Hörlgasse gesagt, nicht wahr,
Herr Doktor?« fragte er, als wolle er nicht glauben, daß ein so vornehmer Fahrgast in dieser Gasse wohnte.

»Ja, ja, mein guter Mann«, antwortete Onkel Emanuel, »und Vorsicht mit meinem Koffer! Er enthält wertvolle wissenschaftliche Geräte.«

Das war Onkel Emanuels Art. Fing jemand an, ihm Fragen zu stellen oder ihn scheel anzusehen, so brachte er ihn mit einem Trick aus dem Gleichgewicht. Der Fiaker tippte ehrfurchtsvoll an seinen Hut und hob den alten Koffer vorsichtig herunter. Als Onkel Emanuel ihm ein großzügiges Trinkgeld gab, wurde er bereits zum »lieben Herrn Professor« ernannt. Zum Abschied riß der alte Fiaker mit großer Geste seinen Hut vom Kopf.

So war die Wiener Art in jenen Tagen. Der gesellschaftliche Rang eines Menschen wurde erhöht oder herabgesetzt, je nach seinem Aussehen und seiner Fähigkeit, Trinkgelder großzügig und würdevoll zu verteilen. Vielleicht ist es auch heute, fast neun Jahrzehnte nach meiner ersten Begegnung mit Wiener Höflichkeit und Wiener Skeptizismus, nicht anders.

Einer meiner alten Freunde, ein Historiker, machte viele Jahre später den berühmten Kongreß von 1814/15 dafür verantwortlich, zu dem Politiker, Abenteurer, Botschafter und Mätressen aus allen Teilen Europas in Wien zusammentrafen. Wenn Tausende von Ränke schmiedenden Diplomaten über eine Stadt herfallen, sagte mein Freund, so wirft das auch noch für viele andere einen Überschuß an Höflichkeit ab – wozu denn auch ein chronischer Mangel an Aufrichtigkeit gehören mag ...

Mich persönlich hat das nie gestört. Aber manche Leute sind ernsthaft darüber verärgert. Eine berühmte Persönlichkeit, die ich Anfang der 30er Jahre kennenlernte, fand es fast »zum Verrücktwerden«, wenn ich im Zusammenhang mit Sigmund Freud ein solches Wort verwenden darf.

Ich war zu dem großen Analytiker wegen einer romantischen Liebesgeschichte gegangen, über die ich später noch berichten werde. Es war also kein offizieller Besuch, und nachdem ich über mein persönliches Problem gesprochen hatte, wandte sich unser Gespräch wie zwangsläufig Wien zu, der Stadt, die uns beide faszinierte. Meine Liebe zu Wien war schlicht und ungebrochen. Freuds Liebe war komplizierter, wie ich später entdeckte; sie war das, was er eine Liebe-Haß-Beziehung hätte nennen können.

Es bestand kein Zweifel: dies hing auch mit der Tatsache zusammen, daß er Jude war, also seinen Teil an Vorurteilen abbekommen hatte. Aber darüber hinaus hatte gerade die Wiener Sitte, mit einem Lächeln wehzutun, einerseits zu schmeicheln und andrerseits zu verleumden, ihn sehr gereizt. Ich sagte Freud, daß ich nicht glaube, die Wiener seien in dieser Hinsicht schlechter als andere Menschen:

»Trotz allem, Herr Doktor, wir sind alle nur Menschen mit guten und schlechten Eigenschaften. Vielleicht fällt Ihnen das in Wien mehr auf, weil Sie es besser kennen als andere Städte. Oder vielleicht nimmt sich die häßliche Seite der menschlichen Natur in einem so schönen Rahmen um so erschreckender aus.«

Aber Freud war ein gütiger Mensch. Man konnte es an seinen tiefen, melancholischen Augen sehen. Für meinen Geschmack war sein Sinn für Humor zu wenig entwickelt und seine Lebensauffassung ein bißchen zu düster.

»Finden Sie nicht auch«, bedrängte er mich, »daß andere Städte, sogar das kalte Berlin, lebendiger sind und weniger mit der Vorspiegelung falscher Tatsachen und ihrer Vergangenheit belastet? Sonst wären doch auch Sie Wien nicht so untreu geworden.«

In den 20er und 30er Jahren hatte ich in der Tat einen Großteil meiner schöpferischen Arbeit von Wien nach Berlin verlegt. Aber das hatte mit Psychologie nichts zu tun.

»Es stimmt zwar, Herr Doktor«, sagte ich, »daß ich mit meiner ersten Liebe, Wien, nicht mehr so viel Zeit verbringe wie früher, aber der Grund dafür ist ein anderer, als Sie glauben. Das Zentrum der deutschen Filmindustrie befindet sich in Berlin – und das ist alles.«

Freud gab sich nicht so leicht geschlagen. »Wirklich, Herr Stolz, fühlen Sie nicht eine gewisse Fäulnis in der Wiener Luft, sogar im Frühling? Ich hatte einmal einen Patienten mit einem immer wiederkehrenden Traum. Dieser Traum resümiert für mich das moderne Wien. Der Mann war ein erfolgreicher Antiquitätenhändler, den alte Kunstwerke faszinierten. Aber er hatte eine krankhafte Angst vor dem Tode und vor allen Zeichen des Verfalls, und deswegen quälte ihn dieser Traum ganz besonders. Mindestens ein- oder zweimal im Monat träumte er, daß er sich allein vor dem offenen Tor eines prachtvollen alten Museums befand, das mit Gemälden, Gobelins, Statuen und kostbaren Barockmöbeln vollgestopft war. Jedes Stück war ein Meisterwerk, von den kleinen, juwelengeschmückten Schnupftabakdosen bis zu den Gemälden von Watteau. Alles war unbewacht, und er hätte es an sich nehmen können. Aber jedesmal, wenn er über die Schwelle schreiten wollte, sah er, daß der Fußboden von Ratten wimmelte, großen, rotäugigen Ratten, die boshaft auf ihn schielten ...«

»Und? Was hat der arme Teufel gemacht?« fragte ich. »Wie hat der Traum geendet?«

»Das hat ja meinen Patienten so gestört«, sagte Freud lächelnd,

»der Traum hatte kein Ende. Er ließ ihn jedesmal mittendrin im Stich: beim Eingang stand er wie festgenagelt, hin- und hergerissen zwischen der Faszination der Museumsschätze und seiner Angst vor den Ratten. Und immer wachte er in diesem Augenblick auf, in kaltem Schweiß gebadet. – Ich habe Ihnen das alles nur erzählt, um meine Ansicht zu erläutern: Ich glaube manchmal, daß das moderne Wien wie der Traum meines Patienten ist: ein schönes, altes Museum – aber von Ratten bewohnt.«

Ich diskutierte nicht. Welch schrecklicher Gedanke! Wien als Museum voller Ratten! Es ist mir weder damals noch heute so vorgekommen. Aber noch Wochen nach unserem Gespräch verfolgte mich der quälende Traum.

Nein, mir sind die Wiener nie treulos oder lasterhaft vorgekommen. Sie sind wie eine etwas wankelmütige verwöhnte Schönheit, der das Beste gerade gut genug ist, um sie zu gewinnen. Man kann sie nicht von heute auf morgen erobern, und man kann nie wissen, wie lange man sie behalten wird – aber sie ist immer faszinierend und verführerisch. Das gefällt mir!

Indessen geschah, lange vor meiner Begegnung mit Freud, an diesem dunklen Abend in der Hörlgasse im Neunten Wiener Gemeindebezirk etwas ganz Eigenartiges. Als ich den gerissenen alten Fiaker ansah, wie er sich mit einem spöttischen Gruß von Onkel Emanuel verabschiedete, erinnerte er mich mit seiner langen, spitzen Nase und den kleinen, glänzenden Augen an ein Nagetier. Mich fröstelte plötzlich und ich war froh, ihn nicht mehr zu sehen, als das schwere Holztor von Onkel Emanuels Pension knarrend hinter uns zufiel und wir beide den langen Weg nach oben antraten – er mit seinem abgenützten Koffer und ich mit meinem Köfferchen voller Klaviernoten: nach oben, zu der Wohnung meines reichen Onkels Emanuel, diesem schäbig möblierten Zimmerchen unter der Dachrinne.

3.
Der bunte Vogel

Wenn sie bei mir zu Hause die Wahrheit über meinen »Millionenonkel« gewußt hätten, wäre mein Vater wütend geworden und meiner Mutter wäre das Herz gebrochen. Aber ein achtjähriger Bub, der von Abenteuern träumt, kann mit einem Vagabunden viel mehr Spaß erleben als mit einem Millionär. Und die Wahrheit ist, daß Onkel Emanuel ein Vagabund war, ein hochbegabter zwar, aber doch ein Vagabund. Das kleine Zimmer in der Hörlgasse war nur sein provisorisches Hauptquartier. Im Grunde war er ein Zigeuner. Mit seinen wenigen Besitztümern im schäbigen Koffer hatte er Europa nach allen Richtungen durchquert.

Und dennoch war er nicht nur Vagabund, sondern, auf seine Art, auch ein Wissenschaftler. Sein großes Interesse galt den Sternen. Sie waren seine Freunde, seine Reisekameraden. Und sie sorgten auch für seinen Lebensunterhalt, dank dem alten Messingteleskop, das er auf seinen »Geschäftsreisen« mit sich führte. Wenn Onkel Emanuels kleine Reserven erschöpft waren und er keine andere Möglichkeit zum Geldverdienen sah, postierte er sein Teleskop an einem günstigen Platz – wenn er in Wien war, meistens im Prater – und eröffnete sein »eigenes Geschäft«.

»Professor Emanuel, ehemals Königlicher Astronom am rumänischen Hof« stand in zierlichen roten Buchstaben auf einem Plakat, das an den Beinen des Teleskops befestigt war. »Vorlesungen und Sterndeuterei, 5 Kreuzer.«

Die Arbeiter, die Verkäuferinnen, die Hilfsarbeiter und Lehrlinge, die ihre kurze Freizeit im Prater verbrachten, um für ein paar Minuten ihren trostlosen Alltag zu vergessen, waren leichte Beute für Onkel Emanuels Talente. Jedoch bekamen sie für ihr Geld immer gute Ratschläge. Denn Onkel Emanuel war nicht nur fair, sondern er verstand, obwohl nur Autodidakt, wirklich etwas von Astronomie. Und er würzte seine Plaudereien über die Sternbilder und ihren Einfluß auf die Menschen mit Humor, mit kleinen Gedichten und Exkursen in die Mythologie, so daß kein Kunde jemals auf den Gedanken kommen konnte, er sei betrogen worden.

Onkel Emanuel war der geborene »Showman«. Er konnte jeden seiner Kunden sofort richtig einschätzen und sagte ihm genau das, was er gerne hören wollte.

Meine Anwesenheit machte ihn allerdings zu einer Art Impresario. Wie zu erwarten, kannte Onkel Emanuel viele Kaffeehäuser, Bier- und Weinlokale. Keines davon war sehr elegant, aber in allen ging es freundlich und lustig zu. Und viele hatten ein Klavier.

Und was für Klaviere! Sie waren den Gästen sehr ähnlich: mitgenommen, verbraucht, und doch in der Lage, Musik zu machen. Während meines Aufenthalts in Wien habe ich mindestens auf einem Dutzend gespielt, als erstes natürlich auf dem in Onkel Emanuels Pension. Am Abend unserer Ankunft hatten sich nach dem Nachtmahl einige Gäste eingefunden. Ich erinnere mich an einen grimmigen einarmigen Artilleriehauptmann mit borstigen weißen Koteletten und Schnurrbart, eine Ordensspange auf seinem fadenscheinigen braunen Waffenrock; an eine finster blickende

Dame in Schwarz; an ihre rundliche Tochter Gretchen, einige Studenten und etliche Männer in mittleren Jahren. Sie alle hatten sich neben Onkel Emanuel um das Klavier versammelt; er war ja der geistige Mittelpunkt der Pension.

All diese Leute hatten müde, von Sorge und schwerer Arbeit gezeichnete Gesichter. Sie erinnerten an Pflanzen, die nie genug Sonne und Wasser gehabt haben. Und doch waren sie ein ideales Publikum, denn sie alle waren Wiener, und Musik war ein Teil ihrer selbst.

Ich begann, wie üblich, mit einem Mozart-Potpourri. Als ich es zu Ende gespielt hatte, waren all die traurigen Gesichter fröhlich geworden, und meine Bemühungen wurden mit Applaus belohnt. Danach spielte ich Beethovens Mondscheinsonate, und während einer besonders einschmeichelnden Stelle hörte ich, wie die Witwe zu Onkel Emanuel sagte: »Wie schön ist Schönheit!«

Dann kamen Walzer an die Reihe, Strauß-Walzer, und plötzlich fing Onkel Emanuel mit der Witwe zu tanzen an. Einer der Studenten forderte Fräulein Gretchen auf, und in wenigen Sekunden war der trostlose Salon in einen Ballsaal verwandelt. Sogar der einarmige Artillerieveteran begann, sich im Takte zu wiegen, aber nach einer Weile besann er sich und sprudelte heraus: »Genug getanzt, junger Mann, laß uns den Radetzkymarsch hören!«

Niemand hätte dankbarer für den Radetzkymarsch sein können als dieser grauhaarige alte Krieger, der seinen Arm Anno 1866 in der Schlacht von Königgrätz verloren hatte, bei einer typisch österreichischen »verlorenen Sache«. Ich spielte mit all meiner Kraft, mit einem halben Auge den alten Soldaten anblinzelnd, der auf der Lehne seines Sessels den Takt klopfte. Sein Gesicht war unbeweglich, aber rot vor Erregung.

Seit damals habe ich den Radetzkymarsch von Johann Strauß Vater mindestens tausendmal gespielt oder dirigiert, und jedesmal sah ich die hellblauen, glänzenden Augen und das würdige, vom Wetter gezeichnete Gesicht des alten Artilleriehauptmanns vor mir.

Die andere lebhafte Erinnerung an jenen Abend: das ist Onkel Emanuel selbst, wie er, zuvorkommend und charmant wie immer, mit einem kleinen Teller zwischen den Gästen herumging und klingende Münze einsammelte. Während all der Zeit, die ich mit Onkel Emanuel verbrachte, sollte das meine »Blechmusik« bleiben.

Wenn die Münzen, die Onkel Emanuel als mein Impresario einsammelte, zu einem hohen Berg angewachsen waren, dann war das genug, um einen ganzen Tag im Prater für mich zu finanzieren. Die Ringelspiele, die Schießbuden, die Jahrmarktzelte – ich probierte und schnabulierte mich durch, und oft blieb's nicht bei einem Mal. Ich naschte Unmengen von Bonbons, Backwerk, Würsteln und Eis. Es war eine recht unschuldige Schwelgerei, die mich müde, aber glücklich machte.

Fast neunzig Jahre sind das her; noch nicht einmal das Riesenrad war gebaut, dieses sich scheinbar seit Menschengedenken über Wien erhebende Symbol des Praters. Es wurde erst im Jahre 1897 eingeweiht, als ich schon siebzehn Jahre alt war. Besuche ich heute den Prater und betrachte mir diese gewaltige Konstruktion, an welcher der Rost frißt und die Farbe abbröckelt, aus der Nähe, dann wird mir doch etwas eigenartig zumute, wenn ich bedenke, daß *ich* siebzehn Jahre älter bin.

Das Nachtleben entsprach am ehesten Onkel Emanuels Lebensart, und so sahen wir den Prater meistens bei Mondschein. Als jedoch meine Besuchszeit zu Ende ging, brachte er mir ein großes Opfer.

Eines Abends, nach einem der Konzerte, die ich in der Pension gab, teilte er mir feierlich mit: »Morgen werden wir früh aufstehen. Alles hat zwei Seiten, Robertl, und deshalb möchte ich, daß du den Prater auch bei Tage siehst.« Das »frühe Aufstehen« Onkel Emanuels fand so gegen elf Uhr statt, und als wir in den Prater kamen, war die Mittagsstunde längst vorüber, und trotz des wunderschönen Wetters waren wir fast allein. Onkel Emanuel lehnte nachlässig an einem Baum und zündete seine Pfeife an, aber ich hatte keine Lust herumzustehen. Den Prater bei Tag zu sehen – das war für mich, als sei ich aus einem Traum erwacht.

Hier in dem großen, grünen Park, im Sonnenschein, war ich nichts als ein Junge wie tausend andere, der laufen und spielen wollte und Kieselsteine werfen. Es war, als sei ich die Nacht zuvor als erschöpfter, blasierter Wiener zu Bett gegangen und am nächsten Morgen als kleiner Bub aus Graz aufgewacht. Ich vergaß Onkel Emanuel und rannte, so schnell ich konnte, einen langen Reitweg hinunter. In der Ferne, hoch oben auf einem Baum, sah ich einen wunderschönen Vogel, mit grünen, roten, goldgelben und türkisfarbenen Federn. Er sang – und sein Lied war anders als alles, was ich bis dahin gehört hatte. Ich wollte ihn aus der Nähe sehen und lief auf den Baum zu.

Ich bin nie bis zu ihm gekommen und habe nie erkannt, was für ein Vogel es war. Denn bevor ich näherkam, wurde der kleine Sänger durch Hufschlag und Klirren eines Pferdegeschirrs verscheucht. Ich drehte mich um und sah auf einer schlanken arabischen Stute eine Dame in elegantem Reitkostüm. Für einen Augenblick dachte ich an die geheimnisvolle Kaiserin Elisabeth, denn sie war eine begeisterte Reiterin. Aber Onkel Emanuel hatte gesagt, die Kaiserin halte sich nur noch selten in Wien auf, und außerdem wußte jeder, daß sie sehr schön war. Das Gesicht dieser Reiterin, die, während sie näherkam, geradeaus vor sich hinstarrte, war nicht schön. Als sie an mir vorbeigaloppierte, erkannte ich, daß es kein Gesicht war, sondern eine Maske; zwei kleine, gequälte braune Augen blickten heraus.

Für einen Moment starrte ich sie an. Dann drehte ich mich um und rannte, so schnell ich konnte, zu Onkel Emanuel zurück.

Als ich wieder bei Atem war und die sonderbare Gestalt beschrieben hatte, nickte Onkel Emanuel gelassen. »Das stimmt schon, mein Junge. Das war die ›Maskierte Dame‹.«

Damit war die Sache für ihn erledigt; er nahm mich an der Hand und führte mich aus dem Prater. Erst viel später erfuhr ich ein bißchen mehr. Die maskierte Dame war im damaligen Wien eine bekannte Figur. Es gab viele Geschichten und Gerüchte über sie. Am glaubhaftesten schien, daß sie, die Gattin eines Adeligen, bei einem Unfall ganz schrecklich entstellt worden sei, so schrecklich, daß man in einer Zeit, die noch keine plastische Chirurgie kannte, keine Möglichkeit hatte, ihr zu helfen. Und so verbrachte die arme Frau den größten Teil ihres Lebens in ihrem nur von Kerzen beleuchteten Boudoir. Ihr einziger Trost, so sagte man, waren die endlosen Stunden, die sie dem Reiten widmete, doch ging sie nie ohne Maske aus. Und, so erzählte man weiter, ihr Gesicht sei noch viel erschreckender als ihre Maske.

So traurig das auch war, was mir Onkel Emanuel über die geheimnisvolle Reiterin erzählte – ich vergaß es doch bald. Den bunten Vogel aber habe ich nicht vergessen. Es war mir noch lange so, als habe er mir mit seinem Lied etwas mitteilen wollen. Und heute meine ich sogar, daß ich ihn verstanden habe.

4.
Frühjahrsparade

Die Konzerte, die ich unter Onkel Emanuels Patronat in Wien gegeben hatte, sollten nur die ersten in einer ganzen Reihe auswärtiger »Gastspiele« sein, die ich im Laufe der nächsten Jahre absolvierte. Mein Vater unternahm, wie auch schon früher, mit mir kleine »Tourneen« durch Österreich und Süddeutschland. Im dunkelblauen Samtanzug mit weißem Spitzenjabot muß ich genauso ausgesehen haben, wie man sich ein »Wunderkind« vorstellt.

Das Ereignis aber, das mich in jenen Jahren am tiefsten beeindruckte, fand in Wien statt und sollte in meinem Leben noch lange, auf sehr schöpferische Art, nachwirken. Ich spreche von der »Frühjahrsparade«, der ersten, die ich erlebte. Ich sah sie nicht von einer Ehrenloge aus, auch nicht von einer reservierten Tribüne, aber es war die eindrucksvollste Parade, die ich je sehen würde. Ich hatte nicht einmal einen Schemel zum Sitzen, nur Onkel Emanuels breite Schultern, aber sie waren gut genug.

Zu Kaisers Zeiten war die Frühjahrsparade ein ganz besonderes Ereignis, so außerordentlich, daß man eine Operette drumherum dichten konnte, wie sich später erweisen sollte. Nur ein einziges Mal im Jahr nämlich trafen alle in und rund um Wien stationierten Soldaten zu einem friedlichen militärischen Schauspiel zusammen, auf einem riesigen Paradeplatz, der »Schmelz«, nicht weit vom Schloß Schönbrunn. Es war ein feierliches und dennoch fröhliches Ereignis; der Kaiser war natürlich zugegen, und jedermann, vom Adel und dem diplomatischen Corps bis zu den Straßenverkäufern und Schuhputzern, versuchte, so viel wie möglich davon zu sehen.

Für jeden, der Paraden liebte, war es eine Erinnerung fürs Leben, ein Schauspiel, das man nirgendwo sonst in solcher Pracht erleben konnte. Meist war ein ausländischer Herrscher oder Prinz bei diesem Anlaß Ehrengast. Ich hatte damals noch nicht so viel Erfahrung mit ausländischen Monarchen, und so erkannte ich bei dieser ersten Frühjahrsparade meines Lebens nur unseren Kaiser Franz Joseph, denn sein Porträt hing in Papas Arbeitszimmer daheim in Graz.

Und nun stellen Sie sich Wien vor, an einem schönen Aprilmorgen in den späten 80er Jahren, die Straßen mit Wagen und Fahrzeugen verschiedenster Art verstopft, der Weg von Margarethen nach Mariahilf »zum Bersten« voll. Da und dort ein privilegierter Wagen mit irgendeinem Adeligen oder Botschafter, dessen »Jäger« die Aufmerksamkeit der Polizei auf sich lenken kann, so daß sie ihm einen Weg bahnt. Aber Onkel Emanuel und ich gehen zu Fuß; auf diese Weise kommt man viel schneller voran.

Es ist viel Staub in der Luft, die Pferde wiehern und die Fiaker fluchen, aber nichts kann die freudige Erregung mindern, denn heute ist für Wien ein ganz besonderer Tag, und die Wiener aller Gesellschaftsschichten haben ihn schon lange voll Ungeduld erwartet.

Und jetzt stellen Sie sich die Schmelz vor, diesen großen Exerzierplatz, und darauf an die zwanzigtausend Mann, die aus allen Teilen des riesigen Habsburgerreiches gekommen waren. Die schmucken weißen Uniformen, welche die österreichische Infanterie so viele Jahre getragen hat, sind durch blaue ersetzt worden; dunkelhäutige, abenteuerlich aussehende Grenztruppen marschieren in Braun; des Kaisers adelige ungarische Pferdegarde reitet auf ihren weißen Stuten in scharlachroten, reich mit Gold bestickten Husarenuniformen vorbei. Dann sammeln sich die Truppen zu einer großen Formation, und die Musikkapellen spielen Traditionsmärsche und die Hymne »Gott erhalte Franz den Kaiser«. Und dann kommt er, der Kaiser, begleitet von seinen ausländischen Gästen, dazu die Erzherzöge und seine Adjutanten und viele andere Würdenträger.

Während die Kaiserhymne gespielt wird, inspiziert der Kaiser mit seinem Gefolge die Ehrengarde. Danach kehren sie zur Ehrentribüne zurück, um den Vorbeimarsch der Truppen anzusehen.

Soldaten aus allen Teilen des Reiches ziehen vorbei: Tiroler Kaiserjäger, kleine, stämmige Bergbauern, die zu den Klängen des Andreas-Hofer-Marsches vorbeidefilieren: tapfer und scharfäugig wie Hofer selbst, stehen sie genauso unerschütterlich wie er zu ihrem Kaiser und ihrem geliebten Tirol. Die Ulanen, Elitetruppen in polnischen Uniformen, galoppieren, angeführt von Erzherzog Otto, mit flatternden Wimpeln vorbei, gefolgt von dunkelhäutigen, wild dreinschauenden Bosniern in kurzen orientalischen Jacken und rotem Fez mit Quasten; und nun kommen die Böhmen, Ungarn, Kroaten und Transsylvanier – sie alle Angehörige dieses herrlichen, zusammengestückelten Reiches, das allein durch diesen kleinen, kerzengerade stehenden Kavalier in der weißen Uniform eines Feldmarschalls zusammengehalten wird.

Natürlich war das für einen achtjährigen Buben ein aufregendes Erlebnis. Aber noch Jahre später, als ich einen Tonfilm und dann eine Operette komponierte, erinnerte ich mich an diese Frühjahrsparade und verdankte ihr meine Inspiration.

Von dieser großen Parade bis zu meinem eigenen Marsch zum Bahnhof ein paar Tage später war nur ein kleiner Schritt. Ich war jetzt ein »echter Wiener«, ich hatte, dank Onkel Emanuel, die Stadt aus einem besonderen Winkel kennengelernt. Jetzt war die Zeit gekommen, nach Hause zu fahren.

Aber ich würde wiederkommen. Dessen war ich ganz sicher. »Leb wohl, Onkel. Ja, natürlich werde ich Mama deinen Brief geben. Ja, ich habe mich großartig unterhalten. Leb wohl, Onkel, und danke dir. Es war sehr schön ...«

Und nun fängt der Zug an zu fahren. Ein kleiner Bub drückt sein Gesicht an die Fensterscheiben des Waggons. Er winkt einer immer kleiner werdenden Gestalt auf dem Bahnsteig.

Der kleine Bub im Zug denkt an seine erste Frühjahrsparade, an seinen Morgenspaziergang im Prater, an sein Wiener Debüt als »Konzertpianist« und, am allermeisten, an seine Mutter, die ihn am Bahnhof in Graz umarmen wird.

Der ritterliche Vagabund und der kleine Bub werden einander nie mehr begegnen. Der Vagabund wird wieder auf Reisen gehen und dann einfach verschwinden. Der kleine Bub wird später selbst eine Art Vagabund werden, ein musikalischer Zigeuner, der viele stürmische Tage und Nächte erleben wird, bis er seinen Zielhafen erreicht.

5.
Vor meinem Vaterhaus

Meinen ersten Schuß Wienerblut hatte ich von Onkel Emanuel bekommen, doch schon viel früher, an einem warmen Sommertag in meiner Geburtsstadt Graz, hatte ich zum erstenmal Wiener Musik gehört. Unglücklicherweise war ich jedoch in jenem Moment mit anderen Dingen beschäftigt gewesen und nicht imstande, mich dem befeuernden Rhythmus des Radetzkymarsches hinzugeben, wie er an jenem 25. August 1880 durch das offene Fenster ins Schlafzimmer meiner Mutter drang.

Draußen marschierte gerade eine Militärkapelle vorbei, während ich mir kopfüber und mit knallrotem Gesicht die Lunge aus dem Leibe brüllte. Sie haben es sicher schon erraten: Ich war gerade zur Welt gekommen. Die Hebamme hatte genau nachgesehen, ob ich auch mit allen erforderlichen Gliedmaßen ausgestattet war, und soeben feierlich verkündet: »Es ist ein Bub!« – und genau in dem Moment hatte die Kapelle eingesetzt. Das war natürlich nur ein Zufall, doch im nachhinein betrachte ich es gern als gutes Omen, zumal ich bis heute der Tradition und der Musik der Strauß-Familie immer nahegestanden habe. Nicht, daß ich es nötig hätte, mich meiner Begabung wegen auf eine fremde Familie zu berufen. Ich wurde mit Musik im Blut geboren: ein Erbe von Mutters und Vaters Seite.

Selbst mein Geburtsjahr war reich an musikalischen Anknüpfungspunkten. Es war das Jahr von Dvořáks Symphonie Nr. 1 D-Dur, von Tschaikowskijs Italienischem Capriccio und seiner Ouvertüre *Anno 1812*, das Premierenjahr von Gilberts und Sullivans *Piraten von Penzance*. Und während in Frankreich der große Meister der Operette Jacques Offenbach im Sterben lag, war Johann Strauß Sohn, wenngleich schon grau geworden, noch auf der

Robert Stolz wurde in der alten traditionsreichen Stadtpfarrkirche in der Herrengasse zu Graz getauft.

Links: Inschrift auf dem Gedenkstein für den Vater von Robert Stolz am Schloßplatz in Graz.
Rechts: Eine Komposition von Jacob Stolz, der als Autorität auf dem Gebiet der Musikpädagogik galt. Er komponierte zahlreiche Messen, Kantaten und Choräle.

Zum ehrenden Gedächtnis an den heimischen Tonkünstler und Musiklehrer

JAKOB STOLZ

geboren 1832, gestorben 1919 zu Graz an diesem von ihm täglich aufgesuchten Lieblingsplätzchen errichtet von seiner dankbaren Vaterstadt Graz.

Höhe seiner Schaffenskraft, und schrieben Wahlwiener wie Brahms und Bruckner neue Kapitel in das Geschichtsbuch der klassischen Musik.

Sie alle drei – Strauß, Brahms und Bruckner – waren Freunde meines Vaters, und ich sollte sie in meiner Jugend kennenlernen. Heute bin ich vielleicht das letzte lebende Bindeglied zu jenen Giganten der Musik, doch damals erschien mir der Umgang mit ihnen als nichts Besonderes, eher alltäglich. In Wahrheit hatte ich keinen blassen Schimmer, welch einzigartige Gelegenheit mir das Schicksal bot. Heute kann ich dem Herrgott für diese Begegnungen nur dankbar sein – und dafür, daß ich mir all diese Erinnerungen im Herzen bewahren konnte.

Immer wieder besuche ich Graz und gehe durch die alten, vertrauten Straßen, Arm in Arm mit meiner Einzi. Graz ist eine Stadt der Gärten und Blumen. Man sagt, dort gebe es mehr Parkanlagen und weniger Häuser als in Städten vergleichbarer Größe, und dabei ist Graz die zweitgrößte Stadt Österreichs. Zwar besitzt es weder den Glanz noch den Ruhm Salzburgs, doch dafür hat es in meinen Augen mehr Persönlichkeit – und schließlich ist es meine Heimatstadt.

Es ist immer wieder schön, durch Graz zu gehen, besonders am linken Ufer der Mur, wo die Altstadt seit meiner Kindheit fast unverändert geblieben ist. Mehr als eine Viertelmillion Menschen leben heute in der Stadt, und sie alle fühlen sich dort heimisch. Graz ist wohlhabend geworden, aber seinen Charakter hat es nicht verändert.

Viele junge Grazer sind nach Wien gegangen, um dort ihr Glück zu machen oder berühmt zu werden. Einer von ihnen war bereits ein großer Star der Wiener Komödie, als ich zum erstenmal in die Metropole kam: Alexander Girardi. Sein Stil, seine Manierismen, ja, selbst die Art wie er seinen Hut zog und seine Handschuhe trug, wurden als »typisch wienerisch« empfunden: »der Girardi« war »der Wiener« schlechthin. Ich wurde gut Freund mit ihm, als ich mich zu Beginn des neuen Jahrhunderts als junger Dirigent und Kompositeur in Wien niederließ, doch davon erzähle ich in einem späteren Kapitel.

Ein anderer Grazer, der weltberühmt wurde und heute als Inbegriff der Wiener Musikalität gilt, ist Karl Böhm, in meinen Augen noch ein junger Bursch! Mein lieber Freund Karli ist in Grinzing jahrelang mein Nachbar gewesen, und auch von ihm werde ich noch ausführlicher erzählen.

Damals, in den achtziger Jahren, hatte Girardi Graz bereits verlassen, und der Karli war noch gar nicht auf der Welt. Die Mur floß, gespeist von den vielen Seen und Flüssen der grünen Steiermark, träge durch Graz, Franz Joseph regierte in Wien die Doppelmonarchie, und Mama und Papa unterrichteten mit viel Fleiß und Hingabe in ihrer Musikschule, die sie im alten Palais Wurmbrand in der Schmiedgasse 26 eingerichtet hatten.

Das Palais Wurmbrand hatte schon bessere Zeiten gesehen; trotzdem konnten meine Eltern die Miete dafür nur aufbringen, weil es ihnen nicht allein als Wohnung, sondern auch als Musikschule diente. Es war ein großes altes Gebäude mit weitläufigen, hohen Räumen; der Schultrakt wirkte ein wenig düster. Dort gab es sogar einen kleinen Konzertsaal und ein regelrechtes Heer von vierzig Pianos für die Studenten.

Welch einen Lärm die machen konnten! Meine Mama, diese sensible Pianistin, mußte sich Jahr um Jahr und Tag für Tag anhören, wie ihre Schüler das Klavier malträtierten, ohne ihm mehr als zerhackte Melodien entlocken zu können! Ich wundere mich heute noch darüber, daß sie niemals die Geduld verlor. Offenbar hat der Herrgott die Musiklehrer besonders lieb, weil er sie schon auf Erden durchs Fegefeuer gehen läßt!

Meine Mutter gab aber nicht nur Musikstunden, sie erledigte auch alle praktischen Angelegenheiten, führte Buch, schrieb die Rechnungen – und bewältigte obendrein noch den Haushalt. Gewiß, auch mein Vater hatte zu leiden, aber er hatte immerhin den Trost, in seiner Stellung als Musikdirektor des Grazer Stadttheaters nur »Profis« dirigieren zu müssen. Daneben schrieb er eine Reihe Bücher über Musik, sammelte Manuskripte und komponierte auch, wenn ich mich recht erinnere, vier Messen und mindestens zwei Symphonien und Kantaten.

Jakob Stolz war ein gutaussehender Mann, groß, blond, von vornehmer Haltung. Mit seinem eindrucksvollen Schnurrbart wirkte er seriös, fast militärisch, doch dieser Eindruck wurde zunichte, sobald man seine nachdenklichen blauen Augen und die hohe Denkerstirn gewahrte. Seine Weltanschauung war nicht sonderlich kompliziert: Er glaubte an den Herrgott und an die Kunst, an Unbestechlichkeit und Disziplin. In meiner Kindheit war mir die Anwesenheit dieses Perfektionisten stets eine Mahnung, mein Bestes zu geben; seine Unnachgiebigkeit, seine Gründlichkeit rieben sich ständig an meiner kindlichen Neigung, schnell das Interesse an den Dingen zu verlieren und mich anderweitig zu zerstreuen. Ich hatte einen Heidenrespekt vor ihm! Sehr viel später erst, als ich die ersten Schritte auf meiner Laufbahn bereits zurückgelegt hatte, lernte ich ihn in unseren Gesprächen auch als Menschen richtig kennen und schätzen.

Er war ein hochanständiger Mann, mein Vater, ein Moralist. Wenn ich bedenke, wie viele zauberhafte junge Damen bei ihm Stunden nahmen, bewunderte ich ihn heute noch. Denn nicht wenige dieser Schmetterlinge hielten ihn offenbar für eine Art gelehrten Siegfried und himmelten ihn unverhohlen an. Aber mein Vater vergötterte meine Mutter.

Vater dirigierte die Erstaufführung von Wagners *Tannhäuser* in Wien; er schätzte die traditionelle Brillanz seines Freundes Brahms, aber genauso hoch schätzte er die Neuerungen seines Freundes Bruckner. Er war also durchaus aufgeschlossen für neue, moderne Ideen – im musikalischen Bereich. Sobald es aber um Fragen der Religion oder der Moral ging, blieb er erzkonservativ. Und so ließ er all die duftenden Blüten ungepflückt am Wege stehen: Mama und Papa blieben ihr Leben lang ein vorbildliches Ehepaar.

Diese enge, herzliche Verbindung zwischen meinen Eltern erklärt vielleicht auch die Tatsache, daß ich bereits ihr zwölftes Kind war. Nur eines wurde noch nach mir geboren, Rudolf, dem nur wenige Monate auf Erden vergönnt waren; damals war ja die Kindersterblichkeit noch erschreckend groß. Und so kam es, daß ich der Jüngste blieb, der nicht selten verzärtelte Liebling von Vater, Mutter, drei Brüdern und ebenso vielen Schwestern – die anderen Geschwister waren ganz jung gestorben. Unsere glückliche, vielköpfige kleine Welt drehte sich allein um eine Person: um Ida Stolz, meine Mutter.

6.
Mutter

Immer wenn ich das Wort »Mutter« höre, muß ich an Peter denken. Bei seiner Geburt hieß er Richard Engländer. Die Nachwelt erinnert sich jedoch nur an seinen Künstlernamen Peter Altenberg – oder ganz einfach an »P.A.«.

Ich war bekannt mit Peter während der ersten Jahre dieses Jahrhunderts (er starb 1919). Damals war er erst in den Fünfzigern und trug einen hängenden Schnurrbart wie Friedrich Nietzsche und Otto von Bismarck. Er hatte einen fast kahlen Schädel und wirkte dadurch sehr viel älter. Arthur Schnitzler, einer der vielen berühmten Literaten, die Altenberg bewunderten und unterstützten, sagte einmal zu mir: »Peter ist ein Genie, aber unglücklicherweise läuft er herum wie ein ungemachtes Bett.«

Er war ein seltsamer Mensch. Ohne jemals eine Universität besucht zu haben, erwarb er sich ein enormes Wissen von der Welt, indem er seine Mitmenschen genau beobachtete und ungeheuer viel Bücher las. Die einzigen Ferien, die er sich gewährte, verbrachte er in Irrenhäusern, in die er sich immer dann zurückzog, wenn seine empfindsame Seele und sein hochsensibler Geist die Scheußlichkeiten der realen Welt nicht mehr ertragen konnten.

Aber was hat Peter Altenberg mit meiner Mutter zu tun? Eines Abends saß ich mit Freunden in einem Wiener Kaffeehaus. Wir sprachen über die Kraft von Worten – ihre Macht, die menschliche Seele zu erreichen und alle erdenklichen Gefühle zu entfesseln.

»Was ist das stärkste aller Worte?« fragte jemand.

Einer von uns schlug, halb im Spaß, vor: »Geld«, ein anderer »Gott«. Ich warf »Liebe« in die Debatte. Bevor wir weiter diskutieren konnten, fühlte ich meine Schulter von einem Stock berührt. »Du bist am nächsten dran, Robert, aber laß uns noch einen Schritt weiter gehen! Wer lehrt uns die Bedeutung von ›Liebe‹, indem er sie uns zum erstenmal gibt? Welches ist dieses eine Wort, das für jeden von uns ›Liebe‹ in ihrem reinsten, ewigen Sinn ausdrückt?« Und schon entfuhr das fragliche Wort Peter Altenbergs Lippen, tauchte gleichsam hervor unter dem hängenden Walroßbart:

»Mutter!«

Er machte eine kleine Verbeugung und wandte sich einem Tisch zu, an dem zwei sehr hübsche kleine Blondinen saßen – sie machten keinen besonders mütterlichen Eindruck.

Was er gesagt hatte, entsprach der Wahrheit.

Meine Mutter war eine kleine, »mollerte« Frau; eine hübsche brünette Wienerin. Schon die Art und Weise, wie sie sich im Hause bewegte, immer geschäftig, stets um jemanden oder um etwas bemüht, war bezeichnend für ihr freundliches offenes Wesen.

Es war Mutter, die mich, als ich gerade zwei, drei Jahre alt war, zum erstenmal dazu ermunterte, Klavier zu spielen. Sie erzählte mir Märchen oder beschrieb mir alltägliche Kleinigkeiten – einen Vogel, der seine Flügel ausbreitet, eine schnaufende Lokomotive, herabfallenden Regen, marschierende Soldaten – und forderte mich dann auf, meine Eindrücke auf dem Klavier musikalisch darzustellen. Bis heute kann ich mich an einige dieser kleinen Fragmente, die ich als Kind entwarf, erinnern. Ich spiele sie oft »zum Aufwärmen«, wenn ich am Piano improvisiere – ein Echo aus meiner Kindheit.

Es gibt eine Menge anderer Echos und Reflexionen aus jener Zeit. Manchmal, wenn ich mit Einzi Graz besuche und wir zusammen vor dem schönen alten Brunnen im Stadtpark gegenüber der Glacisstraße stehen, sehe ich in ihre braunen Augen, die denen meiner Mutter so sehr ähneln.

Parallel zum »Glacis«, wo man elegant promenierte wie auf der Wiener Ringstraße, verläuft im Stadtpark die »Robert-Stolz-Promenade«. Auf dem Rasen nebenan steht auch das »Robert-Stolz-Denkmal«. Ich habe mir damals nicht träumen lassen, daß dort einmal ein Denkmal für mich stehen, und daß sogar ich selbst es enthüllen würde, als Ehrenbürger meiner Heimatstadt. Mein langjähriger Freund, Dipl.-Ing. Gustav Scherbaum, ein Bewunderer und Förderer der Künste, hatte als Bürgermeister von Graz im Jahre 1972 eine bislang einmalige Initiative entwickelt, als er dieses Denkmal errichten ließ.

Der alte Brunnen war schon da, als ich ein kleiner Bub war. Die Stadtväter, stets bemüht, ihrem geliebten Graz zu neuer Schönheit zu verhelfen, hatten ihn eigens auf der Weltausstellung in Paris besorgt. Als Kind kam ich jeden Tag dort vorbei, wenn ich mit meiner Mutter oder meinen Schwestern zum Spielen in den Stadtpark ging.

Auch Einzis Teint, ihre Haarfarbe, ihre Figur erinnern mich an meine Mutter. Wenn wir am Brunnen stehen, denke ich oft darüber nach, wieviel einfacher mein Leben gewesen wäre, hätte ich ein Mädchen wie sie um die Jahrhundertwende hier in Graz kennengelernt. Wieviel weniger hätte ich gelitten – doch wieviel weniger hätte ich auch erlebt!

Vielleicht war es mir an der Wiege gesungen, so zu werden wie Onkel Emanuels Koffer: verbeult, aber welterfahren. Auf jeden Fall fanden mein Vater und ich ähnliche Lebensgefährtinnen, obwohl ich sehr viel länger dazu brauchte, um die meine zu finden. Er fand die Richtige schon beim ersten Anlauf – ich stolperte durch vier mißglückte Ehen, bis ich schließlich meine Einzi fand. Und beide Paare – Mutter und Vater, Einzi und ich – haben Hand in Hand vor dem alten Brunnen im Grazer Stadtpark gestanden. Der Kreis hat sich geschlossen.

Die Erinnerung an den Brunnen ruft einen anderen geliebten Menschen in mein Gedächtnis zurück, den ich mehr als einmal auf dem Weg zu unserem Haus in der Schmiedgasse am Brunnen vorbeischlendern sah. Der Welt ist er bekannt als ein mürrischer Großmeister der Musik – für mich war er eher ein warmherziger Großvater: mein inoffizieller Großvater Johannes Brahms.

7.

»Großvater« Brahms

Die Musikwelt seiner Zeit betrachtete Johannes Brahms zwar stets als brillanten Künstler, aber auch als ziemlich überheblichen, wunderlichen Kauz, als bärbeißigen Einzelgänger, der die meisten Werke seiner Zeitgenossen verachtete. Er hinterließ keine musikalischen Erben, so daß sein Kompositionsstil mit ihm starb.

Diesem strengen Urteil hat sich die Musikgeschichte angeschlossen, und vielleicht ist es nicht ganz abwegig – wer kann das schon sagen? Doch für seinen kleinen Freundeskreis, zu dem auch meine Familie zählte, war dieser Musiktitan ein ganz anderer Mensch: er war warmherzig und großzügig, und seine Selbstironie grenzte schon beinahe an Demut.

»Wie schade, daß Johannes nie geheiratet hat«, hörte ich meine Mutter einmal zu meinem Vater sagen.

»Johannes und heiraten? Du mußt scherzen, meine liebe Ida! Er ist ein guter, ein lieber Mensch auf seine Art, aber vor allem ist er Künstler – und hat das entsprechende Temperament. Keine Frau der Welt könnte mit ihm leben, schon gar nicht, wenn sie mit ihm verheiratet wäre, sie ginge ganz einfach zugrunde. Außerdem ist er nun schon viel zu lange Junggeselle. Er hat sich sein Leben eingerichtet und fühlt sich recht wohl dabei. Die einzige Frau, die ihn je hätte an sich binden können, war Clara Schumann, und die hat sich wohlweislich davor gehütet!«

»Johannes hätte vermutlich keinen besonders guten Ehemann abgegeben. Trotzdem finde ich es schade, denn er wäre ganz gewiß ein idealer Großvater geworden!«

Doch Vater blieb unerschütterlich bei seiner Meinung – mit gutem Grund. Denn Brahms besuchte uns keineswegs nur um der schönen steirischen Landschaft willen, oder gar, um Mutters gute Küche und Vaters musikalische Konversation zu genießen: Er war verliebt in ein Fräulein von Gasteiger, eine unserer Nachbarinnen in Graz. Nichtsdestoweniger hatte Mutter den Nagel auf den Kopf getroffen. Wenn es jemals einen idealen Großvater gegeben hat, so war das Johannes Brahms. Und so habe ich ihn auch in Erinnerung.

Er konnte großartig mit Kindern umgehen. Noch vor kurzem gab es viele längst ergraute Wiener, die von Brahms schwärmten, weil der berüchtigt mürrische Olympier so freundlich zu ihnen gewesen war; einige waren die Kinder seiner Freunde, andere waren ihm zunächst ganz unbekannt gewesen. Typisch für diese Brahmsschen Kindergeschichten ist die von Bernhard Paumgartner, der

Links oben: Der Vater Jacob (Jakob) Stolz.
Rechts oben: Die Mutter Ida Stolz, geb. Bondy.
Unten: Nesthäkchen Robertl, das Jüngste von 12 Kindern.

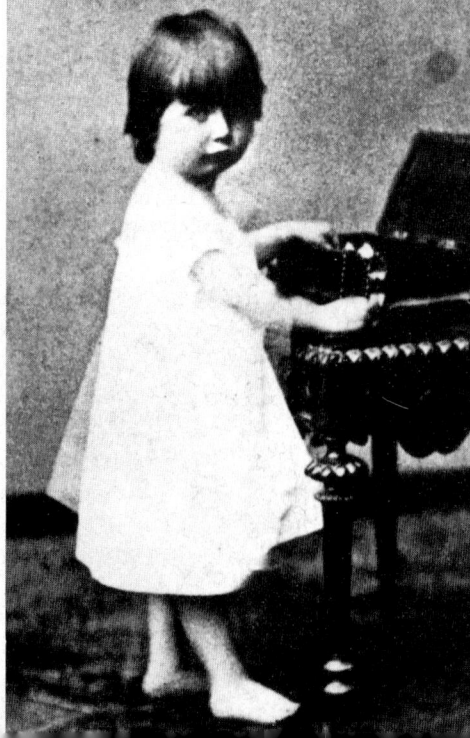

Oben links: Der junge Künstler. Schon der Achtjährige ging als Pianist mit dem Vater auf Tournee.
Oben rechts: Die geliebte Schwester Mizzi.
Unten: Graz, die Hauptstadt der Steiermark, um 1900.

später Präsident der Salzburger Festspiele wurde. Als kleiner Bub pflegte er im Resselpark in Wien zu spielen, wo er eines Tages ausglitt und sich ein Bein aufschürfte. Da kam ein älterer Herr daher, groß wie ein Bär und mit langem Bart, der den Kleinen freundlich wieder auf die Füße stellte und ihm den Staub von den Kleidern klopfte – der Meister persönlich!

Der Dirigent Hans von Bülow hatte Brahms »den Bären« getauft. Doch selbst er, der des öfteren des Meisters scharfe Zunge zu spüren bekam, gestand einmal einem Freund, daß er niemand anderem als Brahms die Erhaltung seiner Gesundheit, ja seines Lebens zu verdanken habe. »Drei Viertel meines Daseins habe ich verschwendet für meinen ehemaligen Schwiegervater, für diesen Betrüger!« rief er aus – womit er Franz Liszt meinte, der die Partei der »Musik der Zukunft« angeführt hatte, bis ihm Wagner seinen Mantel samt seiner Tochter Cosima, Bülows Frau, entwendete. Den Rest seines Lebens, sagte Bülow, werde er den »wahren Heiligen der Kunst« widmen und vor allem Brahms.

Die Freundschaft meines Vaters mit Brahms war weniger dramatisch, doch dafür stabiler. Papa war ein anerkannter Berufsmusiker und Lehrer, der das Kunststück fertigbrachte, sich aus allen Streitigkeiten herauszuhalten, durch die die österreichische Musikwelt in den letzten Jahren des 19. Jahrhunderts in zwei Lager gespalten wurde. Diese beiden Parteien gebärdeten sich äußerst blutrünstig und bewaffneten sich bis an die Zähne – mit spitzen Federn und viel Druckerschwärze.

Auch mein Vater war gut gewappnet mit seiner fundierten Bildung und seinem ausgezeichneten Ruf. Aber wie die kleine, standhafte Schweiz, die von lauter großen Nachbarn umgeben ist, nutzte auch er seine Stärke nur, um sich seine Neutralität zu erhalten. Überdies spürte er, daß jeder der zeitgenössischen Musiker – Wagner, Brahms, Bruckner und all die anderen – etwas Eigenes, Besonderes zu bieten hatte.

»Musikalische Parteiungen«, sagte er in späteren Jahren einmal zu mir, »sind genauso schlecht und zerstörerisch wie politische Kabalen. Wenn ich an die Feindschaft denke, die böswillige Anhänger zwischen meine Freunde gesät haben, wie Kritiker und Pamphletisten sie gegeneinander aufhetzten, indem sie an ihre schwachen Seiten, an ihre Eitelkeiten appellierten – dann, Robertl, meine ich manchmal, Gutenberg hätte besser daran getan, die Druckkunst nie zu erfinden.«

Tatsächlich wurde die Spaltung hauptsächlich durch Kritiker hervorgerufen, durch Eduard Hanslick, den Brahms-Anhänger und Erzfeind aller Neuerungen auf der einen und durch Hugo Wolf, seinen Gegner, auf der anderen Seite. Man kann nur hoffen, daß sich Männer wie Brahms und Bruckner in einer anderen Welt miteinander ausgesöhnt und in einem der himmlischen Chöre zur Harmonie gefunden haben. Was dagegen Hanslick und Wolf betrifft, so würde ich keine Träne vergießen, wenn ich hörte, daß sie in einem gewissen unterirdischen Gefilde einen überfüllten und überheizten Raum miteinander teilen müßten und dazu verdammt wären, sich bis in alle Ewigkeit ihre Pamphlete vorzulesen.

Junge Komponisten sollten heute zwei Lehren daraus ziehen: Übereifrige Verehrer können auf die Dauer mehr Schaden anrichten und mehr Freunde kosten als ein einziger offener Feind. Und: Lernen Sie von Ihren Kritikern, aber lassen Sie sich nicht von ihnen verbittern. Auch ich habe zu meiner Zeit ein gerüttelt Maß an ungnädigen Rezensionen abbekommen. Doch dabei habe ich mich stets an Jan Sibelius gehalten, der einmal einen Nachwuchskünstler mit folgenden Worten tröstete: »Denken Sie stets daran, junger Mann, daß einem Kritiker noch niemals ein Denkmal errichtet wurde.«

Mir, dem goldhaarigen Nesthäkchen der Familie, das bereits seine musikalische Begabung erwiesen hatte, wurde begreiflicherweise die meiste Aufmerksamkeit von seiten Brahms' zuteil. Wenn er uns besuchte, saß ich friedlich auf seinen Knien und lauschte fasziniert den langen Diskussionen zwischen Papa und meinem »Großvater ehrenhalber«, die häufig einer der beiden unterbrach, um mit einer kurzen Klavierpassage seine Auffassung zu unterstreichen.

Brahms war in allem, was Musiktheorie anging, geradezu peinlich genau – ein konservativer Komponist, der selbst auf kleinste Details achtete. Überdies war er ein technisch außerordentlich versierter Pianist, da sein Vater – ein aus bäuerlichen Verhältnissen stammender Musiker, der sich in Hamburg eher schlecht als recht durchs Leben schlug – ihn schon als Knaben im Klavierspiel unterrichtet hatte. Sobald Brahms jedoch im Freundeskreis spielte, vergaß er jegliche Pedanterie. Dann ließ er manchmal alles musikalische Rankenwerk außer acht, um seinen Zuhörern die klare Kompositionslinie zu demonstrieren. Bei anderen Gelegenheiten huschten seine Finger so flink über die Tasten, daß jedem seine Abneigung gegen die betreffende Passage klar wurde.

Ich erinnere mich an drei Abende ganz besonders, an denen Brahms sich, mitten heraus aus einer Plauderei, erhob, seinen Kaffee, seine Zigarre im Stich ließ und sich ans Klavier setzte.

Bei einer dieser Episoden drehte es sich um Brahms' Erzrivalen nach Wagners Tod: Anton Bruckner. Da Brahms wußte, daß mein Vater auch mit Bruckner befreundet war, pflegte er in unserem Haus niemals seinen Lieblingsfeind zu erwähnen, es sei denn, das Thema wurde von anderen angeschnitten. An jenem Abend nun hatte Vater den etwas matten Versuch unternommen, eine Verbindung zwischen den beiden Rivalen herzustellen. »In Schubert habt ihr doch schließlich beide eine gemeinsame Basis, Johannes – das wirst du ja wohl noch zugeben!«

»Natürlich«, sagte Brahms lachend, »auch Krähen und Konditoren haben eine gemeinsame Basis: das Getreide. Doch während der Konditor lauter Herrlichkeiten aus den Körnern zaubert, was macht die Krähe daraus? Vogelmist.«

Wie viele Leute mit flinker Zunge ging Brahms in der Hitze des Gefechts manchmal ein wenig zu weit. Mein Vater muß damals recht schockiert ausgesehen haben, denn Brahms, ohne ein weiteres Wort zu verlieren, setzte sich ans Klavier und paraphrasierte andeutungsweise einige der Anfangspassagen aus Bruckners Vierter Symphonie.

»In gewisser Weise magst du ja recht haben, Jakob,« sagte Brahms und schloß den Klavierdeckel. »Ich glaube, der arme Bruckner schrieb diese Symphonie bis hierher im Schlaf und hat dabei von Schubert geträumt. Und es ist ja wirklich nicht schlecht geworden. Aber dann ist er viel zu früh aufgewacht ...« – hier klappte er den Deckel wieder hoch und begann mit unverhohlenem Abscheu zu spielen – »ja, er ist aufgewacht. Da ist ihm leider eingefallen, daß er eigentlich Wagnerianer ist, und dann ist der Rest der Symphonie eben ein grausiges Durcheinander geworden.«

Soweit Brahms als Bruckner-Interpret. Ein anderes Mal, erinnere ich mich, interpretierte er die Musik von Johann Strauß Sohn, der ebenfalls mit meinem Vater befreundet war. Und jetzt waren die Rollen vertauscht: Mein Vater, der die technischen und kompositorischen Qualitäten von Strauß durchaus zu schätzen wußte, hatte gesagt, er finde es eine Schande, daß Strauß sich niemals ernsthaft an »seriöser« Musik versucht habe. Vater hatte überaus präzise Vorstellungen von dem, was »seriös« sei und was nicht. Brahms war darauf nicht eingegangen, kam aber im Laufe des Abends auf dieses Thema zurück.

»Ich glaube, der einzige Beweis dafür, daß etwas seriös ist«, sagte er, »ist, daß es weiterbesteht, die Zeit überdauert. Wenn du gebeten würdest, irgendein Stück von einem noch lebenden Komponisten zu spielen, egal welches, du müßtest dir nur sicher sein, daß man es auch noch in hundert Jahren auf der ganzen Welt spielt – was würdest du spielen, Robertl?«

Ich war völlig perplex, daß ausgerechnet ich angesprochen wurde, und wußte natürlich keine Antwort. Brahms hatte wohl auch keine erwartet, denn er sprang auf und ging rasch zum Klavier.

»Hört her!« rief er triumphierend. »Genau dies werden die Leute auch in hundert Jahren noch kennen und bewundern!« Und schon erklang eine federleichte, schwebende und ganz »un-Brahmssche« Phantasie aus lauter Strauß-Melodien!

»Für mich«, sagte er schließlich, indem er meinem Vater einen ironischen Blick zuwarf, »ist unser Freund Johann nicht einfach ›populär‹! Er ist genauso ein Klassiker wie Schubert und Mozart.«

Diese Worte habe ich nie vergessen. Jahre später, als ich mich entschlossen hatte, selber Dirigent und Komponist zu werden, fielen sie mir prompt ein und halfen mir, meine Entscheidung den Eltern verständlich zu machen.

Glücklicherweise hörte ich Brahms auch öfter Brahms spielen. Unvergeßlich ist mir sein wunderschönes *Wiegenlied*. Ich höre es auch heute noch gern, aber niemals wieder habe ich es so geliebt wie damals, als ich ein kleiner Bub war und es zum ersten Male hörte.

»Für dich wird's Zeit, ins Bett zu gehen, junger Mann«, verkündete mein Vater eines Abends, als ich auf Brahms' Knie saß und den beiden Männern hingerissen zuhörte.

»Aber Jakob, der Bub sieht noch hellwach aus! So können wir ihn doch nicht ins Bett schicken. Laß mich mal machen«, sagte Brahms und zwinkerte mir zu, verschwörerisch wie alle – offiziellen und inoffiziellen – Großväter.

Und nur um für mich noch ein Viertelstündchen herauszuschinden, spielte dieser gutmütigste aller Brummbären sein *Wiegenlied*. Eigens für mich! Welch ein Ereignis, jede Nuance, jede Schwingung heraushören zu können, die der Meister selbst seinem Meisterstück verlieh! Einfach wundervoll war es – aber es tat nicht die beabsichtigte Wirkung: Stundenlang noch lag ich wach in meinem Bett, wälzte mich hin und her und konnte keinen Schlaf finden, weil mir die Melodie nicht aus dem Kopf wollte. Auf mich wirkte sie wie eine Inspiration, keineswegs wie ein Wiegenlied!

Als uns Brahms das nächste Mal besuchte, spielte ich es ihm selber vor. Er setzte sich neben mich ans Klavier und übte mit mir. »Das war hübsch, Robertl, wirklich, sehr hübsch«, sagte er dann. »Du hast nicht nur ein gutes Gedächtnis für Noten, obwohl das auch sehr wichtig ist, du hast sogar ein echtes Gefühl für die Musik.«

»Oh, das ist leicht, mein Herr, wenn die Musik so schön ist! Es ist, als käm' eine Note nach der andern ganz von allein aus meinen Fingern. War das auch so, wie Sie das *Wiegenlied* geschrieben haben?«

»Nicht ganz so, Robertl. Wenn du selber einmal versuchst zu komponieren, wirst du sehr bald merken, daß gerade die Melodie, die am einfachsten und natürlichsten zu sein scheint, manchmal am allerschwierigsten zu komponieren war.«

Und das hab' ich wahrhaftig herausgefunden! Obwohl es gewiß im Leben eines jeden Komponisten auch zauberische Augenblicke gibt, in denen einem die Melodie gleichsam »zufliegt«. Und ich glaube beinahe, daß es in meinem Leben sehr viele solcher Augenblicke gab. In solch einem verzauberten Moment ist etwa – um nur ein Beispiel von vielen zu nennen – mein Walzer »Zwei Herzen im Dreivierteltakt« entstanden. Aber im großen und ganzen ist es schon so, wie Brahms sagte: Solche primären Einfälle, die aus einem einzigen Moment geboren zu sein scheinen, sind wie eine göttliche Eingebung. Ich habe an einem primären Einfall dieser Art nie etwas geändert. Manchmal gegen den gutgemeinten Rat und Wunsch meiner Mitarbeiter und Freunde. Und diese Melodien, die mir sozusagen in Trance eingefallen sind, haben sich meistens als die erfolgreichsten erwiesen.

Vor einem Jahr etwa nahm ich in Berlin das *Wiegenlied* mit den Berliner Symphonikern im Studio auf. Die Symphoniker sind ein prächtiges, höchst professionelles Orchester und es ist mir immer ein Vergnügen, mit ihnen zu arbeiten. Etliche ehrwürdige Grauköpfe befinden sich unter ihnen, die ich schon seit zwanzig, ja fast dreißig Jahren kenne. Aber es sind auch begabte Junge dabei, und wenn ich mir so die Musiker anschaue, denke ich oft, daß die Musikgeschichte nicht nur aus langen verstaubten Bücherreihen in Bibliotheken besteht, sondern eher wie eine endlose, lebendige Kette aus Musikern und Musikliebhabern ist, die über Jahrhunderte hinweg die Generationen miteinander verbindet.

Als Schubert jung war, saß er Seite an Seite mit Komponisten und Musikern, die noch mit Mozart gearbeitet hatten. Und sowohl er als auch Mozart haben Beethoven noch erlebt, der eine früher, der andere später.

Ich wiederum lernte in meiner Grazer Jugend etliche ältere Semester kennen, die Schubert noch gekannt hatten. Insbesondere erinnere ich mich an eine kleine ältere Dame mit Namen Pauline Grabner. Sie war zu Beginn dieses Jahrhunderts zwar schon etwas gebrechlich, aber noch sehr lebhaft. Sie erzählte mir, Schubert sei ein dicklicher, immer freundlicher kleiner Mann gewesen, der sich nicht übermäßig wählerisch gekleidet habe und gelegentlich in tiefe Melancholie verfallen sei.

Brahms wiederum, der 1833, gerade fünf Jahre nach Schuberts Tod, geboren war, hatte sich von den Werken des kleinen Wiener Genies inspirieren lassen – und mich wiederum gelehrt, sein *Wiegenlied* zu spielen.

Und da stand ich nun in den siebziger Jahren des 20. Jahrhunderts, also fast ein Jahrhundert später, und dirigierte in einem modernen Aufnahmestudio die Berliner Symphoniker, die das *Wiegenlied* intonierten. Wer wußte denn, was aus einigen dieser jungen Musiker im Orchester noch werden konnte? Waren wir denn nicht alle Teile eines einzigen, ewigen Orchesters, spielten wir nicht alle eine Melodie ohne Ende? Einzelne aus dem Orchester fallen aus – und werden ersetzt durch neue Talente mit neuen Ideen. Die Gesichter, der Stil ändern sich unentwegt. Aber die Melodie geht weiter – selbst noch im atonalen Zeitalter Schönbergs!

Der Herrgott hat es sehr gut mit mir gemeint. Er hat mich eine lange, lange Zeit in diesem Orchester mitspielen, mich viele seiner schönsten Augenblicke erleben lassen. Und doch war keiner schöner als der, da der kleine Robertl Stolz in seinem Vaterhaus das *Wiegenlied* spielte – zusammen mit seinem »Großvater« Johannes Brahms.

8.
Postscriptum zu Brahms

In diesem Kapitel geht es – unter anderem – um Johannes Brahms und um Briefmarken. Es betrifft einen Nebenaspekt meiner Beziehungen zu Brahms, der mit dem bisher Geschilderten kaum etwas zu tun hat, weshalb ich ihm ein eigenes kleines Kapitel widme.

Da ich in meiner Kindheit recht anfällig für Krankheiten war, wurde ich sehr umhegt und wohl auch ein wenig verwöhnt. Meine älteren Geschwister protestierten hin und wieder dagegen, sei es aus Eifersucht, sei es aus berechtigter Sorge darüber, daß aus mir ein verhätschelter Tunichtgut werden könnte.

»Wenn du nicht aufhörst, ihn so zu verwöhnen, Mutter«, sagten sie bisweilen fast im Chor, »dann wird er eines Tages enden wie Hauptmann Grasl.« Das war keine besonders schmeichelhafte Vorstellung – denn Grasl war ein berüchtigter Massenmörder, und ich hatte nicht den geringsten Ehrgeiz, ihm nachzueifern. Indes, Mutter lächelte nur angesichts solcher Horrorvisionen und gab meinen Geschwistern immer die gleiche Antwort: »Schimpft nur, schimpft über'n Robertl. Er wird der einzige sein, der den Namen Stolz in die weite Welt tragen wird!«

Haben Sie schon einmal erlebt, wie ein kleines Mädchen, einem mütterlichen Instinkt nachgebend, ein verwundetes Tier gesundpflegt, wie ein Kind einer kaputten Puppe oder einem zerbrochenen Spielzeug, über das sich seine Spielkameraden lustig machen, die liebevollste Aufmerksamkeit zukommen läßt? Genauso war das Verhältnis zwischen Mutter und mir. Ihre Liebe galt der ganzen Familie; ihre Liebe erfüllte gleichsam unser Haus. Aber darüber hinaus bestand eine ganz besondere Beziehung zwischen ihr und mir.

Ich habe mich oft gefragt, weshalb das so war. Vielleicht spielte es eine Rolle, daß ich ein Spätkömmling war und das letzte überlebende Baby, das sie zur Welt brachte. Vielleicht war es auch der Umstand, daß ich als kleines Kind nur knapp dem Tode entronnen war. Vielleicht wußte sie auch intuitiv, daß in mir Begabungen schlummerten, die ein erfolgreiches Leben versprachen. Ich glaube, alle drei Faktoren kamen zusammen, aber letztendlich sind sie gar nicht so wichtig. Was wichtig war, war ihre unbegrenzte Liebe. Ohne diese Liebe und ohne ihre behutsame Führung und Inspiration in meinen ersten Lebensjahren wäre ich, davon bin ich überzeugt, gescheitert.

»Wart's ab!« pflegte Mutter zu sagen, wenn Papa ihr manchmal vorwarf, sie verwöhne mich zu sehr. Für mich bedeutete das soviel wie: »Ich glaube an dich, Robertl, und ich warte. Du hast es in dir, eines Tages Großes zu leisten. Ich glaube an dich, und ich verstehe dich besser als die anderen. Du bist ein besonderes Kind mit besonderen Chancen und besonderen Problemen. Gott hat mich an diesen Platz gestellt, um dir zu helfen.«

Und sie half mir wirklich. Sie sorgte mit ihren Erzählungen und Beispielen dafür, daß das tägliche Klavierspiel ein Vergnügen war und keine Routinepflicht. Sie ermunterte mich auch dazu, anderen Freizeitbeschäftigungen nachzugehen, die meinen Horizont erweiterten. Hierher gehört nun die Geschichte von Johannes Brahms und den Briefmarken.

Berühmter Komponist, der er war, erhielt Brahms natürlich Post aus aller Welt: von Musikfreunden, die ihm ihre Bewunderung ausdrücken wollten, von Amateurkomponisten, die Bestätigung und Ermunterung suchten, und von jüngeren Talenten wie Antonín Dvořák, die ihn um Rat fragten. In manchen Monaten kamen bis zu fünfzig solcher Briefe.

Eines Tages – ich war ungefähr sechs Jahre alt – gab mir Brahms ein Päckchen mit Briefumschlägen, auf denen die verschiedensten Marken prangten, grüne Marken, rote, blaue und in vielen anderen Farbnuancen. Briefmarken mit Königen und Königinnen, Nationalwappen, Helden, Künstlern und Wissenschaftlern, mit Tieren, Landschaften, Kunstwerken – ein verwirrendes, buntes Abenteuer, das mich vom ersten Moment an faszinierte. Zum erstenmal öffnete sich meine Phantasie für die Welt jenseits von Graz und Wien ...

Mutter förderte mein neugewonnenes Interesse, und Vater, der selber eine große Sammlung seltener Briefe und Manuskripte besaß, brachte mir die Methodik des Sammelns und Ordnens bei, sobald ich alt genug war, um zu begreifen, wie notwendig eine gute Organisation ist. Im Chaos des Zweiten Weltkrieges sind meine ersten Briefmarkenalben samt Vaters wertvollen Handschriften von Beethoven, Brahms und anderen Meistern verlorengegangen. Seither habe ich wieder fleißig gesammelt, und nun sind es längst meine eigenen Freunde aus aller Welt, die mir die Marken für meine Alben schicken. Aber unvergeßlich bleibt mir jene erste, die alte Sammlung, für die Brahms die Grundlage geliefert hatte.

1970, anläßlich meines 90. Geburtstages, sorgte die österreichische Regierung für das schönste Juwel in meiner Kollektion: eine Sondermarke, die meinem berühmtesten Werk, »Zwei Herzen im Dreivierteltakt«, gewidmet war. Die Regierung ehrte damit zum erstenmal auf diese Weise einen lebenden Künstler. Es war einer der stolzesten Augenblicke meines Lebens.

Am Tag der Erstausgabe, dem 11. September 1970, gab es einen Sonderstempel mit meinem Porträt und zwei Monate später einen weiteren, der meine Ernennung zum Ehrenbürger von Graz würdigte. All dies inspirierte mich dazu, einen »Philatelistenwalzer« zu komponieren, der bei Sammlerkongressen überall in der Welt gespielt wird. In ihm vereinen sich meine Liebe für dieses faszinierende Hobby und meine erste Liebe, die Musik, die beide von der frühen Freundschaft mit Brahms beeinflußt sind.

In meiner Jugend freilich wäre niemand auch nur im Traum darauf gekommen, einem Musiker eine Briefmarke zu widmen. Ja, Tiere, Pflanzen, Landschaften und Statuen, das waren akzeptable Objekte – aber doch keine Musiker! In einer Zeit, in der Monarchien noch die Welt beherrschten, waren die beliebtesten Objekte natürlich die gekrönten Häupter selber, die ihr Konterfei auf Briefmarken als Selbstverständlichkeit betrachteten. Einmal jedoch – es war im Casino von Biarritz – hörte ich einen König, der in der Tat etwas über sein Bildnis auf Briefmarken zu sagen hatte.

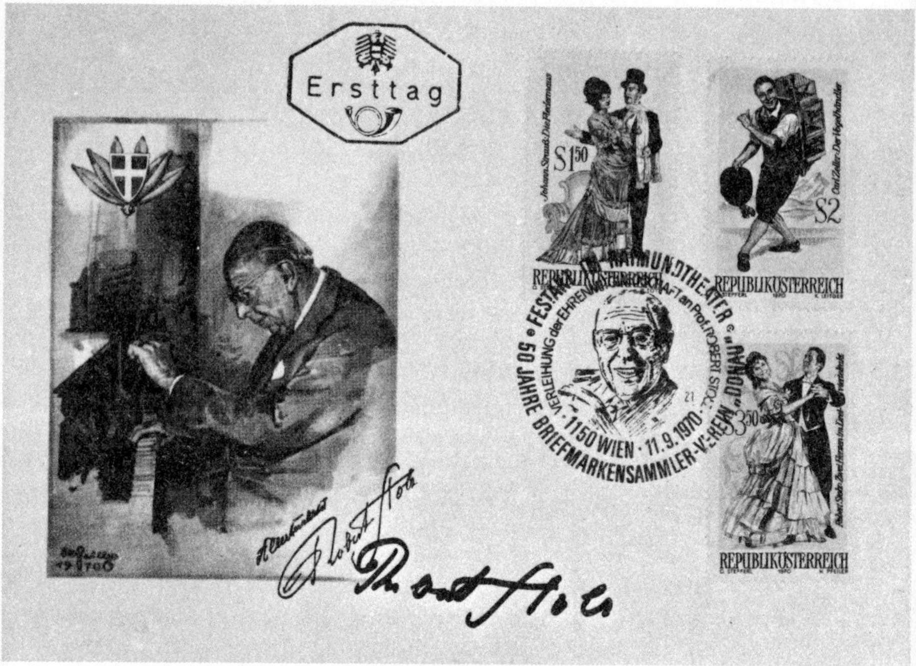

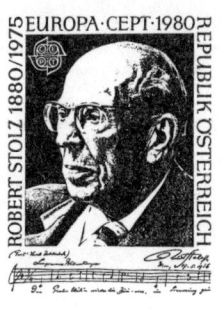

Oben: Innerhalb der »Operettenserie« der Österreichischen Bundespost erschien die Robert-Stolz-Marke »Zwei Herzen im Dreivierteltakt«.
Rechts: Die österreichische Europamarke mit dem Noten-Faksimile »Im Prater blüh'n wieder die Bäume«.

Unten: Robert Stolz galt unter den Philatelisten der ganzen Welt als Experte. Er schrieb auch einen »Philatelisten-Walzer«.

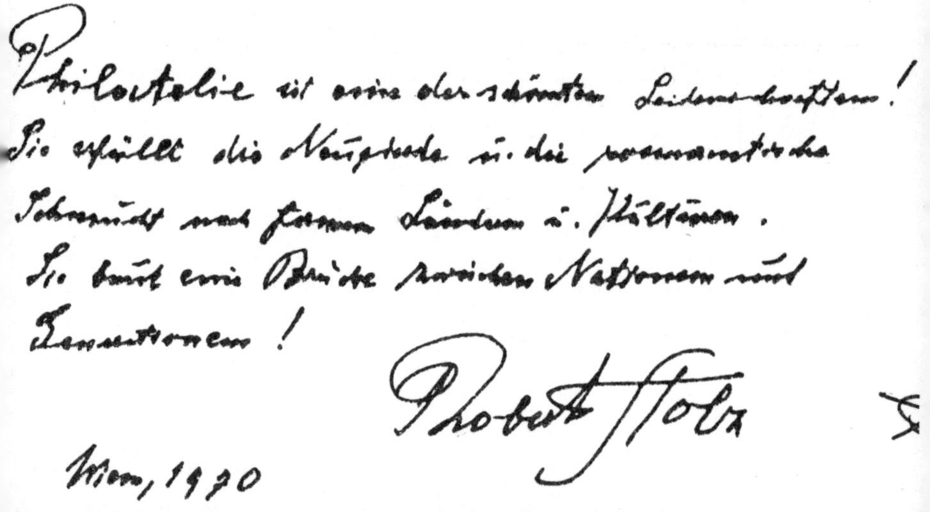
Philatelie ist eine der schönsten Leidenschaften!
Sie erfüllt die Neugierde u. die romantische Sehnsucht nach fernen Ländern u. Kulturen.
Sie baut eine Brücke zwischen Nationen und Generationen!

Robert Stolz

Wien, 1970

König Carlos von Portugal war ein wohlbeleibter, fröhlicher Mensch. Mit seinem glänzenden rosa Gesicht und seinem rötlichen preußischen Schnurrbart sah er eher wie ein deutscher Rittmeister aus. Er war ein großer Bonvivant und Sportsmann. Ich erinnere mich, daß ein Witzbold König Carlos einmal fragte, warum er es zulasse, daß sein Porträt auf portugiesischen Briefmarken erscheine. »Schließlich, Sire, bedeutete das, daß Sie jedesmal, wenn einer Ihrer Untertanen die Marke auf einen Umschlag klebt, einen Schlag ins Gesicht erhalten«, sagte er.

König Carlos sah den frechen Burschen einen Moment lang an, nicht sicher, ob er lachen oder sich über diese Impertinenz empören solle. Aber da er selber einen ausgeprägten Sinn für Bonmots besaß, lächelte er schließlich und antwortete: »Ganz recht, sie schlagen mir, wie Sie sagen, ins Gesicht. Aber bevor sie überhaupt dazu in der Lage sind, müssen sie erst einmal meine Kehrseite küssen. Ich denke, das ist ein ganz guter Ausgleich ...«

Armer dicker König Carlos! Revolutionäre jagten ihn in einer Lissaboner Straße im Jahre 1908 in die Luft.

Bin ich zu weit abgeschweift von Brahms und den Briefmarken? Das ist ja gerade der springende Punkt. Dieses Hobby ist ein Tor zur Geschichte, zur Natur, zu weiten Reisen – und sogar zum Humor. Vor allem aber ist es ein Tor zur Phantasie. Johannes Brahms war der erste, der mir dieses Tor öffnete – auch dafür habe ich ihm zu danken. Wo immer er heute sein mag – Kapellmeister im Himmel oder arme Seele im Fegefeuer –, ich hoffe, man erlaubt ihm hin und wieder jene kleinen menschlichen Freuden, die er hier auf Erden so genoß: die drei Flaschen Bier zum Nachtmahl, die ziellosen Spaziergänge in steiermärkischer Landschaft (einige Experten behaupten, daß es diese Landschaft gewesen sei, die ihn zu seinem letzten Meisterwerk, seiner Vierten Symphonie, inspiriert hat) – und vielleicht ab und zu die Gelegenheit, sich niederzusetzen und mit einem kleinen Kind, das nicht sein eigenes ist, so zu plaudern, wie er das mit mir tat. Denn, wie Mutter so treffend sagte: Gott hat Johannes Brahms zum Großvater erschaffen.

9.
Anton Bruckner

Wenn ich Ihnen meine ersten Erinnerungen an Brahms erzähle, ohne etwas über den anderen Freund unserer Familie, Anton Bruckner, zu sagen, dann wäre es so, als hätte ich vergessen, daß ein Magnet zwei Pole hat. In jenen Tagen waren diese beiden Männer wie die Fahnen zweier feindlicher Regimenter, die von den Fanatikern beider Seiten immer wieder in die Schlacht getragen wurden. Nur wenige aufgeschlossene Musikwissenschaftler – wie mein Vater – waren intelligent und tolerant genug, um beiden gerecht zu werden.

In meiner frühen Kindheit hatte ich geglaubt, Anton und Bruckner wären zwei Personen, weil Papa, wenn er von der Musik des Meisters sprach, immer nur »Bruckner« sagte. Wenn es aber um den Menschen ging, dann war es immer der »arme Anton«. Der »arme Anton« – vielleicht war das gar nicht so falsch, denn selten wurde eine so großartige Musik von einem so schlichten, bescheidenen Menschen geschrieben. Wie Haydn konnte auch er seine Gefühle und Gedanken nicht besser ausdrücken als durch seine Musik. Mit Worten konnte er sich nicht hinreichend verständlich machen, und wenn es um schlagfertige Antworten ging, war er immer der Verlierer. Die Kleidung hing an seinem Körper wie ein schlecht passendes Totenhemd; selbst wenn er Frack und weiße Manschetten trug, um die Philharmoniker zu dirigieren, sah er nicht viel besser aus. In der einfachen Kutte eines Mönches hätte er sich gewiß viel wohler gefühlt. Vater sagte einmal: »Die schönste Musik des armen Anton und seine glücklichsten Momente – das hatte, glaube ich, immer mit Religion zu tun. Er hat mindestens ebensoviel von einem Mönch wie von einem Musiker.«

Das ist nicht verwunderlich. In Ansfelden als Sohn eines Lehrers geboren, wuchs er im Schatten des herrlichen Stiftes von St. Florian heran und hat es im Grunde nie verlassen. Er arbeitete dort als Organist und Chormeister und half den freundlichen Augustinern, ihre Liebe zu Gott in einer Musik auszudrücken, die auch die Herzen der gefühlsärmsten Ungläubigen bewegen müßte.

Mein Vater Jakob Stolz war Schüler des berühmten Musikpädagogen Simon Sechter gewesen und hatte 1857 sein Studium summa cum laude beendet. Einige Jahre zuvor hatte auch Anton Bruckner zu Sechters Schülern gezählt. Vater und Bruckner waren also durch denselben Lehrer verbundene »Kollegen«. Aus gemeinsamen Erinnerungen entstand im Laufe der Zeit eine echte Freundschaft, und auch in späteren Jahren blieb Vater bei seinen gelegentlichen Besuchen in Wien immer mit ihm in Kontakt.

Bei einem dieser Besuche hatte Vater sogar die seltene Gelegenheit, an einem Nachmittag zweimal zu essen. Einmal mit Brahms und einmal mit Bruckner. Das war eine beachtliche diplomatische Leistung, denn die beiden Rivalen und ihre Clique speisten im selben Restaurant, im bekannten Gasthof »Zum roten Stachel-

schwein«, nahe beim Musikverein. Für Vater war es ein Glück, daß
Brahms es sich leisten konnte, im teureren Speiserestaurant im ersten Stock zu speisen, während Bruckner und seine jungen Schüler
unten in der »Schwemme« aßen. So blieb das wagemutige Unternehmen vom jeweiligen Rivalen unentdeckt. Da nun freilich sowohl
Brahms als auch Bruckner, die sonst nie der gleichen Meinung
waren, eine Vorliebe für Geselchtes mit Knödeln hatten, mußte
Vater an diesem Tag die doppelte Portion dieses schwer im Magen
liegenden Gerichtes verdauen.

Brahms und Bruckner – Eis und Feuer. Und dennoch war es
Brahms, »ein protestantischer Österreicher«, und nicht der »arme
Anton«, der sich in der Großstadt Wien wohler fühlte, obwohl
beide – jeder auf seine Art – die Stadt liebten. Für Brahms, der einmal gesagt hatte, daß er am liebsten den Zollbeamten umarmen
würde, wann immer er die Grenze in Richtung Österreich über-
querte, war es die tiefe Genugtuung des in seiner Geburtsstadt
Hamburg verkannten Künstlers, der endlich eine künstlerische
Heimat in der Musikstadt Wien gefunden hat.

Für Bruckner war es ein tieferes, mehr seinem Naturell entstam-
mendes Gefühl. Wie seine Musik wurzelte es in seiner Liebe zur
österreichischen Erde und in seiner andächtigen, zur Mystik nei-
genden katholischen Frömmigkeit. Diese Verschiedenartigkeit
ihrer Motive war wohl daran schuld, daß Brahms und Bruckner sich
nicht verstanden. Sie waren unversöhnlich bis an den Rand des
Grabes, denn als Bruckner 1896 gestorben war, ging Brahms, der
schon an der schweren Leberkrankheit litt, die ihn bald darauf das
Leben kosten sollte, während der feierlichen Einsegnung vor der
Kirche nervös auf und ab und sagte: »Ich werde ihn bald genug
wiedersehen.«

Ich war wiederholt der stumme Zeuge mehrerer Gespräche, die
Bruckner mit meinem Vater führte. Wie schon gesagt, war Bruckner im Umgang mit Worten nicht sehr geschickt, aber zwei Dinge,
die er meinem Vater sagte, haben mir Einblick in später von mir
bevorzugte Bruckner-Werke gegeben: seine Messe in f-Moll und
seine Achte Symphonie. Selten haben zwei Musikstücke eines
Komponisten einen so unterschiedlichen Charakter. Die Messe ist
ein himmelstürmendes Glaubensbekenntnis, die Symphonie dagegen ein weltlicher Tribut an das Haus Habsburg. Doch lassen beide
Werke erkennen, welch ein dankbarer, bescheidener, liebevoller
Mensch der »arme Anton« war.

Eines Tages, als Vater, Bruckner und ich in des Meisters schlich-
tem Quartier saßen – es war in der Bösendorferstraße, ganz nahe

beim »Musikverein« –, äußerte sich Vater, der selbst mehrere Messen komponiert hatte, kritisch über die kalte mechanische Art eines Großteils der modernen Kirchenmusik.

»Einige dieser Musiken, die unsere Zeitgenossen dem lieben Gott widmen, könnten ebensogut zur Eröffnung einer neuen Eisenbahnlinie oder zur Einweihung eines Museums verwendet werden. Sie haben mit deiner Musik, Anton, nichts zu schaffen. Die kommt aus deiner Seele und dringt in die Seele des Zuhörers.«

»Es ist nett, was du da sagst, Jakob«, antwortete Bruckner und sah ein bißchen verlegen aus, »aber ich wünsche manchmal, ich könnte so leicht und ohne Schwierigkeiten komponieren wie manche von meinen Zeitgenossen. Wenn ich bedenke, was ich durchmachen mußte, um meine Messe in f-Moll zu komponieren – ich glaube, sie hat mich fünf Jahre meines Lebens gekostet. Oft war ich am Rande der Verzweiflung. Diese Messe ist kein Zeugnis für die Stärke meines Glaubens, sie ist meine Danksagung an den Herrgott. Als ich sie das erste Mal hier in Wien in der Augustinerkirche dirigierte, war es wie eine Auferstehung von den Toten.«

Stellt Bruckners Kirchenmusik seinen tiefen Glauben dar, so spiegelt die Achte Symphonie seine ebenso reine und aufrichtige Liebe zu Österreich und zum alten Kaiser. »Gib Gott, was Gottes ist, und dem Kaiser, was des Kaisers ist, Jakob«, sagte er zu Vater, als er ihm die beklecksten, oftmals korrigierten Notenblätter überreichte. »Das wird mein Dankesgeschenk an den Kaiser sein.«

Und aus Fairneß gegenüber dem Kaiser, der nicht gerade ein Freund und Kenner ernster Musik war, muß gesagt werden, daß er die Druckkosten der »Achten« zahlte. Und als Bruckners Gesundheit in den neunziger Jahren schlechter wurde, war es der Kaiser, der ihm im prachtvollen Oberen Belvedere eine Wohnung zur Verfügung stellte. Ich frage mich, ob sie sich je dort getroffen haben, diese beiden von Sorgen gebeugten alten Männer, der eine ein Opfer seiner Kunst, der andere ein Opfer seiner Pflicht. Jeder war auf seine Art ein Held, zäh, einfach, ehrlich, und diente einer Sache oder einem Glauben, bedeutender als er selbst. Beide mußten viele Jahre lang seelische Belastung und Unbeliebtheit auf sich nehmen, bevor sie endlich von ihrem »Publikum« anerkannt wurden. Franz Joseph liegt in der Gruft der Habsburger, und das Reich, dem er diente, ist nur noch eine Erinnerung in den Köpfen einiger alter Menschen. Der »arme Anton« ruht dort, wo er sich zuerst als Musiker entfalten konnte, im Stift von St. Florian. Sein Werk lebt weiter, und wann immer ich Bruckners »Achte« höre, muß ich an die beiden denken.

10.
Der schlechteste Schüler der Steiermark

Manche von uns lernen ihre Lektionen in der Schule, manche woanders. Ich habe in der Schule nie eine Auszeichnung bekommen, nur einen Spitznamen, der mich noch viele Jahre lang in Verlegenheit brachte. »Ihr Sohn, Herr Musikdirektor«, sagte der Grazer Volksschullehrer mehr als einmal mit eisiger Miene, »ist der schlechteste Schüler der ganzen Steiermark.« Ich gebe es zwar ungern zu, aber er hatte recht.

Als jüngstes Kind hatte ich zu meiner Mutter und zu meiner ältesten Schwester Mizzi, die mir eine zweite Mutter war, eine sehr enge Bindung. Anfangs hatte ich meine ganze musikalische Schulung zu Hause gehabt, doch später studierte ich bei Robert Fuchs, der der »Serenaden-Fuchs« genannt wurde, und bei Engelbert Humperdinck. Als es für mich Zeit wurde, in die Volksschule zu gehen, nahm ich das sehr übel und leistete Widerstand. Mein Königreich war zu Hause. Dort war alles, was ich liebte: meine Familie, meine Musik und meine Träume. Und davon wollten sie mich ausschließen! Jeden Morgen wurde ich aus dem Bett gerissen und in die Schule geschleppt. Pfui!

Ich bat, ich weinte, ich versuchte sogar, mich an Mutters Rock festzuhalten, während die arme Mizzi schob und zog. Es half mir alles nichts. Ich mußte hinaus aus dem Nest und hinein ins Leben – oder zumindest in die Tagesschule. Es war unbedingt notwendig, ich weiß. Aber wie ich es haßte! Und wie unglücklich ich in der Schule war! Im Klassenzimmer fühlte ich mich, als sei ich ins Exil verbannt; es waren Stunden des Grübelns, der Selbstbemitleidung und vor allem des Heimwehs. Sie können sich vorstellen, daß diese Einstellung sich in meinen Noten widerspiegelte, sehr zum Kummer meines Vaters.

»Ida, ein Mann ohne Erziehung ist wie ein Baum ohne Wurzeln«, pflegte der Vater bei jedem neuen Beweis meiner mangelhaften Schulresultate zur Mutter zu sagen. Ich fühle immer noch ein leichtes Schuldbewußtsein, wenn ich mir klarmache, wie sehr er sich um meine Zukunft gesorgt haben muß. Allerdings ist dieses Gefühl in letzter Zeit schwächer geworden, dank einem Brief, den ich 1974 erhalten habe. »Geteilte Not ist halbe Not«, sagt ein Sprichwort. Dieser Brief und ein Zeitungsausschnitt, den ich einige Wochen vorher gelesen hatte, bewiesen mir, daß ich mit meinen Volksschulleistungen doch nicht ganz allein dastehe.

In einem Artikel der »Neuen Kronen-Zeitung« hieß es, ein gewisser junger Mann, der noch dazu Sohn eines Lehrers war, sei, als er vor Jahrzehnten in Fürth zur Schule ging, der schlechteste Schüler seiner Klasse gewesen. Da mir sein Name nicht unbekannt war, sandte ich diesem nicht mehr ganz so jungen Herrn den Zeitungsausschnitt und einen spaßhaften Trostbrief, in dem ich auf meine eigenen »Leistungen« verwies. Kurz darauf bekam ich in einem einfachen Luftpostkuvert die folgende Antwort aus Amerika:

THE SECRETARY OF STATE   October 7, 1974
WASHINGTON

Lieber Professor Stolz:
Es war sehr aufmerksam von Ihnen, mir die Ausgabe der »Neuen Kronen-Zeitung« zu schicken, in der die Geheimnisse meiner Jugend aufgedeckt werden. Bislang hatte ich gehofft, daß meine Fürther Schulzeugnisse auch weiterhin nur einem beschränkten Kreis von Vertrauten bekannt seien. Doch ist es tröstlich zu sehen, daß Ihnen eine noch viel eindrucksvollere Leistung gelungen ist, und noch dazu auf Landesebene!
Ich möchte Ihnen bei dieser Gelegenheit auch gleich meine verspäteten Glückwünsche zum Geburtstag übermitteln. Es muß für Sie sehr beglückend sein, auf ein so reiches und schöpferisches Leben zurückblicken zu können, das der Welt so viel Schönheit und Freude geschenkt hat.

Mit besten Grüßen
Henry A. Kissinger

P.S.: Ich habe Ihr Werk sehr bewundert.

Nun, das ist gegenseitig, Henry. Auch ich habe Ihre Arbeit sehr bewundert, und es ist schön, zu wissen, daß wir beide unsere ziemlich wenig versprechenden Anfänge »in academica« widerlegt haben. Ich glaube, unsere Lehrer wären doch sehr erstaunt, wenn sie uns heute sehen könnten.
»Ein Mann ohne Erziehung ist wie ein Baum ohne Wurzeln«, hatte Vater gesagt. Mutters Antwort war einfach: »Robertl hat seine Wurzeln, sie sind in der Musik.« Und je schlechter ich in der Schule wurde, um so mehr widmete ich mich meiner Musik, nicht nur weil es mir Freude machte, sondern auch um den Glauben, den meine Mutter in mich setzte, zu rechtfertigen. Ich arbeitete so diszipliniert, daß ich nicht allein sehr früh als Solist auf Konzertreisen gehen, sondern mir sogar einen Schüler gewinnen konnte.

October 7, 1974

Dear Professor Stolz:

It was thoughtful of you to send me the cover of the <u>Neue Kronen Zeitung</u> issue which revealed the secrets of my youth. Until now I had hoped that my school record in Fuerth would continue to be regarded as privileged information. It is consoling, however, to see that you achieved a much more impressive record-- and on a <u>Land</u> level yet!

I would also like to take this opportunity to extend belated birthday congratulations. You must find it satisfying to be able to look back upon such a rich and productive lifetime, which has brought so much beauty and happiness into our world.

Best regards,

Henry A. Kissinger

Professor Robert Stolz,
    Himmelstrasse 69,
        Vienna, Austria.

I have greatly admired your work.

Der Brief, den der damalige amerikanische Außenminister Henry A. Kissinger an Robert Stolz schrieb. (Vgl. Seite 47.)

Ich war damals sieben Jahre alt, und mein Schüler war ein Jurastudent namens Koch. Er war dreimal so alt wie ich und dreihundertmal so stark. Ein muskulöser Bursche, der ein bißchen wie Max Schmeling aussah. Aber den gab's damals noch nicht. Doch wenn er Goliath war, war ich David.

Armer Studiosus Koch. Hatte jemals das Schicksal einen Menschen bestimmt, nicht Klavier zu spielen, dann war dieser Mensch der Student Koch. Seine ungeschickten, behaarten Hände verpfuschten selbst die einfachste Melodie. Jedoch: Student Koch war verliebt, und kein Medikament der Welt bewirkt mehr Illusionen als der kleine Mann mit dem Zauberpfeil. Das Licht im Leben des Studenten Koch war eine junge Dame aus guter Familie, und so hatte er beschlossen, selbst ein feiner Herr zu werden. Er würde Französisch lernen und Klavierstunden nehmen. Dann, so hatte er sich selbst eingeredet, würden sich die Türen zur guten Gesellschaft weit öffnen, er könnte das Mädchen seiner Träume erringen (und ihre Mitgift) und würde selbst ein Angehöriger des glänzenden »Beau Monde« werden. Das waren in der Tat interessante Aussichten, die auch gewisse Ausgaben rechtfertigen konnten. Aber leider war das Anfangskapital des armen Studiosus Koch jämmerlich klein. Er hatte ja kaum genug Geld, um seine normalen Ausgaben zu bestreiten, gar nicht zu reden von Privatlehrern. Aber wenn Ambitionen und Appetit eines Menschen einmal erwacht sind, kommt sein Erfindungsgeist auf erstaunliche Dinge. Ich weiß nicht, welche Abmachungen Koch für seine Französisch-Stunden getroffen hatte – vielleicht hatte er einen Lehrer gefunden, der sich mit juristischen Ratschlägen als Entgelt begnügte –; für die Klavierstunden jedenfalls kam er zu mir.

David und Goliath, »Herr Robert« der Siebenjährige und »Studiosus Koch«, der ungeschlachte, künftige »Bourgeois Gentilhomme«: wir waren ein komisches Paar. Der schlechteste Schüler der Steiermark hatte selbst einen Schüler angenommen. Es war ein heroisches Experiment. Ich nahm es mit meiner Lehrtätigkeit sehr genau, gab mir die größte Mühe, Kochs ungelenken Fingern die für das Skalenspielen erforderliche Geschmeidigkeit beizubringen, und tatsächlich gelang es mir, ihn mit viel Ausdauer über die ersten Schwierigkeiten hinwegzubugsieren. Und vielleicht hätte Studiosus Koch es im Laufe der Zeit sogar noch zur Beherrschung der berüchtigten Sonate von Clementi gebracht, wäre er nicht unglücklicherweise schon nach dem dritten Monat mit der Bezahlung des vereinbarten Honorars in Rückstand geraten. Dieser Umstand bereitete der musikalischen Ausbildung des Studiosus Koch und seiner

Vorbereitung auf eine glänzende gesellschaftliche Karriere ein jähes Ende – und gleichzeitig versiegte mit einem Schlage meine erste Erwerbsquelle.

11.
Mizzi kommt zu Hilfe

Leider muß ich gestehen, daß es in der Schule nicht besser mit mir wurde, ganz im Gegenteil. Zwar wurde ich immer wieder gerettet von meiner Lieblingsschwester Mizzi, diesem hübschen, intelligenten Mädchen, das meiner Mutter geholfen hatte, mich aufzuziehen. Aber als schließlich auch ihre Hilfe nicht mehr genügte, kam es doch zu einer Vermittlung von oben, und zwar hatte ich das einer alten heidnischen Gottheit zu verdanken: Amor, demselben Burschen, dessen Intervention mir meinen ersten Schüler zugeführt hatte.

Jahraus, jahrein, wann immer die Schulkontrollkommission aus Wien nach Graz kam, um unsere Fortschritte zu prüfen, war ich der Dummkopf der Klasse. Zu Hause war es Mutter, die mich Vater gegenüber verteidigte. In der Schule war die liebe, süße Mizzi mein Schutzengel. Wie Mutter hatte auch Mizzi ihre immer gleichbleibende Ausrede für mich: »Er wird eh' nur ein Musiker, und nicht ein Studierter.«

Kein schlechtes Argument, aber sogar das beste Argument verliert mit der Zeit an Überzeugungskraft. Schließlich, in meinem x-ten Schuljahr, sah es so aus, als könne sogar Mizzi mich nicht mehr vor dem Durchfallen retten. Mein Lehrer, ein sehr gesitteter junger Professor namens Albin Lesky, war ein Perfektionist, ein begabter Pädagoge, der von seinen Schülern ihr Bestes erwartete. Ich war wie immer nervös, scheu und träumte im Klassenzimmer vor mich hin. Ebenso gut hätte ich tausend Meilen entfernt sein können oder zumindest ein paar Häuserblocks, in unserem Haus am Mehlplatz. (Wir waren aus dem Palais Wurmbrand in ein größeres Haus gezogen, um die Musikschule erweitern zu können.)

»Es hat keinen Sinn, Stolz«, sagte mir Dr. Lesky schließlich in seiner ruhigen, ausgeglichenen Art. »Sie schaffen einfach Ihre Arbeit nicht. Es müßte ein Wunder geschehen, um Sie zu retten.«

Ich war zutiefst entmutigt. Das können wohl nur ich, Henry Kissinger und andere schlechte Schüler so ganz verstehen: diese Angst vor der kommenden Strafe, und, was noch viel ärger ist, die Angst vor der Enttäuschung auf den Gesichtern derer, die man liebt und die man im Stich gelassen hat.

Kaum zu Hause angelangt, suchte ich Mizzi und zog sie in eine stille Ecke, wo man uns nicht hören konnte. »Liebste Mizzi«, beschwor ich sie, »du bist meine einzige Hoffnung. Dieser schreckliche Dr. Lesky, der niemals lächelt, wird mich durchfallen lassen. Nur du kannst mich retten. Bitte sprich mit ihm! Der Gedanke, Mama und Papa zu enttäuschen, ist mir unerträglich.«

»Ich werd's versuchen, Robertl, aber wenn dieser Dr. Lesky wirklich so schrecklich ist, wie du sagst, wird es, fürchte ich, nicht so viel helfen.«

Am nächsten Tag schon machte Mizzi dem »schrecklichen Doktor Lesky« einen Besuch und sagte zu ihm, was ohnehin alle wußten: daß ich ein Musiker werden sollte und kein Studierter. Ich weiß nicht, ob es ihre charmante Art war oder ob ihre Argumente den Lehrer überzeugten – auf jeden Fall erreichte sie einen Aufschub der Urteilsvollstreckung.

Und so dankte ich meinem Glücksstern und fuhr fort, mein Studium zu vernachlässigen, ohne zu bedenken, daß für jeden Sünder einmal der Tag der Abrechnung kommt. Meiner kam an einem Samstag im Monat Juli, als ich vom Obergeschoß zum Fenster hinaussah und von Orten träumte, die in weiter Ferne lagen. Doch wer riß mich aus meinen Träumen? Es war kein anderer als Dr. Lesky, der sich mit schwermütigem Gesichtsausdruck und unaufhaltsam wie der Tod unserem Hause näherte. Komisch, dachte ich, daß er seinen schönsten Anzug trägt und seinen steifen Hut aufgesetzt hat. Und Blumen hält er in der Hand! Aber das ist nicht weiter verwunderlich – schließlich kommt er ja zu meinem Begräbnis. Da das Ende gekommen schien, ging ich in mein Zimmer, um mich dort zu verstecken und auf das Beil des Henkers zu warten.

Ich wartete zwanzig Minuten, vierzig Minuten, eine Stunde. Noch immer nichts! Die Spannung wurde unerträglich. Ich schlich den Gang hinunter zum Salon und spähte durch die halb geöffnete Tür.

Doktor Lesky, Mama und Papa sprachen mit leisen, ernsten Stimmen. Mein Lehrer sah ziemlich nervös aus – im Klassenzimmer hatte ich ihn nie so gesehen –, doch Vater und Mutter, obwohl sie sehr ernst wirkten, schienen nicht im geringsten böse oder unglücklich zu sein. Das Erstaunlichste aber war, daß Mizzi, meine liebe Mizzi, still in ihrer Ecke saß, den Blumenstrauß in den Händen, ein Lächeln auf den rosigen Lippen, das Gesicht bis zum Haaransatz gerötet, und schweigend dem Gespräch zuhörte. Was ging hier vor?

Mizzi und Amor hatten mich vor dem Untergang gerettet. Es war wohl damals, als Mizzi bei Dr. Lesky gewesen war, um für mich zu plädieren, von beiden Seiten Liebe auf den ersten Blick gewesen. Und jetzt war er hier, in unserem Salon, und hielt um ihre Hand an. Es war ein Triumph der Liebe, und ein gewisser kleiner Lauser war dadurch, wenigstens vorläufig, seiner Strafe entgangen.

Wenn Mizzi und Dr. Lesky je Schuldgefühle gehabt haben sollten, weil sie mich durch seine Klassen geschwindelt hatten, so haben sie doch nie davon gesprochen. Mehr Freude als an mir hatten sie später mit der Karriere ihres eigenen Sohnes, der auch Albin hieß und ein weltberühmter Altertumsforscher wurde, ein exzellenter Kenner des alten Griechenland. Seine gelehrten Bücher wurden in vielen Sprachen veröffentlicht. Heute, mit Siebzig, wird er als eine der größten Autoritäten auf diesem Gebiet anerkannt, führt Ehrendoktortitel und besitzt Auszeichnungen bedeutender Universitäten wie Cambridge, Princeton und Halle.

Aber die Geschichte ist noch nicht zu Ende. *Sein* Sohn, Dr. Peter Lesky, ist ein mathematisches Genie. Er lehrt an der Technischen Universität in Stuttgart und ist einer der angesehensten Mathematiker unserer Zeit. Und um diese Genies wäre die Welt ärmer, hätte sich meine liebe, hübsche Mizzi nicht so für die Rettung ihres Bruders eingesetzt, des »schlechtesten Schülers der Steiermark«.

Eine kleine Warnung muß ich allerdings jenen jungen Lesern mitgeben, die nun mit den Achseln zucken und sagen: »Ihr seht ja, es kommt nicht darauf an, was man weiß, sondern wen man kennt, um in der Schule Erfolg zu haben.« Ganz so ist es nun doch nicht. Denn diese romantische Geschichte hat – für mich – doch noch ein nüchternes Ende gehabt. Dr. Lesky war es wohl gelungen, mich von Klasse zu Klasse mitzuschleppen, aber keine Macht auf Erden hätte vermocht, mich erfolgreich durch die Schlußprüfungen zu schleusen, die ich für die Matura oder, wie man in Deutschland sagt, das Abitur brauchte. Ich bin überall durchgefallen, sogar in Singen und Turnen. So haben schließlich Liebe *und* Gerechtigkeit den Sieg davongetragen, was mir gar nicht sehr behagte. Heute, mit über neunzig Jahren, bin ich zwar Professor, aber immer noch *ohne Matura!*

12.
Mein heimlicher Teufel

Ja, ich habe die Schule geschwänzt und war ein hoffnungsloser Träumer. Ich habe einen großen Teil meines Lebens als Vagabund gelebt, und die meisten Menschen stellen sich darunter eine sorglose Existenz vor. Allerdings habe ich immer versucht, nur die heitere

Seite des Lebens zu sehen. Ich bin fest überzeugt, daß Gott uns den Humor gegeben hat, um den Schmerz zu betäuben, den unabwendbaren, manchmal unerträglichen Schmerz. War es nicht Goethe, der gesagt hat, wo viel Licht ist, sei auch viel Schatten? Das habe ich auch herausgefunden. Unser Kummer lehrt uns, wie wichtig das Lachen ist, und unsere Enttäuschungen bringen uns bei, sie zu ertragen.

Ich sage das nicht resignierend und ich beklage mich nicht. Aber ich bin überzeugt, daß weniger Neid in dieser unruhigen Welt wäre, wenn jeder nicht nur die Freuden, sondern auch die Schmerzen seiner Mitmenschen kennen würde.

Auf die eine oder andere Art hat jeder von uns in seinem Leben Schaden, Leid und Unglück erlebt. Und, ganz abgesehen von dem, was uns von draußen her zustößt: jeder von uns hat auch mit seinen heimlichen Teufeln fertig zu werden, die manchmal selbst unseren Freunden nicht bekannt sind. Manchmal verraten wir uns vielleicht mit einem Seufzer, einem unvorsichtigen Wort oder einem sorgenvollen Blick. Aber nur selten bekennt man. Und das ist schade! Denn je länger diese Teufel verborgen bleiben, desto schmerzhafter sind die Wunden, die sie schlagen können. Sie können das Leben eines Menschen wahrhaftig zur Hölle machen, und unter dieser Hölle haben oft genug gerade auch diejenigen zu leiden, die wir am meisten lieben.

Ich habe es erlebt. Es steht außer Zweifel, daß die ersten Kirchenväter diese Gefahr gespürt haben, als sie die Notwendigkeit des Beichtstuhls erkannten. Sie wußten, daß man die Menschen mit ihren Ängsten und ihrer Schuld nicht ganz allein lassen dürfe.

Haben wir nicht alle einmal einen Freund oder Bekannten gehabt, bei dem wir das Gefühl hatten, ihn trotz scheinbarer Vertrautheit nicht wirklich zu kennen? Immer stießen wir an eine Schranke, die uns hinderte, ihn ganz zu verstehen. Es gab da irgendeinen dunklen Bereich, etwas, dessen Gegenwart wir fühlten, das wir aber nicht erkennen konnten, weil uns der Schlüssel fehlte. Manchmal kommen wir doch noch hinter das Geheimnis, manchmal erfahren wir es nie. Ich glaube, daß es einen solchen Schlüssel für das Leben eines jeden Menschen gibt. Ich weiß, daß dies für mich zutrifft.

Was ich Ihnen jetzt sagen möchte, ist sehr persönlich, und davon zu sprechen, fällt wirklich nicht leicht. Es ist ein Problem, das mich seit meiner frühen Kindheit bedrückt, und das ich nicht einmal jetzt, in meinem hohen Alter, ganz bewältigt habe. Oft hat es auch mein Verhältnis zu Freunden und anderen Menschen, die mir teuer sind, beeinträchtigt, ohne daß diese es wußten. Mein geheimer Teufel hat mich nie verlassen seit jener Zeit, da ich als Kleinkind beinahe an Gehirnhautentzündung gestorben wäre. Später erzählten mir meine Eltern, der Arzt habe mich damals aufgegeben. Nur meine Mutter war überzeugt, daß ich durchkommen würde, und sie war es, die mich langsam gesundpflegte. Meine Genesung grenzte fast an ein Wunder; ich konnte nur der Mutter und dem lieben Gott danken. Aber irgend etwas war mit mir geschehen. Diese Begegnung mit dem Tod, so früh in meiner Kindheit, hat ein Wundmal an meinem Gehirn hinterlassen, eine Narbe der Furcht.

Es gibt gewisse tropische Fieberkrankheiten, die man nie mehr loswird; sie schlafen im Blut. Das heißt: meistens schlafen sie, aber manchmal erwachen sie zu tobender Heftigkeit, Jahre nachdem man sich angesteckt hat. So geht es mir mit meinen Angstanfällen, meinem heimlichen Teufel. Plötzlich, ohne besonderen Grund – allerdings scheinen Übermüdung und Streß es zu fördern – bekomme ich ein ganz unbegreifliches, totales Angstgefühl, so als ob die Welt mich verschlingen wollte. Es ist, als packe ein unsichtbares Ungeheuer mich an der Kehle, um mich zu erwürgen. Sogar jetzt, während ich hier in Grinzing in meinem hell beleuchteten Arbeitszimmer sitze und in den schönen Frühlingstag hinausblicke, läuft mir, während ich versuche, diese Angst zu beschreiben, ein kalter Schauer über den Rücken.

Seit ich denken kann, habe ich im Schatten dieser Angstzustände gelebt, doch nur wenige Menschen haben davon gewußt. Ich habe Rat bei Ärzten gesucht, bei Seelenärzten und Priestern. Keiner konnte das Problem bewältigen. Die einzige brauchbare Antwort kam aus meiner eigenen Erfahrung, und von einigen Worten, die der Dichter Peter Altenberg einmal über dieses Thema gesagt hat.

Er war einer der wenigen Menschen, dem ich mein Problem anvertraut hatte. Ihm schien nichts sonderbar oder unbegreiflich, denn er hatte sein ganzes Leben darauf verwendet, das Herz des Menschen zu erkunden und darüber zu schreiben. Und was er mir nahelegte, war nicht aussichtsloses Suchen nach einem Wundermittel, sondern: Resignation. Dies schien mir – ich war erst vierundzwanzig Jahre alt, als ich diese Empfehlung zum erstenmal hörte – wie der vorsichtige, ja sogar feige Rat eines müden, alten Mannes. Doch später bestätigte mir meine Erfahrung, daß Peter Altenberg recht gehabt hatte.

»Das Leben wurde dir ein zweites Mal geschenkt, Robert, als du nach deiner Meningitis wieder gesund wurdest. Vielleicht ist es richtig, daß du dafür einen Preis bezahlst. Der Teufel hatte dich fast geholt, als du ein kleines Kind warst; es ist ganz verständlich, daß er hin und wieder versucht, dich doch noch zu erwischen. Man hat *ihn* hineingelegt, nicht dich. Es gibt keinen goldenen Ausweg, ich weiß das, ich war oft genug in Nervenheilanstalten. Die beste Medizin für dich ist Musik und ein glückliches, erfülltes Leben. Merke dir meine Worte, Robert: Du wirst nie einen von diesen Anfällen haben, während du komponierst, dirigierst oder während du eine Frau in deinen Armen hältst.«

Ja, Peter hatte recht. Es gibt kein Wundermittel, keine Zauberpille; Liebe und Musik sind die beste Medizin für mich, und trotz meines heimlichen Teufels habe ich ein langes und erfülltes Leben gelebt, weil mir beides in reichem Maße geschenkt war.

Aber sogar heute noch geht dieser Teufel stets hinter mir, schaut mir über die Schulter und wartet auf den richtigen Augenblick. Manchmal, wenn mir die Dinge zu langsam gehen oder wenn das Wiener Leben ein bißchen zu toll wird, hat er mich wieder am Wickel. Dann wird es Zeit für eine Reise, und Einzi versteht das. Ich muß mich in Bewegung setzen, muß neue Projekte anpacken, neue Musik komponieren, neue Plattenaufnahmen dirigieren. Ich brauche frische Luft und eine neue Umgebung oder ich werde den Kampf gegen meinen alten Feind verlieren, diesen Feind, den ich seit über neunzig Jahren bekämpfe.

Einige Ärzte, die auch meine Freunde sind, konnten mir vorübergehend in meiner Qual und Pein helfen: Dr. Polterauer in Wien und Dr. Engert in Berlin. Dieser erklärte mir meinen Zustand so: »Stellen Sie sich vor, Sie sind am Meeresufer, und eine große Welle kommt auf Sie zu. Sie wissen aber: sie wird bald vorüberziehen. Die Sonne wird wieder scheinen, und die Welle ist vergessen. Das Leben ist schön und lebenswert.«

Ich erinnere mich gut, wie ich das erste Mal versuchte, meinem Feind entgegenzutreten. Es war am Heiligen Abend im Jahre 1888, ich war damals acht Jahre. Schon Wochen vorher war das ganze Haus von dem herrlichen Duft des Weihnachtsgebäcks und frisch gebackener Kuchen erfüllt. Mutter kommandierte zum Backen dieser Herrlichkeiten ihre kleine, aber energische Küchenbrigade: meine Schwester und das Hausmädchen. Papa bestimmte immer einen Raum als »ganz geheimes Zimmer«, das er bis zum Weihnachtstag fest verschlossen hielt. Dort stellte er den Baum auf und legte die Geschenke bereit. Für uns Kinder war es wie ein verbotener Garten Eden, aber wir empfanden fast mehr Freude, wenn wir uns alle diese Schätze vorstellten, als später, am Heiligen Abend, wenn die Tür wie durch Zauberei plötzlich aufsprang. Auch wir versteckten natürlich unsere Geschenke für die Eltern und die Geschwister, bis der große Augenblick kam. Ich entsinne mich, daß ich einmal eine kleine hölzerne Puppe für Mizzi gebastelt und sie, sorgfältig verpackt, unter meinem Bett versteckt hatte.

Es war nach Mitternacht, und alle waren schon zu Bett gegangen, als ich einen Kerzenleuchter nahm und auf Zehenspitzen den Gang hinunterging, der zum verlassenen Saal der Musikschule führte. Ich war entschlossen, mir selbst zu beweisen, daß ich kein Feigling war, sondern Dunkelheit und Einsamkeit ertragen konnte, ohne zurückzuweichen. Die Vorstellungskraft eines Achtjährigen ist sehr stark, besonders wenn er in dunkler Nacht allein ist. Als ich den Saal betrat, mit seinen Spiegelwänden und vierzig Klavieren, von denen einige, höchst gespenstisch anmutend, mit weißen Tüchern bedeckt waren, blieb ich wie gelähmt stehen und blickte mit großen Augen um mich, zu entsetzt, um zu schreien oder mich zu bewegen. Was ich da sah in all den vielen Spiegeln, war tausendmal dasselbe Bild: die Spitze einer Kerzenflamme und eine kleine, magere Gestalt in einem langen, weißen Nachthemd. Als mir bewußt wurde, daß diese geisterhaften Spiegelbilder mich selbst darstellten, beruhigte ich mich ein bißchen und ging tiefer in den Saal hinein. Mit dem flackernden Kerzenlicht als einziger Begleitung hatte ich das Gefühl, von der Dunkelheit verschlungen zu werden, aber ich war entschlossen weiterzugehen. Ich nahm mir vor, bis zum letzten Klavier in der äußersten Ecke des Saales vorzudringen und dort etwas zu spielen. Erst nach diesem Beweis, daß ich meine Angst überwunden hatte, würde ich wieder ins Bett gehen.

Endlich, nach einer Zeit, die mir wie eine Ewigkeit scheint, erreiche ich das letzte Klavier. Ich zittere wie Espenlaub, aber ich habe mein Ziel erreicht. Ich ziehe das Klavierstockerl näher, und während ich mich niedersetze, stoße ich mit meinem Knie an einen Klavierfuß. Und plötzlich gibt es einen fürchterlichen Krach, als sei die ganze Saaldecke auf uns gestürzt. Für einen Augenblick will ich in höchster Panik davonlaufen. Doch dann hebe ich die Kerze etwas höher und sehe: die »Explosion« war nichts als der Klavierdeckel, der zugefallen war, als ich an den Fuß anstieß. Erleichtert fange ich an zu spielen. Ich schwitze, obwohl es in dem dunklen, zugigen Raum kalt ist. Um mich besser auf die Musik konzentrieren zu können, beschließe ich, zu improvisieren. Das Resultat ist eine einfache kleine Melodie, nur ein paar Takte.

Diese Melodie blieb mein Geheimnis und wird es immer bleiben. Ich habe sie nie aufgeschrieben und werde sie mit mir ins Grab nehmen. In allen folgenden Jahren war diese kleine Melodie eine der stärksten Waffen gegen meinen geheimen Teufel, eine Art Talisman. Auch jetzt noch spiele ich sie am Anfang und am Ende, wann immer ich wegfahre und zurückkomme zu meinem Klavier. Sie ist mein persönliches »Grüß Gott« und »Auf Wiedersehen«.

Wie Sie sehen, war Musik schon immer meine beste Medizin, lange bevor ich Peter Altenberg begegnet war. Sie ist kein Wundermittel, aber ein Gegenmittel, wenn meine Seele unruhig ist oder mich diese schreckliche Angst mit kalten Fingern packt. Und sie ist es auch heute noch, denn der Teufel ist noch immer bei mir.

Ob er mich sehr stört? Ja! Natürlich wäre es mir lieber gewesen, wenn ich meinen geheimen Teufel für immer hätte begraben können, damals am Weihnachtsabend. Aber vielleicht wäre das zu viel verlangt. Es genügt zu wissen, daß ich ihm mit Hilfe meiner Musik und der Menschen, die ich liebe, entgegentreten und Trotz bieten kann. Er wird wiederkommen, wird auf mich losgehen, wenn ich es am wenigsten erwarte, und wird mich – noch oft – beinahe zerstören. Aber er hat mich noch nie besiegt, und ich glaube, daß ich vielleicht die vielen glücklichen Momente meines Lebens nicht so voll genossen hätte, wenn diese Bedrohung nicht immer in spürbarer Nähe gewesen wäre. Dieser starke Schatten ist notwendig, damit man sich des hellen Lichts um so dankbarer erfreuen kann. Wer den wahren Schmerz, die wirkliche Angst nie gekannt hat, der ist wohl außerstande, die wahre Freude richtig zu genießen: die Freude des Gefangenen, der wieder in Freiheit ist, die Freude des Blinden, der wieder das Licht sehen darf.

Doch Peter Altenberg hatte mit dem Rat, den er mir, viel später, gegeben hatte, Musik *und* Liebe gemeint.

Auch wenn er seine Mutter noch so aufrichtig liebt – es kommt im Leben jedes normalen jungen Mannes einmal die Zeit, da er spürt, daß man Frauen auch auf andere Weise lieben kann. Mir kam diese Erkenntnis in meinem fünfzehnten Lebensjahr, dem Jahr meiner ersten Liebe.

13.
Erste Liebe mal sechs

In dieser merkwürdigen Zeit, in der wir heute leben, wird die physische Seite der Liebe von den Romanschreibern nur allzu gern bis ins Detail beschrieben – was also könnte ich da noch über das älteste Thema der Welt hinzufügen? Es gibt keine Geheimnisse mehr, man spricht über das Liebesspiel genauso freimütig wie darüber, daß man zum Kaufmann geht oder sich die Zähne putzt. Toleranz und

Pille haben das weibliche Geschlecht befreit – und uns Männer gleichzeitig von einem Teil unserer uralten Verantwortlichkeit entbunden. Ob das gut oder schlecht ist, wird sich erst später zeigen. Ich persönlich freue mich, daß in unserer Zeit so viele der alten, scheinheiligen Vorurteile über »Sex« verschwunden sind, wozu die Meinung gehört, »Sex« sei etwas Schmutziges, über das man nur flüstern oder kichern kann. Ich möchte freilich hoffen, daß mit den Vorurteilen nicht auch der Zauber und das Geheimnis um die intime Zweisamkeit verschwunden sind. Sollte dies der Fall sein, dann wäre ich froh, daß ich vor der »sexuellen Befreiung« mündig geworden bin.

Aber ich bin Optimist. Man braucht nur an einem sonnigen Tag im Park spazierenzugehen und die glücklichen jungen Pärchen anzusehen, die da Hand in Hand vorüberwandern, um zu erkennen, daß das romantische Lebensgefühl die sexuelle Revolution überlebt hat. Und es ist die Schönheit in allen Dingen, die auch mir das Leben lebenswert macht.

Wer aber hat mich zum erstenmal durch dieses Morgentor der Liebe geführt? Ein Detektiv würde sagen, daß es da mehrere »Verdächtige« gibt. Ich werde sie aufzählen und über sie sprechen; Sie können dann selbst entscheiden.

Wenn Sie die Sache technisch betrachten wollen, dann war die erste »Verdächtige« eine ledige Französin unbestimmten Alters, Mademoiselle Hortense, eine ziemlich große, Achtung gebietende Frau mit einem gesunden, rosigen Teint. Sie war eine von jenen schon beinahe ausgestorbenen ehrbaren, wohlerzogenen Töchtern aus gutem Hause, die nie heiraten – vielleicht, weil die Familie ihr Vermögen verloren hat – und die ihr Leben mühselig als Gouvernante, Privatlehrerin oder Gesellschaftsdame fristen müssen. Ich glaube, sie war die Freundin einer Bekannten meiner Mutter, deren Familie französischen Ursprungs war. Mademoiselle Hortense verbrachte den größten Teil eines Sommers mit uns in Graz, unterrichtete meine Schwestern in Zeichnen und Sticken und versuchte, ihnen die französischen Klassiker etwas näherzubringen. Ich war damals fast dreizehn, und Mademoiselle, die scharfe und ziemlich kalte Augen hatte, muß die Symptome einer gewissen Veränderung in mir erkannt haben, etwas, das ihrer Meinung nach eine Erklärung verlangte. In einer stürmischen Sommernacht – alle anderen Familienmitglieder schliefen schon – kam sie auf leisen Sohlen in mein Schlafzimmer und in mein Bett. Und bevor ich wußte, wie mir geschah, hatte ich meine erste Unterrichtsstunde in Sachen Liebe.

Als ich Mademoiselle am nächsten Morgen im Salon sah, formell und steif, ihr Haar zu dem üblichen festen Knoten aufgesteckt, das Pincenez wieder auf ihrer ziemlich gebogenen Nase, hätte man sie für eine andere Frau halten können. Und als sie die Augen kurz von ihrer Stickerei hob, schien sie nicht auf, sondern durch mich hindurch zu sehen.

Während der nächsten sechs Tage glaubte ich fast, das Ganze nur geträumt zu haben.

Doch dann, in der siebenten Nacht, erschien Mademoiselle wiederum in meinem Zimmer. Wir wiederholten das stumme, aber aufregende Ritual der vergangenen Woche, und während ihres ganzen Aufenthaltes bei uns besuchte sie mich regelmäßig einmal pro Woche. Tagsüber jedoch gab es nie eine Zärtlichkeit oder einen glühenden Blick. All das gehörte dem Königreich der Nacht, unserer eigenen heimlichen Welt. Als Mademoiselle uns Ende August verließ, war unser Geheimnis noch intakt.

Erst im letzten Moment, während ich behilflich war, ihr Gepäck zum Zug zu tragen, drehte sie sich, leicht erregt, zu mir um, nahm ihr Pincenez ab und flüsterte mir zu: »Vielleicht erzählen Ihre Professoren Ihrem Herrn Vater, daß Sie nur langsam lernen, Maître Robert. Aber nehmen Sie es nicht zu tragisch! Es gibt zumindest einen Lehrer, der weiß, daß Sie ein ausgezeichneter Schüler sind, wenn Sie Ihre Arbeit nur ernst nehmen. Au revoir, petit prince!« Und mit diesen Worten setzte sie ihr Pincenez wieder auf und entschwand für immer aus meinem Leben.

Mademoiselle hat mich nicht mit der Liebe oder der Schönheit bekannt gemacht, sondern nur mit dem rein physischen Gefühl und seinen Ausdrucksmöglichkeiten. Die Begegnung mit Mademoiselle Hortense war wirklich nur eine technische Übung: Frühjahrsparade für mich und Herbstmanöver für sie.

Als ich mich zum erstenmal richtig verliebte, geschah es unter viel erfreulicheren Umständen – verliebte ich mich doch gleich in eine ganze Gruppe bildhübscher Showgirls. Wie sagt man doch? »Es ist besser, zwei zwanzigjährige Mädchen zu haben als ein vierzigjähriges.« In diesem Falle waren es nicht zwei, sondern fünf junge Damen. Ich verliebte mich in die »Barrison Sisters«.

Wahrscheinlich sagt Ihnen der Name heute nichts mehr, aber in den »Lustigen Neunziger Jahren«, als ich ein munterer Teenager war, waren die Barrison Sisters ein sehr beliebtes amerikanisches »Song and Dance Team«, eine Gruppe von entzückenden, blondgelockten Mädchen, die singend und tanzend durch die Welt zogen und von ihren reizvollen Kurven nur gerade das herzeigten, was Gesetz und Sitte in der damaligen, so viel strengeren Zeit erlaubten.

Natürlich waren sie keine wirklichen Schwestern, nur Partnerinnen, aber sie sprachen und kleideten sich auf die gleiche Weise und sahen sich so ähnlich, daß ich mich heute nicht einmal mehr an ihre Namen erinnern kann. Sinnliche Doppelgängerinnen! Frisch, scheinbar naiv und spröde, mit dem wunderschönen, klaren Teint – pfirsichfarben nannte man ihn –, der damals als Kennzeichen englischer und amerikanischer Mädchen galt.

Sie wissen, wie es einem manchmal geht, wenn man eine hübsche neue Melodie zum erstenmal hört, sie will einem einfach nicht aus dem Kopf. So erging es auch mir nach meiner Aufklärung durch Mademoiselle Hortense. Ich mußte immer an die Dinge denken, die sie mich gelehrt hatte. Und so verbrachte ich einen Großteil meiner Zeit damit, mich nach neuen Weidegründen umzusehen.

Kein Wunder, daß es Liebe auf den ersten Blick war, als ich die Barrison Sisters sah. Leider sah ich sie vorerst nur auf einer Postkarte und mußte dann noch einige Wochen warten, bis ich sie kennenlernen konnte. In der damaligen Zeit, ohne Radio, Film und Fernsehen, war die Postkarte eines der wenigen Mittel, einen Künstler bekannt zu machen. Also konnte man schon Monate vor dem Auftreten der Barrison Sisters in Graz an allen Verkaufsständen kolorierte Postkarten der fünf Schönheiten erstehen. Ich kaufte mir je ein Exemplar, und je länger ich sie ansah, desto mehr versprach ich mir selbst, meine Scheu zu überwinden und die Mädchen »in natura« zu treffen, wenn sie in Graz ankommen würden.

Endlich kam der große Tag. Die Schwestern sollten mit dem Vier-Uhr-Zug eintreffen. Der »schlechteste Schüler der Steiermark« entzog sich unbemerkt dem Blick seines Lehrers, für den Fall, daß der Zug früher ankommen sollte. Doch nichts dergleichen geschah. Mit fünf Rosensträußen im Arm wartete ich viele Stunden. All die anderen Freunde und Gönner, die mit mir gewartet hatten, um die berühmten Schwestern zu begrüßen, hatten nach und nach die Hoffnung aufgegeben und sich zerstreut. Ich aber blieb und blieb, und meine Geduld wurde belohnt.

Es ist schon fast Mitternacht. Plötzlich ertönt aus der Ferne das schrille Pfeifen der Lokomotive. Der Stellvertreter des Stationsvorstehers reibt sich den Schlaf aus den Augen und geht mit steifen Schritten zum Bahnsteig, in der einen Hand hält er eine Laterne, in der anderen einen zerknüllten Fahrplan.

Nur wir beide stehen auf dem Perron, während der Zug in die Station einfährt. Plötzlich spüre ich schreckliches Lampenfieber. Die Rosen sind verwelkt, meine Jacke paßt nicht, und meine Füße sind zu groß. Sie werden sich über mich lustig machen! Wozu bin ich überhaupt hier? Ich fühle all die Qualen, die ein verliebter Jüngling in solchen Momenten empfindet.

Doch dann erblicke ich die fünf schönen Gestalten, die einem der Waggons entsteigen, und meine Angst vergeht. Schönheit ist immer das beste Tonikum; sogar der alte Stationsvorsteherstellvertreter ist wie verwandelt. Hellwach ist er jetzt, steht kerzengerade und stolz wie ein Feldwebel. Die Barrison Sisters sind angekommen ...

Ohne ein Wort zu sagen, lief ich zu ihnen hin, verbeugte mich und überreichte die anämischen Rosen. Mein Herz klopfte so stark, daß ich kaum denken konnte – ich konnte nur schauen, nur die fünf perfekt zueinander passenden Göttinnen anstarren, die vom silbrig flackernden Licht der Bahnhofslampe beleuchtet wurden.

»Wie reizend«, sagte eine von ihnen, und fünf köstliche, rote Lippenpaare lächelten, und fünf modische Röcke machten einen würdevollen, doch nicht *zu* würdevollen Knicks. Ich konnte wieder atmen! Und als mein Verstand wieder funktionierte, fand ich auch die Sprache wieder.

»Willkommen in Graz, liebe Barrison Sisters. Es ist schon sehr spät, und ich fürchte, daß fast die ganze Stadt schläft. Kann ich Sie zu Ihrem Hotel führen? Es wäre mir eine Ehre!«

Wieder sagte eine der fünf Schwestern »Wie reizend«, und diesmal kicherten die vier anderen, aber sie akzeptierten mein Angebot. Ich brauchte keine weitere Ermutigung. Als wir beim imposanten Hotel »Erzherzog Johann« ankamen, war ich schon »little Bobby« und von den Barrison Sisters gleichsam als Maskottchen angenommen. Während der ganzen Zeit ihres Aufenthaltes in Graz machte ich kleine Besorgungen für sie, rannte hinter ihnen her wie ein liebeskranker junger Hund und wurde – wenn sie dafür Zeit hatten und in der richtigen Stimmung waren – wie ein zwar schlimmer, aber liebenswerter Schoßhund behandelt. Jede Minute war ein Vergnügen für mich!

Sie waren wirklich sehr ehrbare Mädchen, die Barrison Sisters. Falls sie erwachsene Verehrer unter den wohlhabenden Mitgliedern der Grazer Gesellschaft hatten, bemühten sie sich, diese Tatsache zu verbergen. Freilich mußte wohl jemand, der mehr Taschengeld als ich zur Verfügung hatte, ihnen die teuren Schokoladen und kandierten Früchte geschickt haben, die sie dann an mich weitergaben. Und um Ihnen die Wahrheit zu sagen: dies waren die einzigen »verbotenen Früchte«, die ich mit den fünf hübschen Amerikanerinnen teilte. Man redete mir gut zu, man verwöhnte mich, man neckte und liebkoste mich. Ich wurde mit Süßigkeiten gestopft und erhielt gelegentlich einen fast mütterlichen Kuß auf die Wange.

Aber weiter ging es nicht. Es war zwar besser als gar nichts, aber für meinen Blutdruck war es Gift.

Meine unerwiderte Leidenschaft gab mir ein Selbstvertrauen und eine Erfindungsgabe, die ich mir gar nicht zugetraut hatte. So nützte ich zum Beispiel meine Freundschaft mit den Bühnenarbeitern und dem Geschäftsführer des »Orpheum«, um sie spielen zu sehen. Im verdunkelten Theater konnte ich meine fünf Sirenen jeden Abend bewundern; manchmal war ich hinter den Kulissen, manchmal im leeren Souffleurkasten, dann wieder hoch oben auf dem Schnürboden oder unten im Orchesterraum – ja, ich habe sie im Laufe der Zeit wohl von jedem Platz aus gesehen, den das Theater bieten konnte.

Und dies war die neue Empfindung, das neue Geheimnis, das ich durch die Barrison Sisters kennenlernte: Zum erstenmal erlebte ich *das Theater*. Nicht vom Standpunkt des Zuschauers, aber von den hunderterlei Blickpunkten des Sängers, Tänzers, Schauspielers, Direktors, Requisiteurs, der Garderobiere, des Musikers – vom Blickpunkt einer Clique, einer ganz besonderen Sippe, eben der Menschen vom Theater! Zum erstenmal spürte ich, was es bedeutet, den Zauber des Theaters zu erleben, ihn berauscht einzuatmen, etwas, das so ganz anders ist als die ernste Atmosphäre des Konzertsaales. Hier gab es nicht nur höflichen Applaus, sondern Gelächter, tiefe Seufzer, manchmal sogar wirkliche Tränen bei den Zuschauern – all das hervorgerufen durch die wunderbare Kunst der Darsteller.

Es war wie Wein, der zu Kopf steigt, und ich liebte das Theater von Anfang an. Auch heute noch liebe ich diese gemalte Zauberwelt aus Pappe, diese Welt künstlicher Gefühle, die dem Zuschauer echtes Gefühl vortäuschen kann, so wie der Alchimist aus Blei Gold hervorzaubert.

Musik war mein ganzes Leben, das wußte ich schon. Ich hätte mich ebensowenig von der Musik trennen können wie von meinen Augen, Armen oder Beinen. Mehr noch: sie war ein Teil meiner Seele. Aber jetzt schlich sich eine neue Liebe in meine Seele. Auch ich wollte ein Alchimist sein; auch ich wollte eines Tages Noten und Worte und Zubehör und Schauspieler nehmen und sie zu einem Zauberwerk zusammenführen, das einem empfindsamen Publikum Begeisterung und wirkliches Glück bringen würde.

So hatten mir die Barrison Sisters *ein* Geschenk vorenthalten und ein anderes dafür gegeben. Statt mir ein paar flüchtige Stunden sinnlicher Liebe zu schenken, machten sie mich mit einer das ganze Leben lang währenden Liebe bekannt, einer Liebe, die in meinem Herzen frisch und lebendig geblieben ist, noch lange nachdem diese fünf charmanten Mädchen zu weißhaarigen alten Damen im Schaukelstuhl geworden waren.

Die Tage vergehen schnell, und wieder ist es Zeit für fünf Rosensträuße. Diesmal ist es allerdings ein Tauschgeschäft. Fünf Bouquets für fünf Küsse, und dazu eine weitere Bonbonniere aus dem schier unerschöpflichen Schokoladevorrat der Schwestern.

Bei meiner Heimkehr bemerke ich, daß Mutter, die auf mich gewartet hatte, einen besorgten, neugierigen Blick auf mich wirft. Ein schneller Blick in den Vorzimmerspiegel zeigt mir mehrere schwache, aber doch sichtbare Spuren auf meinen Wangen; die süßen, schmollenden Lippen der Barrison Sisters haben ihren Abdruck hinterlassen.

Arme Mutter! Sie ist besorgt, aber sie sagt nichts. Sie umarmt mich wie immer und sagt nur: »Es ist schon spät, Robertl. Du bist ein großer Junge und bist sicher hungrig. Komm, ich habe die Suppe für dich warm gehalten.«

Liebste Mutter! Ich will nur hoffen, daß das, was du gesehen hast, dich nicht beim Einschlafen störte.

Ich *war* ein heranwachsender Junge und wurde langsam und mühevoll ein Mann. Und ich war hungrig – hungrig nach dieser neuen Welt von Erkenntnissen und Gefühlen, die sich mir eröffnete. Aber in dieser Welt wirst immer du, Mutter, mein Abendstern sein!

Servus Ida Prokosch! Wer Ida Prokosch ist? Wer sonst könnte sie sein als meine sechste »erste Liebe«. Mein Iderl war meine wirkliche erste Liebe, meine Jugendliebe.

Ich nannte sie »mein Veigerl (Veilchen) aus dem Stiftingtal«, weil das der Name des Grazer Stadtteiles war, in dem sie wohnte. Iderl und ich kannten einander schon seit unserer frühesten Kindheit; wir hatten im Park immer miteinander gespielt. Ja, wir waren nur Spielkameraden, nicht mehr, bis mir plötzlich bewußt wurde – ich muß fünfzehn oder sechzehn gewesen sein, und es war nach Mademoiselle und den Sisters –, daß dieses wunderhübsche Veilchen direkt vor mir erblüht war, während ich exotischen Blumen nachjagte.

14.
Grazer Ring-Zyklus

Iderl war die jüngere Tochter von Frau Prokosch, der Witwe eines früheren Direktors der bekannten *Weitzeschen Waggonfabrik*. Für eine Witwe war Frau Prokosch ziemlich lustig, eine herzliche, rundliche Dame mit viel Sinn für Humor, einem kräftigen Appetit und einer aufrichtigen Liebe zu ihren Kindern. Sie kannte mich seit meiner Kindheit und hatte mich recht gern. Der schwarze Samtanzug, den ich als kleiner Pianist trug, und der verzückte, engelhafte Ausdruck, den ich beim Spielen immer annahm, machte auf Frauen in mittleren Jahren einen starken Eindruck und appellierte an ihre mütterlichen Gefühle.

Während Iderl und ich heranwuchsen, forderte mich Frau Prokosch immer wieder auf, sie in ihrem hübschen Haus im Stiftingtal zu besuchen. Ich bin auch überzeugt, daß Frau Prokosch mich gerne zum Schwiegersohn gehabt hätte – bis irgend jemand ihr Mißtrauen erweckte.

Iderl und ich hatten uns schon immer gern gehabt. Als ich ein Jüngling war und sie ein junges Mädchen, fand ich sie unwiderstehlich, und auch bei ihr entfaltete sich diese reine, idealistische Zuneigung, die jedes junge Mädchen wenigstens einmal im Leben empfindet.

Iderl war sanft und gefühlsbetont, graziös und blond und hatte die glänzenden Augen eines Rehes. Und wie dem Reh waren auch ihr Tumult und Unruhe verhaßt. Wann immer ein Familienstreit anfing, wäre sie am liebsten davongelaufen, um wie ein sanftes Waldwesen in einem stillen Winkel Zuflucht zu finden.

Unsere Liebesgeschichte – ich nenne sie den »Grazer Ring-Zyklus« – begann schon, als wir erst zehn Jahre alt waren. Eines Tages – wir spielten gerade im Stadtpark – fand ich ein ungeschliffenes, ringförmiges Stück Messing im Gras. Es war völlig verschmutzt, aber als ich es gereinigt hatte, glänzte es wie Gold.

»Schau, Iderl«, rief ich meiner kleinen Freundin zu, »schau, was ich gefunden habe!« Sie legte ihre Puppe weg und lief zu mir.

Ich hauchte auf den Ring und polierte ihn an meinem Hemdsärmel. »Siehst du, Iderl, ein goldener Ring!« Dann hielt ich ihn ihr auf meiner offenen Hand entgegen. Und für einen Augenblick glänzte der alte Messingring im hellen Sonnenlicht, als käme er wirklich aus einem Goldschatz. Ida schrie vor Überraschung und umarmte mich. »Bitte, kann ich ihn halten, nur eine Sekunde?«

»Du kannst ihn auch behalten, Iderl. Aber eines mußt du mir versprechen: Gib mir dein Wort, daß du ihn erst tragen wirst, wenn wir verheiratet sind.«

»Ich verspreche es!«

Aber Evas Töchter, sogar die jüngsten und nettesten, bleiben nicht lange naiv, wenn es sich um Schmuck handelt. Kaum hatte Ida den Ring gesehen, fing sie an zu lachen. »Ach Robertl, du Dummkopf, da schau her!«

Oben links: Johann Strauß (1825–1899) mit seiner Frau Adele.
Oben rechts: Johannes Brahms (1833–1897).
Unten links: Engelbert Humperdinck (1854–1921).
Unten rechts: Anton Bruckner (1824–1896).

Oben links: Die Barrison Sisters – hier nur vier von fünf.
Oben rechts: Der Dichter Peter Altenberg, eigentlich Richard Engländer (1859–1919).
Unten links: Karl Kraus, Wiener Publizist (1874–1936).
Unten rechts: Robert Stolz im Krieg bei den Deutschmeistern.

Ich hatte es vorher nicht bemerkt, aber es waren ein paar kleine, fast unleserliche Zeichen auf dem »Ring« eingraviert: »Weitzesche ... Weitzesche Waggonfabrik« ... Unser »Ehering« war ein weggeworfenes Maschinenteil aus der Fabrik ihres Vaters. Ich muß hier hinzufügen: Dies war das einzige Mal, daß einer meiner Schwiegerväter irgend etwas zur Hochzeit beigesteuert hat.

Nun lachten wir beide. Und während sie wohl glaubte, ich könne es nicht sehen, bemerkte ich, daß sie unseren »Ring« in der Schärpe ihres Kleides versteckte.

Ich hatte die ganze Angelegenheit bald vergessen, doch nicht so Iderl. Acht Jahre später, es war wieder ein Frühlingsabend im Park und ich war achtzehn und sie siebzehn, hielt ich wieder um ihre Hand an, diesmal im Ernst. Da lachte sie dasselbe melodiöse Lachen und begann, sich mit ihrer Tasche zu beschäftigen.

»Aber liebster Robertl, das haben wir ja schon einmal erlebt, genau hier im Park«, flüsterte sie.

»Bitte, Iderl, Liebste, das ist nicht zum Spaßen, ich meine es wirklich ernst. Ich möchte, daß du meine Frau wirst!«

»Und mir ist es auch vollkommen Ernst, Robertl. Hast du mein Versprechen vergessen? Hast du *das* vergessen?« Sie griff in ihre Handtasche und holte etwas Kleines, Glänzendes heraus. Es war unser alter Messingring. Ich streifte ihn über Iderls winzigen Ringfinger und dann küßte ich sie und hielt sie fest und liebevoll in meinen Armen. Und just in diesem Augenblick kam Frau Prokosch mit ihrer Tochter Anna um die Wegbiegung und stand uns plötzlich gegenüber.

»Mutti! Annerl! Ich muß euch etwas Wunderbares sagen!« rief Ida atemlos. »Robertl hat gerade um meine Hand angehalten.«

Frau Prokosch war wie ein großes, seetüchtiges Schlachtschiff. Man konnte sie kaum aus dem Gleichgewicht bringen. Sie zögerte einen Augenblick, doch dann strahlte sie uns beide an. Auch Anna schaute freundlich drein – und doch hatte ich das Gefühl, als käme da ein abschätzender Blick aus ihren ziemlich kühlen, grauen Augen – eine stille Kriegserklärung. Doch die Besorgnis dauerte nur eine Sekunde; Frau Prokoschs heiteres Lachen ließ sie mich bald vergessen.

»Ach Robertl, du bist ein guter Junge, und ich weiß, wie gern du mein Iderl hast. Ihr zwei wart ja seit eurer Kindheit wie siamesische Zwillinge. Das ist sehr, sehr schön... Aber wir dürfen nichts übereilen. Ihr seid beide noch so jung! Aber darüber können wir später sprechen. Und jetzt kommt beide her und gebt Mama Prokosch ein Busserl.«

Mit diesen Worten umarmte sie uns. An ihrer breiten Brust war viel Platz, und wenn sie lachte, bewegte sich ihre ganze Üppigkeit wie die warmen, plätschernden Wellen am Meeresstrand. Nur Anna stand abseits und blickte mit kühlen Augen auf mich. »Das stimmt, Mama«, murmelte sie, »sie *sind* beide noch sehr jung, und du mußt es dir wirklich überlegen.«

Am anderen Ende des Parkes spielte eine Musikkapelle, und die sanfte Brise trug ein paar Takte eines alten Walzers von Lanner durch die Bäume zu uns herüber. Dann hörte die Musik auf. »Kommt, Kinder«, sagte Frau Prokosch vergnügt, »es ist für uns alle höchste Zeit, ins Bett zu gehen.«

Ich war sehr glücklich.

Doch wenn es das kleine Wörtchen »wenn« nicht gäbe, wieviel einfacher wäre alles! Nachdem ich um Idas Hand angehalten hatte, litt ich viele Wochen unter dem, was ich später die »Wenn-Qual« nannte. Je mehr ich Frau Prokosch drängte, mir doch endgültige Erlaubnis zur Heirat zu geben, desto mehr »Wenn« brachte sie aufs Tapet.

»Ja, ja, Robertl, ihr wäret ein fesches Paar ... Wenn du nur schon ein bißchen älter wärest und eine sichere Zukunft hättest!«

Eine sichere Zukunft! Ich war das jüngste von zwölf Kindern, und mein Vater war ein angesehener, aber alles andere als reicher Musiker. In jenen Tagen gab es noch keine reichen Musiker. Ich kann mich erinnern, daß man mich als kleinen Jungen, noch bevor ich lesen konnte, mit Papas gefaltetem Notenpapier quer über die Straße in die Bäckerei von Herrn Mayer schickte. Der Bäcker, der glücklicherweise sehr musikliebend war, sah das Papier an, öffnete es geheimnisvoll und schickte mich dann mit fünf oder zehn Gulden wieder nach Hause.

Damals glaubte ich, daß mein Vater dem Bäcker irgendwelche Kompositionen verkaufte. Erst später entdeckte ich, daß er aus Ersparnisgründen seine kleinen Brieflein auf gebrauchtes Notenpapier schrieb. Die Mitteilung an den Bäcker war nicht sonderlich musikalisch, wenn sie auch »ein altes Lied« war:

»Sehr geehrter Herr Mayer!
Ich begrüße Sie und küsse der Frau Mayer die Hand. Da ich derzeit in einer kurzfristigen Geldverlegenheit bin, habe ich die Ehre, Sie zu bitten, mir ein Darlehen von zehn Gulden zu gewähren.
Ende des Monats, wenn mich meine Musikschüler bezahlt haben, werde ich Ihnen alles mit größtem Vergnügen zurückerstatten.

Gott segne Sie, Herr Mayer, ich sende Ihnen die besten Grüße und Glückwünsche.

In Dankbarkeit
Ihr Freund und Nachbar
Jakob Stolz.«

Heutzutage schreibt man Briefe dieser Art nicht mehr, aber ich vermute, daß es noch viele Musiker gibt, die vor Monatsende, mit dem Hut in der Hand, zu ihrem Bäcker gehen müssen. Sicherlich hatte eines der größten »Wenn« im Arsenal der Frau Prokosch mit Bäckerrechnungen zu tun.

»Ich weiß, Robert, daß ihr miteinander sehr glücklich sein werdet, wenn du Iderl erst einmal anständig erhalten kannst. Liebe ist etwas Wunderbares, mein lieber Junge, aber sie produziert weder Schnitzel, noch zahlt sie die Miete. Freilich, wenn du einen richtigen Beruf hättest, eine richtige Stellung mit guter Bezahlung . . .«

Nun war es ja verständlich, daß die freundliche Dame, die selbst sehr großen Wert auf ihr Schnitzel legte, sich über diese Dinge den Kopf zerbrach. Aber ihre ungewöhnliche Hartnäckigkeit und ihr immer kühler werdendes Benehmen beunruhigten mich. Sie entsprachen in keiner Weise Frau Prokoschs üblichem Verhalten; ich war sicher, daß irgend jemand hinter diesen vielen »Wenn« stand. Und bald fand ich heraus, wer es war: die Schwester mit den kalten Augen und dem zweifelnden Blick.

Anna war mit einem wohlhabenden Ingenieur verheiratet, lebte in Budapest und war, als ich ihrer Schwester den Heiratsantrag machte, in Graz nur zu Besuch gewesen. Während Frau Prokosch im Grunde eine nachgiebige, vergnügungssüchtige Person war, die nur selten etwas ernst nahm, nahm Anna absolut *alles* ernst. Die gutmütige Mutter war ihr nicht gewachsen, und mein armes, sanftes Iderl war es noch viel weniger. Anna aber hatte ihre festgesetzte Meinung über mich: Ein Musiker war ein *Niemand,* eine Null, und ich war in ihren Augen die größte Null unter den Musikern. Sie wiederholte ständig: »Der wird eh' ka Studierter, der wird eh' nur a Musiker.« Und das hieß: Er hat nichts und wird nie etwas haben. So versuchte Anna mündlich und schriftlich, Frau Prokosch ihre Zweifel und Befürchtungen aufzudrängen.

Armes, kleines Iderl. Wenn ich sie jetzt besuchte, waren ihre Augen selten trocken. Sie war in der Mitte eines Sturmes eingefangen. Egal, welche Richtung sie einschlug – immer würde sie jemandem wehtun, aber dort, wo sie stand, war ihr Leben unerträglich. Und was mich anging, konnte ich zwar mit Frau Prokosch sprechen, aber leider hatte ich keine überzeugende Antwort auf all die schrecklichen »Wenn«, die sie mir entgegenschleuderte. Was würde ich wirklich tun können, um in einer Welt zu überleben, die mit dem Überschuß an jungen Musikern nichts anzufangen wußte? Gab es einen Platz für mich hier in Graz oder würden Ida und ich – falls Frau Prokosch uns ihre Zustimmung gab – ein armseliges Zigeunerleben führen müssen?

Der entscheidende Schlag kam unerwartet. Anna Jäger war wieder einmal nach Graz gekommen, und diesmal nahm sie die zwar weinende, aber gehorsame Ida mit nach Budapest. Monatelang bombardierte ich Iderl mit Briefen, die um so glühender waren, als unsere Liebe ja keine körperliche Erfüllung gefunden hatte. Aber es kam keine Antwort!

Viel später erst entdeckte ich, daß Anna alle meine Briefe unterschlagen hatte. Ida hatte geglaubt, ich hätte sie vergessen, und ich glaubte, daß sie mich sitzengelassen habe.

Kurz danach heiratete mein kleines Iderl, die mich verloren wähnte, einen jungen Ingenieur, der für ihren Schwager arbeitete. Anna war sicher sehr glücklich. Ob Ida es war? Viele schmerzliche und quälende Stunden waren für mich (und, wie ich später herausfand, auch für Iderl) das Resultat dieser Intrigen.

Graz blieb scheinbar unverändert. Aber für mich war es in Wahrheit ohne mein Iderl schrecklich verwandelt. Jeder Spaziergang durch den Park, durch die Alleen mit den herrlichen Bäumen, die ich so liebte, alles erinnerte mich an das, was ich verloren hatte. Und dann kam eines Tages ein Postpaket aus Budapest.

Schnell riß ich es auf. Keine Zeile. Nur ein trauriges, verwelktes Veilchen und ein einsamer Messingring mit der Aufschrift *Weitzesche Waggonfabrik*. Es war vorbei. Mein kleines Veilchen vom Stiftingtal war fort – und plötzlich schien mir der Gedanke, noch länger in Graz zu bleiben, unerträglich. Es war für mich an der Zeit, aus dem Netz auszubrechen, bevor es mich vernichtete. Meine Kindheit, diese glücklichen Tage der Geborgenheit im Schoße der Familie waren vorüber. Meine Zigeunertage, die zweite Phase meines Lebens, sollten beginnen. Als herumziehender junger Musiker würde ich überall arbeiten, in Opernhäusern, im Zirkus, in fragwürdigen Etablissements ... Und was die Liebe anbelangt: Ich tröstete mich damit, daß ich zwar vielleicht ein gebrochenes Herz hatte, daß aber, was sonst auch zur Liebe gehört, nach wie vor in sehr gutem Zustand war. Von nun an würde ich die Liebe nehmen, wo ich sie finden würde, und – wie Sie bald sehen werden – ich fand sie an einigen bemerkenswerten Orten.

ZWEITES BUCH

Zigeunertage

» Musikant, Musikant,
wo ist deine Heimat?
Fremdes Land, fernes Land
wurde dir zur Heimat.

Wand're hin, wand're her,
immer mit der Fiedel,
ist dein Herz noch so schwer,
spiel dein Pusztaliedel.«

Worte von Walter Reisch zu dem Robert-Stolz-Lied

1.

Das Debüt

Wanderlust, das ist jene Krankheit, die wir alle mindestens einmal im Leben bekommen. Ich habe viele solcher Anwandlungen gehabt, aber die stärkste kam wohl, nachdem meine Romanze mit Ida Prokosch ein so trauriges Ende gefunden hatte.

Was sollte ich jetzt machen? Inzwischen hatte ich die staatliche Musikprüfung bestanden, aber das war keinerlei Garantie für Erfolg, ja es war nicht einmal eine Überlebensgarantie für einen Musiker. Im selben Jahr, in dem ich das Grazer Bühnensemble während des Auftretens der Barrison Sisters kennengelernt hatte, war es auch zu meiner ersten Beschäftigung beim Theater gekommen; ich spielte für die Ballett- und Opernproben am Grazer Stadttheater Klavier.

In Geldsachen war ich nie sehr geschickt gewesen, und mein Ruf in dieser Hinsicht mußte mir wohl ins Büro des Zweiten Direktors vorausgeeilt sein. Er war ein intelligenter Mann und hatte von irgendwelchen Bekannten am Stadttheater gehört, daß Jakob Stolz, einer der bekanntesten Grazer Musiker, einen jungen Sohn namens Robert hatte, der gut Klavier spielte und, was noch besser war, viel Liebe und Begeisterung fürs Theater mitbrachte.

Es waren damals schwere Zeiten für unser Opernhaus, und natürlich gab es noch keine Musikergewerkschaft. Der Zweite Direktor, ein großer Mann mit schütterem Haar und stets mit einer Zigarre zwischen den Zähnen, sah genauso aus wie er war: ein unangenehmer, hartgesottener Mensch. Ich war schon verängstigt, als ich in sein unordentliches Büro kam. Aber als er mich durch den Zigarrenrauch wie eine mürrische Dogge anstierte und knurrte »Was wollen denn Sie?«, hätte ich mich am liebsten umgedreht, um nach Hause zu laufen. Aber gerade als ich schon jede Hoffnung aufgegeben hatte, milderte sich sein Ausdruck ein wenig, und er murmelte: »Ach ja, Sie sind der Sprößling von Jakob Stolz. Man hat mir gesagt, daß Sie Klavier spielen können. Na ja, wenn Sie mit Ihrem Vater nur irgend etwas gemeinsam haben, dann können Sie nicht so dumm sein, wie Sie aussehen. Gehen Sie zum Klavier und spielen Sie ein Stück aus *Schwanensee!*«

Ich spielte ein Stück auswendig, und der Direktor schien es gutzuheißen. Er stand hinter seinem Schreibtisch auf, kam zu dem staubigen, schäbigen Klavier herüber und nahm meine Hand. »Nun, junger Mann«, sagte er, »ich glaube, Sie werden es schaffen. Ich erwarte Sie morgen früh, pünktlich um neun. Und daß Sie sich keine falschen Hoffnungen auf die Mädchen vom Chor und vom Corps de ballet machen! Ihre Hände haben auf den Klaviertasten zu bleiben!«

Meine erste Stellung beim Theater! Ich war so überglücklich, daß ich sofort zusagte, ohne über die Bezahlung zu sprechen. Als ich mich beim Hinausgehen daran erinnerte, drehte ich mich um und fragte, Hut in der Hand: »Aber, Herr Direktor, wie sieht's mit dem Geld aus?«

»Oh, über Geld brauchen Sie sich keine Sorgen zu machen, mein Junge«, antwortete der alte Gauner mit ernstem Gesicht. »Sie müssen keinen Kreuzer bezahlen.«

Er sagte die reine Wahrheit. Ich zahlte für das »Privileg«, als Korrepetitor arbeiten zu dürfen, keinen Kreuzer – aber ich *bekam* auch nichts dafür. Trotz allem – es war ein Anfang.

Für einen jungen Pianisten ist es gewiß sehr nützlich, als Korrepetitor zu arbeiten, aber wer höheren Ehrgeiz hat, wird sich damit nicht lange zufriedengeben. Korrepetitoren gelten im Theater sozusagen als niedere Lebewesen. Sie führen jeden durch die Proben, und je besser sie mit Hilfe ihres Spiels die Feinheiten der Partitur herausbringen, desto besser werden die Künstler sein. Am wichtigsten Abend freilich – am Abend der Premiere – ist der Korrepetitor der einzige, der keinen Applaus bekommt. Doch entscheidend ist das alles nicht. Wenn es auch ein gewisser Nachteil war, weder Applaus noch Geld zu bekommen, war es doch, wie ich schon sagte, ein Anfang. Und als Trost hatte ich immerhin eine herrliche Sicht auf die wohlgeformten Waden und Schenkel der Mädchen vom Corps de ballet, wenn sie ihre Tanzübungen machten. Da der Direktor es nicht für notwendig fand, mich zu bezahlen, hatte ich auch keine Gewissensbisse, wenn meine Hände nicht ständig auf den Tasten ruhten. Und nach dem Bruch mit Iderl war es eine Wohltat für mich, einige der reizendsten Balletttänzerinnen näher kennenzulernen. Ich wurde, um ehrlich zu sein, eine Art »roué« ...

Aus dem echten Herzeleid, das ich empfunden hatte, verstand ich mit der Zeit, eine gewisse Pose zu entwickeln, eine melancholische Fassade, mit der ich das Mitleid der weichherzigen Mädchen auf der Bühne erwecken wollte. An die Hilfsbereitschaft einer Frau als Trösterin von Leib und Seele zu appellieren, ist immer sehr wirkungsvoll. Falls sie noch einen Funken Liebesfähigkeit in sich hat, wird sogar die zynischste Soubrette dieses fast mütterlich-herzliche Gefühl in sich entdecken.

Jedenfalls hatten meine kummervolle Miene und die Tatsache, daß ich als einfacher Korrepetitor ohne Bezahlung der einzige im

Hommage respectueux
à Madame THÉRÈSE SONNHAMER.

Valse brillante

(ut majeur)

pour

PIANO

par

ROBERT STOLZ junior

Opus 4.   Pr. M 1.50

Propriété de l'Editeur.

BERLIN,
ADOLPHE FÜRSTNER
(C F Meser) Editeur de musique de la Cour Royale de Saxe.

Droits d'exécution réservés

A 5504 F

»Valse brillante« – eine Komposition des elfjährigen Robert Stolz.

Theater war, dessen Rivalität man nicht zu fürchten brauchte und auf den niemand eifersüchtig war, eine magische Wirkung. Allerdings empfand ich das ständige Zurschautragen einer Trauermiene nach einiger Zeit denn doch als lästig, auch wenn sie mir lohnende Entschädigung eintrug.

Als einzige Erinnerung an meinen Schmerz war mir die Wanderlust geblieben: der Wunsch zu reisen, das Verlangen, aus dem Schoß der Familie zu fliehen und ein Ziel durch eigene Kraft zu erreichen, weit weg von Graz. Aber sollte mir das gelingen, mußte ich wenigstens ein erfolgreiches Auftreten als Dirigent nachweisen können.

Wie so viele Dinge in meinem Leben, kam auch diese Gelegenheit plötzlich und unerwartet. Diesmal klopfte die Chance an das Tor des Schauspielhauses, wo man eine bescheidene Aufführung von Carl Costas Komödie *Bruder Martin* inszenierte. Das war keine große Oper, es war nicht einmal eine Operette. Doch enthielt das kleine Stück ein lustiges Couplet – »Ruhig draht sich d' Erden weiter ...« –, für das man einige Musiker brauchte und einen Dirigenten (er sollte möglichst billig sein), um das kleine Orchester zu leiten. Und so konnte der junge Robert Stolz im halbleeren Orchesterraum des Grazer Schauspielhauses sein Debüt als Dirigent geben.

Ich überbrachte meinen Eltern die freudige Nachricht. Mutter war entzückt. »Das ist großartig, Robertl. Jetzt haben wir noch einen Dirigenten in der Familie, Jakob!« schwärmte sie. Vater schien nicht sehr beeindruckt. »Aber, aber, nur keine Übertreibung. Es ist ja nicht einmal ein richtiges Orchester.«

Doch am Abend der Premiere waren beide im Theater, um dem Debüt ihres Sohns als »halber Kapellmeister« beizuwohnen. Es war kurz vor meinem Auftritt, und ich war allein in der dunklen kleinen Kammer, die mir die Direktion als »Umkleidezimmer« zur Verfügung gestellt hatte. Und da war es mein »heimlicher Teufel«, der mich plötzlich wieder aufsuchte. Die Wände schienen auf mich zuzukommen. Ich zitterte wie Espenlaub und mußte in die dunkle Gasse hinter dem Theater laufen, um nach Luft zu ringen. Meine Kehle war wie zugeschnürt. Fünf lange Minuten verbrachte ich mit Zittern, Keuchen und Erbrechen. Dann stand ich bewegungslos an die Wand gelehnt und fragte mich, was ich wohl tun sollte. Es war dunkel, und ich war allein. Ich hatte das Gefühl, meine Selbstkontrolle, ja, jedwede Gewalt über meinen Körper und meinen Verstand zu verlieren. Und dann dachte ich an den stolzen, glücklichen Ausdruck in Mamas Gesicht, als ich ihr erzählt hatte, daß ich dirigieren würde, stellte mir die Genugtuung vor, die sie nach all den Jahren empfunden haben mußte, nachdem sie so lange meine

Schüchternheit und meine schlechten Schularbeiten mit ihrem »Er ist eben anders« entschuldigt hatte. Und nun ließ ich sie im Stich, beschämte sie tief ...

Und Vater, der immer geglaubt hatte, ich sei ein begabter Schwächling, der die Talente, welche Gott ihm gegeben und die er mit Mutter so liebevoll ermutigt und zur Entfaltung gebracht hatte, nicht zu nutzen verstand – wie sehr würde er sich kränken, wenn ich scheiterte. Er war kein überschwenglicher Mensch, das wußte ich. Er würde seine Enttäuschung nicht zeigen, aber ich war sicher, daß er sie auf seine Weise genauso tief empfinden würde wie Mutter.

Ich ahnte, ein Mißerfolg heute abend würde bedeuten, daß ich kapitulierte, daß ich mich meinem geheimen Teufel unterwerfen würde – für immer! Ich wußte, mein Wunsch, ein echter Musiker zu werden und beim Theater Karriere zu machen – alles wäre ausgeträumt, wenn es mir nicht gelänge, heute abend meine große Angst zu überwinden.

Ich stand wie versteinert auf meinem Platz, wie ein verstörtes Tier, das vom Blick des Jägers hypnotisiert ist. Es bedarf eines Schocks, um ein Tier aus einer solchen Betäubung zu erwecken – und genau das brachte auch mich wieder zu mir. Als ich, an die Wand gelehnt, die dunkle Gasse hinunterblickte, konnte ich verschwommen die Formen der Menschen erkennen, die zum Eingang des Theaters wandelten. Manchmal vermeinte ich sogar, Wortfetzen einer Unterhaltung zu hören. Und für den Bruchteil einer Sekunde hörte ich – oder glaubte zu hören – ein lautes, wohlbekanntes Lachen. Das Lachen von Frau Prokosch.

Es traf mich wie ein Schuß. Bei Gott, ich würde ins Theater zurückgehen und dirigieren, und wäre es nur, um Frau Prokosch zu zeigen, wie falsch sie und Anna mich eingeschätzt hatten! Ich richtete mich auf und ging schnellen Schrittes ins Theater zurück.

Ich weiß nicht, ob sich meine Nerven wirklich beruhigt hatten oder ob ich ganz einfach mit meiner Aufgabe so beschäftigt war, daß ich ihr Beben nicht weiter beachtete. Der Abend verlief ohne Zwischenfall, und die Zuschauer, fast alles Grazer, die wußten, daß einer von ihnen, »der jüngste Sohn von Jakob Stolz«, dirigierte, schenkten mir den mich in einer gewissen Weise am meisten befriedigenden Applaus meiner ganzen Karriere.

Als die Vorstellung vorbei war und die Lichter wieder angingen, sah ich draußen im Zuschauerraum Dutzende bekannter Gesichter aus meiner Kindheit und Jugend. Der stattliche Doktor Lesky und meine liebe hübsche Mizzi; der alte Herr Mayer, der musikliebende Bäckermeister, dem ich gelegentlich Papas Wunschzettel auf Notenpapier gebracht hatte; die rundliche Frau Prokosch, die, immer noch lachend, applaudierte, und die gutmütige Julie, unser Stubenmädchen.

Vor allem aber sah ich Mama und Papa, die jetzt auf ihren Jungen so stolz waren. Als der Applaus aufhörte, war ich nicht überrascht zu sehen, daß Mama eine Träne wegwischte, aber – täuschten mich meine Augen? – sie betupfte auch Vaters Wange sanft mit ihrem Taschentuch. Für mich war dies das höchste Lob, auch wenn Vater hinterher über das »unerträglich heiße Schauspielhaus« klagte. Mein Debüt war also ein Erfolg gewesen.

Aber dieser Abend hatte noch eine andere Bedeutung für mich. Als ich mir draußen im Zuschauerraum die vertrauten Gesichter ansah, wurde mir bewußt, daß es gleichzeitig eine Abschiedsvorstellung war: der Abschied von meiner Grazer Jugendzeit.

Als an diesem Abend der Vorhang zum letztenmal fiel, beendete er nicht nur *Bruder Martin*. Er beendete auch eine Phase meines Lebens. Und es war ein gutes Ende, ein glückliches Ende. Ich hatte mich behauptet, und jetzt war ich ein Mann.

Nach der Vorstellung kamen einige Freunde zu uns. Nie war mir das alte Haus strahlender erschienen, nie so voller Liebe und Frohsinn. Doch die größte Befriedigung empfand ich, als Vater zu einem Freund, der auch Musiker war und meine Premiere versäumt hatte, folgendes sagte: »Die Komposition war natürlich völlig bedeutungslos. Aber ich glaube, es hätte dir Freude gemacht zu sehen, wie mein Sohn dirigiert. Robertl hat das Zeug zu einem erstklassigen Dirigenten.«

»Ich bin sicher, daß du recht hast, Jakob«, antwortete sein Freund. »Da muß ich dir übrigens eine Neuigkeit mitteilen, die dich interessieren könnte. Kannst du dich noch an unser Gastspiel in Marburg an der Drau erinnern? Natürlich ist es nicht Wien. Und es läßt sich nicht einmal mit Graz vergleichen. Aber zufälligerweise suchen sie dort gerade einen Kapellmeister für ihr Stadttheater. Sie können nicht viel bezahlen, und deshalb suchen sie einen jungen Mann, der erst am Anfang seiner Karriere steht. Ich glaube, ich kenne den Richtigen für diese Stellung.«

2.
Der Walzerkönig von Marburg

»Stabat mater dolorosa.« Wann immer ich die ersten Takte von Rossinis *Stabat mater* höre, muß ich an den Abschied von meiner Mutter denken, als ich meine Reise nach Marburg an der Drau antrat, um dort meine Laufbahn als Kapellmeister zu beginnen. Denn ich erinnere mich nicht so sehr an meine eigene Aufregung und Begeisterung, als vielmehr an den traurigen Ausdruck in den Augen meiner Mutter. Trotz ihres Kummers war sie vollkommen ruhig, aber auf ihren Lippen lag ein Lächeln, das mir schier das Herz zerbrach.

Die Erinnerung an Mutters Abschiedsschmerz ist mir noch kostbarer als Vaters ermutigende Abschiedsworte. »Robertl«, sagte er, »ich habe dich gelehrt, was ich nur konnte, und jetzt bist du erwachsen genug, dieses Wissen zu verwerten. Du hast deiner Mutter und mir manchmal große Sorgen gemacht, aber ich glaube, daß sich noch alles zum Guten wenden wird. Gott hat dir eine großartige Begabung mitgegeben. Verschwende sie nicht und mißbrauche sie nicht, dann wird er dir helfen, sie richtig anzuwenden. Viel Glück, mein Sohn, und komm, gib mir deine Hand!«

Er faßte meine rechte Hand und legte mir seine linke auf die Schulter. Als ich in seine klaren, blauen Augen blickte, fühlte ich eine Zärtlichkeit, die ich so noch nie an ihm wahrgenommen hatte. Und dann umarmte er mich. Das hatte Vater seit meiner frühen Kindheit nie mehr getan. Er sagte nichts, denn es gab nichts zu sagen, doch während er mich im Arm hielt, seufzte er schwer. Zum erstenmal in meinem Leben fühlte ich mich diesem ernsten, lieben Menschen beinahe ebenso nahe wie meiner Mutter. Ich gab Mutter noch einen Abschiedskuß, und dann ging ich fort und drehte mich nur ein einziges Mal nach den beiden um. Sie standen jetzt Arm in Arm, Vater immer noch groß und stramm, in fast militärischer Haltung; Mutter kleiner, etwas rundlich und irgendwie zart und verwundbar. Ihr Nesthäkchen hatte die Familie verlassen. Von nun an würden sie nur mehr füreinander leben, dachte ich.

Doch Herz und Gemüt schalten rasch, wenn man jung ist. Wie sehr man auch an Vergangenheit oder Gegenwart hängt, die Zukunft erscheint immer reizvoller, aufregender und wichtiger. Das alles ändert sich, wenn die Jahre vergehen. Wie bei einem alten Affen, dessen Schwanz länger und länger wird, während sich sein Körper beugt und zusammenschnurrt, so wird auch unsere Vergangenheit ein immer größerer Teil unser selbst. Mit Achtzehn allerdings scheinen alle Straßen nur vorwärts zu führen, zu einer strahlenden, aufgehenden Sonne.

Und bald pfiff ich fröhlich die Anfangsnoten des *Zigeunerbaron*. Es war das erste Werk, das ich in Marburg an der Drau dirigieren sollte, der letzte Operettenerfolg eines der berühmtesten Freunde meines Vaters, des Walzerkönigs Johann Strauß.

Der Zigeunerbaron war schon immer eine meiner Lieblingsoperetten gewesen. Sie hat den Zauber der Straußmelodien und dazu eine das normale Ausmaß überschreitende Portion »Paprika«. Seit 1898 habe ich diese Operette viele hundert Male dirigiert, und ich habe sie auch für eine moderne Produktion eingerichtet; die Wiener Volksoper verwendet bis heute meine Bearbeitung der Partitur. *Der Zigeunerbaron* ist eine sehr beliebte Operette, ein Stück für die Massen. Doch nie hatte man damit eine bessere Wahl getroffen als für mein Debüt in Marburg. Denn es zeigte sich, daß mein »Orchester« aus sechs Zigeunern bestand, stämmigen, kleinen Männern mit Schnurrbart und klebrigen Locken: begabte Naturtalente, die nicht eine Note lesen konnten. Aber sie spielten brillant und aus dem Gedächtnis, mit der Gewandtheit und dem Temperament des Zigeuners. Nur zweimal spielte ich Ihnen die Partitur vor, und nach dem zweitenmal kannten sie alles auswendig. Es war erstaunlich. Aber in den jetzt schon so fernen Tagen der Österreichisch-Ungarischen Monarchie wimmelte es in all den vielen größeren und kleineren Städten, die jetzt zu Rumänien, Ungarn, der Tschechoslowakei und Jugoslawien gehören, von musikalischen Talenten.

Die erste Gage, die ich hier erhielt, werde ich nie vergessen; sie schmeckte buchstäblich nach mehr. Sie bestand nämlich aus einem Kranz herrlicher großer Leberwürste.

Marburg, nur siebzig Kilometer von Graz entfernt, war, abgesehen von der alten Kathedrale und dem mittelalterlichen Rathaus, kein sehr interessanter Ort. Immerhin war es die Garnisonstadt eines k. und k. Infanterieregiments, dessen Kasino im elegantesten Hotel des Ortes so etwas wie einen gesellschaftlichen Mittelpunkt darstellte. Und für einige Monate im Jahr diente es auch als Theater.

An besonders trüben und langweiligen Tagen sang ich manchmal einen improvisierten Text zur Melodie des Donauwalzers »Marburg an der Drau, so grau, so grau!« ... Doch wie jede Stadt in jenen kaiserlich-königlichen Tagen hatte auch Marburg ein gewisses Etwas von Wiener Charme und Wiener Mode, aus zweiter Hand natürlich und meistens um ein Jahr zurück, aber es machte doch das Leben ein bißchen angenehmer und bequemer, obwohl eigentlich jeder hätte spüren müssen, daß eine Zeitbombe tickte. Es war vorauszusehen, daß sich all die Spannungen und Feindseligkeiten, die sich seit Generationen unter den Volksgruppen angesammelt hatten, eines Tages plötzlich entladen würden und daß dann unsere gemütliche kaiserliche Welt, mit all ihren Fehlern und Tugenden, in tausend Stücke zerspringen müßte.

Ich glaube freilich nicht, daß wir irgend etwas hätten tun können, um den Zusammenbruch zu verhindern, nicht einmal, wenn wir allesamt vierundzwanzig Stunden am Tag gearbeitet hätten, um ihn abzuwenden.

1898, also in dem Jahr, da ich nach Marburg übersiedelte, wuchs ein kräftiger kleiner Bub von acht Jahren als Sohn einer slowenischen Bäuerin und eines kroatischen Hufschmieds unter der Fahne der Habsburger auf. Während des Ersten Weltkrieges diente er bis zu seiner Gefangennahme in der Österreich-Ungarischen Kavallerie. Dieses Kriegsgeschehen aber hatte sein Leben geändert – und die Geschichte Osteuropas. Der junge Mann war russischer Kriegsgefangener und wurde langsam selbst überzeugter Kommunist. Später wurde er einer der mächtigsten unabhängigen Nationalistenführer der zweiten Hälfte des zwanzigsten Jahrhunderts. Josip Broz Tito ist ein sehr bemerkenswerter Mann. Für die Menschen, die Tito persönlich kennen, hat er eine sehr wichtige menschliche Eigenschaft: Humor. Dazu ein gewisses Funkeln in den Augen und eine sehr individuelle Persönlichkeit, die mit anderen Politikern wenig gemeinsam hat. Auch er und ich sind gewiß ganz verschieden, doch verbindet uns die Liebe zur Musik. Der junge Dirigent, der in Marburg debütierte, und der Sohn eines Hufschmieds, der später Jugoslawien regieren sollte, hatten in ihren Herzen eine schwache Stelle für Wiener Lieder und Operetten.

Davon wußte ich natürlich nichts, als ich damals in Marburg war. Erst etwa siebzig Jahre später sollte ich es erfahren, 1967, während eines denkwürdigen Abends in der Wiener Staatsoper, wo ich für den Marschall, der auf Staatsbesuch in Wien war, eine Galavorstellung der *Fledermaus* dirigiert hatte. Bei dem anschließenden Empfang im Schloß Schönbrunn wurden Einzi und ich ihm vorgestellt. Er war eine auffallende Erscheinung. Während der langen Zeit, in der er Partisanenführer war, hatte er viel im Freien gelebt, davon war ihm eine kräftige, gesunde Gesichtsfarbe geblieben. Und er sah um dreißig Jahre jünger aus, als er wirklich war – damals immerhin schon siebzig. Man hätte ihn in seiner Marschallsuniform, auf der unzählige Orden blitzten, für einen Offizier der alten Schule halten können, wenn man die Insignien nicht zu genau ansah: ein eleganter Offizier, dem man es noch zutraute, eine höllische Kavallerieattacke zu reiten.

Als wir zu ihm kamen, paffte Tito an einer Zigarre, die in einer mit Gold verzierten Zigarrenspitze aus Bernstein steckte. »Ach, Meister Stolz«, begrüßte er mich in sehr gutem Deutsch. »Sie haben eine großartige *Fledermaus* dirigiert. Es hat mich an die alte Zeit erinnert, nur hätte ich mir seinerzeit keine so gute Loge leisten können. Damals waren die Leute schon froh, wenn sie das Geld für einen Stehplatz zusammenkratzen konnten.«

»Vielen Dank, Exzellenz. Ich nehme an, daß Sie Operettenmusik lieben?«

»Ja, sehr! Auch Ihre, Meister, und Ihre Lieder. Als junger Mann kannte ich den ganzen Text von ›Servus Du‹ auswendig. Manchmal summe ich es noch heute vor mich hin. Ihre Musik, Meister, wird in allen Nachfolgestaaten der Monarchie gespielt.«

»Ich freue mich, das gerade von Ihnen zu hören, Exzellenz. Zufälligerweise war die erste Stadt, in der ich außerhalb von Graz dirigiert habe, Maribor, und dort habe ich auch meine erste Operette komponiert.«

»Der ›Walzerkönig von Maribor‹, nicht wahr?« Tito klopfte mir auf die Schulter. »Dafür haben Sie sich etwas verdient. – Major!« Er rief einen seiner Adjutanten. »Ich bin neugierig, wie lange Sie brauchen werden, um für Meister Stolz den Orden der Fahne zu finden.«

Ich weiß nicht, ob Tito schon vorher die Absicht gehabt hatte, mir einen Orden zu verleihen. Der Adjutant kam schon nach wenigen Minuten zurück, und zwar nicht mit leeren Händen. Und so erhielt ich, einstmals Zweiter Kapellmeister am Stadttheater von Marburg an der Drau, die höchste Auszeichnung, die die jugoslawische Regierung einem Künstler verleihen kann: den »Orden der jugoslawischen Fahne am goldenen Band«. Ich wünschte, ich könnte es in der Landessprache sagen, aber leider kann ich mich aus meiner Marburger Zeit vor siebenundsiebzig Jahren nur daran erinnern, daß man in kleinen slowenischen Gasthäusern Strudla statt Strudel sagen mußte, und wenn man Wiener Schnitzel wollte, mußte man Dunajski Zrezek verlangen.

Offenbar hat Tito, während er als junger Mann in Neudörfl bei Wien arbeitete, besser Deutsch gelernt, als ich in Marburg an der Drau Slowenisch. Ich war erstaunt über seinen Wortschatz, der es ihm nach so vielen Jahren noch ermöglichte, seinen offiziellen Dolmetscher, der ihn in Wien begleitete, ohne lange überlegen zu müssen treffend zu korrigieren.

Diese erste Operette, von der ich Marschall Tito erzählt hatte, war kein Stück, das eingehender Erinnerung wert wäre. Doch glaube ich, daß wir alle das Recht haben, die eine oder andere Unklugheit zu begehen. In Wahrheit war meine Operette *Studentenulke* mein persönlicher »Studentenstreich« als Operettenkomponist. Wenn schon das Produkt nicht sehr bedeutungsvoll war, so war doch die Art, wie ich dazu gekommen war, wirklich erwähnenswert. Sie müssen wissen, daß ich nach meiner ersten Saison in Marburg einen Besuch in Wien machte. Damals, 1899, erlebte ich einen der großen Wendepunkte meines Lebens: Der junge »Walzerkönig von Marburg« begegnete dem »König der Könige« der Operette, Johann Strauß. Und auch diese Geschichte beginnt mit einer *Fledermaus*-Aufführung, die ich nie vergessen werde.

3.
Sonnenaufgang – Sonnenuntergang

Ich glaube, daß zuweilen ein Leben oder ein Geist den anderen berührt und ihn auf besondere Weise beeinflußt, als könne der Scharfsinn, die »Elektrizität« des einen das Schicksal des anderen lenken, so wie eine starke Batterie eine schwächere wieder aufladen kann. Ich erlebte es in Wien im Jahre 1899.

Das letzte Jahr des sterbenden und das Präludium zu einem neuen Jahrhundert. Für Johann Strauß Sohn, den größten Meister des Walzers und der Operette, war es auch das letzte Lebensjahr. Für mich aber bedeutete es den Anfang meiner Karriere als Komponist Wiener Musik. Gleichzeitig entfernte es mich von meinem Ziel, eines Tages als Komponist und Dirigent von Opern und Symphonien Karriere zu machen, so wie Vater es erhofft hatte. Daß ich mich der heiteren Musik, die mein Leben bis heute beherrscht, zugewendet habe, danke ich meiner Begegnung mit Johann Strauß.

Wie so viele Wendepunkte in meinem Leben, war auch dieser nicht geplant. Es passierte einfach so. Ich war auf Urlaub in Wien und beschloß, in die Hofoper zu gehen, um eine Vorstellung der *Fledermaus* zu erleben, die von Johann Strauß dirigiert werden sollte. Mein schäbiges kleines Zimmer im Hotel »Goldenes Lamm« war nicht weit, und so machte ich mich zu Fuß auf den Weg zur Hofoper. Um meine Lacklederpumps vor dem Schmutz zu schützen, den die vorbeifahrenden Wagen auf den Gehsteig spritzten, hatte ich ein Paar billiger Überschuhe angezogen. Daß mein Frack, meine Marburger Kapellmeisteruniform, etwas ramponiert war – ich hatte ihn gebraucht erstanden –, störte mich nicht im geringsten.

Im Jahre 1899 abends über die Ringstraße zu spazieren, war ein eigenartiges Erlebnis. Rings um mich her erwachte die Kaiserstadt zu ihrem Nachtleben. Schöne Frauen und vornehme Damen (das bedeutet nicht unbedingt dasselbe), feiste Millionäre und schlanke, hochmütige Aristokraten fuhren in ihren eleganten Wagen vorbei. Straßenbuben, Angestellte, Verkäuferinnen und Händler machten sich zu Fuß auf den Heimweg, und die »Damen der Nacht«, die mit ihrer Tätigkeit erst anfingen, wenn die meisten Leute Feierabend machten, bezogen mit hereinbrechender Dunkelheit ihre Arbeitsplätze. Das Licht der Straßenlampen, das Klirren von Gläsern und die fröhlichen Stimmen, die aus den Kaffeehäusern drangen, belebten die Szene. Ich war allein, aber trotz meines »heimlichen Teufels« war ich ausnahmsweise nicht einsam. Wiens unsichtbare Umarmung erwärmte mich.

Zwei Jahre vorher, 1897, war Johannes Brahms gestorben. Während ich zur Hofoper wanderte, mußte ich daran denken, was er vor Jahren – anläßlich eines seiner erinnerungswürdigen Besuche in Graz – zu Vater gesagt hatte: daß es die Musik von Johann Strauß sei, die man noch überall in der Welt spielen werde, wenn wir alle längst nicht mehr sind. Nun, »Opa Brahms« war gegangen, und auch sein alter Rivale, der »arme Anton« Bruckner, war tot. Aber Tausende Wiener – und ich mit ihnen – waren unterwegs, um eine Vorstellung der bedeutendsten Operette des Walzerkönigs zu sehen, ein Werk, das vor mehr als einem Vierteljahrhundert uraufgeführt worden war und noch immer in der ganzen Welt die Massen anzog wie der Honig die Bienen.

Obwohl sein Haar und Schnurrbart schwarz gefärbt waren, sah der Mann, der jetzt unter dem Applaus der Menge zum Dirigentenpult schritt, nicht mehr jung aus. Er war auch bereits hoch in den Sechzigern und anscheinend nicht bei bester Gesundheit. Aber schon nach den ersten Tönen der Ouvertüre spürte man, daß Johann Strauß der unnachahmliche Herrscher über Orchester und Zuschauer war. Als sein Dirigentenstab durch die Luft wirbelte und sich der Raum mit den bekannten, doch immer wieder neuen Melodien füllte, vergaß man bald das müde, wie eingefallene Gesicht und die Schwierigkeit, die es ihm bereitet hatte, durch den Orchesterraum zu gehen.

Ich glaube, es hat nie eine »mehr wienerische« Operette gegeben als die *Fledermaus*. Erstens spielt die Geschichte in Wien, das Libretto ist ausgezeichnet, eine, verglichen mit anderen Büchern und Libretti, wirklich intelligente Komödie, und zweitens schrieb Strauß die Musik zu der Zeit, da er seinen musikalischen Höhepunkt erreicht hatte und sein Verhältnis zum Wiener Publikum das allerbeste war. Es gibt vom Anfang bis zum Ende keinen langweiligen Augenblick, und die Liebeslieder gehen so unbemerkt in die Walzer über, daß man immer überrascht und enttäuscht ist, wenn der letzte Ton verklingt, egal wie oft man die *Fledermaus* schon gehört und gesehen hat. Und heute war das Vergnügen noch größer gewesen: Strauß persönlich hatte die Ouvertüre dirigiert!

Es gibt nur wenige Komponisten, die mit einem echten Talent zum Dirigieren geboren sind. Ruhm oder das Verlangen nach mehr Geld oder mehr Applaus ist sicher für viele ein Anreiz. Aber man spürt dann doch, daß sie nicht wirklich dirigieren können, und so geben sie dem Zuhörer nur wenig. Johann Strauß jedenfalls war ein echter Kapellmeister, vom Scheitel bis zur Sohle. Er hatte den größten Teil seines Lebens damit verbracht, seine Walzer in Wien zu dirigieren oder sie auf seinen triumphalen Weltreisen einem begeisterten Publikum vorzuführen. Strauß hatte die Gabe, gleichsam den letzten Blutstropfen, jeden Funken von Temperament, Lachen und Liebe aus den Partituren zu holen, die ohnehin schon so inhaltsreich waren, und am Ende erntete er immer donnernden Applaus.

Ich war zu überwältigt, um zu applaudieren. Irgend etwas war mit mir geschehen. Ich war nur ins Theater gegangen, um mich zu unterhalten, aber als ich das Singen und Spielen so von Herzen genoß und als ich die begeisterte Reaktion des Publikums spürte, das unversehens zu einer einzigen, glücklichen Familie wurde, die zu den Walzerrhythmen hin- und herschwang, schenkte mir der Abend eine künstlerische Erkenntnis: Es wurde mir klar, obwohl ich klassische Musik doch wirklich liebte, daß mein Schaffen in erster Linie der Operette und dem Walzer gelten müßte. Wenn es meinem Vermögen entsprach, wollte ich in die Fußstapfen dieses großartigen musikalischen Genies treten. Es war nicht so sehr eine freie Wahl als ein Zwang, und dieser Zwang war es auch, der mich zur Garderobentür des großen Mannes führte – etwas, das ich normalerweise aus Bescheidenheit nie gewagt hätte.

Mein erster Eindruck von Strauß in seiner Garderobe: Er hatte den engen Frack abgelegt (später hörte ich, daß er ein Mieder trug oder Fischbeinstäbchen in sein Gilet eingenäht hatte), und nun, nach erfüllter Pflicht, sah er wie ein müder alter Herr aus, der von seiner Tagesarbeit im Büro erschöpft ist. Als ich hereinkam, wischte er sich gerade den Schweiß von der Stirne, und seine braunen Augen blickten matt, als er mich ansah.

»Entschuldigen Sie, Meister, aber ich mußte Ihnen sagen, wie sehr mich die Vorstellung heute abend ergriffen hat. Mein Name ist Robert Stolz. Ich komme aus Graz.«

Ich wollte in meine Tasche greifen und einen etwas zerknitterten Empfehlungsbrief herausziehen, den mein Vater mir schon vor Monaten geschrieben hatte, als des Meisters müde Augen freudig aufleuchteten und seine Mundwinkel sich zu einem Lächeln verzogen.

»Ach, dann müßten Sie ja der klavierspielende Sohn meines Freundes Jakob sein. Brahms hat mir von Ihnen erzählt.«

»Ja, Meister«, antwortete ich und verlor ein bißchen von meiner Nervosität. »Das bin schon ich. Nur spiele ich heutzutage nicht mehr sehr viel Klavier. Ich bin Zweiter Kapellmeister am Stadttheater von Marburg an der Drau, zu Ihren Diensten!« Ich schlug die Hacken zusammen und salutierte zum Scherz, was ein paar lockere Stiche am rechten Ellbogen meines Frackärmels bewog, sich aufzutrennen, und durch die Öffnung in der Jacke trat mein Hemd heraus.

Strauß lachte so herzhaft, daß die Spitzen seines großen, gewachsten Schnurrbartes zitterten. »Ich sehe, daß man junge Provinzkapellmeister heutzutage nicht besser bezahlt als in meiner Jugend«, sagte er. Aber dann, als er meine Verlegenheit spürte, fügte er hinzu: »Dieser alte Frack ist Ihre Galauniform. In ein paar Jahren können Sie sich daran erinnern wie ein Soldat an eine schwere Schlacht. Sie werden noch stolz darauf sein. Armut ist die Feuertaufe des jungen Musikers. Sie lehrt Selbstdisziplin und Opfermut, und sie erhält Sie schlank und nach Berühmtheit und Vollkommenheit dürstend. Die starken, wirklichen Talente überstehen diese Armut, die anderen bleiben auf der Strecke. Aber ich schlage vor, daß wir dieses Gespräch morgen abend in einer besseren Stimmung fortsetzen. Kommen Sie zu mir in die Igelgasse zum Abendessen. Meine Frau wird sich bestimmt sehr freuen, den Sohn eines meiner alten Freunde kennenzulernen. Ich kann Ihnen nichts Besonderes versprechen, nur Kalbsgulasch, aber dafür gibt's Champagner, um alles hinunterzuspülen. Also auf morgen!«

Sprachlos, aber überglücklich verließ ich mit vielen Verbeugungen die Garderobe des großen Mannes. Wien war so schön an diesem Frühlingsabend! Ein wolkenloser Himmel, der Ring belebt von glücklichen Menschen. Doch ich bemerkte sie kaum. Meine Gedanken waren oben bei den schimmernden Sternen.

Nach einem mir endlos scheinenden Vormittag und einem ebensolchen Nachmittag wurde es endlich Zeit, zum Haus von Johann Strauß in der Igelgasse zu gehen. Und was für ein Haus das war! Viele Leute nannten es »Palais Strauß« – mir aber schien es eine Kombination von Königsschloß und Museum zu sein.

Adele Strauß, die vierte Gattin des Meisters, war eine mustergültige Hausfrau. Sie war eine ziemlich ernst aussehende Dame, und mir schien sie auch recht alt, obwohl sie um achtundzwanzig Jahre jünger war als ihr lieber »Jean« (so unterzeichnete Strauß seine

Liebesbriefe an sie). Sie war ihm in seinen mittleren und älteren Jahren eine ideale Gefährtin, geduldig und vollkommen, obwohl sie selbst einen recht eigenwilligen Charakter hatte. Und sie hatte die bezauberndsten dunkelblauen Augen, ich habe nie mehr ähnlich schöne gesehen. Auch Strauß war diesen Augen verfallen: »Schlafe süß, Du blauschwarzäugige Adele, Du einziges Weib der Erde«, mit diesen Worten beendete er einen an sie gerichteten Brief. Adele war sicher seine Einzi, oder vielleicht sollte ich sagen, daß Einzi meine Adele ist.

Ich bin dem Meister später nicht mehr begegnet, aber mit Adele wurde ich in späteren Jahren näher bekannt, als ich Kapellmeister im Theater an der Wien war – dem Schauplatz von unzähligen Triumphen Straußscher Musik. Adele Strauß kam zu jeder Vorstellung einer Johann-Strauß-Operette ins Theater an der Wien. Die Loge Nummer 4 links war für sie immer reserviert. Sie im Zuschauerraum zu wissen, war für mich als Dirigent eine Inspiration, und stets fand sie nachher Zeit für freundliche Kommentare. »Wissen Sie«, sagte sie einmal, »in all den Jahren, in denen ich mit Jean verheiratet war, hatte ich nie das Gefühl, die Frau eines alten Mannes zu sein. Er hat seine Wiener ›joie de vivre‹ und seinen Humor nie verloren. Ich hatte immer das Gefühl, daß er die Welt mit den Augen eines Kindes sieht. Weder seine Enttäuschungen noch seine Erfolge haben ihn verändert. Und Sie scheinen die gleiche Eigenschaft zu haben. Was immer auch geschehen mag, bewahren Sie sie! Es mag Sie Geld kosten oder Ihnen Kummer bereiten, aber wenn Sie jemals verbittert sein sollten, werden auch Ihre Musik und Ihr Dirigieren darunter leiden.«

Ich habe mir meine Begeisterungsfähigkeit bis auf den heutigen Tag bewahrt – ebenso das Glücksgefühl, das ich schon als Kind beim Hören schöner Musik, beim Anblick eines Sonnenuntergangs oder einer grandiosen Berglandschaft empfand. Und auch noch heute kann ich mich, wie als Kind, über ein erstklassiges Konzert oder eine hervorragende Klassikeraufführung im Theater begeistern.

Ich weiß nicht, ob ich Adeles Rat bewußt befolgt habe oder ob man eben mit gewissen Charaktereigenschaften zur Welt kommt, gegen die man ohnedies nichts machen kann. Aber ich glaube ehrlich, daß es mir gelungen ist, diese Naivität, dieses Staunen über die großen und kleinen Dinge unserer Welt zu bewahren.

Es ist so viel über Strauß, über seine lange Karriere und seine vielen Triumphe geschrieben worden, daß es sinnlos wäre, hier darüber zu sprechen. Ich möchte nur meine persönlichen Eindrücke von diesem Abend in der Igelgasse mit Ihnen teilen. Es war ein ruhiger Abend »zu Hause«, und es gab keine berühmten Gäste, kein steifes Zeremoniell. Das Abendessen war einfach – so wie er es gesagt hatte –, aber ausgezeichnet, und der Champagner floß reichlich, obwohl mir in Gegenwart des Meisters wahrscheinlich auch Wasser vortrefflich geschmeckt hätte.

Nach dem Abendessen beschloß der Hausherr, sich ans Klavier zu setzen. Ich hätte es nie gewagt, ihn mit dieser Bitte zu belästigen, aber schon während des Essens hatte ich bemerkt, daß seine schlanken weißen Künstlerhände kaum still blieben, so als führten sie ein Eigenleben und seien gleichsam mit Melodien und nervöser Energie geladen. Ich empfand es fast körperlich, daß er wirklich Klavier spielen *wollte;* es war wohl so viel Musik in ihm »gespeichert«, daß es ihm große Freude machen mußte, anderen davon abzugeben.

Als Brahms in unserer Wohnung in Graz am Klavier saß, hatte er improvisiert; die Grundlage seines Spiels waren Melodien von Strauß gewesen. Strauß hingegen spielte ein phantasievolles Potpourri seiner eigenen Werke: Motive aus *Fledermaus* und *Zigeunerbaron,* viele seiner Walzer und Melodien aus weniger bekannten Operetten. Es war ein einmaliges Erlebnis, diese herrlichen Hände zu beobachten – noch gar nicht die Hände eines alten Mannes –, wie sie über die Tasten glitten und eine Art geraffter Geschichte seines eigenen Künstlerlebens darboten. Ich war wie versteinert vor Ehrfurcht.

»Na, junger Mann, Sie glauben doch nicht, daß ich die ganze Nacht für Sie spielen werde«, rief Strauß plötzlich in scheinbarem Ärger. Mit steifen Beinen erhob er sich und rief mich zum Klavier. »Vielleicht könnten *Sie* uns etwas vorspielen?«

Ich war gerne bereit. Im Augenblick schien mir spielen leichter als reden. Nun wäre es ein Sakrileg gewesen, Strauß meine eigene Version seiner Kompositionen vorzuspielen. Deshalb wählte ich einige kleine Mozartstücke und noch ein paar Melodien eigener Komposition, die ich schon lange im Kopf hatte, ohne sie je zu Papier gebracht zu haben.

»Der Mozart war gut«, sagte Strauß und legte mir väterlich die Hand auf die Schulter. »Allerdings gibt und gab es schon immer gute Mozart-Interpretationen, seit er mit dem Komponieren angefangen hat. Aber die kleinen Melodien zum Schluß, die habe ich nicht erkannt. Die hatten einen hübschen Rhythmus, ganz originell. Vom wem sind die?«

»Von mir, Meister«, stotterte ich.

»Dann würde ich Ihnen raten, junger Mann, Ihrem Hang zu folgen. Sie könnten da sicher etwas Neues schaffen, etwas, das wirklich aus Ihrem Innersten kommt und Erfolg haben könnte.«

Ich erinnere mich an ein Pult – ich glaube, es war aus Mahagoniholz –, auf dem Strauß seine Kompositionen schrieb. Er arbeitete nicht sitzend, sondern stehend, damit er auf und ab gehen konnte; manchmal ging er auch zum Klavier, um eine neue Idee zu erproben, wenn er dazu in der richtigen Stimmung war. Dieses Verlangen, jeden verfügbaren Moment auszunützen, war für mich ein Symptom der enormen nervösen Energie, die von ihm ausstrahlte. Ich hatte das Gefühl: Hier steht ein Mann, der, auch noch im Alter und geschwächt von seiner Krankheit, voll schöpferischer Triebkraft ist. Als ich gehen wollte, nahm er mich bei der Hand und lächelte: »Sie sind sehr jung, aber man ist nie so jung, wie man glaubt. Fassen Sie einen Entschluß über Ihre Musik. Und wenn Ihnen klar geworden ist, daß Walzer und Operette Ihr Gebiet sind, wovon auch ich überzeugt bin, dann fangen Sie *jetzt* an, nicht nächsten Monat oder nächstes Jahr. Tun Sie etwas, irgend etwas. Aber fangen Sie an! Je früher Sie es tun, desto früher werden Sie fähig sein, Ihre beste Arbeit zu leisten, Ihre vollendete Arbeit. Denken Sie daran, mein Junge, ›On ne vit qu'une fois‹, wie die Franzosen sagen. Gute Nacht, und bitte übermitteln Sie Ihrem lieben Vater und Ihrer Mutter meine herzlichsten Grüße.«

Nach Marburg zurückgekehrt, befolgte ich sogleich den Rat des Meisters und komponierte *Studentenulke*. Ein schwacher Anfang zwar, aber ein Anfang. »Man lebt nur einmal«, hatte mir Strauß gesagt. Es war ein warmer Nachmittag, und ich saß in meinem Zimmer in Marburg und bosselte an der Partitur, als mich die Nachricht erreichte, daß der Walzerkönig, der Mann der unsterblichen Melodien, am 3. Juni gestorben war, nur wenige Wochen nach unserer Begegnung. Man erzählte, daß Eduard Kremsner im Volksgarten ein Konzert dirigierte, als die Nachricht bekannt wurde. Ohne ein Wort zu sagen, klopfte Kremsner mit seinem Taktstock, und das Orchester spielte ganz leise den Donauwalzer. Es bedurfte keiner Worte, jeder hatte verstanden. Mit Tränen in den Augen verließen Musiker und Zuhörer den Volksgarten.

Sogar der sonst so steife und förmliche Britische Botschafter in Österreich schien durch den Tod dieses so unverkennbar wienerischen Giganten unter den Musikern tief berührt zu sein. »Es schien«, so schrieb er Jahre später in seinen Memoiren, »als sei mit Strauß auch die leichte, fröhliche Stimmung, die früher in Wien herrschte, entschwunden.«

Johann Strauß wurde mit großen Ehren zu Grabe getragen; die riesige Menschenmenge, die dem Trauerzug folgte, machte sogar die breite Ringstraße unpassierbar.

In Marburg war ich mit meiner Trauer allein. Keine Massen, keine Blumen, keine weinenden Frauen. Ich mußte an den Text des Walzers denken, den sie an jenem Nachmittag im Volksgarten als sein Requiem gespielt hatten:

»Wiener, seid froh, oho, wieso?
Ein Schimmer des Lichts – wir seh'n noch nichts...«

Noch nichts, mag sein! Aber ich war sicher, daß Zauber und Einfluß dieses genialen Mannes, in dem sich der österreichische Volkscharakter so großartig personifiziert hatte, nicht mit seinem Tod dahinschwinden würden. Und von diesem Tage an war ich endgültig einer seiner treuesten Anhänger.

4.
Wein, Weib, Gesang und Leberkäse

Es war eine wirkliche Freude und zugleich ein Schritt nach oben in meinem Musikerdasein, als ich 1902 als Erster Kapellmeister für die Operette an das Salzburger Stadttheater engagiert wurde. Ich sah darin eine Bestätigung für meinen Entschluß, als Inhalt meiner kompositorischen Arbeit die Operette und die sogenannte Leichte Musik zu wählen. Zum weltweiten Ansehen Salzburgs als dem Geburtsort Mozarts gesellte sich seit 1920 ihr Ruf als Festspielstadt. Einige der bedeutendsten Künstler dieses Jahrhunderts, unter ihnen meine guten Freunde Max Reinhardt und Hugo von Hofmannsthal, hatten die Salzburger Festspiele ins Leben gerufen.

Ich habe viele glückliche Erinnerungen an das Salzburg der späten zwanziger und frühen dreißiger Jahre, als es ein Sammelpunkt für viele Künstler war, eine eigenartige Mischung aus dem Geist Mozarts und den neuesten und gewagtesten künstlerischen Strömungen in Musik, Kunst, Theater und Bühnenbild. Seit der Errichtung des neuen Festspielhauses im Jahre 1960 hat Salzburg eine Wiedergeburt erlebt. Da ich mich bei Mozart immer wohler gefühlt habe als bei Wagner, stelle ich mit Befriedigung fest, daß das neue Festspielhaus mit seinen 2300 Sitzen fast 500 Leute mehr aufnehmen kann als das Festspielhaus in Bayreuth. Und die Sitze sind noch viel bequemer – etwas, worüber sich Mozart bestimmt auch gefreut hätte.

Aber für mich wohnt die wahre Seele Mozarts im Mozarteum, dort, wo junge Künstler aus der ganzen Welt jeden Sommer studieren und wo der Vorübergehende so oft dem Klang seiner Kammermusik lauschen kann, jener Musik, die so streng korrekt im technischen Sinn und gleichzeitig so voller Leben ist, weil sie die ausgeprägte Persönlichkeit ihres Schöpfers ausstrahlt.

Wenn Johann Strauß der Komponist war, den ich mir, was meine Laufbahn anbelangt, am häufigsten zum Vorbild genommen habe, so ist es Mozart, dem ich mich, soweit es seine Persönlichkeit betrifft, am nächsten fühle. Denn auch die bittersten Enttäuschungen haben seinen Sinn für Humor und seine so positive Einstellung zum Leben nicht auf die Dauer beeinträchtigen können. So habe ich mich in trüben Stunden immer wieder an Mozarts Haltung erinnert.

Und über der Stadt erhebt sich beherrschend die Festung Hohensalzburg – im 12. Jahrhundert erbaut –, die uns daran erinnert, daß die Geschichte Österreichs und Deutschlands die Geschichte vieler Menschen und vieler Jahrhunderte ist.

Ich brachte in Salzburg trotz meiner großen Ambitionen nichts wirklich Großes oder Vollkommenes zustande, aber ich komponierte meine zweite Operette, *Schön Lorchen*, die am Landestheater aufgeführt wurde. Es war auch diesmal kein großer Erfolg, aber ich gewann etwas viel Wertvolleres: Erfahrung. Ein wirkliches Problem, das junge Künstler, ja, ich muß wohl schon sagen: bedroht, ist die Leichtigkeit, mit der man jetzt, dank Platten, Rundfunk und Fernsehen, fast über Nacht ein Star werden kann. Warum das ein Problem ist? Nun, weil ein junger Künstler, von ganz seltenen Ausnahmen abgesehen, Zeit braucht, um sein Handwerk voll zu erlernen und darin heranzureifen. Ein leichter Erfolg »über Nacht« bedeutet sehr häufig einen baldigen, ebenso jäh hereinbrechenden Mißerfolg, und nur wenige Monate oder Jahre später fällt man in Ungnade und wird sang- und klanglos vergessen. Berühmt zu sein – das ist wie Seiltanzen. Es ist sehr nützlich, wirklich intensiv zu üben, bevor man es ohne Netz versucht. Aber wenn Sie einmal berühmt sind, wird Ihr Publikum sehr enttäuscht sein, falls Sie es nicht ohne Netz machen. Sie müssen sich dann immer wieder selbst übertreffen, müssen immer viel riskieren und stets etwas Neues finden, oder man wird bald einen Ersatz für Sie suchen. Und das ist sogar verständlich.

Deshalb bin ich auch dankbar, daß mir keines meiner frühen, in der Provinz entstandenen Werke einen großen Erfolg beschert, mich sozusagen aufs Trapez gebracht hat. Wenn dies der Fall gewesen wäre, hätte ich wahrscheinlich auch überlebt, aber ich hätte mein Handwerk nie so gründlich erlernt. Es ist bestimmt besser, die Leiter Sprosse um Sprosse zu erklimmen und dazwischen Zeit zu haben, durch seine Fehler sowohl zu leiden – als auch, vor allem: zu lernen.

Wahrscheinlich hätte ich auch Aranka nie kennengelernt, wenn der Erfolg in Salzburg »über Nacht« gekommen wäre. Wer sie war? Vielleicht die temperamentvollste Frau, mit der ich je im Bett war ... Eine ungarische Schönheit mit dunklem Teint, schwarzen Augen, einer perfekten Figur. Wenn sie lächelte und ihre makellosen weißen Zähne zwischen den leicht geöffneten Lippen zeigte, war sie schön wie ein Traumbild. Wenn Ärger von ihren dunklen Brauen abzulesen war und ihre Lippen schmollten, war sie noch verführerischer. Aber am schönsten war sie, wenn weder Heiterkeit noch Ärger ihr Gemüt beschäftigten und sie sich vollständig, mit Leib und Seele, dem Liebesspiel widmen konnte. Da sie eine jener schönen Frauen war, die den Liebesakt bei Beleuchtung schätzen, war schon der Anblick, den sie so freigebig gewährte – ihr schwarzes, glänzendes Haar, die glühenden Augen, die von Leidenschaft geröteten Wangen, der prachtvolle Busen –, ein atemberaubendes Vergnügen.

Salzburg war eine sehr angenehme Stadt, aber es war kein Paradies für Musiker. War die Saison gut, dann konnte man anständig essen und behielt noch ein kleines Taschengeld übrig; war die Saison schlecht, konnte man sich schon glücklich schätzen, wenn man abends sein Zimmer heizen konnte. Doch reichte es selten für Gesellschaft im Bett, falls man dafür bezahlen mußte. Glücklicherweise war die schöne Aranka Sängerin am Stadttheater und ich, der Kapellmeister, war schlank, blond und sah, so wurde mir gesagt, »wie ein junger Künstler« aus.

Ich habe immer gerne gelacht und auch immer versucht, zur guten Stimmung einer Gesellschaft beizutragen, doch daran ist ja nichts Besonderes. Aber ich war Kapellmeister, und das hat in Arankas Welt sicher etwas bedeutet.

Wichtig war natürlich, daß Aranka und ich wirklich gut zueinander paßten. Wir waren ein leidenschaftlich glückliches Paar, zumal wenn wir allein waren, und unsere Liebe und unser Verlangen manch unvergeßliches Duett spielten.

Doch war es zu schön, um lange zu währen. Und hier beginnt die Sache mit dem Leberkäse und dem gleichzeitigen Wiedererscheinen meiner Jugendliebe Iderl, dem Veilchen vom Stiftingtal.

Eifersucht kann etwas Schreckliches sein – aber manchmal dient sie auch dazu, ein allzu friedliches und ereignisloses Dasein wieder etwas aufregender – und damit lebenswerter zu machen. Diese Erfahrung war mir beschieden.

5.
Veilchen und Vitriol

Im letzten Kapitel habe ich versucht, Ihnen einen Eindruck von Arankas Äußerem zu vermitteln. Ich vergaß zu erwähnen, daß sie sich auch sehr geschickt zu kleiden verstand, ohne jede Eintönigkeit oder Halbwelteleganz. Das Mädchen hatte sogar einen ausgesprochen guten Geschmack. Nur in einem Punkt war sie etwas seltsam: Wo immer sie sich befand – das heißt also auch im Schlafzimmer – trug sie ein winziges Kristallfläschchen an einer Goldkette um den Hals. Eine Zeitlang ignorierte ich es, aber eines Tages – wir lagen gerade nach einem recht lebhaften Liebesspiel im Bett und plauderten – konnte ich meine Neugierde nicht länger zügeln.

»Aranka, meine Süße, was hast du da in dem Fläschchen? Eine Reliquie? Wasser aus Lourdes oder so etwas?«

Sie lächelte, obwohl ihre Augen verrieten, daß sie sich in diesem Moment nicht ganz wohl in ihrer Haut fühlte.

»Das ist noch was viel Wunderbareres, Robertl. In dieser kleinen Phiole ist eine Zauberflüssigkeit, die dafür sorgt, daß du deiner Aranka immer treu bleiben wirst!«

Liebes, abergläubisches Mädel, dachte ich mir. Sie liebt mich so sehr, daß ihr irgendein wahrsagender Zigeuner einen Liebestrank andrehen konnte. Wie süß ... »Wo hast du diese seltene Flüssigkeit her, liebste Aranka?« fragte ich.

»Vom Apotheker, Robertl. Aber die ist nicht selten, nur wirksam. Es ist nämlich Vitriol. Und wenn ich irgendwann einmal herausfinden sollte, daß du mich betrügst, dann fliegt es in deine unschuldigen blauen Augen!«

Lieber Gott! Diese Eröffnung konnte einem die Laune verderben, selbst den Appetit auf einen so saftigen Bissen wie Aranka. Von diesem Tag an konnte ich in ihrer Gegenwart meine Augen kaum von dem todbringenden Kristallfläschchen losreißen, das wie ein Schlangenauge funkelte. Indes, aufgeben konnte ich Aranka auch nicht – sie war einfach zu reizend. Davon abgesehen, mußte ich damit rechnen, daß der Abbruch unserer Beziehungen sie wahrscheinlich noch mehr in Zorn versetzen würde als ein Seitensprung. Soviel stand fest: Solange ich in Salzburg war, mußte ich bei Aranka bleiben. Von nun an kam es mir jedesmal vor, als liebten wir uns in einem Minenfeld. Doch dies war, solange ich ein gutes Gewissen hatte – oder zumindest sie keinen Grund für irgendwelche Verdächte, noch eine Extraprise Liebespfeffer.

Alles wäre wahrscheinlich glatt gegangen, wenn nicht die Sache mit dem Leberkäse dazwischengekommen wäre – und Frau Sauter, mein rundliches, rotblondes Leberkäseliebchen. Wenn Sie, liebe Freunde, Salzburg kennen, dann ist Ihnen vermutlich bekannt, daß der Sauter-Laden unter den Arkaden das beste Fleischwarengeschäft dieser schönen alten Stadt war. Es gibt ihn noch heute, glaube ich. Zu meiner Zeit regierte dort Frau Sauter, die Witwe des ehemaligen Eigentümers. Sie war eine mollige, hübsche Frau in den Dreißigern. Ich war nur knapp über zwanzig, was nicht verhindern konnte, daß wir sehr bald aneinander Gefallen fanden. Nichts Physisches, nur eben ein Augenzwinkern, ein Lächeln und, von meiner Seite, ein eifriges Grüßen und Küß-die-Hand, wo immer es gerade ging. Frau Sauter ihrerseits hielt als Gegenleistung mich und meine Sänger und Musiker in flauen Perioden über Wasser. Sie fütterte uns durch. Mehr als einmal, wenn ich bis auf den letzten Kreuzer blank und die Lage am Theater alles andere als rosig war, wog die gute Frau reichlich Leberkäse ab, genug, um die ganze Truppe zu versorgen.

»Aber gnädige Frau«, rief ich aus, als das zum erstenmal geschah, und ich nicht merkte, daß es Absicht war. »Sie müssen mich mißverstanden haben. Ich wollte nur für zehn Kreuzer Leberkäse!«

Sie lächelte. »Ich gehe nach Augenmaß, verstehen Sie ... Übrigens kann man von euch Künstlern nicht erwarten, daß ihr mit leerem Magen spielt.«

»Küß die Hand, gnädige Frau! Sie haben selber eine echte Künstlerseele – und die Großzügigkeit einer Prinzessin«, sagte ich formvollendet, ergriff und küßte ihr etwas rauhe, rote Hand.

Die ersten paar Male gab es daheim keine Fragen zu dem unerwarteten Geschenk, obwohl ich einige launische oder spöttische Blicke von seiten Arankas wahrzunehmen glaubte. Eines Tages aber – Aranka, ich und einige unserer ebenso ausgehungerten Kollegen hatten wieder einmal das letzte Stück Leberkäse verdrückt – erhob sich ein finsterer Verdacht. Obwohl Aranka mit genau der gleichen Begeisterung wie alle anderen ihren Anteil verschlungen hatte, nahm sie mich ins Kreuzverhör, um Näheres über die Herkunft des himmlischen Manna in Erfahrung zu bringen.

»Ich weiß zwar nicht, warum du fragst, Aranka, meine Süße«, sagte ich, »aber die Antwort ist ganz einfach. Es waren noch zwanzig Kreuzer in den Hosentaschen meines anderen Anzugs. Ich hatte sie ganz vergessen, bis ich sie heute morgen zufällig fand. Und da bin ich natürlich sofort zum Sauter gegangen und habe alles in Leberkäse umgesetzt. Zufrieden?« Einen Augenblick lang saß meine magyarische Tigerin still auf ihrem Platz, spielte an ihrem todbringenden Halsschmuck herum und sah mit ihren funkelnden braunen Augen geradewegs durch mich hindurch.

»Nein, Robertl, ich bin ganz und gar nicht zufrieden. Ich habe heute morgen, bevor du aufgestanden bist, alle deine Taschen durchsucht. Und alles, was ich fand, waren lausige zehn Kreuzer! Wenn du ein Auge auf die Frau Sauter geworfen hast, dann sieh dich nur satt an ihr. Denn wenn ich dich erwische, dann war sie das Letzte, was du gesehen hast!«

Glücklicherweise hatte ich bereits gegessen. Vitriol ist ausgezeichnet dazu geeignet, Hunger jeglicher Art, sei's nach Liebe, sei's nach Leberkäse, zu ersticken. Von diesem Tag an behielt ich die Spenden der Frau Sauter für mich. Ich schlang den Leberkäse in einer Seitenstraße in der Nähe des Ladens verstohlen hinunter und wischte alle Spuren sorgfältig weg, bevor ich zu meiner leidenschaftlichen, eifersüchtigen Aranka zurückkehrte. Trotzdem: meine Neigung, mit Kellnerinnen und Chormädchen zu flirten, und die gespenstische Vision eines plötzlichen nächtlichen Säureattentats begannen sich auf mein niemals sehr robustes Nervensystem auszuwirken. Es bedurfte nur noch eines kleinen romantischen Zündfunkens, und Arankas Eifersucht würde explodieren wie eine Zeitbombe.

Es fing ganz harmlos an. Eines Abends, nach der Vorstellung, fand ich einen kleinen Veilchenstrauß in meiner Garderobe vor. Das Begleitschreiben war kurz und einfach, aber es berührte eine wunde Stelle in meinem Herzen, die seit den Tagen, da ich Graz verlassen hatte, nie völlig verheilt war:

»Wie gut Du heute abend als Dirigent ausgeschaut hast, Robertl, und wie herrlich das Orchester gespielt hat! Eine alte Freundin könnte sich nichts Schöneres vorstellen, als mit Dir durch einen Park zu gehen und über Dinge zu sprechen, die sie nie vergessen hat. Vielleicht werden diese Veilchen auch in Dir gewisse Erinnerungen wecken. Der Garten von Schloß Mirabell soll ja wunderschön sein um diese Jahreszeit, vor allem zur Mittagsstunde. Fast so schön wie der Stadtpark von Graz ...«

Iderl! Mein Veilchen vom Stiftingtal. Wer anders konnte es sein? Der Gedanke, Iderl nach vier Jahren wiedersehen zu können, genügte, um sogar Arankas Vitriolfläschchen zu vergessen. Am nächsten Tag um die Mittagsstunde ging ich, ohne besondere Vorsichtsmaßnahmen zu treffen, in den Mirabellgarten.

Das Palais im Mirabellgarten können Sie auch heute noch besuchen. Ein liebeskranker Kirchenfürst, Wolf Dietrich – die Kleriker pflegten in jenen Tagen oft ein etwas »erfüllteres« Leben zu führen –, hat es im frühen 17. Jahrhundert für eine Schönheit namens Salome Alt erbauen lassen. Ob Salome das verdient hatte, vermag ich nicht zu beurteilen, aber gewiß können wir der Dame nur dafür dankbar sein, daß sie ihren geistlichen Liebhaber bewogen hat, ein so faszinierendes Schlößchen und einen so schönen Garten zu errichten. Tausende von Liebespaaren haben sich darüber gefreut.

Zu den Attraktionen des Mirabellgartens gehören die wunderlichen Statuen der bischöflichen Lieblingszwerge in dem Teil der Anlage, den man den Zwergengarten nennt. Hier, zwischen den grotesken Figuren verschrumpelter Gnome, sah ich mein Iderl wieder.

Jetzt war sie eine Frau, ihre Züge waren etwas voller geworden, aber noch immer zart; ihre Rehaugen waren sanft wie eh und je. Wiewohl ich glücklich war, sie zu treffen, empfand ich zunächst so etwas wie eine Wand zwischen uns – wir beide fühlten sie. Nach vier Jahren der Trennung sah ich meine erste Liebe wieder.

Eine Zeitlang schwiegen wir. Wir gingen ruhig im Garten spazieren, die Augen streng geradeaus gerichtet, nur ab und an verstohlene Seitenblicke riskierend, wenn der andere gerade nicht hinzusehen schien. Stück für Stück setzten wir unsere Erlebnisse zu einem Mosaik zusammen: Zum erstenmal wurde uns klar, wie Iderls Mutter und Schwester sich gegen uns verschworen hatten, um uns auseinanderzubringen; wie Iderls Schwester meine Briefe abgefangen hatte, um Iderl zu der Überzeugung kommen zu lassen, ich hätte sie aufgegeben. Erst danach hatte Iderl mir das Päckchen mit dem Ring und dem Veilchen geschickt und den Ingenieur geheiratet.

»Sag mir, Robertl, hast du den Ring behalten?« fragte sie mit umflorten Augen, die eine alte Glut in meinem Herzen neu zu entfachen begannen.

»Nein, Iderl«, erwiderte ich, »ich habe es versucht, aber nach drei Tagen gab ich es auf. Jedesmal wenn ich ihn sah, fühlte ich mich elend. Er liegt jetzt in der Mur – so wie der Ring aus *Rheingold* im Rhein. Wir sollten vielleicht überhaupt nicht darüber reden. – Sag, wie geht es dir? Bist du glücklich?«

»Glücklich? Ich glaube schon. Er ist ein guter Mann. – Und dein Leben, Herr Kapellmeister? Ich war so stolz auf dich, als ich dich gestern im Theater sah. Wie fühlt man sich, wenn man ein Orchester dirigiert? Es muß großartig sein!«

»Für mich ist das keine Frage des Vergnügens, es ist eine Notwendigkeit. Musik ist mein Leben, das einzige Leben, das ich mir überhaupt vorstellen kann. Und ich dirigiere nicht nur; ich habe auch angefangen zu komponieren.«

Ich erzählte ihr von meinem Treffen mit Strauß und von meinem ersten »Orchester« in Marburg, sowie einige neuere Erlebnisse – mit diskreten Auslassungen natürlich ...

»Robertl«, fragte sie schließlich, »gab es andere ... gab es solche wie mich?«

»Andere, Iderl? Ja, es gab andere, aber keine war wie du. Und ich glaube, keine wird jemals so sein wie du. Aber reden wir nicht länger davon. Wie lange wirst du in Salzburg bleiben?«

»Ich reise morgen wieder ab. Wir haben nur diesen Nachmittag für uns zwei – und das auch nur, weil Mama Podagra am großen Zeh hat und das Hotel nicht verlassen kann.«

»Gut, Iderl. Wir können nicht an einem Nachmittag ein neues Leben beginnen.«

Ich nahm sie bei der Hand, um mit ihr einen der angenehmsten und gewiß einen der unschuldigsten Nachmittage meines Lebens zu verbringen. Zuerst führte ich Iderl in das berühmte Salzburger Marionettentheater. Wir kamen uns in der Tat vor wie Kinder, Hand in Hand und sorgenfrei. Später fuhren wir mit einem Fiaker auf den Kapuzinerberg.

Zu bald war das schöne Zwischenspiel vorüber. Die Abenddämmerung kündigte sich an. Iderl mußte zurück ins Hotel und ich zurück ins Theater. Unser schmunzelnder Fiaker wartete auf uns, als wir zurückkehrten.

Als wir am Theater vorbeirollten, war die Sonne noch nicht untergegangen. Noch immer hielten wir Händchen – ein Umstand, dessen ich mich später reuevoll erinnern sollte. Vor dem Hotel verabschiedeten wir uns. Der Traum dieses Nachmittags war verflogen.

Ich küßte ihre Hand, ihre hübsche, kühle Hand mit den schlanken Fingern; eine Hand, die einer geborenen Pianistin hätte gehören können – so ganz anders als die rundliche Patschhand von Frau Sauter oder Arankas fast immer fiebrig-warmes Tätzchen. Iderls Hand war kühl – kühler, als ich sie in Erinnerung hatte. Aber vier Jahre sind für junge Menschen eine sehr lange Zeit ...

»Leb wohl, Iderl, meine Liebe«, sagte ich.

»Leb wohl, Robertl. Ich bin so froh, daß wir uns wiedersehen

·konnten, dieses eine Mal. Dank' dir für den wunderschönen Nachmittag!«

Als ich meinen Umkleideraum im Theater erreichte, warteten keine Veilchen auf mich, wohl aber eine Botschaft anderer Art: Geschrieben mit blutrotem Lippenstift, prangten auf dem Wandspiegel die folgenden Worte: »Was du auf dem Boden siehst, ist nur der Anfang!« Auf dem Boden lag, zerfetzt, der Klavierauszug der heutigen Vorstellung.

Kurz darauf erschien Karl, der Regieassistent, um mir zu sagen, daß Aranka heute nicht singen könne.

»Sie wurde am Nachmittag urplötzlich krank«, berichtete er. »Wir, das heißt sie, ein paar Kollegen und ich, standen gerade vor· dem Theater. Da kam ein Fiaker vorbei – und in diesem Moment fällt Aranka in Ohnmacht. Ich wollte ihr etwas Riechsalz aus dem kleinen Fläschchen, das sie um den Hals trägt, geben«, – bei diesen Worten Karls schauderte ich –, »doch bevor ich es aufdrehen konnte, kam sie wieder zu sich, schnappte sich das Ding und sagte: ›Das brauche ich noch!‹. Ihr Gesicht war rot angelaufen wie im Fieber. Sie hat sich dann aufgerappelt und ist ins Theater gerannt. Dort hat sie erklärt, sie könne heute abend nicht singen. Ja, und dann sagte sie noch etwas ... Moment ... Ach ja, sie sagte zu mir: ›Karl, sagen Sie Kapellmeister Stolz, er soll sich keine Sorgen machen. Er wird bald von mir hören – schneller als er denkt!‹ Auf war sie und davon! – Übrigens, was ist denn das da auf dem Boden?«

»Nichts, nichts, Karl. Nur Papierschnitzel. Außerdem muß ich mich jetzt umziehen, es wird Zeit.«

Zum Glück konnte ich die Partitur des *Bettelstudent* auswendig. Er war und ist eine meiner Lieblingsoperetten. So machte ich mir an diesem Abend lediglich darüber Sorgen, was *nach* – und nicht was *während* der Vorstellung geschehen würde ...

So schnell ich konnte, verließ ich das Theater, rannte in mein Zimmer und schloß die Tür hinter mir ab. Kein Zeichen von Aranka – für die Nacht war ich in Sicherheit. Aber was war das für eine Nacht! Nicht eine Sekunde lang fand ich Ruhe. Ununterbrochen plagten mich Alpträume von Veilchen und Vitriol.

In den folgenden Tagen war es ähnlich. Aranka tauchte im Theater auf, ohne mich auch nur eines Wortes zu würdigen. Aber sie starrte mich an während der Proben und fingerte dabei an ihrem Halsschmuck herum. Sie wußte genau, daß nur wir beide die ominöse Bedeutung dieser Spielerei kannten. Es war, als ob sie sagen wollte: »Glaub ja nicht, ich lass' dich davonkommen! Ich warte nur auf den richtigen Moment!«

Robert Stolz in Wien, etwa 1923, ehe er sein eigenes Theater gründete.

Oben links: Arturo Toscanini (1867–1957), der große italienische Dirigent.
Oben rechts: Giacomo Puccini (1858–1924).
Unten: Robert Stolz mit Mitwirkenden nach der Premiere der Operette »Manöverliebe« in Brünn, 1906.

Die Rettung aus dieser nervtötenden Situation kam von höchst unerwarteter Seite. Ein paar Tage später schlich ich des Morgens auf Zehenspitzen und mit nach allen Himmelsrichtungen sichernden Blicken die Treppe hinunter und fand unten einen Brief für mich vor. Es handelte sich um eine amtliche rekommandierte Mitteilung des Grazer Militär-Ergänzungs-Bezirks-Kommandos, wonach ich aufgefordert wurde, mich am folgenden Mittwoch, 8 Uhr morgens, vor der Assentierungskommission des k. und k. Heeres in der Feldbacher Bierhalle zu Graz einzufinden. »Unentschuldigtes Nichterscheinen wird strenge bestraft.«

Gerettet – genau im rechten Augenblick! Und noch dazu vom Kaiser persönlich!

Die Geschichte der österreichischen Armee ist lang und ruhmreich. Viele Helden sind in kritischen Zeiten zu den Fahnen des Vaterlandes geeilt – aber ich wage zu behaupten, daß kein einziger von ihnen derartig schnell seinen Zivilberuf aufgegeben und seine Koffer gepackt hat wie der zur Musterung befohlene Kapellmeister Robert Stolz.

Aranka sah ich niemals wieder. Auch Iderl traf ich nie mehr von Angesicht zu Angesicht. Aber gelegentlich fand ich in späteren Jahren nach Vorstellungen in Wien einen kleinen Strauß Veilchen vor, der in meiner Garderobe abgegeben worden war. Ein- oder zweimal gelang es mir sogar, Iderl im Publikum zu erspähen, wo sie neben einem gutaussehenden, seriösen Herrn zu sitzen pflegte. Für einen Sekundenbruchteil trafen sich unsere Blicke, und dann wandte sich Iderl wieder ihrem Gatten zu und ich mich meinem Orchester. Noch später erinnerte ich mich ihrer, als ich die Melodie zu »Wenn die kleinen Veilchen blühen« schrieb. Der Text stammt von Bruno Hardt-Warden, einem wahren Poeten und einem meiner Lieblingstextdichter. Er hatte ihn geschrieben, nachdem ich ihm in einer langen Nacht bei etlichen Gläsern Grinzinger Heurigem die Geschichte von Iderl und mir erzählt hatte.

Bruno besaß ein sehr markantes, geradezu monumentales Künstlerhaupt mit starken Brauen und verständnisinnig blickenden Augen. Fast erinnerte er ein wenig an Beethoven. Er liebte den Wein, die Frauen und sein Künstlerleben. Er heiratete niemals, kam jedoch für den Unterhalt von elf unehelichen Kindern auf, die alle von verschiedenen Freundinnen stammten. So sehr er den Wein mochte – er verschmähte auch das Wasser nicht, freilich nicht, um es zu trinken, sondern um darin zu schwimmen. An einem heißen Sommertag in den sechziger Jahren, er hatte etwas über den Durst getrunken, bestand er darauf, sich in einem der Seen vor Wien etwas abzukühlen. Danach legte er sich erschöpft in die heiße Sonne, um ein kleines Nickerchen zu machen. Er wachte nicht mehr auf ...

6.

Der Brave Soldat Stolz

Meine Karriere bei der österreichischen Armee fiel zunächst in die Friedenszeit und erinnerte mich sehr an die des berühmten böhmischen Kriegers Schwejk.

Sie erinnern sich vielleicht, daß der Brave Soldat Schwejk zweimal in der k. u. k. Armee diente: einmal vor Kriegsbeginn und einmal während des Ersten Weltkriegs. Ebenso erging es dem Braven Soldaten Stolz. Der einzige Unterschied bestand darin, daß ich niemals auch nur einen einzigen Schuß hören mußte, der in böser Absicht abgefeuert wurde.

Auf der Heimreise nach Graz war ich noch guter Dinge. Die Gefahr, einem Säure-Attentat zum Opfer zu fallen, war gebannt; der Kaiser hatte mich davor bewahrt. Doch als ich meinen Eltern den Stellungsbefehl zeigte, machten sie mir klar, was dieses Papier bedeutete: Hätte ich die Matura gehabt, so hätte ich damit auch das sogenannte »Einjährig-Freiwilligen-Recht« erworben, das heißt: das Privileg, nur ein Jahr dienen zu müssen, nicht für unangenehme Arbeiten wie Kasernenhofreinigen oder Mistfahren eingeteilt zu werden, eine Extrauniform tragen zu dürfen und später sogar zum Reserveoffizier zu avancieren. Für mich galt nichts von alledem. Da ich kein Reifezeugnis vorweisen konnte, standen mir drei Jahre Militärdienst als »gemeiner Soldat« bevor.

»Ich habe dich gewarnt«, sagte mein Vater und erinnerte mich an seine zahlreichen Ermahnungen, bis zum Schulabschluß durchzuhalten. Aber das half mir nun auch nichts mehr.

Bei der Musterung hieß es: »Tauglich ohne Gebrechen« ... Und doch hatte ich Glück. Denn als ich an dem Tisch vorbeikam, hinter dem ein Fähnrich saß und unsere Papiere prüfte, blickte dieser korpulente Mensch mich erstaunt an und sagte:

»Ja, wie kommen *Sie* denn hierher, Herr Robert?«

Ich hatte ihn gleich erkannt. Der Fähnrich war kein anderer als jener Studiosus Koch, den ich als Siebenjähriger in die Geheimnisse des Klavierspiels eingeweiht hatte. Zwar konnte auch er aus mir keinen »Einjährig-Freiwilligen« machen, aber immerhin sorgte er dafür, daß ich zur »Sanität« kam. Dort war der Dienst auch kein Honiglecken, aber im Vergleich zu dem, was andere Rekruten über sich ergehen lassen mußten, fast ein Vergnügen.

Was mir dennoch zu schaffen machte, war meine unstillbare Sehnsucht nach der Musik. Jede Stunde, die ich ohne sie zubringen mußte, kam mir vor wie ein ganzer Monat im Exil oder in Gefangenschaft. Obwohl ich schon recht dünn war, verlor ich mehr und mehr an Gewicht und an Energie. Und mit jedem dieser stumpfsinnigen Tage im Lazarett wurde ich ein bißchen müder und ein bißchen gleichgültiger. Diese Entwicklung vollzog sich so stetig, daß sie mir selber gar nicht aufgefallen wäre, wäre nicht eines Tages die Geschichte mit meinem Typhus passiert.

Ich weiß sehr wohl, liebe Freunde, daß Typhus nichts zum Lachen ist. Schon gar nicht in jenen Tagen mit ihren noch sehr rudimentären Behandlungsmethoden und miserablen hygienischen Zuständen. Aber es handelte sich in meinem Falle um eine besondere Art von Typhus – eine Krankheit, die zu Schwejk genauso gepaßt haben würde, wie sie zu mir paßte.

Ich wachte eines Morgens auf und fühlte mich ausgesprochen schwach und etwas fiebrig auf meiner Pritsche. Wahrscheinlich bloß die Hitze, dachte ich. Doch als ich mich aufrichtete, begann sich plötzlich der Raum um mich herum zu drehen, und ich taumelte zurück auf die Matratze.

»Schmidt!« rief ich erschrocken meinem Zimmernachbarn zu, »komm doch bitte her und hilf mir auf die Beine! Mir ist so schwindelig.«

Schmidt, ein Mann, den so leicht nichts aus der Ruhe bringen konnte, hatte kaum einen Blick auf mich geworfen, da rief er schon mit allen Zeichen des Entsetzens: »Jesus, Stolz! Mit dir stimmt was nicht! Du hast ja überall rote Blasen! Bleib, wo du bist! Ich hole Dr. Loeb!« – Es war das einzige Mal, daß ich den phlegmatischen Schmidt rennen sah.

Als er fort war, guckte ich mir meine Hände an. Um Gottes willen – Schmidt hatte recht! Sie waren bedeckt mit kleinen roten Pickeln und Bläschen. Und das gleiche galt für meinen Bauch, meine Brust, meine Beine sowie alle anderen Körperstellen, die ich ohne Zuhilfenahme eines Spiegels inspizieren konnte. Ich war noch nicht fertig mit dieser Art von Selbsterkenntnis, als Regimentsarzt Dr. Loeb eintrat. Er war hochgradig nervös. Nachdem er ungefähr die Hälfte des Weges von der Tür zu meinem Lager zurückgelegt hatte, blieb er plötzlich stehen, als sei er festgefroren. Ein halbunterdrückter Schrei entfuhr seinem mageren Hals. »Bleiben Sie hier, Schmidt! Berühren Sie ihn ja nicht! Es ist Typhus – ich bin absolut sicher. Typhus! Holen Sie zwei Leute mit einer Tragbahre und bringen Sie den Mann sofort in die Quarantäne. Sie und die beiden Träger begeben sich dann unverzüglich gleichfalls dorthin. Haben Sie mich verstanden, Schmidt? Und jetzt beeilen Sie sich!«

Mit diesen Worten machte sich Regimentsarzt Loeb schnell auf den Rückzug. Er kam mir mit seinem linkischen, stelzenden Gang vor wie ein verängstigter Storch.

In den nächsten Tagen war es mir nicht ein einziges Mal vergönnt, den Regimentsarzt Loeb auch nur von Ferne zu sehen. Nicht, daß ich ihm das übelgenommen hätte. Da ich als Sanitäter seine Heilungsmethoden recht gut kannte – sie erschöpften sich in der Verabreichung von Rizinusöl und Klistieren –, war ich heilfroh, ihnen nicht ausgesetzt zu sein, selbst wenn es sich bei meiner Krankheit tatsächlich um Typhus handeln sollte. Ich war ohnehin zu schwach, mir allzuviele Gedanken zu machen. Die einzigen Leidtragenden waren der arme Schmidt und die beiden Bahrenträger. Sie mußten damit rechnen, ebenfalls von der tödlichen Pestilenz niedergeworfen zu werden, zumal wir vier in einem heißen, stickigen Zimmer auf engstem Raum zusammengepfercht waren.

Einige Tage später erhielt ich, immer noch mit hohem Fieber und gezeichnet von den erwähnten Krankheitsmalen, Besuch von einer Medizinischen Kommission der Armee. Ich war inzwischen überzeugt, daß ich an Typhus litt und daß jeden Augenblick mit meiner Abberufung aus dieser Welt zu rechnen sei. Den gelehrten Herren, die mit gebührender Vorsicht mein Bett umzingelten, schenkte ich daher nur wenig Beachtung.

»Hmm, sieht recht übel aus, angesichts des fortgeschrittenen Stadiums«, sagte der eine.

»Ganz im Gegenteil, verehrter Herr Kollege«, flüsterte ein anderer. »Ich habe viele solche Fälle gesehen. Bei diesem Patienten hat die Krankheit die lebenswichtigen Organe bereits verlassen und mit Absonderung durch die Poren begonnen. Der junge Mann ist in ein oder zwei Wochen wieder völlig in Ordnung. Man muß ihn nur in Quarantäne halten, bis die Gefahr vorüber ist. – Aber was meinen Sie, Dr. Seidl, als der Erfahrenste unter uns? Selbstverständlich werden wir uns Ihrer Diagnose anschließen.«

Dr. Seidl! Viktor Seidl! War das möglich? Dr. Seidl war ein Onkel von mir, ein angesehener Arzt, der gerade in der Armee Dienst tat. Als er von meiner Einberufung gehört hatte, hatte er sich bereiterklärt, alles in seiner Macht Stehende zu tun, um mir diese Erfahrung zu ersparen. Mein überkorrekter Vater hatte das Angebot zurückgewiesen. Er wollte keine Vorzugsbehandlung für seinen Sohn, obwohl er sich die Peinlichkeit gerne erspart hätte, die darin bestand, daß man mich den niedrigsten Diensten zuteilte.

»Na gut, wie du willst, Jakob«, hatte Onkel Viktor zu ihm gesagt. »Aber ich sage dir, daß Robert nicht zum Soldaten geeignet ist. Je schneller er in dieser Hinsicht mit dem Kaiser ins reine kommt, desto besser. Du wirst dich an meine Worte noch erinnern.«

Und nun war Onkel Viktor Chef der Medizinischen Kommission, die die Aufgabe hatte, meinen Typhus zu untersuchen!

Ich öffnete die Augen, um ihm etwas zu sagen, doch er kam mir zuvor: »Sie verhalten sich am besten ganz ruhig, junger Mann«, sagte er und wandte sich seinen Kollegen zu. »Mir ist nicht bekannt, wieviel dieser arme Kerl vor seiner Krankheit wog, meine Herren. Jetzt ist er jedenfalls eine reine Vogelscheuche. Hören Sie ...!« – sein Kopf näherte sich meinem Gesicht – »Er kann kaum atmen!«

Keiner der Kollegen hatte die geringste Lust, mir ebenso nahe zu kommen wie er. Bereitwilligst akzeptierten sie seine Diagnose.

»Ich persönlich bin davon überzeugt, daß wir es hier mit einem Typhusfall zu tun haben, meine Herren«, fuhr Onkel Viktor fort. »Ein endgültiges Urteil können wir uns freilich erst in einiger Zeit bilden. Aber ich glaube nicht, daß wir's uns leisten können, bis dahin die Moral und das körperliche Wohlbefinden der gesamten Armee aufs Spiel zu setzen, was zweifellos der Fall wäre, wenn sich unsere schlimmsten Befürchtungen bewahrheiten sollten.«

Hastig stimmten die Kollegen zu und wichen ein paar Schritte zurück in Richtung Tür, wo, wie ich erst jetzt bemerkte, Regimentsarzt Loeb furchtsam Stellung bezogen hatte. Onkel Viktor ergriff wieder das Wort:

»Ich empfehle, den Rekruten ... wie war doch sein Name? Ja, richtig, den Rekruten Stolz, sobald er transportfähig ist, aus der Armee zu entlassen – vorausgesetzt, der Exitus tritt nicht schon vorher ein!«

Der erste Doktor, jener, der von Anfang an von der Typhusdiagnose überzeugt gewesen war, bekundete sofort sein Einverständnis, und auch der andere stimmte nach kurzem Zögern zu: »Schließlich ist diese bedauernswerte Gestalt aus Haut und Knochen sowieso zu schwächlich für den Militärdienst. Insofern schließe ich mich Ihrer Empfehlung voll und ganz an, lieber Herr Kollege.«

Damit war mein Schicksal besiegelt. Onkel Viktor hatte mich aus der Armee befreit.

In Wirklichkeit aber, so erzählte er mir einige Wochen später, als ich längst wieder Zivilist war und ihn in Graz traf, müßte ich mich bei ihm bedanken.

»Wanzen«, so erklärte mir Onkel Viktor, »haben eine besondere Vorliebe für helle, empfindliche Haut. Dazu kam, daß aufgrund deines depressiven Zustands die Abwehrkräfte des Körpers so geschwächt waren, daß ein kleiner fiebernder Infekt entstand. Zusammen mit den Wanzenbissen ergaben sich somit die äußerlichen Anzeichen einer Typhuserkrankung. Mir war das spätestens in dem Moment klar, als ich dich aus der Nähe sah. Da kroch nämlich gerade einer deiner unverschämten kleinen Komplizen von deinem Corpus zurück auf die Matratze. Natürlich hatte ich keinerlei Veranlassung, meine Kollegen, die alle viel zu feige waren, eine genaue Untersuchung vorzunehmen, über die wahren Ursachen deiner Erkrankung aufzuklären.«

Selbst mein Vater mußte jetzt lachen.

»Ich glaube, da läßt sich nicht mehr viel rückgängig machen, Robertl«, sagte er. »Und Onkel Viktor hatte mich ja wirklich gewarnt, als er damals zu mir sagte, du seist nicht zum Soldatenhandwerk geschaffen.«

»Er ist trotz allem ein ganz schön flinker Bursche«, sagte mein Onkel schmunzelnd und zog an seiner Zigarette. »Robert ist die einzige mir bekannte Person, der es gelungen ist, auf einer Wanze aus der Armee zu reiten.«

Dies, verehrte Freunde, war also das Ende der ersten Armeekarriere des Braven Soldaten Stolz.

Die österreichisch-ungarische Armee hatte wenig gemein mit unserer heutigen kleinen, aber modernen Verteidigungsstreitmacht. Die Welt, die ich vorfand, als ich meinen Beruf als Musiker wieder aufnahm, war indes zum völligen Untergang verurteilt: Heute ist sie verschwunden, fast ohne Spuren hinterlassen zu haben.

Derselbe Agent, dem ich damals die Stellung in Salzburg verdankte, hatte dieses Mal mit seinem vielversprechenden jungen Schützling etwas ganz Besonderes vor: eine Operettentournee durchs Reich des russischen Zaren!

7.
Geliebtes Rußland

Das alte Rußland, das Heilige, Kaiserliche Rußland mit seinen tausend goldbedachten Kirchen, ihren diamantenbesetzten Reliquienschreinen und den tiefgläubigen, geduldigen russischen Bauern; das Rußland der endlosen Hofbälle und Militärparaden in St. Petersburg; das Rußland einer schillernden Führungsschicht, für die Millionen unterdrückter Arbeiter sich ihre Rücken krummschuften mußten – all das ist Vergangenheit. Es kann sein, daß von der

Schönheit und dem Glanz einiges hätte erhalten werden können, hätte man etwas weniger Gold für Kirchendächer und mehr für bessere Schuhe und Brot für die Bauern ausgegeben. Vielleicht wären einige Seiten im Buch der Geschichte ungeschrieben geblieben.

Als ich 1903 nach Rußland kam, interessierte mich hauptsächlich die Musik. Ich fuhr ins Land der Rimskij-Korssakow, Mussorgskij, Rachmaninow, Glinka – vor allem aber ins Land Tschaikowskijs! Denn trotz aller Probleme, die das Land beunruhigten, hat das Rußland des 19. Jahrhunderts einige der größten Komponisten aller Zeiten hervorgebracht, die der tiefen Seele jenes traditionsreichen Landes ihre Inspiration verdankten und gleichzeitig in der Lage waren, die Techniken und die Konventionen der westlichen Musik zu verarbeiten: Es war eine neue Welle genialer Kreativität entstanden. Für einen jungen Musiker konnte kein Zweifel darüber bestehen, daß das zaristische Rußland ein ganz besonderer Ort war – fast ein Mekka.

Auch heute glänzen das Bolschoi-Theater und andere großartige Bühnen nach wie vor mit hervorragenden Klassiker-Inszenierungen. Es gibt keine Tschaikowskijs und keine Glinkas mehr – aber dafür leisten heute Schostakowitsch, Khatchaturian und viele andere Unsterbliches. Dem gleichen Boden, der vor der Revolution so viele schöpferische Talente hervorgebracht hat, entsprießen neue Begabungen. Gerne würde ich das Land wiedersehen.

Nachdem ich die Armee verlassen hatte, bin ich also ins Reich des Zaren mit einem Wiener Operetten-Ensemble auf Tournee gefahren. Unsere Star-Sängerin war Betty Stojan, vor einer Kulisse sechzig hübscher Chor- und Ballettmädchen. Auch die männlichen Hauptrollen waren hervorragend besetzt, und ich hatte ein sehr gutes Orchester.

Unsere Tournee führte uns nach Moskau, Petersburg, Kiew und Odessa. Das Publikum war wunderbar. In der russischen Seele verbinden sich tiefgründige, sentimentale Strömungen mit geradezu instinktiver Liebe zur Musik. Noch niemals hatte ich eine so intensive, fast intime Reaktion des Publikums gespürt wie während dieser Tournee, und so bestätigte sich erneut die alte Theaterweisheit: Je enthusiastischer das Publikum, desto besser die Künstler.

An einen Abend – es war in Moskau – kann ich mich besonders gut erinnern. Nach dem letzten Vorhang stürzte ein riesenhafter, bärtiger Mann mit freudig gerötetem Gesicht und Tränen der Rührung auf den Wangen auf mich zu, umarmte mich und rief: »Bravo, Maestro, bravo!«, wobei er mir ein kleines Päckchen in die Hand drückte. Ich steckte es in die Tasche, ohne weiter daran zu denken, und öffnete es erst viel später in der Garderobe. Dieser hünengleiche Bojar, dessen Namen ich niemals erfuhr, muß einer jener unglaublich reichen Großgrundbesitzer gewesen sein. Denn in dem Päckchen war eine Zigarettendose mit einem Diamanten! Ein angemessenes »Trinkgeld« für einen guten Dirigenten.

In Odessa, damals einem sehr eleganten Seebad, wo der Champagner reichlich floß, und wo es für den, der das Vergnügen suchte, niemals dunkel wurde, versumpften wir beinahe in den Festen, die die High Society für uns gab.

Moskau, eine sehr viel ältere Stadt, die ehemalige Residenzstadt der Großfürsten, die nach der Verdrängung der Tataren im Mittelalter Schritt für Schritt das russische Reich errichtet hatten, verband dieselbe Lebensfreude mit einem tiefen, fast feierlichen Sinn für Tradition. Ich glaube, es war hier, wo meine erste Begegnung mit Modest, dem charmanten Bruder des von mir stets hochverehrten Tschaikowskij, stattfand.

Modest Tschaikowskij machte seinem Namen alle Ehre: Er war ein sehr »bescheidener« Mann mit leiser, angenehmer Stimme. Seinem berühmten Bruder, der 1893 an der Cholera gestorben war, hatte er sehr nahegestanden. Zeitlebens erwies er sich als aktiver Förderer junger, begabter Musiker, obwohl er selbst nie irgendein größeres musikalisches oder lyrisches Werk schuf. Der große Pianist Arthur Rubinstein ist nur einer von zahllosen Künstlern, die sich gern an ihn als einen Menschen erinnern, der stets bereit war, talentierten Musikern aus der Klemme zu helfen.

Glücklicherweise war ich niemals in einer so mißlichen Lage, Modest um einen Gefallen bitten zu müssen, aber noch immer denke ich mit Vergnügen an die Begegnungen mit ihm und an den Einblick, den er mir in das Werk seines Bruders gewährte.

»Glauben Sie ja nicht, daß Sie Rußland – oder die Musik meines Bruders – verstehen können, wenn Sie bloß ein paar von den größeren Städten gesehen haben«, sagte er mir einmal. »Dieses Reich ist sehr groß – ein mächtiger Strom, der von vielen Flüssen gespeist wird. Nehmen Sie zum Beispiel Tiflis: Peter Iljitsch verbrachte dort viele glückliche Stunden. Er liebte diese Mischung aus orientalischem Mysterium und kaukasischer Lebenskraft. Die Stadt machte einen dauerhaften Eindruck auf ihn. Und sie besitzt ein erstklassiges Konservatorium. Michail Ippolitow-Iwanow lebte elf Jahre dort und ließ sich zu seinen *Kaukasischen Skizzen* inspirieren. Unser größter moderner Sänger, Schaljapin, feierte dort seine ersten Triumphe. Ich glaube, es wäre auch für Sie sehr interessant.«

Ich nahm Modest Tschaikowskij beim Wort und unterzog mich, bewaffnet mit einigen Empfehlungsschreiben, die er mir mitgab, der langen, holperigen Eisenbahnfahrt nach Tiflis, um die Stadt mit eigenen Augen zu sehen. Ich konnte nur einen Tag lang dort bleiben, aber noch immer erinnere ich mich deutlich an das Leben und Treiben in den Straßen, an die geheimnisvollen georgischen Frauen, die sich trotz der Hitze in schwarze Gewänder hüllten; an die prahlerischen Männer mit ihren Dolchen an der Seite, mit ihren buschigen schwarzen Schnauzbärten und hohen Fellkappen; an die Straßenmusikanten und die Tänzer, die sich im Rhythmus der einfachen, sich ständig wiederholenden Klänge georgischer Volksweisen bewegten; an die armenischen und jüdischen Händler, die schweren Schrittes durch die engen Gassen schlurften, als ob ihr Geld sie zu Boden zöge; an die hohen, alten Häuser mit ihren hervorspringenden Holzbalkonen, über deren Geländern oftmals prächtige orientalische Teppiche hingen, von denen jeder einzelne eine wahre Farbensymphonie darstellte.

Das Konservatorium war nicht ganz so eindrucksvoll. Sicher, es gab ein paar gute, preisgekrönte Sänger und Musiker, und die Ausbilder erschienen mir recht beschlagen. Aber am meisten zog mich die Stadt an. Dunkel und schön war sie, wie die jungen Georgierinnen mit ihren flammenden braunen Augen, ihrem schimmernden schwarzen Haar und Lippen so rot wie georgischer Wein.

Ich kehrte nach Moskau zurück. Wir setzten unsere grandiose Tournee fort – und mit ihr das aufregende Nachtleben, das solche Tourneen bisweilen mit sich bringen. Es gab damals einige außerordentlich elegante, angenehme Lokale in Moskau – das »Praga«, das »Strelna« und das »Yar«, um nur ein paar von ihnen zu nennen. Einige hat der Staat übernommen, es gibt sie heute noch. Aber die Atmosphäre wird sich geändert haben – ohne die Großherzöge, die Husarenoffiziere, die Kurtisanen, Soubretten und Möchtegern-Mondänen, die damals die Szene beherrschten. Und überall war Musik! Zumeist spielten zivile Orchester oder Regimentskapellen aus den bei Moskau gelegenen Kasernen, aber am besten kann ich mich an die Musik der russischen Zigeuner erinnern. Sie berauschte die Leute geradezu.

Auch ich verfiel ihrem Zauber, als ich ihr in einem Moskauer Vorstadt-Restaurant zum ersten Male begegnete, zwischen Topfpalmen und sandbestreuten Wegen mit einem Glasdach darüber, durch das die Sonnenstrahlen ungehindert hindurchschienen. In schneereichen Moskauer Wintern muß dieser Platz wie eine bunte Oase ausgesehen haben, wie durch wundersame Fügung mitten ins weite, weiße Ödland gesetzt. Hier spielten die Zigeuner ihre magischen Rhythmen. Der Chor, etwa 25 Sänger und Sängerinnen, wurde von einigen Gitarristen, Geigern und Balalaikaspielern begleitet. Zum Chor gehörten auch etliche Frauen, die sichtbar nicht mehr in ihrer ersten Jugendblüte standen. Doch da sie soviel Weisheit besaßen, sich diskret im Hintergrund zu halten, mußte man nur darauf achten, die Augen nicht allzuweit nach hinten abschweifen zu lassen, und schon bot sich ein phantastischer Anblick.

In ihren Stimmen lag ein für europäische Ohren beinahe unheimliches, fremdländisches Element – ein nasales, fast metallisches Timbre, das sich kaum beschreiben läßt. Technisch ist die eigenartige Klangfarbe ihrer Lieder einfach zu erklären: Sie entstand durch Sequenzen von Sexten und Terzen, wobei die Sexten in den Tenorstimmen besonders hervorgehoben wurden. Das war sehr einfach, aber überaus wirkungsvoll.

Nach den ersten Liedern – die Wodkaflasche kreiste bereits – stimmten die Gäste mit ein, und von nun an gab es kein Halten mehr, und es war völlig ungewiß, wann und wo ein solcher Abend endete: Nach einer verrückten Kutschenfahrt zurück in die Stadt wurde in einem Privathaus mit einer tranigen, aufgescheuchten Dienerschaft eine improvisierte Party inszeniert, die erst mit dem Frühstück im Morgengrauen zu Ende ging, während Mengen von Stör mit noch größeren Mengen dampfendem, heißem russischen Tee hinuntergespült wurden; manchmal endete es auch mit einem etwas intimeren Zusammensein – gemeinsam war diesen Nächten nur der Mordskater am folgenden Tag!

Eines Abends erhielt ich nach einer Vorstellung der *Fledermaus* eine Einladung zu einem »Après-souper« auf einem Gut außerhalb der Stadt. Da ich mir nicht ganz darüber im klaren war, was unter einem »Après-souper« zu verstehen sei, wandte ich mich an unseren Ersten Tenor, einen weltgewandten Herrn, und bat ihn um Auskunft.

»Ein ›Après-souper‹«, sagte er, »ist eine Art Galaempfang nach dem Abendessen! Das ist normalerweise eine große Sache mit der gesellschaftlichen und künstlerischen Crème de la Crème! Wahrscheinlich triffst du dort hohe Militärs, Dichter, Minister, Wissenschaftler und vielleicht sogar ein paar andere Musiker. Gratuliere, Robert! Das kann dein Entree in die Moskauer Gesellschaft sein!«

Ich freute mich schon auf einen schönen Abend und die Träger großer Namen, die mir begegnen würden, winkte nach einer »droschka«, dem russischen Pferdetaxi, und machte mich auf den Weg zu meiner Gastgeberin, Tatjana G.

Wer war Tatjana G.? Eine ungeheuer reiche Witwe. Das war alles, was ich wußte.

Es war ein warmer Abend. Mein Kutscher war, wie fast alle Kutscher, mit denen zu fahren ich während meiner Rußlandreise das Vergnügen hatte, ein bißchen angetrunken und sehr musikalisch. Er sang ein altes Volkslied und half bei hohen Tönen gelegentlich mit einem Peitschenknall nach. Ich habe dieses Lied während der Tournee recht oft gehört. Noch war es für mich nichts weiter als eines unter vielen sentimentalen russischen Volksliedern, wie sie so gerne von angeheiterten Kutschern gesungen werden, und noch wußte ich nicht, daß ich seine Bedeutung an einem der traurigsten Tage meines Lebens kennenlernen sollte.

Unser Ziel war ein prächtiges Landhaus im Stil des 18. Jahrhunderts, zu dem eine lange, kurvenreiche Birkenallee führte.

Am Eingang wurde ich von einem hünenhaften, höchst würdigen Diener begrüßt, der aussah wie ein pensionierter General. Die große Eingangshalle wurde von einem riesigen Kristallüster in brillantenes Licht getaucht.

Nur zwei Dinge kamen mir etwas seltsam vor: Es war bemerkenswert ruhig im Haus, und an den Wänden hingen lauter Pferdebilder, nichts als Pferdebilder. Hier und da standen auf vergoldeten Podesten Statuen von schlanken arabischen Vollblütern, in voller Bewegung erstarrte Figuren, als hätte sie der Künstler direkt aus dem Leben gerissen und unverändert in erzene Ewigkeit gegossen.

Der Butler trug einen Leuchter, der uns den Weg erhellte, und geleitete mich einen scheinbar endlosen Korridor entlang. Wir kamen an zahlreichen prächtig ausgestatteten Räumen vorbei, und überall waren diese Pferdeporträts und -statuen, nur keine Menschen! Schließlich hielt der Butler inne, wandte sich mir zu und gab mir mit einer Verbeugung zu verstehen, daß ich eintreten könne.

Eine hochgewachsene, schlanke Frau um die vierzig, in einem phantastischen Gewand, stand am gegenüberliegenden Ende des großen Salons. Sie war das, was man gemeinhin eine »reife Schönheit« nennt; an ihrem schlanken weißen Hals funkelten Diamanten.

»Ah, cher Maître Stolz, willkommen in meinem Hause!« sagte sie und streckte mir einen wohlgeformten, milchweißen Arm entgegen. Wie damals viele gebildete Russen, sprach sie gut Deutsch.

»Ich küsse Ihre Hand, verehrte Madame G., aber ich muß mich wohl entschuldigen. Ich bin offenbar zu früh gekommen – vor allen anderen Gästen!«

Auf Tatjanas schmalen Lippen zeigte sich die Spur eines Lächelns.

»Andere Gäste? Es gibt keine anderen Gäste heute abend.«

Au weh, dachte ich mir. So ist das also.

Obwohl Madame G. und ich die einzigen Teilnehmer an diesem seltsamen »Après-souper« waren, war der Tisch mit Delikatessen derart überladen, daß man eine Legion von Gourmands damit hätte verköstigen können: Kaviar, Stör, Blini, mit würzigem Fleisch gefüllte Pasteten – und dazu ein mächtiger Silber-Samowar.

Eine Weile naschten wir hier und dort herum, schlürften Tee und plauderten über Belangloses. Dabei stellte sich heraus, daß Tatjana einen der besten Vollblüter-Ställe Rußlands besaß. Die Tiere aus ihrer Zucht konnten es mit den feinsten englischen und arabischen Rennpferden aufnehmen, ja, sie erreichten das Niveau der Pferde aus den Ställen des Zaren. Und diese königliche, aufrechte Dame, deren Diktion eines gewissen Kommandotons nicht entbehrte, hatte nach dem Tode ihres Gatten vor einigen Jahren persönlich den Fortgang der Geschäfte überwacht.

Endlich kam Tatjana zur Sache: »Sie sehen, Maître Stolz, ich bin eine sehr wohlhabende Frau, und ich liebe Ihren Stil zu dirigieren. Sie verstehen zu führen, zu kommandieren ... Ich entnehme das der Art und Weise, wie Ihr Ensemble während der *Fledermaus* reagierte. Sie sind gerade der richtige Mann, um mein Stallmeister zu werden – und der Herr in diesem Hause.«

»Aber, chère Madame«, antwortete ich so ruhig, wie ich konnte, »es gibt unüberwindliche Probleme. Erstens kann ich nicht reiten – und außerdem bin ich Künstler. Wir Künstler sind entsetzlich unzuverlässig und wankelmütig. Ich bin wirklich nicht die Ehre wert, die Sie mir angedeihen lassen!«

Das Vollblut Tatjana ließ sich nicht den geringsten Anflug von Enttäuschung anmerken.

Unsere Bekanntschaft war nur von kurzer Dauer – sie währte nur diese eine Nacht.

8.
Wer uns getraut

Ich habe schon erzählt, daß wir die Mädchen für unseren Chor und das Corps de ballet sorgfältig ausgewählt hatten – jedes einzelne war eine entzückende Schönheit, ein echtes Wiener Bonbon! In Petersburg sollte ich noch erfahren, daß wir unsere Auswahl allzu sorgfältig getroffen hatten – doch diese Gefahr erkannte ich erst, als es bereits zu spät war. Voraus ging ein Ereignis, das mich völlig verstörte und vorübergehend sogar meiner Musik entfremdete.

Es passierte im Theater, an unserem dritten oder vierten Abend in Petersburg. Wir spielten den *Zigeunerbaron* und hatten gerade das Duett »Wer uns getraut« im 2. Akt erreicht. Ich weiß es noch ganz genau, denn was sich danach ereignete, überzeugte mich ein für alle Male davon, daß es tatsächlich so etwas wie Telepathie gibt.

In dem Sekundenbruchteil vor Beginn des Duetts, gerade als ich in der totalen Stille des überfüllten, riesigen Hauses meinen Taktstock hob, genau in diesem Moment hörte ich ganz deutlich die Stimme meiner Mutter, die mich rief: »Robertl, Robertl ...« Es war kein Schrei, eher ein sanftes Murmeln, aber ich hörte es mit so unbezweifelbarer Deutlichkeit, als ob sie mir direkt ins Ohr geflüstert hätte. Nur diese beiden Worte – sonst nichts.

Ich war ganz verwirrt. Ich weiß nicht warum und ich kann es auch nicht erklären, aber ich empfand einen entsetzlichen Moment lang düstere Vorahnung und Niedergeschlagenheit.

Dann hustete irgend jemand. Das riß mich aus meinen trüben Gedanken. Die Orchestermusiker sahen mich gespannt an, sie warteten auf ihren Einsatz. Ich nahm mich zusammen und brachte es irgendwie fertig, die Operette zu Ende zu dirigieren. Anschließend ging ich sofort ins Hotel, wo ich, erschöpft und aufs äußerste angespannt, eine schlaflose Nacht verbrachte, in der ich immer wieder von Vorahnungen tragischer Ereignisse heimgesucht wurde. Gegen Morgen schließlich fiel ich für kurze Zeit in einen unruhigen Schlaf, aus dem mich ein hartnäckiges Klopfen an meiner Zimmertür bald wieder weckte.

»Verzeihen Sie, Herr Stolz«, hörte ich den Regieassistenten vor der Tür sagen, »aber wir haben ein dringendes Telegramm für Sie bekommen.«

Ich saß kerzengerade in meinem Bett und sah in gespanntem Entsetzen, wie das Telegramm unter meiner Tür durchgeschoben wurde. Mit zitternden Händen öffnete ich es. Die Nachricht war ebenso kurz wie niederschmetternd:

Mutter schwerkrank. Sofort nach Graz zurückkehren. Vater.

Ich brauchte fast den ganzen Tag, um Anweisungen fürs Theater zu geben, das während meiner Abwesenheit ja weiterspielen mußte. Erst am Abend, nachdem ich gerade das Notwendigste in einen einzigen kleinen Koffer geworfen hatte, verließ ich in aller Eile das Hotel und hielt die erste beste Droschke an, um zum Bahnhof zu gelangen.

Es saß bereits ein Fahrgast darin, ein gutgekleideter Russe mittleren Alters und von einer ausgesuchten Höflichkeit, die den Kavalier alter Schule verriet. Als er meine Verstörung bemerkte, lud er mich sofort ein, die Droschke mit ihm zu teilen. Der Kutscher, hocherfreut über den zu erwartenden doppelten Verdienst, fing während der Fahrt zu singen an – das gleiche melodische Volkslied, das ich bereits auf der Fahrt zu Tatjana gehört hatte und noch etliche Male danach in Moskau. Der Gesang lenkte mich ein wenig ab von meinen Sorgen und Ängsten, und ich fragte meinen Mitreisenden nach dem Inhalt des Liedes.

»Genaugenommen, Monsieur«, sagte er, »ist es ein Lied über einen Kutscher und seinen Fahrgast. Der Fahrgast hört das Klingeln der Kutschenglöckchen und den Gesang seines Kutschers in der Nacht. Hören Sie diese Strophe jetzt? Sie erzählt, es habe so viel Seele in dem klagenden Lied des Kutschers gelegen, daß in dem kalten Herzen des Reisenden eine brennende Sehnsucht erwacht sei. Er erinnerte sich an andere Nächte, an die Felder und Wälder seiner Heimat – und aus seinen Augen, die seit langem nicht mehr geweint hatten, tropften nun die Tränen wie Diamanten. – Verzeihen Sie, Monsieur, fehlt Ihnen etwas?«

Als wir am Bahnhof hielten, ging es mir wie dem Reisenden in dem Lied. Ich dachte an meine Mutter, die krank, vielleicht sterbenskrank, im Haus meiner Kindheit darniederlag – und auch meine Augen waren voll Tränen.

Drei Tage und drei Nächte dauerte die Zugfahrt nach Graz; ich kann mich nur verschwommen daran erinnern. Genau kann ich mich erst wieder an den Moment entsinnen, in dem ich zu Hause an die Tür klopfte. Ein sorgenvoller, offenbar ganz plötzlich alt gewordener Vater öffnete mir. Er umarmte mich und führte mich zu Mutters Zimmer.

»Der Arzt meint, es sei hoffnungslos, Robertl«, sagte Vater, als wir die Treppe hinaufgingen. »Sie ist gelähmt. Es kam so unerwartet. Sie sagte, sie habe Kopfweh und wolle lieber bald zu Bett gehen – es war etwa neun Uhr abends. Niemals habe ich sie so blaß gesehen, Robertl! Es hat mich so sehr geängstigt, daß ich ihr die Treppe hinaufgeholfen habe. Als wir oben ankamen, muß etwas geschehen sein – ich spürte, wie sie in meinem Arm zusammenbrach. Sie hat noch ein paar Worte gemurmelt – ich konnte sie nicht verstehen, aber es klang wie dein Name. Und dann hat sie das Bewußtsein verloren. Der Arzt sagt, es ist ein Schlaganfall. Sie ist hilflos wie ein Kind, Robertl! Sie kann nicht reden, kann sich nicht bewegen ...«
Vaters Worte gingen in ein unterdrücktes Schluchzen über, als wir vor Mutters Zimmer standen.

Behutsam ging ich hinein, voll Angst vor dem, was ich sehen würde. Doch abgesehen von der unnatürlichen Reglosigkeit ihres

Gesichts sah Mutter genauso aus, wie ich sie kannte – ernsthaft und liebevoll, und ihre Augen strahlten dieselbe Wärme aus wie eh und je. Jetzt waren sie das einzige, wodurch sie sich noch mit uns verständigen konnte: ihre sanften braunen Augen, die meine Kindheit behütet hatten.

Als ich ins Zimmer trat, trafen sich unsere Blicke, und für einen Moment zitterte es um Mutters Mund, als versuche sie, etwas zu sagen. Doch sie brachte keinen Ton heraus. Ich setzte mich an ihr Bett und nahm ihre Hand. Sie war eiskalt und schneeweiß, aber ihre Finger strafften sich in den meinen. Allein durch den Druck unserer Hände und den Kontakt unserer Augen waren wir aufs innigste miteinander verbunden. Ich sagte kein Wort und küßte sie nur leicht auf die Stirn. Und als ich sie küßte, sah ich Tränen in ihren Augen aufsteigen, Tränen der Liebe, Tränen des Wiedererkennens.

Die ganze Nacht saß ich an Mutters Bett, Hand in Hand mit ihr. Anfangs versuchte sie zu sprechen – umsonst. Endlich gab sie es auf, und der Schimmer eines Lächelns zitterte auf ihren Lippen. »Es ist schon recht so, Mama,« flüsterte ich ihr zu. »Wir brauchen nicht zu reden. Wir sind ja nun beisammen. Ich habe dich gehört, wie du mich gerufen hast, den ganzen Weg von Petersburg bis hierher.«

Durchs offene Fenster betrachteten wir gemeinsam den Sonnenaufgang. Draußen begannen die Vögel zu singen, und ich dachte daran, wie Mutter mir beigebracht hatte, ihre Lieder auf dem Klavier nachzuspielen. »Hörst du, Mama? Die Vöglein singen uns eine Serenade. Ist es nicht ein schöner Morgen?«

Und wieder lächelte Mutter und drückte meine Hand. Dann hörte ich einen langen Seufzer. Mutter schloß die Augen und glitt in einen sanften Schlaf. Und während sie schlief und ihr Atem immer schwächer wurde, hielt sie meine Hand weiter fest. Kurz vor Mittag tat sie den letzten Atemzug.

Nach dem Begräbnis erzählte mir Vater, wie erstaunt der Arzt darüber gewesen sei, daß Mutter sich nach einem so schweren Schlaganfall noch so zäh ans Leben geklammert hatte. »Er konnte einfach nicht glauben, daß diese zarte kleine Frau noch so viel Willensstärke und Mut hatte«, sagte Vater, als wir den Friedhof verließen. Es hatte zu regnen begonnen, nicht stark. Nur ein leichter Schauer fiel nieder, der die Luft abkühlte und Staub und Hitze dieses Sommertages wegwusch.

»Sie hat auf dich gewartet, Robertl. Das hat sie am Leben gehalten. Und du hast sie nicht enttäuscht.«

Niemals habe ich mich meinem Vater näher gefühlt als an jenem trauervollen Nachmittag, während wir durch den Regen nach Hause gingen. Mutter hatte sogar noch im Tode zwei Menschen einander nähergebracht, die sie liebte.

Am nächsten Morgen machte ich mich wieder auf den Weg nach Petersburg. Dieses Mal verspürte ich keinerlei Aufregung, als ich die Grenze nach Rußland passierte, nur ein dumpfes Gefühl von Leere und Verlust. Bis zu dem Abend im Theater, an dem Mutters Stimme mich gerufen hatte, war die Tournee ein einziger Triumph gewesen. Jetzt wollte ich sie nur noch hinter mich bringen, so schnell wie möglich. Ich konnte nicht wissen, daß das Schicksal in Gestalt meines alten Freundes Amor bereits eingegriffen hatte, um unsere Tournee beträchtlich abzukürzen.

9.
Der Rückzug aus Rußland

Wenn mich jemand fragt, wie Petersburg damals während meines Aufenthaltes gewesen sei, so kann ich nur sagen: Ich habe keine Ahnung. Der Bahnhof, das Theater, mein Hotelzimmer: das war alles, was ich von Petersburg zu Gesicht bekam.

In dem Moment, in dem ich nach Graz aufgebrochen war, hatte der Zerfall des Ensembles angefangen. All die zauberhaften Chorsängerinnen und Balletteusen, auf deren Auswahl wir in Wien soviel Sorgfalt verwandt hatten – sie waren en masse desertiert. Allzu viele Adlige und Millionäre hatten ihnen in den Kulissen mit allzu vielen Edelsteinen und Pelzen aufgewartet, ja, in selteneren Fällen gar mit dem höchsten Preis gewinkt, mit einer Hochzeit. Die Ostfront war zusammengebrochen.

Tagtäglich mußte ich jede Stunde, jede Minute auf anstrengende Proben mit den Zweitbesetzungen verwenden. Und auch die ließen sich nach ein oder zwei Auftritten vom Rampenlicht weglocken. Innerhalb weniger Wochen blieben uns nicht mehr genügend Damen für die Rollenbesetzung übrig, um auch nur ein einziges Stück aus unserem Repertoire – *Fledermaus, Zigeunerbaron* und *Bettelstudent* – aufführen zu können. Was blieb, waren Rechnungen, die sich analog zum Verschwinden der Damen häuften. Das halbierte Ensemble konnte unmöglich eine ganze Aufführung bestreiten. Das Ende war vorauszusehen, und es ereilte uns in unserer achten Petersburger Woche: Wir waren pleite.

Die russischen Behörden verfrachteten die Überreste meiner kleinen Musiker-Armee – die nunmehr, von einer einzigen, schon recht betagten Garderobenfrau abgesehen, ausschließlich aus

Männern bestand – in einen versiegelten Waggon und schickten uns nach Berlin. Alles, was mir von meiner Tournee durch Rußland blieb, ist eine goldene, brillantenverzierte Zigarettendose; die mir ein begeisterter russischer Zuschauer nach unserer Premiere im Moskauer Alexandra-Theater geschenkt hatte. Außer meinen Erinnerungen ist sie das einzige Andenken an meine »Russische Periode«.

Als wir in Berlin ankamen, besaß ich keinen Pfennig. Ich war müde und hungrig. Innerhalb weniger Wochen hatte ich meine Mutter verloren und meine Stellung. Die Welt sah für mich ganz hoffnungslos aus.

Aber die frische Berliner Luft wirkte belebend auf mich; die Linden, die die breiten, verkehrsreichen Alleen der geschäftigen deutschen Hauptstadt säumten, sahen besonders hübsch aus, und wenn auch alles schiefgegangen war, so war ich doch jung, voll Leben und voll Musik.

Selbst Amor, der mich in Petersburg so hereingelegt hatte, schien nun entschlossen zur Wiedergutmachung. Als ich den Kurfürstendamm entlangspazierte, fiel mein Blick auf eine wohlgerundete, entzückende, langbeinige »fille de joie« – sehr gut angezogen, aber ganz offensichtlich dem ältesten Gewerbe der Welt angehörend.

Obwohl ich keinen roten Heller besaß, konnte ich den Blick nicht von ihr wenden und folgte ihr einige Häuserblocks weit, bis sie vor einem würdigen, doch schon ein wenig schäbigen alten Bürgerhaus in einer kleinen Seitenstraße stehenblieb. Sie drehte sich um, lächelte mir zu und sagte: »Wollen wir nicht endlich mit dem Spielchen aufhören, Pupsi? Wenn du nur gucken willst, hast du schon genug gesehen. Wenn du noch was andres willst, komm mit rein. Ich arbeite hier.«

»Nach dir, Liebchen!« Mit einer Verbeugung folgte ich ihr in das Etablissement, wobei ich mich fragte, was wohl geschehen würde, wenn sie herausfand, daß ich kein Geld hatte. Im Salon befand sich eine bunte Gruppe aus hübschen Mädchen und wohlgenährten Herren mittleren Alters, alles Stützen der guten Gesellschaft, die sich gerade einen kurzen Urlaub von ihrer Verantwortung und ihrem strengen Moralkodex gönnten und fröhlich und angeregt plauderten.

In einem Eck entdeckte ich einen gepflegten Bechsteinflügel – möglicherweise das Geschenk eines sehr zufriedenen und ebenso wohlhabenden Kunden. Ich nahm all meinen Mut zusammen und schlenderte zum Klavier, wo ich mich setzte und zu spielen begann. Ein paar von den Gästen und Mädchen starrten mich kurz an. Dann kamen sie, zu zweit, zu dritt, herüber, standen um den Flügel herum, summten mit oder hörten schweigend zu. Andere plauderten weiter und klopften dabei den Takt zu den Walzern, Polkas und Schlagern, die ich spielte.

Auch die große Brünette, der ich bis hierher gefolgt war, gesellte sich zu der Gruppe am Klavier und berührte meine Schulter.

»Soso, da ist der Kleine also Musiker, was? Vielleicht können wir sowas hier brauchen? Nur so'n bißchen Musike, bevor's nach oben geht. Vielleicht können wir miteinander ins Geschäft kommen ...«

Ich nickte nur und grinste breit und spielte zu Ehren meiner neuen Freunde, den Damen der Nacht, Mozarts *Kleine Nachtmusik*. Ich war erst seit ein paar Stunden in Berlin, aber ich wußte bereits, daß ich diese lebenslustige Stadt im Norden lieben würde. Und immerhin hatte ich schon ein Haus und ein Heim gefunden.

10.
Troubadour der Freudenmädchen

Erfolgreiche Künstler der Belle Epoque fanden es von jeher äußerst schick, sich auf mindestens adlige, wenn nicht gar königliche Mäzene berufen zu können, die ihnen am Anfang ihrer Karriere hilfreich gewesen waren. Eine Andeutung genügt, und schon erzählen sie bereitwillig, wie König Alfonso von Spanien oder Zar Ferdinand von Bulgarien ihr Genie entdeckte und in den ersten schwierigen Jahren unterstützte. Das entsprach in den meisten Fällen zweifellos der Wahrheit; auch mir wurden von mehr als einem gekrönten Haupt freundliche Worte, Geschenke und Unterstützung zuteil.

Doch manchmal frage ich mich, warum sich nur so wenige Künstler ihrer allerwichtigsten Förderer entsinnen, nämlich der »kleinen Mäzene«, wie ich sie nenne. Denn lange bevor wir den ersten königlichen Applaus errungen haben, sind *sie* es, die uns in ihrer bescheidenen Art vor Hunger und Not bewahren.

So ging es auch mir in Berlin. Meine beiden ersten Mäzene – es handelte sich in Wirklichkeit um Mäzeninnen – gehören zu den wichtigsten meines ganzen Lebens: ein Freudenmädchen und ein billiges Restaurant! Das Freudenmädchen war die große Helga, die vollbusige Brünette, der ich an meinem ersten Berliner Tag den Kudamm hinunter nachgelaufen war, ohne einen Pfennig Geld in der Tasche. Dank ihrer fand sich ein Bett für mich – und sie teilte es mit mir, wofür ich mich lediglich mit Klavierspiel an ihrem Arbeitsplatz zu revanchieren hatte.

Insoweit war es ein beide Seiten befriedigendes Übereinkommen.

Wahrscheinlich hätte ich jedoch allmählich verhungern müssen, wäre ich eines Tages nicht buchstäblich in einen Chorherrn aus meiner aufgelösten »Russischen Truppe« hineingelaufen.

»Guten Tag, Herr Kapellmeister«, sagte er. »Schön, Sie zu sehen. Wie hat Berlin Sie aufgenommen?«

»Nun ja, ich hab' ein Dach überm Kopf und ein Mädchen im Bett, nur am Essen hapert's ziemlich. Und wie geht's Ihnen?«

»Naja, wie immer zu dieser Jahreszeit. Alle Theater, alle Tournee-Ensembles stehen bis zum Ende der Saison. Sie wissen ja, wie das ist – man kommt bei keiner Agentur mehr unter. Dafür kenne ich jetzt das Geheimnis, wie man in Berlin dem Hungertod entgeht ...«

Und so führte er, der mir vom Himmel gesandt schien, mich zu meiner zweiten Berliner Mäzenin. Sie war derb und ehrlich, unauffällig und sauber, in weißblauem Gewande – kurzum zu Aschinger.

Auch heute ist Aschinger noch sehr beliebt. Damals, zu Anfang dieses Jahrhunderts, hielt das Lokal eine ganze Reihe hungernder junger Künstler am Leben. Denn Aschinger reichte kostenlos so viele Brötchen zur Mahlzeit, wie man haben wollte, selbst wenn das bestellte Gericht nur aus einer einzigen Tasse guter Berliner Erbsensuppe bestand. Wenn man es richtig anfing, zur einen Tür hineinging und zur anderen hinaus, konnte man sich sogar die Erbsensuppe sparen! Denn oft genug reichte unser Geld nicht einmal für eine gemeinsame Suppe. Wir gingen also durch das Lokal, wobei wir geschickt mehrere Semmeln in den Taschen verschwinden ließen. Auf diese Weise habe ich mich eine Zeitlang ernährt.

Ich hoffe, ich habe mit diesem wahrheitsgetreuen Bericht über mein Berliner Unter- und Auskommen keinen meiner Freunde schockiert. Ganz so schlimm, wie es klingt, war es nicht. Der überaus rigiden – und ebenso heuchlerischen – Moral wegen war dazumal ein gutes Etablissement ungefähr der einzige Ort, an dem ein unglücklich Verheirateter aus der besseren Gesellschaft ein wenig Zerstreuung suchen und finden konnte. Und mit Zerstreuung meine ich durchaus nicht nur Sex: man ging dorthin auch, um zu plaudern, nette Gesellschaft zu haben und ein paar vergnügte Stunden zu genießen – eben das, was die Italiener so zutreffend »dolce far niente« nennen, die Süße des Nichtstuns – ein sehr undeutscher Zeitvertreib, doch ein sehr fruchtbarer, wenn man bedenkt, wieviel Freude und Entspannung das Nichtstun in einer angenehmen Umgebung bereiten kann, mit ein wenig Hintergrundmusik und einem hübschen Mädel im Arm. Danach pflegten die Herren zu ihren Geschäften zurückzukehren, in die Kanzleien, in die Börse, zum Generalstab oder gar ins Charlottenburger Schloß – doch mit wesentlich erleichtertem Herzen und nur unwesentlich erleichterter Brieftasche. Ich finde, das war keine üble Therapie.

Helga war diskret, und dieser Diskretion verdankte sie ihre ausgesuchte Kundschaft. Peter Altenberg sagte einmal zu mir: »Wenn du jemals zwischen einem guten Hotel und einem guten Puff zu wählen hast, dann nimm das Puff, Robert. Das Ambiente mag ja ein wenig vulgärer sein als im Hotel, aber die Gesellschaft im Puff ist sehr viel fröhlicher und die Matratzen sind unvergleichlich besser.«

Unter Helgas Klienten befanden sich etliche wohlhabende Geschäftsleute und Finanziers, auch ein paar Generäle, Regierungsbeamte und »Hoheiten«, deren Betragen in der Regel mustergültig war, sieht man von gelegentlichen Entgleisungen ab.

Helga achtete stets sorgfältig darauf, ihre Gäste zwar mit allen Titeln, doch niemals mit Namen anzureden. Auf diese Weise hatten sie das Gefühl, mit dem ihrem Rang gebührenden Respekt behandelt zu werden und gleichzeitig wenigstens den Anschein von Anonymität aufrechtzuerhalten. Manchmal jedoch lüftete Helga mir gegenüber das Inkognito ihrer Gäste, wenn sie bereits gegangen waren. Allein mit diesen Namen hätte ich mühelos etliche Seiten im »Gotha« füllen können.

Insbesondere eines Namens entsinne ich mich: Philipp Fürst zu Eulenburg und Hertefeld. »Phili« Eulenburg war zu jener Zeit einer der mächtigsten Männer in Deutschland, obwohl sein Name heute in den meisten Geschichtsbüchern lediglich in Fußnoten auftaucht. Er war, um diesen alten Ausdruck zu gebrauchen, »der Mann nächst dem Throne«.

Kaiser Wilhelm hat einmal gesagt, Eulenburg sei der einzige wahre Freund, den er jemals gehabt habe, was durchaus glaubhaft erscheint, wenn man an des Kaisers reichlich schwierigen Charakter denkt. So viel ist gewiß: Solange Eulenburg dem Kaiser zur Seite stand, ihn vorsichtig beriet, schmeichelnd überredete und behutsam seine Vorschläge machte, solange war er ein weiser Berater dieses exzentrischen Mannes, des letzten Hohenzollernkaisers. Unglücklicherweise waren zu einem Zeitpunkt, als der Kaiser mehr denn je seines Rates bedurfte, »Phili« Eulenburgs Position am Berliner Hof und sein guter Ruf in einem der größten Sex-Skandale zerstört worden. Wäre dieser Skandal, der das ganze »Zweite Reich« erschütterte, nicht gewesen, hätte »Phili«, der bis 1921 lebte, Kaiser Wilhelm vielleicht aus dem Ersten Weltkrieg heraushalten oder ihn doch wenigstens zu einem früheren Friedensschluß bewegen können – wer weiß? Der Skandal brach schon wenige Jahre nach meinem ersten Berliner Aufenthalt aus und zog sich hin von Oktober 1907 bis Juli 1909.

Schon lange vor seiner Beilegung hatte »Philis« Karriere als einflußreicher Berater des Kaisers geendet. Er lebte, in Ungnade gefallen, im Exil. Das war zwar alles recht dramatisch, doch für mich kam das Ganze nicht allzu überraschend, hatte ich doch eines Abends bei Helga eine seltsame Szene erlebt.

Da Helga, wie ich schon erzählte, viele vornehme Kunden, manche sogar aus Hofkreisen, hatte, dachte sich niemand etwas dabei, als eine Gruppe von Herren mittleren Alters, teils in Gala-Uniform, teils in formeller Abendkleidung, eines Nachts in ihrem Etablissement erschien. Sie alle waren ebenso elegant wie durstig; geschniegelte, wohlgepflegte Aristokraten. Helga flocht in ihre Begrüßung öfter als üblich ein »Hoheit«, »Exzellenz«, »Herr Baron« und »Herr General« ein, wenngleich die meisten der Herren das ihnen zuträgliche Maß an Alkohol bereits überschritten hatten. »In vino veritas« pflegten die Römer zu sagen – es wurde ein aufschlußreicher Abend.

Nach einer halben Stunde, in der die Herren getrunken, geplaudert, ja, sogar meinem Klavierspiel gelauscht hatten, suchten sich fast alle ein Mädchen aus, um mit ihm nach oben zu verschwinden und sich der eigentlichen Bestimmung des Hauses zuzuwenden. Außer Helga und mir blieben lediglich ein etwas seltsam aussehender ältlicher General der Kavallerie, der in einem Sessel eindöste, sowie eine recht eindrucksvolle »Hoheit« im besten Mannesalter zurück, die, leicht beschwipst, doch sehr würdevoll, am Piano lehnte und hin und wieder mit langen, schmalen Fingern den Takt klopfte. Dazu kam eine weitere, weitaus weniger musikalische Begleitung: Jedesmal, wenn der General im Schlaf hickste, bimmelten seine Orden. Ansonsten war es mucksmäuschenstill im Salon.

Schließlich wurde ich ein wenig müde, und da mir ohnehin mein übliches Publikum fehlte, spielte ich nicht mehr weiter. In dem Moment lächelte »Hoheit« Helga zu und fragte: »Meinen Sie, Ihr junger Künstler hier kennt auch vierhändige Etüden?«

»Ach, Hoheit, der Junge macht aus allem was. Nehmen Sie Platz und spielen Sie, was Sie wollen. Sie werden sehen: Wenn er's einmal gehört hat, spielt er's besser als Sie.«

»Wenn Sie gestatten, junger Mann«, sagte der vornehme Herr zu mir, »werde ich gleich nachprüfen, was es mit dem Lob Ihrer Zeremonienmeisterin auf sich hat.« Er gewährte mir so etwas wie ein höfliches Zunicken oder eine lässige Verbeugung und fügte hinzu: »Natürlich nur, falls es Ihnen nichts ausmacht, einen bloßen Amateur zu begleiten. Sehen Sie, ich spiele und komponiere gelegentlich selbst. Vielleicht würden Sie gern eins meiner Stücke hören?«

Bevor ich – falls ich so mutig gewesen wäre – hätte nein sagen können, nickte mir Helga schon bedeutungsvoll zu. Ich kapierte, rückte auf der Klavierbank zur Seite und bedeutete dem Herrn, ebenfalls Platz zu nehmen. »Es ist mir eine Ehre, Hoheit«, sagte ich.

Der leutselige Aristokrat legte die Handschuhe ab, zwirbelte seinen Schnurrbart und begann zu spielen – wirklich gut! Obwohl ich keine seiner Melodien kannte, waren sie doch alle von durchaus professioneller Qualität; später hörte ich, daß mein »Begleiter« sowohl Herausgeber als auch Schöpfer fast aller Kaiser Wilhelm zugeschriebenen Kompositionen sei. Zwar war Wilhelms Liebe zur Musik enthusiastisch, doch seinem Talent waren deutliche Schranken gesetzt.

Ich kannte die »Rosenlieder« nicht, die Helgas Gast spielte. Trotzdem konnte ich ihn bald begleiten – ich glaube, allen guten Musikern ist die Intuition angeboren, die bei dieser Art Improvisation unerläßlich ist. Wir spielten etwa eine Stunde zusammen und genossen es beide. Ab und zu sang mein adliger Co-Pianist zu seinem Spiel mit ungeschulter, doch wohlklingender Stimme.

Und während eines dieser Lieder wachte, nach einer Salve lautstarker Schnarcher und Hickser, der alte General auf, blinzelte, hob die rechte Augenbraue, sah sich um und rief, nachdem er sich seiner Umgebung vergewissert hatte: »Phili, was zum Teufel haben denn ausgerechnet wir hier zu suchen? Um Gottes willen, du wirst doch wohl nicht etwa konvertiert sein?!« Dann schlief er wieder ein, nachdem er noch eine Weile über seinen Witz gekichert hatte, den ich gar nicht verstand.

Doch es sollte nicht lange dauern, bis mir ein Licht aufging. Auf »Philis« Geheiß verließ Helga den Raum, um eine weitere Flasche Champagner zu holen. Dann kam er zum Klavier zurück, doch statt weiterzuspielen, sah er mich, leicht verschwommen, aber überaus seelenvoll an.

»Sie sind ein sehr begabter junger Mann«, sagte er, während er mir seine Hand auf die Schulter legte. »Sie könnten es weit bringen – wesentlich weiter als bis zu dieser Arbeit hier, die Ihnen nicht eben viel Ehre macht. Sie sollten sich einen Protektor suchen, einen Mäzen …« Während er sprach, umarmte er mich zärtlich.

Ach du meine Güte, dachte ich, ist das vielleicht eine knifflige Situation!

Glücklicherweise kam in diesem Moment Helga mit dem Champagner. Der Fürst erhob sich und ging hinüber zum General, der friedlich in seinem Sessel schlummerte. Er stupste ihn sanft mit dem Daumen an und sagte: »Tutu, altes Mädchen, wach auf, es wird Zeit, daß wir gehen.« Damit verschwand das seltsame Duo aus unserem – Helgas und meinem – Leben, und das war ohnehin schon kompliziert genug.

Auch die anders veranlagten Teilnehmer dieser zufälligen Hofabordnung trollten sich, nachdem ihre Manöver eine Treppe höher beendet waren.

»Weißt du«, sagte Helga, als wir wieder unter uns waren, »das sind ganz große Tiere. Allerdings würde ich für mein Leben gern wissen, was so ein paar alte Sauertöpfe wie Eulenburg und Moltke hier zu suchen haben!«

Eulenburg und Moltke! Das also waren die beiden seltsamen Besucher gewesen. Ich vermute, sie hatten alle gemeinsam an einem ebenso langen wie langweiligen Hofzeremoniell teilgenommen, wobei sie so viele Trinksprüche über sich hatten ergehen lassen müssen, daß sie schon etwas außer Fasson bei Helga anlangten. Auf jeden Fall hätte man sie zu allerletzt in einem Berliner Nobelbordell erwartet.

Dennoch verfolgte ich später nicht ohne Anteilnahme den Sturz Eulenburgs und die sich jahrelang hinziehenden Gerichtsverhandlungen. Was immer seine Fehler gewesen sein mögen, er war ein wirklich guter Klavierspieler!

Es stellte sich heraus, daß der ausgemergelte alte Kavallerie-General, der Eulenburg begleitet und den er »Tutu« genannt hatte, Kuno Graf von Moltke war, Stadtkommandant von Berlin. Auch er war, zusammen mit anderen ehemaligen *Aides de Camp* des Kaisers, in jenen Homosexuellenskandal verwickelt, der Eulenburg zugrunde richtete.

Der Skandal begann mit einer Veröffentlichung in Maximilian Hardens »Zukunft«, einem spritzigen, um nicht zu sagen: sensationslüsternen Blatt, das, wenn schon für nichts anderes, so immerhin den Beweis dafür lieferte, daß es doch eine ganze Menge Pressefreiheit im »Zweiten Reich« gab. Hardens Bloßstellung Eulenburgs und seines Clans führte zu einer Reihe von Prozessen mit erstaunlichen Enthüllungen über den Freundeskreis des Kaisers. Der arme Wilhelm, der so stolz auf seine Männlichkeit und seine biedere Moral war, muß mehr als irgend jemand sonst davon erschüttert gewesen sein.

Im Verlauf der »Affäre Eulenburg« wurde ein nicht geringer Teil der Berliner guten Gesellschaft kompromittiert. Eulenburg selbst war ein anständiger Kerl. Über seine sexuelle Veranlagung würde man heute ja ganz anders urteilen. Und seine politische Einstellung hätte ihn vielleicht in die Lage versetzt, in all dem Unglück der folgenden Jahre mäßigend auf den Kaiser einzuwirken.

Der Prozeß wurde zu einem Fiasko. Eulenburg ließ sich im Rollstuhl zum Gericht bringen. Er trug dunkle Augengläser und machte geltend, er sei todkrank. Tatsächlich überlebte er seine Demission um 14 Jahre und schrieb in der Schweiz noch seine Memoiren.

Eigentlich war die ganze Affäre nichts als ein lächerlicher Sturm im Wasserglas, der die dekadente Seite des kaiserlichen Berlin bloßlegte. Trotz seiner nach außen zur Schau gestellten Härte, Dynamik und puritanischen Tugendhaftigkeit trug Berlin damals bereits den Keim des Verfalls in sich, von dem es heißt, er sei erst in den zwanziger und dreißiger Jahren entstanden.

Eines Abends, als ich gerade am Piano saß, fröhlich und selbstvergessen vor mich hin spielend, hörte ich plötzlich eine entrüstete, zornige Stimme, die ich noch aus meiner Kindheit kannte und die jetzt wie eine eisige Flutwelle über mich hereinbrach.

»Du, Robertl? Hier! Das junge Genie, und spielt ausgerechnet hier Klavier! Was für eine Schande! Wenn das dein Vater wüßte! Es würde ihn glatt umbringen!«

Ich fühlte mich von einer kräftigen Hand beim Schlafittchen gepackt und von der Klavierbank gezerrt. Als ich herumwirbelte, fand ich mich Aug' in Auge mit meines Vaters altem Freund Alfred Grünfeld, einem sehr berühmten Konzertpianisten, dem Wladimir Horowitz seiner Zeit, von dem Johann Strauß einmal gesagt hatte: »Er spielt meine Walzer schöner, als ich sie schreibe.«

»Pack deine Sachen, mein Junge, und sieh zu, daß du von hier verschwindest«, schrie Grünfeld mich an, wobei er ein Bündel Banknoten aus der Hosentasche zog. »Dies dürfte genügen, um dich respektabel unterzubringen, bis du eine anständige Arbeit gefunden hast.«

Ich war dermaßen perplex über das plötzliche Erscheinen dieses Racheengels, daß ich ihm keinerlei Widerstand entgegensetzte. Ohne ein Wort zu verlieren, rannte ich die Treppe hinauf, raffte meine kärglichen Besitztümer zusammen und nahm tränenreich Abschied von Helga und ihren Mädchen. Ich glaube wirklich, daß sie traurig über meinen Auszug waren. Und gewiß war ich von ihnen wesentlich freundlicher behandelt worden als von den meisten »anständigen« Leuten, die ich zuvor auf meinen Reisen getroffen hatte.

Überdies habe ich mein Leben lang eine gewisse Verbundenheit zwischen Musikern und Kurtisanen empfunden – nicht ohne

Grund. Denn die besten unter ihnen sind, auf ihre Weise, ebenfalls Virtuosen. Auch habe ich immer gefunden, daß sie, da sie von der Gesellschaft verachtet werden, großzügig zu jenen sind, die der Hilfe bedürfen. Auf Grund des Lebens, das sie führen, verbinden die Empfindsameren unter ihnen in ihrer Persönlichkeit Humor mit Tristesse und Überschwenglichkeit mit Melancholie – eine Kombination, die ich, sowohl bei Frauen als auch in der Musik, unwiderstehlich finde.

»Schade, daß du so schnell wieder gehen mußt, Pupsi«, sagte Helga sanft. »Du hast ein bißchen Eleganz in diesen alten Kasten hier gebracht. Aber wahrscheinlich hat Herr Grünfeld recht. Hier hättest du wirklich keine großen Zukunftsaussichten gehabt.«

Ich war derart außer Fassung geraten, daß ich gar nicht auf den Gedanken kam, Grünfeld zu fragen, warum er, der doch dieses Etablissement für so entsetzlich hielt, überhaupt hierher gekommen war. Das Schlitzohr überwachte gar meinen Abschied und erlaubte mir nicht mehr als einen einzigen keuschen Kuß auf Helgas Wange. Danach machte ich mich mit Tränen in den Augen auf den Weg, um mir eine respektable – und sicherlich langweilige! – Unterkunft zu suchen und wieder einmal nach ordentlicher Arbeit Ausschau zu halten.

Erst nachdem ich niedergeschlagen einige Häuserblocks weit gegangen war, fiel mir ein, daß Grünfeld zwar viel von einem Rächer, aber herzlich wenig von einem Engel an sich gehabt hatte. Immerhin war er in dem Bordell zurückgeblieben!

Später habe ich noch viel Erfahrung mit lautstarken Kreuzzüglern der Moral gesammelt, und was immer sie auf ihre Fahnen geschrieben haben, ob es nun um Sex, Religion, Alkohol oder Politik geht – sie sind alle aus dem gleichen Holz geschnitzt wie Alfred Grünfeld: Sie wissen jederzeit ganz genau, was ihre Mitmenschen sich auf gar keinen Fall erlauben dürfen. Sich selbst gegenüber pflegen sie dagegen weitaus toleranter zu sein.

Dennoch hatte ich damals eigentlich keinen Grund, mich zu beklagen. War auch die moralische Begründung, mit der Grünfeld mich aus Helgas Bordell hinauswarf, reichlich fragwürdig, so hatte er mich doch zumindest aus einem Zustand stumpfsinnigen Dahindämmerns gerissen. Und manchmal bedarf man eben eines Schocks, um eingefahrene Gleise zu verlassen.

In meinem Falle lohnte sich dieser Schock durchaus. Denn mein nächstes Engagement, und damit mein nächstes Lebenskapitel, war ein viel harmloseres Abenteuer – und dazu eines, von dem jeder junge Mensch mindestens einmal in seinem Leben träumt.

Indem ich meine Rolle als »Troubadour der Freudenmädchen« aufgab, wurde ich frei für die des »Zirkusprinzen«; frei, die faszinierende Welt dieser besonderen Spezies fahrenden Volkes zu erforschen: die Zirkuswelt.

11.
Der Zirkusprinz

Nachdem ich durch Alfred Grünfeld aus Helgas Etablissement vertrieben worden war, sah ich mich in ganz Berlin nach einer respektablen Arbeit um. Überall, in jeder Künstleragentur, jedem Vermittlungsbüro gab man mir dieselbe Antwort: Alle Dirigenten waren schon zu Beginn der Saison verpflichtet worden; wenn also nicht irgend jemand plötzlich starb oder den Rappel kriegte und alles hinschmiß, bestand keinerlei Aussicht für mich, an ein Theater oder für eine Tournee engagiert zu werden. Doch ich gab die Hoffnung nicht auf.

An einem trüben, regnerischen Nachmittag erklomm ich die schmale Stiege zu den Büroräumen der »Agentur Kreuzkamp«. Mein Gespräch mit Herrn Kreuzkamp war kurz und nicht sonderlich ermutigend. Er sagte mir dasselbe, was ich immer und immer wieder zu hören bekommen hatte: »Tut mir leid, Herr Stolz, aber zu dieser Jahreszeit ist nichts zu machen. Doch lassen Sie für alle Fälle Ihre Adresse hier ...« Mit einem schlaffen Händedruck war ich entlassen. Ich ging in die Garderobe und setzte meinen Hut auf, als ein kleiner Herr mit rosigem Gesicht und wohlgepflegtem Graubart hereinkam. Er trug einen pelzverbrämten Mantel und in der Hand einen Gehstock mit Goldknauf. Er sah ein wenig zu herausgeputzt aus, eher wie ein Effekthascher denn wie ein feiner Herr. Dürfte ein Schauspieler sein, dachte ich, einer aus dem Charakterfach.

»He, junger Mann!« rief der Neuankömmling theatralisch – doch aus seinem Pathos war ein humorvoller Unterton herauszuhören. »Sie sehen mir viel zu jung aus, um der Seniorchef dieses Etablissements zu sein, und was ich mit ihm zu besprechen habe, ist eine Angelegenheit von größter Wichtigkeit und nicht für die Ohren eines Angestellten bestimmt. Wollen Sie mich bitte zu dem hohen Herrn führen.«

»Ich fürchte, Sie schmeicheln mir. Selbst ein kleiner Angestellter rangiert noch eine Stufe über einem stellungslosen Dirigenten. Herrn Kreuzkamps Allerheiligstes ist auf der anderen Seite. Einen guten Tag zu wünschen, der Herr.«

Als ich mich zum Gehen wandte, fühlte ich mich an der Schulter ergriffen.

»Momentchen mal, mein melancholischer junger Freund! Habe ich Sie richtig verstanden? Sagten Sie, Sie seien ein Liebling der Musen?«

»Wenn Sie einen Dirigenten so nennen wollen, ja.«

»In diesem Falle, mein Junge, lassen Sie uns auf ein Wort hier heraustreten. Sparen wir uns die Vermittlungsgebühren, indem wir den Zwischenhandel ausschalten. Sie erlauben, daß ich mich vorstelle: Monsieur Henri, Schöpfer, Besitzer, Direktor und Impresario des großartigen ›Zirkus Henri‹ und momentan auf der Suche nach einem Kapellmeister. Der bisherige Stelleninhaber besaß großes musikalisches Talent sowie unbezähmbaren Durst. Zuviel Branntwein führte zu seinem Sturz – sowohl buchstäblich als auch im übertragenen Sinne. Um es kurz zu machen: Der alte Schluckspecht war gestern abend so bedudelt, daß er vom Orchesterpodest fiel und einen Arm und ein Bein brach – mitten im ›Einzug der Gladiatoren‹. Der Arzt teilte mir mit, er werde auf Monate hinaus *hors de combat* sein. Aber die Zeit steht nicht still, und ich habe an mein Publikum zu denken. Sagen Sie mir genau, welche Berufserfahrung Sie haben. Ich bin sicher, daß wir uns einigen können, ohne den alten Shylock dort drinnen bemühen zu müssen.« Dabei wies er großspurig mit seinem goldgekrönten Stock auf Kreuzkamps Tür.

Wir machten unseren Handel perfekt, und bevor noch die Nacht hereinbrach, fand ich mich als Kapellmeister des Zirkus Henri wieder, in einem scharlachroten, goldbetreßten Frack.

Der Zirkus Henri war erstklassig, und ich gebot über fünfundvierzig gut eingespielte Musiker, alles Könner. Vom ersten Moment an machte mir dieses Engagement Spaß. Wenn ich die Augen schließe, kann ich noch heute den Farbenrausch sehen, in dem die Truppe in die Manege einzog, zum ersten Male unter meiner Leitung. Ich sehe sie alle vor mir: die geschmückten Akrobaten in ihren Flitterkostümen, die majestätischen Pferde, die Purzelbäume schlagenden Clowns, die schwerfälligen Elefanten und zottigen Bären, die schlauen gefährlichen Raubtiere – und vor allem die Scharen schöner Mädchen. Ich hatte Mühe, meinen Blick auf die Kapelle zu konzentrieren.

Und bald lernte ich auch, wie dringend nötig es war, meine Aufmerksamkeit zwischen der Kapelle und dem Geschehen in der Manege zu teilen. Besonders bei der Pferdenummer.

Als kleiner Bub hatte ich oft die Grazie und das Rhythmusgefühl der Zirkuspferde bewundert. Nun wurden mir die Augen geöffnet:

Die Kunst all dieser herrlichen, aber nicht selten hirnschwachen Rösser, die scheinbar so gut tanzen können, ist nichts als Schwindel! Denn nicht *sie* halten den Takt der Musik – der Dirigent muß den Takt nach ihren Schritten schlagen! Diese Grundlektion, die mir in der ersten Nacht beim Zirkus Henri erteilt wurde, sollte mir bei meiner späteren Arbeit mit temperamentvollen Gesangstars zustatten kommen. Manche dieser Berühmtheiten waren Monsieur Henris Zirkuspferden recht ähnlich: genauso schön und genauso schwierig.

Einige meiner besten Freunde im Zirkus waren Tiere. Niemals zuvor hatte ich Gelegenheit gehabt, so viele verschiedenartige exotische Geschöpfe zu beobachten. Von ihnen lernte ich einiges auch über die menschliche Psyche.

Elefanten und Rhinozerosse zum Beispiel wirken sehr robust, doch wie viele Menschen von scheinbarer Zähigkeit besitzen auch sie eine sehr dünne Haut.

Vom Affendompteur, einem alten Hamburger, lernte ich, daß kein Affe wie der andere ist. Die Schimpansen zum Beispiel hatten eine starke Abneigung gegen manche Menschen, besonders gegen den Tierarzt. Und sobald sich ein »Feind« ihrem Käfigwagen näherte, pflegte einer der älteren Schimpansen befehlend zu quietschen, worauf die Herde den unwillkommenen Besucher einträchtig mit Affendreck bewarf.

Eine der faszinierendsten Eigenschaften der Zirkustiere – und gleichzeitig ihre menschlichste – war ihr Lampenfieber. Je näher der Moment ihres Auftritts kam, desto angespannter und unruhiger wurden sie. Es gab sogar Schimmel, die vor Nervosität leicht erröteten. Ihre Nüstern weiteten sich, ihr Atem ging rascher, ihre Augen glänzten – ein Phänomen, das man durchaus bei Stars und Primaballerinen wahrnehmen kann!

Die seltsamste Parallele zwischen Mensch und Tier beobachtete ich bei den Elefanten. Im allgemeinen sind sie ruhig und weise. Meist kommen sie recht gut miteinander aus, auch mit artfremden Tieren. Manchmal allerdings zeigen sie wie Menschen Anfälle von Melancholie oder Wut. Es kam vor, daß einer der ausgewachsenen, aber noch jungen Elefanten – meist war es ein Bulle – unruhig oder gar so wild wurde, daß der Dompteur ihn nicht mehr unter Kontrolle bekam. In solchen Fällen wurde ein runzliger, abgewetzter Dickhäuter herbeigeholt, die älteste Elefantendame, die ausgerechnet auf den Namen »Lisalotte« hörte. Diese uralte Matriarchin, die »Mutter« der Herde, war es, die, wenn alle Überredungskunst des Dompteurs – mittels Futter, Drohungen oder gar Schlägen – erfolglos geblieben war, den störrischen jungen Bullen beruhigen und sanft in die Reihe zurückzulocken vermochte. Ein weiterer Beweis für die magische Kraft des Ewig-Mütterlichen.

Der Herr über Mensch und Tier in dieser Menagerie war der alte Monsieur Henri, den ich bald schätzen lernte. Einen Zirkus zu leiten, ist kein einfacher Job; der Direktor ist eher ein Mittelding zwischen dem Finanzminister eines am Rande des Bankrotts balancierenden Staates und dem Beichtvater einer großen gutmütigen, aber überaus emotionellen Gemeinde. Monsieur Henri wurde seiner Aufgabe – je nach Lage mit Härte, Takt und beißendem Witz – bewundernswert gerecht.

Unter seinem glänzenden Flitterfrack und dem theatralischen Gehabe schlug das Herz eines braven, tugendhaften Mitgliedes der französischen Bourgeoisie. Er war Witwer und hatte eine Tochter namens Colette – sein einziges Kind –, für die er alles tat. Colette trat nicht auf, obwohl sie eine ausgezeichnete Reiterin war. Sie reiste mit dem Zirkus umher, und das ganze Zirkusvölkchen behandelte sie mit Ehrerbietung. Sie war ein hübsches, ziemlich zurückhaltendes Mädchen mit guten Manieren, die sie vermutlich in dem Kloster erworben hatte, in dem sie vor dem Tod ihrer Mutter zur Schule gegangen war.

Es dauerte nicht lange, bis ich bemerkte, daß Monsieur Henri einen respektablen Ehemann für seine Tochter suchte, einen Mann, von dem er erwarten durfte, daß er Colette behandelte, wie es einer Dame zukam – und der überdies noch imstande sein sollte, eines Tages den Zirkus zu übernehmen. Da ich der Sohn eines bekannten Musikers war, außerdem ein auch in Gesellschaft vorzeigbares Zirkusmitglied, war es beinahe unvermeidlich, daß Monsieur Henri – wenn es nicht gar seine Tochter selber war – seine Pläne allein auf mich konzentrierte. Und er brauchte nicht einmal zwei Wochen dazu.

Später gestand er mir, daß er auf Grund seiner Erfahrung mit meinem Vorgänger unter der Sorge gelitten habe, alle Kapellmeister seien Säufer. Deshalb habe er mich genau beobachtet, zehn Tage lang, in denen ich nie mehr als ein, zwei Glas Wein zum Essen getrunken hatte. Und kaum hatte ich diesen Alkohol-Test unter seinen kritischen Augen bestanden, begann der alte Franzose auch schon, Andeutungen zu machen.

»Haben Sie jemals in Betracht gezogen, sich im Zirkusgewerbe niederzulassen, mein Junge?« pflegte Monsieur Henri mich zu fragen. »Sie könnten Dümmeres tun, als eine anständige Frau mit einem ordentlichen Batzen Geld zu heiraten – besonders wenn sie so hübsch und gescheit ist wie meine Colette. Und immerhin wäre dann Ihre Zukunft gesichert. Schließlich werde ich auch nicht jünger, Sie wissen schon.

Zugegeben: Ich geriet in Versuchung. Ich liebte die Zirkusluft, ich liebte die Zirkusleute. Und was ich von der hübschen kleinen Colette zu sehen bekommen hatte, überzeugte mich, daß es mir nicht schwerfallen würde, auch sie zu lieben.

Aber irgendwie klang mir dieses »Sich-im-Zirkusgewerbe-Niederlassen« zu widersprüchlich. Jeden Tag gab es einen anderen Wirbel, jeden Tag eine neue Verlockung. Und es gab einfach zu viele hübsche Mädchen. Ich schäme mich, es einzugestehen, aber während ich Colette respektvoll den Hof machte, nahm ich doch jede Chance wahr, die mir von weniger tugendhaften Damen der Zirkustruppe geboten wurde.

Komisch war nur, daß Colette, sobald sie den Verdacht hatte, es könnte außer ihr noch andere Frauen in meinem Leben geben, sich desto mehr für mich zu interessieren schien, ja, mich mit der Zeit als ihr Eigentum betrachtete. Es wollte mir scheinen, als hinge ihre Zuneigung vom Grade ihrer Eifersucht ab.

Aranka mit ihrem Vitriolfläschchen fiel mir ein und geisterte durch meine Träume. Ich fand es immer schwieriger, meine Tändeleien aufrechtzuerhalten und gleichzeitig Colette den Hof zu machen.

Aber es waren nicht nur die Gefahren der Eifersucht, die mir zu schaffen machten. Allmählich wurde mir klar, daß ich mein Dasein als Zirkuskapellmeister ebenso genoß, wie ich es hassen würde, Zirkusmanager zu sein. Im Zirkus zu spielen, sich seinem Farbenrausch, seinem Glanz hinzugeben, war eine Sache – ihn zu leiten, ihm Gesetzgeber, Friedensstifter, Zahlmeister zu sein, war eine ganz andere. Und keine einfache für einen Menschen wie mich. Der Zirkus, der mir jetzt mehr Erholung als Arbeit bedeutete, würde mir unter solchen Umständen das Leben vergällen.

Und dann: Märsche, Polkas, Fanfaren sind ja ganz nett, aber es war doch etwas mehr als dies, was mich veranlaßt hatte, Musiker zu werden. Ich wurde unruhig und schrieb endlich an einen Wiener Agenten, einen Bekannten meines Vaters. Es wurde wieder Zeit für die »richtige« Musik, mit einem richtigen Orchester, in einem richtigen Theater. Und als ich einen Brief erhielt, der mir ein Engagement als Erster Operetten-Dirigent am Deutschen Theater in Brünn zusagte, packte ich heimlich meine Siebensachen, schrieb Abschiedsbriefe an Colette und ihren Vater sowie an einige der Mädchen aus der Truppe. Ich besaß immerhin soviel Anstand, keine gleichlautenden Texte zu verfassen. Dann machte ich mich davon.

Der letzte im Zirkus, mit dem ich sprach, war der Clown Mario Maffetti, ein Italiener. Mario war einmal Professor gewesen, aber nach einer unglücklichen Liebe, und vielleicht auch aus Überdruß an akademischer Routine, hatte er Italien verlassen und war zum Zirkus gegangen. Er war einer der beliebtesten Clowns, und ihm habe ich die Idee zu meinem Lied »Arrivederci bella Italia« zu verdanken.

Mario war ein gescheiter Kopf, aber ein geborener Vagabund. »Ich bin Clown geworden, Roberto«, vertraute er mir einmal an, halb spöttisch, halb ernst, »als ich feststellte, wie wenig Intelligenz man braucht, um Professor zu werden. Mir ist die aufregende Zirkusluft lieber als der Universitätsmief. Außerdem ist Zirkus immer wieder eine Herausforderung. Jeder Clown kann Professor werden – aber was meinst du, wie viele Professoren es mit meinen Tricks aufnehmen könnten?«

Als ich mich mit meinem Koffer und den sechs Abschiedsbriefen aus meiner Unterkunft schlich, stand Mario vor den Affenkäfigen und sog an einer langen, krummen toskanischen Zigarre. Er starrte einen der Schimpansen an, der mit gleicher Intensität zurückstarrte.

»Bona sera, Roberto«, grüßte mich Mario und blickte auf meinen Koffer. »Aha, ich sehe, du bist auf Tapetenwechsel aus. Nichts kann den Horizont mehr erweitern als Reisen.«

»Pssst, Mario! Ich will möglichst unauffällig weg von hier! Würdest du mir bitte einen Gefallen tun und diese Briefe für mich abgeben? Aber nicht vor morgen früh!«

»Hm. Was haben wir denn da?« Mario sprach mit dem Schimpansen und tat, als zeige er ihm die Umschläge. »Einen für Monsieur Henri, einen für Mademoiselle Colette, einen für Angelika, einen für Veronika, einen für Monika und einen für Hilde. Für Hilde?? Das würde ich mir an deiner Stelle doch noch mal überlegen, Roberto. Herkules, der Muskelmann, betet sie an.«

»Ich weiß – deshalb sollen die Briefe ja auch erst morgen ankommen. Ich will noch den Nachtzug erwischen.«

»Schön. Gott sei mit dir! Aber eins laß mich dir noch sagen: Ein passenderes Milieu als den Zirkus wirst du nie wieder finden. Den guten Henri wirst du auch ganz schön enttäuschen. Ich denke, er hatte seine eigenen Pläne mit dir. Was meinst du dazu, Sambo?« fragte er den Schimpansen, der sich am Kinn kratzte und unverständliche Laute von sich gab.

»Sambo sagt«, grinste Mario, »es sei ganz gut für dich, daß du gehst. Aber er meint, du täuschst dich sehr, wenn du denkst, du wirst dies Affentheater los, indem du einfach abhaust. Gute Nacht, Roberto – und viel Glück.«

Ich fühlte zwei spöttische Augenpaare in meinem Rücken, als ich vom Affenkäfig wegschlich – das des Clowns und das des Schimpansen. Gleich darauf hörte ich Marios unterdrücktes Kichern, das der Affe mit bösen, gutturalen Tönen begleitete. Ein seltsamer Abschiedschor, dachte ich mir. Und was für eine seltsame Prophezeiung ...

Mario hatte recht: In Brünn erwartete mich noch mehr Affentheater.

12.
Ein Bart für Brünn

Als Leopold Stokowski sich entschlossen hatte, nach Hollywood zu gehen und sein Dirigententalent statt einigen tausend Konzertbesuchern nun vielen Millionen Kinogängern zur Verfügung zu stellen, äußerte er, daß er einer »höheren Berufung« Folge leiste. Ich bin der Ansicht, daß alle Künstler, die einen beruflichen Wechsel vollziehen, diesen sehr gerne auch als ideellen, ästhetischen Aufstieg interpretiert wissen wollen. In Wirklichkeit sind ganz andere Faktoren mit im Spiel – Liebe, Geld, Eitelkeit, um nur ein paar zu nennen. Was mich betrifft, so glaube ich sagen zu können, daß ich an dem Tag, an dem ich in Wien den Zug nach Brünn bestieg, ehrlich überzeugt war, solch einem »höheren Rufe« nachzukommen. Aus diesem Grunde mag ich damals auch ein bißchen aufgeblasen und arrogant gewesen sein. Aber, Gott sei Dank, hat das Schicksal für jeden aufgeblasenen Heißluftballon offenbar immer gleich die passende Nadel parat. In meinem Falle trat die Nadel in der Person des Direktors des Deutschen Theaters in Brünn, Dr. Lechner, auf den Plan, jenes Mannes also, der mich nach Brünn engagiert hatte.

Auf dem Weg in sein Büro fiel mir ein Vers aus Schillers *Don Carlos* ein, den irgend jemand einst in meiner Gegenwart zitiert hatte: »Dreiundzwanzig Jahre! Und nichts für die Unsterblichkeit getan.«

Da stand ich nun – dreiundzwanzig Jahre alt und angeblich recht talentiert, aber hinter mir lag nichts als eine Serie von Fiaskos und Frivolitäten. Es wurde Zeit, daß ich mich um ernsthafte künstlerische Arbeit bemühte. Ein für mich höchst untypischer feierlicher Ernst überkam mich, und ich fing an, die verschiedensten guten Vorsätze zu fassen. Harte Arbeit, Hingabe an meinen Beruf als

Oben links: Nach der Weltpremiere der »Lustigen Witwe« im Theater an der Wien, 1905. Von links nach rechts: Franz Lehár, Leo Stein, Victor Leon.

Oben rechts: Franz Lehár (1870–1948). Text der Widmung: »Meinem lieben Freund Robert Stolz zur Erinnerung an die 100. Luxemburg-Aufführung 19.2.1910 herzinnigst gewidmet.«

Unten links: Der österreichische Schauspieler Alexander Girardi (1850–1918).

Unten rechts: Leo Slezak, Tenor und Schauspieler (1873–1946).

Oben links: Der Tenor Richard Tauber (1891–1948).
Oben rechts: Igor Strawinsky (1882–1971).
Unten links: Titelseite des »Film-Kurier« zu dem Robert-Stolz-Film mit Gretl Theimer und Walter Janssen.
Unten rechts: Willi Forst, Regisseur und Schauspieler, in der Rolle des »Bel ami«.

Dirigent und das ernsthafte Bestreben, auch als Komponist Erfolg zu haben – dies waren die Lebensregeln, die ich mir auf meiner Reise gesetzt'hatte. Von der Idee her waren diese Vorsätze gar nicht so schlecht – nur führten sie dazu, daß ich kurzfristig meine eigene Natur, ja den Charakter des Theaters schlechthin, verkannte. Allerdings wirklich nur kurzfristig – dank Dr. Lechner!

Nachdem wir die Einzelheiten erörtert und die unvermeidlichen Papiere unterzeichnet hatten, schüttelte mir Dr. Lechner die Hand, sah mir, halb ironisch, halb ernsthaft, ins Gesicht und sagte: »Ich geben Ihnen jetzt einen sehr wertvollen künstlerischen Rat – wahrscheinlich den nützlichsten Rat, den Sie überhaupt zu diesem Zeitpunkt bekommen können ...«

Aha, sagte ich mir, jetzt werde ich eingeweiht in ein kosmisches Geheimnis, werde aufgenommen ins innerste Heiligtum, wo nur ausgereifte Künstler akzeptiert werden ... Endlich war es soweit!

Dr. Lechner räusperte sich, blickte mir in die Augen und fuhr fort: »Stolz, daß Sie Talent für diese Aufgabe hier haben, weiß ich. Vom musikalischen Standpunkt besteht darüber nicht der geringste Zweifel. Dirigent zu sein, setzt aber mehr voraus als bloßes Musikverständnis. Sie sind ein Teil der Show – eine theatralische Erscheinung, ob Ihnen das nun paßt oder nicht. Und je zwingender Ihre Ausstrahlung auf Publikum und Orchester, desto besser für Sie.«

Bei diesen Worten kam ich mir sehr groß und bedeutend vor. Aber die Nadel näherte sich schon dem Ballon.

Dr. Lechner grinste: »Sehen Sie sich doch mal im Spiegel an, Stolz! Dreiundzwanzig sind Sie jetzt, aber ausschauen tun Sie wie ein hochaufgeschossener Ministrant. Wir beide – Sie und ich – wissen, daß Sie ein guter Dirigent sind, und die Musiker werden das früh genug selbst feststellen. Aber mit Ihrem Milchgesicht wird Ihnen das Publikum das niemals abnehmen, da können Sie so ernst dreinschauen wie Sie wollen. Sie müssen sich einen Bart wachsen lassen, mein Junge, ja, den denkbar größten Bart überhaupt. Es reicht nicht aus, ein Dirigent zu *sein* – um wirklich hervorzustechen, muß man auch *aussehen* wie einer!«

»Ich werde mein Bestes tun, Herr Direktor!« sagte ich. »Ich verspreche Ihnen, daß ich nach Brünn mit einem Bart kommen werde. Haben Sie vielen Dank für diesen wertvollen Rat!«

Wenn es einen Heiligen der Bartträger und derer, die es werden wollen, gibt, so muß ich ihm in dieser und den darauffolgenden Nächten wohl ein paar tausend Stoßgebete gewidmet haben. Schließlich war ihnen – oder aber dem väterlichen Erbgut (Vater hatte einen großartigen, vollen Schnauzbart) – Erfolg beschieden.

Innerhalb einiger Wochen sproß die Grundlage jenes buschigen Henriquatre-Bartes, der für mehr als zwanzig Jahre mein Markenzeichen sein sollte. Und Direktor Lechner behielt recht: Als der Bart einmal da war, bemerkte ich kleine Veränderungen im Verhalten meiner Mitmenschen: Kellner und Portiers waren noch eine Spur ehrerbietiger, die Mitglieder von Chor und Orchester folgten meinen Anweisungen mit etwas mehr Aufmerksamkeit. Und die Kollegen sagten: »Du siehst so vornehm aus wie ein Frauenarzt!«

Brünn war im Jahre 1903 eine der Metropolen der alten Donaumonarchie. (Heute, unter dem Namen Brno, ist es die zweitgrößte Stadt der Tschechoslowakei.) Spätestens seit den Tagen Mozarts sind die Böhmen und Mähren als große Musikliebhaber bekannt. Mozart selbst fand in Prag stets viel mehr Resonanz als in Wien und erlebte dort seine größten Triumphe als Opernkomponist. »Die Prager verstehen mich«, sagte er einmal. Das Deutsche Theater in Brünn war ein musikalisches Zentrum, und für einen jungen Dirigenten bedeutete es schon etwas, dort engagiert zu sein. Für mich war es der Anfang meiner »großen Zeit« und ein gewiß notwendiges Präludium für meine spätere Karriere in Wien. Zum erstenmal bot sich mir Gelegenheit zur Zusammenarbeit mit wirklich erstklassigen Sängern und Instrumentalisten. Noch aufregender war, daß ich Zeuge der künstlerischen Geburt eines der größten Operntalente dieses Jahrhunderts sein durfte. Marcel Prawy hat ihr tatsächlich den Beinamen »Primadonna des Jahrhunderts« gegeben. Man kann sogar sagen, daß ich eine Art Geburtshelfer war, obwohl jene Künstlerin mit dem ihr eigenen unbezähmbaren Willen und ihrem großen Maß an Selbstvertrauen auch ohne mein Zutun zum Erfolg verurteilt gewesen wäre. Ihr Aufstieg vom Chormädchen zur Diva war eine echte Aschenbrödel-Geschichte – wenn man einmal darüber hinwegsieht, daß die Heldin niemals ein Mauerblümchen war. Schon als unbekannter Backfisch in Brünn besaß sie ein besonderes Flair, mit dem sie auf sich aufmerksam machte. Schon diese kleine »Mizzi« Jedliczka – so hieß sie damals – war ein hochfliegender Geist. Obwohl ihr Talent einige Jahre brauchte, um voll auszureifen, war meine Brünner Mizzi schon genauso liebenswert wie in späteren Jahren, als sie in aller Welt unter dem Namen Maria Jeritza berühmt wurde.

Meine Dirigentengage in Brünn war ja nicht hoch, und alles, was ich mir leisten konnte, war ein kleines Zimmer im ersten Stock der sogenannten »Quargelburg«.

Das war ein Haus in der unmittelbaren Nähe einer Quargelfabrik. Der intensive »Duft« dieser Käsegattung hatte zur Folge, daß nur Menschen, die sich nichts Besseres leisten konnten, in dieses Haus einzogen.

Im zweiten Stock der »Quargelburg« wohnte die Familie Jedliczka, deren sechzehnjährige Tochter Mizzi Chormädchen bei uns im Theater war. Jeden Morgen klopfte sie an meine Tür und fragte: »Pane Kapelnicku, brauchen Sie Zigaretterln?«, weil sie ja ohnehin um Milch und Brot ging. Ich gab ihr fünf Kreuzer, sie brachte mir die Zigaretten, und den Rest des Geldes konnte sie behalten.

Manchmal kam Mizzi am Vormittag noch einmal bei mir vorbei, und wir saßen beieinander, lachten, sprachen übers Theater, rauchten eine Zigarette. Sie war ein bezauberndes Mädel, immer fröhlich und gut aufgelegt.

Ich habe mich aufrichtig bemüht, ihre Gesangsausbildung zu fördern. Und es gelang mir sogar, den Kantor Austerlitz, einen überaus kompetenten jüdischen Gesanglehrer, zu bewegen, Mizzi Unterricht zu erteilen. Dem alten Herrn dürfte kaum der Gedanke gekommen sein, daß er, indem er mir diesen Gefallen tat, sich selbst ein Plätzchen als Fußnote in der Biographie einer großen Opernsängerin sicherte.

Meine Erfahrungen mit Mizzi sind also durchaus positiver Natur gewesen. Aber ihre hochschweifenden Pläne und ihr enormer Ehrgeiz führten bisweilen zu Konflikten mit anderen Darstellern. An dem denkwürdigsten Vorfall dieser Art war eine damals sehr bekannte Wiener Solistin, Else Blant, beteiligt, die als Gast in einer Verdi-Oper auftrat. Als ich vom Dirigentenpult an jenem Abend in den Zuschauerraum sah, fand ich ihn bis zum letzten Platz besetzt. Alle Brünner Musikliebhaber, vom Hochadel über die Millionäre bis zu den Kaminkehrern, hatten sich eingefunden, um den großen Star aus Wien zu hören. Der Höhepunkt, auf den jedermann wartete, war im zweiten Akt, und als er kam, hatte das Publikum bei aller Überraschung Grund genug, sehr dankbar zu sein. Bevor Else Blant ihr Hohes C anschlug, erklang plötzlich – von der Seite her – ein wunderschönes Hohes C. Ich blickte auf den Chor und sah, daß Mizzi, mit strahlenden Augen und einem triumphierenden Lächeln, hervorgetreten war und die Diva bezwungen hatte. Das Publikum war begeistert und gab ihr eine spontane Ovation, während Else Blant verständlicherweise schäumte und sich weigerte, die Vorstellung zu Ende zu singen. Die kleine Mizzi Jedliczka hatte ihr inoffizielles Debüt als Solistin gegeben.

Ich schwankte zwischen peinlicher Betroffenheit und Freude. Für Mizzi bedeutete dieser Auftritt den Beginn ihrer Karriere als Solistin ebenso wie als gefürchtete Konkurrentin anderer Sängerinnen. Das offizielle Debüt – es fand in Olmütz statt – ließ nicht lange auf sich warten. Danach trat sie beim Kaiserlichen Sommertheater in Bad Ischl auf. In Wien begann sie zunächst als »Tosca« an der Volksoper, um schließlich im Jahre 1912 an der Wiener Oper in der Titelrolle der *Aphrodite* zu debütieren.

Die Oper selbst überzeugte wenig (ein wohlhabender und einflußreicher Kaufhausbesitzer, Max von Oberleitner, hatte sie geschrieben) und sie geriet, wie die meisten Amateurarbeiten, sehr bald in wohlverdiente Vergessenheit.

Maria dagegen eroberte Wien im Sturm. Mit ihrer Stimme, ihrer Schönheit, ihrem »Sex-Appeal« und ihrer überwältigenden Bühnenpersönlichkeit vereinte Maria Jeritza alle Eigenschaften einer großen Primadonna in sich. Mit ihr gewann jede Rolle, selbst in den langweiligsten und langatmigsten Opern oder Operetten, unmittelbar an Lebendigkeit. Und lange vor dem Zeitalter der Film- und Fernseh-»Superstars« war Maria Jeritza nichts anderes als eben ein – »Superstar«. Sogar ihre zahlreichen Fehden sorgten für Schlagzeilen, denn Else Blant war bei weitem nicht die letzte Sängerin, die ein Duell mit der kleinen Mizzi verlor. Vielleicht die berüchtigtste dieser Szenen trug sich während einer Wiener Vorstellung der *Walküre* in den zwanziger Jahren zu: Mizzi spielte die Sieglinde und brachte die Fricka, Maria Olszewska, derart in Rage, daß diese tatsächlich auf sie spuckte …

Für mich blieb Mizzi immer das lebenslustige kleine Mädchen aus Brünn – und diese Erinnerung an die Mizzi von 1903 wird für mein Bild bestimmend bleiben. Für jene, deren Freundschaft ihr wirklich am Herzen lag, bewahrte Mizzi stets echte Zuneigung. Ich muß es schließlich wissen: Im Jahre 1940, als sie führender Star der Metropolitan Opera in New York, der berühmten »Met«, war, erfuhr sie gerüchteweise, daß ich interniert und von den Nazis bedroht sei. Diese Gerüchte entsprachen leider nur allzu genau den Tatsachen. Mizzi alarmierte die amerikanischen Botschaften und Konsulate, um sie zu veranlassen, dem Komponisten Robert Stolz unverzüglich jede Form von Unterstützung zu gewähren. Sie ließ wissen, daß sie alle Kosten für meine Befreiung tragen würde; auch meine Passage nach Amerika würde sie finanzieren.

Zu dem Zeitpunkt, da ihr Angebot in Europa bekannt wurde, befand ich mich schon auf dem Weg von Genua nach New York – war also an Bord der »S.S. Washington« und damit in Sicherheit, dank der Hilfe meiner lieben Einzi. Aber es war doch sehr schön, in diesem finsteren Lebensabschnitt, in einer der dunkelsten Epochen der Weltgeschichte, in der die Unmenschlichkeit längst zur Regel geworden war, zu erfahren, daß eine alte Freundin sich meiner erinnerte. Und mit mir der Zeit, die wir vierzig Jahre zuvor gemeinsam in Brünn verbracht hatten – in glücklicheren Tagen, die das Wort »Weltkrieg« noch gar nicht kannten. Servus, Mizzi – und bravo, Jeritza!

Ein anderer Prominenter unter meinen Freunden, dem ich während meiner Brünner Zeit zum ersten Mal begegnete, war Leo Slezak. Ich hatte das Vergnügen, eine Inszenierung von Puccinis *La Bohème* dirigieren zu dürfen, in welcher Leo den Rudolf spielte. Fast hätte ich jetzt gesagt, der bewundernswerte Leo war »einzigartig« – aber das wäre nicht exakt. In Wirklichkeit war Leo dreimal einzigartig: er war ein großer Heldentenor, ein unterhaltsamer Erzähler und ein geborener Komödiant. Und zu manchen Zeiten wog er überdies so viel wie drei normalgewichtige Männer zusammengenommen – ein Umstand, den er in komödiantischen Erfolg ummünzte, wenn er in der Rolle des Walter Stolzing in den *Meistersingern* mit zweifelndem Blick jenes Requisit betrachtete, dem die Zeile »Hier in den Stuhl?« gewidmet war – ein Satz, den er mit großer Besorgnis in der Stimme vortrug.

Was die Arbeit mit Leo gleichermaßen zu einem Vergnügen wie zu einem Wagnis machte, war die Art, mit der er *sotto voce* kleine Späße immer dann brachte, wenn einer seiner Kollegen gerade zu singen anhub – mit dem Effekt, daß dieser dann eben nicht sang, sondern vor Lachen prustete. Man wußte nie im voraus, ob nicht plötzlich die hochdramatische Opernszene mit explosionsartigem Gelächter endete. Am schlimmsten war es bei Todesszenen: Mehr als einmal geschah es, daß eine Bühnenleiche bei Leos Sticheleien in Lachkonvulsionen erbebte. Unvergeßlich ist sein wohl berühmtestes Aperçu im *Lohengrin,* einer seiner Glanzrollen. Als der majestätische Pappmaché-Schwan um einige Sekunden zu früh das Boot von der Bühne zog, flüsterte Lohengrin-Leo im Rezitativ: »Wann geht der nächste Schwan?«

Gleich mir liebte Leo gute Musik, gutes Essen und lustige Gesellschaft. Aus unserer ersten Zusammenarbeit in Brünn entwickelte sich eine lebenslange Freundschaft.

Meine eigene Tätigkeit in Brünn zog bald die wohlwollende Aufmerksamkeit der Kritik auf sich. Durch harte Arbeit und Fleiß gelang es mir endlich, die Reputation eines ausgereiften Dirigenten zu gewinnen. Daraus ergaben sich wiederum einige sehr erfolgreiche Gastspielengagements, insbesondere eine denkwürdige Tournee durch Italien. In Rom, Mailand, Florenz und Bologna spielten wir Wiener Musik vor ausverkauften Häusern; nicht selten in denselben Theatern, in denen meine Großtante, Theresa Stolz, als Verdi-Heldin gesungen hatte. (Sie war mit Verdi liiert gewesen. Obwohl der Meister niemals eine Rolle für eine bestimmte Person schrieb, war Theresa Stolz oftmals die erste Interpretin seiner Schöpfungen.)

Während dieser Gastspielreise traf ich auch Eleonora Duse, die große Tragödin – und einzige echte Rivalin von Sarah Bernhardt. Sie war damals in den Mittvierzigern und noch immer eine attraktive Schönheit. Aber ein Schatten von Melancholie, ja von Tragik, lag damals schon über ihr. Vielleicht hatte sie eine düstere Vorahnung von Jammer, Armut und Vernachlässigung ihrer letzten Jahre – Vernachlässigung vor allem von seiten ihres berühmtesten Liebhabers, des italienischen Dichters und Abenteurers Gabriele d'Annunzio, der, wie so viele Schriftsteller, seine hochfliegenden romantischen Gefühlsausbrüche weitgehend aufs Papier beschränkte und im realen Leben sehr viel weniger leidenschaftlich war.

Auf mich wirkte Eleonora Duse wie eine vertriebene Königin aus einem weit entfernten, nebligen Inselreich. Sie war eine faszinierende Frau: In ihren Augen konnte man lesen wie in der Geschichte der menschlichen Emotion. Indes überwog bei ihr stets das tragische Element.

Etwas befremden mochte zunächst – aber ich habe das auch bei anderen Schauspielerinnen erlebt –, daß sie selbst in den zärtlichsten, intimsten Momenten mitunter den Eindruck erweckte, als spiele sie vor einem imaginären Publikum.

Als wir uns trennten, gab mir Eleonora eine kleine goldene Uhr, mit einem »Anhängsel«, auf dem die Worte »In admirazione – Eleonora Duse« eingraviert waren. Noch heute bewahre ich dieses Erinnerungsstück an eine großartige Künstlerin und wundervolle Frau.

Da sie ihre besten Jahre erlebte, bevor der Film, insbesondere der Tonfilm, seine erste Hochblüte erreichte, wissen nur diejenigen, die das Glück hatten, sie auf der Bühne zu sehen, das Wunder ihrer Darstellungskunst wahrhaft zu würdigen.

Was mich angeht, so kann ich nur Gott danken für die Erfindung der Schallplatte. Sogar unzerbrechlich hat er sie werden lassen mittlerweile!

Während meiner Brünner Zeit ergab es sich, daß ich eingeweiht wurde in eine damals brandneue Sensation: Schallplattenaufnahme! Im Grunde genommen waren es sogar zwei bedeutende neue Ereignisse, mit denen ich damals konfrontiert wurde: Ich machte meine erste Tonaufnahme – und heiratete zum erstenmal! Auf beiden Gebieten sollte ich in den kommenden Jahren noch viel Erfahrung gewinnen. Aber meine Jungfernreisen ins Reich der Schallplatte und in das der Ehe verdienen ein eigenes Kapitel.

13.
Erste Platte – erste Ehe

Im August des Jahres 1877, drei Jahre vor meiner Geburt, machte der amerikanische Erfinder Thomas Alva Edison eine Entdeckung, die die Welt der Musik von Grund auf revolutionieren sollte. Edison arbeitete gerade an einem neuen Telegraphenmodell. Da bemerkte er, daß in dem Moment, wo die Nadel an eine Unebenheit auf dem Papierband geriet, ein musikalischer Ton entstand. Diese Beobachtung brachte Edison auf die Idee, eine Maschine zur Tonaufnahme und -wiedergabe zu konstruieren. Unter Verwendung von Stanniolpapier, das um einen Zylinder gewickelt war, entstand die erste Aufnahme. In den nächsten drei Jahrzehnten setzte sich der »Edison-System-Phonograph« auch im Handel durch.

Zunächst benutzte man für die Aufnahmen einen Wachszylinder. Der anglo-irische Komponist Sir Arthur Sullivan war einer der ersten großen Künstler, die sich dieses Mediums bedienten. Mit seinem geistreichen Librettisten W. S. Gilbert schuf er die unsterblichen »Savoyischen« Komischen Opern – das »Operettenähnlichste«, was jemals von einem Briten geschrieben wurde.

1888, als ich acht Jahre alt war, verlieh Sir Arthur einer Besorgnis Ausdruck, die seitdem so manchem guten Musiker zu schaffen gemacht hat. Im Anschluß an eine Aufnahmevorführung in London diktierte er die folgende Botschaft an den Erfinder auf einen Edison-Zylinder:

»Lieber Herr Edison!
Ich kann nur sagen, daß ich für meine Person sehr erstaunt und etwas entsetzt bin über das Ergebnis, welches das Experiment des heutigen Abends erbracht hat. Erstaunt bin ich über die großartige Erfindung, die Sie entwickelt haben, und entsetzt bin ich darüber, daß so viel scheußliche Musik nun für immer erhalten bleiben kann! Wie dem auch sei, ich glaube, daß es die wunderbarste Sache war, die ich jemals erlebt habe, und gratuliere Ihnen aus vollem Herzen zu dieser Entdeckung!«

Gewiß, der Phonograph hat Sullivans schönste Hoffnungen ebenso erfüllt wie seine finsteren Befürchtungen. Doch die gute

Musik, »ernste« wie »leichte«, wiegt den Unfug, der ebenfalls produziert wird, bei weitem auf.

Edison definierte übrigens den Ausdruck »Genie« in einer Weise, die nach meiner Erfahrung auf Musiker ebenso zutrifft wie auf Erfinder: »Genie ist ein Prozent Inspiration und neunundneunzig Prozent Transpiration.« Sicher, eine Art gottgegebenes Talent muß schon bei der Geburt vorhanden sein – aber selbst das größte Talent geht vor die Hunde, wenn es nicht gepflegt wird mit Entschlossenheit, Selbstdisziplin und viel altmodischer, harter Arbeit. Zwar fürchte ich, daß ich es in meinem Privatleben gelegentlich an diesen Qualitäten fehlen ließ, doch habe ich stets versucht, sie bei meiner musikalischen Tätigkeit voll einzusetzen. Und nirgendwo werden sie dringender benötigt als bei Musikaufnahmen. Sie setzen gleichermaßen künstlerisches Format wie hohes technisches Geschick voraus und verlangen neben all den »konventionellen« Talenten des Musikers auch noch ein besonderes Verständnis für Akustik und Aufnahmetechnik. Vor allem braucht man, wenn man das bestmögliche Ergebnis erzielen will, Entschlußfreudigkeit (denn oft geht es um Sekundenbruchteile) – und unendliche Geduld.

Wie man das Potential und die Grenzen der Sänger und Instrumentalisten exakt kennen muß, um eine Aufführung erfolgreich zu dirigieren, muß man auch über die Möglichkeiten und Grenzen der Aufnahmetechnik Bescheid wissen. So verlangt die Arbeit im Studio beides – Inspiration und Transpiration – in hohem Maße, ganz im Sinne der Edisonschen Definition. Viele Stunden habe ich in den Aufnahmestudios von Wien, Berlin, Hollywood und New York damit verbracht, mit den Tontechnikern die gelungensten Elemente aus zahllosen Proben und Wiederholungen herauszufiltern, noch lange nachdem für meine Musiker der Arbeitstag zu Ende gegangen war. Diese Arbeit kann sehr ermüdend sein – aber wenn man am Schluß feststellt, daß man der Perfektion nahe gekommen ist, dann kann die Befriedigung noch größer sein als bei einem Premierenerfolg vor begeistertem Publikum. Applaus ist ein Lebenselixier für jeden Künstler. Wichtiger ist jedoch, meine ich, die ehrliche Überzeugung, daß man im Aufnahmestudio sein Bestes gegeben und ein kleines, aber dauerhaftes künstlerisches Erbe geschaffen hat, mit dem man Millionen Familien, ja sogar Generationen, die noch gar nicht geboren sind, seine Musik und seine Interpretation vermitteln kann.

Die Perfektion der modernen Aufnahmetechnik, ihre hochgradige Sensibilität ermöglicht es, auch die feinsten Nuancen herauszuholen. Ich bin sogar der Ansicht, daß es sich gar nicht mehr um einen reinen Aufnahmevorgang handelt, sondern um, wie ich es nenne, »künstlerische Destillation«: Im Studio kann die Arbeit eines Künstlers bis zu dem Grade verfeinert werden, daß die fertige Aufnahme gleichsam ein Destillat aller seiner stilistischen Spitzenleistungen darstellt; etwas, was selbst in der besten Aufführung vor Publikum niemals erreicht werden kann.

Freilich sind Künstler nicht immer bereit, so etwas einzugestehen ... vor allem nicht einige recht selbstbewußte Sänger. Niemals werde ich eine Aufnahme mit dem großen polnischen Tenor Jan Kiepura vergessen. Es war irgendwann in den dreißiger Jahren. Wir filmten *Ich liebe alle Frau'n*. Kiepura hatte die Hauptrolle übernommen und machte mein Lied »Ob blond, ob braun, ich liebe alle Frau'n« zum erstenmal der breiten Öffentlichkeit bekannt, ein Lied, das in den sechziger Jahren eine Renaissance erlebte, dank der hervorragenden Interpretation durch meine guten Freunde Rudolf Schock, Nicolai Gedda, René Kollo, Peter Minich, Heinz Hoppe, James King, Fritz Wunderlich, Willi Schneider, die, wie schon Kiepura vor ihnen, mit der ernsten Muse genauso vertraut sind wie mit der Operette. Jan Kiepura war als Tenor die Sensation seiner Zeit, weil er nicht nur eine wundervolle Stimme hatte, sondern auch das Aussehen eines »romantischen Helden«. Vielen jungen Mädchen, die ihn nur aus seinen Filmen kannten, schlug bei seinem Anblick das Herz höher. Nur allzu verständlich, daß er eine entsprechend hohe Meinung von sich besaß.

Als wir »Ob blond, ob braun ...« aufnahmen, war »Janek« wie üblich in guter Form gewesen.

Der letzte Ton dieses Liedes beansprucht nur wenige Sekunden. Aber die technische Herausarbeitung kostete den Toningenieur und mich fast die ganze Nacht. Wir mischten und verfeinerten, »destillierten« aus einem Dutzend einzelner Versuche ein großartiges Endprodukt heraus, obwohl der so entstandene Klang streng genommen nicht aus einem Einzelton, sondern aus der besten Kombination einer ganzen Reihe von Tönen bestand. Selbst der große Kiepura hätte »live« niemals dieses vollendete Hohe C erreichen können. Wir waren sehr stolz auf das Resultat; es war der Höhepunkt des Films.

Auch »Janek« war begeistert, als er am nächsten Morgen die Aufnahme hörte. Aber er hatte seine eigene Meinung darüber. Er wandte sich an den Toningenieur, schlug sich mit der Faust auf die Brust und protzte: »Na, Ernst, nennen Sie mir einen einzigen Sänger, der Ihnen so etwas schon einmal geliefert hat!«

Ernst, ein ordentlicher und bescheidener Mann, nickte Kiepura höflich zu, drehte sich dann aber zu mir um und flüsterte: »Recht hat er! Niemand in der Welt kann so singen – nicht einmal unser polnisches Wunderkind. Aber wir zusammen – Sie, ich und die Technik – wir können es, Meister!« Das war natürlich eine Übertreibung, verständlich genug für einen jungen Mann, der seine berufliche Existenz der elektronischen Seite der Musik gewidmet hatte. Es stimmt jedoch, daß bereits in den dreißiger Jahren, wenn auch längst noch nicht in dem Maße wie heutzutage, die Technologie der Musik eine völlig neue Dimension geschenkt hat, in der große Möglichkeiten sowohl für die Verbesserung der künstlerischen Qualität wie für den kommerziellen Mißbrauch liegen.

Als ich im Jahre 1904 meine erste Aufnahme machte, war das alles noch – buchstäblich – Zukunftsmusik. Wir benutzten das Wachszylindersystem Edisons, und die Ergebnisse waren, gelinde gesprochen, noch recht primitiv. Obwohl der Phonograph als kostspielige technische Neuerung vielerorts neugierig beäugt wurde, dauerte es doch eine ganze Weile, bis die in ihm schlummernden Fähigkeiten Anerkennung fanden. Die großen Künstler – berühmte Sänger und führende Dirigenten – wagten sich nur sehr vorsichtig an dieses neue Medium heran. Mein Glück war es, daß ich meine erste Aufnahme gleich mit einer der begabtesten Sängerinnen der Zeit, der gefeierten Koloratursopranistin an der Hofoper, Selma Kurz, machen durfte. Selma stand 1904 auf dem Gipfel ihrer Leistungsfähigkeit und wurde von dem großen Gustav Mahler höchstpersönlich protegiert. Ihm hatte sie es zu verdanken, daß sie zu einem der bemerkenswertesten musikalischen Phänomene ihrer Zeit herangewachsen war. Ihr Weltruhm gründete sich auf den ihr eigenen schönen und ungewöhnlich langen Triller, den sogenannten »Selma-Triller«, den sie mit Hilfe der von Mahler erarbeiteten Methodik entwickelt hatte. Er trainierte sie wie ein Sportlehrer seine Athleten – mit der Uhr in der Hand. Das Ergebnis dieser Schulung wurde dann ihr Markenzeichen: ein Triller, wie er niemals wieder erreicht wurde.

Eine von Selmas Glanzrollen war die »Königin der Nacht« in Mozarts *Zauberflöte*, in der sie zum Beispiel 1906 im Rahmen der epochalen Inszenierung anläßlich des 150. Geburtstages des Komponisten brillierte. (Wie so viele andere musikalische Giganten konnte auch Mozart sich der Gunst des Wiener Publikums erst »erfreuen«, als er bereits eine Zeitlang tot war ...)

Die erwähnte Inszenierung war eine der denkwürdigsten Mozartaufführungen unserer Zeit. Alfred Roller, der genialische Neuerer, hatte mit viel Phantasie Regie geführt, und Mahler oblag die musikalische Leitung. Mahler besaß ein intuitives Einfühlungsvermögen in Stil und Geschmack der Zeit, aus der die Musik, die er dirigierte, stammte – vom Barock bis zur Moderne. Selmas Auftritt als »Königin der Nacht« war natürlich ein Höhepunkt der Aufführung. Und schon zwei Jahre zuvor war es mir gelungen, wesentliche Elemente dieser Glanzleistung gleichsam vorwegzunehmen und auf den Wachszylinder zu bannen: Selma Kurz mit der Arie der »Königin der Nacht«!

Was für ein armseliges, schäbig klingendes Ding war doch der Wachszylinder, verglichen mit den unglaublich verfeinerten Aufnahmegeräten von heute! Und dennoch muß man sich stets vergegenwärtigen, welch einen enormen Sprung nach vorn er seinerzeit bedeutete. Alles, was in der Folgezeit entwickelt wurde – HiFi, stereo- und quadrophonische Wunderwerke –, alles hat begonnen mit dem primitiven Edison-System!

Gelegentlich höre ich mir ein Tonband an, auf das die alte Aufnahme mit Selma Kurz überspielt worden ist. Trotz aller Störgeräusche ist Selmas herrlicher Triller noch deutlich herauszuhören. Auf mich wirkt es genauso elektrisierend wie damals, vor siebzig Jahren. Was für eine Welt eröffneten diese kleinen Wachszylinder allen Musikliebhabern!

Die neue Kunstform mit ihrem weitgehend noch unausgeschöpften Potential faszinierte mich von Anfang an. Hier war endlich eine Gelegenheit für den aktiven Musiker, sei er nun Dirigent, Instrumentalist oder Sänger, wenn schon nicht Unsterblichkeit, so doch eine über sein Lebensende hinausreichende Wirkung zu erzielen. Eine phantastische Aussicht, die allen großen Meistern der Vergangenheit versagt geblieben war.

Zeitlebens blieb ich ein begeisterter Freund des Aufnahmestudios, mit all seinen Geheimnissen und Wonnen, seinen besonders kniffligen Problemen und bisweilen auch enttäuschenden Erfahrungen. Aus der Isolation des Studios heraus erreicht man das denkbar größte Publikum: Millionen Zeitgenossen und Millionen, die noch nicht geboren sind! Welche Chance – und welche Verantwortung! Deshalb verrichte ich meine Arbeit dort fast wie ein religiöses Ritual. Als der letzte Wiener Walzer- und Operettendirigent der ersten Stunde fühle ich mich besonders in die Pflicht genommen. Denn wenn nicht ich Stil, Geist und Rhythmus der Musik von Strauß, Lehár und all den anderen authentisch vermitteln kann – nach meinem Tode wird keiner mehr da sein, der noch von diesen Meistern selbst erfahren hat, wie sie ihre Musik interpretiert wünschten.

In der Frühzeit der Tontechnik gab es natürlich auch komische Momente. Noch in den dreißiger Jahren mußten zahlreiche technische Klippen umschifft werden, und oft genug waren die Arbeitsbedingungen alles andere als ideal. So erinnere ich mich an ein Tonfilmstudio in einem Berliner Außenbezirk, wo wir einen Musikfilm drehten. Es war nicht viel mehr als eine umgebaute Scheune. Während der ersten Woche der Dreharbeiten fielen uns jedesmal, wenn wir abends die Aufnahmen des vergangenen Tages abhörten, seltsam quietschende Hintergrundgeräusche auf. Niemand konnte sagen, woher sie kamen. Ein Bühnenarbeiter entdeckte schließlich rein zufällig die Ursache: ein Nest im Dachgebälk der Scheune! Wenn die Vogelmama tagsüber ausflog, um die wichtigsten Besorgungen zu machen, bekamen die Kleinen offenbar Hunger und fingen mit wachsendem Selbstbewußtsein zu zwitschern an. Für menschliche Ohren blieben sie unhörbar, aber die sensiblen Mikrophone hatten alles aufgezeichnet.

Die Edison-Formel über die Verteilung von Transpiration und Inspiration erwies sich nicht nur bei der Arbeit im Tonstudio als richtig. Mit noch mehr Berechtigung kann ich sie auf meine ersten vier Eheversuche anwenden: 99 zu 1 für die Transpiration! Im Grunde dienten alle diese Versuche der Vorbereitung auf die fünfte Ehe, nämlich die mit meiner geliebten Einzi. Aber was war das für ein hindernisreicher Pfad, auf dem ich mich durchschlagen mußte, bis ich endlich unser Heim in der Himmelstraße erreichte!

Ungefähr zur gleichen Zeit, als mich die Muse zu meinen ersten Musikaufnahmen geleitete, beschloß Cupido, mich zum ersten Male auf dem Hochzeitsaltar zu opfern. Der Muse danke ich noch heute; aber auf Amors Streich hätte ich schon kurze Zeit später gerne verzichtet. Freilich ist man im nachhinein immer gescheiter. Wie stets in meinem Leben, fegte die Liebe auch damals alle Bedenken hinweg. Und wer weiß: Wäre alles nur ein bißchen anders gekommen – vielleicht wäre schon meiner ersten Ehe ein dauerhafter Erfolg beschieden gewesen?

So fing es an: Eine meiner Pflichten in Brünn bestand darin, alle vierzehn Tage ein öffentliches Vorsingen zu arrangieren, um frei werdende Stellen im Chor neu besetzen zu können. Eines Tages kam ein Herr mittleren Alters und fragte mich, ob seine Tochter nicht einmal vorsingen dürfe. Sein Wunsch erschien mir gerechtfertigt, zumal der stolze Vater noch hinzufügte: »Sie hat bei Rosa Papier studiert, und ich bin sicher, daß ihr vielversprechendes künstlerisches Talent Ihre Anerkennung finden wird.«

Immerhin war Rosa Papier eine der führenden Gesanglehrerinnen, und so sagte ich ihm, durchaus beeindruckt von seinen Worten, ich sei jederzeit bereit, eine Schülerin von Rosa Papier anzuhören. Doch gleich darauf war ich nicht allein beeindruckt, sondern auch geschmeichelt.

»Da gibt es noch etwas, um das ich Sie bitten möchte, Herr Stolz«, fuhr der Mann fort. »Meine Grete ist ein sehr sensibles Mädchen ... Öffentliche Auftritte machen sie nervös. Sie würden ihr einen großen Gefallen tun, wenn Sie sie privat vorsingen ließen.«

Hmm, dachte ich, erweitert Papa das Angebot? Indes wurden meine liederlichen Hoffnungen ebenso schnell zerstört, wie sie erweckt worden waren:

»Gretes Schwester würde sie natürlich zu dem Termin begleiten. Im übrigen würde ich Ihnen gerne die Ausbildung meiner Tochter entsprechend vergüten.«

Nun ja – Papa bot doch noch etwas mehr an, wenn auch nicht das, was ich vermutet hatte. Hinzu kam, daß mein Posten in Brünn zwar recht respektabel war, aber keinesfalls eine Goldgrube. Die Gelegenheit, etwas zusätzliches Taschengeld zu verdienen, war mir daher sehr willkommen – mehr noch als die Aussicht auf eine neue Romanze. Abgesehen davon würde es natürlich mehr Vergnügen als Arbeit machen, ein junges, talentiertes Mädchen zu fördern – insbesondere dann, wenn es auch noch ein hübsches Ding sein sollte.

Und dem war auch so. Mit Gesangsunterricht fing es an, und vor dem Altar endete es. Kein Wunder: Grete Holm war bildhübsch mit ihren schwarzen Locken, den schönen Zähnen, die ihr Lächeln freigab, und der wohlkonturierten, vollschlanken Figur. Ihre Stimme war glänzend, und das Gesangstraining bei Rosa Papier hatte die Grundlage für eine vielversprechende Karriere geschaffen. Es blieb mir vorbehalten, ihrer Ausbildung den letzten Schliff zu geben, und ich tat es gern. Später komponierte ich eine Reihe populärer Chansons für Grete, mit denen sie zu einem Star ersten Ranges avancierte. Schon in Brünn fing man an, von Grete als von einer künftigen Primadonna zu sprechen.

Unglücklicherweise war die Musik, die so viel dazu beigetragen hatte, uns zusammenzuführen, auch der Anlaß dazu, daß einige Jahre später ein Keil zwischen uns getrieben wurde. Unser gemeinsamer beruflicher Aufstieg tat ein übriges. Welch ein Glück für uns alle, daß wir die Zukunft nicht voraussagen können – es würde uns schwerfallen, die Freuden der Gegenwart zu genießen!

Als ich Grete kennenlernte, war sie einundzwanzig Jahre alt.

Beide waren wir jung, leidenschaftlich und musikbesessen. Mit anderen Worten: Wir hatten sogar etwas, worüber wir uns unterhalten konnten – und das trifft beileibe nicht auf alle jungen Liebenden zu. Alle meine vorangegangenen Verhältnisse waren aufrichtig gewesen – niemals habe ich eine Geliebte über meine Gefühle wissentlich im unklaren gelassen oder getäuscht. Jetzt, da ich zurückblicke, sehe ich allerdings ein, daß ich weder Zeit noch Mühe gespart habe, um mich selbst zu täuschen. Mit Grete jedoch erlebte ich meine erste reife und tiefe Liebe – eine Liebe, die ich nicht nur monate-, sondern jahrelang auskostete.

Nach einigen Monaten, in denen wir uns regelmäßig im Unterricht sahen und gemeinsam am Theater arbeiteten, kamen Grete und ich zu der Überzeugung, daß wir für einander geschaffen waren. Doch schon damals warf das Problem der miteinander auf Kollisionskurs laufenden Karrieren seine ersten Schatten voraus. Bei einem Besuch in Brünn hatte der Kaiserliche Rat Frankfurter, ein berühmter Theateragent, mir mitgeteilt, daß er für mich ein lohnendes Engagement als Operndirigent in Köln abgeschlossen habe. Und für Grete hatte er ein nicht minder lukratives Engagement am Theater an der Wien. Obwohl wir noch nicht verheiratet waren, wollten wir uns nicht trennen. Zum erstenmal fühlten wir uns zwischen Karriere und Gefühlen hin- und hergerissen.

Die Liebe behielt zunächst einmal die Oberhand. Grete wollte mich nicht nach Köln begleiten, und nach Wien wollte sie nicht ohne mich. Der gute Herr Frankfurter verstand es, eine Lösung zu finden, die – zumindest schien es damals so – für uns beide das beste war: Er vermittelte mir einen Vertrag als Erster Dirigent am Theater an der Wien. Grete und ich würden zusammenbleiben können – nicht nur als Liebende, sondern sogar als Kollegen!

Da wir nun beide die Fahrkarte nach Wien in der Tasche hatten, hielt ich förmlich um ihre Hand an. Sie sagte ja. Der neue Chefdirigent des gefeierten Theaters an der Wien würde seine Stellung als Ehemann der neuen Primadonna des Hauses antreten. Es klang mir fast zu schön, um wahr zu sein ...

Ehe! Es gab Zeiten in meinem Leben, in denen das Wort für mich klang wie ein himmlischer Segensspruch – und es gab andere, in denen es mir wie ein Fluch erschien. Heute, mit Einzi, ist es himmlisch.

Meine Ehe mit Grete war von Anbeginn unruhig. Erste Konflikte gab es bereits wegen der Hochzeitszeremonie. Ich war katholisch, Grete protestantisch. Ihr Vater hatte geistliche Vorbehalte gegenüber meiner Absicht, die Rolle des Tutors mit der des Gemahls zu vertauschen. Für mich ist der Glaube eine Frage, die man mit dem Herzen beantworten muß, und kein Thema für intellektuelle Diskussionen.

Für Gretes Vater jedoch war die Sache wesentlich problematischer, was zu endlosen Debatten führte. In jenen vorökumenischen Tagen gab es keine kirchlich genehmigte Zeremonie für »Mischehen«. So etwas tat man einfach nicht. Wir mußten uns schließlich mit einer schlichten, standesamtlichen Trauung zufriedengeben.

Es war in der netten Gemeinschaft unserer jungen Freunde vom Deutschen Theater ein froher, festlicher Tag. Zwei populäre junge Künstler, die kurz vor ihrem Wiener Debüt standen, heirateten. Wir erhielten von unseren Freunden vom Deutschen Theater ein prachtvolles, 24teiliges Kaffee- und Tee-Service aus Silber. Während unserer siebenjährigen Ehe nahmen Grete und ich, manchmal glücklich und manchmal in düsterem Schweigen, unser Frühstück aus diesem Service ein. Das Silber hielt sich ganz gut, doch unsere Ehe hatte schon kurz nach der Ankunft in Wien Patina angesetzt.

War dies das Jahr, in dem eine zum Scheitern verurteilte Ehe begann, so war es doch auch ein bedeutender Wendepunkt in meiner Laufbahn. Das legendäre »Silberne Zeitalter« der Wiener Operette stand bevor. Wir verdanken es vor allem einem meiner Freunde, einem gewissen Franz Lehár, den ich mit seiner Freundin Sophie gelegentlich ihrer Besuche in Brünn recht gut kennengelernt hatte. Ich dirigierte dort seine Oper *Tatjana (Katiuschka)*. Seine Begleiterin Sophie Paschkes wurde später Frau Lehár.

Für mich, nach langen zigeunerhaften Lehr- und Wanderjahren, folgte nun endlich ein »Frühling in Wien«. Onkel Emanuels kleiner Neffe kehrte zurück in die Stadt seiner Träume!

DRITTES BUCH

Frühling
in Wien

Das ist der singende, klingende
Frühling in Wien

Worte von Artur Rebner zum Lied von Robert Stolz »Frühling in Wien«

1.
Freiheit in Krähwinkel

Wollte ich das alte kaiserliche Wien uneingeschränkt als einen wunderbaren Ort zum Leben bezeichnen, so wäre das, genau genommen, nicht die ganze Wahrheit. Aber schließlich habe ich nie etwas zu genau genommen. Wäre ich damals als armer Arbeiter nach Wien gekommen und nicht als Dirigent mit gutem Ruf, so hätte ich die alte Kaiserstadt zweifellos als rauh und kalt empfunden. Mein Leben hätte sich in einer feuchten Fabrik und in den düsteren Mietskasernen eines Arbeiterviertels abgespielt. Mir ist durchaus klar, daß das Leben damals für viele Wiener nicht einfach war, und daß es für die meisten Menschen in dieser Welt weder Gerechtigkeit noch Verständnis gab.

Auch ich stand einige Male am Rande von Armut und Verzweiflung. Aber ich bin kein Historiker, noch viel weniger ein Moralist. Ich kann nur von *dem* Wien erzählen, das ich kannte und liebte – und ich war kein Arbeiter. *Mein* Wien – was war das für eine aufregende, wunderschöne Stadt! Eine Stadt der Künste, des Geistes, der Eleganz – wie seitdem niemals wieder. Gewiß, wir alle schwebten im Walzertakt über einem Minenfeld, das wenig später explodieren und die alten Traditionen hinwegfegen würde. Es war ein herrlicher Walzer – bis zu seinem jähen Ende.

Das Wien jener Tage war in gewisser Weise immer noch ein Wolkenkuckucksheim voller Widersprüche, eine seltsame Mischung aus Reaktion und Fortschritt, Dekadenz und Vitalität, Tragik und anspruchsvollem Humor. In manch erlauchtem Kreis galt nach wie vor Johann Nestroys Definition des Standesdünkels: Der Mensch beginnt erst beim Baron. Wie in Nestroys Komödie von 1848, *Freiheit in Krähwinkel,* hatte selbst Ungerechtigkeit den bittersüßen Beigeschmack des Lächerlichen. Reaktion sei nur ein Gespenst, sagte Nestroy in seinem Stück – etwas, das nur für die Furchtsamen existiere. Denn dem Mutigen, Unternehmungslustigen, dem Begabten boten sich immer noch Möglichkeiten genug, sein Glück zu machen.

Beweise für diese unglaubliche Lebensfreude inmitten eines – wie wir heute wissen – sterbenden Reiches gab es überall: in den Theatern, den Konzerthallen, den Galerien, den Hochschulen, und vor allem in den Kaffeehäusern. Die Musik hatte einen Platz für jeden, für einen Mahler wie für einen Richard Strauss, obwohl sich die Anhänger der verschiedenen Richtungen heftig befehdeten – ganz zu schweigen von der revolutionären Musik Schönbergs, die ich zwar verstehen, aber nicht lieben kann. Die leichte Muse – mein eigenes Reich – erlebte gerade einen ungeheuren Aufschwung. Ihr berühmtes »Silbernes Zeitalter« hatte mit einer Flut von Werken solch brillanter Operettenkomponisten wie Franz Lehár, Oscar Straus, Emmerich Kálmán und Leo Fall begonnen, und ich sollte die Uraufführungen vieler ihrer Meisterwerke dirigieren und konnte selbst mit einigen eigenen Operetten und Liedern meinen Beitrag dazu leisten.

Philosophie, Psychologie, Literatur und Architektur wurden repräsentiert von Männern wie Arthur Schnitzler, Hugo von Hofmannsthal, Karl Kraus, Peter Altenberg, Sigmund Freud und Adolf Loos, um nur einige der großen Namen zu nennen. Ich hatte die Ehre und das Vergnügen, mit den meisten bekannt zu sein, obwohl viele von ihnen sich gegenseitig mieden und völlig unterschiedliche Ansichten – nicht nur, was Wien betraf, sondern das Leben überhaupt – vertraten.

Vielleicht kam ich mit all diesen oftmals untereinander verfeindeten, bisweilen sogar rachsüchtigen Olympiern deshalb so gut zurecht, weil meine Musik eben »nur« Unterhaltungsmusik war. Ich verstand mich ebenso mit den Traditionalisten wie mit den verschiedenen Parteiungen der »Neuen Welle«. Ich war jung und ich war in Wien, aber zum »Jungen Wien« gehörte ich keineswegs. Ich hatte zwar eine klassische Ausbildung genossen, aber deshalb war ich doch kein »Akademiker der Musik«. Und schließlich genoß ich den Ruf, ein fröhlicher Zechkumpan zu sein. Ich glaube, ich hatte sehr viel Glück.

Manchmal, vermute ich, spielte allerdings auch jene seltsame Kraft, die gemeinhin als Schicksal oder Zufall bezeichnet wird, eine nicht zu unterschätzende Rolle in meinem Leben. 1905 zum Beispiel, im Jahre meines Wiener Debüts, heiratete Adolf Loos, der Pionier der modernen Architektur, und wer, glauben Sie, war seine Auserwählte? Es war ausgerechnet Bessie, eine der Barrison Sisters, für die ich als Jüngling geschwärmt hatte. Bessie war damals ein Star am Tabarin-Kabarett, wo die Schwestern sensationellen Erfolg mit ihrem »Cakewalk«-Tanz gehabt hatten. Bessie war noch immer schön mit ihrer alabasterweißen Haut, aber zerbrechlich wie eine Treibhausblume, und ihre zart geröteten Wangen verrieten die beginnende Tuberkulose. Dennoch beeinträchtigte ihre schwache Gesundheit nie ihre gute Laune. Sie war wie eh und je die fröhliche Schönheit, wie ich sie aus meiner Grazer Jugendzeit in Erinnerung hatte. Ihrer geschwächten Konstitution wegen überredete Loos Bessie, sich von der Bühne zurückzuziehen. Kurz nach ihrer Hochzeit verbrachte sie einige Zeit in einem Schweizer Sanatorium, und zwar in Leysin, wo Loos auch einen kränkelnden jungen Protegé unterbrachte, der dringend eines geistigen »Tapetenwechsels« bedurfte. Damals war der junge Mann noch gänzlich unbekannt. Während seines Schweizer Aufenthaltes malte er einige interessante Bilder von Bessie, denn ihre Haltung beeindruckte ihn zutiefst. So trug Bessie in ihrer Krankheit, an der Schwelle zum Tode, noch zur Bereicherung des Wiener Kulturlebens bei: der junge Mann war Oskar Kokoschka.

Kokoschkas früher Rückzug aus Wien war ganz und gar nicht unüblich. Die kulturelle Atmosphäre war ebenso reich an Spannungen und Widersprüchen wie an Lebenskraft. Einmal, in einer mitternächtlichen Unterhaltung, hörte ich den Satiriker Karl Kraus die Stadt beschreiben als eine »Dirne«. Wie auch immer: Die Atmosphäre konnte auf empfindsame Seelen niederdrückend wirken. Zum Glück unterliegen wir Musiker stets der Natur, dem inneren Antrieb unserer Arbeit und kennen kaum einen Stillstand, so daß auch ich in Wien niemals der Langeweile oder der Stagnation verfiel. Auf gelegentlichen Gastspielreisen schöpfte ich neue Luft, neue Kraft, die mir in dieser berauschenden Atmosphäre meinen Gleichgewichtssinn bewahren halfen.

In den meisten Kaffeehäusern herrschte Galgenhumor. Wir lebten – der Sozialistenführer Victor Adler wurde nie müde, uns daran zu erinnern – unter einem System von »Despotismus, gemildert durch Schlamperei«. Ich kann auf Grund meiner Erfahrungen nach dem Ersten Weltkrieg in Mittel- und Osteuropa nur sagen: Wenn ich schon im Despotismus leben muß, dann lieber in einem durch Schlamperei gemilderten. Und je mehr Schlamperei, desto besser. Sie erleichtert das Überleben und erlaubt sogar ab und zu ein herzhaftes Lachen.

Ein typisches Beispiel für diese Wiener Mischung aus Despotismus, Pfuscherei und Humor war der »Schöne Karl«, Karl Lueger, Bürgermeister Wiens von 1897 bis zu seinem Tod im Jahre 1910. Nicht selten konnte man den »Schönen Karl« im Café Central antreffen, Seite an Seite mit Schöngeistern, Künstlern, Komponisten, von denen nahezu alle bei Wahlen gegen ihn stimmten ... Er war ein galanter, ja charmanter Mann, hochgewachsen, bärtig, gutaussehend in seiner würdevoll-väterlichen Art. Und wie die meisten erfolgreichen Volkstribunen besaß er das gewisse Etwas, eine Ausstrahlung, die den Inhalt seiner Reden und seiner Handlungen eher nebensächlich erscheinen ließ.

Die Damenwelt liebte ihn ebenso wie die Mehrheit der Wiener

Wählerschaft, kleine Gewerbetreibende und Handwerker, die für die ärmeren Bürger ebenso wenig übrig hatten wie für die reiche Oberschicht, oder auch für den jüdischen Bevölkerungsteil, zu dem viele führende Künstler, Intellektuelle, Geschäftsleute und Angehörige der Hochfinanz zählten.

Einerseits war Lueger aus politischen Gründen ein schamloser Antisemit und machte keinerlei Hehl daraus, was ihm die Wiener honorierten, indem sie ihn immer wieder wählten. Andererseits war dieser antisemitische Demagoge ein belesener Bonvivant mit vielen persönlichen Freunden und Günstlingen aus Künstlerkreisen, die Juden oder jüdischen Ursprungs waren. Der alte Kaiser, der jede Form von Rassenvorurteil verachtete und gegen Lueger und dessen Anhänger war, setzte vergeblich seine kaiserliche Autorität ein, um sie von der Macht fernzuhalten. War der Fall Lueger nun ein Beispiel für »Antisemitismus, gemildert durch Schlamperei« oder nur ein weiterer Beleg für die doppelte Moral im alten Wien?

Keiner durchschaute das damalige Wien und die Wiener besser als der österreichische Dramatiker, Romancier und Novellist Arthur Schnitzler. 1862 geboren, war er noch nicht in einer derart aufgeheizten, antisemitischen Atmosphäre aufgewachsen. In gewisser Hinsicht wurde er sich seines eigenen »Jude-Seins« erst später bewußt, als die Bigotterie seiner Umwelt ihn dazu zwang, sich selbst nicht mehr nur als Wiener, sondern als Wiener Jude zu sehen. Zuerst und vor allem war er ein geschliffener Weltmann mit einem scharfen Auge für menschliche Schwächen. Wie man aus seinen Schriften ersehen kann, war Schnitzler auch ein stiller, ja fast passiver Beobachter. Vielleicht war er eine jener »trunkenen Bienen«, von denen Karl Kraus sprach, und taumelte durch einen herrlichen, dahinwelkenden Garten. Mochte er auch eingelullt sein, angekränkelt von den großen Wiener Seuchen, der geistigen Trägheit und der Langeweile, er bewahrte sich doch stets den ungetrübten Blick für die Stadt und das Leben in ihr.

Was Schnitzler am meisten an Karl Lueger verdroß, war nicht dessen politischer Antisemitismus, sondern die Tatsache, daß Lueger selber ganz offensichtlich gar kein überzeugter Antisemit war. »Das Böse zu fördern, an das man glaubt«, sagte Schnitzler einmal zu mir, »ist schon schlimm genug. Aber Lueger glaubt nicht einmal an das Gift, das er so freigebig unter seine Anhänger streut. Wenn viele meiner jüdischen Freunde Dr. Lueger wegen seiner Höflichkeit und seiner mangelnden Feindseligkeit ihnen gegenüber rühmen, kann ich nur lachen. Trägt dieser Anstrich von ›guten Manieren‹ denn nicht lediglich zu seiner moralischen Fragwürdigkeit bei? Ist denn nicht einer, der weit verbreitete Vorurteile zwar nicht teilt, sie aber zu seinen Zwecken ausnutzt, ein größerer Verderber als der blinde Eiferer oder der Schlagworte plärrende Idiot? Nein, eben seine ›guten Manieren‹ sind es, die mir Lueger unsympathisch machen.«

Dennoch tat derselbe Dr. Lueger auch viel Gutes in Gestalt von städtischen Reformen, durchdachter Organisation und Modernisierung. Und wer konnte zu jener Zeit schon wissen, daß bereits eine Generation später ein wirrer Fanatiker namens Hitler einiges vom »Schönen Karl« in sein Programm übernehmen würde? Lueger selbst, hätte er es noch erlebt, wäre davon sicher genauso befremdet und abgestoßen gewesen wie jedermann. Gewiß hielt er nichts davon, Menschen umzubringen – und doch wirkte das Gift, das er zu seiner Zeit auslegte, weiter und bedrohte uns schließlich alle.

Das künstlerische und intellektuelle Leben konzentrierte sich in meinen frühen Wiener Jahren hauptsächlich auf zwei altehrwürdige Institutionen: auf die Kaffeehäuser und auf gewisse Etablissements. Obwohl ich mich später in eins dieser Etablissements zurückzog, als meine Ehe mit Grete Holm auseinanderging – im besten Lustspielstil übrigens, aber diese Geschichte erzähle ich später –, waren sie für mich doch vorläufig noch terra incognita. Jetzt aber will ich von meiner Einführung in die Wiener Kaffeehäuser erzählen.

»Kutscher kann a jeder wern«, pflegte Alexander Girardi damals vor stets entzücktem Wiener Publikum zu singen, »aber fahren kinnans nur in Wean.« Und jedermann kann ein Kaffeehaus eröffnen, doch nur in Wien – im alten Wien, in dem Wien, das sich niemals ganz vom Ersten Weltkrieg erholte und gänzlich unterging, als der »Anschluß« kam –, nur dort wußte man aus einem Kaffeehaus eine Weltanschauung zu machen!

Die meisten der kulturellen Entwicklungen, die zu Ausgang des 19. und zu Beginn des 20. Jahrhunderts entstanden und Wien so berühmt machten, sind in den Kaffeehäusern ausgebrütet worden. Das alte Café Griensteidl, das 1897 seine Pforten schloß, war der Treffpunkt für Neoromantiker und Impressionisten gewesen. Der »Herrenhof« und das Café Central übernahmen seine Rolle und wurden Zeugen der Geburt des Expressionismus, ja noch weitergehender Bewegungen. Dort konnte man die bunteste Gesellschaft antreffen, eine verrückte Mischung aus allen möglichen Charakteren, von Bürgermeister Lueger bis Karl Kraus, von einem gewissen Masaryk, der später die unabhängigen Tschechoslowaken anführte, bis zu einem schäbigen kleinen Mann mit Bart und Brille und mit russischem Akzent, der sich Bronstein nannte und später unter dem Namen Leo Trotzki berühmt wurde.

Die Konversation glich einer Mixtur aus spritzigem Champagner und ätzender Säure, und unter denen, die Säure verspritzten, war Karl Kraus der unumstrittene Meister. Er gab eine satirische Zeitschrift heraus, »Die Fackel«, in deren grelles, boshaftes Licht er sie alle zerrte: die großen wie die kleinen Bösewichter, die klugen und die dummen Narren. Wie seine Zeitschrift, so war Kraus selber zu gleichen Teilen erfüllt von Genie und Zorn, aber seine Brillanz als Autor behielt stets die künstlerische Kontrolle über seinen Stil. Egal wie wütend er seine Gefühle äußerte: Die Form war stets makellos.

Tagsüber schlief er, nur nachts schrieb er und ging in Gesellschaft, und wie Balzac soff er enorme Mengen schwarzen Kaffees, um überhaupt durchzuhalten. Einige Stunden, spät nachts mit ihm verbracht, waren jedesmal ein faszinierendes Erlebnis. Kraus war klein und dünn, er hatte das Gesicht eines Habichts, und seine blauen Augen schienen hinter den dicken Brillengläsern zu lodern. Mich fesselten am meisten seine Hände, Musikerhände, schmal, mit langen Fingern. Auf seine Weise war er ja auch ein Musiker – mit Worten. Wahrscheinlich war er der letzte der großen Aphoristiker in der deutschen Sprachwelt, und wie ein Musiker, der leidenschaftlich um die Reinheit seiner Musik besorgt ist, so kämpfte Kraus feurig für die Reinheit der Sprache. Alles, was sie billig und vulgär machte, war ihm verhaßt. Mein Freund Hans Weigel, der unermüdliche, selbstlose Förderer junger Talente, führt heute einen ähnlichen Kampf.

Ich bin nicht der einzige, dem Kraus' Hände auffielen. Oskar Kokoschka, als er Kraus 1910 porträtierte, war von ihnen so beeindruckt, daß er sie besonders betonte und ihnen in seinem Bild ebensoviel Gewicht verlieh wie dem empfindsamen, kantigen Gesicht.

Kraus hatte über alles und jedes stets eine Meinung, stets einen Aphorismus parat. Aufs feinste geschliffen, erschienen sie in der »Fackel« und in seinen Büchern. Viele von ihnen kannte ich bereits »in roher Form«, als Impromptu in der Konversation. So glichen sie dem neuen Wein in Grinzing: ein bißchen weniger subtil, ein bißchen weniger elegant, aber stärkend und sehr erfrischend.

Einmal, als Karl Kraus besonders scharf gegen meinen Freund Peter Altenberg gewesen war, wandte P. A. sich ihm zu und sagte: »Du behauptest, du seist ein Schriftsteller, Karl, aber deine wahre Berufung ist das Priestertum. Du besitzt alle Voraussetzungen für einen Großinquisitor: die erhabene Mischung aus Selbstgerechtigkeit und Sadismus.« Kraus, anstatt Peter mit einem seiner gedrechselten, geistreichen Sätze zu entwaffnen, schwieg einen Augenblick nachdenklich und antwortete dann bedächtig und sanft: »Du weißt gar nicht, wie recht du damit hast, Peter.«

Wie recht Peter Altenberg tatsächlich hatte, erfuhr ich Jahre später. Kraus, von Geburt Jude, trat 1911 heimlich zum katholischen Glauben über. Wiederum später, als er merkte, welch reaktionären Standpunkt die katholische Kirche einnahm, verließ er sie wieder, doch ich glaube immer noch, daß er etwas von einem Savonarola hatte, mit seinem inneren Feuer, seinem beinahe religiösen Haß gegen alles Böse.

Kraus besaß eine kleine, seltsame Heldengalerie, die auf den ersten Blick reichlich schlecht zusammengestellt wirkte: Da gab es Nestroy, unseren großen Wiener Komödianten, neben Offenbach, dem Meister der französischen Operette, und – obwohl Kraus kaum Englisch konnte – William Shakespeare. Diese drei Helden hatten jedoch dreierlei gemeinsam: Erstens waren sie alle schon tot, zweitens waren sie alle Meister ihres Fachs gewesen und drittens hatten sie alle drei Witz und Humor als Waffe eingesetzt gegen Spießertum und Schurkerei.

Als Peter Altenberg mich Karl Kraus vorstellte, hatte er mich zuvor gewarnt: »Erwarte nicht zu viel Freundlichkeit. Karl verabscheut Wiener Operetten. Er sagt, ihnen fehle die Satire Offenbachs, sie seien voll von all den ekelhaften, sentimentalen Mythen des Kaiserreichs. Wenn er dir scharf kommt, mach dir nichts draus, grinse und ertrag es – seine Gesellschaft ist es wert.« Doch zu meiner großen Überraschung stellte sich heraus, daß Kraus – wiewohl er keinen guten Faden an der Wiener Operette ließ – eines meiner Wiener Chansons mochte. Es war »Servus Du«.

Unser Vergnügen an guten Liedern hing von vielen Faktoren ab, wie ein gutes Mahl oder eine Ferienreise. Kraus sagte: »In jedem Leben gibt es gewisse Momente und Gefühle, die alles um uns herum erheben, junger Mann. Was ist schon Beethovens Neunte gegen ein vertrautes Lied auf der Drehorgel, wenn es mit einer Erinnerung verbunden ist?« Wann immer ich an die Symphonien, an die Messen denke, die ich hätte schreiben können, aber niemals schrieb, dann muß ich auch an jene Worte von Karl Kraus denken. Sie erinnern mich daran, daß es Schlimmeres gibt auf der Welt, als – um ein Lied zu zitieren, das ich in den 50er Jahren komponierte – ein alter, grauer »Werkelmann« zu sein, der Melodien hervorbringt, die Tausenden von kleinen Leuten zu Herzen gingen und ein Teil ihrer Erinnerungen an gute wie an schlechte Tage wurden.

Einmal bemerkte Karl Kraus ironisch, daß die meisten Menschen in dieser Welt »nicht einmal einmal« leben. Ein oder zwei Liedchen hinterlassen zu können, heißt gelebt, heißt, seine Zeit nicht müßig vertan zu haben.

Laßt uns nicht allzu lange im Kaffeehaus verweilen, Freunde. Zu viele Tassen des schwarzen Getränks könnten Ihnen schädlich sein. Außerdem: Es ist Zeit. Die Bühne ist bereits beleuchtet, der Vorhang geht auf im »Theater an der Wien«. Ich lade Sie ein, mir dorthin zu folgen. Ich möchte Ihnen gern zwei interessante Damen vorstellen, beide Witwen. Eine von ihnen haben Sie schon kurz kennengelernt während meines Interviews beim Diner mit dem großen Johann 1899: Adele Strauß. Und nun ist die zweite Witwe gerade nach Wien gekommen. Sie heißt Hanna und ist sehr lustig. Ich glaube, Sie werden sie mögen. Ich jedenfalls mag sie sehr. Von allen Frauen in meinem Leben hat sie sich als eine der wichtigsten erwiesen und als die zuverlässigste – obwohl sie doch nur eine schöne Erfindung ist!

2.
Die beiden Witwen am Theater an der Wien

Vor einiger Zeit hat mein guter alter Freund Marcel Prawy – wohl eine der größten lebenden Autoritäten auf dem Gebiet der Musik – bemerkt: Die Menschen, die aus aller Welt herbeikämen, um in Wien Operetten zu hören, seien zu vergleichen mit den Leuten, die nach Ägypten fahren, um sich dort die Pyramiden anzusehen: Monumente einer längst vergangenen Geschichtsepoche. So sehr ich auch »Marcellos« Urteil in fast allen musikalischen Belangen schätze: in diesem Falle, fürchte ich, ist er nur einer der letzten in einer langen Reihe von Pessimisten, die Zweifel an der Zukunft der Operette äußern.

Mein ganzes Leben lang, ja, schon Jahre vor dem Tod von Johann Strauß, habe ich mir von klugen Köpfen sagen lassen müssen, mit der Operette sei es vorbei. Und mein ganzes Leben lang, von Jahrzehnt zu Jahrzehnt, von Generation zu Generation, hat die Operette immer wieder ein Comeback gehabt, meist gerade in dem Moment, in dem es aussah, als sei bereits der letzte Nagel in ihren Sarg geschlagen worden.

Noch während ich mich vorbereitete, im Theater an der Wien zu dirigieren, sagten einige meiner Bekannten, die Operette sei am Ende. Und der allerletzte, von dem die *connaisseurs* sich ihre Rettung erwartet hätten, war Franz Lehár! Als er sich wenige Jahre zuvor in Wien um eine Dirigentenstelle beworben hatte, war das Urteil der Lokal-Weisen streng ausgefallen: »Dieser junge Mann mag ein ganz guter klassischer Dirigent sein; von Walzern versteht er nichts!« In manchen Fällen zahlt es sich nicht aus, auf das Urteil der Experten zu setzen.

Selbst wenn ich all die düsteren Aussichten in Betracht zog, die man der Operette prophezeite, war es doch ein großes Ereignis für mich, an einer solch berühmten Institution, wie es das Theater an der Wien war, Dirigent zu werden. Ich hatte das Gefühl, im Schatten der Unsterblichen zu stehen, denn es war an diesem – nunmehr *meinem* – Theater gewesen, wo Beethoven 1805, gerade hundert Jahre zuvor, seinen *Fidelio* uraufgeführt hatte. Es wird erzählt, der Meister, der damals in den oberen Stockwerken des Theaters wohnte, habe auch des öfteren bei Aufführungen der Werke anderer Musiker zugehört. Dabei stand er jedoch meistens im Hintergrund des Hauses. Auf diese Weise konnte er unbemerkt und ohne den Komponisten zu beleidigen hinausgehen, wenn ihm die Komposition oder die Aufführung nicht gefiel. Beethoven war übrigens nicht der einzige Tondichter, der damals schon vor Ende der Vorstellung das Theater an der Wien verließ: Die erste Inszenierung seines *Fidelio* war regelrecht durchgefallen. Vielleicht hat Beethoven bei dieser Gelegenheit zum erstenmal ausgerufen: »Ich schreibe nicht für die Galerie!«

Wie unrecht er doch hatte! Manchmal dauert es eben einige Zeit, bis »die Galerie« gute Musik richtig verstehen und akzeptieren kann, besonders dann, wenn sie neu oder ihr Stil ungewöhnlich ist. Meine Erfahrung mit »der Galerie« ist ganz anderer Art: Von dort habe ich viel eher ein aufrichtiges, faires Urteil vernommen als von einigen Kritikern, die oft viel zu sehr in ihren eigenen Theorien über das, was gute Musik sein sollte, befangen sind. Ich meine, sie muß nur eines sein: gut! Alle weiteren Differenzierungen sind künstlich und willkürlich, Launen und Götzen, die mit der Mode kommen und gehen. Diese Wahrheit wird offensichtlich vom durchschnittlichen Publikum besser erkannt als von durchschnittlichen Kritikern.

Mein Lieblingskritiker während meiner frühen Jahre am Theater an der Wien war gleichzeitig mein Lieblingszuhörer: eine würdige und recht energische kleine Dame mittleren Alters, die ich immer dann in der vierten Loge von links erspähte – wo sie wie eine Majestät thronte –, wenn ich eine Strauß-Operette dirigierte. Sie war die erste meiner beiden Theater-Witwen, nicht die lustige, sondern die seriöse: Adele Strauß.

Sie war eine sehr empfindsame, intelligente Frau, und ihre Verantwortung als Witwe des großen Johann nahm sie überaus ernst. Nach seinem Tode schrieb sie über ihn:

»Echte Liebenswürdigkeit, von Wiener Grundton durchzogen, nahm alle gefangen, die ihm begegneten. Sein Lächeln, sein schalkhaft blitzendes Auge, sein bezaubernder Humor übersonnten alle Nichtigkeiten des Lebens. Naiv wie ein Kind, war er doch ernst und bedacht in den Fragen seiner Kunst. In seiner wahrhaft übertriebenen Bescheidenheit war er der strengste Beurteiler seiner Arbeit, am glücklichsten in der Einsamkeit seines Studios und engster Häuslichkeit.«

Adele war es bestimmt, Hüterin des authentischen künstlerischen Erbes ihres Mannes zu sein, solange es in ihrer Macht lag, und ich weiß, daß meine Einzi diese Aufgabe nach meinem Tod ebenso gut erfüllen wird.

Dank Adele und den Verwaltern des Straußschen Besitztums wurden große Anstrengungen unternommen, all die zahllosen Manuskripte und Briefe zu sammeln, die sich während Johanns langer und produktiver Karriere über die ganze Welt verstreut hatten – und ebenso wurde keine Mühe gescheut, sicherzustellen, daß seine Werke so aufgeführt wurden, wie er sie verstanden hatte.

Außerdem zeigte Adele mehr als nur ein beiläufiges Interesse an der Einnahme von Tantiemen, was einige geldgierige Impresarios gegen sie aufbrachte und ihr in gewissen mißgünstigen Kreisen den Spitznamen »Die Kassen-Witwe« eintrug. Soweit ich das beurteilen kann, meine ich, sie hatte ganz recht, um den ihr zustehenden Anteil an den Einnahmen aus den Kompositionen ihres Mannes zu kämpfen. Wenn es ums Geld geht, sind die meisten Künstler einfach hilflos wie kleine Kinder. Und Gott sei Dank gibt es ein paar standhafte Seelen wie Adele Strauß, die sich für die Rechte und Belange der schöpferischen Künstler gegen diejenigen einsetzen, die aus deren Werken nur Gewinn schlagen wollen. Wenn es ums Geschäft geht, sind wir Komponisten auf jede verfügbare Hilfe angewiesen. Nicht nur, um uns vor skrupellosen Verlegern und Produzenten zu schützen, sondern ebenso vor Plagiaten! SACEM, AKM, GEMA und andere Gesellschaften schützen heute die geistig Schaffenden. Ich selbst war Gründungsmitglied der AKM, der ich bereits 1907 beigetreten bin.

Ich hatte mehr als einmal Grund, dankbar zu sein dafür, daß meine Einzi Jura studiert hat, denn ich selber habe für den Kampf gegen die vielen Plagiatoren einfach nicht den Kopf. Adele Strauß hatte ihn, und außerdem besaß sie, wie meine Einzi auch, ein streng künstlerisches Empfinden.

An jenen Abenden, an denen sie ins Theater an der Wien kam, wurde ihre Loge zur »Kaiser-Loge« für all diejenigen unter uns, die ihren Gatten und sein Werk verehrten. Und ich fand bald heraus, daß Adele nicht nur pro forma auftauchte. Sie achtete auf jede einzelne Note, jede Nuance, nichts entging ihrer Aufmerksamkeit, wenn es sich um die Aufführung einer Operette ihres Mannes handelte.

Zu Beginn dieses Jahrhunderts wurden die Operetten noch ebenso aufgeführt, wie sie geschrieben worden waren: in drei Teilen, mit einer langen Pause nach dem zweiten Akt. Und während dieser Pause nach dem zweiten Akt suchte ich Adele jedesmal in ihrer Loge auf, um sie respektvoll zu begrüßen, ihr die Hand zu küssen und ein paar Worte mit ihr über die Vorstellung des Abends zu wechseln.

Ich versichere Ihnen: Sie hätte eine große Kritikerin oder Theaterdirektorin abgegeben! Ihren glutvollen, blauschwarzen Augen entging auch nicht das Geringste. Sie bemerkte selbst kleinste Unregelmäßigkeiten oder Fehler, und stets beobachtete sie scharf die Rollenbesetzung.

»Ich sehe, wir haben eine neue Rosalinde heute abend«, sagte sie einmal zu mir. »Diese hier habe ich noch nie gesehen, und ich halte sie, ehrlich gesagt, nicht für sehr ›rosalindisch‹ – sie verleiht der Rolle nicht die rechte Würze.«

»Ganz recht, gnädige Frau, aber unsere beiden besten Rosalinden sind indisponiert heute, und so mußten wir die Drittbesetzung nehmen.«

»Nun ja, auf jeden Fall kann sie nichts dafür«, sagte Adele Strauß, und dann gab sie mir einige Tips, wie das Mädchen seiner Rolle gerechter werden könne.

Häufig gab sie mir auch nützliche Ratschläge bezüglich der *tempi, rubati* und anderer Nuancen, die ihr Gatte als notwendig für eine werkgetreue Aufführung erachtet hatte. Und niemals werde ich jenen Abend vergessen, an dem sie in der Pause meine Hand ergriff und sagte: »Heute, mein lieber Robert Stolz, war die Ouvertüre reinster Strauß. Johann muß dabei Ihre Hand geführt haben.«

Ich erfuhr viel schmeichelhafte Anerkennung während meiner Jahre als Dirigent am Theater an der Wien. Selbst der alte Kaiser Franz Joseph, der auf Empfehlung Katharina Schratts kam, um mich *Die lustige Witwe* dirigieren zu sehen, fand ein freundliches Wort für mich. »Dieser junge Kapellmeister da unten«, hatte er zu Katharina nach der Vorstellung gesagt, »scheint mir Talent zu haben. Er handhabt seinen Taktstock wie einen Marschallstab. Und wie er Bühne und Orchester im Griff hat! Unsere Offiziere sollten sich ein Beispiel an ihm nehmen.« Doch kein Lob, nicht einmal das des betagten Kaisers, konnte mir mehr bedeuten als der Verdacht von Adele Strauß, bei jener Ouvertüre zur *Fledermaus* müsse ihr Johann meine Hand geleitet haben.

Im Jahre 1899 hatte ich Johann Strauß selbst die *Fledermaus*-Ouvertüre dirigieren sehen, und aus diesem Erlebnis heraus hatte ich meinen Entschluß gefaßt, mich dem Operetten-Fach zuzuwenden.

Adele Strauß, die erste meiner beiden »Witwen am Theater an der Wien«, hat uns schon vor langer Zeit verlassen. Ich kann ihr nichts Besseres wünschen als das, was ihr Johann Strauß einmal geschrieben hat: »Schlafe süß, Du blauschwarzäugige Adele.«

Die zweite Witwe jedoch, die lustige Hanna, singt und tanzt noch immer rund um die Welt. So wie Adele Strauß durch Teilnahme und Anregung meine Karriere beeinflußte, so trug auch *Die lustige Witwe* zu meiner Entwicklung bei, von jenem ersten Moment an, da wir, es war 1905, mit den Proben im Theater an der Wien begannen. Jeder von uns glaubte allerdings, daß das Höchste, das wir uns von ihr erhoffen konnten, eine Vorstellungsdauer von allenfalls einem Monat wäre.

Seither ist sie ein ewig junger Hit – und doch schon beinahe siebzig Jahre alt!

Franz Lehár, der Schöpfer der *Lustigen Witwe* und damit der Vater des »Silbernen Zeitalters« der Wiener Operette, war mir ein sehr guter Freund. Und ich muß sagen, ich hatte eine ziemlich einzigartige Stellung als Lehár-Interpret, aus zweierlei Gründen: Einmal habe ich schon frühzeitig und sehr intensiv an vielen seiner Erstaufführungen mitgearbeitet, und zum zweiten war ich der Lieblingsdirigent vieler der besten Lehár-Sänger. Besonders wurde ich von Richard Tauber bevorzugt, und er war es auch, der zu mir sagte: »Du, lieber Robert, und Franz Lehár, ihr seid die größten Melodiker in der heutigen Welt der Operette!«

Dies Lob von einem Mann, den ich für das größte stimmliche Talent hielt, mit dem ich je gearbeitet hatte, bedeutete mir viel.

Lehár war mit seinem Lob ebenso großzügig. »Du hast eine natürliche, angeborene Begabung zum Dirigieren, und eines Tages wirst du ein ganz berühmter Operettendirigent sein«, sagte Franzl (etliche seiner Freunde nannten ihn »Lanzi«) zu mir, nachdem er mich zum erstenmal dirigieren gesehen hatte, und zwar in Brünn, wo er mit seiner Geliebten und späteren Ehefrau Sophie Paschkes zu Besuch weilte.

Im Laufe der Jahre, nachdem *Die lustige Witwe* uraufgeführt worden war, signierte Lehár seine Autogrammkarten für Dutzende von Tenören, die den »Prinzen Danilo« sangen. Die Widmung, die er ihnen schrieb, blieb immer die gleiche; sie lautete etwa folgendermaßen: »Meinem lieben Freund So-und-So, dem besten Danilo von allen.« Noch 1948, zu Lehárs Begräbnis, tauchte eine ganze Anzahl »bester Danilos von allen« auf – zu ihrem gegenseitigen Mißbehagen.

Ich glaube, die Tatsache, daß »Lanzi« für die Premieren seiner Operetten wiederholt Theater auswählte, an denen ich Erster Dirigent war, zeigt, daß er meine beruflichen Fähigkeiten tatsächlich hochschätzte. Vielleicht meinte er auch, ich brächte ihm Glück. Denn schließlich war ich es gewesen, der am Theater an der Wien als Erster Dirigent den Premierenlauf der *Witwe* geleitet hatte, die das »Silberne Zeitalter der Operette« überhaupt erst begründete – und damit seine ungeheuer erfolgreiche Karriere als weltberühmter Komponist.

Heute mutet geradezu komisch an, daß *Die lustige Witwe* beinahe niemals das Rampenlicht erblickt hätte. Denn obwohl »Lanzi« schon vorher zwei Erfolge in Wien gehabt hatte (mit seinen Operetten *Wiener Frauen* und *Rastelbinder*), meinten 1905 doch viele Theaterdirektoren, daß Operetten – und besonders die Lehárschen – keinerlei Zugkraft mehr besäßen. Sein letztes Werk – *Göttergatte* – war ein totaler Mißerfolg gewesen, und als er mit dem Manuskript des neuen *oeuvre* zu Wilhelm Karczag, dem damaligen Direktor des Theaters an der Wien, kam, wurde er mit allenfalls lauwarmer Höflichkeit empfangen. Karczag hatte im allgemeinen ein ausgezeichnetes Gespür für das, was beim Publikum ankommen würde. Außerdem war er, milde ausgedrückt, ein kühler Geschäftsmann und ein scharfer Konkurrent für andere seines Metiers. Es ging sogar das Gerücht um, er habe einmal während eines erbitterten Disputs um die Rechte an einer Operette einem anderen Theaterdirektor ein Ohr abgebissen ...

Diesem Karczag nun gefiel überhaupt nichts an der *Witwe,* nicht einmal ihr Name: »Was für ein unmöglicher Titel!« knurrte er. Und höchst provozierend konnte er fragen: »Ist das eine Musik?!« Um damit unmißverständlich darzutun, daß er sie für schlecht hielt.

Seine Zweifel am Erfolg der *Witwe* waren so groß, daß die arme Hanna Glawari ihr Debüt in Toiletten aus dem Fundus absolvieren mußte; Karczag weigerte sich, auch nur einen einzigen Heller für neue Kostüme und Bühnenbilder auszugeben, so sicher war er, daß die Operette ein Mißerfolg würde.

Tatsächlich war die Ausstattung der *Lustigen Witwe* dann so ärmlich, daß ich mir von Frau Sacher für die Szene im »Maxim« sogar die Tischbeleuchtung ausleihen mußte.

Mir als musikalischem Leiter des Theaters an der Wien wurde von Karczag aufgetragen, unmittelbar nach der Weltpremiere der *Lustigen Witwe* mit den Proben zu der Operette *Tip Top* zu beginnen. Karczag also hatte seine Zweifel.

Ich hatte keine. Während der Proben mit dieser wunderbaren Partitur voller beschwingter Melodien festigte sich meine Überzeugung, daß uns hier etwas ganz Außerordentliches in die Hände geraten war.

»Lanzi« Lehár, in Komaron in Ungarn geboren, Sohn eines Militär-Kapellmeisters, war als musikalisches »Tornisterkind« kreuz und quer durch das ausgedehnte alte Kaiserreich gezogen und hatte dabei all die vielen, ethnisch so unterschiedlichen Volksweisen und musikalischen Stimmungen der Donaumonarchie in sich aufgenommen: slawische, magyarische, deutsche. Überdies war er ein sehr tüchtiger Musikinterpret – er hatte als Geiger angefangen, bevor er, wie sein Vater, Militär-Kapellmeister wurde. Auf diese Weise hatte er sich nicht nur ein tiefes Verständnis für die vielfältigen Wurzeln erworben, aus denen die Wiener Operette ihren besonderen Reiz gewinnt, sondern auch, als Komponist, Interpret und Dirigent, für alle technischen Aspekte der Musik. Ernst Decsey, der bekannte Musikschriftsteller, hat diese vielseitige Begabung in beredte Worte gefaßt:

»Bei Lehár ist nicht nur die Gesangsmelodie, deren Originalität unbestritten ist, wichtig, sondern auch das Orchester, das nicht nur begleitende Funktion hat. In der Instrumentation bietet er mit höchstem Klang-Sinn starke, pikante Reize, ist er ungehemmt neu. Der Richard-Strauss-Impressionismus, der Farben-Kontrapunkt, der Gustav-Mahler-Klang, der ›Puccinismus‹ lagen in der Luft. Ihrer bemächtigte sich Lehár mit sicherem Griff.«

Und die Qualität des Librettos ist der Musik ebenbürtig: ein sprühendes Feuerwerk aus Versen und Dialogen, kreiert von Victor Leon und Leo Stein, die sich bereits als Librettisten von Johann Strauß' großem postumen Werk *Wienerblut* einen Namen gemacht hatten. Mizzi Günther, die berühmteste Operetten-Primadonna jener Tage, sang die Hanna, Louis Treumann (der erste in der Reihe der vielen »besten Danilos von allen«!) sang den flotten montenegrinischen Prinzen.

So standen die Dinge, als der Dezember 1905 ins Land zog: ein großartiges Ensemble in einem erstklassigen Stück – mit einer dritt-

Oben links: Marlene Dietrich.
Oben rechts: R. Stolz 1926, zur Zeit seiner großen Erfolge in Berlin.
Unten links: Der Textdichter Robert Gilbert.
Unten rechts: Der ungarische Komponist Paul Abraham (1892–1960).

Oben: Robert Stolz mit Magda Schneider, Paul Hörbiger, Wolf Albach-Retty, Greta Keller, um 1935.
Unten: Das Ensemble der »Frühjahrsparade«, Budapest 1934.

klassigen Ausstattung! Und schlimmer noch: Die Premiere war für den 28. Dezember angesetzt, dem denkbar ungünstigsten Tag überhaupt! Alle Welt mußte sich noch vom Weihnachtsfest erholen und war außerdem vollauf damit beschäftigt, die Reserven an Geld und Unternehmungsgeist für die Neujahrsfestivitäten zu erhalten.

Alle Umstände schienen also gegen uns zu sein an jenem Eröffnungsabend, als »Lanzi« meinen Platz am Dirigentenpult einnahm. Die Lichter verlöschten, und die Melodien der *Lustigen Witwe* erklangen zum erstenmal vor einem zahlenden Publikum.

Wir hatten bei weitem kein ausverkauftes Haus an jenem Abend. Kleinmütige hätten daraus schließen können, daß Wilhelm Karczag mit seiner Skepsis recht gehabt hätte. Die wenigen Zuhörer hatten zwar ihre Freude an der Vorstellung, aber die Kritiker keineswegs, und so erschien keine einzige wohlwollende Besprechung in den Zeitungen. Ein berühmter Kritiker schrieb gar: »Mit der gestrigen Uraufführung der *Lustigen Witwe* von Franz Lehár ist das Genre der Operette endgültig tot.«

Glücklicherweise überredete der Theatersekretär Steininger, der an das Stück glaubte, den Direktor Karczag, genügend Freikarten zu verteilen, um ein paar Wochen lang die leeren Zuschauerreihen zu füllen.

Das Faktotum des Theaters an der Wien, der Portier Moritz, wurde also mit der Aufgabe betraut, diese Karten auszugeben an Leute, die mit Sicherheit zur Vorstellung kommen würden. Auch ich, der ständig an Geldknappheit litt, war nun in der glücklichen Lage, dem Ober in meinem Stammkaffeehaus Dobner, meinem Schneider, meinem Schuster sowie etlichen meiner Freunde eine Freude machen zu können, indem ich ihnen Eintrittskarten für eine Aufführung der *Lustigen Witwe* schenkte.

Eines Tages sprach ich wieder einmal Moritz an: »Heute brauche ich vier Stück für meinen Zahnarzt.« Da antwortete Moritz: »Es gibt keine einzige Freikarte mehr. Auch keine Kaufkarte!« Und tatsächlich sah ich am Kassenfenster das Schild »Ausverkauft!« hängen.

Es war ein Wunder! Vom 41. Abend an war das Haus gestopft voll von begeisterten – und zahlenden! – Zuschauern. Trotz Karczags Pessimismus, trotz der Ablehnung, ja Verachtung durch die Kritik, trotz des schäbigen Bühnenbildes und der alten Kostüme aus dem Fundus – trotz alledem wurde *Die lustige Witwe* ein Riesenerfolg. Diese Inszenierung der *Witwe* habe ich 547mal dirigiert! Und diese Operette später natürlich noch viele, viele weitere Male. Doch die Musik ist so reich an Melodien und Einfällen, daß es für mich immer wieder ein neues Abenteuer ist, sie zu dirigieren. Wie jede wirklich gute, große Partitur, enthält sie viel Spielraum für neue künstlerische Nuancen, für *rubati*, die die Seele und Würze jeder Musik-Interpretation sind.

Welches Lied in einem Stück ein Erfolg wird, kann man nie im voraus sagen. So dachte, als wir den *Graf von Luxemburg* probten, jedermann – »Lanzi« nicht ausgenommen –, der Schlager der Operette würde die schöne Melodie von »Bist du's, lachendes Glück« werden. Dafür hatten wir drei *da capos* vorgesehen und gleich mitgeprobt. Nur Karczag verlangte, Lehár solle noch eine zusätzliche, lustige Nummer »für die Galerie« schreiben.

Nachts um drei Uhr klingelte bei mir das Telefon und »Lanzi« sagte verächtlich: »Jetzt hab' ich eine Nummer geschrieben, den größten Mist, den man sich vorstellen kann. Ich hoffe nur, Karczag wird zufrieden sein. Willst du's hören?«

Durchs Telefon spielte er mir »Mädel klein, Mädel fein« vor. Ich lauschte und sagte dann: »Dieses Lied kriegt mindestens drei *da capos*.«

Und genauso war es dann auch. Für das schöne Lied »Bist du's, lachendes Glück« wurde kein einziges verlangt.

Mit dem allmählichen Erfolg der *Lustigen Witwe* begann die Renaissance der Wiener Operette. Kurze Zeit später spielten bereits ein Dutzend Theater in Wien ebenfalls Operetten, und innerhalb weniger Jahre hatte die *Lustige Witwe* 18 000 Vorstellungen in zehn verschiedenen Sprachen in der ganzen Welt erlebt.

Eines meiner bestgehüteten Besitztümer ist ein wunderbarer Dirigentenstab aus Ebenholz mit silbernen Ornamenten und Initialen. Er wird »Das Zepter der Walzerkönige« genannt. Josef Helmesberger schenkte ihn Franz von Suppé, der ihn an Johann Strauß Sohn weiterreichte. Franz Lehár, der ihn von Adele Strauß erhielt, gab ihn eines Tages an mich weiter, indem er sagte: »Lieber Robert, ich glaube, du hast diese Trophäe verdient. Sie bedeutet eine große Ehre, weißt du.«

Nach der Bestimmung des Initiators dieser Auszeichnung soll dieser Taktstock stets auf den Nachfolger eines Walzerkönigs übergehen, der sowohl als Komponist wie auch als Dirigent weltberühmt sein muß – ich hatte mir niemals träumen lassen, daß diese einzigartige Kostbarkeit eines Tages mir gehören würde.

Mir brachte der kontinuierliche Erfolg der *Witwe* noch einen weiteren großen Vorteil. Da sie so lange am Theater an der Wien lief, kam ich in den Genuß, mich einmal vom intensiven Einstudie-

Das Foto zeigt Grete Holm, die erste Frau von Robert Stolz, die auch dieses Lied kreiert hat.

ren neuer Partituren erholen zu können. Und die Zeit, die normalerweise für Proben draufgegangen wäre, konnte ich nun für meine eigenen Kompositionen verwenden. Übrigens: Die Operette *Tip Top* wurde niemals aufgeführt ...

Lassen Sie mich noch ein wenig mehr über meinen Freund Franz Lehár erzählen. So weltberühmt er durch seine Werke auch wurde, er blieb stets ein bescheidener Mensch. Und mir war er ein leuchtendes Beispiel für den »reinen«, wahren Musiker, den Künstler, der außer an seiner Arbeit und den Quellen seiner Inspiration nur an wenig anderem interessiert ist.

Wie ich bereits erzählt habe, war Franzl einige Jahre lang Militär-Kapellmeister gewesen, und er verlor nie seine ein wenig steife, aber doch beeindruckende militärische Haltung. In späteren Jahren pflegten seine Freunde zu sagen, Franzl-Lanzi sehe einem Admiral oder General im Ruhestand weitaus ähnlicher denn einem berühmten Komponisten. Das war nicht ganz von der Hand zu weisen, denn »Lanzi« war seinerzeit Kapellmeister bei der strategischen k. und k. Flottenbasis in Pola gewesen, wo er mit vielen Admiralen zu tun gehabt hatte. Außerdem hatte er als Kapellmeister im 25. Infanterie-Regiment in Komorn gedient. Seine militärische Erfahrung erstreckte sich also auf Land und See. Später hatte er am angesehenen Prager Konservatorium studiert, wo sein Talent Antonin Dvořák aufgefallen war.

In seinem späteren Leben entwickelte »Lanzi« bis zu einem gewissen Grade eine Vorliebe für Luxus, und zu diesem Zeitpunkt konnte er ihn sich sehr wohl leisten. Doch als ich ihn zu Beginn dieses Jahrhunderts kennenlernte, führte er das einfache, beinahe spartanische Leben eines armen jungen Offiziers. Er hatte sogar Franz, seinen früheren »Pfeifendeckel« – den Offiziersburschen – beibehalten, der eine Art »Mädchen für alles« war.

Wenn »Lanzi« ernsthaft über einer Arbeit saß – was er ohnehin zumeist tat –, war er nahezu den ganzen Tag unansprechbar und schickte seinen Burschen in ein nahegelegenes Gasthaus, wo er in einem alten Armeegeschirr »Essen faßte«. Etwas Suppe, Fleisch, Kartoffeln, ein Dessert sowie ein Viertel Weißwein – das war alles, was »Lanzi« in solchen Perioden totaler künstlerischer Versenkung anrührte.

Besuchte man ihn in solchen Zeiten – wie ich es manchmal tat – und machte eine Bemerkung darüber, wie schön doch der Tag heute sei, so war es durchaus möglich, daß »Lanzi« antwortete: »Jaja, es ist ein herrlicher Tag – ich habe schon die hübscheste Gegenstimme für die Flöte geschrieben.« Sofort spielte er sie auf dem Klavier vor und fragte: »Wie gefällt sie dir?«

Alle seine romantischen Gefühle fanden Ausdruck in seiner Musik – nicht etwa in seinem Privatleben. Einmal, zwischen der Nachmittags- und der Abendvorstellung, die ich beide dirigierte, schlug ich ihm vor: »Franzl, kommst mit, wir fahren mit dem Fiaker in den Prater, um im Lusthaus einen Kaffee zu trinken.« Da antwortete »Lanzi«: »Ja, aber mit der Tram ist es doch schneller und billiger!«

Er hatte keinen Sinn für das so unbeschreiblich erholsame Vergnügen einer Fiakerfahrt durch Wien.

Sein Bruder, Anton Lehár, war ein Haudegen von einer Kühnheit, die gut und gern für beide Brüder gereicht hätte. Antons Leben verlief wesentlich aufregender als das der erfundenen Figuren in »Lanzis« Operetten.

Anton war ein fescher Soldat und treuer Anhänger des Hauses Habsburg, noch lange nach dem Zusammenbruch im Jahre 1919. Zweimal hob er in Ungarn eine Armee aus, um Kaiser Karl wieder als König von Ungarn einzusetzen. Aber die wirkliche Welt reagiert in solchen Fällen keineswegs so freundlich wie auf der Operettenbühne, und so mußten Karl und der edle Oberst Lehár beide Male eine empfindliche Niederlage durch den mächtigeren Admiral Horthy einstecken, der sich selbst zum Regenten von Ungarn ernannt hatte und alles vermied, was der Monarchie in Ungarn zur Restauration hätte verhelfen können. Anton Lehár war sicherlich einer der letzten echten Kavaliere – und einmal sekundierte er mir gar bei einem Duell!

Damals steckte ich bereits in meinen eigenen, ehelichen Problemen. Schon 1907 begann die ständige Anspannung ihren Tribut von meiner Ehe mit Grete Holm zu fordern. Und an manchem Abend im Theater an der Wien, während wir *Die lustige Witwe* en suite spielten, ertappte ich mich dabei, wie ich die ersten Worte der letzten Nummer mitsang: »Ja, das Studium der Weiber ist schwer ...«

Wieder einmal – und just als meine beruflichen Erfolge es mir erlaubt hätten, die freundliche, ruhige Zeit ein wenig zu genießen – machte sich Freund Amor auf, um eine ganze Reihe von Katastrophen in meinem Privatleben auszulösen. Und in der Stolzschen Wohnung in Wien sollte über kurz oder lang die Liebe ebenso zum Fenster hinausfliegen wie ich selbst!

3.
Die Liebe fliegt aus dem Fenster (genau wie ich)

Das »Silberne Zeitalter« der Operette hatte also begonnen. An jene 547 Vorstellungen der *Lustigen Witwe* am Theater an der Wien schloß sich eine scheinbar endlose Reihe neuer Erfolge. Ich dirigierte die Premieren solch unsterblicher Operetten wie Oscar Straus' *Der tapfere Soldat;* Emmerich Kálmáns *Herbstmanöver;* Leo Falls *Dollarprinzessin* und die lange Aufführungsserie des *Graf von Luxemburg.* Doch dies war erst der Anfang. Die Operette feierte ihre Triumphe kontinuierlich bis zum Ersten Weltkrieg und selbst noch während der ersten Kriegsjahre.

Aber hinter dem ewig blauen Operettenhimmel braute sich, wie ich bereits erwähnte, ein häusliches Ungewitter zusammen. Der Konflikt nahm seinen Anfang, während wir den *Tapferen Soldaten* gaben, den ich dirigierte und in dem meine Frau Grete eine Hauptrolle spielte. Gretes bestes Lied darin war das bekannte »Komm, komm, Held meiner Träume«, und allein durch ihre wunderbare Interpretation dieser Nummer konnte sie sich als eine der Operetten-Königinnen der damaligen Zeit etablieren. Aber ein Haushalt, der zwei Stars gleichzeitig verkraften kann, ist äußerst selten; das haben schon viele meiner Freunde vom Theater zu ihrem eigenen Leidwesen erfahren müssen.

Grete und ich liebten einander wirklich, aber es gibt eben Fälle, in denen Liebe allein nicht ausreicht: Ohne Toleranz und gegenseitiges Verständnis kann sie ins Gegenteil umschlagen – und tut es oft. Ich fürchte, genau das ist uns damals passiert.

Als ich in Brünn um Grete geworben hatte, war sie ein bescheidenes, anbetungswürdiges und naives Mädel gewesen. Langsam, aber stetig hatte der Erfolg sie verändert: Sie wurde launisch und immer mehr von ihrer Karriere besessen. Zugegeben, sie hätte sicherlich dasselbe von mir sagen können, denn wir wurden gleichzeitig zu Berühmtheiten in Wien; wir waren beide jung, und vielleicht war uns der Erfolg zu sehr zu Kopfe gestiegen. Dennoch glaube ich, daß meine lange und harte Lehrzeit an unbedeutenden Provinztheatern, im Zirkus und selbst im Berliner »Etablissement« mich gut darauf vorbereitet hatte, auch einen Erfolg zu verkraften. Grete konnte das nicht, denn sie war sozusagen über Nacht berühmt geworden. Es geht hier ja auch nicht um die Schuldfrage. Was geschah, war unter den obwaltenden Umständen wohl unvermeidlich.

Wer am Theater gearbeitet hat, kennt dieses Gefühl: Es gibt Abende, da lauern nichts als Unheil und Mißverständnisse in den

Kulissen. So ging es uns mit dem *Tapferen Soldaten*. An manchen Abenden – ich dirigierte, Grete sang – ging fast alles schief. Jeder Künstler weiß aus Erfahrung, daß solche Ereignisse ebenso unvermeidlich wie unerklärbar sind. Manchmal leidet eine wirklich gute Vorstellung darunter, daß das Publikum seltsamerweise gänzlich ungerührt bleibt; der Applaus ist spärlich, und die Künstler sind unglücklich. Während solcher Vorstellungen herrscht hinter der Bühne eine tief depressive Stimmung. Und jeder einzelne aus dem Ensemble ist sich natürlich absolut sicher, daß die Schuld bei einem Kollegen liegt.

Reizende kleine Komplimente werden nach solchen Vorstellungen hinter der Bühne ausgetauscht! Und wenn der Hader kein Ende nehmen will und einen noch treulich nach Hause begleitet, dann kann das Leben unerträglich werden.

In solchen Alptraumnächten pflegte mich Grete über das silberne Service – das Hochzeitsgeschenk unserer Freunde in Brünn – hinweg anzustarren. Wortlos. Nur feindseliges Starren. Häufig war sie sogar zu wütend, um noch etwas zu essen. Und da ich nichts so sehr fürchte wie einsame Mahlzeiten, aß ich dann ebenfalls nichts. Es war, als wäre ich mit einem bösen Geist verheiratet statt mit einer lebenden, atmenden Partnerin. Und natürlich brach mein altes, teuflisches Leiden mit Vehemenz wieder hervor: Ich wurde von Angstzuständen gepeinigt. Wütend waren wir nach Hause gegangen, hungrig gingen wir zu Bett, und am Morgen wachten wir auf: wütend, hungrig und müde dazu. Es dauerte nicht lang, und ich war nur noch ein nervöses Wrack.

Anfänglich währten diese Zänkereien allenfalls ein, zwei Tage, und da wir wie die Turteltauben lebten, feierten wir jedesmal hinterher leidenschaftlich Versöhnung. Aber solch ein melodramatisches Ritual zwischen den immer gleichen Partnern kann nicht bis in alle Ewigkeit wiederholt werden, ohne daß sich falsche Töne einschleichen. Unsere Streitereien zogen sich bald über Tage und Wochen hin. Schließlich breitete sich eine Decke steten, finsteren Vorwurfs über unsere Ehe wie ein Leichentuch. Schrittchen für Schrittchen starb unsere Liebe an Auszehrung.

Auch ich magerte unterdessen immer mehr ab. Doch das wurde glücklicherweise von einer mitfühlenden Seele bemerkt ...

Man muß nicht unbedingt, nur weil man verheiratet ist, mit verbundenen Augen durch die Welt gehen. Schon vor einiger Zeit hatte ich ein neues Mädchen im Chor bemerkt, blauäugig und blond, eine muntere kleine Wienerin von etwa achtzehn Jahren. Sie war mir nur aufgefallen, sonst nichts; ich kannte noch nicht einmal ihren Namen. Als ich Peter Altenberg von ihr erzählte, sagte er lächelnd: »Mach dir keine Gedanken, Robert. Wenn der liebe Gott nicht gewollt hätte, daß du sie siehst, hätte er dir keine Augen geschenkt.« Aber Peter hatte ja noch nie etwas von der Ehe gehalten, unter welchen Gesichtspunkten auch immer er diese Institution betrachtete. »Das Schlimme an der Ehe ist«, pflegte er zu sagen, »daß sie der Liebe im Wege ist.«

Ehe unsere ewigen Streitereien begannen, hatte es zu unseren kleinen ehelichen Ritualen gehört, daß Grete mir jeden Abend, bevor ich zur Vorstellung ins Theater ging, mein Frackmascherl knüpfte. Ihrerseits war es nur ein beiläufiger Beweis von Zuneigung, ich jedoch war auf diesen Liebesdienst angewiesen. Beim Krawattenbinden habe ich zwei linke Hände. Alsbald jedoch, nachdem der »Kalte Krieg« zwischen uns in seine hitzigere Phase getreten war, »vergaß« Grete diese kleine Verrichtung. Und das führte zur endgültigen Auflösung unserer Ehe. Denn nun mußte diese Aufgabe ja von jemand anderem übernommen werden – und das war eben jenes blonde Chormädel, dessen Name, wie ich mittlerweile wußte, Franzi Ressel war. Abend für Abend kam ich derangiert ins Theater. Dann pflegte Franzi zu lächeln und mir das Mascherl zu binden. Nur dies und nichts sonst – das heißt zumindest anfänglich.

Eines Abends jedoch erschreckte sie mich. »Verzeihung, Herr Kapellmeister, aber ich muß Ihnen gesteh'n, daß mir Ihr Aussehen in letzter Zeit gar nicht gefällt«, sagte sie geradeheraus mit einem niedlichen kleinen Grinsen.

Ich war reichlich verblüfft. Letztendlich war es doch einigermaßen verwegen von einem Chormädel, auf solche Weise den Dirigenten anzusprechen. Ich war so überrascht, daß ich bloß stottern konnte: »Was in aller Welt meinst du damit?«

»Es ist nur, daß Sie jetzt fast jeden Abend so traurig dreinschauen. Sie kommen daher und schauen aus, als hätten Sie grad was gegessen, das Ihnen im Magen liegt. Aber obendrein sind Sie auch noch so furchtbar mager geworden. Sind Sie krank?«

»Nein. Es gibt da bloß ein paar private Angelegenheiten, die mich in diese traurige Stimmung versetzt haben.«

»Ich will Ihnen was sagen, auch wenn Sie's für unverschämt halten«, sagte sie. »Aber sind Sie mir nicht böse. Ich weiß genau, was Sie brauchen, um Ihre Laune zu heben. Ein paar Stunden am Nachmittag beim Heurigen, Herr Kapellmeister, und Sie werden sehen, Sie können Ihr Leben wieder genießen. Ich weiß auch genau ein Platzerl, an dem uns kein Mensch sehen wird. Wenn wir nachmittags um drei Uhr hinkommen, wird außer einem alten Zitherspieler und dem Wirt kein Mensch da sein. Und dann sing ich Ihnen vielleicht ein paar von den alten Wienerliedern vor, die ich von meinem Vater gelernt hab'. Dabei können Sie dann Ihre Sorgen vergessen.«

Und damit hatte mich das kleine Biest komplett gewonnen. »Warum nicht, Herzerl«, sagte ich. »Das klingt genau wie die rechte Medizin für mich.«

Und so kam es dann. Die kleine Franzi und ich verbrachten von nun an beinahe jeden Nachmittag beim ruhigen alten »Toll«-Heurigen – ich vermute, er existiert schon lange nicht mehr. In der Tat sang sie für mich dann mit ihrer hübschen, einschmeichelnden Stimme alte Wienerlieder, die sie von ihrem Vater, einem fanatischen Besucher von Heurigenlokalen, gelernt hatte. Ich muß sagen, diese Lieder – in der warmen, ruhigen Atmosphäre des »Toll«-Heurigen, gesungen von einem süßen Wiener Mädel wie Franzi, in ihrer überschwenglichen, natürlichen Art – haben mir geholfen, die allabendlichen Kämpfe mit Grete durchzustehen und mich sogar zu eigenen Wienerliedern inspiriert. Franzi kannte mindestens fünfzig, und ich mochte sie alle.

Aber Franzi mochte ich noch mehr, und so war es ganz natürlich, daß es gar nicht lange dauerte, bis unsere harmlosen Treffen ihre Unschuld verloren.

Franzi war alles, nur nicht besitzgierig. Sie hatte ein warmherziges, offenes Wesen und war ein impulsives Geschöpf – ein echtes Wienerkind, das das Leben so nahm, wie es kam. Sie drängte mich kein einziges Mal, mich von Grete scheiden zu lassen; sie wollte nichts, als daß ich mich über sie freute – und sie allenfalls ein bißchen in ihrem Ehrgeiz voranbrachte, denn sie wollte Diseuse im Kabarett werden. Ich half ihr mit Vergnügen, denn abgesehen davon, daß ich Franzi gern hatte, erkannte ich auch bald ihre angeborene Begabung fürs Kabarett. Und ich täuschte mich nicht, denn schließlich wurde Franzi eine der beliebtesten Sängerinnen in Wien, die unter anderem auch im berühmten Kabarett »Simplicissimus« auftrat.

Wir verbrachten die schönsten Stunden zusammen. Aber nichts währt ewig, und bald sollte ich die Rechnung für jene gestohlenen Augenblicke präsentiert bekommen – und zwar auf wirklich lächerliche Art und Weise, an einem regnerischen Nachmittag im Wiener Bezirk Meidling. Wenn ich nur daran denke, kriege ich heute noch Kopfweh und einen Lachkrampf. Beides auf einmal!

Bisher hatte Grete noch keinen Verdacht geschöpft. Zwischen uns herrschte zwar nach wie vor »Kalter Krieg«, aber Grete war so ausgiebig mit ihrer erfolgreichen Karriere beschäftigt, daß sie wahrscheinlich niemals auf die Idee kam, ich könne mit meiner eigenen Karriere nicht ganz so zeitraubend befaßt sein wie sie selbst. Für sie wäre ein Ehebruch einer lästigen Beschwerlichkeit gleichgekommen, keinesfalls einer willkommenen Abwechslung. So wurden Franzi und ich ein wenig nachlässig in unseren Vorsichtsmaßnahmen. Wir fühlten uns hundertprozentig sicher und planten an einem regnerischen Tag ein Rendezvous in Meidling, weit entfernt von Gretes und meinem gemeinsamen Heim in der Johann-Strauß-Straße.

Kein Mensch kennt uns dort, redete ich mir selbst beruhigend zu. Wir trafen uns also auf der Straße, und als es zu tröpfeln begann, suchten Franzi und ich in einem kleinen Kino Unterschlupf. Das ist noch besser, dachte ich mir. Hier müßte sogar ein Detektiv Luchsaugen besitzen, um uns in der Dunkelheit erspähen zu können.

Doch schon die Bibel warnt uns – Peter Altenberg hat mich später daran erinnert –, daß Gott es »gleichermaßen auf Gerechte und Ungerechte regnen« läßt. Und auch den kleinen Schurken Amor hatte ich ebenso vergessen wie Marios, des Clowns, Warnung.

Weder Franzi noch ich achteten sonderlich auf den Film. Ich kann mich überhaupt nicht mehr an ihn erinnern. Wir interessierten uns ausschließlich füreinander. Wir hielten Händchen. Wir küßten uns. Wir umarmten uns. Und damit waren wir immer noch beschäftigt, als der Film zu Ende war und die Lichter angingen.

Wie sagt doch Oberst Ollendorf im *Bettelstudent* so treffend: »Heiliges Kanonenrohr!« In der Reihe direkt hinter uns saß ausgerechnet meine Frau Grete. Und war – wie um das Maß der Freude vollzumachen – von niemand Geringerem begleitet als von meiner Schwiegermutter! Sie waren auf dem Weg von Gretes Schneiderin (die in Meidling wohnte) nach Hause gewesen, als der Regen sie überraschte und im Kino Zuflucht suchen ließ.

Eine schreckliche Sekunde blitzschnellen gegenseitigen Erkennens ... Franzi und Grete kannten sich aus dem Theater, und mein armes Wienerkind errötete bis an die Wurzeln seiner Blondlocken, erzitterte und stürzte zum Ausgang. Ich deckte ihren Rückzug, während Grete mich anstarrte, als wolle sie mich mit ihrem Blick durchbohren. Meine Schwiegermutter aber, die mit raubtierhaftem Instinkt sogleich alles begriffen hatte, ging zur Attacke über und begann, mich in höchster Lautstärke zu beschimpfen. Die Kinobesucher, die schon auf dem Weg zum Ausgang waren, blieben stehen und betrachteten – zunächst verwirrt, dann äußerst amüsiert – die Vorstellung. Für diese Gaudi hatten sie nicht einmal Eintritt bezahlen müssen und genossen sie um so mehr, als die gute Frau Schwiegermutter schließlich begann, mit ihrem Regenschirm auf meinen Kopf einzuschlagen.

Ich bin ein Liebender, kein Kämpfer. Nach den ersten Schirmschlägen – Franzi befand sich ja bereits in Sicherheit – zog ich dem Martyrium die Flucht vor. Als ich schon draußen im Regen stand und heftig einen Fiaker herbeiwinkte, fiel mir plötzlich ein, daß ich nun wohl keine Angst mehr zu haben brauchte, Franzi wolle mich zur Scheidung drängen – diese Sorge würde nun Grete gelten müssen.

Meine Flucht aus dem Kino war erst der Anfang eines langen Rückzugsgefechts.

Mit gutem Grund gab ich diesem Kapitel den Titel »Die Liebe fliegt aus dem Fenster (genau wie ich)«. Denn auf eben diese Weise nahm ich meinen letzten Weg aus unserem einst glücklichen Heim in der Johann-Strauß-Straße: indem ich mich vom Balkon an zusammengeknoteten Leintüchern auf die Straße hinunterließ. Die Große Flucht, echt Wiener Art!

Am anderen Ende meiner Leintücher wurde ich von der runden, bärtigen Gestalt Peter Altenbergs erwartet, der sich in Begleitung einiger Junggesellen-Freunde befand, die ich alarmiert hatte, nach einer letzten, peinvollen Auseinandersetzung mit Grete in unserer Wohnung am Abend nach dem Kino-Fiasko. Peter war das personifizierte Verständnis, doch gänzlich konnte er nicht verbergen, daß er für die komische Seite der Situation mehr Sinn als für ihren Ernst hatte.

»Du bist Musiker, Robert«, sagte er und unterdrückte mühsam sein Lachen. »Wie Orpheus mußt du nun mit deiner Leier auf ein freundlicheres Eiland flüchten. Und ich hab' auch schon ein passendes in Aussicht, falls du wirklich so gebrochen an Leib und Seele bist, wie ich vermute.«

Das »Eiland« der Zuflucht, zu dem Peter mich führte, entpuppte sich als das Hotel Terminus, ein anrüchiges und heruntergekommenes, aber billiges Haus (es hat mit dem heutigen gleichen Namens wirklich nichts zu tun!), in dem Peters Freundinnen, die Damen der Nacht, stundenweise Aufnahme fanden. Alles, was ich von zu Hause mitgenommen hatte, war ein hastig mit Kleidung und wenigen persönlichen Dingen vollgestopfter Koffer. Meinen Abstieg vom Balkon hatte ich im Dirigentenfrack – samt Mascherl, das heute hoffnungsloser denn je verheddert war – bewerkstelligt, so daß meine Ankunft im Hotel Terminus einiges Aufsehen erregte: eine einzelne, bessergekleidete Seele, verloren in diesem Haufen von Vagabunden, Dirnen und mittellosen Künstlern.

Dies alles mag ziemlich abstoßend klingen, und eigentlich hätte es auch auf mich so wirken müssen. Aber ich muß Ihnen ein schreckliches Geständnis machen: Ich verspürte wenig anderes als eine große Erleichterung. Ich war so glücklich, einer Ehe entronnen zu sein, die zu einer gegenseitigen Quälerei geworden war – und nun bot mir das schäbige alte Terminus, der Natur seiner Bewohnerinnen gemäß, eine beinahe festlich anmutende Atmosphäre unter seinen Schichten aus Staub und Schmutz.

In der Tat, ich genoß meinen Aufenthalt im Hotel Terminus sehr, denn Peter Altenberg war dort so eine Art inoffizieller »Haushofmeister« und zugleich der *poeta laureatus,* um den sich all die gunstgewerblichen Mädchen scharten. Nachdem sie meine Geschichte vernommen hatten, wurde ich zum Helden des Tages erkoren, obwohl ich derzeit doch äußerst knapp bei Kasse war.

Wie ich bald darauf erfuhr, war die Kino-Szene in Meidling Wasser auf Gretes Mühle gewesen, denn ihr Verdacht war schon früher geweckt worden. Ein anonym gebliebener sogenannter guter Freund hatte Grete vor einiger Zeit angerufen und sie rücksichtsvoll darüber informiert, daß ihr Ehemann gesehen worden sei, wie er einer hübschen jungen Blondine in diesem oder jenem Hotelzimmer »Privatstunden« erteilt habe. Das Ergebnis war gewesen, daß Grete die Scheidung bereits in Erwägung gezogen hatte, als sie in jenem Meidlinger Kino so unvermittelt auf den Beweis stieß, dessen sie noch bedurfte.

Damals bin ich gewiß hereingefallen – aber dafür konnte ich niemandem außer mir selbst die Schuld geben. Und da unsere Ehe ohnehin schal geworden war, war es auf alle Fälle besser, sie zu beenden. Lassen Sie mich noch hinzufügen, daß Grete zwar sehr ehrgeizig, aber niemals habgierig gewesen ist und keine Unterhaltforderungen an mich stellte. Dem Herrgott sei auch dafür Dank, denn da ich wie gewöhnlich das meiste meiner Einkünfte als Dirigent und Komponist in Form von Vorschüssen erhielt, hatte ich sie auch längst ausgegeben.

Gibt es einen angemessenen, ehrlichen Nachruf, den ich in den Grabstein für meine erste Ehe meißeln könnte? Ich will versuchen, aufrichtig und gerecht zu sein: In Brünn, als junge Liebende, waren wir sehr glücklich miteinander gewesen und auch noch in der ersten Zeit unserer Ehe in Wien, bevor die Konflikte, die aus unser beider

Karrieren entstanden, und die charakterlichen Unterschiede uns auseinandertrieben.

Jeder von uns beiden hat auf seine Weise am Partner gefehlt: Grete durch ihre schlechte Laune und ihre Verständnislosigkeit für meine innere Unsicherheit, mein schon beinahe manisches Bedürfnis nach Zuneigung und Gesellschaft; ich sicherlich durch meine üble Angewohnheit, ständig nach hübschen Mädchen Ausschau zu halten, besonders dann, als bereits die »Eiszeit« in unserer Ehe angebrochen war.

Ich kann nur hoffen, daß Grete, nachdem einmal ihr gewaltiger (und völlig gerechtfertigter) Zorn verraucht war, sich ab und zu noch liebevoll unserer glücklicheren Zeiten erinnerte. Ich habe sie gewiß so im Gedächtnis behalten, wie ich sie in Brünn kennenlernte: ein scheues, hübsches junges Mädchen, noch keineswegs die schmollende Wiener Primadonna, die sie später wurde.

Nach unserer Scheidung erfreute sie sich weiterhin einer erfolgreichen Karriere, so daß ich wenigstens darauf stolz sein kann, ihr mit zum Ruhm verholfen zu haben – wenn ich auch als Ehemann versagt habe.

Nun beende ich also dies wenig rühmliche Lebenskapitel mittellos in einem lausigen alten Hotel von fragwürdigem Leumund. Außerdem war ich dabei, vom Regen in die Traufe zu geraten. Aber ich will Sie nicht belügen – ich war ebenso im Begriff, einige meiner fröhlichsten und künstlerisch produktivsten Stunden in einer Umgebung mit noch schlimmerem Ruf zu verbringen. Denn nicht viel später würde ich den ersten Evergreen unter meinen Wienerliedern schreiben: in einem Puff in der Bäckerstraße, einem »Gewerbehaus«, aus dem gleichzeitig mein erster und ganz bestimmt enthusiastischster »Fan-Club« hervorgehen sollte.

»Versuche, nicht allzu schlecht von den Mädchen zu denken«, hatte Peter Altenberg auf dem Weg zu meinem ersten Besuch in diesem Hause zu mir gesagt – als ob ich jemals in *diese* Gefahr geraten wäre! »In Wirklichkeit sind sie gefallene Engel, weißt du. Und der Herrgott muß sie noch immer lieben, denn immerhin scheint er es doch so eingerichtet zu haben, daß am Ende eines jeden Sturzes eine Federmatratze bereitliegt.«

Also fiel ich nun willig in die Hände von Peters gefallenen Engeln – obwohl, wie Sie noch sehen werden, stets ein besonderes Plätzchen in meinem Herzen für die hübsche kleine Franzi reserviert blieb.

4.

Maroni und Evergreens bei Madame Kathrin

Selbst die niedrigen Preise des Hotels Terminus waren manchmal zu hoch für meine schmale Börse, nachdem ich mich von Grete getrennt hatte. Ein Haufen Geld kam und ging – doch nie war es vorhanden, wenn Rechnungen zu bezahlen waren. Ich teilte ein Zimmer mit einem Musikerfreund, der ebenso schlecht dran war wie ich, und es gab Zeiten, in denen wir von nichts anderem lebten als von billigen Frankfurter Würstchen und wässeriger Suppe aus Maggiwürfeln. Billig leben zu müssen, mitten unter der ärmeren Bevölkerung, ist nicht gar so schlimm, wenn man jung ist, und auf jeden Fall lernt man eine Stadt auf diese Weise am besten kennen. Deshalb will ich mich auch gar nicht über jene Hungermonate beklagen.

Eines Tages, als das Elend schier unerträglich geworden war, kam der Geldbriefträger mit einer Postanweisung. In Österreich wurden damals die meisten Zahlungen durch Postanweisung erledigt, ob es nun um Renten, Ratenzahlungen oder die Tilgung anderer Schulden ging: Der dafür zuständige Beamte war der *postillon d'argent*. Da sein Besuch oft mit unverhofftem Geldsegen verbunden war, wurde er im Laufe der Zeit zu einer fast legendären Figur.

Die Postanweisung, die mir der Geldbriefträger damals brachte, war von kindlicher, ungelenker Hand ausgefüllt worden. Oh, welch ein Wunder, dachte ich, der liebe Herrgott hat mir 50 Kronen geschickt!

Nun, direkt vom lieben Gott kamen sie nicht. Die Absenderin war eine junge Dame, die ich einige Monate zuvor des Abends auf der Kärntnerstraße kennengelernt hatte, eines jener niedlichen Geschöpfe, die damals – nach echt Wiener Art, jedermann mit inoffiziellen Titeln zu versehen – jeden vorübergehenden, gutangezogenen Herrn mit »Dokterl!« oder »Herr Baron« anriefen.

Diese eine war besonders lebhaft und reizend gewesen. Mir war ihr musikalisches Lachen aufgefallen, und so hatte ich sie gefragt: »Du bist ein hübsches Mädel mit einer netten Stimm', warum gehst du nicht zum Kabarett? Das ist doch viel besser als die Arbeit auf der Straße, selbst wenn's die Kärntnerstraße ist.«

»Was tut man denn im Kabarett?« fragte sie.

»Dort werden Lieder gesungen, wie im ›Simpl‹. Du hast doch schon vom ›Simpl‹ gehört, oder?«

»Hab' ich, gewiß. Aber ich hab' keine Lieder.«

»Das macht nix. Ich schreib' dir welche.«

»Aber das kostet doch sicher viel Geld?«

»Jetzt grad kostet's nichts, Kleine. Aber wenn du einmal im Kabarett bist und zehn oder zwanzig Kronen übrig hast, kannst du sie mir geben.«

Dazu muß man wissen, daß damals ein Künstler – ob Mann, ob Frau – nur dann ein Engagement am Kabarett oder Varieté bekam, wenn er ein eigenes, exklusives Repertoire mitbrachte. Also schrieb ich ein paar Lieder, und die Kleine kam von der Straße weg zum Kabarett, womit für mich die Geschichte zu Ende war. Hatte ich gedacht.

Denn gerade, als ich schon beinah verrückt wurde von der ewigen Maggiwürfelsuppe mit Brot, hatte sich die Kleine aus der Kärntnerstraße meiner erinnert und mir 50 Kronen geschickt. Was für eine Welt! Ein einziges Mal hatte ich ein »gefallenes Mädchen« zu bekehren versucht, und nun wurde ich dafür bezahlt! Und ausgerechnet in dem Moment, da ich das Geld am nötigsten brauchte! Dennoch ist mir diese reformatorische Tätigkeit nicht zur Gewohnheit geworden. Ich bin nicht zum Missionar geboren.

Aber ich wollte Sie ja gar nicht zur Kärntnerstraße führen, lieber Leser, sondern zu jenem bereits erwähnten »Gewerbehaus« in der Bäckerstraße, welches höchst sachkundig von einer gewissen Madame Kathrin geleitet wurde.

Wieder einmal steh' ich ganz ohne Geld da. Es ist ein saukalter Novemberabend. Benno Vigny, der beliebte, ebenfalls verschwenderische Wiener Schriftsteller, und ich entschließen uns, zu Madame Kathrin zu gehen. Auf dem Weg zur Bäckerstraße kaufen Benno und ich jeder ein Stanitzl mit duftenden heißen Maroni. Das ist unser Einsatz für den Abend.

Glücklicherweise geht's bei Madame Kathrin heut nacht ruhig zu, und so sitzen wir in dem gemütlichen kleinen Salon, der von einem altmodischen Kachelofen erwärmt wird, nippen an unserem Bier, scherzen und tratschen mit Madame und ihren Mädchen. Größere Sünden können wir uns nicht leisten, und die Mädchen scheinen die Erholungspause zu begrüßen. Nachdem wir über die neuesten Skandale getratscht haben, sagt eines der Mädchen zu Benno: »Du sagst, du bist ein Dichter. Beweise, daß du ein Dichter bist und schreib uns, jetzt und hier, ein Gedicht!«

»Gut!« lacht Benno. »Aber laß mich noch einen Moment nachdenken. Inspiration ist alles in meinem Beruf, weißt.«

Kaum gesagt, schlendert er zum Ofen mit seinem Maroni-Stanitzl in der Hand. Und nach zehn Minuten schon kommt er zum Sofa zurück: Auf die Rückseite der fettigen kleinen Papiertüte hatte

Benno den Text zu »Servus Du« geschrieben! Und zwar mit allen drei Strophen. So wie es noch heute gesungen wird. Die Mädchen waren begeistert und überschütteten Benno mit kostenlosen Küssen.

»Und du, Robert«, sagte Paula, »du willst doch ein Komponist sein. Dann schreib uns jetzt die Musik zu Bennos Meisterwerk!«

Mehr Inspiration brauchte ich nicht. Ich setzte mich hinter'n Ofen, und binnen einigen Minuten kritzelte ich die Melodie zu »Servus Du« auf meine Tüte. Dann spielte ich das Lied einmal auf dem Klavier durch, und gleich noch einmal, wobei die Mädchen mitsangen – nicht gerade ein himmlischer Chor, aber ein sehr hübscher. Und ein recht herzergreifender.

Jedes dieser Mädchen hatte eine Geschichte. Da gab es die verlassene Geliebte eines Generals, die illegitime Tochter eines Adligen – und so weiter, alles rührende Geschichten, »mucho biografia«, wie man in Spanien sagt … Manche davon klangen sogar glaubhaft. Aber die Mädchen hatten sie schon so oft erzählt, daß sie alle ernsthaft meinten, sie seien tragische Heldinnen – was sie, in gewisser Weise, zum größten Teil auch waren: dazu verdammt, frühzeitig zu sterben oder ein ärmliches, unrespektierliches Alter zu erleben, nachdem sie nur wenige aufregende Jahre mit relativ leichtem Verdienst gehabt hatten.

Bennos einfache, aber sehnsüchtig-romantische Verse, gepaart mit meiner Melodie, rührten sie in ihrem tiefsten Inneren. Ehe ich mich's versah, weinten die singenden Mädchen. Sogar durch die dick aufgetragene Rougeschicht auf den Wangen der abgebrühten Madame Kathrin zog sich unerwartet eine Tränenspur.

Der Text handelt von verlorener Liebe, und wer kennt die nicht?! Die Melodie scheint den Menschen direkt ins Herz zu gehen. Das ist das Geheimnis eines Evergreens: Er muß die weltweite Sprache der Herzen sprechen. Wie »Servus Du«. Ich habe viel länger und viel härter an viel weniger erfolgreichen Werken gearbeitet. Irgendwie war in dieser Nacht bei Madame Kathrin die Atmosphäre genau richtig, und Worte wie Musik flogen uns zu.

> »Servus Du«, flüstert sie ganz leise,
> »Servus Du!« Ich hatte dich so lieb.
> Alles dreht sich rund herum im Kreise,
> »Servus Du!« Ich hatte dich so lieb …

So, meine Freunde, haben Benno und ich ein paar Kastanien gepflanzt und einen Evergreen geerntet, begossen von den Tränen jener, die Peter Altenberg »gefallene Engel« nannte. Sie sahen auch

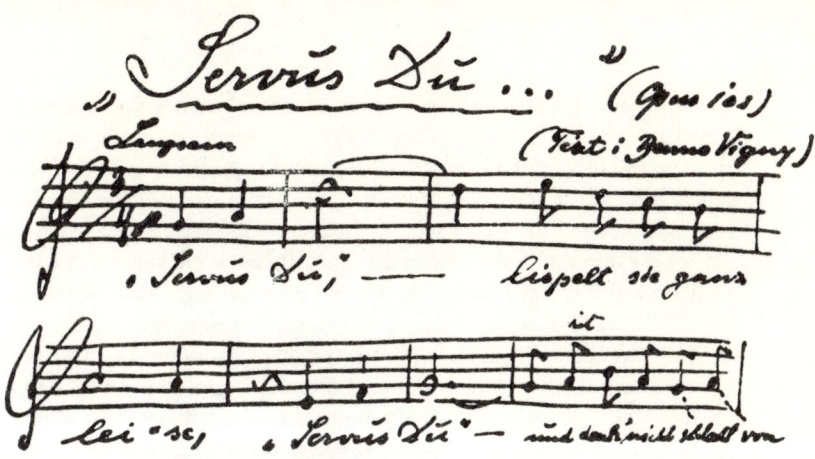

SERVUS DU.

Chanson

Text von BENNO VIGNY.

MUSIK von

ROBERT STOLZ

Opus 102.

Pr. Mk. 2.—no.

DEN BÜHNEN GEGENÜBER MANUSCRIPT

Text und Musik Eigentum des Verlegers für alle Länder
Aufführungs- & Übersetzungsrecht vorbehalten.
Mit Vorbehalt aller Arrangements.

ADOLF ROBITSCHEK
K. u. K. Hofmusikalienhändler

WIEN,
I, Graben 14.

LEIPZIG,
Salomonstr. 16.

A R 4919

Erstes Titelblatt des berühmten Chansons.
Oben: Originalnotenschrift.

wirklich wie Engerln aus, wie sie so ums Klavier herumstanden an jenem Abend, glänzend in ihren Tränen und zu Erinnerungen an ihre erste Liebe und die verlorene Unschuld geführt durch ein einfaches, aber rührendes Liedchen. Für sie drehte sich der Reigen weiter, sie konnten niemals zurückkehren in jene Welt, in der jede von ihnen in der Zeit »vor dem Fall« gelebt hatte. Sicher, einige von ihnen hatten später Erfolg am Theater oder im Kabarett. Aber dort waren Voraussetzung: Talent, Fleiß und Besessenheit ...

Seit dieser Nacht kam es häufig vor, daß Besucher bei Madame Kathrin ein kleines, eingerahmtes Stück fleckigen Papiers im Salon bemerkten. Die meisten von ihnen machten sich niemals die Mühe, es genauer zu betrachten. Sie hätten dort an der Wand das Original des klassischen Wiener Chansons »Servus Du« gesehen. Und dort blieb es auch hängen bis zu dem Tage, an dem die Behörden das Haus schlossen. Ein Kunstmäzen zu sein, ist keine Überlebensgarantie, wenn man den Ruf einer Madame Kathrin besitzt; und eines Tages ging ihr freudevoller kleiner Hafen in der Bäckerstraße »den Weg allen Fleisches«.

Lassen wir's dabei bewenden, meine Freunde. Kehren wir zurück zum Theater. Ich habe Ihnen bereits von meinem Freund »Lanzi« Lehár erzählt, aber es gibt noch andere Giganten der Musik im »Silbernen Zeitalter der Operette«, die Sie, glaube ich, kaum minder interessant finden werden. Sie waren nicht alle die nettesten Kerle, aber jeder von ihnen hat der Welt eine Menge schöner Musik geschenkt, manchmal unter ziemlich amüsanten Umständen. Also: »Bonsoir, Mädchen! Bonsoir, Madame Kathrin! Die Pflicht ruft ...«

5.
Götter auf tönernen Füßen

Wir sind wieder am Theater an der Wien, aber noch immer gibt es Abende, an denen mich das »Affentheater« verfolgt, vor dem mein gelehrter Freund, der Clown Mario, mich gewarnt hatte. Diesmal trägt es das bunte Kostüm des ersten Robert-Stolz-Fanklubs, der allerdings wenig Ähnlichkeit mit den später entstandenen hat. Sehen Sie, die Damen aus der Kärntnerstraße und bei Madame Kathrin waren echte Wienerinnen: Sie liebten die Musik, sie liebten das Theater, und mich vielleicht auch ein wenig. Was dabei herauskam, war allerdings manchmal etwas irritierend.

Bei Premieren am Theater an der Wien geschah es oft, daß eine farbenfrohe Prozession herausgeputzter junger Mädchen die erste

Reihe besetzte. Sie kicherten, witzelten miteinander und winkten mit ihren Fächern Männern aus dem Publikum zu. Sie kamen stark geschminkt, mit riesigen, grellbunten Federhüten, in schäbigem Pelzwerk und gewagt geschnittenen Kleidern, so daß sich allenfalls ein kurzsichtiger Heiliger über ihre Profession im unklaren hätte sein können. Nichtsahnend kam ich dann aus meiner Garderobe und betrat das Dirigentenpult, nicht mehr als den üblichen Applaus erwartend. Doch dann stand mein buntscheckiger Fanklub in der ersten Reihe auf und jubelte mir lauthals zu, zur Schadenfreude des respektierlichen Publikums: »Bravo, Robertl, Liebling!« – »Servus, Bobby!« – »Viel Glück, Schatzerl!« – »Mach's gut, Robert!«

Es war peinlich, aber auch lustig. Und jedenfalls kamen sie an einem solchen Abend einmal von der Straße weg.

Bei derartigen Gala-Premieren freilich konnte einen Dirigenten nichts für längere Zeit ablenken – nicht einmal der indiskrete Applaus seiner Anhängerinnen aus der *demi-monde*. Die schönsten Operetten wurden damals uraufgeführt: viele der besten Werke von Lehár, Kálmán, Straus und Fall. Keiner der drei anderen war ganz so brillant und vielseitig wie Lehár, aber sie alle waren musikalische Idole mit einer eigenen Prägung: Emmerich Kálmán mit seinem besonderen Genius für beschwingte ungarische Motive, Oscar Straus voll Humor und voll überschäumender, hintergründiger Grazie, und Leo Fall mit seinem Talent, ländliche Themen zu adaptieren und rhythmische, unvergeßliche Melodien zu schaffen. Jeder meiner drei Kollegen hatte eine spezielle Begabung.

Da sie, wie die meisten Götter, auf tönernen Füßen standen, und da ich versuche, ebenso ehrlich von meinen Fehlern wie von meinen Vorzügen zu berichten, werde ich sie beschreiben, wie sie wirklich waren – oder jedenfalls doch so, wie sie mir erschienen. Wie fast alle Menschen, sind sie viel interessanter als ehrlich »dreidimensionale« Charaktere denn als platte, zurechtgetrimmte Figuren aus einem Musiklexikon.

Jeder von uns Künstlern hat irgendwo seinen kleinen Spleen – oder, wenn Sie das lieber haben: seine Exzentrizität, die offenbar immer zur *vie bohème* gehört, und ich glaube wirklich, daß ohne diese ein Genie undenkbar ist. Vielleicht ist das der Preis, den man für echte Originalität zahlen muß, für die Fähigkeit, sein Leben und seine Kunst stets von Phantasie und neuen Einfällen leiten zu lassen. Auf jeden Fall muß der Künstler erst geboren werden, der sein Geld wert ist und *keinen* Spleen hat – dabei nehme ich mich nicht aus.

Auch Straus, Kálmán und Fall waren da keine Ausnahmen, und

da sie jetzt alle außerhalb jeglicher irdischen Betrachtung stehen, bin ich sicher, daß die Seelen meiner alten Freunde und Kollegen nichts dagegen haben werden, wenn ich nicht nur einen Blick auf ihr Genie, sondern auch auf ihre Schwächen werfe; dabei erklärt ohnehin das eine das andere.

»Alle glücklichen Familien sind sich ähnlich; jede unglückliche Familie ist es auf ihre eigene Art«, sagt Leo Tolstoj in *Anna Karenina*. Diese Maxime scheint auch auf meine drei Kollegen aus dem »Silbernen Zeitalter« zuzutreffen. Obwohl jeder von ihnen beträchtliche Erfolge hatte, führte doch keiner ein wirklich glückliches Leben – und jeder war auf seine eigene Weise unglücklich. Ich glaube, Oscar Straus war der Begabteste von ihnen, und so werde ich mit ihm beginnen.

Als einziger der drei ist er in Wien geboren, am 6. März 1870 im 2. Bezirk in der Unteren Donaustraße, eine gute Adresse. Sein Vater war ein bescheidener Bankkaufmann aus Mannheim. Oscar sollte eigentlich sein Nachfolger in der Bank werden, aber er liebte Musik, Kabarett und Theater. Er war nicht zu halten.

Nach einer frühen klassischen Ausbildung ging er nach Berlin, wo er sich an sehr unterschiedlichen Genres versuchte: Er komponierte Kammermusik und schrieb Lieder fürs Kabarett. Das gelang ihm wirklich hervorragend. In der witzigen, hektischen Atmosphäre des Berliner Kabaretts war Oscar in seinem Element. Seine Musik war immer schmissig und voll von einem Humor, der mich an das kaiserliche Berlin und an Offenbachs Paris erinnerte, aber auch ans Wiener Operettenland. Nachdem er den Erfolg der *Lustigen Witwe* seines Freundes Franz Lehár miterlebt hatte, entschied Oscar: Was »Lanzi« kann, das kann ich auch. Später erinnerte er sich: »Als ich den *Walzertraum* schrieb, tat ich es in der bewußten Absicht, den Weltrekord der *Lustigen Witwe* zu erreichen, womöglich ihn zu übertreffen!«

Und Oscar wurde tatsächlich ein ernstzunehmender Rivale für »Lanzi«. Sein romantischer, amüsanter *Walzertraum*, der im März 1907 am Wiener Carl-Theater Premiere hatte, wurde der zweitgrößte Erfolg des »Silbernen Zeitalters«. Und das war kein Wunder. Jeder, der einmal »Leise, ganz leise klingt's durch den Raum …« oder »Einmal noch leben, eh' es vorbei …« gehört hat, wird es nicht vergessen und immer wieder vor sich hinsummen.

Oscar hatte einen braunen Teint und dunkles, krauses Haar, dazu eine ziemlich lange, gebogene Nase, und dies alles zusammen verlieh ihm das Aussehen eines Zigeuners, besonders in seinen jüngeren Jahren, als er sich mit einem stattlichen, gewellten Schnurrbart schmückte.

Oscar liebte die große Geste. Solange er Geld oder Kredit hatte, hielt er mit seiner Frau ein großes Haus. Seidenbestrumpfte Lakaien mit gepudertem Haar pflegten den Eingang zu seiner palastartigen Wiener Residenz zu beleuchten, wenn die Kutschen der Reichen oder die Fiaker von uns gewöhnlichen Sterblichen zu Gala-Empfängen vorfuhren. Er war ein ebenso extravaganter Spieler wie großzügiger Gastgeber. Ich habe erlebt, wie Oscar Berge von Geld – oder Rechte an seinen erfolgreichen Werken – an einem einzigen Abend verlor: Zehntausende von Mark oder Kronen, den Lohn für die Arbeit von Monaten oder gar Jahren. Doch er sprach nicht darüber. Gewinnen oder verlieren war sein Motto, und er tat beides mit der gleichen Eleganz.

Dennoch war Oscars Leben nicht nur glücklich. Hinter der fröhlichen Fassade, schien mir, lauerte stets eine leichte Melancholie, besonders in späteren Jahren, als er, schon in den Siebzigern, vor den Nazis von Wien nach Paris, dann nach Amerika fliehen mußte, stets mit seiner Familie im Schlepptau. Doch er schüttelte all seine Enttäuschungen mit einem Achselzucken von sich ab, mit echtem Wiener Aplomb – oder war es eher unsere typische Wiener Droge, der Fatalismus? »Keine Rose ohne Dornen, Robert«, war seine stets gleichbleibende Antwort, wenn ich auf die widrigen Lebensumstände zu sprechen kam.

In Amerika beging einer seiner Söhne Selbstmord, und der andere, Erwin, ein sehr begabter Musiker, starb an der Tuberkulose, an der er schon seit seiner Kindheit krankte. Es ist eine Tragödie, wenn ein Mann, der glaubt, daß die Söhne eines Tages sein musikalisches Erbe fortsetzen werden, seine Kinder überleben muß. Das hat ihm das Herz gebrochen.

Obwohl er nicht so ungeheuer populär wie sein *Walzertraum* wurde, habe ich doch immer den *Tapferen Soldaten* für Oscars brillantestes und charakteristischstes Werk gehalten. Es basiert auf der deutschen Bühnenfassung von George Bernard Shaws *Helden*. Shaws respektloser, messerscharfer Witz war genau die Inspiration, deren Oscar bedurfte, um seinen sprühenden, hintergründigen Humor zur Geltung zu bringen. Er war ein Wiener Offenbach oder das Offenbach-Nächste, das Wien hervorgebracht hat. Wann immer ich ein Programm für meine Konzerte *Eine Nacht in Wien* zusammenstellte – stets bezog ich Melodien von Oscar Straus ein, besonders gern aus seinem wunderschönen *Walzertraum*.

Oscar ging es ebenso wie mir: Während des Zweiten Weltkrieges hat er nie sein Heimweh nach Österreich verloren. 1948 kehrte er zurück und verbrachte seine letzten Tage in Bad Ischl, das auch Lehár als Refugium diente. »Lanzi« starb dort im Oktober 1948, Oscar im Januar 1954. Sein letztes großes Werk, die Musik zu Max Ophüls' Filmadaption von Arthur Schnitzlers *Reigen*, 1952, war das ihm gemäße künstlerische Testament: Es vereinte in sich Wiener Geist, Tristesse, Weltverbundenheit und Charme, wie es nur Oscar zuwege brachte. Ich bin stolz darauf, daß ich viele von Oscars Operetten dirigieren durfte, auch den *Tapferen Soldaten*, obwohl er eine unerfreuliche Nebenwirkung mit sich brachte: Er begründete, wie ich schon erzählte, den Ruhm meiner ersten Frau Grete und ruinierte unsere Ehe. Aber wie sagte Peter Altenberg so treffend? »Das Schiff war durchlöchert wie ein Schweizer Käse, lang schon, bevor es auf die Klippen lief – zwecklos, höhere Gewalt für sein Sinken verantwortlich zu machen.«

Oscar und sein Werk – man kann es nicht besser und kürzer beschreiben als mit Hermann Bahrs Worten, der über den *Walzertraum* schrieb: »Einmal noch leben, eh' es vorbei ...! Man hört dieses Lied und man liebt Wien mehr denn je!«

Oscar und ich, das fühlte ich, waren verwandte Seelen, sowohl im Glück wie auch im Leid, ganz zu schweigen von den Summen, die wir verjubelten. Ich erinnere mich unserer Freundschaft ebenso gerne wie unserer gemeinsamen Arbeit. Die Widmung, die er mir auf sein Photo während der schweren Zeit unserer Emigration in Amerika schrieb, lautet:

»Meinem lieben Kollegen Robert Stolz in Dankbarkeit für seine so oft bewährte, leider unter Kollegen so seltene freundschaftliche Gesinnung, herzlichst Oscar Straus. New York, September 1944.«

Emmerich Kálmán, geboren in Siófok, war ein ganz anderer Typ. Obwohl er in seine Werke überzeugend ungarischen Paprika und Zigeunerrhythmen einbrachte – besonders in seine beiden gefeiertsten Operetten, *Gräfin Mariza* (Weltpremiere Wien, 28. Februar 1924) und *Die Czárdásfürstin* (Weltpremiere Wien, 13. November 1915) –, war Emmerich selbst keineswegs ein feuriger Ungar. Viel eher glich er einem kühlen, erfolgreichen Geschäftsmann oder Anwalt, und tatsächlich hatte er Jura studiert. Emmerich lächelte nur selten und gab überhaupt kaum einmal seinem Gefühl Ausdruck, allenfalls zeigte er gelegentlich seine Mißbilligung über irgend etwas. Vielleicht kam das von seiner allerersten Theatererfahrung: Er war Kritiker einer Budapester Zeitung gewesen! Obwohl er zwei Jahre jünger war als ich, habe ich ihn stets als den

Älteren betrachtet, was zweifellos auf seine reservierte Art zurückzuführen war und auf seine kalten, intelligenten Augen, die immer durch einen hindurch zu sehen schienen. Wir lernten uns 1909 kennen, als ich seinen ersten Wiener Erfolg, *Herbstmanöver,* am Theater an der Wien dirigierte. Ursprünglich war die Operette in Budapest, unter dem Titel *Tatargaras,* herausgekommen, aber Emmerich hatte bald erklärt: »Ich möchte nach Wien, ich will dasselbe tun wie Franz Lehár!«

Emmerich und ich respektierten einander und kamen als Kollegen ganz gut miteinander aus. Aber Freunde wurden wir nicht, dazu waren unsere Charaktere zu unterschiedlich. Nichts könnte diesen Unterschied klarer aufzeigen als die Art und Weise, wie wir jeweils auf unser Exil reagierten.

In den vierziger Jahren in New York lebten wir zufällig beide im selben Apartment-Hochhaus, 50 Central Park West. Ich komponierte Lieder, Filmmusiken, Operetten, neue Arrangements, Broadway-Musicals, einfach alles, was mir in die Hände geriet. In Amerika mußten selbst die berühmtesten europäischen Emigranten noch einmal von vorn anfangen, um sich durchzusetzen, denn das Angebot an Talenten war übergroß. Und selten arbeiteten wir nach Auftrag, fast immer auf gut Glück.

Zwar hätte ich des öfteren einen Vorschuß ganz gut gebrauchen können, aber ich scherte mich nicht darum. Die Musik hat mir niemals nur einen Broterwerb bedeutet; sie ist einfach mein Leben. Ich könnte ebensowenig aufhören zu komponieren wie ich aufhören könnte zu atmen! Ganz anders Emmerich Kálmán. Einzi traf ihn einmal in der Eingangshalle des New Yorker Hauses und bemerkte, sie habe ihn in letzter Zeit gar nicht Klavier spielen gehört. Da erklärte er ihr frostig: »Emmerich Kálmán« – er sprach häufig von sich selbst in der dritten Person – »komponiert nur auf Bestellung.«

Zu hungern brauchte er allerdings nicht. Emmerich war sehr sparsam und besaß ein großes Talent für Börsengeschäfte. Er geriet nie in die Gefahr, Bankrott zu machen, indem er etwa zu hohe Trinkgelder oder gar den Armen zu viele Almosen gegeben hätte. Ich entsinne mich gut eines Morgens in Manhattan, als unser Liftboy, der auch die Post im Haus zu verteilen hatte, an unsere Tür klopfte und zwei Briefe in der Hand hielt. Einer war für mich. Was es mit dem zweiten für eine Bewandtnis hatte, sollten wir bald genug erfahren, denn unser Liftboy war ein spitzbübischer junger Ire mit weit mehr Witz als Diskretion.

»Da ich grade hier bin«, sagte er zu Einzi und mir, »und noch diesen zweiten Brief abliefern muß – vielleicht wüßten Sie gern, wieviel der alte Kálmán wert ist?!«

»Was, um Himmels willen, meinen Sie?« fragte Einzi.

»Naja, sehen Sie«, sagte der Boy und hielt uns den an Emmerich adressierten unverschlossenen Umschlag unter die Nase, »seit der Alte hier eingezogen ist, hat er noch nie ein Trinkgeld gegeben. Schon über ein Jahr ist das jetzt her, und wir haben noch keinen Cent von ihm gesehen. Wir dachten, er wäre vielleicht pleite – schließlich ist er vor Hitler geflohen und so. Aber heute ist dieser Brief von seiner Bank gekommen, und zufällig hat dort irgendein Trottel vergessen, ihn zuzukleben. Na, denke ich, bevor du an Neugier stirbst, guckst du mal rein. Und wissen Sie was? Der alte Geizkragen ist gut und gern seine vier Millionen wert!«

Zwar hatte ich nicht erwartet, daß Emmerich dermaßen reich sei, doch seine Knauserigkeit war mir nichts Neues. Bereits als ich sein *Herbstmanöver* dirigierte, bemerkte ich, daß er nie auch nur einen einzigen Heller in den Hut des alten, einbeinigen Bettlers vorm Theater an der Wien warf – und das taten sogar die schlechtbezahlten Chormädel. »Ich halte nichts von Wohltätigkeit, Robert«, gab er mir schroff zur Antwort, als ich ihn einmal darauf ansprach. »Schließlich zahlen wir dafür Steuern.«

Für Lehár bedeutete Geld gar nichts. Er gab zwar auch nicht viel aus, aber das lag wohl daran, daß er kaum unter die Leute ging und am Kaffeehaus oder Kasino keine rechte Freude hatte. Oscar Straus hielt Geld für etwas, das man nur verdient, um es wieder auszugeben, und das in möglichst großartigem Stil. Aber Emmerich Kálmán liebte das Geld um des Geldes willen, selbst wenn es um seine Musik ging. Und diese Musik war von einer Lebensfreude, die ihrem Schöpfer gänzlich abging.

Und das beweist wieder einmal, daß man nie im voraus sagen kann, wer das letzte Wort behält, das heißt in diesem Falle: wer die Post zu lesen kriegt!

Die beiden Begegnungen mit Emmerich Kálmán, an die ich mich heute noch aufs lebhafteste erinnere, liegen fast vierzig Jahre auseinander. Kennen lernten wir uns anläßlich der Einstudierung und triumphalen Uraufführung von *Herbstmanöver*. Des armen Emmerich Pessimismus und Weltschmerz waren so groß, daß er den Erfolg seiner Operette einfach nicht wahrhaben wollte. Das Publikum hatte ihn enthusiastisch gefeiert – doch wer saß bei der anschließenden Gala-Soiree für die Künstler einsam und düster in seinem Eck? Der Komponist!

Vierzig Tage später lief noch immer *Herbstmanöver* vor ausverkauftem Haus, und ich gratulierte Emmerich zu seinem Erfolg. Doch alles, was er darauf zu sagen hatte, war ein skeptisches: »Naja, bis jetzt ging es ja. Aber ob es je zu einer fünfzigsten Aufführung kommen wird?« So viel Pessimismus hatte ich denn doch noch nicht erlebt!

Aber es sollte noch besser kommen: Bei der kleinen Feier, die wir zur hundertsten Vorstellung organisiert hatten, war Emmerich immer noch skeptisch. »Wenn wir noch zehn Tage schaffen«, seufzte er, »dann haben wir Glück gehabt.« Und Emmerich blieb selbst dann noch unfroh, als wir die 300. Aufführung feierten. Er hatte erfahren, daß der Direktor eine neue Operette einstudieren ließ: Das war ihm Beweis genug, daß *Herbstmanöver* genau der Durchfall war, den er schon immer befürchtet hatte.

Ein großer Künstler war er, der arme Emmerich, aber einer der düstersten Menschen, die ich je kennengelernt habe. Vielleicht ist der Schlüssel zu seinem Charakter in seiner unglücklichen Kindheit und Jugend zu finden.

»Keiner weiß«, hat er in seinen Memoiren geschrieben, »wie traurig meine Jugend war. Es drängte mich, meine täglichen Sorgen in Musik zu vergessen ...«

Ich wünsche ihm von Herzen, daß der Herrgott ihm dieses Vergessen in seiner Musik geschenkt hat.

Emmerich und ich trafen uns erst in den vierziger Jahren in New York wieder. An fast jedem schönen Tag ging ich im Westen des Central Parks gegenüber unserem Haus an einer einsamen Gestalt vorbei. Sie saß auf einer Bank und brütete düster über dem Wirtschaftsteil der New York Times oder dem Wallstreet Journal, zu ihren Füßen eine Tüte mit Kartoffeln, Kohl, Wurst oder ähnlichen Lebensmitteln. Emmerich tätigte die Einkäufe höchstpersönlich.

Ich empfand stets Trauer angesichts dieses grimmigen Genies, eines wirklich unsterblichen Musikers, der sich selbst zu einem so kargen Leben verdammte. Welch ein Gegensatz zu seiner Musik! So viele Jahre ist das nun schon her, und dieses Rätsel verwirrt mich noch immer ...

Mein drittes Musikeridol aus dem »Silbernen Zeitalter«, Leo Fall, hatte gewiß nicht zu wenig Sorgen. Er erreichte nicht das Alter Kálmáns und war viel schlechter dran als dieser, aber er verstand es, sein Leben zu genießen, wo immer es ging. Selbst wenn er ohne einen Groschen in der Tasche war und völlig ohne Hoffnung, selbst dann wahrte er noch die Attitüde des Grandseigneurs.

Wie Lehár und ich, kam auch Leo Fall aus einer Musikerfamilie.

Sein Vater war k. und k. Kapellmeister gewesen. Und wie wir, erhielt auch Leo seine ersten Engagements als Operetten-Dirigent in der Provinz. Und wie Oscar Straus, schrieb auch er eine ganze Reihe populärer Schlager für Berliner Kabaretts. Nur das Glück, das wir drei hatten, das war ihm nicht beschieden.

Leo liebte das Leben und war ein enthusiastischer Musiker. Aber das Unheil verfolgte ihn geradezu, und außerdem erfreute er sich weder psychisch noch physisch guter Gesundheit. Nichts fiel ihm leicht – nur seine Melodien. Überdies war er der geborene Rebell. Seine erste Operette mit eben diesem Titel, *Der Rebell,* hatte 1905 am Theater an der Wien einen katastrophalen Mißerfolg erlebt.

Glücklicherweise besaß Leo etliche Freunde, die auch weiter an ihn glaubten. Dazu gehörte auch der große Librettist Victor Leon, der ihm das Buch für den *Fidelen Bauern* schrieb. Aber in Wien fand sich niemand bereit, die Operette aufzuführen: Wer sollte nach dem Durchfall des *Rebellen* an den Erfolg einer »Bauern-Operette« glauben?

Am Ende erwies sich diese Skepsis als ein Verlust für Wien: Es verlor die Weltpremiere einer der größten Operetten des »Silbernen Zeitalters« ans Mannheimer Hoftheater, wo sie 1907 uraufgeführt wurde. Ich erinnere mich deshalb so gut an diese Ereignisse, weil ich zu den wenigen Leuten gehörte, die an Leo und sein Werk glaubten – so sehr, daß ich es in Mannheim dirigierte.

Der Riesenerfolg des *Fidelen Bauern* bewies erneut ein bekanntes gesellschaftliches Phänomen: Je komplizierter und verstädterter das moderne Leben wird, desto mehr neigen die Menschen dazu, ihre vergessene ländliche Herkunft zu idealisieren, ihre verlorene Unschuld, wenn man so will. Dies war auch zwischen den beiden Weltkriegen zu beobachten und trat in den sechziger Jahren noch einmal und noch stärker zutage, sowohl in Amerika als auch in Westeuropa. Nicht etwa, daß die meisten Leute wirklich wieder »auf dem Land« leben und all seine Unzulänglichkeiten in Kauf nehmen wollten – nein, sie sehnten sich nur danach, in Sentimentalität zu schwelgen, in einer ländlichen Romanze mit Musik, ob nun in Form einer Operette, eines Hollywood-Musicals oder einer Fernsehserie.

Kaum hatte sich Leos Erfolg in Mannheim herumgesprochen, liefen auch schon weitere Angebote ein für die Rechte am *Fidelen Bauern.* Sie brachten ihm einen Vorschuß ein, der für die damalige Zeit geradezu astronomisch hoch war: 30 000 Mark. Das war vermutlich mehr Geld, als Leo jemals gesehen oder gar besessen hatte. Seine Reaktion war typisch für ihn und recht komisch: Er fiel glatt in Ohnmacht! Seine letzten Worte, ehe er umfiel, waren: »Aber so viel Geld gibt's doch gar nicht.« Flugs war er wieder auf den Beinen und begann sein Geld hinauszuwerfen wie ein Matrose auf Landurlaub – allerdings ein Matrose mit ausgezeichnetem Geschmack.

Mit seiner plumpen Figur, seinem pausbäckigen Gesicht, dem kahlen Schädel und den kleinen Schweinsäuglein hinter dicken Brillengläsern wirkt Leo auf einigen Photos wie eine Karikatur seiner selbst.

Seine letzten Jahre waren leider gar nicht glücklich. Nachdem er auf einer Operetten-Tournee durch Lateinamerika krank geworden war, kam er nach Wien zurück, um dort zu sterben. Wir alle, die wir ihn kannten und liebten, fühlten seinen Verlust schmerzlich. Er war uns ein anregender, liebenswerter Freund gewesen. Und mit seinen Operetten *Der fidele Bauer, Die Rose von Stambul, Die Dollarprinzessin, Der liebe Augustin, Madame Pompadour* und anderen Werken hatte er sein großes Talent und seine Originalität bewiesen. Ein Künstler mit einem weiten Herzen, hatte er selbst dort Poesie und Schönheit zur Geltung gebracht, wo seinen Kritikern nichts anderes einfiel, als über die »Bauern-Romanze« die Nase zu rümpfen.

Drei Götter auf tönernen Füßen – und jeder von ihnen war auf seine Weise ein Genie, ein Künstler, mit dem zu arbeiten, von dem zu lernen ich mich glücklich schätzte.

Ja, ich lernte viel und machte große Fortschritte in jenen Jahren, bevor die Welt völlig aus den Fugen geriet und das alte Europa in den Flammen des Großen Krieges unterging. Sie haben mich inzwischen gut genug kennengelernt, liebe Leser, um zu wissen, daß auch ich auf tönernen Füßen stand. Dennoch, dank harter Arbeit und großem Glück, sollte auch ich meine Erfolge im Silbernen Operetten-Zeitalter haben.

6.
Der Tanz in den Abgrund

Den Heutigen, die wissen, daß uns 1914 schließlich doch das Unheil ereilte, mag es unglaublich erscheinen, aber in den letzten Jahren vor dem großen Krieg herrschte tatsächlich ein nahezu grenzenloser Optimismus. Zwar gab es immer noch eine Menge armer Leute, aber Geld gab es auch – und zunehmend Gelegenheit, Geld zu verdienen. Der große Gott der Wissenschaften, der uns täglich mit neuen Erfindungen und Entdeckungen überschüttete, schien den Schlüssel zu einer Zukunft in Händen zu halten, in der alles nur noch besser werden konnte. Es würde wohl nur noch ein paar Jahrzehnte brauchen, bis die letzten Spuren des Bösen und der Gewalt endlich besiegt sein würden – so ähnlich drückt es Stefan Zweig aus in seinem meisterhaften Nachruf auf die damalige Zeit, *Die Welt von gestern.*

Mich erschreckt es manchmal, wenn ich sehe, wie heutige Generationen, ebenso wie wir damals, den technischen Fortschritt anbeten. Mir kommt es beinahe so vor, als herrsche schon wieder der gleiche blinde Optimismus, beflügelt von Gedankenlosigkeit, übermäßigem Wohlstand und der trügerischen Hoffnung, daß so schreckliche Kriege, wie sie dem armen alten Europa in diesem Jahrhundert widerfuhren, sich niemals wieder ereignen könnten.

Ausgerechnet ich bin natürlich keineswegs berechtigt, Optimisten zu schelten – schließlich war ich, Gott sei Dank, mein Leben lang ein chronischer Optimist. Von all den Tausenden, die sich ihrem Wunschdenken hingaben und noch Walzer tanzten, als ihre Welt schon unterging, war keiner so fröhlich-naiv und ahnungslos wie ich. Denn schließlich war doch bisher alles gut gegangen.

In jenen trügerisch fröhlichen Jahren vor dem Kriege begann mein Komponisten-Stern aufzusteigen. Trotz der anfänglichen Einwände von Karczag, der meinte, Dirigenten sollten dirigieren und Komponisten komponieren, fing ich an, Wiener Operetten zu schreiben und sie auch selbst zu dirigieren.

1908 schrieb ich die Musik zu *Der große Name,* einem Stück von Victor Leon, dem Librettisten der *Lustigen Witwe,* das am Deutschen Volkstheater in Wien Premiere hatte. 1909 wurde meine Operette *Die lustigen Weiber von Wien* nach einem Text der beiden später berühmt gewordenen Autoren Julius Brammer und Alfred Grünwald vom Publikum im Colosseum-Theater gut aufgenommen. Dieser Erfolg überzeugte Karczag endlich, daß er einen doppelten Trumpf an mir hatte – und warum sollte er, da ich nun einmal zu komponieren gedachte, nicht ebensogut an beiden Talenten verdienen? Da er zufällig einen unvertonten Text bei der Hand hatte, ein amüsantes kleines Ding mit einem verlockenden Titel, bat er mich, die Musik dazu zu schreiben. Das Glück im Titel erwies sich als ansteckend, und 1910 ging am berühmten Raimundtheater, das Karczag ebenfalls leitete, der Vorhang auf für meine erste erfolgreiche Wiener Operette, *Das Glücksmädel.*

Der Star war kein geringerer als Alexander Girardi, der für das Wiener Publikum das darstellte, was ein anderer Freund von mir,

Raimund = Theater

Direktion: Wilhelm Karczag und Karl Wallner

Kassentelephone: 85.20 (Theatergebäude), 16.604 (Bazar, Rotenturmstraße)

Freitag den 28. Oktober 1910

Gastspiel

Alexander Girardi

—— Musikalische Leitung: Der Komponist Robert Stolz ——

Zum 1. Male:

Das Glücksmädel

Operette in drei Akten von **Robert Bodanzky** und **F. Thelen**, Musik von **Robert Stolz**

In Szene gesetzt von Direktor Karl Wallner

Baron Fritz von Waldhofen	Max Rohr	Hedi	Josefine Hallada
Erich Heinlein . . .	Viktor Flemming	Greti	Luise Tirsch
Andreas Lindhuber . .	Alexander Girardi	Pauline	Mizzi Tölsner
Anna, seine Tochter .	Ida Rußka	Aristides Berneck, Preis=	
Franz Mitterer . . .	Franz Glawatsch	richter	Eduard Dürer
Nelly Flamm, Blumenmädel	Gerda Walde	Erster } Ausrufer	Vinzenz Kaiser
Rudi von Feldbach . .	Gustav Werner	Zweiter }	Hans Wesely
Muki	Marcell Sponder	Erster } Kellner	Heinrich Gerstner
Gigi	Adolf Gerhardt	Zweiter }	Alexander Otto
Willy	Leo Natkes	Publikum, Klubmitglieder, Kellner, die Herren	
Mizzi	Bally Ernst	der Preisjury, Fanfarenbläser, Kinder	

Ort der Handlung: Der erste Akt spielt auf dem Kahlenberg am Tage des Annenfestes, der zweite einige Tage später in der Wohnung Lindhubers in Grinzing, der dritte zwei Monate später als der zweite Akt in einem Restaurationssaal in der Vorstadt — Zeit: Gegenwart

Auf der Szene im ersten, zweiten und dritten Akt spielt das „**Original Marim-Quartett**"

Die neuen Dekorationen stammen aus dem Atelier der Hoftheatermaler Brüder Kautzky & Rottonara.

Nach dem 2. Akt größere Pause.

Sämtliche Räume des Theaters werden täglich mit „Perolin" desinfiziert.

Kassa=Eröffnung ½7 Uhr   Anfang 7 Uhr   Ende gegen 10 Uhr

Samstag	den 29. Oktober. (Anfang halb 8 Uhr.) Gastspiel Alexander Girardi. Das Glücksmädel.	
Sonntag	den 30. Oktober. Nachmittags halb 3 Uhr bei ermäßigten Preisen (ohne Vormerkgebühr): Der Müller und sein Kind.	
	Abends halb 8 Uhr: Gastspiel Alexander Girardi. Das Glücksmädel.	
Montag	den 31. Oktober. (Anfang halb 8 Uhr.) Gastspiel Alexander Girardi. Das Glücksmädel.	
Dienstag	den 1. November. Nachmittags halb 3 Uhr bei ermäßigten Preisen (ohne Vormerkgebühr): Der Müller und sein Kind.	
	Abends halb 8 Uhr: Gastspiel Alexander Girardi. Das Glücksmädel.	
Mittwoch	den 2. November. Nachmittags halb 3 Uhr bei ermäßigten Preisen (ohne Vormerkgebühr): Der Müller und sein Kind.	
	Abends halb 8 Uhr: Gastspiel Alexander Girardi. Das Glücksmädel.	

»Das Glücksmädel« (hier Programm der Erstaufführung) war einer der ersten großen Operettenerfolge des Komponisten.

Maurice Chevalier, später für das Pariser Publikum verkörperte: lokale Atmosphäre und Weltanschauung. Er war nicht nur ein großartiger Schauspieler, sondern auch der beste Interpret des Wienerliedes, so wie es für uns Heutige Peter Alexander ist. Girardi war, wie ich, in Graz geboren, doch 1909 war er bereits seit Jahrzehnten ein Star, ja, eine Wiener Institution. Er hatte sein Image als »echter Wiener« so perfektioniert, daß selbst die Art, in der er seinen Spazierstock hielt und seinen Strohhut aufsetzte, noch heute in allen Bevölkerungskreisen Nachahmer findet. Und der Hut, den er bevorzugte, heißt nach wie vor »Girardi-Hut«. Wann immer er auf der Bühne erschien, ob in einer komischen Rolle als der Schweinezüchter Zsupan im *Zigeunerbaron* oder als Held einer der klassischen Komödien von Raimund: der große Alexander Girardi stahl allen die Schau.

Das Geheimnis seines Erfolges, gestand er mir einmal, sei verblüffend einfach. »Schau, Robert, die Wiener lieben nichts in der Welt so sehr wie sich selber. So geb' ich ihnen halt ihr ›Wienertum‹.«

Aber der Preis, den Girardi dafür zahlte, daß er »der echte Wiener« wurde, war hoch. Indem er die Essenz des Wienertums in sich aufnahm, verfiel er auch der bekannten alten Wiener Schlamperei. Wie bei vielen anderen großen Komödianten, hatte auch sein Privatleben seine tragischen Momente, von Absurditäten einmal ganz abgesehen.

Eines Tages versuchte seine Frau, die Schauspielerin Helene Odillon, ihn in ein Irrenhaus abzuschieben. Ob sie Girardi ihrer amourösen Abenteuer wegen aus dem Weg haben wollte oder ob es ihr nur ums Geld ging, entzieht sich meiner Kenntnis. Aber dank der Hilfe von Katharina Schratt, der Vertrauten des alten Kaisers Franz Joseph, die selbst eine recht gute Komödiantin war, gelang es, Girardi zu befreien.

In seinen letzten Jahren trat er kaum noch auf, machte aber ein oder zwei bemerkenswerte Ausnahmen; eine in Zusammenarbeit mit mir, und das war in gewisser Hinsicht ein Meilenstein in der Filmgeschichte.

1913 arbeiteten wir gemeinsam an *Der Millionenonkel,* einer Stummfilm-Komödie. Aber es handelte sich dabei um einen Stummfilm besonderer Art. Zum erstenmal in Europa wurde die Musik speziell für einen Film geschrieben – geschrieben von Robert Stolz. Am Premierenabend im Beethovensaal stand ich also da und dirigierte mit meinem Orchester die Musik zum *Millionenonkel,* während auf der flimmernden Leinwand der große Alexander

Girardi die Wiener bezauberte. Es war das einzige Mal, daß er sich dieses Mediums bediente.

Meine große Zeit im Filmgeschäft begann erst sechzehn Jahre später, in Berlin, aber mein Filmdebüt fand in Wien statt, und das gleich in Zusammenarbeit mit dem großen alten Mann des Wiener Theaters, Alexander Girardi. Das Drehbuch hatte Ernst Marischka geschrieben, der später als Autor und Produzent zahlloser Filme berühmt wurde.

Wie 1904 bei meiner ersten Plattenaufnahme reizte mich auch hier das Experiment mit einer brandneuen Kunst- und Unterhaltungsform. Hier tat sich ein Weg auf, auch die visuelle Seite des Theaters zu »konservieren« – eine Möglichkeit, große Aufführungen auch künftigen Generationen zugänglich zu machen. Wie schade, dachte ich damals, daß man diese beiden Erfindungen, Film und Schallplatte, nicht miteinander verbinden kann!

Die freundliche Dame, die geholfen hatte, Alexander Girardi zu befreien, Frau Katharina Schratt (zu dieser Zeit war ihr formeller Titel bereits Baronin Kiss), ist seit langem untrennbar mit dem legendären alten Wien verknüpft. Als ich sie kennenlernte, war von der Legende noch nichts zu spüren. Katharina war eine rundliche, lebhafte, nicht mehr ganz junge Dame, die eher wie eine attraktive Wiener Hausfrau als wie eine *femme fatale* aussah, und schon gar nicht wirkte sie wie eine Habsburger Dubarry. Dennoch war sie die große Liebe des alternden Kaisers.

»Die Schratt« war eine sehr beliebte Komikerin in den achtziger Jahren gewesen, und in dieser Eigenschaft hatte Franz Joseph sie zum ersten Male am Burgtheater gesehen. Es scheint, als sei er auf den ersten Blick von ihr hingerissen gewesen, obwohl er immer noch leidenschaftlich an seiner schönen Frau hing, der Kaiserin Sissi, in deren Person sich Glanz und Tragik vereinten.

Katharina war das genaue Gegenteil der Kaiserin: ruhig, herzlich und reich an gesundem Menschenverstand. Sie war die Verkörperung von Gemütlichkeit im wirklichen und besten Sinne des Wortes, und sie bot dem »Alten Herrn«, wie wir ihn alle nannten, ein stilles Refugium, in das er sich von seiner ständig wachsenden Sorgenlast zurückziehen konnte. Und zu diesem Bild paßte es auch, daß Katharina Schratt Girardi gerettet hatte, da auch sie eine bestimmte Art von Wienertum personifizierte: die frische, kompakte und charmante Person, die im Dirndl weitaus anziehender wirkte als im Abendkleid. Für das Wien der Kaiserzeit war »die Schratt« beides: eine überaus reale Person und ein Symbol. Als für das neue

Burgtheater im Jahre 1888 ein Vorhang entworfen wurde, trug die darauf dargestellte Thalia, die Muse der Komödie, die Züge Katharinas.

Während meiner Bekanntschaft mit ihr lebte sie in einer kleinen Villa in der Nähe von Schönbrunn, wo sie ihren Freundeskreis bescheiden und herzlich zu empfangen pflegte. Gelegentlich – meist am frühen Morgen, wenn noch niemand unterwegs war – besuchte sie der alte Kaiser. Da saßen dann die beiden bei Kaffee und Gebäck und plauderten miteinander wie ein reputierliches Wiener Bürgerpaar. Er hatte uneingeschränktes Vertrauen in sie, und sie enttäuschte ihn nie. Tatsächlich hat man nie erlebt, daß sie »Fäden zog«, um aus ihrer Sonderstellung Gewinn zu schlagen – es sei denn, sie konnte anderen helfen, wie zum Beispiel Girardi oder alten Kollegen, denen übel mitgespielt worden war.

Üblicherweise waren die Sonntagvormittage dem Kaiser gewidmet, und ich hätte nicht im Traum daran gedacht, sie um diese Zeit aufzusuchen. Aber aus irgendeinem Grunde war der »Alte Herr« an einem Sonntag erst spät gekommen, und als ich mich dem Seitentürchen von Katharinas Villa näherte, stand die rundliche, aber immer noch sehr ansehnliche Dame des Hauses vor ihrer Tür und lächelte einem liebenswürdigen alten Herrn mit weißem Backenbart zu, der eine einfache Generaluniform und, anstelle des Säbels, einen Spazierstock trug. Er tippte an seine Kappe und verabschiedete sich korrekt, aber herzlich von Katharina. Die beiden boten ein solch ehrbares Bild, daß man hätte meinen können, ein Gemälde aus der Biedermeierzeit zu betrachten.

Ich war zurückgetreten und hatte gewartet, bis der Kaiser gegangen war, aber ich glaubte, seine zwinkernden, alten Augen hätten mich doch erspäht.

Und so war es tatsächlich. Später hörte ich, der Kaiser habe Katharina gefragt, wer »der junge Mann mit dem großen Bart und den Augengläsern« gewesen sei, der dort an jenem Nachmittag »gegafft« habe. Katharina erzählte mir, daß sie einmal im Gespräch mit Seiner Majestät meinen Namen erwähnt hatte. Der Kaiser erinnerte sich, mich *Die lustige Witwe* dirigieren gesehen zu haben, und bei dieser Gelegenheit machte er eine freundliche Bemerkung über mich, die Katharina mir großzügigerweise weiterberichtet hat, und die ich im Kapitel von den beiden »Witwen« im Theater an der Wien bereits zitiert habe.

Vielen Zeitgenossen schien des alten Kaisers Besessenheit fürs Detail auf innere Leere oder »Kleinkariertheit« hinzudeuten. Heute, dank der Korrespondenz und der Memoiren, die erst lange nach

Titelseite des »Film-Kurier« zu dem Film »Ungeküßt soll man nicht schlafen geh'n« mit Liane Haid, Hans Moser, Heinz Rühmann und Theo Lingen, 1936.

Oben links: Yvonne Louise Ulrich (»Einzi«), 1940 in Paris.
Oben rechts: Robert Stolz mit Kapellmeister Paul Hühn, dem späteren Empfänger der Pariser Briefe, 1937 am Kurfürstendamm in Berlin.
Unten: 1939 in Paris. Von links nach rechts: Paul Abraham, Martha Labarr, Yvonne Louise Ulrich (später Einzi Stolz), Robert Stolz, Lilian Harvey, Filmproduzent Franz Taenzler.

dem Sturz der Monarchie erschienen, wissen wir, daß diese Gewissenhaftigkeit nur *ein* Aspekt seines ungeheuren Verantwortungsgefühls war; er war sich stets bewußt, der einzige zu sein, der dies riesige, konfliktgeschüttelte Imperium zusammenhalten konnte.

Franz Joseph war ein viel sensiblerer und anständigerer Mensch als die meisten Humoristen und Satiriker – darunter, leider, auch viele meiner Freunde –, die ihn mit Verachtung und Sarkasmus überhäuften; den »Alten Prochaska«, wie Franz Joseph von den Kaffeehaus-Witzbolden genannt wurde, um keine Auseinandersetzung mit den Behörden zu riskieren.

Öfter als einmal spricht er in seinen Briefen an Katharina den Wunsch aus, seiner traurigen und schweren Bürde zu entrinnen, und zwar in einem kurzen, typisch wienerischen Ausdruck: »Aussi möcht i.« Nie verlangte er (und selten bekam er) Sympathie von den Intellektuellen, aber deutlicher als viele von ihnen spürte er den historischen Abgrund, auf den wir uns zubewegten. Tag für Tag tat er seine Pflicht, doch Katharina gestand er, wie oft er an die traurige und hoffnungslose Zukunft dachte.

Ich tat das nicht. Am Vorabend des Ersten Weltkrieges war meine Stellung als Komponist und Dirigent solider denn je.

Die jüngste meiner Operetten, *Das Lumperl,* war gerade am Hoftheater in Stuttgart uraufgeführt worden, und meine lange während Liaison mit Franzi Ressel hatte sich stetig und unbarmherzig auf den unseligen Ehestand zubewegt.

Franzi und ich waren seit meiner Scheidung von Grete immer zusammen gewesen – nicht so sehr als leidenschaftlich Liebende, eher als gute Kameraden, die des anderen Gesellschaft mochten und Verständnis für seine Launen und Stimmungen hatten. Es war ein bequemes Arrangement.

Eines Abends, nach einem ganz besonders delikaten Essen – Franzi war eine wunderbare Köchin! –, legte sie ihr blondes Lokkenköpfchen auf meine Schulter und sagte sanft, beinahe beiläufig: »Robertl, nun sind wir schon so lang beieinander. Meinst du nicht, es wird langsam Zeit zum Heiraten?«

Ich reagierte genauso wie an jenem Abend, an dem sie mich zum erstenmal zum alten Heurigen »Toll« eingeladen hatte: »Warum nicht? Wenn ich dir damit einen Gefallen tun kann.«

Wie das so üblich zu sein pflegt, kamen auch in diesem Fall die guten Ratschläge hernach. Mein sarkastischer Freund Karl Kraus zitierte, als man ihm von meinem zweiten Ehevorhaben erzählte, ein altes Sprichwort: »Wenn ein Mann zum zweiten Male heiratet, mein lieber Robert, dann ist das ein Triumph des Optimismus über die Erfahrung.«

Wie recht er doch hatte! Aber 1914, da ganz Europa vor der Zerstörung stand, war ich nur einer unter Millionen von blinden Optimisten – und wir alle »tanzten fröhlich in den Abgrund«.

Sollte sich auch meine zweite Ehe als Katastrophe erweisen – einer ganzen Generation stand eine weitaus größere Katastrophe bevor. Denn nicht lange, nachdem Franzi und ich den »Bund fürs Leben« geschlossen hatten, lud ein zorniger junger Mann mit Namen Gavrilo Princip in Sarajevo seine Flinte ...

In diesem dritten Buch meiner Memoiren habe ich versucht, Ihnen einen Eindruck zu vermitteln von »dem Menschen, der ich war« in diesem verlorenen Zeitalter, und auch ein wenig zu schildern, wie die Zeitläufte selbst beschaffen waren. Während des Krieges hatte ich mehr Glück als die meisten und überlebte ihn relativ ungeschoren. Doch wenn schon ich mich nicht geändert hatte, die Welt um mich herum hatte es getan, unwiderruflich, für immer.

Genug der feierlichen Worte. Die Zeit für den »Braven Soldaten Stolz« ist wieder einmal gekommen – und Sie alle wissen, wie glänzend seine bisherige Armeelaufbahn war, die in einer »Rettung durch Wanzen« endete. Lassen Sie uns sehen, was aus diesem hinreißenden Helden geworden ist, als er wieder zu den Fahnen gerufen wurde.

VIERTES BUCH

Adieu,
mein
kleiner Gardeoffizier

Und eines Tages war alles aus,
Es ruhten endlich die Waffen;
Man schickte alle Soldaten nach Haus,
Einen neuen Beruf sich zu schaffen.

Die alte Garde stand müd' und bleich
Um ihren Marschall im Kreise,
Man blies den letzten Zapfenstreich
Und der Marschall sagte leise:

Adieu, meiner kleiner Gardeoffizier,
Adieu, Adieu
Und vergiß mich nicht!
Und vergiß mich nicht!

Worte von Walter Reisch zu dem Lied »Adieu, mein kleiner Gardeoffizier«
von Robert Stolz

1.
»Kakania« zieht in den Krieg

Ich bezweifle, daß je ein historisches Ereignis aus einem ähnlich konfusen Zusammenspiel von anständigen und schäbigen Motiven, von Tapferkeit und Kleinmut, Erhabenheit und Dummheit bestanden hat wie der Erste Weltkrieg. Er hatte mindestens drei verschiedene Aspekte: einen heroischen, einen tragischen und einen lächerlichen.

Es ist nicht meine Aufgabe, die Geschichte dieses ungeheuren Dramas europäischer Selbstzerstörung zu schreiben. Aber vielleicht kann ich Ihnen ein paar Eindrücke von den Erlebnissen vermitteln, die ich selbst während der Kriegsjahre hatte – vielleicht auch einiges davon, wie ich damals dachte und wie man in meinem Bekanntenkreis mit den Kriegsereignissen fertig wurde.

Auch für mich war es eine traurige Zeit. Nicht, weil ich besonders viel zu erdulden gehabt hätte, sondern weil Menschen und Werte, die ich geliebt und an die ich geglaubt hatte, in diesen Jahren zugrunde gingen. Durch den Krieg wurden zahlreiche Ideale – Patriotismus, Mut, Loyalität und Toleranz – grotesk mißbraucht und verkümmerten zu hohlen Phrasen. Meine Generation mußte den Verlust vieler ihrer hoffnungsvollsten Talente hinnehmen; Menschen, die mit verstümmelten Gliedmaßen oder durch entsetzliche Erlebnisse seelisch gebrochen in die Heimat zurückkehrten – *falls* sie zurückkehrten ...

Schon wie der ganze Unfug begann, war nicht ohne bittere Ironie. Ich entsinne mich gut des scharfzüngigen Karl Kraus, der, nachdem er die Nachricht von der Ermordung des Erzherzogs Franz Ferdinand gehört hatte, bemerkte: »Wenn das zum Krieg führt, so wird das wieder ein typisches Beispiel für die kakanische Schlamperei werden.«

Ich muß wohl kurz erklären, daß »Kakania« ein intellektuelles Juxwort für die »k. u. k.«, die kaiserlich-königliche Monarchie, war. Man pflegte sich dieses Ausdrucks in der satirischen Literatur und auf der Bühne immer dann zu bedienen, wenn Zensur oder sogar Gefängnis drohten, falls man den richtigen Namen benutzte.

»Er war wahrscheinlich der bestgehaßte Mann im ganzen Reich, der Franz Ferdinand«, fuhr Karl fort und nippte an einer Tasse Kaffee. Seine Augen verrieten, daß er eine bittere Wahrheit aussprach, obwohl dies an jenem Tag selbst viele Kaffeehaus-Philosophen nicht wahrhaben wollten. »Wenn wir der Sache klar und leidenschaftslos auf den Grund gehen, dann haben uns die Serben einen Gefallen getan. Sie waren sogar einsichtsvoll genug, gleich die einzige Person mit zu beseitigen, die aufrichtig um den Erzherzog getrauert hätte – seine arme Frau! Aber was geschieht nun? Die Serben haben den ungeliebtesten Mann der Donaumonarchie erledigt, und dafür zieht das Reich gegen sie zu Felde! Rußland und Frankreich warten nur darauf, einzugreifen. Und unsere einzigen Alliierten werden das Operettenkönigreich Italien und dieser lächerliche Hohenzollernkaiser sein. Nur unsere echte alte österreichische Staatskunst konnte uns in eine solche Situation hineinmanövrieren – ich sag's euch, das ist selbst für einen Satiriker viel zu absurd. Da kann ich ja gleich ein objektiver Journalist werden!«

Kurz darauf war die Lage sogar noch düsterer, als Karl sie geschildert hatte, denn nach anfänglicher Neutralität schwenkten die Italiener ins Lager der Gegner über.

Karl Kraus hatte recht gehabt: Der Erzherzog, ein arroganter, herrschsüchtiger Mann, war auf wenig Liebe gestoßen. Viele Leute, der alte Kaiser eingeschlossen, fürchteten sich bei dem Gedanken an eine künftige Regierung des Franz Ferdinand. Aber die öffentliche Meinung und der nationale Egoismus waren außer sich, als der Thronfolger von einem serbischen Revolutionär ermordet worden war. Die Serben, so stellten es unsere Zeitungen dar – die, wie üblich, ihr Bestes taten, um noch Öl ins Feuer zu gießen –, waren ein kleines Volk von lauter Wilden. Österreich würde ihm Manieren beibringen müssen. Für ein Land mit einer zehnmal so großen Einwohnerzahl sollte das auch kein allzu großes und allzu teures Problem sein ...

Dies war jedenfalls die Ansicht der meisten Österreicher im Sommer 1914.

Hinzu kam ein anderes Phänomen, das ich an vielen meiner Freunde, vor allem bei den jüngeren unter ihnen, beobachtete. Wenn es etwas gibt, das die Menschen von Herzen hassen, so ist das Monotonie. Und nach so vielen Friedensjahren bejahten mehr als nur ein paar meiner Zeitgenossen ein kurzes, »sauberes«, von Ruhm gekröntes militärisches Abenteuer. Und natürlich waren sie fest davon überzeugt, daß der Krieg nur einen solchen Verlauf nehmen konnte. Der Herrgott mag es ihnen nachsehen.

So strebten Millionen freudig zu den Fahnen und kamen der Einberufung durch freiwillige Meldung zuvor. Der gleiche Wahn befiel ganz Europa – überall sangen die begeisterten Massen, wurden eifrig die Kriegstrommeln gerührt – in Berlin, in Paris, in London. Es gab nur wenige weise Grauköpfe, die ihrer Besorgnis Ausdruck zu verleihen wagten, weil sie ahnten, wohin dieser Massenwahn führen würde. Lord Grey zum Beispiel, der britische Außenminister, erklärte: »Die Lichter gehen aus in Europa, und wir werden sie in unseren Tagen nicht mehr brennen sehen.«

Niemals zuvor ließen sich so viele gedankenlose junge Männer mit so viel Begeisterung auf die Schlachtbank führen – die meisten lachten sogar! Ich erinnere mich an die ausgelassenen Szenen auf den Bahnsteigen, an die festliche Stimmung in der Stadt, ganz so, als gelte es, einen Freudentag zu begehen. Nur wenige Wochen später kamen in den gleichen Zügen die ersten Verwundeten zurück, gebrochene Menschen mit verzerrten Gesichtern, halbe Gespenster – die ersten von Millionen. Diese Erfahrung beeinflußte manche meiner Lieder aus den zwanziger oder dreißiger Jahren, die man heute vielleicht »Protestsongs« nennen würde. Es war der Haß auf die Brutalität des Krieges, der sich in den Jahren 1914–1918 in mein Herz gebrannt hatte.

Aber das war später. Zu Kriegsbeginn war der Enthusiasmus beileibe nicht beschränkt auf die Jugend und die Naiven. Sogar die »Arbeiter-Zeitung«, die Zeitung der sozialdemokratischen Partei, die zuvor jeden Krieg aus humanitären Gründen abgelehnt hatte, schloß sich dem allgemeinen Chor an: »Auf nach Belgrad!«

Leute, von denen man es am allerwenigsten erwartet hätte, wurden über Nacht zu feuerköpfigen Patrioten. Der rebellische junge Künstler Oskar Kokoschka ließ sich von seiner Malerei ebenso fortreißen wie aus den Umarmungen von Alma Mahler, der Witwe des großen Komponisten, die zwar nicht gerade glücklich war, aber doch immerhin ein höchst erfülltes Liebesleben führte – und schloß sich den Dragonern an. Zu seinem Schmerz verlor Oskar Alma, die, als er an der Front in einen feindlichen Hinterhalt geraten war und als vermißt galt, nicht nur den Liebhaber wechselte, sondern auch von etlichen seiner Zeichnungen und Gemälde Abschied nahm.

Ein anderer meiner Bekannten, der Dichter Rainer Maria Rilke, landete schließlich in Wien im »Kriegsarchiv« des Kriegsministeriums. Mit seinen furchtsamen wasserblauen Augen und seinem hängenden Schnurrbart machte er eine höchst ungewöhnliche Figur für einen, von dem man erwartete, daß er die Truppen zu weiteren Metzeleien ansporne.

Sogar der Prophet der modernen Architektur, Adolf Loos, ließ sich aus seinen Träumen reißen, entsagte dem Zeichenbrett und meldete sich in seiner Eigenschaft als Reserveoffizier. Adolf war einer der wenigen, der, vielleicht weil er bei Kriegsausbruch schon vierundvierzig Jahre alt war und deshalb nicht mehr so empfänglich für das militärische Säbelgerassel, zumindest noch seinen Sinn für

Humor behielt. So wie ihm in der Architektur alle Steifheit und überflüssige Ornamentik zuwider war, verachtete er die engen, altmodischen Uniformen des Militärs. Er ließ sich deshalb von Goldmann, einem der bekanntesten Wiener Modeschneider, eine eigene Uniform anmessen. Das Ergebnis, ein futuristisches Kostüm mit lockerem, offenem Kragen und Wickelgamaschen über den Schuhen anstelle der modischen, aber unbequemen Stiefel, trieb seine Vorgesetzten fast zum Wahnsinn. Adolf konnte von Glück sagen, daß er mit einem strengen Verweis davonkam und ihm das Kriegsgericht erspart blieb.

Nichtsdestoweniger vertrat er bis zu seinem Tod die Ansicht, einer der Gründe für die Niederlage der Mittelmächte sei in dem hartnäckigen Beharren unserer Generäle zu suchen, an Stelle von Wickelgamaschen das Tragen von Stiefeln vorzuschreiben, wodurch der Bildung von Frostbeulen und Pilzinfektionen Vorschub geleistet worden sei. Mag sein, daß Adolf Loos recht hatte, aber ich neige dazu, die Schuld an dem Debakel eher in den Köpfen unserer führenden Politiker als in den Füßen unserer frierenden Soldaten zu suchen. Was mich angeht, so habe ich zeitlebens bequeme Schuhe den Militärstiefeln vorgezogen.

Während meines amerikanischen Exils in den vierziger Jahren sprach ich einmal mit dem weisen Albert Einstein über die Schrecken und die Sinnlosigkeit des Krieges. Auch er hatte die Hysterie zu Beginn des Ersten Weltkriegs erlebt. Einstein bestand in unserem Gespräch darauf, daß das Verhalten der Menschen in jenen Tagen durchaus nichts Ungewöhnliches gewesen sei. Neu sei lediglich die Breitenwirkung der Kriegslüsternheit und die so immense Unterstützung, die sie durch die Presse erhalten hatte.

»Jeder Krieg beginnt mit Jubelgeschrei und endet mit großem Jammer – darin sind sich alle Kriege gleich«, seufzte er und blickte an mir vorbei aus dem Fenster. Wir saßen schon vier Stunden lang beieinander in seinem Haus in Princeton (New Jersey) und schwelgten in Erinnerungen an Deutschland und Österreich.

»Die einzige Möglichkeit, dieser törichten Einstellung gegenüber dem Krieg ein Ende zu machen, wäre die Abschaffung des Krieges. Vielleicht haben die besorgniserregenden Aspekte meiner Forschungen und das, was die Alliierten daraus gemacht haben, wenigstens dazu beigetragen – sonst gäbe es nicht die geringste Rechtfertigung für Hiroshima.«

Gewiß hatte dieses schreckliche Ereignis eine ernüchternde Wirkung. Denn seit dem Zweiten Weltkrieg standen Ost und West einige Male am Rande des Abgrunds; bisher jedoch sind sie noch nicht abgestürzt ... Und dennoch muß jeder, der den trügerischen Massenwahn von 1914 miterlebt hat, Angst haben vor der latenten Kriegslust in der Natur des Menschen. Möge sie niemals wieder die Oberhand gewinnen!

»Hurra, Männer, hurra! Auf nach Belgrad! Sieg oder Tod! In ein paar Wochen ist alles vorüber!« ...

Der Erzherzog wird am 28. Juni 1914 in Sarajevo erschossen. Einen Monat später erklärt das Reich mit seinen fünfzig Millionen Einwohnern Serbiens fünf Millionen den Krieg. Rußland läßt mobilmachen; am 1. August erklärt das mit uns verbündete Deutschland erst Rußland und zwei Tage später auch Frankreich den Krieg. Um Frankreich zu überraschen, marschieren deutsche Truppen nach einem alten Plan des Generalstabs im neutralen Belgien ein, worauf am 4. August England den Mittelmächten den Krieg erklärt. Zwei Tage vor meinem 34. Geburtstag, am 23. August, schließt sich Japan den Alliierten an, und der Krieg wird endgültig zum ersten Weltkrieg der Geschichte.

Wie wenig ich mich bis dahin auch um Weltpolitik gekümmert haben mochte – jetzt betraf sie mich unmittelbar. Denn auch ich war jetzt Uniformträger im blaubetreßten Rock eines der ältesten, ehrwürdigsten und beliebtesten kaiserlichen Regimenter: der Hoch- und Deutschmeister.

Und diesmal war ich tatsächlich »Einjährig-Freiwilliger«. Inzwischen war nämlich eine neue Verordnung herausgekommen, die auch jenen, die das Staatsexamen in Musik abgelegt hatten, das Privileg einräumten, als Einjährig-Freiwilliger dienen zu dürfen.

Obwohl ich nach meinen bereits geschilderten Erfahrungen nichts davon hielt, erneut gedrillt zu werden, und obwohl meine Kampfeserfahrung und Kriegstüchtigkeit sich auf jenen feigen Rückzug vor der streitsüchtigen Schwiegermutter in der »Kinoschlacht von Meidling« beschränkte, muß ich doch bekennen, daß auch ich von der Kriegsbegeisterung mitgerissen wurde.

Die Einheit, der ich zugeteilt wurde, hieß »die Theaterkompagnie«, denn sie setzte sich überwiegend aus Schauspielern, Sängern, Schriftstellern, Komponisten und anderen nicht gerade soldatischzackigen Individuen zusammen. In den ersten Wochen bestand meine »Rolle« lediglich darin, unter dem strengen Blick eines Ausbilders durch den Schlamm zu robben. Dieser Mann hieß Zabranski. Er war jederzeit bereit, unglückliche Rekruten, die zu ihm abkommandiert worden waren, bis aufs Blut zu schinden. Seine bevorzugten Opfer waren jene, die den »Intelligenzknopf« trugen, diese kleine, gelbe Erkennungsmarke, aus der zu ersehen war, daß ihr Träger ein gewisses Maß an Schulbildung besaß. Auf Feldwebel Zabranski hatte sie die gleiche Wirkung wie das rote Tuch des Matadors auf einen ohnehin schon wütenden Stier. Da in jenen Tagen Leute mit höherer Bildung meistens gleich als Kadetten oder Offiziere in die Armee aufgenommen wurden, war es immer ein besonderes Vergnügen für Zabranski, wenn jemand wie ich einmal in seine Fänge geriet. In der Tat muß ich ein ausgesuchtes Fressen für ihn gewesen sein: Ich war ziemlich verwirrt, blaß und mager, hatte einen melancholischen Blick und war noch dazu, wie er sehr schnell in Erfahrung brachte, Musiker! Ich erinnere mich noch gut an seinen ersten Appell.

»Habt acht! Aufgepaßt! Stillgestanden, ihr Halunken! Benehmt euch wie Männer und nicht wie kotzende Hunde! Ich bin euer Feldwebel, Leo Zabranski, und ich bin hier, um aus einem Haufen Kuhscheiße Soldaten des Kaisers zu machen.«

Vom Allgemeinen kam er bald zum Besonderen: »Aha«, sagte er und baute sich vor mir auf, »ich sehe, Er hat einen Intelligenzknopf, Soldat! Kluges Bürscherl, was?«

»Ich bin Musiker, Herr ...«, antwortete ich, und einige Rekruten außerhalb seines Blickfelds glucksten.

»Ruhe!« brüllte er, und sein Gesicht wurde noch röter. »Und was Ihn angeht, Mißgeburt, die Er ist, Er wird mich in Zukunft ›Herr Feldwebel‹ anreden! So, Er ist Musiker. Wie süß! Und Er trägt den Intelligenzknopf. Hmm. Wir werden den anderen die Vorteile Seines Talents und Seiner Erziehung klarmachen müssen. Ich glaube, ich habe gerade die richtige Aufgabe für einen Mann mit Seinen Fähigkeiten. Sieht Er den Besen und den Eimer dort drüben? Pack Er sie, und dann ab in die Latrine! Und höre Er ja nicht auf zu putzen, bevor ich es Ihm erlaube!«

Wenn ich in späteren Jahren darüber nachdachte, gelangte ich zu dem Schluß, daß vielleicht eine gewisse Logik hinter Zabranskis blindwütiger Raserei stand. Möglicherweise ist es leichter, einen Haufen grünschnäbeliger Rekruten unter Kontrolle zu bekommen, ihren Willen zu brechen und sie zum Gehorsam zu zwingen, wenn man am Schwächsten von ihnen ein Exempel statuiert und vorführt, wie es denen ergehen wird, die nicht nach der Pfeife des Feldwebels tanzen wollen. Für die Disziplin der Truppe mag Zabranskis Benehmen also ganz gut gewesen sein. Aber das entschuldigte nicht den seligen Glanz in seinen kleinen Schweinsäuglein, den ich immer dann wahrnahm, wenn er mich in erniedrigender Weise schikanierte. Diesem Menschen machte das offensichtlich Spaß.

Endlich wurde ich doch noch aus seinen Klauen befreit. Die Regimentsführung kam zu dem Schluß, daß der Kapellmeister Stolz vom Theater an der Wien der Kriegsanstrengung von größerem Nutzen wäre, gäbe man ihm einen Taktstock an Stelle eines Gewehres in die Hand. So wurde ich zum Musikkorps versetzt. Und so kam es, daß der Großteil der Kriegserinnerungen des Braven Soldaten Stolz nicht in Blut, sondern mit normaler Tinte auf Notenblätter geschrieben werden konnte.

Schauplatz dieses Teils meiner Karriere als Einjährig-Freiwilliger Hilfskapellmeister des berühmten Dirigenten Watzek war eine der feinsten Militärkapellen aller Zeiten, die Kapelle des traditionsreichen Regiments der k. und k. »Deutschmeister«.

2.
Eine kleine Marschmusik

Obwohl der »Eintrittspreis« gewiß viel zu hoch war, »verdanke« ich dem Ersten Weltkrieg die Einführung in die Geheimnisse einer faszinierenden Musikgattung – der Militärmusik.

Ich hatte ja bereits Erfahrungen in der Arbeit mit Musikkapellen gesammelt, vor allem natürlich als Dirigent im Zirkus Henri. Aber damals, im Zirkus, war es Aufgabe der Musiker gewesen, von allem etwas zu können, und Rhythmus und Tempi wurden von den Launen der tanzenden Pferde, der Löwenbändiger und der Akrobaten bestimmt. Auch dies war sicher eine Art musikalischer Ausbildung, aber es war eben doch ganz anders.

Präzision hieß die Losung, und unser Chef, der gestrenge Kapellmeister Watzek, galt überall als bester europäischer Militärmusiker der Zeit. Sein einziger echter Konkurrent war der berühmte Amerikaner John Philip Sousa, der zunächst als Dirigent der U.S. Marine-Band, später als Leiter einer eigenen Kapelle mit seinen mitreißenden Märschen überall in der Welt Furore machte.

Ich hatte kurz nach Kriegsende Gelegenheit, Sousa auf einer seiner Europa-Tourneen kennenzulernen und bei der Arbeit zu beobachten. Er war damals schon recht alt, doch die Akkuratesse seiner Bewegungen und die Perfektion, mit der er sein Orchester im Griff hatte, waren noch ungebrochen. Mit seiner drahtigen Figur und seinem weißen, kurzgeschnittenen Schnurrbart entsprach er ganz und gar dem Typus des alten Soldaten. Ich war überrascht, als er mir nach der Vorstellung erzählte, daß seine Vorliebe als Dirigent wie auch als Komponist der Operette galt!

Er hatte einige Operetten geschrieben, die sich damals in den

Vereinigten Staaten großer Beliebtheit erfreuten und häufig aufgeführt wurden, während sie sich in Europa niemals durchsetzen konnten. Sie sind heute fast alle vergessen, ebenso wie viele seiner Lieder. Schon acht Jahre nach seinem Tod, im Jahre 1940, als ich nach Amerika kam, spielte man selbst dort seine Werke nicht mehr. Unvergessen jedoch sind seine Märsche *Stars and Stripes Forever*, *The Thunderer*, *King Cotton* und *The Washington Post March*, um nur einige zu nennen. Sie werden auch heute noch oft gespielt.

Seine besondere Begabung für dramatische Steigerung, mit der er die Marschmusik bereicherte, ist im Grunde ebenso unübertroffen geblieben wie der Elan und die Lebendigkeit seiner Kompositionen. Seine Dirigiertechnik war etwas eigentümlich: Er hielt seine Arme sehr niedrig, ungefähr in Höhe der Taille. Da ich fürchtete, dieser Eigenart könne ein physisches Handikap zugrunde liegen, fragte ich ihn nicht näher danach. Heute denke ich mir, daß ich aus musikgeschichtlichem Interesse ruhig hätte fragen sollen.

Als Komponist erreichte Watzek von den Deutschmeistern nicht annähernd das Format John Philip Sousas, doch als Dirigent war er ihm mindestens ebenbürtig. Indem er das Repertoire der Deutschmeister gänzlich auf Märsche und Tanzmusik beschränkte, konnte er auf diesem Sektor einen Perfektionsgrad erzielen, der wahrscheinlich nie wieder erreicht worden ist. Innerhalb dieser Sparte der Musik war er zweifellos der Meister, und das wußte er auch.

»Ein gut gespielter Marsch«, so pflegte er zu sagen, »besitzt die einzigartige Fähigkeit, fast jede menschliche Emotion zu stimulieren. Im Herzen eines jungen Mädchens kann er romantische Gefühle erregen, dem Soldaten kann er Mut einflößen, eine fröhliche Menge kann er noch fröhlicher machen. Und ein guter Trauermarsch kann sogar eine Trauergemeinde noch trauriger stimmen.«

Dank solcher Männer wie Watzek waren die Deutschmeister auf dem gesamten Globus bekannt. Die Regimentskapelle war ursprünglich im Jahre 1741 von der Kaiserin Maria Theresia gegründet worden, als sie den Zeitpunkt für gekommen hielt, sich gleichsam persönlich um die Versorgung ihrer Soldaten mit Musik zu kümmern. Bis dahin – das Deutschmeister-Regiment war immerhin 1741 schon ein halbes Jahrhundert alt – lag es im Ermessen des jeweiligen Kommandeurs, ob und in welcher Form die Musik im Regiment gepflegt werden sollte. Einige Kommandeure bezahlten zum Beispiel großartige Kapellen aus ihrer eigenen Tasche, andere gaben sich mit ein paar Trommlern und Pfeifern zufrieden.

In jenen Tagen kam die erste Anregung für die Einrichtung großer Militärkapellen aus dem Osten, wo die türkischen Janitscha-ren-Kapellen Männer wie den Soldatenkönig Jan Sobieski von Polen, der 1683 dem belagerten Wien zu Hilfe eilte, sehr beein-druckten. Selbst in meiner Jugendzeit konnte der orientalische Ein-fluß noch in vielen europäischen Musikkapellen beobachtet wer-den, in denen das Glockenspiel und – in Kavallerie-Regimentern – die Kesselpauken von großgewachsenen, dunkelhäutigen »Moh-ren«, die manchmal sogar noch Turbane trugen, gespielt wurden.

Wir Österreicher haben bei der Marschmusik immer besonders viel Glück gehabt. Inländische und zugewanderte Genies, wie Mozart, Haydn, Beethoven und Brahms, haben alle ihr Scherflein beigetragen, und die Habsburger haben sich oft als freigebige Gönner erwiesen, wenn es darum ging, das Vaterland auf diese Weise musikalisch zu repräsentieren. Zwar hatten wir niemals einen Komponisten königlichen Geblüts, wie Friedrich der Große von Preußen einer gewesen war – er hat einige Märsche komponiert –, aber insgesamt gesehen war das k. u. k. Reich ein beliebtes Refu-gium für Militärmusiker. Man denke nur an die Elternhäuser mei-ner Operettenkollegen Leo Fall und Franz Lehár. Es war so typisch für die alte Monarchie, daß sie in den dunklen Tagen ihres Nieder-ganges mit altmodischen, schlecht ausgerüsteten Armeen an die Front zog, die von den besten Militärkapellen der Welt begleitet wurden ...

Unseren Deutschmeistern indes konnte keine der anderen Kapel-len das Wasser reichen. Dies lag zum einen an Watzeks geradezu fanatischer Hingabe, wie auch daran, daß wir, da wir seit langen Jahren in Wien stationiert waren, eine Art inoffiziellen Sondersta-tus genossen: Wir waren die Wiener »Edelknaben«, Wiens ureigen-ster Besitz, und wir traten oftmals zu besonderen staatlichen Anläs-sen auf.

Die Deutschmeister hatten sogar auf der Weltausstellung in Chicago 1893 das Reich vertreten und nur wenige Jahre vor Kriegs-ausbruch eine triumphale Tournee durch Südamerika unternom-men.

Sogar der Zusammenbruch des Kaiserreiches konnte der unzer-störbaren Popularität der Deutschmeister nichts anhaben. Das Regiment wurde zwar aufgelöst, aber die Kapelle überlebte, und ein agiler junger Kollege von mir, der als achtzehnjähriger Hornist einst in ihren Dienst getreten war, übernahm den Dirigentenstab vom großen Watzek. Sein Name ist Julius Hermann. Mit seinem for-schen Stil und der ungekünstelten Authentizität, mit der er die alte Tradition fortführte, blieben die Deutschmeister bis in die jüngste

Zeit hinein ein Begriff. Mit dem Krieg verloren wir auch das gute, alte Österreich, das Reich, ja das Regiment – aber irgendwie gelang es uns, die Kapelle zu erhalten!

Mir war es vergönnt, einen kleinen Beitrag zur Erinnerung an dieses traditionsreiche Regiment und meine alten Kameraden zu leisten, als ich im Jahre 1955 die Musik für den Film *Die Deutschmeister* schrieb und dirigierte. Bei dieser Gelegenheit arbeitete ich mit meinem alten Freund Ernst Marischka zusammen, der sich gleichfalls noch an die Kaiserzeit erinnern konnte und mit dem ich über dasselbe Thema in früheren Jahren bereits zwei Filme gemacht hatte: Der erste hieß *Frühjahrsparade* und stammte aus dem Jahr 1934. Joe Pasternak hat ihn für die Hunnia-Universal-Pictures produziert; Geza von Bolvary führte Regie, und in den Hauptrollen spielten Franziska Gaal, Wolf Albach-Retty und Paul Hörbiger. Für meine Musik, zu der Schlager wie »Singend, klingend ruft dich das Glück«, »Ich freu mich, wenn die Sonne lacht« und der »Frühjahrsparademarsch« gehörten, wurde ich mit der Großen Goldenen Medaille der Biennale von Venedig ausgezeichnet.

1941 wurde ein Remake der *Frühjahrsparade* in den USA unter dem Titel *Spring Parade* produziert. Wiederum war Joe Pasternak der Produzent, Deanna Durbin und Robert Cummings spielten. Der Walzer »Waltzing in the clouds« blieb monatelang auf der USA-Hitparade.

Im dritten Film (1955), der den Titel *Die Deutschmeister* trug und den ich eben schon erwähnte, spielte die junge, lebensfrohe Romy Schneider die Hauptrolle. Der hervorragende Charakterdarsteller Paul Hörbiger gab eine denkwürdige Probe seines Könnens in der Rolle des Kaisers Franz Joseph.

In manchen Momenten während der Dreharbeiten, etwa wenn ich Paul Hörbiger in voller Kostümierung auf dem Flur traf, kam es mir so vor, als begegnete ich einem Geist aus alter Zeit, eben jener vornehmen, aufrechten Gestalt des »alten Ehrenmannes«, so wie ich ihn seit jener Begegnung vor Frau Schratts Villa in Erinnerung hatte.

Erst lange nach diesen drei Filmen ist dann die Operette *Frühjahrsparade* entstanden; meistens werden ja Bühnenwerke verfilmt – hier war es einmal umgekehrt. Leider hat Ernst Marischka die Weltpremiere 1964 in der Wiener Volksoper nicht mehr erlebt. Die dort gespielte Version hat, nach Marischkas Buch, Hugo Wiener verfaßt. Seither ist *Frühjahrsparade* unzählige Male, auch in vielen anderen Ländern, mit denkbar größtem Erfolg aufgeführt worden.

Wenn es überhaupt eine angenehme Erinnerung an den Ersten Weltkrieg gibt, so ist es die Erinnerung an meine Liebe zur Marschmusik, die damals erwachte und die mir seitdem in Fleisch und Blut übergegangen ist. In den letzten Jahren habe ich versucht, ein wenig von dieser Liebe in meinen Schallplattenaufnahmen wiederzugeben, damit auch jüngere Musikfreunde noch einen Eindruck davon gewinnen, was es mit der Marschmusik in der Kaiserzeit auf sich hatte.

Es gab im Grunde zwei Formen: Einmal die eigentliche Marschiermusik, die bei Paraden gespielt wurde – mit Blech-, Holzbläsern und Schlaginstrumenten –, und zum anderen symphonische Märsche mit vollem Orchester, so wie sie in Straußens Tagen dem Wiener Publikum präsentiert worden sind. Aus diesem Grund entschied ich mich für zwei Platten-Alben – eins mit Parade- und eins mit Orchestermärschen.

In meinem *k. u. k. Marschfestival* versuchte ich den Stil des symphonischen Marsches, so wie Strauß und die anderen Wiener Meister ihn als Komponisten und Dirigenten gepflegt hatten, zu vermitteln, jene komplexe, aufwühlende Musik, die das Herz rührt und die Phantasie anregt und in der sich die Sanftheit der Streichinstrumente mit der Resonanz und der Präzision der Bläser und Schläger vereinigt. In meinem *Goldenen Marschalbum* hielt ich mich dagegen an die reine Paradebesetzung und übertrug die eisern-disziplinierten Rhythmen meines Mentors Watzek auf ein Programm klassischer deutscher und österreichischer Märsche, so wie man es gelegentlich einer Frühjahrsparade oder eines Zapfenstreichs in Wien oder Berlin um die Jahrhundertwende hätte hören können.

Bei beiden Einspielungen handelt es sich nach meiner Ansicht um erhaltenswerte musikalische Formen. So wie die Deutschmeister haben sie Kriege und Krisen der Zeit überlebt und finden längst, dank ihrer gewachsenen musikalischen Eigenständigkeit, Anerkennung. Aus eigener Erfahrung kann ich Ihnen versichern, daß es genauso schwierig ist, einen guten Marsch zu schreiben wie »ernsthaftere« Musik. Ich weiß das, weil es eine Gelegenheit gab, bei der ich alle meine Kräfte darauf konzentrierte, einen Marsch für eines der größten idealistischen Wagnisse der modernen Zeit zu schaffen – für die Vereinten Nationen.

Eigentümlicherweise bekam ich die Anregung dazu von einem seriösen schwarzen Herrn, dessen eindrucksvolle Gestalt jeder Militärkapelle der Kaiserzeit zur Ehre gereicht hätte – nur war dieser Herr eben nicht jemand, der die Pauke schlug. Es war vielmehr einer der großen amerikanischen Diplomaten unserer Zeit, Botschafter Ralph Bunche. Als ich Dr. Ralph Bunche, seit 1967 Stellvertretender Generalsekretär der UNO unter Dag Hammarskjöld, 1957 in Wien zum erstenmal begegnete, war er bereits eine in aller Welt bekannte Persönlichkeit. Sieben Jahre zuvor war ihm der Friedensnobelpreis in Anerkennung seiner Verdienste als UN-Vermittler im Nahen Osten verliehen worden. Ralph war ein sehr bescheidener, sensibler Mensch und ein großer Staatsmann, der nie den Versuchungen der Macht erlag. An der Politik interessierte ihn lediglich die Chance, die sie ihm bot, Ungerechtigkeit zu bekämpfen und menschliches Leid zu lindern. Eigenartigerweise erinnerten mich seine Augen an Albert Einstein, den ich ja in Amerika kennengelernt hatte.

Beiden war jener außerweltliche, in die Ferne gerichtete Blick des Träumers und Visionärs eigen, ein Blick, dessen zeitlose Melancholie nicht so sehr vom Alter als von tiefer Mit-Leidensfähigkeit und großer Weisheit geprägt war. Während seines Besuches in Wien im Jahre 1957 wurden Ralph Bunche und ich gute Freunde. Er war es also, der mich dazu inspirierte, den UNO-Marsch zu schreiben – keinen bedrohlichen Kriegsmarsch, sondern einen mitreißenden »Friedensmarsch«, der all jenen den Rücken stärken sollte, deren höchstes Anliegen der Aufbau einer Welt ist, die auf Gerechtigkeit und gegenseitigem Verstehen statt auf Besitzgier und Gewalt basiert. So hatten, nach allem, was inzwischen geschehen war, meine Lehrjahre bei Kapellmeister Watzek von der k. u. k. Armee doch noch einen höheren Sinn bekommen, denn auf einmal konnte ich das, was ich bei ihm während des Krieges gelernt hatte, in den Dienst einer Organisation und eines Ideals stellen, die der Menschheit künftige Kriege ersparen möchten.

Man kann nur hoffen, daß dies auch gelingt!

Ralph Bunche und seine Frau Ruth waren fasziniert von Wien, und für Einzi und mich war es ein Vergnügen, daß wir ihnen alles zeigen konnten, was unsere Stadt zu bieten hat: von der Karlskirche und Schönbrunn bis zu meinem Lieblings-Heurigenlokal beim Mayer am Pfarrplatz. Es wurde »das Beethovenhaus« genannt, weil Beethoven dort gewohnt und seine *Eroica* komponiert hatte. Die Fenster des Zimmers, in dem die *Eroica* entstand, gehen auf die Eroica-Gasse hinaus. Mein Stammtisch steht direkt an der Stiege, die in das Beethovenzimmer führt; heute steht das alles unter Denkmalschutz. Rote Rosen wachsen im Hof, genau wie zur Zeit des großen Komponisten. Wie oft war ich, während Österreich nach dem Krieg von den Alliierten besetzt war, Zeuge, wie einfache

Soldaten tief ergriffen »Beethoven« flüsterten, wenn sie die Treppen zu seinem Zimmer hinaufstiegen, ja, einmal sah ich sogar, wie einer die Stufen küßte, als handle es sich bei diesem Besuch um ein heiliges Ritual.

Als das Ehepaar Bunche weiterreiste, hatten wir das Gefühl, schon von Kindesbeinen an gut miteinander befreundet zu sein. Sie hatten, wie alle wahrhaft durchgeistigten Menschen, die Fähigkeit, kleinliche Vorurteile mit einer Handbewegung beiseite zu schieben und ihre Herzen zu öffnen.

Bis zu Ralphs Tod im Jahre 1971 blieben wir in regem Kontakt. Einzi und ich erhielten noch oft Briefe, deren exotische Marken darauf hindeuteten, daß unser Freund Ralph an irgendeinem entfernt gelegenen Krisenpunkt dieser Welt – zum Beispiel im ehemaligen Belgisch-Kongo – sein Bestes tat, um die verfeindeten Parteien an den Verhandlungstisch zu bringen. Von all seinen Schreiben ist mir jedoch jenes das liebste, das eine Seite im Gästebuch unserer Wohnung in der Elisabethstraße ziert:

»Das Leben hat nichts Besseres zu bieten als gute Freunde. In Einzi und Robert haben wir zwei der besten gefunden. Wir werden niemals die vielen schönen Stunden vergessen, die wir gemeinsam in Wien verbracht haben ...
Mit Einzi und Robert war Wien für uns in der Tat ein Traum, der zur Wirklichkeit wurde.

Ralph Bunche / Ruth Bunche   10.10.57«

Ich verbrachte indes nicht die gesamte Zeit des Ersten Weltkrieges bei Kapellmeister Watzek und seinem blauen Edelknabenregiment. Die Behörden erlaubten mir noch immer, in meiner Freizeit zu komponieren und zu dirigieren. So tat ich in all dem Leid und der düsteren Melancholie der Kriegsjahre, was ich nur konnte, um die Stimmung der Österreicher mit meiner Musik zu heben. Ich schrieb Operettenmusik und einige meiner populärsten Wienerlieder.

Eine lange Nacht brach über Wien herein – aber, so heißt es in einem meiner Lieder aus dieser traurigen Zeit: »Wien wird bei Nacht erst schön.« Für mich gab es damals zumindest einige glänzende Augenblicke – und dazu gehört auch die Erinnerung an meine Begegnung mit dem letzten Habsburger Kaiser, dem unglückseligen Kaiser Karl.

Erlauben Sie mir daher einen Rhythmuswechsel. Noch einmal möchte ich Sie ins kaiserliche Wien führen, dessen letzte Tage unwiderruflich näherrückten.

3.
Du sollst der Kaiser meiner Seele sein

Mein sarkastischer Freund Karl Kraus sah den Ersten Weltkrieg als eine Tragödie des Menschengeschlechts – eine Tragödie freilich, in der die Clowns, die Schurken und die Opportunisten die tragenden Rollen übernommen hatten. »Herr, vergib ihnen, denn sie wissen, was sie tun«, schrieb er einmal in parodistischer Anlehnung an die letzten Worte des Gekreuzigten.

Er nannte diese Zeit *Die letzten Tage der Menschheit*, und für die führenden Vertreter des alten Europa – ebenso wie für Millionen von namenlosen Durchschnittsbürgern, die in dem vergeblichen Versuch, dies alte Europa zu retten, ihr Leben ließen – waren es in der Tat die letzten Tage.

Nur sehr langsam drang auch mir das ungeheure Ausmaß dieses Krieges ins Bewußtsein – aber noch in den ersten Jahren war ich durch berufliche Verpflichtungen so eingespannt, daß mir kaum Zeit zum Nachdenken blieb. Tagsüber dirigierte ich aufpeitschende Märsche und fesche Walzer bei den Deutschmeistern, und des Abends arbeitete ich an eigenen Kompositionen. In einer Sommernacht im Prater entstanden drei meiner populärsten Wiener Lieder: »Im Prater blüh'n wieder die Bäume«, »Wien wird bei Nacht erst schön« und »Das ist der Frühling in Wien«. Sie müssen nämlich wissen, ich trage Texte, die mir gefallen und die ich zu komponieren beabsichtige, immer bei mir. In dieser einen verzauberten Nacht, mit einem süßen Wiener Mädel im Arm, sind mir die Melodien zu diesen drei Liedern eingefallen.

Zu Hause verstand es die fröhliche Franzi stets, aus den wenigen verfügbaren Brocken ein Festmahl zu bereiten. Ein paar mickrige, zusammengeklaubte Kartoffeln oder ein Stückchen zähes Hühnerfleisch blühten unter ihren geschickten Fingern gleichsam magisch auf, und der billigste Wein schimmerte golden und wurde zum echten Gaumenschmeichler, wenn ich ihn nur gemeinsam mit meinem kleinen blonden Wienerkind trinken konnte.

Franzis unverwüstlicher Sinn für Späße aller Art regte mich zu einigen meiner populärsten Evergreens an, die sie, in echtem Wiener Stil, im »Simpl« und anderen bekannten Kabaretts unter die Leute brachte. Ich kann mir gut vorstellen, daß einige dieser Lieder

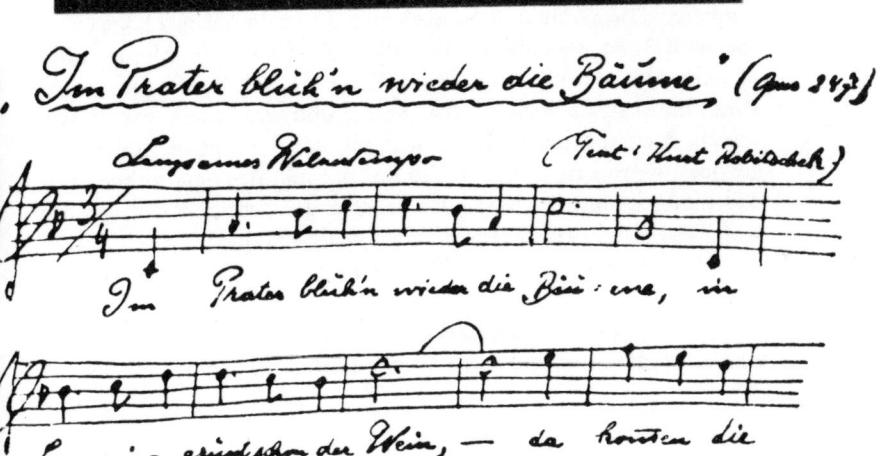

Titelblatt der Erstausgabe und Originalhandschrift.

zumindest vorübergehend vielen meiner Landsleute eine kleine Ablenkung in dieser trostlosen Zeit bedeuteten – beliebt waren sie auf jeden Fall.

1915 fand in Wien die Premiere meines Singspiels *Die Varietédiva* mit Hans Moser statt. 1916 erhielt ich Sonderurlaub für eine Reise nach Berlin, wo ich bei der Premiere meiner jüngsten Operette, *Der Favorit,* am Dirigentenpult stand.

Theaterglück ist unberechenbar. Oft kommt es vor, daß ein Mißerfolg – und *Der Favorit* war ein solcher – einen echten »Hit« enthält. Im *Favorit* hieß dieser Erfolg »Du sollst der Kaiser meiner Seele sein« – ein Lied, das die Operette überlebte und auch heute noch gesungen wird.

Wie so viele meiner Lieder hat es im Laufe der Zeit mehrere Inkarnationen erfahren. Den vielleicht höchsten Berühmtheitsgrad erlangte es in den dreißiger Jahren, als es für jenen gewaltigen kleinen Mann, Joseph Schmidt, zu einer Art Markenzeichen wurde. Obwohl er nur knapp 1,60 m groß war, besaß er doch den großartigen, herrlichen Tenor eines Giganten.

Glücklicherweise waren zu der Zeit, da er im Zenit seines Könnens stand, Radio und Schallplattentechnik schon entwickelt, so daß ihm die Peinlichkeit allzu häufiger Auftritte erspart blieb; auf der Bühne verschwand er beinahe hinter dem Piano.

Da Schmidt, wie so viele große Musiker, Jude war, kam seine Karriere durch das Nazi-Regime zu einem abrupten Ende. Zwar gelang es ihm, Deutschland zu verlassen, aber er starb, noch nicht einmal vierzig Jahre alt, 1942, nach einem Lageraufenthalt geschwächt und entmutigt, in der Schweiz.

»Du sollst der Kaiser meiner Seele sein« war ursprünglich für eine Frauenrolle im *Favorit* geschrieben worden, doch wird man sich dieses Liedes stets in untrennbarer Verbindung zu Joschi Schmidt erinnern. Die Kraft und Schönheit seiner Stimme machten es zu »seinem« Lied, obwohl der Text nicht ganz zu einem Mann paßte. »Joschi« war das klassische Beispiel für ein Talent, das sich gegen jede Unbill des Schicksals durchsetzt und sich durch nichts von seinem Weg abbringen läßt. Niemand, der ihm auf der Straße begegnete, würde auch nur im Traume auf die Idee gekommen sein, daß dieser kleingewachsene Mann einer der berühmtesten Tenöre war! Was für ein Jammer, daß er so wenig Zeit hatte, seinen Ruhm zu genießen, und daß ihm ein so trauriges Ende beschieden war.

Berlin, 1916: *Der Favorit* hat Premiere in der Komischen Oper. Die einzige Bedingung, die mein Mayor Hübel an meine Freistellung geknüpft hatte, war die, daß ich Uniform tragen sollte, um »das gute Einvernehmen zwischen den Alliierten, also die österreichisch-deutsche Solidarität zu fördern«. Die Berliner schienen die k. und k. Armee nicht allzu ernst zu nehmen. Sie hielten uns Österreicher für die »armen Vettern« der Allianz, charmante Versager, deren Fehler wieder und wieder vom deutschen Generalstab ausgebügelt werden mußten.

Das einzige, was dadurch gefördert wurde, daß ich in meiner wunderschönen himmelblauen Uniform den Kudamm entlangschritt, waren lustige Bemerkungen von seiten der einheimischen Halbwelt: »Kiek mal! Ein Jeschenk vom ollen Franz Joseph!«

Spätabends pflegten dann einige jener beschenkten Damen das Geschenk auszuwickeln, und durchaus im Interesse des »guten Einvernehmens zwischen den Alliierten, also österreichisch-deutscher Solidarität«, tat ich mein Bestes und war so kooperativ wie möglich. So wurden die gemeinsamen deutsch-österreichischen Manöver zu einem vollen Erfolg ...

Während ich mit diesen Berliner Nachtfaltern herumbalgte, kam mir nicht ein einziges Mal auch nur der Gedanke, daß daheim in Wien Franzi ihrerseits Amüsement suchen könnte – und auch fand. Wir führten nicht gerade das, was man eine streng konventionelle Ehe nennen würde, und ich nahm immer an, daß alles, was wir taten, wenn wir voneinander getrennt waren, in dem Moment, wo wir wieder zueinander fanden, vergessen wäre. Diese Annahme erwies sich nach einigen Jahren bereits als töricht.

Selbst als die Kriegsfolgen unter dem Druck der britischen Seeblockade immer stärker spürbar wurden, behielt Berlin viel von seiner elektrisierenden Atmosphäre. Es war eine ganz andere Stimmung als die in Wien – weniger galant, aber dafür lebendiger. So gefällt mir sehr der schlagfertige, wenn auch manchmal etwas grimmige Humor der Berliner. Bei Taxifahrern und im Tabakladen muß man jeden Moment mit einer lustigen verbalen Attacke oder einem zweischneidigen Kompliment rechnen. Dahinter steckt für gewöhnlich eine überraschende Portion Mutterwitz.

Jedesmal wenn ich nach Berlin komme, fühle ich mich jünger und tatkräftiger. Ich weiß zwar nicht genau, was es ist – aber irgend etwas muß dran sein an den Behauptungen über die »Berliner Luft«. Noch heute arbeite ich gerne in Berlin.

Als ich 1916 nach Berlin kam, trat der Mann, der die Stadt so lange Zeit beherrscht hatte, jener energische, irrlichternde und leicht verdrehte Kaiser Wilhelm, kaum noch in Erscheinung. Je länger der Krieg dauerte und je furchtbarer er wurde, desto weniger Zeit verbrachte der Kaiser in seiner Hauptstadt. Es war, als ob er sich fürchtete oder gar schämte, seinen Berlinern Aug' in Auge gegenüberzutreten, jetzt, da seine hochfliegenden Ruhmesträume einer gräßlichen Realität wichen.

Vor dem Krieg war er, bei aller zeitweiligen Lächerlichkeit, allgegenwärtig gewesen – sogar in der Kunst. Nun war er kaum mehr als eine Spukerscheinung.

In seinen besten Zeiten hatte er sich – unter anderem – für einen der größten Musiker des Zweiten Reiches gehalten, obwohl ein Großteil seiner ohnehin beschränkten musikalischen Leistungen eigentlich auf seinen ungleich begabteren, in Ungnade gefallenen Schützling »Phili« Eulenburg zurückzuführen ist. Gelegentlich eines Gastspieles in Deutschland, einige Jahre vor dem Krieg, erfuhr ich etwas mehr über Wilhelms musikalischen Dünkel – aus höchst ungewöhnlicher Quelle, nämlich von einem total fremden Menschen, der mein eigener Bruder war.

Aber die Geschichte ist längst nicht so kompliziert, wie sie klingt.

Ich glaube, es war im Jahre 1907, als ich die Uraufführung von Leo Falls *Der fidele Bauer* am Mannheimer Hoftheater dirigierte. Eines Tages klingelte das Telefon, und eine mir unbekannte Stimme fragte, ob ich der junge Robert Stolz aus Graz sei.

»Ja«, antwortete ich, »und mit wem habe ich die Ehre?«

»Mit deinem Bruder, junger Mann, dem Dirigenten Leopold Stolz. Ich habe einiges über dich gehört, und da ich mich zufällig gerade in Mannheim aufhalte, dachte ich mir, ich könnte dir mal bei der Arbeit zusehen – obwohl ich normalerweise Operetten meide wie die Pest!«

Mein Bruder Leopold! Wie Sie wissen, war ich das jüngste von zwölf Kindern. Als ich anfing zu krabbeln, war Leopold schon erwachsen und hatte das Elternhaus längst verlassen. Alles, was ich über ihn wußte, war, daß er ein erfolgreicher Operndirigent war, so ganz nach dem Schlage meines Vaters.

Jetzt hörte ich zum erstenmal die Stimme meines Bruders durch die rauschende Telefonmuschel. Wir vereinbarten schnell ein Treffen für den Abend, und nach der Vorstellung klopfte ein soignierter, grauhaariger Herr mittleren Alters an meine Garderobentür, dessen etwas steife Haltung mich an Vater erinnerte.

»Ganz hübsch für einen so jungen Dirigenten, Bruder«, waren seine ersten Worte. »Gar nicht so übel, wirklich!«

Obwohl mich der herablassende Ton etwas störte, war ich zufrieden, weil Leopold, wie Vater, den Ruf eines Perfektionisten besaß. Wie unser Vater, hatte auch er nur wenig Sinn für die leichte Muse und beschäftigte sich nur mit »ernster« Musik. Dies war ja schon aus seinen Bemerkungen am Telefon hervorgegangen.

Als Dirigent klassischer Musik genoß Leopold beträchtliches Ansehen – sogar bei jener kaum zufriedenzustellenden Zunft der Wagnerianer in Bayreuth. Selbst die Witwe des großen Meisters, Cosima, und sein Sohn und Erbe Siegfried gaben ihm gute Zensuren als authentischem Wagner-Interpreten. Leopold hatte auch eine Anzahl bedeutender Posten an deutschen Fürstenhöfen inne, und er sah genauso aus (und benahm sich auch so) wie ein Höfling der alten Schule. Er war ein ernsthafter, gelehrter Mann, mein Bruder Leopold, und ich muß gestehen, daß er mir eher wie ein Onkel als wie ein Bruder vorkam, zumal er fast doppelt so alt war wie ich.

Leopold hatte immer einige interessante Geschichterln über seine Erfahrungen mit königlichen Gönnern zu erzählen. Zu den komischsten dieser Anekdoten gehörte die von seiner »Zusammenarbeit« mit Kaiser Wilhelm, dem Leopold in seiner Eigenschaft als ständiger Dirigent des Hoftheaters in Wiesbaden häufig begegnete. Wilhelm, der sich bemühte, auf jedem Gebiet Hervorragendes zu leisten – und genau aus diesem Grunde auf keinem Gebiet jemals wirklich Hervorragendes zustandebrachte –, hatte sich selbst zum Regisseur in Wiesbaden ernannt und pflegte während der Proben vom Parkett aus den Künstlern das Leben schwerzumachen.

»Unter uns, Robert«, erzählte Leopold, »wenn Seine Majestät mit seinem Kabinett genauso verfährt wie mit seinen Musikern, dann zweifle ich daran, ob er überhaupt weiß, was um ihn herum vorgeht. Du solltest ihn mal bei den Proben erleben! Er hat von nichts die geringste Ahnung! Aber wir alle meinen es ja gut mit ihm und tun unser Bestes, die bittere Wahrheit mit höflichen Ausflüchten und protokollgerechter Katzbuckelei zu versüßen. Vornehme Zurückhaltung ist nicht gerade die Stärke dieses Mannes. Ununterbrochen pfuscht er uns in die Partitur und will irgendwelche Fanfaren und Trommelwirbel haben, wo nun wirklich keine am Platze sind. Wenn's nach dem ginge, würde jede Oper so enden wie die Wachablösung in Potsdam! Und dann gibt er auch noch immer mit seinem perfekten Gedächtnis an. Einmal, bei einer Probe zu Lortzings *Waffenschmied,* unterbricht er uns nach etwa fünf Minuten und sagt mit einem eitlen Grinsen: ›Vergessen Sie nicht etwas, Herr Kapellmeister? Kommen hier nicht die sechs Trompeten?!‹ Bevor ich ihm noch erklären kann, daß in diesem Stück gar keine sechs Trompeten vorgesehen sind, fangen ein paar Feiglinge unter den

Bläsern tatsächlich an und improvisieren irgendeinen Unfug aus einer ganz anderen Oper. Der Kaiser strahlt, lehnt sich zufrieden zurück und läßt uns für den Rest der Probe in Ruhe. Es genügte ihm, uns zu zeigen, daß er der Gescheiteste im ganzen Saal war – obwohl er in Wirklichkeit sich selbst zum Narren gemacht hatte. Trotzdem: So vorlaut er sich aufführte, ich glaube, daß er vor allem unsere Zustimmung wollte; er wünschte als Kollege und Künstler akzeptiert zu werden, nicht nur als Kaiser. Nur, leider genau diesen Wunsch können wir ihm niemals erfüllen. Armer Kerl – ein Musiker ist er wirklich nicht!«

Später hatte ich Gelegenheit, Leopold beim Dirigieren zuzusehen. Er war sehr gut. Ein strenger, akademischer Musiker. Da ich mich an seinen herablassenden Ton bei unserer ersten Begegnung sehr wohl erinnerte, beschloß ich, mit gleicher Münze zurückzuzahlen. Diesmal war *ich* es, der nach der Vorstellung in *seine* Garderobe ging und sagte: »Summa summarum ganz gut, Bruder.«

Leopold war im ersten Moment etwas verdutzt – denn schließlich kamen diese Worte aus dem Munde eines kleinen Bruders, der noch am Anfang seiner Karriere stand. Aber seine Gutherzigkeit bezwang die Eitelkeit, und er mußte lachen.

»Robertl«, sagte er und legte mir seinen Arm um die Schultern, »du bist ein Original. Wahrscheinlich war es ganz gut, daß du dich für diesen Operetten-Humbug entschieden hast. So ein lustiger Vogel wie du würde nicht eine einzige Woche in der Welt der großen Oper überstehen!«

Glücklicherweise mußte der »lustige Vogel« Robert Stolz niemals mit Wilhelm II. zusammenarbeiten. Dieser Monarch war nun ganz gewiß nicht von der Art, wie ich mir den »Kaiser meiner Seele« vorstellte. Allerdings gab es einen Kaiser, dessen Freundschaft mir sehr lieb war. Genau genommen war er, als ich ihn während des Krieges kennenlernte, noch gar nicht Kaiser, sondern Thronerbe.

Die ganze Episode war irreal, traumhaft.

Bis zur Ermordung Franz Ferdinands im Juli 1914 wußten wir Wiener nur wenig von Erzherzog Karl. Und noch weniger hielten wir von ihm. Seine Bilderbuchhochzeit mit der schönen Prinzessin Zita von Bourbon-Parma im Jahre 1911 hatte das romantische junge Paar vorübergehend in die Schlagzeilen gerückt. Doch nur kurze Zeit später sprach man kaum mehr von ihnen. Beide zogen ein glückliches Familienleben großen Auftritten in der Wiener Gesellschaft vor, wodurch sie sich von anderen Erzherzögen und Mitgliedern des Hochadels merklich unterschieden. Überdies liebten sie einander wirklich – und das fiel bei einem königlichen Paar noch mehr aus dem allgemeinen Rahmen.

Mit dem Tode Franz Ferdinands änderte sich die Situation mit einem Schlag. Die zwei ruhigen und bescheidenen jungen Leute standen plötzlich im Rampenlicht. Der alte Kaiser Franz Joseph war bereits über achtzig und wurde von Tag zu Tag gebrechlicher. Dies bedeutete, daß die Stunde näherrückte, in der Karl und Zita den Thron besteigen würden. Und da sich das Land im Kriegszustand befand, würden sich die Aufgaben des neuen Kaisers nicht nur auf Zeremonielles beschränken.

Ganz im Gegensatz zu den meisten seiner nichtsnutzigen Verwandten schätzte Karl nur wenige Vergnügungen – und diese waren höchst unschuldiger Natur. So las er in Mußestunden gerne klassische philosophische Werke im griechischen Urtext. Gelegentlich verbrachte er einen Abend im Theater, vor allem im Theater an der Wien, wo er bei leichter Operettenmusik für ein paar Stunden die schweren Sorgen seines Amtes vergaß.

Eines Abends – der letzte Vorhang war gefallen, und wir saßen ein paar Häuser weiter im Café Dobner und amüsierten uns – betrat Graf Ledebour, der Adjutant des Erzherzogs, das Lokal und fragte nach Kapellmeister Stolz. Er führte mich zu einer vor der Tür wartenden Hofequipage und begleitete mich auf der Fahrt durch die Nacht zum alten Augarten-Palais, wo Karl zu dieser Zeit residierte.

»Seine Kaiserliche Hoheit bewundern Sie als Dirigenten, Herr Stolz«, eröffnete mir Ledebour unterwegs, »und schätzen Ihre Wiener Lieder. Hoheit hoffen, daß Sie heute nacht einige dieser Lieder spielen werden!«

Ledebour geleitete mich an livrierten Domestiken vorbei in einen Salon, in dessen Mitte ein großer, schimmernder Flügel stand.

»Bitte, machen Sie es sich bequem«, sagte Ledebour und wies auf den Flügel. »Spielen Sie ganz einfach Ihre Lieblingsmelodien. In ein paar Minuten werden Sie einen Besucher haben!«

Es war ein gutes Instrument, ich glaube, ein Bösendorfer (vermutlich aus patriotischen Gründen, da diese exzellenten Flügel heimischen Ursprungs waren). Ich setzte mich, begann zu spielen – und wie immer, wenn ich mich auf die Musik konzentrieren muß, verflog meine Nervosität.

Plötzlich hörte ich Schritte. Ich sah auf und bemerkte, daß Graf Ledebour verschwunden war und an seiner Statt ein schlanker, eleganter junger Mann mit hoher Stirn, klaren blauen Augen und militärisch kurz getrimmtem Schnurrbart den Raum betreten hatte.

Es war der Erzherzog.

»Wie geht's, Herr Kapellmeister?« fragte er und machte eine abwehrende Bewegung, als ich aufstehen wollte. »Bitte spielen Sie doch weiter! Hier brauchen wir kein Zeremoniell ... Wie wär's mit einem Glas Champagner?«

Der Erzherzog klingelte, ein Diener erschien mit einer Flasche Champagner im silbernen Kühler, und Erzherzog Karl ließ sich auf einem kleinen Sofa unweit des Flügels nieder.

Während der nächsten Stunden spielte ich Lied auf Lied. Ich spielte Operetten-Potpourris, sentimentale Wienerlieder und schlug ein- oder zweimal auch klassische Motive an. Seltsamerweise fühlte ich mich vollkommen zu Hause. Es erschien mir wie die normalste Sache der Welt, daß ich hier saß und für diesen freundlichen jungen Mann Klavier spielte.

Karl war sieben Jahre jünger als ich; als er im November 1916 den Thron bestieg, war er erst 29 Jahre alt. Daß mein Gefährte der künftige Herrscher über fünfzig Millionen Österreicher, Ungarn, Italiener und Slawen war, das kam mir überhaupt nicht in den Sinn. Für mich war allein wichtig, daß ich in ihm einen guten Zuhörer mit einer intuitiven musikalischen Urteilsfähigkeit hatte, dem überdies mein Spiel offenbar zur geistigen Erbauung gereichte.

Was für eine Melancholie lag in diesen tiefblauen Augen, deren Blick in weite Fernen gerichtet zu sein schien! Er muß eine Ahnung davon gehabt haben, was ihm bevorstand.

Gegen fünf Uhr in der Früh bemerkte der Erzherzog das zarte Glockenspiel einer mit bezaubernden Intarsien verzierten Kaminuhr, die wahrscheinlich nicht nur dem alten Kaiser, sondern bereits Maria Theresia die Stunden eingeläutet hatte. Karl erhob sich von seinem Sofa. »Vielen Dank, Herr Kapellmeister«, sagte er und schüttelte meine Hand. »Es tut mir leid, daß ich Sie nicht zur Ruhe kommen ließ. Aber ich muß heute vormittag zu einer Inspektionsreise in den Osten, und dies war meine letzte Chance, echte Wiener Musik zu hören. Sie haben mich glücklich gemacht. Ich hoffe sehr, daß wir uns eines Tages wiedertreffen – und daß Sie dies kleine Andenken annehmen.«

Mit diesen Worten überreichte er mir ein Leder-Etui mit seinem Monogramm, nickte und verließ den Salon. Einen Augenblick später kam Graf Ledebour, gähnend und mit rotgeränderten Augen, und verfrachtete mich wieder in die wartende Hofequipage. Auf dem Heimweg – Wien schlief noch, und abgesehen vom Hufschlag und seinem Echo von den Häuserwänden war kaum ein Laut zu vernehmen – öffnete ich das Etui. Sogar im grauen Zwielicht des frühen Morgens funkelte es vor meinen Augen: eine Krawattennadel mit der Letter »C« (Carolus) und einer aus Brillanten gearbeiteten Krone!

Fast sechzig Jahre sind vergangen seit dem Tag, an dem mir der letzte Kaiser aus dem Hause Habsburg diese edelsteinbesetzte Krawattennadel verehrte. Seither habe ich mehr als einmal nahezu alles verloren – Geld, Ehefrau und einmal sogar meine Heimat. Aber immer habe ich dieses mir so wertvolle Geschenk bei mir getragen. Es glänzt auch jetzt im Sonnenschein, da ich diese Worte in meinem Garten in Grinzing diktiere – in einer Welt, die so ganz anders ist als die des versunkenen Wien von damals! Es war die erste Auszeichnung, die ich in meinem Leben erhielt. Deshalb bedeutet mir diese Krawattennadel so viel.

Ich sah Karl, als Thronerben wie als Kaiser, noch mehrmals; auch bei einigen weiteren nächtlichen Konzerten »auf Befehl«. Seine Kritiker nannten ihn schwach, aber seine »Schwäche« erschien mir eher wie die Menschenfreundlichkeit eines wahrhaft christlichen Ehrenmannes. Für Millionen einfacher Leute war er der »Volkskaiser« und der »Friedenskaiser«, weil er versuchte, mit dem blutigen Konflikt, der schließlich das Habsburger Erbe und so vieles andere zerstören sollte, ein Ende zu machen. Die Leute liebten ihn aber auch, weil er einige längst überfällige Reformen innerhalb des Reiches durchsetzen wollte. Vielleicht hatten die kleinen Leute einen besseren Sinn für seine guten Seiten als zynische Diplomaten.

Wer weiß – womöglich wäre es ihm in friedlicheren Zeiten gelungen, die Monarchie zu modernisieren und menschlicher zu machen, etwa in Form einer fortschrittlichen Vereinigung der Vaterländer, die vielleicht die Verbreitung neuer Formen der Tyrannei hätte verhindern und zu einem vereinten Europa führen können. Vielleicht, vielleicht, vielleicht ...

Der alte Kaiser hatte kurz vor seinem Tode einmal zu ihm gesagt: »Man sieht, daß du sehr jung bist – du glaubst noch immer an den Sieg der Gerechtigkeit!« Und das tat Karl wirklich. Am 1. April 1922 kam die Nachricht von der fernen Insel Madeira, wohin die Engländer ihn verbannt hatten, daß er an Lungenentzündung gestorben sei. Er war erst fünfunddreißig Jahre alt. Wer ihn in seinen letzten Jahren sah, sagte, sein Haar sei grau gewesen und sein Gesicht sorgenzerfurcht. Er starb bei klarem Bewußtsein.

In seiner Abdankungserklärung hatte es geheißen: »Nur der innere Frieden kann die Wunden dieses Krieges heilen.«

Ich hoffe, daß ich mit meiner Musik ein kleines Scherflein dazu beitragen konnte, daß er selbst seinen inneren Frieden hat finden können.

»Und eines Tages war alles aus,
Es ruhten endlich die Waffen;
Man schickte alle Soldaten nach Haus,
Einen neuen Beruf sich zu schaffen ...«

Der Krieg war unerwartet gekommen und hatte lang gedauert. Nun endete er in einem plötzlichen Zusammenbruch.

Es war, als gäbe es auf einmal kein Blut mehr, das noch vergossen werden konnte. Nichts als Hunger, Trübsinn, Verzweiflung. Die Monarchien stürzten, und Österreich, einst als Herrin über fünfzig Millionen in den Krieg gezogen, war zu einem kleinen Binnenland mit einer hungernden, verarmten Bevölkerung von nur mehr sechs Millionen geschrumpft. Über eine Million meiner Landsleute hatten ihr Leben lassen müssen.

Ich entsinne mich, daß ich zu dieser Zeit einmal mit Franzi unweit der Oper über die Ringstraße ging – nach der Demobilisierung wieder als Zivilist – und in meiner tiefen Depression nicht einmal Erleichterung darüber empfinden konnte, daß nun alles vorüber war. Die Welt, in der wir uns zu Hause gefühlt hatten, war verschwunden.

Und überall begegneten uns Leid und Entbehrung: Männer, verwundet, verkrüppelt, die in Lumpen umherliefen, blasse und schmutzige, ausgemergelte Frauen und Kinder, die ums Essen bettelten. Das also war der Friede, auf den wir so gewartet hatten.

Ich erinnerte mich an Karl Kraus, der auf die Frage, ob er gerührt sei angesichts des Opfers der Gefallenen, geantwortet hatte: »Ich weine um die Überlebenden – denn davon gibt es mehr.«

Ich spürte Tränen in meinen Augen aufsteigen, und als ich Franzi ansah, bemerkte ich, daß auch sie weinte. Aber als wir an der Kärntnerstraße um die Ecke bogen, hörte ich den schwachen Klang einer schlecht gestimmten Violine, die von einem quietschenden Akkordeon begleitet wurde. Straßenmusikanten spielten ein Lied – ein Lied von mir: »Im Prater blüh'n wieder die Bäume« ...

»Kopf hoch, Robertl«, sagte Franzi, drückte meine Hand und lächelte durch den Tränenschleier, »der Winter wird nicht ewig dauern. Bald ist Frühling da, und die Bäume im Prater werden tatsächlich blühen.«

Ich hielt sie fest in meinen Armen und besann mich darauf, daß es noch etwas gab in dieser desolaten Welt, das ich liebte. Dann machten wir uns auf den langen Heimweg ...

FÜNFTES BUCH

Im Prater
blüh'n wieder die
Bäume

Im Prater blüh'n wieder die Bäume,
In Sievering grünt schon der Wein,
Da kommen die seligen Träume;
Es muß wieder Frühlingszeit sein.

Kurt Robitscheks Worte zu dem Robert-Stolz-Lied »Im Prater blüh'n wieder die Bäume«, geschrieben während des Ersten Weltkrieges, in der Hoffnung auf bessere Zeiten.

1.
Ende, Anfang und Salome

Österreichs Leid endete nicht mit dem Krieg. Schon in den letzten Kriegsjahren waren die Lebensmittel knapp und knapper geworden, doch erst nach der Aufteilung des Reiches wurde der Hunger zu einer allgegenwärtigen Erscheinung. Ein großer Teil der landwirtschaftlich genutzten Fläche, deren Erträge uns zugute gekommen waren, lag nun in unabhängigen und Österreich nicht freundlich gesinnten Staaten; in einigen dieser Länder weigerten sich die Bauern sogar, an deutschsprechende Kunden zu verkaufen. Und die Bauern innerhalb des österreichischen Reststaates verkauften nur wenig von ihren ohnehin knappen Produkten; sie warteten auf bessere Zeiten.

Zu allem Elend brach 1919 auch noch eine große Grippe-Epidemie wie eine biblische Plage über das Land herein. Es schien, als ob alle vier Apokalyptischen Reiter gleichzeitig Österreich heimsuchten. Schwach, unterernährt und seelisch zerschlagen, wie sie waren, starben Tausende an der Krankheit.

Franz Josephs Worte über die Schicksalsschläge, die er selbst hatte hinnehmen müssen, trafen nun auf das gesamte Land zu: Anscheinend blieb uns nichts erspart. Auch ich blieb nicht unbetroffen von dieser letzten großen Geißel des Krieges. In Graz ereilte die Influenza einen mutigen, aufrechten alten Herrn, der bis an sein Lebensende aktiv geblieben war: meinen Vater Jakob Stolz.

Es ist gewiß keine Tragödie, wenn ein Mensch im Alter von siebenundachtzig Jahren nach einem reichen und erfüllten Leben dahingeht. So galten die Tränen, die ich vergoß, weniger ihm selbst als denen, die ihn liebten und verehrten und die ihn nun schmerzlich vermissen würden.

Ich glaube nicht, daß mir bis dahin je richtig bewußt geworden war, wieviel mir mein Vater bedeutete und welch großen Einfluß er auf meine Entwicklung und meinen Lebensweg hatte. Von Vater hatte ich meine Freude an harter Arbeit geerbt, eine der wenigen Eigenschaften, die mich wieder und wieder davon abgehalten haben, zu tief in selbstzerstörerischer Verzweiflung zu versinken. Er hat mich erzogen, meine künstlerischen Verpflichtungen ernst zu nehmen, das heißt, eine einmal begonnene Sache nach meinem besten Wissen und Gewissen zu Ende zu führen und immer darum bemüht zu sein, das nächste Mal eine noch bessere Leistung zu vollbringen. Und es war Vater, der mich den Wert der Beharrlichkeit schätzen gelehrt hatte, die sich darin äußert, daß man im Beruf an einem selbstgesteckten Ziel festhält und es niemals aus den Augen verliert – egal, welche Opfer man dafür bringen muß.

Aber auch in weniger erhabenen Gefilden übernahm ich einiges von Vater, so beispielsweise die Liebe zu Briefmarken und Handschriften und sein Bedürfnis nach Geselligkeit im Künstlerkreis, wo man Ideen austauschen und sich gegenseitig Anregungen geben konnte. Andere Qualitäten meines Vaters – ich nenne nur seinen beständigen Ernst und seine »militante« Monogamie, sowohl in persönlichen wie in künstlerischen Angelegenheiten – waren Eigenschaften, die ich bewunderte, ohne den geringsten Versuch zu machen, ihm nachzueifern. Seine eiserne Disziplin jedoch und das Pflichtbewußtsein, die ein Teil auch meines Ichs wurden, haben mir in vielen schwierigen Lebenslagen, vor allem aber in meinem Beruf, enorm geholfen.

Vaters Schicksal war es gewesen, ein Musiklehrer und -gelehrter zu sein und ein Komponist von Messen, Symphonien, vor allem von kirchlicher Musik. Mir dagegen war beschieden, ein Leben nach Art eines Bohemien zu führen, das der »leichten« Muse gewidmet blieb. Gemeinsam war uns, daß wir zunächst auf ein und derselben Woge schwammen: der Liebe zur Musik. Aber dann wurden wir von zwei Strömungen in unterschiedliche Richtungen getrieben. Unserer Zuneigung tat dies keinen Abbruch, zumindest seitdem es klar war, daß auch ich auf meinem ureigensten Gebiet Erfolge errungen hatte.

An der höchsten Stelle des Grazer Schloßberges erinnert eine Gedenktafel an die Verdienste dieses wunderbaren Mannes.

Vater war ein Schüler Simon Sechters gewesen; er war befreundet mit Johann Strauß, Johannes Brahms, Anton Bruckner und Engelbert Humperdinck. Bei dem letztgenannten, einem freundlichen, gütigen Manne, konnte ich als Halbwüchsiger dank des Kontaktes, den Vater mit ihm pflegte, Unterricht nehmen. Humperdinck war es, der mich ein grundlegendes Verständnis für die Kunst der Komposition lehrte, und zwar am Beispiel der »Lieder ohne Worte« von Felix Mendelssohn-Bartholdy, von denen jedes einzelne in Struktur, Stimmung und Technik ein Musterbeispiel an Perfektion darstellt.

Gelegentlich fand Vater auch Zeit zu eigenen Kompositionen; er führte eine weltweite Korrespondenz, gab Unterricht und ernährte eine große Familie. All dies legt beredtes Zeugnis ab von seinem Charakter und seiner Kraft. Und *last not least* verdanke ich ihm auch jene physische Konstitution, die mir – wie ihm – ein langes Leben beschert hat.

Oben: In der Emigration. Blick auf New York.
Unten: Robert und Einzi Stolz mit Eleanor Roosevelt, der Gattin des amerikanischen Präsidenten Franklin D. Roosevelt, und dem New Yorker Bürgermeister Jimmy Walker (hinter ihr).

Oben links: Der Physiker und Nobelpreisträger Albert Einstein (1879–1955).
Oben rechts: Mit dem Komponisten Oscar Straus (1870–1954).
Unten: Robert Stolz dirigiert im August 1943 sein Konzert »A Night in Vienna« im ausverkauften Lewisohn Stadium in New York City mit dem New York Philharmonic Orchestra.

Was für ein Mann! Für mich bedeutete sein Tod eine letzte, unwiderrufliche Bestätigung der Veränderung, die inzwischen stattgefunden hatte: Eine alte Ära war zerfallen und eine neue, voller Verlockungen und voller Gefahren, begann.

Auch in Trauerkleidern war Wien noch immer eine herrliche Stadt. Nachdem sich der Staub gelegt und die neue republikanische Regierung die Zügel in die Hand genommen hatte, begann das Leben, wenn es schon nicht zur Normalität zurückkehrte, zumindest zu einer den neuen Verhältnissen angepaßten Routine zu finden. Auch soziale Reformen – Arbeiterwohnungen, verbesserte medizinische Versorgung und dergleichen – ließen nicht lange auf sich warten.

Und Wien begann wieder zu singen – es wollte wieder die schöne, ewige Stadt sein, der der Dichter Franz Theodor Csokor die folgenden unsterblichen Zeilen gewidmet hat:

»Sanfte Stadt, der ich verfallen bin,
Stadt mit deinem sündenweichen Lachen,
tausendjährige und ewig junge,
alles Tatenlosen trunkne Zunge,
Stadt der Lebenszagen, Zarten, Schwachen –
nie entrinnt man dir, verspieltes Wien!«

Während des Krieges hatte ich mein Bestes getan, um den alten Wiener Geist mit Liedern wie »Im Prater blüh'n wieder die Bäume«, »In Wien gibt's manch winziges Gasserl«, »Frühling in Wien«, »Das ist doch ein Stückerl vom alten Wien«, »Wien wird bei Nacht erst schön« und »Wien, in dich ist die ganze Welt verliebt« am Leben zu halten, wie auch in meinen Operetten *Eine einzige Nacht*, *Mädel küsse mich*, *Die Bauernprinzessin*, *Das Busserlschloß* und *Der Favorit*. Nun, in der tristen Atmosphäre der ersten Nachkriegsjahre, glaubte ich, daß der Musik eine um so bedeutendere Rolle zufiel, als es darum ging, die alte Lebensfreude wieder zu erwecken.

Ich schrieb und schrieb und schrieb und schrieb.

Im Jahre 1919 erschien »Hallo, du süße Klingelfee«. Das Lied wurde weit über die Grenzen Österreichs hinaus bekannt und war vor allem in Frankreich ein beliebter Hit, wo es der unsterbliche Jean Gabin im »Casino de Paris« vortrug.

Im selben Jahr komponierte ich auch mein »Märchen der Jugend und Märchen vom Glück«. Dieses Lied trug den bezeichnenden Untertitel »Mein Wien, du darfst nicht sterben«.

Aber mein größter musikalischer Erfolg in diesem Jahr lag auf einem ganz anderen Gebiet. Es war eine kleine Tanzmelodie, dazu ausersehen, als erster europäischer Foxtrott zu Berühmtheit zu gelangen. Später sollte sie in verschiedenen Neubearbeitungen auf Platten und in Filmen überall in der Welt erscheinen. Und immer wieder feiert sie Auferstehung in einem neuen Arrangement.

Der Name des Liedes war »Salome«. Wie ich dazu kam, es zu schreiben, das ist eine Geschichte für sich. Sie entstand nicht, wie »Servus Du«, in einem Etablissement à la Madame Kathrin, sondern direkt in meiner Wiener Wohnung und im engsten Familienkreis.

Mit »Servus Du« verbindet diese Melodie, daß die Grundidee in beiden Fällen einem Scherz zu verdanken war, mit dem ich nichts weiter beabsichtigte, als die Zeit totzuschlagen. Beide Nummern wurden Evergreens, und so wie »Servus Du« mein erster nachhaltiger Erfolg auf dem Gebiet des traditionellen sentimentalen Wiener Chansons war, so erwies sich »Salome« als das erste von vielen Tanzliedern, die ich für ein weltweites Publikum in neuen, populären Musikformen schrieb.

Die Entstehungsgeschichte von »Salome« klingt fast wie ein Märchen.

Es war am ersten Weihnachtsfeiertag 1919. Ich räkelte mich bequem in einem tief gepolsterten Ohrensessel und schaute mit etwas glasigen Augen auf Franzi und unseren gemeinsamen Freund Otto Hein, einem lustigen, stets auf Späße bedachten Mann, der immer irgendwelche unkonventionelle Methoden fand, uns zum Lachen zu bringen. Auch zu recht boshaften Schelmenstückchen war er allzeit bereit – eine Eigenschaft, die ich allerdings erst später genauer kennenlernen sollte. Otto war ein sehr vermögender Musikverleger. Wir hatten zusammen den »Wiener Boheme Verlag« gegründet, den er leitete und der ihm gehörte. Otto befand sich stets auf der Suche nach neuen Verlagswerken. Da saßen wir drei nun, vollgefressen wie die Schlangen, gewärmt vom prasselnden Kaminfeuer. Ich fühlte mich wie ein Bär kurz vor dem Winterschlaf, war in einem Zustand totaler, satter, benebelter Zufriedenheit und drohte jeden Moment aus den Nähten zu platzen. So wandte ich mich an Franzi, umarmte sie und sagte zu ihr: »Ich geh' jetzt schlafen.«

Otto wollte das nicht zulassen. »Du wirst dich nicht schlafen legen, Robert,« sagte er, mit einem Glanz in den Augen, der verriet, daß ihm mal wieder eine Idee gekommen war. »Du wirst dich hinsetzen und komponieren!«

»Mach keine Witze, Otto. Ich kann mich kaum bewegen, geschweige denn komponieren. Ich muß mich hinlegen!«

»Salome« war der erste europäische Foxtrott. Originaltitelblatt.

»Nein, das darfst du nicht. Du wirst jetzt einen orientalischen Foxtrott komponieren!«

»Bist du verrückt, Otto? Wie kommst du denn auf sowas? Es gibt keine ›orientalischen Foxtrotts‹.«

»Es wird einen geben – wenn du fertig bist, Robert. Und nun dalli, dalli – setz dich ans Klavier!«

Franzi teilte seine Meinung und drängte ihrerseits. Da gab ich es auf und ging zum Flügel. Es war mir klar, daß ich keinen Frieden haben würde, bevor ich nicht einen »orientalischen Foxtrott« vorgespielt hatte, was immer darunter zu verstehen war.

Einen Moment lang tat ich nun, was Mutter mich einst gelehrt hatte, als sie mich zum ersten Mal mit dem Klavier vertraut machte: So wie sie damals, stellte ich mir jetzt in meiner Phantasie ein Bild vor und bemühte mich, ihm musikalischen Ausdruck zu geben. Es war eine kurvenreiche, dunkle Schönheit, die ich mir vorstellte, versunken in einen verführerischen Tanz. Und da begann die Musik auch schon ihr Eigenleben zu führen, bediente sich meiner Finger und verselbständigte sich auf den Klaviertasten. Ich spielte »Saaalome«. Otto und Franzi meinten, man sagt nicht »Saaalome«, sondern »Sàlome«. Ich beharrte auf meinem primären Einfall und gab trotz heftiger Einwände der beiden nicht nach. Es blieb bei »Saaalome«. Und ich bilde mir ein, diese unerwartete Betonung hat den Erfolg dieser Nummer entschieden.

Mir gefiel die Melodie sofort, Franzi dagegen mochte sie gar nicht. Vertrautheit geht oft einher mit Skepsis, und ich vermute, Franzis Hauptproblem war, daß sie einfach nicht glauben mochte, eine aus einer Laune so rasch entstandene Melodie könne jemals Erfolg haben. Ich glaube, sie war, wie viele Nicht-Komponisten, der Meinung, man müsse erst wochenlang auf einem Berggipfel gebetet haben, bevor man imstande sei, etwas Anständiges zu schreiben. Wenn Stimmung und Inspiration vorhanden sind, muß man dies jedoch keineswegs. Vielleicht hat sie sich auch geärgert, weil ich ihren Einwand, daß man »Sàlome« sagt, für meine Komposition nicht akzeptiert habe.

Otto traute meinem Instinkt mehr als seinem eigenen, und er tat recht daran. Der kleine rhythmische Ausrutscher war das halbe Geheimnis von »Salomes« Erfolg.

Und was für ein Erfolg das war! Mein musikalischer Scherz wurde einer der größten internationalen Hits, und das nicht nur einmal. Vierzig Jahre nach seinem ersten Erfolg wurde er unter dem Titel »Romeo« mit einem neuen Text von dem berühmten englischen Textdichter Jimmy Kennedy ein weltweiter Pop-Hit, zu dem die wundervolle, kurvenreiche Sophia Loren in Vittorio de Sicas Film *Gestern, Heute, Morgen* einen entzückenden Striptease hinlegte. Zu einem dritten Welterfolg als »Romeo« verhalf ihm die britische Schlagersängerin Petula Clark, und schließlich wurde es noch einmal ein Hit in den USA, dieses Mal gesungen von den Ray Charles Singers unter dem Titel »Step by Step«.

Manchmal frage ich mich, was die Leute an dem Lied eigentlich finden. Mir selbst ist es nicht die liebste meiner Schöpfungen, und doch wurde es zu einem meiner bestbekannten und am meisten gespielten Lieder. Ja, auch Werke haben ihr Schicksal, nicht nur Menschen.

Nur bei Franzi versagte »Salome«. Sie war so felsenfest überzeugt, es würde ein Mißerfolg, daß sie mir sagte, sie werde »so einen Schmarrn« niemals singen. In ihr Kabarettprogramm im »Simpl« nahm sie es gar nicht erst auf. Daher gab ich es dem Kabarettisten Ujvary, der daraus einen Riesenerfolg machte, indem er sich im Kostüm eines arabischen Scheichs vor ein Wüstenzelt setzte und »Salome« sang. Als Franzi ihren Irrtum schließlich erkannte, sang sie das Lied auch – aber die Chance, den vermutlich größten Erfolg ihrer Karriere einzuheimsen, hatte sie verpaßt! Ich glaube, sie hat mir das niemals ganz vergeben, obwohl es doch keineswegs meine Schuld war.

Solche Erfolge kann man nicht voraussagen. Das einzige, was an dieser Geschichte Anspruch auf eine gewisse Allgemeingültigkeit erheben kann, ist die Tatsache, daß das Komponieren eine so menschliche, so von Glück und Zufällen abhängige Angelegenheit ist, ja daß es wohl ewig eine der wenigen Tätigkeiten bleiben wird, die nicht vom Computer erledigt werden können.

Arthur Schnitzler hat in einem seiner düsteren Momente einmal behauptet, daß in Wien »nur die Freude am Mißerfolg anderer, der Haß auf Begabungen echt« sei. Obwohl ich dem nicht gänzlich zustimme, muß ich doch bezeugen, daß auch so ein kleines Liedchen wie »Salome« Neid und Mißgunst hervorrufen kann, selbst bei Menschen, denen man solche Kleinkariertheit nicht zugetraut hätte. Dies galt sogar für den großen Richard Strauss. Strauss' Sohn sagte, daß sein Vater nur zweimal in seinem Leben sich über das Werk eines anderen Komponisten geärgert habe: einmal anläßlich des Erfolges der Oper *Wozzeck* von Alban Berg und, weniger verständlich, beim Erfolg meiner »Salome«. Er dachte vielleicht, meine winzige »Salome« könne ebenso populär werden wie seine riesige Oper! Das spielte sogar eine Rolle bei einer seiner berühmten Skatrunden. Daß Strauss gerne Skat spielte, ist allseits bekannt. Wenn

Strauss dirigierte und das Programm ein paar Minuten früher als üblich zu Ende gebracht hatte, sei dies, so erzählte man sich in Wien, ein sicheres Anzeichen dafür, daß er sich zum Skat verabredet habe. Und während eines dieser Skatabende trat seine Eifersucht zutage. Er spielte mit dem Sänger Emanuel Liszt und einigen Gaststars. Liszt spielte aus und sagte: »Ich bin zwar kein Robert Stolz, aber ich leg dir meine Salome auf den Tisch, und die sticht alle Trümpfe!«

Da sprang Strauss wütend auf und warf sämtliche Karten durcheinander, so daß die Skatrunde beinahe geplatzt wäre ...

Das war vermutlich die emotionellste Reaktion, die mein Lied jemals hervorgerufen hat – in ihrer Art, denke ich, auch eine Anerkennung.

Und doch haben Richard Strauss und ich nicht nur die Salome gemeinsam. Anläßlich meines 90. Geburtstages im Jahre 1970 erhielt ich unter vielen Auszeichnungen die höchste Ehrung der Stadt Wien: die Ehrenbürgerschaft. In der fast 2 000 Jahre alten traditionsreichen Musikstadt Wien wurden bis heute nur zwei Künstler aus der Welt der Musik zu Ehrenbürgern ernannt: Richard Strauss 1941 für seinen *Rosenkavalier* und ich im Jahre 1970. Bei der so eindrucksvollen Feier im Wiener Rathaus sagte ich wörtlich: »Ich bin der Stadt Wien für diese Ehrung unendlich dankbar. Ich nehme sie jedoch stellvertretend für alle die Musikgenies an, die es viel mehr als ich verdient hätten, so geehrt zu werden, denen es aber wegen der damals herrschenden sozialen und politischen Umstände versagt geblieben ist.«

Das war der Kern meiner Dankesrede auf die herzliche Laudatio, die der damalige, in allen Kreisen der Bevölkerung sehr beliebte Wiener Bürgermeister Bruno Marek hielt. Bundespräsident Franz Jonas, der bei dieser Feier anwesend war, gratulierte mir als erster und sagte:

»Herr Professor, jetzt sind Sie Ehrenbürger von Wien. Das ist ja nur die offizielle Anerkennung, denn in unseren Herzen haben Sie und Ihre Melodien schon lange einen Ehrenplatz. Wenn ich mir mit meiner Frau am Abend ein Musikprogramm im Radio anhöre, dann sind wir immer wieder überrascht, wie viele Lieder, die unser gemeinsames Leben begleitet haben, von Ihnen stammen.«

Dieses Lob aus dem Mund eines Mannes, der dafür bekannt war, daß er Phrasen und große Worte nicht schätzte und selbst nie gebrauchte, bedeutete mir sehr viel.

2.
Madonnen und Ehebruch

Manchmal bringen uns unsere guten Taten in größere Schwierigkeiten als unsere schlechten. Ich erwähnte bereits Otto Heins Rolle bei der Entstehung meines Evergreens »Salome«. Aber dies war nur eine kleine Episode aus unserer Freundschaft. Oft noch saßen Otto und ich beisammen und brüteten gemeinsam etwas aus, das sich später als sehr populär und erfolgsträchtig erweisen sollte.

In den Jahren nach dem Ersten Weltkrieg war Otto tatsächlich mein bester Freund. Er, Franzi und ich waren so unzertrennlich wie die »Drei Musketiere«, und wir verbrachten wundervolle Stunden miteinander. Aber eines Tages gab es nur noch zwei, die zusammengehörten ... Doch ich greife schon wieder vor.

Meine Bekanntschaft mit Otto Hein ging auf die Vorkriegsjahre zurück, und ihre Fortentwicklung nach 1918 beruhte auf einem jener Zufälle, die einen manchmal an so etwas wie Schicksalslenkung glauben lassen. Wie wir unsere Lebensläufe gegenseitig beeinflußten, im positiven wie im negativen Sinne, das war schon eine interessante Sache.

Die Geschichte begann in der Zeit, als ich noch Kapellmeister in Brünn war, also während meines letzten Engagements in der Provinz und noch vor meiner Wiener Zeit in der Silbernen Epoche der Operette. Erlauben Sie mir, Sie noch einmal in diese Tage zurückzuversetzen.

Voilà, meine Freunde, da sind wir. Wir schlendern eine Brünner Straße entlang und befinden uns auf dem Weg vom Deutschen Theater zum nahegelegenen Stadttheater-Café, dem beliebtesten Treffpunkt ortsansässiger Künstler und auf der Durchreise befindlicher Gaststars. Im Stadttheater-Café treffen wir Musiker und Schauspieler vor den Nachmittags- und Abendvorstellungen, lesen in den Zeitungen, spielen Billard, tratschen miteinander oder lassen ganz einfach die Zeit verstreichen. Die besondere Attraktion für mich ist der Billardtisch. Ich war in jenen Jahren ein recht guter Spieler, und das bißchen Extrageld, das ich dabei gewann, kam mir sehr gelegen, um das ziemlich knappe Salär eines Provinzkapellmeisters ein wenig aufzubessern.

Am Eingang des Kaffeehauses begegnet mir ein junger Mann, dessen Gesicht mir bekannt vorkommt. Ich denke mir, das ist wohl einer von den Stammgästen, die sich so gerne den Billardspielern als Schiedsrichter anbieten. Er zieht seinen Hut vor mir, macht ein paar Komplimente über die Vorstellung vom vergangenen Abend und stellt sich als Otto Hein vor. Wir betreten das Kaffeehaus gemeinsam, und im Verlaufe des Nachmittags stelle ich fest, daß der junge Otto nicht nur meine Dirigentenkünste, sondern auch meine Fähigkeiten beim Billard bewundert – und zwar so sehr, daß er sich gelegentlich zu meinen Gunsten verzählt. So stehe ich am Ende noch besser da als normalerweise. Als ich mir meinen Gewinn auszahlen lasse, sieht mich der junge Otto an und zwinkert mir hinterlistig zu. Hmm, denke ich, dieser Herr Hein bedient sich beim Zählen noch mehr des *rubato,* als ich es beim Dirigieren tue. Irgendwie müssen wir geistesverwandt sein. Und das waren wir wirklich.

Otto war damals noch keine zwanzig Jahre alt und ging noch zur Schule. Er stammte aus einer wohlhabenden jüdischen Familie am Ort und liebte das Theater – sehr zum Unwillen seiner biederen, bürgerlichen Eltern. Ich fand bald heraus, daß er fast jeder Vorstellung im Deutschen Theater beiwohnte und vielleicht mein größter »Fan« in Brünn war. Dies und seine »kreative Mathematik«, mit der er meine Billard-Ergebnisse manipulierte, festigten unsere Freundschaft.

Otto war voller Humor – und voller Hinterlist –, ganz so, wie ich in seinem Alter gewesen war, und die Art, wie er unermüdlich, wenn auch meistens erfolglos, den Chormädchen und Soubretten nachstellte, erinnerte mich an die Zeit, da ich als Heranwachsender in die Freuden der Theaterwelt Einlaß gefunden hatte.

Als Grete Holm und ich dann nach Wien zogen, nahm ich an, daß ich Otto Hein nie wiedersehen würde. Ich entsinne mich noch, wie ich, als er uns vom Bahnsteig aus nachwinkte, dachte: Ganz gut, daß wir jetzt nicht mehr hier sind. Jetzt wird der junge Otto endlich seine Schwärmerei fürs Theater aufgeben und sich für die Übernahme des väterlichen Geschäfts und eine behagliche und sichere Existenz rüsten. Wie leicht es uns doch immer fällt, zu erkennen, was für *andere* das Richtige ist ...

Otto hätte wohl in der Tat den Weg zur bürgerlichen Respektabilität eingeschlagen, wenn ihn nicht, wie so viele andere, der Erste Weltkrieg wieder aus der Bahn geworfen hätte. Was Otto und mich betraf, nahm das Schicksal wie folgt seinen Lauf:

Vierzehn Jahre nach unserem Abschied am Bahnhof zu Brünn sitze ich in einem weitaus berühmteren Treffpunkt, als es das Stadttheater-Café je war, nämlich im Café Dobner in Wien. Wie meine Wiener Freunde wissen, liegt »das Dobner« gleich neben der Sezession, dem weltbekannten »Kunstmuseum«. Während und unmittelbar nach dem Ersten Weltkrieg diente die Sezession zeitweilig als

Lazarett. So wundere ich mich an dem betreffenden Nachmittag im Jahre 1919 kaum, als plötzlich eine kleine, rundliche, aber wohlproportionierte Krankenschwester von der Sezession zum Dobner herübergelaufen kommt. Erst als sie den Ober fragt, wo denn der Kapellmeister Stolz sei, werde ich aufmerksam.

»Entschuldigen Sie, Herr Kapellmeister«, flüstert mir der Ober zu, nachdem er noch ein paar Worte mit der Schwester gewechselt hat. »Die Schwester hier sagt, drüben im Lazarett liege ein schwerverwundeter Soldat, der unablässig nach Ihnen fragt!«

Ich wartete nicht einmal ab, bis der Name des Soldaten genannt wurde. In jener Zeit mußte man jeden Tag damit rechnen, daß der Name dieses oder jenes Bekannten auf der Liste der Gefallenen oder Verwundeten auftauchte. Manche kamen auch plötzlich höchstpersönlich dahergehumpelt, obwohl sie offiziell als an der Ostfront vermißt oder gefallen galten. Ich stand also ohne weitere Diskussion auf und folgte der Schwester. Im Lazarett führte sie mich zum Lager eines verwundeten Soldaten, der seinen Kopf zur Seite gedreht hatte und aus dem Fenster schaute.

»Dies ist er, Herr Kapellmeister«, informierte mich meine Begleiterin. »Er sagt, er kenne Sie aus Brünn – vor dem Krieg soll das gewesen sein.«

Bei diesen Worten drehte sich der Kranke herum, und ich sah in das sorgenzerfurchte, aber grinsende Gesicht des etwas älter gewordenen Otto Hein. Er wirkte mehr tot als lebendig. Ich gab mir alle Mühe, so heiter wie nur irgend möglich zu erscheinen.

»Otto, wie nett, dich zu sehen! Wird Zeit, daß du wieder auf die Beine kommst. Meine Erfolge im Billard haben ganz schön nachgelassen, seit du nicht mehr zählst! Jetzt, wo wir beide in Wien sind, wird sich das ja alles wieder ändern!«

Otto lachte, ich lachte, und sogar die fesche kleine Krankenschwester lächelte einen Moment lang, bevor sie uns ermahnte, die Stimmen etwas zu senken. Eine Freundschaft, die vierzehn Jahre lang gleichsam im Dornröschenschlaf gelegen hatte, war wiedererweckt.

Ich besuchte Otto nun täglich bis zum Ende seines Lazarettaufenthaltes und bemühte mich, seine Genesung zu beschleunigen, indem ich Leckereien hineinschmuggelte, die vielleicht seine Verdauung nicht förderten, aber gewiß dazu angetan waren, ihn moralisch wieder aufzubauen. Ich setzte meine Besuche auch fort, als er in ein Rekonvaleszentenheim am Cobenzl überwiesen worden war, um sich endgültig auszukurieren. Im Sommer war Otto wieder gesund, aber er hatte ein anderes Problem.

»Was soll ich machen, Robert?« fragte er mich am letzten Tag seines Heimaufenthaltes. »Durch den Krieg ist meine Ausbildung unterbrochen worden, und meine Familie hat alles verloren. Ich hab' keine besonderen Fähigkeiten, keinen akademischen Abschluß und kein Geld. Ich glaube, mein Leben ist schon vorbei, kaum daß es richtig angefangen hat.«

Diese Worte waren es, die mich auf die Idee brachten, eine gute Tat zu begehen.

»Unsinn, Otto«, sagte ich, »wo Leben ist, da ist auch Hoffnung. Du mußt Musikverleger werden!«

»Aber was ist das, ein Musikverleger?«

»Das ist die einfachste Sache der Welt«, versicherte ich ihm. »Du sorgst dafür, daß anderer Leute Musik gedruckt wird, verkaufst sie dann, und mit einem bisserl Glück bist du bald ein reicher Mann. Manchmal verdienen sogar die Komponisten noch Geld bei dem Geschäft.«

Zu unser beider Überraschung erwies sich dieser Berufsweg in der Realität als fast genauso simpel, wie ich ihn geschildert hatte. Da ich damals zufällig etwas Bargeld zurückgelegt hatte, konnte ich Otto helfen, eine Konzession der Firma Stiasny zu erwerben und ins Geschäftsleben einzusteigen.

Da wir überzeugt waren, echte Bohemiens zu sein, und da wir einander zum ersten Male in einer böhmischen Stadt, die jetzt zur Tschechoslowakei gehörte, begegnet waren, taufte ich unser neues Abenteuer »Wiener Boheme Verlag«. Von nun an würden wir zur Avantgarde der Wiener Boheme gehören, erklärten wir.

Zieht man diesen etwas armseligen Anfang in Betracht, so muß man sagen, daß Otto Hein überaus erfolgreich wurde. Die ersten beiden Lieder, die ich für den »Wiener Boheme Verlag« schrieb, waren »Einmal sang die Liebe uns ein Lied« und »Hallo, du süße Klingelfee« – das letztgenannte wird auch heute noch gern gespielt. Das war die künstlerische Inspiration; was danach kam, war die Schwerarbeit, die darin bestand, meine Kompositionen an den Mann zu bringen. Ich kann mich noch sehr gut entsinnen, wie ich mit Otto stundenlang an alle Musikalienhandlungen in Österreich Postkarten schrieb, auf denen wir die Gründung des »Wiener Boheme Verlags« bekanntgaben und anzeigten, daß die beiden neuesten Lieder von Robert Stolz nur über diesen Verlag zu beziehen seien. Ich fand dieses endlose Postkartenschreiben weitaus mühsamer als das Komponieren.

Aber unsere Bemühungen zahlten sich aus. Nachdem ich einige kuriose Briefe erhalten hatte, in denen Musikhändler mich informierten, daß ein Betrüger sich meines Namens bediene, und nachdem ich zurückgeschrieben hatte, daß der neue Verlag wirklich über die Exklusivrechte an meinen letzten beiden Schöpfungen verfüge, liefen die ersten Bestellungen ein. Es war halt für einige etablierte Musikgeschäfte recht schwer vorstellbar, daß einer, der, wie ich, schon recht bekannt war in Wien und im übrigen Österreich und dessen Lieder, wie »Im Prater blüh'n wieder die Bäume...«, »Wien wird bei Nacht erst schön« und »Das ist der Frühling in Wien«, beliebte, volkstümliche Schlager waren, sich jenes obskuren kleinen Verlages bediente.

Indessen sprach es sich bald herum, daß ein Freund von mir Konzessionsträger war und daß ich es sehr begrüßte, wenn sein Verlag unterstützt wurde. Zunächst kamen nur wenig Bestellungen, dann solche über zehn, bald über Hunderte und zu guter Letzt über Hunderttausende. Dazu muß man wissen, daß in jenen Tagen gedruckte Ausgaben den größten Teil des Musikaliengeschäfts ausmachten – weil in vielen Häusern ein Klavier stand.

Fast über Nacht wurde der »Wiener Boheme Verlag« zu einer beachteten Institution in der Wiener Musikwelt, und schon bald konnte das armselige Büro in der Schikanedergasse – kaum mehr als ein Loch in der Wand – aufgegeben werden. Das neue Domizil war eine elegante Suite an der Rechten Wienzeile. Ich versorgte Otto auch weiterhin mit neuen Kompositionen – von denen »Salome« nicht die schlechteste war –, und es dauerte nicht lange, bis sich auch andere Komponisten unter seine Fittiche begaben.

Innerhalb kurzer Zeit wurde Otto zu einem reichen und bedeutenden Mann in Wien, der seine geschäftlichen Aktivitäten über die Grenzen Österreichs hinaus ausdehnte, indem er Subverlagsrechte für Wiener Musik ins Ausland verkaufte und seinerseits Werke für deutschsprachige Ausgaben von ausländischen Musikverlagen erwarb.

Eine geradezu ideale Situation für uns »drei Musketiere«! Ich komponierte mit viel Erfolg, Franzi wurde eine Wiener Attraktion, indem sie meine Lieder sang, und Otto machte ein Vermögen mit dem Verlag. Es war alles zu schön – zu schön, um mit dauerhaftem Glück gesegnet zu sein!

Wenn in jeder Wolke ein Silberstreif das Grau verschönt, so gibt es umgekehrt nur selten Silberstreifen, die sich nicht irgendwann zu Wolken verdichten. Die Wolke zog unerwartet schnell herauf; ja, es kam zu einem Wolkenbruch, der mich zu einem entscheidenden Fehler verleitete, den ich für den Rest meines Lebens bereute.

Ich weilte damals zur Uraufführung meiner Operette *Die Tanz-*

gräfin in Berlin, während Franzi, die ja beim »Simpl« unter Vertrag stand, in Wien bleiben mußte. Während der Proben war ich dermaßen beschäftigt, daß mir die Nervosität, die mich immer befällt, wenn ich zu lange allein bin, kaum zu schaffen machte. Es war ja auch alles glatt gegangen, und der Premierenabend erwies sich als voller Erfolg. Kaum war der letzte Vorhang gefallen, als ich schon zurück ins Hotel und zum Telefon stürmte, um Franzi die gute Nachricht mitzuteilen – und natürlich auch, weil ich mich nach ihrer Stimme sehnte. Ein Ferngespräch war damals gar nicht so einfach. Erst nach einigen Stunden, mitten in der Nacht, klingelte es, und das Fräulein vom Amt teilte mir mit, daß die Verbindung nach Wien zustande gekommen war.

Nach ein paar Minuten Verzögerung erkannte ich die schläfrige Stimme unseres Stubenmädchens. Ich bat sie, die gnädige Frau ans Telefon zu holen, weil ich eine freudige Nachricht für sie hätte. Einige Sekunden lang herrschte absolute Stille. Dann, mit atemloser, nervöser Stimme, antwortete das Mädchen: »Es tut mir unendlich leid, gnädiger Herr, aber ich kann die gnädige Frau nicht holen.«

»Bitte wecken Sie die gnädige Frau«, sagte ich, ohne die geringste Ahnung von der Hiobsbotschaft zu haben, die auf mich wartete. »Die *Tanzgräfin* ist ein großer Erfolg; sagen Sie ihr das!«

»Aber, gnädiger Herr«, schluchzte das Mädchen, »die gnädige Frau schläft ja gar nicht. Jedenfalls nicht hier ... Sie ist heut' früh mit acht großen Koffern, alle vollgepackt, weggefahren und hat mir einen Brief für den gnä' Herrn gegeben ...«

»Das ist doch völlig unmöglich!« – Meine Stimme muß sämtliche Telefondrähte zwischen Berlin und Wien in Schwingungen versetzt haben. Kurz entschlossen, aber bereits in weniger resolutem Ton, fügte ich hinzu: »Holen Sie den Brief, machen Sie ihn auf und lesen Sie ihn mir vor!«

Zum ersten – aber leider nicht zum letzten – Male hatte ich einen kurzen, vernichtenden »Abschiedsbrief« von einer meiner Ehefrauen bekommen, der mich davon in Kenntnis setzte, daß die mir Angetraute »dem Rufe ihres Herzens gefolgt« sei. In weniger blumiger Sprache bedeutete dies: Meine liebe Franzi war mit einem anderen Mann nach Rom durchgebrannt. Und zum Schaden gesellte sich der Spott: Der andere Mann war kein Geringerer als Otto Hein! Mit einem Schlag hatte ich meine geliebte Frau und meinen besten Freund verloren.

Zunächst einmal war ich furchtbar wütend, doch schon sehr bald wich die Wut einem tiefen Gefühl von Trauer und – meinem alten,

Rückseite der Klavierausgabe einer Robert-Stolz-Komposition aus dem Jahre 1919.

chronischen Übel. Die Angst vor Einsamkeit war schon immer die Ursache für meine Depressionsanfälle gewesen – und nun war ich tatsächlich allein gelassen, und totale Vereinsamung drohte. Mir kam es vor, als wollte die Zimmerdecke, das Hotel, ja, die ganze Welt über mir zusammenbrechen. In den folgenden Tagen irrte ich durch die Straßen Berlins wie ein in einem Minenfeld um den Verstand gekommener Soldat. Eines Abends nahmen die Verlassenheitsängste derart überhand, daß ich einem Nachtportier im Hotel Excelsior fünf Mark dafür gab, daß er in einem Nebenzimmer meiner Suite übernachtete – nur damit ich das Gefühl hatte, nicht ganz allein zu sein.

Ich war vor allem deshalb so tief verletzt, weil ich immer geglaubt hatte, daß Franzi mit mir sehr glücklich gewesen sei. Noch heute bin ich davon überzeugt, daß sie es auch weitgehend war. Gerade deshalb war der Schock für mich so groß und ließ die labilen Elemente in meinem Charakter so stark in den Vordergrund treten. Und noch heute, fünfzig Jahre danach, überläuft mich ein kalter Schauer, wenn ich mich an meine Verzweiflung erinnere. In meinem Groll über Franzis »Verrat« faßte ich einen sehr dummen Entschluß, den ich überflüssigerweise nach kurzer Zeit auch in die Tat umsetzte: Ich werd's ihr zeigen, sagte ich zu mir, und das erste hübsche Mädchen, das mir über'n Weg läuft, heiraten!

Bevor ich jedoch auf die verhängnisvollen Folgen dieser Entscheidung eingehe, lassen Sie mich versuchen, die Zeit, die ich mit Franzi Ressel verbrachte, aus der Distanz der Jahre zu werten. In gewisser Hinsicht, so muß ich heute gestehen, war ich eigentlich gar nicht berechtigt zu einer derartig überspitzten Reaktion. Schließlich hatte ich mir während unserer Ehe durchaus den einen oder anderen Seitensprung erlaubt, obwohl ich niemals auch nur einen Moment lang daran dachte, mich von Franzi scheiden zu lassen. Sobald wir beisammen waren, waren wir glücklich miteinander. Allerdings beruhte unsere Beziehung, wie schon gesagt, mehr auf gegenseitiger Zuneigung als auf leidenschaftserfüllter Liebe. So war es vielleicht gar nicht einmal so sehr überraschend, daß sich während der langen Trennungsperioden, zu denen unsere Karrieren uns zwangen, eine Liebesaffäre zwischen ihr und einem jüngeren Mann entwickelte. Es sei mir jedoch erlaubt, als historische Fußnote anzumerken, daß Otto niemals mit irgend jemand ein langfristiges Liebesverhältnis einging. So unglücklich unsere Ehe endete: die Jahre, die ich mit Franzi verbrachte, gehören zu den glücklichsten meines Lebens. Solch entsetzliche Ereignisse wie den Ersten Weltkrieg konnte ich nur überstehen dank diesem süßen Wienerkind an meiner Seite.

Franzis frisches, natürliches Wesen und ihre naive echte Lebensfreude hatten bei einigen meiner populärsten Wienerlieder Pate
gestanden.

Ich kann daher nur sagen, daß unsere Ehe durchaus erfolgreich
verlaufen war – solange sie hielt. Hätten sich unsere Wege nicht
getrennt, so wäre mir in der folgenden Zeit gewiß viel Kummer
erspart geblieben. Aber es hätte sich auch niemals die Chance zu
jener tiefen, erfüllten Liebe geboten, wie sie sich später zwischen
mir und meiner lieben Einzi entwickelte. Manchmal muß uns das
Schicksal wohl erst ein wenig verwunden, um uns auf den richtigen
Weg zu bringen.

Dies mag zum Thema genügen ... Bevor ich Ihnen von den nächsten Tricks berichte, mit denen mich Gott Amor zum Narren hielt,
will ich Ihnen eine letzte Episode aus den Jahren meiner zweiten
Ehe erzählen. In dieser Zeit nämlich komponierte ich meine Oper
Die Rosen der Madonna. Dieses Werk entsprach einem besonderen
Bedürfnis in meiner künstlerischen Entwicklung und liegt mir heute
noch am Herzen.

Jungfräulichkeit, hat Karl Kraus einmal gesagt, sei das Ideal derer,
die auf Entjungferung aus seien. Das klingt, wie so viele von Kraus'
Lebensweisheiten, recht düster. Ich dagegen habe herausgefunden,
daß man, je weltzugewandter das eigene Leben verläuft, desto fas-
zinierter ist von jener echten Unschuld und Reinheit, die einem
selbst unerreichbar bleibt. Zweimal in meinem Leben rührten mich
die Symbole der Reinheit ganz besonders an. Beim einen Mal kam
nichts weiter dabei heraus als eine Farce; beim zweitenmal entstand
meine erste und einzige Oper, *Die Rosen der Madonna*.

Zuerst zur Farce. In einer Periode meiner tiefen Depression
während der zwanziger Jahre, zwischen zwei Ehen, nachdem ich
umsonst Hilfe bei verschiedenen Psychiatern – Sigmund Freud
eingeschlossen – gesucht hatte, gelobte ich tatsächlich, die sündige
Fleischeswelt hinter mir zu lassen und in ein Kloster einzutreten.
Vielleicht wurde ich zu dieser Idee angeregt durch das Beispiel des
»armen Anton« Bruckner, der seine glücklichste Zeit als Organist in
der Abtei von St. Florian verbracht hatte. Aus welchem Grund auch
immer: Ich redete mir erfolgreich ein, daß ich nur dann wahren
Frieden finden und von meinem heimlichen Teufel loskommen
könne, wenn ich mich hinter Klostermauern begraben und mein
Leben Gott und der religiösen Musik weihen würde.

Ein sehr hübscher Traum war das, aber eben nur ein Traum. Und
was mit frommer Seelenqual begann, endete in schallendem weltli-

chen Gelächter. Denn an dem Tag, an dem ich den Abt des Klosters Admont aufsuchen wollte, beging ich den Fehler, meinen humorvollen Freund Fritz Rotter mitzunehmen. Fritz war ein ausgesprochener Bonvivant und hatte zu einigen meiner populärsten Lieder die Texte geschrieben, unter anderem zu »Leutnant warst du einst bei den Husaren«, »Schön war es heute abend« und »In Wien hab' ich einmal ein Mädel geliebt«. Er betrachtete das Leben eher mit den Augen eines munteren Husaren als mit denen eines asketischen Mönchs, und so verstand es sich ganz von selbst, daß er schon den bloßen Gedanken an einen Robert Stolz, der den Rest seines Lebens im Kloster verbrachte, nur absurd finden konnte.

Ich dagegen war in einer völlig anderen Stimmung. Als uns der freundliche Abt durch das Kloster führte, erstrahlte ich geradezu in frommer Erleuchtung. Mit größter Befriedigung inspizierte ich die kalte, kahle Zelle mit dem harten, unbequemen Lager, auf dem ich, wenn ich bei meinem Entschluß blieb, für den Rest meines Lebens schlafen würde. Außerdem gab es in der Klosterkapelle eine wunderschöne Orgel, auf der »Bruder Robert« seine sakrale Musik komponieren und den Chor der Mönche begleiten konnte. Bedurfte es noch mehr, um ein friedliches, erfülltes Leben in religiöser Andacht zu führen?

Eine Antwort auf diese Frage habe ich nie gefunden, denn als wir den Klosterhof betraten und der Abt immer weiter die Tugenden des frommen Lebens zu Admont pries, bemerkte ich plötzlich eine seltsame Bewegung hinter ihm. Die kam von Fritz, und im selben Moment, in dem ich seine Miene sah, wußte ich auch schon, daß er einen seiner Streiche ausheckte. Sobald Fritz eine Posse im Sinn hatte, bekam sein Gesicht den Ausdruck eines ausgesprochen teuflischen Affen – nicht unähnlich dem ironischen Grinsen auf den Porträts des alten Voltaire. Doch mein Problem war nicht Fritzens Gesicht! Als der gute Abt weiter über Admont erzählte, begann Fritz, eine komische kleine Pantomime aufzuführen. Das Bild des eintönig predigenden Abtes, dazu Fritz, der direkt hinter dessen Rücken freche Grimassen zog – das war einfach zu viel für mich. All meine frommen Entschlüsse und edlen Gefühle schmolzen dahin wie letzte Schneespuren an einem sonnigen Märztag. Zum erstenmal nach Tagen tiefster Melancholie brach ich in Gelächter aus, in einen völlig unkontrollierbaren Lachanfall. Endlich, viel zu verwirrt, um mein unziemliches Benehmen – von dem meines Freundes ganz zu schweigen! – dem Abt erklären zu können, floh ich Hals über Kopf aus dem Kloster in die weitaus passendere Atmosphäre eines benachbarten Gasthauses. Nachdem ich dort mit Fritz einige

Viertel Wein getrunken hatte, begann ich an einer neuen Operette zu arbeiten und vergaß, daß ich jemals hatte Mönch werden wollen.

Mein Freund Fritz Rotter war glücklich, daß ich wieder zu meinem alten, heiteren Selbst zurückgefunden hatte: »Ich sag' dir, Robert, ich hab' mich kaum beherrschen können vor Lachen, wie du dieses Märtyrergesicht aufsetztest und davon anfingst, du wollest dein Leben Gott weihen. Du hast ausgeschaut wie eine Kreuzung aus Jeanne d'Arc und einer hitzigen Kuh – es hat überhaupt nicht zu dir gepaßt!«

Karl Kraus drückte sich weniger drastisch aus, als ihm diese Episode zu Ohren kam. Doch auch er war sicher, daß ich nicht in ein Kloster gehörte. »Im mittelalterlichen Latein gibt es ein Sprichwort, das auf diesen Fall paßt: ›Cucullus non facit monachem‹, das heißt: ›Die Kutte macht noch keinen Mönch‹. Männer wie du, mein lieber Robert, sollten sich an den sündigen Zirkus dieser Welt halten – nicht an Klöster. Du kannst die Mönchskutte am besten ehren, wenn du sie gar nicht erst anziehst!«

Ich vermute, sie hatten alle beide recht. Und Fritz hat wahrscheinlich dem Kloster – und mir! – eine ganze Menge Verwicklungen erspart, indem er sein Impromptu hinter des Abtes Rücken spielte. Es ist besser, der Wahrheit über sich selbst ins Gesicht zu sehen und ehrlich zu leben, als sich zu belügen und aus sich samt seinen hohen Idealen einen Narren zu machen. So also starb »Bruder Robert«, noch bevor er geboren war, und Robert Stolz, der Vagabund, wanderte weiter, mal fröhlich, mal traurig, durch eine Welt voll Wein, Weib und Gesang. Und ich glaube tatsächlich, daß der Herrgott – und vielleicht ebenso Herr Luzifer – mich von Anbeginn für diese Rolle vorgesehen hatte.

Aber auch Clowns können beten und von Zeit zu Zeit von der Schönheit des Heiligen angerührt werden. Und auf eben diese Weise führte mein zweites Kloster-Erlebnis zur Schöpfung eines zarten musikalischen Bouquets, einer fragilen Rosengirlande, die sich ganz und gar unterscheidet von den meisten meiner anderen Werke und die mir wohl gerade deshalb eine besondere Kostbarkeit ist.

Dieses Mal liegt das fragliche Kloster weit weg von Österreich. Anfang 1920 schlug mein Freund Bruno Hardt-Warden mir einen kurzfristigen Orts- und Klimawechsel vor, der uns beiden Freude machen und eine Unterbrechung des Wiener Alltags bedeuten würde: »Was könnte dazu besser geeignet sein als eine kleine Kreuzfahrt in griechischen Gewässern, Robert? Die Mittelmeerluft wird dir guttun. Und überdies kannst du dein Geld, solange du es noch hast, mit gutem Gewissen für eine Reise ausgeben – sonst werden es dir ja doch nur die Weiber und die Freunderl abnehmen.«

Wie hätte ich – angesichts solch unwiderlegbarer Logik – da noch ablehnen können? Bruno und ich brachen zu unserer Ägäis-Kreuzfahrt auf, wähnend, wir würden beide die Arbeit völlig vergessen und uns nur amüsieren. Statt dessen amüsierten wir uns *und* kamen in unserer Arbeit voran: dank einem Besuch, den wir den alten Klöstern auf dem Berge Athos abstatteten, wo Tausende heiliger Männer seit den frühesten Tagen der Christenheit ein Leben voll Arbeit und Entsagung geführt haben, in einer gänzlich abgeschlossenen Gemeinschaft, mit Ackerbau und Viehzucht in festungsartig ausgebauten Klöstern.

Bruno, mit dem Auge und Ohr des Dichters, war der perfekte Begleiter auf solch einer Reise. Er und ich hatten immer ausgesprochen gut zusammengearbeitet – ich habe davon bereits erzählt. Mit Bruno teilte ich die Liebe zu Schönheit und Natur, von der auch die Verse durchdrungen sind, die er zu meinem Zyklus *Blumenlieder* schrieb, der erst kürzlich wieder von der bezaubernden, einfühlsamen Sopranistin Anneliese Rothenberger populär gemacht wurde. Bruno war eben nicht nur ein Profi-Texter, sondern ein wahrer Dichter.

Wie lebhaft erinnere ich mich noch an unseren ersten Blick auf den Berg Athos, wie er hervorspringt von der Makedonischen Halbinsel, mehr als 2000 Meter über die ruhigen Wasser der Ägäis ragend. Den Weg zum nackten Gipfel säumen grüne Eichenwälder, Kastanien und Pinien, dazwischen liegen die Bauernhöfe, die zu den zwanzig über die Halbinsel verteilten Klöstern gehören. Die düsteren Farben der Wälder und der charakteristische, konisch zulaufende Gipfel des Berges Athos verleihen dem Ort eine Atmosphäre von feierlichem Ernst. Dennoch hört man allenthalben das Geläut einer Ziegenglocke, das Blöken der Schafe, und erinnert sich, daß Leben und Natur hier ebenso nahe sind wie Heiligkeit und Historie.

Mich interessierten diese Klöster; Zielscheibe der Barbaren und Türken, selbst einiger byzantinischer Herrscher waren sie gewesen. Aber diese eigenwillige Gemeinde Gottes lebte noch immer inmitten der zerfallenden Gräben und des ewigen Grüns der Wälder.

Zum erstenmal in meinem Leben fühlte ich mich inspiriert von einem wahrhaft poetischen Thema – einem Thema, das einer Oper bedurfte. Doch gleichzeitig spürte ich tief im Herzen, daß die Große Oper nicht mein Metier war. Wenn ich je eine Oper komponieren sollte, so müßte es eine kleine, intime sein.

Seufzend ging ich weiter, Bruno schritt mir voran, in lyrischem Enthusiasmus und ganz verzückt vor dem geschichtlichen Reichtum dieser alten, heiligen Erde. Später, in einem der Klöster, empfing ich genau das bißchen Inspiration, das ich im Sinn gehabt hatte: aus der Entfernung, vom Ende eines langen, schattigen Korridors her. Es war gar nicht besonders eindrucksvoll. Es handelte sich nur um ein wettergebeuteltes Gemälde, dessen Farben im Laufe der Zeit stark nachgedunkelt waren. Nichts Vielversprechendes war daran, und doch trieb mich ein Instinkt unwillkürlich näher. Unter dem gilbenden Ruß der Jahrhunderte hatte eine ungeschulte Hand – vielleicht die eines einsamen Mönches, der beim Malen in seiner Zelle inneren Frieden fand – ein Bild geschaffen, ein einfaches nur, aber mich rührte es zutiefst. Die Gestalten und Farben waren im Stile alter griechischer Ikonen gemalt, auf einem schlichten, rechteckigen Holzpaneel. Ein Mönch lag auf einem einfachen Lager, den Blick – halb gepeinigt, halb erleuchtet – aufwärts gewendet, während der letzte Hauch von Leben seinem ausgezehrten Körper entfloh. Ich folgte seinem Blick und sah ein Bild im Bild: An der Wand seiner Zelle hing das Porträt einer lächelnden Madonna, umgeben von Rosen, deren tiefe Röte ungetrübt die Zeitläufte überstanden hatte. Sie flossen gleichsam in einer duftenden Kaskade von der Madonna herab auf den sterbenden Mönch, wie Tränen göttlicher Vergebung. Ich stand verzaubert, wie versteinert.

»Robert, ist dir eigentlich klar, daß du schon seit fast zwanzig Minuten auf dieses Bild gestarrt hast?« fragte Bruno und bedachte mich mit einem spöttischen Blick.

Es war, als erwachte ich aus einem Traum, als kehrte ich von einer Welt in eine andere zurück. Ich zuckte mit den Schultern und bat Bruno, das Bild noch einmal genauer zu betrachten. Spürte er nicht auch seine Besonderheit?

»Hmm. Ja. Ja, du hast recht, Robert. Da ist etwas, ein ganz intensives Gefühl unter diesen groben Pinselstrichen. So als ob der Mönch, der es gemalt hat, versucht hätte, eine Geschichte zu erzählen, ein Kapitel aus seinem Leben.« Er trat ganz nahe heran an das Bild, und auch er war nun in Gedanken versunken. »Weißt du, Robert, ich glaube, diese kleine Entdeckung, die du da gemacht hast, die enthält den Kern zu einem guten Gedicht ...«

»Falsch, Bruno«, warf ich ein. »Die Idee für eine gute Handlung einer einaktigen Oper.«

So kam mir der Einfall zu den *Rosen der Madonna*. Beinahe umgehend begann Bruno das Libretto zu schreiben, und ich fing an, seine Dialoge und Verse zu komponieren. Das ist ein Vorteil, den

Schriftsteller und Komponisten gegenüber Malern und Bildhauern haben: Wir können überall und immer arbeiten – solange wir Bleistift und Papier zur Hand haben.

Der Inhalt der Oper ist ganz einfach. Die Geschichte beginnt in der Klosterzelle des Paters Heribert, eines jungen Priesters, der sterbend auf seinem Lager liegt; an der Wand, über ihm, ein Kruzifix und ein Bild der Rosen-Madonna. In seinen Fieberträumen ruft Pater Heribert nach Maria, einem Mädchen, in das er verliebt war, bevor er ins Kloster eintrat. Er warb um sie und gewann ihr Herz, aber Marias Vater, der sie mit einem reichen Freier verheiraten wollte, entdeckte die Liebenden und versuchte im Zorn, den jungen Mann niederzuschießen. Maria warf sich schützend vor ihren Liebsten und wurde von ihres Vaters Kugel getroffen. Selbst im Kloster noch verfolgt ihr Tod den Pater Heribert, der sich schuldig fühlt und noch auf dem Totenbett von der Erinnerung gequält wird. Doch als er stirbt, erwacht das Bild der Rosen-Madonna (die verklärte Maria) zum Leben; sie breitet ihre Arme aus und streut Rosen der Vergebung und der Liebe über den sterbenden Pater. Es ist ein kurzes, schlichtes Werk in einem Akt, drei Szenen und zwei Orchester-Zwischenspielen. Und es ist mein einziger Versuch auf dem Gebiet der »ernsten Muse« geblieben.

Bei der Premiere in Wien 1920 wurde es gut aufgenommen und hat seitdem immer wieder erfolgreiche Aufführungen erlebt. Erst kürzlich dirigierte ich eine Plattenaufnahme in der Produktion von Dr. Marcel Prawy, mit Eberhard Waechter, Waldemar Kmentt, Alois Pernerstorfer und Gundula Janowitz in Wien, die Klaus Laubrunn, einer der besonders ideenreichen Schallplattenproduzenten, herausbrachte. Ich verdanke ihm nicht nur die Plattenaufnahme der *Rosen der Madonna*, sondern auch die Aufnahmen anderer Werke, die mir am Herzen liegen, wie etwa meines Zyklus *Zwanzig Blumenlieder*, den ich mit Anneliese Rothenberger dirigierte.

Wird diese fragile, einaktige Oper mich überleben? Und wenn: wird das Werk ernstgenommen oder nur als musikalische Kuriosität betrachtet werden? Ich weiß es nicht – und im Grunde will ich's auch gar nicht wissen. Denn *Die Rosen der Madonna* ist ein kostbarer Teil meines eigenen Lebens, meiner inneren Imagination. Die Melodien kamen von Herzen und sind ehrlich empfunden. Es wird für mich stets die Schöpfung bleiben, die in einem Augenblick der Erleuchtung auf dem Berge Athos geboren wurde – eine Offenbarung, die mir lieb und teuer ist.

Ob wir wohl jemals eine wissenschaftliche Erklärung finden

werden für die Inspiration als den zündenden Funken der schöpferischen Arbeit? Ich habe da meine Zweifel. So oft scheint die Anregung zu einem Lied, einer Zeichnung, einer Geschichte aus der Luft zu kommen, aus irgendeiner verborgenen Kammer tief in unserem Innersten, das die Wissenschaft sicher niemals restlos durchleuchten wird. Die gleichen äußeren Erfahrungen und Impressionen – in diesem Falle ein Bild in einem entlegenen Kloster – mögen bei neun von zehn Menschen keinerlei Eindruck hinterlassen. Und doch ...

Wahrscheinlich ist dies nur ein weiteres von den ewigen Rätseln, die ungelöst bleiben. Alles, was ich weiß und für mich sagen kann, ist dies: Für mich ist der Akt des musikalischen Schaffens aus einer solchen Inspiration heraus, das Erfinden einer lebendigen Melodie aus dem Nichts, ein unbeschreibliches Glücksgefühl und gleichzeitig ein Mysterium. Vergleichbar nur dem physischen Akt der Liebe und der Schöpfung selbst.

Dies gilt für alle jene verzauberten Momente, in denen die Inspiration mich beflügelt: geboren durch das Vogelgezwitscher in der Morgendämmerung, durch den Anblick eines schillernden Regenbogens, durch eine verschneite Winterlandschaft, durch das Lächeln einer Frau oder eben durch die Erinnerung an das Gemälde eines Mönchs in einem Kloster auf dem Berge Athos.

In diesem Zustand der höchsten Konzentration – fast in Trance – fliegen mir die Melodien zu.

Ich erachte diese Einfälle als Geschenk des Himmels und bin meinem Herrgott unendlich dankbar dafür, daß er mich so unbeschreiblich reich immer wieder beschenkt.

Dasselbe gilt für das Dirigieren. Auch hier, bevor ich den Einsatz gebe, ist noch nichts da. Erst wenn ich mit meinem Taktstock das Orchester zum musikalischen Leben erwecke, entstehen Klänge. Das ist ebenfalls eine Art musikalischer Schöpfung, denn das Orchester spielt ja nach meinen Tempi, meinen Rubati. Für mich ist es genauso ein Akt der Kreation wie das Komponieren. Wenn ich komponiere oder dirigiere, bin ich glücklich und würde mit keinem König oder Kaiser tauschen.

3.
Die Liebe geht um (und um und um und um...)

Da ich soeben noch die Inspiration als wesentlichen Teil meines Lebens so hoch gepriesen habe, muß ich nun auch eingestehen, daß nicht alle meine Eingebungen zu einem glücklichen Ausgang geführt haben. Nehmen wir zum Beispiel meine dritte Ehe: Sie war das Ergebnis der katastrophalsten »Inspiration«, die ich jemals in meinem Leben hatte. Sie erinnern sich wohl an meinen Entschluß, als Franzi mir mit Otto Hein, meinem besten Freund, davongelaufen war. Damals hatte ich ungestüm erklärt – nur, um meinem abtrünnigen Wienerkind eine Lektion zu erteilen –, ich wolle das nächste hübsche Mädchen heiraten, das mir übern Weg läuft. Zu meinem eigenen Unglück hielt ich mich denn auch an dieses »inspirierte« Gelöbnis.

Höchst stilvoll begann die Episode, die sich als die größte Groteske meines Lebens herausstellen sollte, in einem Theater, und zwar im Wiener Raimundtheater, wo ich, kurz nachdem Franzi und ich geschieden worden waren, mit den Proben zu meiner neuesten Operette begann. Es handelte sich um eine sentimentale Komödie mit dem Titel *Die Liebe geht um,* und zumindest auf mich paßte er genau, denn die Liebe sollte schon bald in einem irrwitzigen Takt mein Leben durcheinanderwirbeln.

Eine der Schlüsselfiguren in *Die Liebe geht um* ist Amor, der Knabe mit den Pfeilen, deren Spitzen so oft im Laufe der Jahre meine dünne Haut durchbohrt haben. Diese Rolle war so angelegt, daß sie von einem hübschen jungen Mädchen gespielt werden mußte. Sollten Sie jemals auf das Plakat stoßen, das diese Operette ankündigte, dann können Sie sich selbst ein Bild machen. Da ist sie: eine kecke, kleine Soubrette mit langen Beinen, roten Lippen und goldenem Haar, nur mit Strumpftrikot, Leibröckchen und Flügeln spärlichst bekleidet. Dieser »Amor« war meine dritte Frau – und mein allergrößter Fehler! Sie hieß Josephine, wurde aber von jedermann nur »Fini« genannt, und bevor der Herrgott siebenundzwanzig Jahre nach unserer Scheidung *Finis* hinter Fini schrieb, hatte mich der kleine Unheilstifter mit seinen Pfeilen Millionen über Millionen gekostet und – was noch schlimmer war – einige der qualvollsten Momente meines Lebens verursacht.

Eine gute Rollenbesetzung gehört zu den Geheimnissen einer erfolgreichen Inszenierung. Ich habe auch stets versucht, die besten Darsteller für meine Werke zu finden. Das mußten keineswegs die berühmtesten oder vielseitigsten Stars sein, sondern es genügte vollauf, daß ihr individuelles Talent, ihr Temperament und ihre Erscheinung genau zu der Rolle paßten, die sie spielen sollten. So war der »Amor« für Fini genau das Richtige. Sie hatte die dazu erforderliche gute Figur und ein pikantes Gesichtchen. Dr. Beer, der Direktor des Raimundtheaters, empfahl sie mir.

»Sie ist grad' die Rechte für diese Rolle, Herr Stolz, auch wenn sie keine große Künstlerin ist. Ich weiß, was ich sage, denn ich hab' sie in Brünn spielen sehen. Aber verlassen Sie sich nicht auf mein Urteil – am besten sprechen Sie selbst mit ihr und fällen dann erst Ihre Entscheidung. Für eine gute Rolle an einem größeren Wiener Theater würde sie sterben, das weiß ich, und soviel immerhin kann ich Ihnen versprechen: Sie wird Ihnen gefallen.«

Er hatte nur zu wahr gesprochen! Ich ließ Fini vorsprechen, und sie hielt all das, was Dr. Beers reichlich vorsichtig formulierte Empfehlung versprochen hatte. Fini bekam die Rolle – und ich bekam Fini! Anfangs war es ein nettes zufälliges Verhältnis, aber eben nur anfangs ...

Bevor ich noch wußte, wie mir geschah, hatte ich zugestimmt, sie zu heiraten, und von diesem Augenblick an zog sich die Schlinge langsam, aber unaufhaltsam zusammen. Die Einsamkeit, mein alter heimlicher Teufel, stand natürlich bei der ganzen Geschichte Pate: Ich konnte das Alleinsein nicht ertragen. Aber nun war Fini da und ließ mich wissen, daß sie nur dann bei mir bliebe, wenn ich »eine ehrbare Frau« aus ihr machen würde. Das, sollte sich unglücklicherweise herausstellen, war mehr als überhaupt irgend jemand aus Fini hätte machen können, aber ich heiratete sie tatsächlich. Und nun begann die Komödie!

Die erste Szene der Farce – unsere Hochzeitsnacht – setzte gleichsam den Maßstab für unsere gesamte Beziehung. Bis dahin hatte sich Fini stets große Mühe gegeben, auch in den intimen Stunden; immer war sie liebevoll und aufmerksam gewesen, selbst im Negligé reizvoll, wohlduftend und sorgfältig frisiert. Doch in dieser Nacht, die doch eigentlich unsere »Nacht aller Nächte« hätte werden sollen, hatte ich eher das Gefühl, eine Heimsuchung zu erleben. Stellen Sie sich vor: Robert Stolz, auf dem Hochzeitsbette liegend, erwartet den Eintritt seiner kleinen Braut, die noch Toilette macht. Auftritt eines Geistes: eine unheimliche Erscheinung, ein Gespenst aus dem Stück *Der Müller und sein Kind*, das man zu Allerseelen immer bei uns spielte, kommt herein. Von Kopf bis Fuß voll Pomade, Puder und Hautcreme, in Tücher gehüllt, Wollhandschuhe an den Händen, ein Netz um den Kopf, die Haare auf Lockenwicklern. Ich kam mir vor, als liebte ich eine Wäscherei oder einen Ölbrunnen. Und dieselbe Erscheinung grüßte mich von nun an jede Nacht, die wir während unserer kurzen Ehe miteinander verbrachten.

Doch dieser Geister-Auftritt war nur der Anfang aller Probleme. Denn Fini war außerdem eine frustrierte Künstlern, deren Ehrgeiz ihr Talent bei weitem überwog. Für die Rolle des Amor, die weder besondere Sangeskünste noch große schauspielerische Begabung erfordert hatte, war sie eine perfekte Besetzung gewesen, und in der Provinz hätte sie ohne weiteres am Theater überleben können. Für die Wiener Bühnen jedoch fehlte ihr nahezu alles, was zu einer erfolgreichen Karriere erforderlich war – und nach genau einer solchen Karriere lechzte sie.

Alle Welt war sich über Finis Mangel an echtem Talent im klaren, bis auf die eine Person, die es zu wissen am nötigsten hatte: Fini selbst. Ich tat, was ich konnte, um ihr weiterzuhelfen, denn ich wollte meinen »Frieden um jeden Preis«. Zuerst versuchte ich, einen guten Agenten für sie zu finden: Alle lehnten ab. Dann bot ich an, selber heimlich ihre Gagen und die Vermittlungsgebühren der Agenten zu bezahlen: Immer noch wollte niemand sie haben. In meiner Verzweiflung erkannte ich schließlich, daß es nur eine einzige Möglichkeit gab, Fini zum »Star« zu machen: Indem ich ein Theater kaufte und selber Operetten-Produzent wurde. Doch bevor ich zum Höhepunkt des ganzen Fiaskos komme, lassen Sie mich zwei typische Szenen aus unserer Ehe erzählen.

Erste Szene: Eines Nachmittags, noch in der Zeit, in die eigentlich unsere Flitterwochen hätten fallen sollen, kam ich unvorhergesehen früher als gewöhnlich nach Hause. Da ich nicht klingelte, sondern selbst die Tür aufschloß, wurde ich unverhofft Zeuge eines vertraulichen Gesprächs zwischen Fini und meinem neuen Schwiegervater.

»Sei keine Närrin, mein Kind«, sagte der brave Mann gerade zu ihr. »Dieser Mensch ist viel älter als du, der kann jeden Moment zusammenklappen. Du mußt ihn unbedingt dazu überreden, dir alles zu überschreiben. Je früher, desto besser! Man kann ja nie wissen, was passiert ...«

Und Fini – pflichtbewußte Tochter, die sie war – versprach, Papas Rat Folge zu leisten. Sie werden nun ohne große Mühe verstehen, daß ihr töchterlicher Gehorsam auf mich einen völlig anderen Eindruck machte als auf ihren Vater. Ich fühlte mich, als hätte man mir einen Eiskübel übers Haupt gegossen. Und bald sollte ich noch weitere ernüchternde Erlebnisse haben.

Szene Nummer zwei: Mein liebster Erholungsort war damals ein hübsches, kleines Ferienstädtchen namens Abbazia (heute: Opatija) an der istrischen Küste in Jugoslawien. Dort hatte ich schon viele wunderschöne Urlaubstage verbracht. Der Aufenthalt mit meiner Fini in Abbazia allerdings war eher lehrreich denn erholsam zu nennen.

Zwar waren wir gemeinsam nach Abbazia gefahren, doch kaum hatten wir unseren Einzug ins Palace-Hotel gehalten, begann Fini auch schon, sich rar zu machen. Anfangs bemerkte ich das gar nicht so richtig, denn es galt eine Menge Freunde und Bekannte wiederzusehen, so daß ich niemals unter Einsamkeit zu leiden hatte. Überdies hatten Finis Bemühungen, mich zu einer Vermögensüberschreibung zu bewegen, in letzter Zeit einen schrillen Ton angenommen, so daß ich mich nicht unbedingt um ihre Begleitung riß. Statt dessen schwamm ich und sonnte mich, spielte und genoß die fröhliche Gesellschaft. Außerdem arbeitete ich an einer neuen Operette. Auch Fini »genoß die Gesellschaft«. Auf ihre eigene Weise, wie ich bald erfuhr, und zwar ausgerechnet vom italienischen Schlagwerker des Tanzorchesters im Palace-Hotel.

Er hieß Mario und war ein hübscher junger Don Juan, der schwarzgelocktes Haar und durchdringende, schwarze Augen besaß – ein echter *homme à femmes*. Zu meinem Glück verfügte er aber auch über ein Gewissen. Eines Tages kam Mario während einer Orchesterpause an meinen Tisch und stellte sich selbst vor, indem er beteuerte, er sei ein großer Bewunderer meiner Musik. Erst dann, nach einer kurzen und ungemütlichen Pause, kam er zum Wesentlichen.

»Ich hoffe, Sie werden mir vergeben, Maestro, daß ich ein solch vertrauliches Thema anschneide«, sagte Mario und starrte dabei verlegen auf seine Schuhspitzen. »Ich weiß nicht so recht, wie ich es Ihnen sagen soll, aber weil ich Sie als Künstler verehre, fühle ich mich einfach dazu verpflichtet.«

»Nun, worum geht es denn?«

»Es geht um Ihre Gattin, Maestro. Wir – hm – wir waren zusammen ... ein paarmal. Sie verfolgte mich geradezu, und dann besteht sie noch darauf, mir solche Dinge zu schenken. Hier«, sagte er. Er griff in seine Tasche und holte einen großen Diamantring sowie eine goldene Zigarettendose hervor, deren Gravierung lautete: »Meinem Liebling Fini in Liebe von Robert.«

»Sie sehen, was ich meine, gnädiger Herr. Es ist einfach eine Schande. Das mindeste, was ich tun kann, ist, es Sie wissen zu lassen. Und mein Gewissen käme niemals zur Ruhe, wenn ich Ihnen dies hier nicht zurückgegeben hätte. Glauben Sie mir, Maestro, es tut mir leid – aber ich denke, Sie sollten es wissen.«

Es kommt nicht oft vor, daß man einen Italiener erröten sieht, aber Mario wurde tatsächlich rot, als er mir von seinen Begegnungen mit Fini berichtete. Dennoch war sein rotes Gesicht noch gar nichts gegen das meine, als ich den Ring und das Zigarettenetui von ihm entgegennahm. Reicht es denn nicht schon, dachte ich, daß dieses Mädchen mich nur um ihrer Karriere und meines Geldes

Oben: Die Liebe geht um … Schicksalhaft war die Begegnung mit der Soubrette Fini, die Robert Stolz' zweite Gattin wurde.
Die Robert-Stolz-Bühne war ein Mißerfolg. Das Spiel gab jedoch der nachmals berühmten Paula Wessely Gelegenheit, auf der Bühne erfolgreich zu debütieren.

Unten: »Mädi« und »Wenn die kleinen Veilchen blühen« – zwei Operetten, die in der ganzen Welt aufgeführt wurden und Robert Stolz' Ruf als Bühnenkomponist befestigten.

willen geheiratet hat? Muß sie nun auch noch den Schmuck, den ich ihr geschenkt habe, zur Bezahlung für ihre Gigolos benutzen?! Daß unsere Ehe nicht eben ideal war, hatte ich längst gemerkt; die verliebten Illusionen hatten ja nicht einmal unsere Hochzeitsnacht überlebt. Aber dies hier, das war eine regelrechte Demütigung. Mir die Hörner aufzusetzen in Abbazia und noch dazu mit Hilfe des Schlagwerkers vom Tanzorchester!

»Vielen Dank, Mario«, sagte ich, »für Ihre Ehrlichkeit. Sie sind ein guter Kerl. Ich werde drauf sehen, daß die fragliche Dame Ihnen zukünftig Zeit für Ihre Musik läßt...«

An diesem Tag verlief Finis und mein gemeinsames Abendessen etwas mühsam. Sie muß wohl gefühlt haben, daß mich etwas beschäftigte, denn ihre forcierte Munterkeit verriet deutlich ihre Nervosität. Nach dem Dessert schließlich reichte ich ihr ein ordentlich eingewickeltes Päckchen, das den Ring und die Zigarettendose enthielt.

»Liebe Fini«, sagte ich zu ihr, »heute habe ich ein enormes Glück gehabt. Erinnerst du dich an den Diamantring und das goldene Zigarettenetui, die ich dir geschenkt habe? Du scheinst beide verloren zu haben, ohne daß du es bemerkt hast. Aber einer der Musiker hat die Sachen gefunden und war so ehrlich, sie zurückzugeben. Aus der Eingravierung auf dem Zigarettenetui konnte er entnehmen, wem es gehören mußte. Ein netter, aufrichtiger Mensch, dieser Mario.«

Diesmal war es an Fini zu erröten – allerdings nur für einen Augenblick. Dann steckte sie das Päckchen in ihr Täschchen, lächelte, warf den Kopf zurück und rief: »Na und, was macht das schon? Du kannst es dir schließlich leisten, und noch einiges mehr. Und dieser kleine Knoblauchfresser hat bestimmt gedacht, daß du ihm eine große Belohnung gibst, mehr jedenfalls, als er von einem Hehler für sein gestohlenes Zeug bekommen hätte – sonst hätte er es dir kaum zurückgegeben.«

Ich glaube, in diesem Moment begann ich zu erkennen, daß meine dritte Ehefrau etwas mehr als nur unverträglich sein konnte, und daß es keineswegs nur ein leiser Anflug von Unbarmherzigkeit und Schamlosigkeit war, der ihren Charakter entstellte – in einem Maße nämlich, wie ich es niemals bei einer anderen Frau erlebt habe. Würde es wohl einen einigermaßen schmerzlosen Weg geben, diesen trügerisch hübschen Händchen mit den überaus gepflegten Klauen zu entrinnen?

Was wäre wohl das Angemessene? Eine Scheidung? Trennung? Ihr eine Arbeit zu suchen, die sie zu sehr beschäftigt halten würde, um ihr weiterhin Zeit für ihre hohen, zu hohen Ansprüche zu lassen? Aber es ging ja gar nicht um die Frage, *was* zu tun war, sondern vielmehr darum, *wie* und *wann* es zu tun war, und die beiden Antworten, die mir darauf einfielen, machten mich bald zu einem ruinierten, gejagten Mann in meinem geliebten Wien.

Doch bevor ich Ihnen diese Geschichte erzähle und bevor Sie glauben, ich hätte meine Zeit in Wien und auf Tournee während der zwanziger Jahre nur als jammernder Hanswurst verbracht, lassen Sie mich noch von etlichen bemerkenswerten künstlerischen Ereignissen berichten, die sich damals in der Traumstadt begaben, in dieser wirren, nebelhaften Halbzeit zwischen dem alten Kaiserreich und dem immer näher rückenden Alptraum aus Nazismus und Zweitem Weltkrieg.

Wien ohne das Kaiserreich im Hintergrund, das war – so hörte ich in jenen Tagen oftmals sagen – wie ein Kopf ohne Körper. Aber das Gehirn der betagten Donaukönigin funktionierte immer noch tadellos, und seine schöpferisch und intellektuell erregenden Glanzpunkte ließen weiterhin Theater, Galerien und Kaffeehäuser erstrahlen und zogen die großen Genies der Zeit – insbesondere die musikalischen – aus allen Teilen der Welt geradezu magnetisch an.

4.
Puccini, Toscanini und andere Genies

Ich habe es immer außerordentlich bedauert, daß ausgerechnet die beiden Völker, die am meisten der Musik zugetan sind, nämlich die Österreicher und die Italiener, jahrhundertelang Feinde waren. Glücklicherweise gab es im Laufe meines Lebens hin und wieder einen Waffenstillstand zwischen den beiden Ländern, so daß ich einige meiner schönsten, aber auch künstlerisch ergiebigsten Wochen und Monate auf Tourneen durch Italien verbringen konnte. Ich habe von jeher eine starke Zuneigung zu den romantischen italienischen Komponisten und Musikern des späten 19. und des 20. Jahrhunderts empfunden, ganz besonders zu zweien, die ich nicht nur kennenlernen durfte, sondern mit denen mich auch eine tiefe Freundschaft verband: zum unvergleichlichen Meister der Oper, Giacomo Puccini, und zum »Napoleon des Taktstocks«, Arturo Toscanini.

Von allen zeitgenössischen Komponisten, die zu kennen ich die Ehre hatte, stand mir keiner näher als Giacomo Puccini, sowohl als Künstler wie auch als Mensch. Er war kein Fremder in Wien, und während seiner Besuche dort in den frühen zwanziger Jahren traf ich ihn mehrmals. Unser längstes Treffen jedoch, bei dem ich ihn am nächsten kennenlernte, fand 1924 statt, im Jahre seines Todes.

Von allen Meistern der Oper ist er mir zweifellos der liebste. Mozart verehre ich glühend, Wagner respektiere ich, Verdi bewundere ich grenzenlos – aber meine Liebe gehört Puccini. Meiner unmaßgeblichen Meinung nach war er auch der Künstler mit dem beständigsten Erfolg, und zwar nicht nur im kommerziellen Sinn: Sein Œuvre ist von stets gleichbleibender Qualität. Von all seinen vielen Werken kann wohl nur *Schwester Angelica* als Mißerfolg betrachtet werden. Verdi und Rossini waren große Komponisten auf ihre eigene Weise, doch den Höhepunkt an perfekter Synthese aus Phantasie, Melodienreichtum, Poesie und Anmut – für mich die vier Grundpfeiler guter und schöner Bühnenmusik, gleichgültig, ob es dabei um die »seriöse« oder die »leichte« Muse geht – stellen für mich die Werke meines Freundes und Mentors Giacomo Puccini dar. Hätte ich heute, im Alter von vierundneunzig Jahren, noch einen Wunsch frei, so wollte ich den Herrgott darum bitten, mir einen Text wie *La Bohème* zu schenken und dazu die Inspiration, es so großartig in Musik umzusetzen wie Puccini.

Als *La Bohème* im Februar 1896 Premiere im Teatro Regio in Turin hatte, war ich noch nicht ganz sechzehn Jahre alt, aber ich erinnere mich gut, welchen Skandal die musikalischen Neuerungen dieser Oper bei den Traditionalisten hervorriefen.

Wie ich bereits erwähnte, begegnete ich Puccini während eines Aufenthaltes in Wien im Jahre 1920, als seine Oper *Das Mädchen aus dem goldenen Westen* mit Alfred Piccaver und meiner lieben alten Freundin Maria Jeritza in den Hauptrollen aufgeführt wurde. Zum zweitenmal traf ich ihn ein paar Jahre später, ich glaube, es war im Herbst 1923 anläßlich der Aufführung von *Manon Lescaut* – wieder mit der Jeritza in der Hauptrolle – in Wien. Wir trafen uns zwar, aber das heißt noch lange nicht, daß wir uns wirklich kennengelernt hätten. Das geschah erst im Jahre 1924 in Italien, und zwar mit Hilfe unseres beiderseitigen Freundes Renato Simoni, der sowohl Puccini als auch mich mit Libretti versorgte. Dort, in seinem Heimatland, lernte ich Puccini erst richtig kennen.

Ich will versuchen, ihn so zu schildern, wie ich ihn kannte: groß, ein wenig beleibt, breitschultrig, lebhaft, meist sehr elegant gekleidet, da er sich gern wie ein Flaneur und Bonvivant gab, was auch seinem eigentlichen Charakter entsprach. Puccini hatte eine volle, glatte Künstlermähne und einen sorgfältig gepflegten Schnurrbart. Und von Puccini zu sprechen, heißt selbstverständlich auch von

Zigaretten zu sprechen. Er rauchte bei allem, was er tat: beim Sprechen, im Gehen, beim Komponieren, beim Klavierspielen. Im Gespräch wurde seine Zigarette gar zu einer Art Konversations-Taktstock, mit dem er durch die Luft fegte, um eine Pointe zu unterstreichen. Er hob ihn wie einen Zeigefinger, um einem Gedanken die nötige Betonung zu verleihen, oder schnellte ihn seitwärts, um ein nichtiges Argument hinwegzufegen.

Seltsamerweise bezieht sich meine deutlichste Erinnerung an Puccini und seinen Landsmann, den großen Tenor Enrico Caruso, ausgerechnet auf ihre Rauchgewohnheiten. Carusos Leidenschaft allerdings galt Zigarren – ich sah ihn sogar in den Kulissen während der Pausen rauchen; da stand ein Bühnenarbeiter mit einem Eimer voll Sand oder Wasser neben ihm, um ein Feuer zu verhüten. Nebenbei war Caruso, was heute kaum noch jemandem bekannt sein dürfte, auch ein hochbegabter Karikaturist. Wäre er nicht Sänger geworden, so hätte er sicherlich auch mit diesem Talent Karriere gemacht. Seine mitunter boshaften, aber stets erheiternden und leicht erkennbaren Karikaturen von den meisten seiner unsterblichen musikalischen Zeitgenossen stellen bis heute eine ergötzliche Bildergalerie für Historiker und Opernliebhaber dar. Caruso kannte Puccini in vielen seiner Stimmungen und porträtierte ihn feurig und launenhaft, voll unterschwelliger Melancholie – eine Mischung, die Puccinis Persönlichkeit gerecht wurde, selbst dann noch, als er einmal seine ziemlich große italienische Nase bis zur Unglaubwürdigkeit verzerrte.

Alle Züge an Puccini waren groß, nicht nur seine Nase. Seine Liebe zur Jagd und das Leben im Freien hatten seine Haut im Laufe der Zeit bronzen getönt, so daß er stets kerngesund wirkte, selbst noch während meines letzten Besuchs, nur wenige Monate vor seinem Tode. Wenn er sich entspannt fühlte, war er von einem jungenhaften Charme, dem sein stets wacher Humor noch eine besondere Note verlieh. Er war ein vorbildlicher Gastgeber. Dennoch erzählte mir unser beider Freund Simoni nach Puccinis Tod, daß hinter all seiner Lebensfreude und seiner überschäumenden, nervösen Energie ein Anflug von Schwermut unverkennbar gewesen sei.

»In dieser Hinsicht war er dir nicht ganz unähnlich, Roberto«, sagte Simoni. »Während seiner langen und schmerzvollen Bemühungen, *Turandot* zu vollenden, gestand er mir einmal, er schleppe eine immerwährende Bürde mit sich herum, ›eine Fracht von Melancholie‹, wie er sich ausdrückte. Vielleicht wußte er, daß er sich im Wettlauf mit dem Tode befand ... und daß er ihn bald verlieren würde.«

Trotz alledem: Ein solch feuriger Geist brachte es durch stete Tätigkeit zuwege, die Melancholie in Schach zu halten. Und wie Puccini reden konnte! Zwei seiner musikalischen Grundsätze, die er im Gespräch mit mir beiläufig erwähnte, haben sich unauslöschlich in mein Gedächtnis eingegraben. Ich könnte beinahe sagen, daß sie zu meinem eigenen Glaubensbekenntnis wurden.

»Eine Musik, die keine Heimat hat, mein lieber Stolz, das ist keine Musik!« rief Puccini aus, wobei er mit seiner Zigarette nachdrücklich durch die Luft fegte. »Wenn man eine Komposition von Liszt hört, so hört man Ungarn; in Tschaikowskijs Musik spürt man die Seele Rußlands; Amerika erklingt in Gershwins Melodien, und hört man Johann Strauß, ist man in Wien! Aber was die Zwölftonmusik betrifft: da klingen Italiener, Russen und Amerikaner alle gleich. Das mögen zwar großartige Übungen sein – aber es ist eine Musik ohne Heimat.«

Seine zweite Maxime klang noch emphatischer: »Es gibt keine echte Musik ohne Melodie.«

Puccinis Freundlichkeit ging so weit, daß ich mich bei ihm ganz zu Hause fühlen durfte, indem er humorig an unsere »alte Waffenbrüderschaft an der Wiener Operette« appellierte. Dies bezog sich auf sein Werk *La Rondine*, die 1914 ursprünglich als Operette von den Direktoren des Karltheaters herausgebracht worden war, die Puccini jedoch während des Ersten Weltkrieges mehrmals umgeschrieben hatte. Schließlich war eine Oper daraus geworden.

Puccinis Einstellung zu Wien war zwiespältig. »Ich habe in Ihrer entzückenden Stadt immer wie ein König gelebt«, sagte er, »obwohl es mich sehr gekränkt hat, daß Gustav Mahler meine *Tosca* so haßt, daß er sie nicht in die Wiener Oper läßt. Und was die Damen angeht: für meinen Geschmack sind sie zwar ein bißchen zu gut genährt, weil sie all den köstlichen Patisserien so lebhaft zusprechen, aber sie haben dabei offenbar doch noch eine Menge Appetit auf Besucher wie mich.«

Bei dieser Gelegenheit kam mir der Gedanke, daß Puccini womöglich einer der wenigen Männer war, der durch Wien gehen konnte, ohne meine Fini kennenzulernen – was zweifelsohne ein Glück für ihn war!

Ist es zuviel gesagt, wenn ich Puccini einen Freund nenne? Die Zeit, die wir zusammen verbrachten, kann man weder nach Monaten noch nach Jahren zählen, allenfalls nach den Stunden einiger weniger Tage. Manchmal jedoch gründet sich Freundschaft mehr auf Zuneigung denn auf Zeit – als gefühlsmäßiges Bindeglied, das zwei Menschen vereint. Ich glaube, daß eine solche Bindung zwischen Puccini und mir existierte; wir waren verwandte Seelen, uns vereinte die Liebe zum Beruf, die gleiche Einstellung zur Musik (wir beide waren »besessene Melodiker«) und der Wunsch, dem Leben die schönsten Seiten abzugewinnen. Diese Bindung wurde noch durch den Einfluß anderer, vor allem unserer gemeinsamen Freunde Renato Simoni und Arturo Toscanini, verstärkt.

Als am 25. April 1926 unter Arturos Leitung Puccinis letztes Meisterwerk in der Mailänder Scala posthum aufgeführt wurde, war ich anwesend. Ich vermute, daß alle, die ihn kannten, sich an diesem Abend Puccini genauso nahe fühlten, als wäre er persönlich dabei. Er hatte *Turandot,* wie befürchtet, nicht mehr vollenden können. Zu Freunden hatte er gesagt: »Wenn es mir nicht mehr gelingt, diese Oper fertigzustellen, so sollte einer an die Bühnenrampe treten und sagen: ›Bis hierher hat Puccini komponiert, dann starb er.‹ «

Wie sich herausstellte, hat Alfano, der Komponist, der *Turandot* vollendet hat, indem er begonnene Entwürfe sowie Anweisungen heranzog, die der Meister hinterlassen hatte, eine hervorragende Arbeit geleistet. Es ist ihm gelungen, die Atmosphäre der Oper nicht nur zu erhalten, sondern sie auch zu einem angemessenen Ende zu führen. Aber des Meisters Anspruch wurde geachtet.

Der Musikkritiker des »Corriere della Sera« hat diesen denkwürdigen Abend für die Musikgeschichte folgendermaßen beschrieben:

»Wie außerordentlich ist doch die Beschwörung der Musik, die den klaren Stempel der Persönlichkeit des Komponisten trägt. Gestern abend in der ›Scala‹ war Puccini bei uns. Er war unter dem großen Publikum, das ihn bewundert, ihm applaudiert hatte in den Tagen seiner größten Triumphe ... Bis zur gestrigen Aufführung war Puccinis Vorstellung von der *Turandot*-Geschichte ein Geheimnis geblieben. So wie die schöne und grausame Prinzessin, deren Namen sie trägt, so war die Oper in ihrem eigenen Rätsel verschlossen geblieben. Der mysteriöse Prinz, wiewohl er seinen Erfolg vorausgesehen haben mag, hat sein Verfahren wie der andere auch abgewartet und die Angst, die er empfunden haben muß, in seinem Herzen verborgen. Doch nur wenige Schläge vom Taktstock Toscaninis genügten, um der großen Versammlung den lebendigen Geist des süßen Sängers der Manon, der Mimi, der Butterfly nahezubringen. Die exotischen Farben und die ungewöhnliche Szenerie minderten in keiner Weise die Bedeutung seiner Anwesenheit, die von den ersten Noten *Turandots* an empfunden wurde ... Der Künstler weilte gestern unter uns ...«

Oben links: Professor Dr. Erich Schulze, Vorstand und Generaldirektor der GEMA. Ihm ist die Errettung und der Wiederaufbau der GEMA wesentlich zu verdanken.
Oben rechts: Der Regisseur Max Reinhardt (1873–1943).
Unten links: Widmungsfoto des Schauspielers Kirk Douglas.
Unten rechts: Der Schauspieler Burt Lancaster (Foto mit Widmung).

Traurige Heimkehr in das vom Krieg zerstörte Wien. 1947.

Heute noch überläuft mich ein Schauer, wenn ich mich an jenen Moment erinnere, in dem die winzige Liu abtritt und der Trauerchor die Bühne verlassen hat. Tödliche Stille herrschte im Theater, unterbrochen von der gespenstischen Klage einer einzelnen Piccolo-Flöte. In diesem Augenblick drehte sich Toscanini zum Publikum und erklärte mit einer von Ergriffenheit zitternden Stimme: »Hier hat der Meister sein Werk beendet.«

Erst lange nachdem der Vorhang sich gesenkt hatte, brachen sich die Emotionen Bahn: Es gab Tränen und Applaus, wie ich es niemals wieder erlebt habe. So hatte ich das Privileg, Giacomo Puccini gemeinsam mit Tausenden von anderen Menschen Lebewohl zu sagen, die sowohl seine Musik als auch die Erinnerung an ihn selbst liebten, und dies in der würdigsten aller denkbaren Umgebungen, in Italiens Musik-»Kathedrale«, der »Scala« zu Mailand.

Ja, in jener Nacht in der Scala gab es kein Auge, das tränenlos blieb, als Toscanini seine kurze, ergreifende Ansprache hielt. Übrigens war es Toscanini, der mich dazu anregte, mein »Ave Maria« zu schreiben, das später im Petersdom zu Rom aufgeführt wurde – woraus man entnehmen kann, daß meine Musik größere Chancen als ich haben dürfte, in den Himmel zu kommen!

»Roberto«, sagte Toscanini eines Tages zu mir, als er während der dreißiger Jahre in Wien weilte, »du hast solch eine glückliche Hand für gefühlvolle Melodien; warum versuchst du dich nicht einmal an einem ›Ave Maria‹?«

Größerer Ermutigung bedurfte ich nicht. Am folgenden Tage überreichte ich Toscanini die Noten, als wir uns im Restaurant »Pataky«, einem feinen alten ungarischen Speiselokal im Herzen Wiens, zum Essen trafen. Dort, über den dampfenden Gulaschschüsseln, las Toscanini meine Komposition, und sie fand seinen Beifall. Bruno Hardt-Warden machte den Dritten im Bunde, und da ich meine Noten zum lateinischen Text geschrieben hatte, beschwor er seine poetische Ader und verfaßte einen großartigen deutschen Text dazu. Arturo studierte das fertige Produkt noch einmal genau und kritzelte dann, mit einer seiner liebenswerten, impulsiven Gesten, das Wort »Superb!« quer über das Manuskript.

Wie schön ist es doch, solch brillante, herzliche Freunde zu haben. Mit Künstlern wie Arturo Toscanini und Bruno Hardt-Warden zu speisen, war für mich jedesmal ein Erlebnis, auf das ich mich schon lange im voraus freute. Man konnte nie wissen, ob nicht irgendeine Kleinigkeit ihr schöpferisches Genie in Bewegung brachte. Und die Freude an der Kreativität – selbst wenn man ledig-

lich Zeuge eines spontan schöpferischen Moments bei anderen wird
– ist der wundervollste Ausgleich für das bisweilen stürmische
Leben, das man als Künstler führt.

Nachdem ich Ihnen nun eine Auslese aus der Hohen Kunst geboten
habe, die Wien aus »Bella Italia« importiert hat, lassen Sie mich
noch einmal kurz zu einem unserer eigenen, zwar einfachen, aber
herzhaften Weine zurückkehren. Um im Bilde zu bleiben: ich habe
in den zwanziger Jahren selber einige Flaschen damit gefüllt. *Sperr-
sechserl* zum Beispiel, mit dem Libretto von Alfred Grünwald und
Robert Blum, war ein riesiger Erfolg in Wien im Jahre 1920, und
drei Lieder daraus haben inzwischen ihre Langlebigkeit unter Beweis gestellt. Sowohl »Dann geh' ich hinaus in den Wienerwald« als
auch »A klane Drahrerei« wurden als Wienerlieder sehr populär.
Etwas seltsamer ging es mit dem dritten Lied zu: »Vater Strauß,
schau runter und hör den Applaus« hat starke Ähnlichkeit mit dem
Hauptthema *(Lara's Theme)* aus dem Film *Doktor Schiwago*. Ich
will keineswegs unterstellen, daß jemand mir dieses Thema gestohlen hat – aber um alle Zweifel zu zerstreuen, muß ich doch sagen,
daß ich es gute vierzig Jahre bevor *Doktor Schiwago* entstand geschrieben habe. Im Jahre 1920 hatte noch eine andere meiner Operetten Premiere, und zwar *Tanz ins Glück* am Raimundtheater.
Dieses Werk war einer meiner frühesten internationalen Triumphe,
denn es wurde mit dem Titel *Whirled into Happiness* in England
aufgeführt, in Italien als *Danza la Fortuna,* in Frankreich als *Danse
vers le bonheur* und in Amerika als *Sky High.* 1921 lief meine *Tanzgräfin* sowohl in Österreich als auch in Deutschland und Dänemark
mit Erfolg, und 1922 wurde, ebenfalls erfolgreich, *Die Liebe geht
um* aufgeführt. (Im Rückblick könnte ich diesen Erfolg gerne ent-
behren, denn ich handelte mir damit ja die »Liebe« meiner Fini ein!)
1923 folgte *Mädi*, das mit dem unvergessenen Hans Albers in Berlin
ein Schlager wurde und dann nach England als *The Blue Train*, nach
Italien als *Medi* weiterzog.

Aber nun kommen wir schon ins Jahr 1924 – das Jahr meiner
beiden größten Torheiten und meiner schlechtesten Operette.
Wenn ich heute darauf zurückblicke, dann betrachte ich das alles in
Bausch und Bogen als das, was ich meinen Anfall von »Theater-
wahnsinn« nenne, eine Tollheit, die mir sechsundzwanzig Jahre
lang schreckliche Kopfschmerzen bereiten sollte. Andererseits wäre
ich – hätte ich sie nicht begangen – wohl kaum nach Berlin gekommen, wo ein völlig neuer Lebensabschnitt für mich begann, in dem
auch *Zwei Herzen im Dreivierteltakt* entstand.

5.
Theaterwahn und Theaterkrise

Meine dritte Ehe könnte man kurz etwa so beschreiben: Fini stellte Hitler dar und ich Neville Chamberlain. Selbst nach unseren aufschlußreichen Flitterwochen in Wien und Abbazia versuchte ich noch, durch Nachgiebigkeit den Frieden zu erhalten. Und als alle Versuche scheiterten, mir diesen Frieden dadurch zu erkaufen, daß ich einen Agenten beauftragte, für Fini Engagements zu finden, die ich dann heimlich bezahlte, hatte ich noch eine weitere unglückliche »Inspiration«:

Zu Beginn des Jahres 1924 erfreute ich mich einer meiner einträglichsten Perioden. Beruflich ging alles glatt, und das Geld kam regelmäßig ein. Eines Tages kam ein Freund zu mir und sagte: »Robert, du schwimmst geradezu im Geld, und ein großer Komponist bis du noch dazu. Deine Werke verdienen es, genauso inszeniert und dirigiert zu werden, wie du es willst, ohne daß dir dabei irgendein Theaterdirektor oder Regisseur hineinpfuscht. Warum kaufst du dir nicht ein eigenes Theater und machst alles ganz erstklassig nach deinem eigenen Gusto?«

Verhängnisvolle Eitelkeit! Ich glaube, im tiefsten Herzen meint jeder Komponist, daß außer ihm selbst niemand seinen Schöpfungen wirklich Gerechtigkeit widerfahren läßt. Jedenfalls fiel ich in meiner damaligen Verfassung auf diesen Vorschlag herein – zumal ich allen Ernstes hoffte, daß ein eigenes Theater die entnervenden Probleme mit Finis Bühnenkarriere und ihrem ständig schriller werdenden Keifen lösen würde. Ich wagte es: Ich kaufte die alte »Max-und-Moritz-Bühne« in der Annagasse in Wien und verwendete mein ganzes Geld darauf, sie zu renovieren und eine neue, verschwenderisch ausgestattete Operette mit Fini in der Hauptrolle herauszubringen! Wen die Götter vernichten wollen, dem nehmen sie den Verstand. Trotz eines Librettos von Karl Farkas entpuppte sich das Ergebnis, eine Operette mit dem Titel *Ein Rivieratraum* (oder *Das Mädchen aus Tausendundeiner Nacht)* als ein »Wiener Alptraum« für Robert Stolz. Es gab das größte Fiasko meiner gesamten Laufbahn – und immerhin habe ich einige davon erlebt! Am Premierenabend trat mein »Privat-Teufel« an die Öffentlichkeit. Er – oder einer seiner satanischen Kollegen – füllte das Theater und ließ alles nur Erdenkliche schiefgehen. So ließen zum Beispiel in einer Meeres-Szene, in der ein Schiffchen quer über die Bühne segeln sollte, die Bühnenarbeiter das Schiff – entweder aus Pech oder aus schierer Unachtsamkeit – verkehrt herum fahren, so daß die Segel im Wasser waren und der Rumpf nach oben gekehrt. Diese ganze Szene sollte eigentlich eine ernste sein, aber das Publikum hat sich totgelacht. Auch ich hatte das Gefühl zu sterben, aber nicht eben vor Lachen.

Dann kam der Augenblick, da der Held voller Wut einen Stuhl in einen Spiegel werfen und, sobald der Spiegel in tausend Stücke zerbarst, rufen sollte: »Dies ist meine Rache!« Normalerweise glaubt man, ein zerbrochener Spiegel bringe Unglück – in diesem Falle wollte es das Unglück, daß er *nicht* zerbrach. Der Schauspieler schleuderte den Stuhl, und der Spiegel gab, anstatt zu bersten, ein dröhnendes »Gongg!!« von sich. Erst zehn Sekunden später, als der Dialog wieder begann, erklang hinter der Bühne das Klirren des in tausend Stücke zerberstenden Spiegels. Zehn Sekunden ... zehn Sekunden auf der Bühne sind eine Ewigkeit. Nein, er wurde kein Publikumserfolg, mein *Rivieratraum*.

Das einzig Positive daran war noch, daß Fini, nachdem das Stück abgesetzt wurde, mit einem der Darsteller durchbrannte. Dies war nun wirklich »Frieden um jeden Preis«, dennoch sollte mir die Rechnung – Bankrott inklusive – noch präsentiert werden.

Mein Bankrott ereignete sich also 1924, mitten in der großen Wiener Theaterkrise. Die Theater starben wie die Fliegen, und nirgendwo war Geld für ihre Rettung aufzutreiben. Meine Pleite war also nur eine von vielen, aber mir, dem bekannten Komponisten, wurde natürlich mehr Aufmerksamkeit zuteil als den meisten anderen Opfern des Zusammenbruchs: »Hypothek auf Robert Stolzens Hirn« lautete eine der Schlagzeilen in der Lokalpresse, nachdem meinen Bankrott angemeldet hatte. Und bald war ich der Witz des Tages in Wien, das nur selten Mitgefühl für Verlierer aufbringt.

Immerhin gab es einen einzigen Silberstreifen am düsteren Horizont meines »Theaterwahns«. Nach dem Durchfall mit dem *Rivieratraum* und kurz bevor ich das Theater verlor, erwarb ich die Aufführungsrechte für eine Außenseiter-Produktion, eine Komödie mit dem Titel *Hilfe, Liebe, Diebe*. Das Echo auf diese Aufführung war nicht außergewöhnlich, doch ein einzelner Wiener Kritiker bewies geradezu hellseherische Fähigkeiten, als er über eine der Darstellerinnen schrieb: »Da gibt es ein Stubenmädchen, das im dritten Akt auftritt. Sie hat nur einen Satz zu sprechen, aber ihren Namen sollte man sich merken. Sie heißt Paula Wessely, und sie ist enorm begabt.«

So hat die kurzlebige »Robert-Stolz-Bühne« wenigstens den Boden bereitet für eine der größten Schauspielerinnen deutscher Sprache.

Nachdem Fini sich mit ihrem Liebhaber auf und davon gemacht hatte, war selbst mir klar, daß es höchste Zeit für unsere Scheidung wurde. Und was für eine Scheidung ich bekam! Ein befreundeter Anwalt – ich merkte erst sehr viel später, daß er mit Fini weitaus besser als mit mir befreundet war – kam eines Tages zu mir und unterbreitete mir einen ungewöhnlichen Vorschlag.

»Lieber Herr Stolz«, sagte er, »Sie wissen gar nicht, wie leid es mir getan hat, zu hören, daß Sie sich scheiden lassen wollen. Scheidungen können ein so schmutziges Geschäft sein. Aber wenn Sie durchaus dabei bleiben wollen, könnte ich Ihnen ein Menge Ärger ersparen. Nehmen Sie sich doch statt zweier miteinander wetteifernder Anwälte – einer für Sie, einer für Frau Stolz – nur *einen!* Ich würde Sie gerne beide vertreten und ein annehmbares Arrangement treffen!«

Um es kurz zu machen: Der ehrenwerte Rechtsvertreter brachte eine Scheidungs-Vereinbarung zustande, die nicht nur enorme und lebenslängliche Unterhaltszahlungen an Fini vorsah, sondern auch einen Paragraphen einschloß, der den totalen Ruin meiner Finanzen bedeuten mußte. Mit anderen Worten: Das Dokument besagte, daß Fini nicht etwa bei Gericht darum ersuchen mußte, wenn sie Blutgeld aus mir herauspressen wollte; sie konnte jederzeit den Gerichtsvollzieher auf mich hetzen. Und genau das tat sie in den folgenden sechsundzwanzig Jahren.

Nun bin nicht einmal ich ein *totaler* Idiot in derlei Angelegenheiten. Bevor ich den Vertrag unterschrieb, hatte ich die Geistesgegenwart, ihn Dr. Hans Kurz zu zeigen, einem *wahren* Freund. Dr. Kurz warf einen Blick auf diese papierene Narrenfalle und sagte: »Bitte tun Sie, was Sie wollen, aber das dürfen Sie keinesfalls unterschreiben. Sie würden es für den Rest Ihres Lebens bitterlich bereuen!« Dann erklärte er mir alles, worauf ich Fini anrief und ihr mitteilte, ich würde unter keinen Umständen unterschreiben.

Soweit, so gut. Doch wenn ich auch kein *kompletter* Idiot bin, so gibt es doch Momente, vor allem im Boudoir einer hübschen Frau, in denen ich *fast* einer bin. Und niemand wußte das so genau wie Fini. So kam es, daß ich Fini, ein paar Wochen nach meiner Unterschrifts-Verweigerung, scheinbar zufällig auf der Straße traf; sie lächelte mich an und gurrte: »Lieber, dummer Robertl. Es ist eine solche Schand', daß wir uns als Feinde trennen müssen. Komm, laß uns einen glücklichen Abschied feiern bei einem Glaserl Wein im Café Ritter in der Mariahilferstraße!« An diesem Nachmittag sah Fini ganz besonders hinreißend aus – und so vergaß ich die Unterhaltszahlungen (sowie die Hochzeitsnacht-Pomade) und rief mir die glücklichen, leidenschaftlichen Stunden ins Gedächtnis, die wir vor unserer Heirat miteinander verbracht hatten.

Das »Glaserl Wein« im Café Ritter endete mit einer tollen Nacht im nahegelegenen Hotel »Kummer«. Dies eine Mal ließ Fini ihre diversen Cremetöpfe, Schals und Tücher zu Hause – und ich muß zugeben, daß sie eine der besten Vorstellungen ihres Lebens bot. Danach, als ich eine Zigarette rauchte und Fini ihr Haar kämmte, drehte sie sich zu mir und flüsterte mit schmelzendem Blick: »Robertl, Liebling, es war so wundervoll heut' nacht! Und es gibt doch keinen Grund, weshalb wir nicht Freunde bleiben sollten. Kannst du nicht einfach diese Vereinbarung unterschreiben – und fertig? Sollen wir wirklich so ein Stückerl Papier zwischen uns stehen lassen? Es ist doch ganz leicht: Unterschreib es und denk nicht mehr daran. Schau, ich hab' dir sogar einen Federhalter mitgebracht!«

Tatsächlich, das hatte sie, und ich, noch trunken von unserer Liebesnacht, unterschrieb mit einem Federstrich mein Urteil, das mich für die nächsten sechsundzwanzig Jahre jeglichen Seelenfriedens berauben sollte. In meinem Leben voller teurer Stelldicheins war dies ohne Frage das kostspieligste aller Rendezvous, das mich zu lebenslänglichen Unterhaltungszahlungen verdammte, die letztendlich zu Millionenbeträgen anwuchsen. Wo immer ich mich befand, wann immer auch Fini von einem neuen Robert-Stolz-Schlager erfuhr, von einer Operette oder einem Film: Im folgenden Vierteljahrhundert ersuchte sie unweigerlich das Gericht in gewissen Abständen um eine *Erhöhung* meiner Unterhaltszahlungen und ließ aufgrund unserer Vereinbarung im Hotel »Kummer« mein Eigentum pfänden. Sie ließ mich überallhin verfolgen. 1950 zum Beispiel, als ich mich anläßlich des Wiener Filmballs in der Loge des Bundespräsidenten Dr. Theodor Körner befand, trat der Türhüter ein und flüsterte mir ins Ohr: »Herr Professor, draußen stehen zwei Herren, die Sie zu sprechen wünschen.«

Inzwischen hatte ich mir genügend Erfahrung erworben, um zu wissen, was diese mysteriösen Besucher zu bedeuten hatten, und so zog ich schnell meinen Diamantring vom Finger und ließ ihn in Einzis Hand gleiten, bevor ich die Loge verließ. Meine beiden neuen Freunde ignorierten die neugierigen Zuschauer im Gang und unterzogen mich einer peinlichen Untersuchung, in deren Verlauf sie nicht eine einzige meiner Taschen übersahen. Nachdem sie mich vollkommen ausgeplündert hatten, handelte ich mit ihnen.

»Liebe Freunde«, sagte ich, »Sie sehen so verständnisvoll aus. Ich muß heute noch eine Flasche Champagner bezahlen. Meinen Sie nicht, Sie könnten mir wenigstens 500 Schilling lassen?«

Ich hatte recht. Einer der beiden bekam tatsächlich ein menschenfreundliches Gesicht, als er sich ein Lächeln gestattete; er gab mir 500 Schilling zurück. Wenigstens mußte ich den Bundespräsidenten Körner nicht anpumpen, um den Champagner bezahlen zu können, bevor wir den Ballraum des Konzerthauses verließen.

Eine Szene noch zur weiteren Illustration, wie ich für meine *folie de Fini* zur Kasse gebeten wurde. Diesmal passierte es, als ich im Oktober 1946, aus dem amerikanischen Exil kommend, in Wien eintraf. »Unser Stolz kommt zurück!« kündeten die Zeitungen an. Eine eindrucksvolle Delegation von Freunden und führenden Persönlichkeiten erwartete Einzi und mich, als wir in Tulln die Gangway des Panamerican-Flugzeuges hinuntergingen. Ein Orchester stimmte Stolz-Melodien an, und Franzl Schier, der beliebte Volkskünstler, sang meine Lieder. Eine Menschenmenge, immerhin einige hundert Bewunderer, spendete begeistert Beifall ...

Tränen, Küsse, Händeschütteln, Umarmungen. Wie herrlich, wieder in der Heimat zu sein! Da, kaum zerstreut sich die Menge der Freunde, treten auch schon zwei finster blickende Gestalten hervor und machen sich ans Werk: meine erste Nachkriegsdurchsuchung. Sie pfändeten alles. Mein Bargeld, ein Ring, eine Uhr verschwanden auf Nimmerwiedersehen. Und so ging es weiter. 1952 wurde ich – dank der rücksichtslosen Habgier meiner Ex-Frau – sogar beinahe ins Gefängnis gesteckt. Erst 1956, als der liebe Gott sein *finis* schrieb, konnte ich endlich aufhören, den Preis für eine törichte Ehe zu bezahlen, die nicht länger als drei Monate und eine Nacht im Hotel »Kummer« gedauert hatte.

6.
Abschied von Wien

Meine ruinöse Scheidung und mein Bankrott veränderten für mich das Gesicht Wiens vollkommen. Freunde, die mich in den Tagen meines Erfolges auf der Straße gegrüßt hatten, sahen schnell in eine andere Richtung, sobald ich auftauchte. Leute, denen ich mit kleineren und größeren Beträgen geholfen hatte, vergaßen bequemerweise die widerwärtigen Bande ewiger Dankbarkeit, nun, da ich es war, der Hilfe brauchte. Am schlimmsten für mich war jedoch das Gefühl, ich würde, wo immer ich mich in Wien zeigte, von heimlichem Gelächter und höhnischen Blicken verfolgt.

Ich war vierundvierzig, dick und ohne Geld; schließlich war ich so felsenfest davon überzeugt, jedermann deute auf mich, auf »den armen Trottel Stolz«, daß ich mich kaum auf die Straße traute. Es war alles viel zu viel für mich. Ich fühlte mich wie ein Aussätziger in meiner eigenen Stadt. Schließlich erschien mir als einzig möglicher Ausweg aus meiner persönlichen, beruflichen und finanziellen Misere nur noch die Flucht.

Jetzt, im Jahre 1924, mußte ich Wien als gedemütigter Bettler verlassen, und nie wieder würde ich es so zauberisch, so sonnig erleben. Aber die goldenen Erinnerungen sind mir Schatz genug – Erinnerungen an Kaffeehausgespräche vor dem Ersten Weltkrieg, voller Spaßvögel, Witzbolde, brennender Idealisten. Wie etwa Dr. Theodor Herzl, der eines Abends in meinem Freundeskreis von seinen wilden Träumen erzählte, von der Wiedergeburt einer israelischen Nation. Wie unerfüllbar schien er doch in jenen längst vergangenen Tagen, der zionistische Traum Theodor Herzls! Sogar die meisten der Wiener Juden – Karl Kraus gehörte zu ihnen – machten sich damals über Herzl lustig und bestanden darauf, daß für die deutschsprechenden Juden nichts als »Assimilation« in Frage käme – eine Meinung, an der sie eigensinnig festhielten und die nicht zur Eingliederung führte, sondern, unter dem Naziterror, durch die Ausrottung von Millionen aufs schrecklichste widerlegt wurde.

Adieu meinem hoffnungsfrohen, neuen Wien, das sich wie der Phönix aus der Asche des Ersten Weltkrieges erhoben hatte, politisch unbedeutend, verarmt, aber voll Optimismus und Idealismus. Freilich: An die Stelle der visionären Ideale jener frühen sozialistischen Reformer, die nach dem Krieg für ein besseres Leben der Armen in Österreich kämpften und alte Vorurteile und Ungerechtigkeiten abschaffen wollten – an die Stelle dieser Ideale würde bald der grimmige, hoffnungslose Kampf ums Überleben unter konservativen Politikern wie Dollfuß treten, gefolgt von der finsteren, acht Jahre währenden Nacht des Nazismus.

Adieu, du Stadt, die mir in der Jugend Armut und Hoffnung, im Mannesalter Erfolg und Enttäuschung beschert hat. Ich will die Erinnerung an dich hegen und pflegen wie einen Schatz, bis zu der Stunde, in der ich zurückkehren kann: wenn ich meine Selbstachtung wiedergewonnen habe. Jetzt aber muß ich gehen, ich brauche frische, neue Luft – eine neue Umgebung, einen neuen Anfang.

Wie so oft in meinem Leben, war auch dieser neue Übergang begleitet vom einsamen Pfiff eines abfahrenden Zuges. Dieses Mal ist das Gesicht, das zum Fenster hinausschaut, um einen letzten Abschiedsblick auf seine Traumstadt zu erhaschen, nicht das des eifrigen kleinen Jungen, der seinem zigeunernden Onkel Emanuel »Auf Wiedersehen« zuruft; es ist das müde Gesicht eines Mannes im mittleren Alter – und niemand steht am Gleis, um ihm zum Abschied zuzuwinken. Statt mich nach Graz in den Schoß der Familie zu bringen, stampft der Zug diesmal Richtung Berlin. Ich sitze, allein und still, in einem zugigen Dritter-Klasse-Abteil. Kein Koffer, kein Geld … nichts gerettet aus meinen triumphalen Wiener Jahren, nichts, nur ein paar Bogen Notenpapier und zwei Bleistifte.

Doch Kopf hoch, Robert, hör auf, dich selber zu bemitleiden! Was brauchst du denn mehr als Notenpapier und Bleistift, wenn du ein ganzes Orchester zur Verfügung hast in deiner Phantasie? Kaum ist der Zug abgefahren, da beginnt dieses Orchester auch schon zu spielen, und das Selbstmitleid ist vergessen über der Melodie, die da entstehen will. Bald schon kritzle ich auf das Notenpapier zügig vor mich hin. Wie meine neueste Komposition aussehen wird, weiß ich noch nicht; es genügt mir vollauf, *daß* ich komponiere.

Zwar besitze ich weder Geld noch andere irdische Güter auf meiner Reise nach Berlin, aber solange mir der Herrgott die Musik schenkt, weiß ich, daß ich weder dort noch sonstwo in der Welt jemals mit leeren Händen erscheinen muß.

SECHSTES BUCH

Goldenes Berlin

Man sprach von Berlin, solange man es nicht besaß, wie von einer sehr begehrenswerten Frau, deren Kälte und Koketterie allgemein bekannt ist und auf die man umso mehr schimpft, je weniger Chancen man bei ihr hat. Wir nannten sie arrogant, versnobt, parvenuhaft, kulturlos, ordinär. Insgeheim aber sah sie jeder als das Ziel seiner Wünsche... Wer Berlin hatte, dem gehörte die Welt.

Carl Zuckmayer, »Als wär's ein Stück von mir«

1.
Berliner Luft

Zweimal in meinem Leben hatte ich das erfreuliche Erlebnis, in eine Stadt zu kommen, in der die Atmosphäre erfüllt schien von einem besonderen Aroma – in der allein die bloße Anwesenheit das Herz höher schlagen, die Farben prächtiger leuchten, das Leben aufregender erscheinen ließ. In beiden Fällen war es, als ob eine unsichtbare Spannung oder Kraft in der Luft jeden Aspekt im Leben der Stadt beeinflußte und vorantrieb.

Zum erstenmal erlebte ich das 1924, als ich verarmt und ausgestoßen in Berlin eintraf; das zweitemal, und damals war ich ebenso gebrochen und ohne jede Hoffnung, als ich 1940 nach New York kam.

Sicher, Berlin war mir im Jahre 1924 schon nicht mehr fremd. Und doch war in diesem Jahr etwas ganz Besonderes an der Stadt. Und wie es der Zufall wollte, hatten wir beide gerade eine Lebenskrise hinter uns, Berlin und ich. So ist es kein Wunder, daß meine emotionale Bindung an Berlin und die Berliner, die im Jahre 1924 entstand, entsprechend tief ist. Ja, sie dauert bis heute an; Berlin gehört zu meinen drei spirituellen »Heimatstädten«: Graz, meine Geburtsstadt; Wien, die Wiege meiner Kunst; und Berlin, das Goldene Berlin, in dessen Theatern, Kabaretts und Kinos in den zwanziger und dreißiger Jahren einige meiner erfolgreichsten Schöpfungen weltweite Berühmtheit erlangten und wo ich mich bald, dank der Freundlichkeit und dem besonderen Witz der Berliner, wie ein Sohn der Stadt fühlte.

Von meiner persönlichen Katastrophe habe ich berichtet, von meinem Bankrott, verursacht durch Inflation, Wiener Theaterkrise und nicht zuletzt durch meine eigene Dummheit. Doch was ich durchlitten hatte, war nichts im Vergleich zu dem Unheil, das den Berlinern, ja den Deutschen, soeben widerfahren war, als ich dort ankam: vermutlich die katastrophalste Inflations-Epidemie, die die Welt je gesehen hat.

Die Geschichte der Inflation ist schon oft erzählt worden; doch wir, die wir sie miterlebten, sollten immer wieder daran erinnern, damit dergleichen niemals mehr passieren kann. In meinem tiefsten Innern bin ich immer noch überzeugt davon, daß es das Leid, die Verzweiflung und Demütigung dieser großen Inflation war, 1929 noch von der weltweiten Depression gefolgt, die wesentlich mehr Verantwortung dafür trug, Hitler an die Macht zu bringen als die Niederlage im Ersten Weltkrieg. Die wiederholten Zusammenbrüche führten zu einem Verlust des Vertrauens in alte Werte und zu einer verzweifelten Suche nach drastischen »neuen Antworten«. Millionen anständiger, hart arbeitender Menschen verwandelten sich langsam in eine verzweifelte Masse. Und sobald Menschen zur Masse werden, die gedankenlos Slogans plärrt, gerät ihr moralisches, individuelles Gleichgewicht außer Kontrolle; sie werden unberechenbar. Es ist, als verschlössen sie die Augen ihrer Seelen und schöben einen Riegel vor ihr eigenes Gewissen, nur um des Gefühls der Sicherheit willen, das ihnen ein totalitärer Führer bietet. Was mich betrifft: Ich will meinen eigenen Weg gehen – ob ich dabei nun in den Himmel oder in die Hölle komme. Auch ein Dirigent muß seinen Musikern Raum für ihre eigenen Empfindungen lassen – andernfalls klingt die Musik, die sie spielen, kalt, mechanisch und gefühllos.

Aber 1924, in Berlin, genossen die Deutschen ein vergleichsweise fröhliches und stabiles Intermezzo. Glücklicherweise ahnte keiner von uns, was die Zukunft noch bringen sollte; wir hätten sonst keineswegs so unbeschwert dahingelebt.

Im November 1923 hatte Hjalmar Schacht als »Reichswährungskommissar« unter Zustimmung des Reichspräsidenten Ebert den verzweifelten, aber notwendigen Schlag geführt, um dem reißenden Strom der Inflation Einhalt zu gebieten, der die deutsche Wirtschaft beinahe zerstört und Millionen ehrlicher, hart arbeitender Menschen an den Rand des Verhungerns gebracht hatte. Mit einem Schlag führte Schacht eine neue Währung ein – die »Rentenmark« –, erneuerte damit die Kaufkraft der deutschen Währung und verhalf dem Land zu neuer wirtschaftlicher Stabilität, die sich zunächst in einem wahren »Rentenmark-Delirium« bekundete. Doch welchen Preis hatten die Menschen dafür zu bezahlen! Beim Umtausch von alter in die neue Währung bekamen sie nach offiziellem Kurs für 1 000 000 000 000 (eine Trillion) alter Mark eine einzige Rentenmark! Die alte Währung war dermaßen wertlos, daß ich noch vor meinem Bankrott in Wien einem Freund einige Millionen davon gegeben hatte, die sich auf meinem deutschen Tantiemenkonto angesammelt hatten. Der einzige Nutzen, den er davon hatte, war ein frisch hergerichtetes Badezimmer – tapeziert mit den wertlosen Geldscheinen.

Dies alles klingt heutzutage gänzlich irreal und unmöglich. Aber hätten Sie damals, in den frühen zwanziger Jahren, in Berlin gelebt, so wäre es leider nur zu wahr und offensichtlich gewesen – besonders dann, wenn Sie Arbeiter oder Angestellter gewesen wären und eine Familie hätten ernähren müssen. So erinnere ich mich, daß man für eine Busfahrt nicht weniger als 600 Mark zu bezahlen hatte. Und es gab Schlimmeres: Eine Berliner Hausfrau, die keine bäuerlichen Verwandten in der Umgebung hatte, mußte beinahe 1500 Mark hinlegen, um einen Liter Milch für ihr Kleinkind zu bekommen. Selbst wenn man jemanden kannte, der einem helfen konnte, mußte man zuerst bezahlen: Dem Freund einen Brief zu schicken, kostete 100 Mark, ein Telefonat (Ortsgespräch!) 600 Mark. Nicht gerade eine »gute alte Zeit«.

Dennoch waren die Berliner nicht unterzukriegen. Selbst in jenen harten Zeiten verließ ihr Humor sie nie. Und als ich 1924 für längere Zeit nach Berlin kam, war das Schlimmste – für den Augenblick wenigstens – bereits vorüber. Die Schritte der Berliner schienen neuen Schwung bekommen zu haben – besonders die der hübschen blonden »Hofratstöchter« am »Kudamm«, der wahrscheinlich feinsten Heerschar von Demi-Mondänen in Europa seit den großen Tagen im Paris des Zweiten Empire.

Viel ist schon über die »Dekadenz« jenes Berlin der zwanziger Jahre gesagt worden. Historiker, Romanautoren und sogar Filmproduzenten – am bemerkenswertesten im Falle des amerikanischen Streifens »Cabaret« – haben die kranke, nur scheinbar goldene Seite Weimar-Deutschlands hervorgehoben, und besonders die seines kulturellen Mittelpunkts Berlin. Nun, um ehrlich zu sein: Ich genoß diesen Glamour ganz enorm – und wenn Sie meine Memoiren bis hierher gelesen haben, so haben Sie sicher auch nichts anderes erwartet.

Für mich war das Berlin jener Jahre genau das Gegenteil von »dekadent« – es war, zuerst und vor allem, ein Bienenschwarm voll Kreativität. Es gab freilich auch viel Elend – 1926 fast 300 000 Arbeitslose allein in Berlin, und es gab viel Laster und Vulgarität. Aber wann gab's das nicht? Jede Periode intensiven, kreativen Aufschwungs hat auch ihr Gutteil an Launen und Ausschweifungen. Heutzutage etwa sehen wir wieder viele ähnliche Erscheinungen in ganz Amerika und Westeuropa, wenn es um Sex, Drogen und ausgefallenes Betragen geht. Aber die meisten Leute führen immer noch ihr gewohntes Leben, erziehen und ernähren ihre Kinder, gehen ihrer Arbeit nach und leben in einer Welt, in der tagtäglich neue, aufregende Entdeckungen in den Wissenschaften gemacht werden, in Psychologie, Technologie und auf vielen anderen Gebieten. Sowohl die Kunst als auch die Vulgarität gedeihen dabei.

So war es auch im Berlin der zwanziger Jahre. Mit einem Unterschied: Das »Goldene Berlin« hatte sehr viel mehr von einer Welt- und Hauptstadt als das heutige. Deutsche Musik, deutsche Filme, deutsche Satire, deutsche Theater, deutsche Poesie, deutsche Literatur besaßen Weltgeltung, die ihnen seitdem nur noch selten zuteil wurde. Wenn ich »deutsch« sage, dann meine ich natürlich »deutschsprachig«. Österreicher, wie ich selbst, und Tausende deutschsprachiger Juden und Osteuropäer – sie alle waren ein Teil jener »deutschen« Renaissance während der Weimarer Republik; ebenso wie heute »englischsprachige« kulturelle Beiträge – sowohl gute als auch schlechte – nicht nur aus »Merry Old England« kommen, sondern gleichermaßen aus Amerika, Kanada, Australien, Neuseeland, Schottland und Irland. Das wichtigste ist, daß – geeint durch gemeinsame Geschichte, Kultur und Sprache – all jene Künstler und Intellektuellen, die vom Goldenen Berlin und dem Deutschland der Weimarer Republik angezogen wurden, ihr Teil zu dieser unglaublichen kulturellen Wiederbelebung beitrugen. Es war eine große und aufregende Zeit.

Voll Stolz entsinne ich mich noch heute der Bindungen, die in jenen Jahren entstanden – Freundschaften und Bekanntschaften mit Giganten wie Heinrich Mann, Max Reinhardt, Kurt Tucholsky, Erich Maria Remarque, Ernst Lubitsch, Gerhart Hauptmann, Bert Brecht, Kurt Weill und zahllosen anderen.

In der Frühjahrsausstellung der Akademie der Künste konnte man die Werke von Kokoschka, Liebermann, Otto Dix, Pechstein, Schmitt-Rottluff und Kandinsky bewundern, im Theater feierte Elisabeth Bergner im *Kreidekreis* von Klabund Triumphe. Und vor allem denke ich an die Künstler, mit denen ich selber arbeiten durfte: den unsterblichen Richard Tauber, Marlene Dietrich, Paul Morgan, Siegfried Arno, Edith Schollwer, Claire Waldoff, Fritz Werner, Jan Kiepura, Peter Anders, Hans Heinz Bollmann, Joseph Schmidt, Marcel Wittrisch, Fritzi Massary, Max Pallenberg, Willi Forst, Jarmila Novotna ... und so viele andere.

Seit jener Zeit treffe ich, egal wohin ich reise – sei es nach New York, Hollywood, London, Paris, Kopenhagen, Tel Aviv oder Amsterdam – stets einen meiner Mitstreiter aus dem Goldenen Berlin. Es ist ein ganz besonderes Band, das uns verknüpft, geschmiedet in besonderer Zeit, an besonderem Ort, mit einem ganz eigenen Zauber. Würden Sie diese Welt gerne näher kennenlernen wollen, liebe Leser? Die Freude wäre ganz auf meiner Seite.

Und so, messieurs et mesdames, ladies and gentlemen, meine Damen und Herren, lassen Sie uns ins Kabarett gehen – in diesem Fall ins »Kabarett der Komiker«, in dem ein gewisser Robert Stolz, Musiker auf Reisen, frisch aus Wien eingetroffen, 1924 ein neues Leben begann, im Goldenen Berlin.

2.
Come to the Cabaret

Gleich zu Anfang, meine Freunde, sollten Sie bedenken, daß es – wie die Franzosen sagen – solche und solche Kabaretts gibt. Zu meiner Zeit im Goldenen Berlin waren Kabaretts eine Weltanschauung – in manchen Fällen eine höhere, in anderen eine nicht gar so hohe. Es gab sogar etliche, in denen man entdecken konnte, daß es sich bei dem hübschen Mädchen, mit dem man soeben tanzte, keineswegs um ein Mädchen handelte. In anderen Nachtbars dagegen, wie etwa in der »Weißen Maus«, hatte man solcherlei Überraschungen in letzter Minute nicht zu befürchten. Die Mädchen, die dort auftraten, *mußten* Mädchen sein: Sie waren schlichtweg zu spärlich bekleidet, um irgendeinen Zweifel an ihrem Geschlecht entstehen zu lassen.

Ich erinnere mich einer ganz besonders wilden Mänade, die in einer der vielen Revuen auftrat; ich glaube, ihr Künstlername war Anita Berber. Trotz ihres exotischen Nachnamens war Anita keineswegs die illegitime Tochter eines Berber-Häuptlings, sondern eine ehemalige Ballettelevin, Tochter eines deutschen Musikers klassischer Provenienz. Anitas Neigungen jedoch galten weniger dem Konventionellen. Dieses arme Mädchen vereinigte in sich all das Wirre und Selbstzerstörerische der »Goldenen zwanziger Jahre« – jene Seite, die in den meisten Rückblicken auf diese Jahre überbewertet wird. In der Bar »Die weiße Maus« tanzte die hübsche blonde Anita nackt, und gut tanzte sie dazu – ihre kühle nordische Schönheit bildete einen seltsamen Kontrast zur Sinnlichkeit ihrer Bewegungen. Neben einem – wohl mehr aus Zufall geehelichten – Gatten hielt sich Anita ständig wechselnde Liebhaber; außerdem war sie Alkoholikerin, nahm Drogen und versuchte sich als Lesbierin, kurzum: sie war die Personifizierung eines wahnsinnigen Lebenshungers. Von dieser Übersteigerung des eigentlich ganz normalen Bedürfnisses, sein Leben auszuleben, waren in den zwanziger Jahren viele junge Leute gepackt, nicht nur in Berlin, sondern in ganz Europa und Amerika. Anita starb noch vor ihrem dreißigsten Lebensjahr, an einer Mischung aus Tuberkulose und nervöser Erschöpfung. Und selbst das paßt in die Parabel, denn man könnte sagen, daß ihr ganzer Lebensstil auf die gleiche Weise starb, erschöpft und ausgebrannt vor seiner Zeit.

Aber ich habe bereits darzustellen versucht, daß diese Exzesse nur einen Teil der allgegenwärtigen Kultur und Unterhaltung im Goldenen Berlin bildeten – ganz abgesehen davon, daß sie weder auf Berlin noch auf Deutschland beschränkt waren. Leben und Tod, Glanz und Zerstörung existierten Seite an Seite, so wie bei der Tischbeleuchtung der Kabaretts die unsteten Schatten von den flakkernden Flammen nicht zu trennen waren. Im Jahre 1924 soll es über 150 Kabaretts und Varietés in Berlin gegeben haben. In der »Gondel« in der Bellevuestraße trat Kurt Tucholsky auf, in der »Katakombe«, im »Tingeltangel«, »Schall und Rauch«, »Kuka« und im »Größenwahn« wurden Leben und Politik auf brillante Weise seziert, mit Texten, Melodien, Auftritten solch unsterblicher Künstler wie Joachim Ringelnatz – der darauf bestand, in Seemannskluft aufzutreten, trotz des Umstandes, daß er eine gebürtige Landratte, nämlich ein Bayer war –, Werner Finck, Paul Graetz, Hans Heinrich von Twardowski, Erich Weinert und Rosa Valetti.

Und dann gab es noch das »Kabarett der Komiker«, vielleicht das bekannteste von all diesen verrauchten Höhlen, in denen die Kreativität zu Hause war. Ich kannte das Lokal noch von früheren Besuchen in Berlin, und so traf es sich wunderbar, daß gerade damals, als ich mich sozusagen auf Zehenspitzen in die Stadt schlich, mit leeren Taschen und ohne Aussichten, einer meiner alten Freunde Direktor des »Kabaretts der Komiker« war. Meine Freundschaft mit Kurt Robitschek bestand schon viele Jahre lang; sie hatte bereits vor dem Ersten Weltkrieg begonnen. Er war einer der begabtesten Textdichter seiner Zeit und hatte mir die Worte für mehrere meiner ersten Wiener Evergreens geschrieben: »Im Prater blüh'n wieder die Bäume« …, auch »In Wien gibt's manch winziges Gasserl« und viele andere. Das erste also, was ich an jenem Ankunftsmorgen in Berlin unternahm, war, Kurt im »Kabarett der Komiker« aufzusuchen.

Ein Kabarett um elf Uhr vormittags wirkt ungefähr ebenso düster und verlassen wie ein Friedhof um Mitternacht. Doch an jenem Vormittag kann ich vor diesem traurigen Backsteingebäude mit seinen lichtlosen Fenstern ein zwar fernes, aber nichtsdestoweniger vielversprechendes Omen von drinnen vernehmen: das Klimpern eines Klaviers bei der Probe. Im ersten Moment ist es finster im Haus, und bevor ich sehe, wohin ich trete, bin ich schon an einen Tisch gestoßen, auf den man Stühle aufgebockt hat. Das folgende Gepolter unterbricht jäh die Probe auf der Bühne. Während ich mich abmühe, wieder auf die Füße zu kommen, begrüßt mich ein Chor schimpfender Stimmen:

»Verdammt, das kann doch so früh am Morgen noch keine Razzia sein!«

»Wahrscheinlich so ein besoffenes Schwein, ein Raffke, der gar nicht erst ins Bett gekommen ist. Der ist viel zu blau, um zu merken, daß es schon Tag ist ...«

»He, Sie da! Wir haben geschlossen. Dies ist eine Privatprobe, in die Sie mit Ihrer Hopserei trampeln. Finden Sie den Weg hinaus alleine oder brauchen Sie Unterstützung?«

»Kurt!« schreie ich, da ich des Portiers schweren Schritt höre, und greife instinktiv nach einem Stuhl, um mich im Notfall verteidigen zu können, »Kurt, das bist du doch.« (Denn ich bin mir sicher, Kurts Stimme aus den anderen herausgehört zu haben.) »Wahrscheinlich kannst du mich hier im Dunkeln bei den Tischen nicht sehen, aber gewiß kannst du meine Stimme erkennen. Ich bin es, Robert aus Wien!«

»Hast du Wien gesagt? Robertl! Bist du das tatsächlich? Was in aller Welt hast du in Berlin verloren? – Helft ihm auf und bringt ihn auf die Bühne!«

Auf diese Weise – zur polternden Fanfare eines umgestürzten Tisches – feierte ich mein Comeback im »Kabarett der Komiker« in Berlin. Es stellte sich heraus, daß Kurt mich sowohl aus freundschaftlichen als auch aus beruflichen Gründen willkommen geheißen hatte. Nachdem ich ihm erzählt hatte, wie mein Wiener Kartenhaus in sich zusammengefallen war, fragte er mich als erstes: »Willst du hier arbeiten? Denn wenn du willst, dann habe ich das Buch für eine einaktige Operette, die bloß noch auf die Musik wartet. Sie heißt *Märchen im Schnee*. Paul Morgan übernimmt die Hauptrolle, sobald wir die Musik dazu haben.«

»Du kannst es ja *Märchen im Schnee* nennen, Kurt – ich würde es eher als ›Manna von der Spree‹ bezeichnen, besonders dann, wenn du mir auch noch einen kleinen Vorschuß geben kannst. Ich reise mit reichlich leichtem Gepäck, weißt du.«

»Abgemacht«, sagte Kurt. Er langte in seine Tasche und drückte mir ein Bündel Geldscheine in die Hand. »Nun sag mir nur noch, wo du wohnst, und ich laß dir das Manuskript heute nachmittag hinschicken.«

»Die Mühe kannst du dir sparen, Kurt. Ich bin heute morgen erst angekommen und wohne nirgends – bis jetzt jedenfalls. Du brauchst mir bloß das Buch zu geben, und ich fange gleich an. Mein einziges Gepäck sind Papier und Bleistifte.«

»Papier und Bleistift sind genau das, was du brauchst, Robert. Außerdem kenne ich die richtige kleine Pension, in die wir dich verfrachten. Kein Luxus natürlich, aber sauber und ordentlich. Ein Klavier gibt's dort zwar nicht, doch soviel ich mich erinnere, kannst du auch ›ohne‹ komponieren.«

»Im Augenblick wäre ich schon selig, wenn ich ein Dach überm Kopf und Arbeit hätte ...«

»Na, damit ist die Sache klar. Aber, mein Gott, Robert, geh her ins Licht! Du schaust aber schlecht aus!«

»Bitte, Kurt, wenn du jetzt so nett wärest, mir die Adresse dieser Pension zu geben und mir den Weg dorthin zu beschreiben – ich könnte mich noch ein bisserl schlafen legen. Bin todmüde. In den letzten achtundvierzig Stunden habe ich überhaupt nicht geschlafen, und ich will so schnell wie möglich mit *Märchen im Schnee* anfangen.«

Dies tat ich denn auch, und zwar mit höchst befriedigendem Ergebnis. Der Erfolg von *Märchen im Schnee* bildete den Anfang einer langwährenden und erfreulichen Verbindung zum Berliner Kabarett. Darüber hinaus half er mir, mein Selbstvertrauen wieder aufzurichten. Schon bald ging eine Menge anderer Angebote bei mir ein, nicht nur aus Deutschland. 1925 schrieb ich, in Zusammenarbeit mit meinem Freund Renato Simoni, dem letzten Librettisten Puccinis, eine sehr populäre italienische Operette, *Due Baci (Zwei Küsse – Two Kisses)*.

Beruflich saß ich also wieder auf dem hohen Roß. Doch ganz gleich, wie hart ich auch arbeitete: Es sah so aus, als würde es Jahre, wenn nicht gar Jahrzehnte dauern, bis ich meinen Schuldenberg abgetragen – und die habgierigen Forderungen Finis erfüllt haben würde, die meine idiotische Unterschrift unter ihre Kombination aus Scheidungsvertrag und Pfändung so gut auszubeuten verstand, daß ich aus Wien hatte fliehen müssen.

Ich mochte Berlin, und Berlin schien mich zu mögen. Ganz besonders mochte ich die berauschende Atmosphäre, die herrlichen Frauen und den schöpferischen Glanz der Stadt. So entschloß ich mich ziemlich rasch, Berlin als Hauptquartier für meine nähere Zukunft zu betrachten.

Dennoch gab es Momente – besonders dann, wenn ich allein im Dunkeln zu meiner Bleibe ging –, in denen mir ein Zitat aus Goethes »Faust« in den Sinn kam: »Am Abend schätzt man erst das Haus.« Wie sehr sehnte ich mich doch nach einem gelegentlichen kurzen Besuch in Wien – und nach meiner Selbstachtung, die – das wußte ich genau – erst dann wiedererstehen würde, wenn ich nach Wien zurückkehren konnte, nicht als gehetzter Flüchtling, sondern in allen Ehren.

Nun ja, von Zeit zu Zeit mag es der Herrgott zulassen, daß eines seiner Schafe geschoren wird – so wie ich von Fini. Doch von Zeit zu Zeit macht er es auch wieder gut – wie im Falle meiner Wiener Schulden. Ganz plötzlich, überdies von einer völlig unerwarteten Seite, kam ein rettender Engel. Und wie das passierte, das lehrte mich einiges Wichtige: über den Schein, der trügt, über die Grausamkeit falscher Freunde, über die Freundlichkeit von Fremden – mit anderen Worten: über die unerschöpfliche Vielfalt an Möglichkeiten, die die menschliche Natur kennt, um uns einmal zu Tode betrübt, einmal himmelhoch jauchzen zu machen ...

3.
Grausame Freunde – freundliche Fremde

Arbeitsreiche Zeiten waren das für mich in Berlin. Doch ganz gleich, wie schwer ich auch schuftete und wie gut meine Kabarettlieder, meine Operetten aufgenommen wurden: nach wie vor verfolgten mich die Schulden, die ich in Wien zurückgelassen hatte, und meine Erinnerung an die Demütigung, die mir dort widerfahren war. Einer der härtesten Schläge war mir von einem alten Freund versetzt worden.

Karl Taubner war ein wohlhabender Möbelfabrikant, einer der guten alten Freunde aus meiner Wiener Blütezeit. Wie oft aß und trank er an meinem Tisch und teilte mein Glück mit mir! Allem menschlichen Ermessen nach schien er mir ein guter und erprobter Freund zu sein. Daher ging ich, bevor ich nach dem Zusammenbruch der Stolz-Bühne den Offenbarungseid leistete, zu Karl Taubner und bat ihn um einen kleinen Gefallen. Ich bat nicht um Geld – lediglich um die kurzfristige Aufbewahrung von dreitausend Schilling. So könnte ich einen Meineid umgehen und würde nach dieser Amtshandlung noch etwas zum Leben haben.

Welch breites Grinsen auf Karls Gesicht erschien, als ich ihm das letzte Geld gab, das mir verblieben war! »Natürlich werd' ich dir das gerne aufbewahren, Robert«, strahlte er. »Wozu hat man denn Freunde, wenn sie einem in der Not nicht helfen? Laß es mich nur gleich wissen, wenn du das Geld zurückhaben willst.«

Ich gab Freund Taubner mein Geld, leistete den Offenbarungseid und telefonierte am nächsten Tag mit seinem Büro. So wenig es auch war, dieses Geld konnte mich wenigstens noch vor dem Verhungern retten.

Taubners Sekretärin, die meinen Anruf entgegennahm, teilte mir höflich, aber bestimmt mit: »Es tut mir sehr leid, Herr Stolz, aber Herr Direktor Taubner befindet sich auf einer Geschäftsreise.«

Es war niederschmetternd! Doch meine Verzweiflung verwandelte sich in Verdacht, als ich am selben Nachmittag meinem Freund Taubner zufällig im Kaffeehaus über den Weg lief; und mein Verdacht wuchs, als ich bemerkte, daß er in dem Moment seinen Rücken zur Tür wandte, in dem er mich eintreten sah. Sobald Taubner allein an seinem Tisch saß, huschte ich zu ihm hinüber und sagte, ich sei zwar überrascht, aber sehr glücklich, ihn getroffen zu haben.

»Was kann ich für dich tun, Robert? Ich nehme doch kaum an, wenn ich an deine augenblickliche Situation denke, daß du deine Zeit hier im Café Kremser verplempern willst.«

Das war eine reichlich unerfreuliche Anspielung, doch ich überhörte sie und fragte statt dessen geradeheraus, ob Taubner mir nicht, bitte, meinen Notgroschen zurückgeben wolle, den ich ihm anvertraut hatte.

»Schau, lieber Robert, ich hab das Geld in mein Geschäft gesteckt. Wenn du so sicher bist, daß das Geld dir gehört, warum gehst du nicht zur Polizei? Das würde natürlich fünf Jahre Gefängnis für dich bedeuten – Meineid im Falle eines Offenbarungseides, du verstehst. Aber wenn es Gerechtigkeit ist, was du suchst, dann sollte das doch kein Hindernis für dich sein ...«

Was für ein Schwein! Er wußte genau, daß mir die Hände gebunden waren, und nahm seinen Vorteil eiskalt und rücksichtslos wahr.

Ich habe mein Geld niemals wiedergesehen, und dies war der Grund, weshalb ich nichts als Bleistift, Papier und einen Mantel nach Berlin nahm. Alles andere – die Zigarettendose von meiner Rußland-Tournee und die Krawattennadel von Erzherzog Karl ausgenommen – war für mein Essen und ein Dritte-Klasse-Billett draufgegangen.

Ein paar Wochen nach meiner Ankunft in Berlin hörte ich, daß ein Musikverleger aus Wien namens Felix Sobotka einen schweren Herzanfall erlitten hatte und nun in einem Krankenhaus lag. In Wien war Felix Sobotka nicht besonders beliebt gewesen; ob nun an seiner Persönlichkeit, seinem Geschäftsgebaren oder gar am Neid anderer gelegen hatte, weiß ich nicht. Alles, was mir zu seinem Namen einfiel, waren seine Kälte und seine brüsken, geschäftsmäßigen Manieren. Eigentlich kannte ich ihn kaum – in Wien waren wir einander lediglich vorgestellt worden. Nichtsdestoweniger entsann ich mich genau des Gefühls, das man hat, wenn man von all seinen Freunden geschnitten wird, sobald etwas schiefgeht, und da ich überdies nur zu gut wußte, was es heißt, allein in einer fremden

Stadt zu sein, entschloß ich mich, Herrn Sobotka im Krankenhaus zu besuchen.

Ich hatte ihm ein paar Blumen und ein Buch mitgebracht, und er schien echt gerührt zu sein. Als ich ging, versprach ich, ihn bald wieder zu besuchen. Ich hielt mein Versprechen, und meine regelmäßigen Besuche endeten erst, als Herr Sobotka aus dem Krankenhaus entlassen wurde. Ich muß zugeben, daß diese Besuche, wiewohl nicht sehr interessant, auch mir ganz guttaten. Trotz all der Sorgen und Enttäuschungen in meiner jüngsten Vergangenheit ertappte ich mich doch jedesmal, wenn ich Felix Sobotkas einsames Krankenzimmer verließ, bei dem Gedanken, wie glücklich ich mich noch im Vergleich zu ihm schätzen konnte. Da lag nun einer, der eine Menge Erfolg und Geld hatte, an der Schwelle des Todes, würde am Ende wirklich sterben – und besaß keinen einzigen Freund in der ganzen weiten Welt. Soweit ich sehen konnte, war ich sein einziger Besucher im Krankenhaus, von einem unscheinbaren, antiseptischen kleinen Büroangestellten mit Zwicker abgesehen, der ihm Geschäftsbriefe zum Unterschreiben brachte.

Felix Sobotka schien sich über meine Besuche bei ihm ebenso viele Gedanken zu machen wie ich. Allmählich, als er sich von seiner Krankheit zu erholen begann, bemerkte ich eine Veränderung an ihm. Sein Verhalten war sanftmütiger, weniger brüsk geworden, zumindest mir gegenüber. Und einen Tag bevor er aus dem Krankenhaus entlassen werden sollte, wurde mir klar, welch einen tiefen Eindruck es auf diesen vermeintlich zähen, unbarmherzigen Geschäftsmann gemacht haben mußte, gerade noch dem Tode entronnen zu sein.

»Herr Stolz«, sagte er, während er mich rätselhaft anstarrte, »Sie wissen wahrscheinlich selbst kaum, wie freundlich Sie zu mir altem, krankem Mann waren – indem Sie mich hier besucht haben und mir die Zeit vertreiben halfen. Ich hätte gerne gewußt, ob ich Ihnen nun meinerseits etwas Gutes tun kann. In Wien waren wir uns fast gänzlich fremd – dennoch sind Sie der einzige Mensch hier in Berlin, der sich genügend betroffen fühlte, um mich während meiner Krankheit zu besuchen. Aber was tun Sie überhaupt in Berlin? Ich würde es wirklich gerne wissen.«

»Nach allem, was mir in Wien passierte – ein Bankrott, eine Scheidung und die üblichen Katastrophen, die dazugehören –, bin ich nach Berlin gekommen. Also bin ich hier, schreibe Lieder, komponiere auch fürs Kabarett, arbeite derzeit an einer Operette – kein allzu schlechtes Leben, Herr Sobotka.«

»Ja, ja, natürlich. Aber haben Sie denn nie Heimweh nach Wien?

Sie müssen doch Ihre Bekannten vermissen, die Mädeln, die Kaffeehäuser.«

»Sicher, das schon«, antwortete ich achselzuckend. »Aber zurückzugehen ist unmöglich.«

»Unsinn. *Nichts* ist unmöglich für einen Mann mit Geist, Talent und genügend Entschlossenheit. Was steckt dahinter? Schulden?«

»Ein geradezu unglaublicher Schuldenberg – genau 250 000 Schilling hoch! Aber ich bin schließlich nicht hierhergekommen, um über alte Geldgeschichten zu reden. Wie geht es Ihnen jetzt, da Sie wissen, daß Sie das Krankenhaus bald verlassen können?«

»Um die Wahrheit zu sagen, lieber Freund, es geht mir sogar besser als vor meinem Herzanfall – aber nicht allein deshalb, weil sie mir gesagt haben, ich sei gesund genug, um entlassen zu werden, sondern auch weil ich nun weiß, wie ich Ihre Freundlichkeit mir gegenüber wiedergutmachen kann. Sie waren der einzige Mensch in ganz Berlin, der sich um mich gekümmert hat, als der Sensenmann mich beinahe gekriegt hätte. Wenigstens kann ich Ihnen Ihre Güte vergelten. Morgen früh werde ich meiner Bank Anweisung geben, 250 000 Schilling auf Ihren Namen an die Bank in der Stadt Ihrer Wahl zu überweisen. Es soll keiner behaupten, ein Felix Sobotka kenne keine Dankbarkeit ...«

Ich traute meinen Ohren nicht! Dieser hartgesottene Geschäftsmann hatte doch tatsächlich ein weiches Herz statt eines harten Steins in der Brust! Dennoch kam mir seine Großzügigkeit ziemlich übertrieben vor.

»Das ist mehr als freundlich von Ihnen, Herr Sobotka«, sagte ich. »Aber ich kann Ihr Angebot nicht annehmen. Es würde Jahre dauern, bis ich Ihnen das Geld zurückzahlen könnte...«

»Möglich, möglich. Aber ich weiß, Sie werden sich die größte Mühe geben. Ich bin mir zwar nicht ganz sicher, wieviel Intelligenz Sie haben, aber eines weiß ich hundertprozentig: daß an Ihnen nicht ein einziges Fünkchen Unredlichkeit ist. Und, Stolz, Sie haben Talent! Also zahlen Sie eben zurück, was immer Sie gerade übrig haben, wenn Sie Tantiemen für eine Show oder ein Lied bekommen, und am Ende zählen wir es dann zusammen. Ich glaube an Ihre Zukunft – und an meine!«

Felix Sobotka sollte recht behalten. Nicht nur, daß er meine Wiener Schulden bereinigte, wodurch ich bald imstande war, einen Teil jedes Jahres wieder in Wien zu verbringen, während Berlin mit seiner viel lebhafteren Theater- und Kabarett-Szene weiterhin sozusagen mein Hauptquartier blieb. Nein, ich konnte sogar umgehend damit beginnen, Herrn Sobotkas großzügigen Kredit zurückzuzahlen. Anfänglich waren die Raten natürlich nicht allzu hoch, aber sobald sich mir durch den Tonfilm eine Goldgrube aufgetan hatte, konnte ich mein Soll begleichen.

Es ist meinem Glück, meinem unverhofften neuen Freund zu verdanken, sowie meiner Entschlossenheit, nicht aufzugeben, daß ich wieder ein freier Mensch wurde, der imstande war, ein freies Leben zu führen.

Dazu waren die »Goldenen zwanziger Jahre« genau die richtige Zeit, egal ob man große Ballerinen, verrückte Russen oder niedliche Filmsternchen bevorzugte – und sie alle sollten im nächsten Kapitel meines Lebens ihre Rolle spielen.

4.
Pas de trois am Neppski-Prospekt – und Handbrausen in Wien

Das Berlin der zwanziger Jahre bestand eigentlich aus vielen Städten; eine der interessantesten war die russische. Nach dem Kriege waren Tausende von Emigranten in der Folge der Oktober-Revolution und weiterer Unruhen nach Berlin geströmt. Die ganze politische Skala war vertreten, von Erzkonservativen bis zu gemäßigten Zaristen, von revolutionären Dissidenten bis zu reinen Anarchisten – viele waren auch einfache Bürger und Künstler, die sich recht und schlecht durchzuschlagen versuchten. Das Leben in Berlin war vor der Währungsstabilisierung wesentlich billiger für sie als in Paris, Amsterdam oder Brüssel, wenigstens solange sie über ein Mindesteinkommen in harter Währung verfügten.

Ihr Leben spielte sich abseits vom Berliner Alltag ab. Die Russen hatten ihre eigenen Restaurants, Klubs und Kabaretts, ihre eigenen Musiker, Dichter, politischen Organisationen und, natürlich, auch ihren eigenen slawisch-romantischen Lebensstil.

Aus irgendeinem Grunde kam ich immer recht gut mit ihnen aus – vielleicht lag das an der Melancholie, die auch meinem Charakter nicht fremd war. Außerdem hegte ich seit meiner zwar vergnüglichen, aber gänzlich uneinträglichen Operetten-Tournee um die Jahrhundertwende meine ganz spezielle »Nostalgie« gegenüber Mütterchen Rußland.

Es gab zahllose russische Restaurants in Berlin, in denen man sich zwar mit wohlschmeckenden Blini und Schaschlik den Bauch füllen konnte, wo der »Champagner« jedoch nur mit Vorsicht zu genießen war, da er häufig aus Limonade, vermischt mit reinem Alkohol, bestand. In solch einem Restaurant fiel mir eines schönen Abends auf, daß einer meiner Tischpartner, nämlich der große Bassist Schaljapin, während des üppigen Essens wortlos vor sich hinbrütete. Nachdem die Teller abgetragen waren und der Ober Zigarren gebracht hatte – und was für Zigarren; sie trugen zwar kubanische Bauchbinden, einem Gerücht zufolge sollte es sich dabei jedoch um ein lokales Produkt handeln, hergestellt aus in Alkohol getränktem Nikotin! –, starrte Schaljapin immer noch gedankenvoll vor sich hin, und ich sah Tränen in seinen Augen aufsteigen.

»Ah, Meister, ich sehe, Sie sind ganz niedergedrückt vor lauter Schwermut ... Mit ein bißchen Wodka, ein bißchen Musik schaut die Welt gleich viel heiterer aus. Bei mir wirkt dieses Rezept jedenfalls immer« – so versuchte ich, ihn ein wenig aufzumuntern.

»Aber Sie verstehen das ganz falsch!« rief er und brach plötzlich in Gelächter aus. »Wir sind keine Germanen wie ihr, wir Russen *genießen* unsere Melancholie! Und jetzt haben Sie mir meine ganze schöne Stimmung kaputtgemacht ...«

Ich glaube, er meinte es wirklich ernst, zumal ich bei vielen anderen Russen, besonders bei Künstlern, das gleiche Verhalten beobachtete. Einer von ihnen versuchte es mir einmal mit Hilfe eines Epigramms zu erklären: »Gott hat uns Russen die Gabe verliehen, uns an unserer Misere zu weiden«, sagte er und fügte hastig hinzu: »Und das war, zieht man unsere Geschichte in Betracht, auch das Mindeste, was er für uns tun konnte. Wenn wir nicht imstande wären, unser Unglück zu genießen, mein lieber Freund, dann hätten wir ja überhaupt *niemals* eine Freude!«

Josephine Baker, Valeska Gert und, im Theater des Westens, die Pawlowa als Puppenfee und Sterbender Schwan begeisterten damals mit ihren Tänzen das Berliner Publikum. Ich erinnere mich besonders an Isadora Duncan, die berühmte amerikanische Tänzerin, Pionierin des modernen Ausdruckstanzes, den sie aus klassisch-griechischen Themen entwickelt hatte. Kennengelernt hatte ich Isadora in Italien, vor dem Krieg, als sie noch in ihren Anfängen war. In Turin hatte ich sie tanzen gesehen: eine fremdartige, zauberhafte Vision in römischer Tunika. Jeder einzelne ihrer kurzen Tänze zu klassischen Kompositionen war eine klare, knappe künstlerische Studie. Manchmal tat sie nur wenig mehr, als von einem Ende der Bühne zum anderen zu gleiten, und doch drückten ihre glatten, fließenden Bewegungen eine ganze Gefühlswelt aus: Verzweiflung, Hoffnung, Erfüllung, zur Musik eines Brahmsschen *valse* oder eines Chopinschen *prélude*. Isadora besaß den ansprechenden, durchtrainierten Körper einer Ballerina sowie einen sensiblen, mitreißenden Geist. Ein wenig erinnerte sie mich an meine rabiate ungarische Schönheit Aranka – sie hatten beide den gleichen wunderschönen, leicht grausamen Mund, voll Leidenschaft, aber auf unerklärliche Weise gefährlich.

Im Jahre 1921 hatte Isadora eine Einladung der Sowjetregierung zur Gründung einer Tanzschule in Rußland angenommen. Das Experiment schlug völlig fehl, und Isadora kehrte rasch in den Westen zurück. Nach Berlin kam sie – in ihren Vierzigern bereits eine erschöpfte Frau – mit großem Gefolge sowie einem feurigen jungen Ehemann, dem großen, aber unglücklichen russischen »Bauerndichter« Sergej Alexandrowitsch Esenin.

Die Berliner pflegten in jenen Tagen Straßen, die wie der Kudamm gespickt waren mit russischen Restaurants und Kabaretts (mit nicht selten überhöhten Preisen für äußerst zweifelhafte Ware), scherzhaft »Neppski-Prospekt« zu nennen, ein Name, der von einem Stück über den berühmten Petersburger Boulevard »Newski-Prospekt« und unserem umgangsdeutschen Wort »Nepplokal« abgeleitet war. In einem dieser Nachtlokale am »Neppski-Prospekt«, ich glaube es war im »Allaverdi« – einem ukrainischen Lokal, das nicht etwa wegen der Qualität seiner Borschtsch-Suppe, sondern seines hervorragenden Balalaika-Ensembles wegen solchen Zulauf hatte –, dort also traf ich Isadora wieder, diesmal mit dem stürmischen Esenin im Schlepptau.

Da die Polizeistunde bereits vorüber war, befanden wir uns in der Kellerbar. Isadora trug wieder einmal eine durchsichtige Tunika, und um ihren Hals und ihre Tizian-Locken einen langen, rosa Gazeschleier; ihr Gesicht schien mir etwas aufgedunsen. Neben ihr saß ein finsterer, aber auf derbe Art gutaussehender junger Russe mit einem Helm von goldblondem Haar und metallisch glänzenden Blauaugen. Das war Esenin, etwa zehn Jahre jünger als Isadora.

Das Pärchen befand sich inmitten einer Menge von Anhängern, hauptsächlich russischen Emigranten, die sich den vagen Anschein gaben, Musiker, Theaterleute oder Dichter zu sein. Die Konversation war ein Mischmasch aus Russisch, Französisch und Deutsch und hatte den unbestreitbaren Vorteil, daß jeder seine eigenen Gedanken aussprechen konnte, ohne auch nur einen einzigen auf das verschwenden zu müssen, was andere sagten.

Meine Erinnerung an diese Nacht besteht nur noch aus zusammenhanglosen Bruchstücken, Szenen aus einem zu schnell abgespulten, ziemlich unscharfen Film.

Nachdem irgend jemand den Lapsus begangen hatte, Esenin zu erzählen, Isadora und ich seien »alte Freunde«, konzentrierte er seinen feindseligen Blick eine ganze Weile lang auf mich. Als er mir sogar mit der Faust drohte, schritt Isadora ein: »Nein, nein, Sergej, kein Grund zur Eifersucht! Der Herr ist zwar ein alter Freund – aber nicht so, wie du denkst. Er ist Musiker und überdies . . .« – hier murmelte Isadora ein russisches Wort, das ich nicht kannte, es klang ungefähr wie »Tyotki«. Esenin schien es zu besänftigen, denn er lächelte mir zu, klopfte mir auf die Schulter und röhrte: »Ho, ho, eine alte Tante! Du bleiben. Herr Ober, bringen noch Wodka und Schampansku!«

Ein weiteres Fragment dieser irren Nacht im Allaverdi-Keller: Isadora, die sich von ihrem Sitz erhebt und plötzlich tanzt, von einem einsamen Geiger begleitet. Ihr eben noch so träge wirkender Körper glitt erneut in schöne schwebende, ewig jugendliche Bewegung. In ihrem Tanz bot sie das leuchtende Bild einer aus schäumenden Wellen geborenen Aphrodite, und für fünf Minuten gehörte ihr wieder die ganze Welt. Dann verblich der Traum, Isadora kehrte zu ihrem Tisch zurück, außer Atem, ein wenig unsicher auf den Beinen . . .

Später, in der Nacht – auch eine Szene, die in meinem Gedächtnis haften blieb –, rezitierte Esenin auf Drängen seiner Begleiter eine Passage aus seinem dramatischen Gedicht »Pugatschew«, der Geschichte jenes Bauernrevolutionärs im 18. Jahrhundert, der beinahe Katharina die Große vom Thron gestürzt hätte, als er die Kosaken in den Aufstand führte, wie einst Spartakus die römischen Sklaven. Plötzlich verlor Esenins hübsches Gesicht alle Langeweile, alle Prahlerei und üble Laune und drückte echtes Gefühl aus. Majestätisch erhob sich seine eben noch so hochnäsig klingende Stimme, und selbst ich, der ich kein Russisch verstand, wurde mitgerissen von den Gefühlsstürmen, die der mächtige, kadenzenreiche Klang erweckte. Mir war, als lauschte ich faszinierender Musik, und wieder einmal wurde mir bewußt, daß die menschliche Stimme, so man ihre Möglichkeiten voll auszuschöpfen weiß, das vielseitigste von allen Instrumenten ist und bleibt . . .

Esenin, feurig und selbstzerstörerisch, verließ Isadora ein Jahr später, nach einer wilden Tournee durch Europa und die Vereinigten Staaten. Er hielt sich eine Zeitlang in Persien auf, wo er sich von der orientalisch-exotischen Atmosphäre neue dichterische Inspiration erhoffte, dann kehrte er nach Rußland zurück. Schlechte Gesellschaft, Selbsthaß und chronischer Alkoholismus verlangten bald ihren Tribut. Einer der begabtesten russischen Poeten des 20. Jahrhunderts starb in einem Leningrader Hotelzimmer, gerade dreißig

Jahre alt. Er hatte sich selbst erhängt und ließ ein Abschiedsgedicht zurück, das er mit seinem eigenen Blut geschrieben hatte ...

Isadora kam nach ihrer umstrittenen Amerika-Tournee wieder nach Europa, tanzte weiter, überwältigend bis zuletzt, und hatte noch viele Affären. Sie starb nur zwei Jahre nach Esenin, und ihr Tod war nicht weniger gewaltsam als der seine. Einer ihrer langen, flatternden Schals wurde ihr zum Verhängnis: Er verwickelte sich in den Speichen des Sportwagens, in dem sie mit einem Liebhaber eine einsame Straße in Frankreich entlangraste, und strangulierte sie. Ein unschuldiger Tod, der zu ihr paßte; denn in dem wilden, ausschweifenden Leben, das sie führte, hatte sie sich doch eine Art natürlicher Unschuld bewahrt.

5.
Komm in den Park von Sanssouci

Komm in den Park von Sanssouci!
Komm! Diese Nacht vergißt du nie.
Komm, wenn die Nachtigallen klagen,
Will ich dir, mein Lieb, viel tausend süße Worte sagen.

Komm in den Park von Sanssouci!
Komm, Eros geigt die Melodie.
Komm, wenn schon morgen wir auch scheiden müssen,
Komm, will ich doppelt heiß dich küssen
Heut nacht.

Dieses Lied – die Verse sind von Richard Rillo – habe ich 1925 komponiert. Es wurde über Nacht ein Schlager und ist bis heute ein Evergreen geblieben, einer meiner großen Erfolge. Doch dank einem Rendezvous im Park – nicht in Sanssouci, sondern im Park meines Sommerferienortes Abbazia –, zu dem dieses Lied führte, kostete es mich auf die Dauer wahrscheinlich mehr, als es mir einbrachte. Und wieder einmal nur deshalb, weil ich, sobald »Eros geigt die Melodie«, danach tanzen muß. Und diesmal war es mein eigenes Lied, das wesentlich dazu beitrug, mich zu verführen ...

Doch bevor wir uns in den Park von Abbazia schleichen, halten wir uns noch ein wenig an der Bar des Hotels Palace auf, an der ich zwar zufrieden, doch einigermaßen gelangweilt und einsam in jenem Juli 1926 viel zu viel Zeit verbringe. Eines schönen Abends, nachdem mir der Ober, ein recht gewitzter Bursche mit ungarischem Akzent, meinen Cocktail serviert hat, sagt er: »Übrigens,

Meister: Unser Pianist ist überglücklich, Sie bei uns zu sehen, noch viel glücklicher als wir anderen alle. Er hat auch einigen Grund, Ihnen dankbar zu sein ...«

Da ich keine blasse Ahnung habe, was damit gemeint sein könnte, frage ich: »Aber was habe ich denn mit dem Pianisten zu tun? Es freut mich natürlich, wenn ich ihm helfen konnte, aber ich glaube, ich habe ihn nie zuvor gesehen.«

»Wahrscheinlich nicht, mein Herr. Doch seit Sie hier sind in dieser Saison, verdient er ein Vermögen an Trinkgeldern.«

»Wie denn das?«

»Es dreht sich um eine Dame, mein Herr, und eine verteufelt hübsche dazu, wenn ich so sagen darf. Sie wohnt mit ihrem Ehemann hier, einem rumänischen Ingenieur, und jedesmal, wenn sie in die Bar kommt, will sie Ihr Lied ›Komm in den Park von Sanssouci‹ hören. Nicht nur einmal, nein, drei-, viermal jeden Abend! Und das Komische daran ist, daß sie nicht einmal weiß, wer es geschrieben hat.« Das sagt der Spitzbube augenzwinkernd und deutet mit dem Kopf auf einen Tisch in meiner Nähe, an dem ein nettes junges Paar sitzt. Noch während unseres Gesprächs schlägt der Pianist »Komm in den Park von Sanssouci« an.

Tatsächlich, die fragliche Dame ist jung, Mitte zwanzig etwa, und sehr hübsch, von der Art, für die ich am empfänglichsten bin: dunkelblond, blauäugig, von vollendeter Figur. Ich fühle mich geschmeichelt, ich ahne Möglichkeiten ... Mein Ober erhält ein dickes Trinkgeld, während ich vorschlage, er könne der Dame diskret andeuten, daß sich Robert Stolz, der Komponist ihres Lieblingsliedes, nicht nur in Abbazia, sondern sogar nur wenige Tische von ihr entfernt befinde.

Madame erfährt die Neuigkeit – sofern es überhaupt eine für sie ist. Einige Abende lang beobachten wir uns heimlich gegenseitig aus der Ferne. Eines Abends schließlich erscheint sie allein in der Bar, und für ein weiteres dickes Trinkgeld überbringt ihr mein bestechlicher Merkur verstohlen meine Visitenkarte, auf die ich geschrieben habe:

»Madame, meine Verehrung. Ich bin entzückt, daß Ihnen mein Lied ›Komm in den Park von Sanssouci‹ so gut gefällt. Es wäre mir eine Ehre, Sie kennenzulernen und Ihre Hände küssen zu dürfen.«

Der Ober, offensichtlich nicht unerfahren in solcherlei Diensten, bringt mir die Nachricht zurück, Madame wolle mich ebenfalls gerne kennenlernen und ihr Bestes tun, um ein Rendezvous – ohne Ehemann! – zu bewerkstelligen.

Es ist ein schwüler Sommerabend, an dem wir uns im Park des

Palace-Hotels von Abbazia treffen. Andere Hotelgäste sind nicht unterwegs, und der Handkuß entpuppt sich lediglich als Vorspeise zu einem Freudenmahl, das wir zu zweit allein im grünen Park genießen werden, umgeben von vollerblühten Sommerblumen.

Jedenfalls glauben wir das! Als wir uns von der Bank erheben und unsere Kleider glattstreichen, fährt uns der Schreck in alle Glieder, denn in einem benachbarten Busch raschelt es verdächtig. Die Reaktion meiner Begleiterin hätte mir zu denken geben sollen, denn weder wurde sie blaß noch schrie sie erschrocken auf – sie griff lediglich nach ihrer Tasche, und leider dachte ich mir in jenem Moment gar nichts dabei.

Es stellt sich heraus, daß kaum Grund zur Beunruhigung besteht; das Rascheln kam von einem bärtigen alten Gärtner, der die Hecke verschnitt, bis wir auftauchten; danach scheint er sich mit Zuschauen begnügt zu haben. Das ist ziemlich unangenehm, aber glücklicherweise stellt sich heraus, daß der brave Gärtner nur gern zusieht und keineswegs zu plaudern gewillt ist. Es gibt also keinerlei Schwierigkeiten, so daß Lilli – das ist Madames Name – und ich unsere Park-Affäre bis zum Ende der Ferien weiterspielen können. Das ist ganz leicht, zumal sie mit ihrem Mann im zweiten Stock des Hotels wohnt, ich wohne im dritten. Außerdem scheinen die beiden nicht sonderlich aneinander zu hängen, denn sie verbringen nur wenig Zeit gemeinsam.

Alles in allem, denke ich, während ich am Ende der Saison meine Koffer für die Heimfahrt packe, ein höchst vergnüglicher Ferienflirt. Nun ist der Sommer vorbei und damit auch diese kleine Episode. Einfacher könnte es gar nicht mehr sein.

Was wieder einmal beweist, daß ich Musiker bin und kein Prophet!

Nun befinden wir uns im November desselben Jahres 1926. Es ist ein frostiger Tag, und ich bin froh, der Kälte entronnen zu sein, als ich mich am gewohnten Tisch in meinem Lieblingscafé, dem »Heinrichshof« zu Wien, niederlasse, wo sich viele meiner Freunde aus Künstlerkreisen – Schriftsteller, Musiker, Theaterleute – treffen.

Ich fühle mich gleich zu Hause unter den vertrauten Gesichtern. Doch halt! Die Tür geht auf, und ein vertrautes Gesicht erscheint, auf das ich nicht gefaßt war: Madame Lilli aus dem Park von Abbazia! Mich trifft beinahe der Schlag. Bei ihrem Anblick überfällt mich – trotz der einstigen kurzlebigen Leidenschaft für die Dame – ein Frösteln. Sie starrt mich intensiv an, quer durch den Raum im »Heinrichshof«, und mir schwant Fürchterliches.

Aber was soll ich machen? Es stellt sich heraus, daß Lilli ihrem gutaussehenden, wohlhabenden jungen Ingenieursgatten in Temes-var davongelaufen ist, aus verzweifelter Liebe – so sagt sie wenig-stens – zu mir, dem dicken, fast kahlköpfigen, sechsundvierzigjäh-rigen Robert Stolz in Wien. Ihre Mutter hat sie auch gleich mitge-bracht. Sie saßen gerade in einem Restaurant in der Nähe, als sie mich auf meinem Weg zum »Heinrichshof« erspähten.

Was nun?

»Ich muß unbedingt mit dir reden«, flüstert sie und nähert sich meinem Tisch. »Ich bin mit der armen Mama extra aus Temesvar gekommen, und ich gehe niemals wieder zurück! Ich gehe auch nicht mehr zu Mama zurück oder ins Hotel! Fühlst du es denn nicht auch, Robert? Wir sind füreinander bestimmt. Ich will den Rest meines Lebens an deiner Seite verbringen. Lieber will ich sterben, als dich zu verlieren!«

Es kommt noch schlimmer. In ihrer Eile, mich zu erwischen, hat Lilli nicht nur ihre teure Mama im Restaurant zurückgelassen, sondern sogar ihren Pelzmantel. Um die schwerwiegenden Pro-bleme, in die sie mich gestürzt hat, noch eine Weile hinauszuschie-ben, sage ich: »Aber, meine Liebe, du darfst doch deine Gesundheit nicht so aufs Spiel setzen. Es ist eiskalt draußen. Wir müssen etwas dagegen unternehmen ...«

Mit diesen Worten führe ich Lilli zu »Zwieback«, einem elegan-ten Geschäft in der Kärntnerstraße, und beginne unser gemein-sames Nach-Abbazia-Leben, indem ich ihr einen Mantel kaufe. Ich weiß es noch nicht in jenem Augenblick, aber ein neues Kapitel in meinem Leben hat bereits begonnen; es wird vierzehn Jahre wäh-ren.

Es ist dies eine seltsame Verbindung, die im Park begann und in Wien wiederaufgenommen wird. Zu Beginn, glaube ich, liebte Lilli mich wirklich ernsthaft. Zumindest war sie in die Vorstellung ver-liebt, mit einem berühmten Komponisten zu leben, der sie liebt. Damals hatte sie auch keinerlei Grund, hinter meinem Geld her zu sein, denn der Ingenieur Karner, ihr Ehemann, war sehr erfolg-reich, und Lilli kam selbst aus einer wohlhabenden Familie. Auch war der Pelz, den sie bei ihrer Mutter zurückgelassen hatte, um etli-ches wertvoller als der Mantel, den ich ihr bei »Zwieback« kaufte. 1926 ging es mir finanziell ganz gut, und in dieser Zeit war Lillis Zuneigung zu mir sicher echt und ohne eigennützige Hintergedan-ken – es hatte tatsächlich »gefunkt« zwischen uns im Park. Mögli-cherweise hatte auch der gewisse »Glorienschein«, der mich umgab, das Seine dazu getan, denn wie so viele Leute, die das Theaterleben nur von außen kennen, war Lilli geblendet von seinem äußeren

Oben: In der »Bauernstube« mit Clarissa und Einzi in der Wiener Wohnung, Elisabethstraße 16, 1947.
Unten: Mit Orson Welles in Grinzing beim Heurigen, 1948.

Oben: Mit Will Petter, dem Regisseur der Wiener Eisrevue, und seiner Frau Edith, der Choreographin, ca. 1952.
Unten: Mitglieder des Ensembles der Wiener Eisrevue »Cocktail« bei der Premiere in Passau. 1969.

Glanz. Gott sei Dank wollte sie wenigstens nicht selbst zur Bühne! Aber sie genoß die Aufmerksamkeit und die Verehrung, die ihr als Begleiterin eines in der Öffentlichkeit bekannten Künstlers zuteil wurden. Um eine ganze, lange Geschichte in sechs kurzen Worten auszudrücken: Lilli wurde geschieden, und ich bekam Lilli. Auftritt von Frau Stolz Nummer 4.

Da sie kein Interesse an der alltäglichen Seite meiner Arbeit hatte, entstanden auch keine Konflikte, wie sie meine ersten drei Ehen – alle mit Künstlerinnen, wenn auch höchst unterschiedlichen Ranges – belastet hatten. Bis zum Krieg, bis zu den Qualen, die die Emigration mit sich brachte, führten wir eine ziemlich glückliche, beständige Ehe. In ruhigeren Zeitläuften hätte sie vielleicht sogar bis zum Ende unseres Lebens gehalten.

Gewiß, Ende der zwanziger Jahre kam es mir so vor, als sei mein Lebensschiff nun unwiderruflich in ein heiteres, ruhiges Fahrwasser geraten. Sowohl in Berlin als auch in Wien war ich so etwas wie eine Institution beim Publikum geworden. Meine Lieder und Operetten gehörten zu den populärsten der Zeit. Wir, die vierte Frau Stolz und ich, hielten uns hauptsächlich in diesen beiden Städten auf, obwohl wir zu manchen Premieren und während der Ferien weit herumreisten. Wir waren nur selten voneinander getrennt, und wohin wir auch kamen, wurden wir wärmstens aufgenommen. Mein heimlicher Teufel – meine Ängste und Depressionen, die mich überfallen, sobald ich mich einsam oder verlassen fühle – wagte sich in jenen Jahren selten hervor, und trotz all der vielen Reisen und Festivitäten wurden Lilli und ich ein mehr oder weniger konventionelles Ehepaar. Ich befand mich nun in den mittleren Jahren und war einigermaßen (wenn auch nicht übermäßig) geneigt, die Rolle des respektablen Hausherrn zu übernehmen. Und solange ich unser luxuriöses Leben finanzieren konnte, war auch Lilli recht glücklich mit mir.

Es schien, als lägen die ruhelosen Zeiten endgültig hinter mir, und ich kann nicht behaupten, daß ich sie vermißte. Ich hatte, weiß Gott, schon genügend Aufruhr erlebt während eines halben Jahrhunderts – meine Kindheits-Inspirationen und -Frustrationen in Graz, meine Studentenzeit, die Herumzigeunerei zu Beginn meiner Musikerlaufbahn um die Jahrhundertwende, all die Hochs und Tiefs während des Niedergangs des kaiserlichen Wien, die Tragödie des Ersten Weltkriegs, mein mühseliger Neubeginn, der Ruin, wieder ein Neubeginn in Berlin. Wenn das nicht reichte an Abwechslung! Eine Zukunft in sicherer, beschaulicher Monotonie erschien mir gerade recht: Sie bot Beständigkeit, Frieden und Ruhe.

Und dann passierte zweierlei auf einmal und änderte nicht nur mein Leben, sondern gleich die ganze Welt: die Weltwirtschaftskrise im Jahre 1929 – und das Aufkommen des Tonfilms in Europa. Die Krise war nichts als fürchterliches Elend, während sich der Tonfilm, wenigstens für mich, als reinster Segen erwies – allerdings auch als das Ende des Wahns, ich könne den Rest meines Lebens in schöner Geruhsamkeit verbringen!

Aber das war vielleicht ganz gut so. Heute weiß ich, daß ich nur sehr wenig für ein Leben in respektabler Langeweile übrig habe, selbst in Momenten, in denen ich mich abgekämpft fühle. Wäre die Welt damals nicht in die Wirtschaftskrise gestürzt, hätte es sehr wohl geschehen können, daß ich in eine meiner Depressionen gestürzt wäre – aus purer Langeweile. Was jedoch den Tonfilm betrifft: Dies einschneidend neue Medium bot mir bislang ungeahnte Möglichkeiten, meine Musik Millionen von Menschen auf der ganzen Welt nahezubringen, die sonst kaum jemals einen Walzer namens »Zwei Herzen im Dreivierteltakt« gehört und gewiß nie von einem dicklichen Herrn in Berlin, vormals Wien, namens Robert Stolz erfahren hätten...

6.
Son et Lumière

Launen, Verrücktheiten und Schwärmereien! In den Jahren zwischen den beiden Weltkriegen überstürzten sich alle möglichen Sensationen. Vom Erhabenen bis zum Absurden war so ziemlich alles geboten, von exotisch-östlichem Mystizismus bis zu schicken, neuen Modetänzen wie der Charleston – und man denke nur an den Erfolg meines Foxtrotts, der »Salome«.

In diese hektische Zwischenkriegszeit fiel die Entwicklung, das Aufblühen des Films als Kunstform wie auch als Massenmedium auf dem Unterhaltungssektor. Als ich 1924 nach Berlin kam, führte man gerade den großartigen Nibelungenfilm von Thea von Harbou und Fritz Lang auf; 1926 begeisterte Eisensteins *Panzerkreuzer Potemkin* die Massen ebenso wie die Kritiker, und ein Jahr später folgte die Welturaufführung von Fritz Langs *Metropolis*. Für wenige, herrliche Jahre lagen deutsche Filme an der Spitze.

Selbstverständlich war die deutsche Filmindustrie schon Jahre zuvor entstanden. Ein Jahr vor dem Ersten Weltkrieg gab es bereits zweitausend Kinos in Deutschland und weitere tausend in Österreich-Ungarn. Mein eigenes Film-Debüt fand, wie im Kapitel »Der Tanz in den Abgrund« erwähnt, im Jahre 1913 statt. Für mich war es ein interessantes Experiment, als ich meine speziell für Alexander Girardis einzigen Film, *Der Millionenonkel,* komponierte Musik »live« in Wien dirigierte. Und vergessen wir nicht, daß sich auch einer der Wendepunkte meines Lebens in einem Kino abspielte! Wo meine erste Frau, Grete Holm, samt meiner ersten und weit schrecklicheren Schwiegermutter, mich mit Franzi Ressel »beim Austausch von Intimitäten« im Dunkeln erwischte und mit Hilfe eines Schirmes in den Regen hinaustrieb!

Wenn von den frühen Zentren der Filmschöpfung die Rede ist, wird Österreich meistens übersehen. Dabei gab es dort eine ganze Menge von Talenten, die, wie auf anderen Gebieten auch, zum Goldenen Zeitalter des deutschen Films und später zum Ruhme Hollywoods beigetragen haben – und als Untertanen der k. u. k. Monarchie das Licht der Welt erblickt hatten. Auch eine österreichische Filmgesellschaft gab es schon frühzeitig, gegründet und unterstützt von einem vielseitigen Millionär und Aristokraten, der einmal Rennfahrer gewesen war: Graf Alexander Kolowrat-Krokowsky. Die Gesellschaft wurde »Sascha-Film« benannt, nach des Grafen Vornamen, und hier begann unter vielen anderen auch der große Drehbuchautor und Regisseur Fritz Lang seine Laufbahn. Weitere Alumnaten, die das Goldene Zeitalter des deutschen Films erst golden machten, waren solch unsterbliche Größen wie mein beleibter fröhlicher Freund Leo Slezak, der Ex-Heldentenor; Gustav Ucicky, der als Kameramann bei »Sascha« anfing und später bei meinem erfolgreichen Musikfilm *Hokuspokus* Regie führte; der großartige Schauspieler und spätere Regisseur Fritz Kortner; und der elegante Regisseur Kertész Mihály, ein Ungar, der nach einer vielseitigen Karriere in Ungarn, Österreich, Deutschland und Schweden einer von Hollywoods bekanntesten Filmemachern wurde, und zwar unter der amerikanisierten Version seines Namens: Michael Curtiz. Als ich ihn während des Zweiten Weltkrieges in Hollywood wiedersah, glaubten viele Amerikaner sogar, er sei Spanier oder Mexikaner, was Mihály gleichermaßen amüsierte wie ärgerte. Ein weiterer Ungar, Alexander Korda, wurde durch seine späteren englischen und amerikanischen Filme berühmt. Ferner Magda Sonja, Josef Somlo und Ernst Lubitsch, dessen einzigartiger *Lubitsch-Touch* auf beiden Seiten des Atlantiks ein Markenzeichen für genau beobachtende, scharfsinnige Regie wurde. Und es gab noch viele andere, die dazu beitrugen, daß das für die Geschichte scheinbar tote Kapitel der Donau-Monarchie von ihren in aller Herren Länder verstreuten Kindern weitergeschrieben wurde …

291

Es mag seltsam klingen, aber in gewisser Weise sprachen die deut-schen Filme der Stummfilmzeit die Menschen intensiver an als die späteren Tonfilme. Filme ohne Ton gehen, wie auch Musik ohne Worte, unmittelbar unter die Haut – sie reden eine Sprache, die ohne Umwege das Gefühl anspricht. Wenn Stummfilmzuschauer unstete fahle Figuren im *Kabinett des Dr. Caligari* herumgeistern sahen, dann bedurfte es keines einzigen Wortes, um das Grauen noch grauenvoller zu machen; selbst ein »billiger« Nervenschocker wie die Vampirgeschichte *Nosferatu* jagte uns eine Gänsehaut über den Rücken – durch lautlosen Schrecken. Man bangte mit Lubitschs *Madame Dubarry* vor der Guillotine, verfolgte gebannt den tragi-schen Übergang einer hübschen *fille de joie* in G.W. Pabsts *Die Büchse der Pandora* und konnte um den einst so stolzen Hotelpor-tier in *Der letzte Mann* weinen – eine Rolle, die durch den vielseiti-gen Emil Jannings geradezu genial verkörpert wurde. Murnau hat diesen Schauspieler einmal einen »Tonklumpen mit Seele« genannt, »zu jeder beliebigen Gestalt zu kneten und immer noch Wahrheit und Gefühl ausstrahlend«. In all diesen und hundert anderen Mei-sterwerken der Stummfilmzeit wären Worte überflüssiger Luxus gewesen. Das empfanden außer mir sicher noch viele andere. Einer der unwahrscheinlichsten Film-Enthusiasten war übrigens General Erich von Ludendorff, der im Laufe des Ersten Weltkriegs von den Propagandamöglichkeiten begeistert war, die das neue Medium bot. In Ludendorffs kleinen, kalten Augen stellte der Film eine nationale Waffe, keineswegs eine internationale Kunstform dar. Auf seine Veranlassung hin wurde von der deutschen Heeresleitung das »Bild- und Film-Amt« (BUFA) gegründet, das militärische Vorbild für die spätere und viel bedeutendere »UFA« (Universum Film AG). Die UFA besaß das Staats-Filmmonopol, das in der Weimarer Republik mit konservativen Geldern aufgekauft wurde, angeführt vom Pressebaron Ludwig Klitzsch und dem Industriellen Alfred Hugenberg. Für damalige Zeiten stellte die UFA mit 25 Mil-lionen Mark Kapital ein gewaltiges Unternehmen dar, und die ver-schwenderischen Premieren im großen UFA-Palast am Zoo in Ber-lin standen denen Hollywoods in nichts nach.

Und dann kam der Tonfilm. Frank Capra, damals noch ein uner-fahrener amerikanischer Regisseur, der später durch Filme wie *Mr. Smith goes to Washington (Mr. Smith geht nach Washington)*, *Arse-nic and Old Lace (Arsen und Spitzenhäubchen)* sowie Dutzende weiterer Hollywood-Produktionen Ruhm erlangte, gab eine leben-dige Beschreibung der Auswirkungen des Tons auf die internatio-nale Film-Industrie:

292

»Es war eine historische Nacht, als am 23. Oktober 1927 Al Jolsons Schatten von der Leinwand herab sang. Die Schallwellen von ›Mammy‹ wirkten nicht weniger verheerend als seismatische. Ein mächtiges Erdbeben erschütterte die Filmwelt. Der stummen Leinwand war ein Kehlkopf gewachsen! Hollywood zitterte. Die Insassen übernahmen die Leitung des Asyls.

Man könnte Bände schreiben über Komik und Tragik des Tonfilms; die Karrieren, die er zerstörte, die er ermöglichte ...«

Wie wahr! Lassen Sie mich nur zwei Beispiele dafür geben. Emil Jannings war als international gefeierter Stummfilmstar nach Hollywood gegangen. Doch entweder konnte oder wollte er nicht genug Englisch lernen, um in amerikanischen Tonfilmen eine Rolle zu übernehmen. Also kehrte er nach Deutschland zurück; die beste Zeit seiner internationalen Karriere lag hinter ihm. Heute kennt man Jannings außerhalb Deutschlands nur noch aus seinen Stummfilmen – eine Ausnahme macht das unvergeßliche Porträt des Professors Unrat im *Blauen Engel*, dessen Aussagekraft stark genug ist, um jede Sprachbarriere zu überwinden.

Mir dagegen verhalf der Tonfilm zu internationalem Ruf, und so waren es bald nicht nur zwei Herzen, die im Dreivierteltakt schlugen, wie es der Titel meines ersten Tonfilms will, sondern viele Menschen in der ganzen Welt, denen meine Musik Freude bereitete.

7.
Das Mikrophonzeitalter beginnt

Als ich nach Berlin kam, begann der Rundfunk sich in Deutschland durchzusetzen. Im Jahre 1924 gab es bereits 4320 Radioempfänger und 300 Radiohändler in Berlin. Viele Musiker fürchteten um ihre Existenz, und tatsächlich haben ja Radio und Schallplatte als immer verfügbare »Musiklieferanten« zunächst viele Kapellen um ihr Brot gebracht – bis später gerade das Mikrophon zahllosen Komponisten, Dirigenten und Instrumentalisten ganz neue Chancen eröffnete. Wie ein Symbol der neuen tönenden Welt war im September 1926 der Berliner Funkturm eingeweiht worden, der bald zu einem neuen Wahrzeichen der Stadt werden sollte.

Für mich aber war, fürs erste, der Film – der Tonfilm! – noch weit interessanter.

Obwohl das sogenannte Tri-Ergon-Verfahren zur Vertonung von Filmen bereits 1918 von deutschen Erfindern entwickelt worden war, wurde der Tonfilm doch zuerst in Amerika kommerziell genutzt, wo man die noch nicht ganz ausgereifte Technik der Synchronisation mit Hilfe von Schallplatten anwendete. Vielleicht dachten die Geldgeber der UFA, in deren Besitz sich die Lizenz für das Tri-Ergon-System befand, es sei zwar ein geistreiches Spielzeug, aber letztendlich nur eine nutzlose Kuriosität. Vielleicht aber wollten sie sich auch nur eine Konkurrenz im eigenen Hause ersparen – der deutsche Stummfilm hatte nach übereinstimmender Meinung fast aller ausländischen Kritiker immerhin Spitzenqualität erreicht und sich als Goldgrube erwiesen.

Doch in der Kunst und Unterhaltung bedeutet Stillstand, wie auf allen anderen Gebieten auch, nichts anderes als Rückschritt. Die Amerikaner fingen an, Tonfilme zu drehen, und erst nach der Sensation, die Al Jolsons Film *The Singing Fool* hervorgerufen hatte, begannen die deutschen Filmindustriellen, und auch dann noch widerwillig, zum Tonfilm überzugehen. Doch wie das in Deutschland so ist: Kaum hatte man sich für die Neuerung entschieden, entwickelten sich die Dinge auch schon mit geradezu unglaublicher Geschwindigkeit. Noch im September 1929 waren nur drei von hundert in Deutschland gedrehten Filmen vertont; ein Jahr später waren es bereits 84 Prozent – und einer der Hauptgründe für diesen Umschwung war der Sensations-Erfolg von *Zwei Herzen im Dreivierteltakt*, dem ersten europäischen Musikfilm. Hier beginnt das Märchen von den Schuhen und den Töchtern – und, ganz nebenbei, auch von Robert Stolz.

»Es war einmal« – und zwar 1929 in Berlin – ein reicher Schuhfabrikant namens Julius Heimann. Herr Heimann war nicht nur Millionär, sondern nebenbei auch ein nachsichtiger Vater zweier Töchter, die, wie viele andere Mädchen ihrer Zeit, ganz verrückt auf »sprechende« Filme waren. Ob es nun daran lag, daß die beiden Heimann-Töchter ihrem Vater ständig in den Ohren lagen, oder einfach daran, daß Papa Heimann leicht zu überreden war, sei dahingestellt. Jedenfalls entschloß er sich, unter die Filmproduzenten zu gehen, um seinen Töchtern eine Freude zu machen. Und besagte Töchter wußten auch gleich genau, was sie wollten: einen Musikfilm. Nun mag Herr Heimann vielleicht kein Künstler gewesen sein, aber er war gewiefter Geschäftsmann genug, um zu wissen, wo er sein Geld am besten anzulegen hatte. So kam es, daß er sich mit einem Berliner Musikverleger in Verbindung setzte. Walter Reisch und Franz Schulz verfaßten das Buch für einen Film, der den Titel *Zwei Herzen im Dreivierteltakt* erhielt.

Text und Handlung waren also vorhanden. Und alles, was noch fehlte, bevor mit den Dreharbeiten begonnen werden konnte,

Mit diesem Walzer aus dem gleichnamigen Tonfilm erzielte Robert Stolz einen der größten Erfolge seines musikalischen Schaffens.

waren die Noten – vor allem für einen Wiener Walzer. Dafür wiederum holte man mich.

Ich wollte, ich könnte nun fortfahren: »In dem Moment, in dem ich von dem Projekt hörte, ging mir auch schon ein Licht auf, und ich rief: ›Ha, dem Musikfilm gehört die Zukunft, und ich werde damit in die Geschichte eingehen!‹« Schön wär's – aber es war ganz anders.

Sicher, ich war von dem neuen Medium sehr angetan, und es konnte mir nur recht sein, auch da ein Bein auf den Boden zu kriegen. Aber zu Beginn war es die technische Herausforderung, die mich daran reizte, keineswegs die finanziellen Verlockungen. Die Voraussetzungen für die Produktion von Tonfilmen steckten noch in den Kinderschuhen, und unser Vorhaben kam uns eher wie ein Hazardspiel denn wie eine todsichere Geldanlage vor.

Ich traf Heimann eines schönen Morgens im Büro des Musikverlegers Armin Robinson in der Fasanenstraße. »Hier ist das Drehbuch«, sagte er zu mir. »Wie lange, meinen Sie, werden Sie brauchen, um einen Walzer zu komponieren?«

»Sie wissen ja, wie das ist mit den Einfällen: Manchmal sind sie sofort da – und manchmal kommt und kommt nichts. Lassen Sie mich erst mal das Buch lesen und ein bißchen drüber nachdenken. Und vorher will ich unbedingt noch zu Kempinski. Ich werde Sie anrufen, wenn ich den Walzer habe.«

Ehrlich gesagt, hatte ich die ganze Nacht gebummelt und hatte einen Mordshunger. Was sagte doch Robert Schumann übers Komponieren? Man komponiere aus zwei Gründen, einmal der Unsterblichkeit halber – oder aber, weil gerade ein Flügel offensteht ...

Ich blätterte also das Manuskript durch und verschaffte mir einen Überblick über das Thema, mit dem ich mich befassen sollte. Dann bestellte ich mein Mittagessen.

Ich habe nun schon bald ein Jahrhundert lang mit Komponieren verbracht, aber ich muß ehrlich zugeben, daß der Akt musikalischer Schöpfung noch immer, wie die Liebe etwa, ein reines Wunder für mich ist – ich erfahre es immer wieder, erklären kann ich es nicht. Irgendwie, kurz bevor mir die Suppe serviert wurde, hatte ich meinen Walzer! Ich könnte nicht einmal behaupten, daß ich mich bewußt um ihn bemüht hätte – er war von ganz allein in meinem Kopf entstanden.

Schnell kritzelte ich die Melodie auf die Rückseite der Speisekarte, und so kam »Zwei Herzen im Dreivierteltakt« zur Welt. Später schenkte ich das Original-Manuskript mit Widmung Herrn Kempinski. Und bis zu der Zeit, da die Nazis mich ausbürgerten, pflegte die Speisekarte mit meinen hastig hingeworfenen Noten für alle Gäste sichtbar im Speisesaal des Hotels Kempinski zu hängen. Die Geschichte machte die Runde, und bald erzählte man sich in Berliner Künstlerkreisen eine Anekdote, die in Büchern und Zeitungen folgendermaßen wiedergegeben wurde:

»Als plötzlich ein Kurzschluß die weitere Arbeit an dem Film *Zwei Herzen im Dreivierteltakt* unmöglich machte, meinte der Regisseur Géza von Bolvary: ›Laßt uns in die Weinstube gegenüber gehen und weitermachen!‹ – ›Da gibt's aber kein Klavier‹, entgegnete der Assistent. Sagte lächelnd der Regisseur: ›Das macht gar nichts. Der Stolz kann auch ohne Klavier spielen und komponieren!‹«

Diese Legende ist jedoch erst später entstanden. Nach dem Essen im Kempinski ging ich in den Musikverlag zurück, um Heimann meinen neuen Walzer vorzuspielen. Er war höchst überrascht und begeistert. Mit dieser Ermutigung machte ich mich daran, für diesen Film noch mehr Musik zu schreiben. Das bekannteste Lied aus dem Film ist wahrscheinlich »Auch du wirst mich einmal betrügen«.

Das Komponieren der Musik für einen dieser frühen Tonfilme war eine Sache – sie aufzunehmen war eine ganz andere. Ich habe im Lauf der Jahrzehnte die ganze technische Entwicklung im Studio miterlebt. Anfangs lieferten Schallplatten den Ton zum Film, dann wurde das Lichtton- und endlich das Magnetton-Verfahren entwickkelt. In den Tagen, von denen ich gerade erzähle, steckte die Technik noch in den Kinderschuhen. Die Überwindung der Schwierigkeiten war ein reines Abenteuer: Wir mußten Schritt für Schritt aus unseren Fehlern und Irrtümern lernen. Es gab eine ganze Menge noch ungelöster Probleme, und eines der herausforderndsten – um nur ein Beispiel zu nennen – bestand für uns darin, daß wir über keinerlei Möglichkeit verfügten, nachdem eine Szene einmal abgedreht war, unsere Tonaufnahme zu verbessern, oder gar eine feinabgestimmte Aufnahme nachträglich zu synchronisieren. Die Kameras liefen, das Orchester spielte, die Darsteller sangen – alles spielte sich gleichzeitig ab, so daß jedes einzelne musikalische Detail gleich bei der ersten Aufnahme perfekt sitzen mußte, denn eine Wiederholung der gesamten Szene mußte vermieden werden, angesichts des schmalen Budgets und des zeitlich begrenzten Drehplans. Das hieß für mich, den Perfektionisten: Sobald ich den Taktstock im Studio hob, mußte ich alles auf einmal im Auge haben, Orchester, Szenario, Sänger und Tontechniker – und überdies noch genügend Kraft, den Herrgott anzuflehen, daß es kein Fiasko würde!

Es war eine harte Arbeit, die höchste Konzentration erforderte, aber ich schien eine natürliche Begabung dafür zu haben. Einige zeitgenössische Kritiker gingen gar so weit, zu behaupten, ich sei geradezu fürs Mikrophonzeitalter geboren, und ich muß gestehen, daß ich von Anfang an von der technischen Seite des »Studio-Klangs« fasziniert war. Gott sei Dank standen mir einige der besten Techniker, Regisseure, Darsteller und Musiker der ganzen Welt zur Seite. Der Film erfordert, mehr noch als das Theater oder die Konzerthalle, eine kollektive Leistung, wenn er ein Erfolg werden soll; die individuelle Leistung rangiert erst an zweiter Stelle. Entweder gibt jeder sein Bestes – oder alles wird nichts. Ja, es gibt Momente, in denen der unscheinbare Mann, der die Mikrophone kontrolliert, ebenso wichtig ist wie der Star auf der Leinwand.

Wenn ich heute zurückblicke, frage ich mich, wie wir das damals eigentlich geschafft haben. Ein Playback-Verfahren gab es nicht; die Akustik in dem weitläufigen alten »Atelier Tempelhof« änderte sich mit jeder neuen Kulisse – kein Wunder, es war ja nicht für Tonaufnahmen eingerichtet worden. Selbst die Eisenbahn machte uns zu schaffen! Ganz in der Nähe des Ateliers verlief eine Bahnstrecke, so daß uns nichts anderes übrigblieb, als unsere Aufnahmepläne auf den Fahrplan abzustimmen, sonst wäre uns womöglich eine entfernt, aber deutlich vernehmbar stampfende, rasselnde, pfeifende Lokomotive mitten in eine großartige Szene gedampft.

Nicht umsonst sind die Berliner für ihre Fixigkeit bekannt. Es hat stets – und stets gut – mit unserer Arbeit geklappt. Und trotz aller schweißtreibenden Anstrengung hatten wir in jenen Zeiten eine Menge Spaß miteinander, was eigentlich immer dann der Fall ist, wenn sich begabte, schöpferische Menschen zusammentun, um etwas ganz Neues zu wagen. Bei den Dreharbeiten zu *Zwei Herzen im Dreivierteltakt* hatte ich großes Glück mit meinen Künstlerkollegen. Der unermüdliche Regisseur Géza von Bolvary führte Regie. Die romantischen Hauptrollen waren mit Gretl Theimer – für die »Zwei Herzen« der Auftakt zu einer ganzen Reihe von Film-Triumphen werden sollte – und Walter Janssen besetzt, der hauptsächlich Sänger, weniger Schauspieler war; er machte seine Sache sehr gut, konnte aber im Film nie so recht Fuß fassen. Das wiederum kann man von den beiden anderen Hauptdarstellern – Willi Forst, mit dem ich noch in vielen Filmen wunderbar zusammenarbeitete, und Oskar Karlweis – absolut nicht behaupten. Jahre später sah ich Oskar Karlweis am Broadway in einer Komödie mit dem Titel *Jakobowsky und der Oberst*, einem Stück, das echten Wiener Schwung mit großem Humor, Gefühl mit ernster Dramatik verbindet. Weshalb auch nicht? Hatte es doch Franz Werfel geschrieben! Ich habe oft erwogen, ein Musical daraus zu machen. Aber leider hat der Tag nicht mehr als vierundzwanzig Stunden ...

All die technischen Probleme bei den Dreharbeiten zu *Zwei Herzen* wurden durch die guten Darsteller voll aufgewogen. Dennoch sahen wir alle der Premiere mit beträchtlichen Ängsten entgegen. Immerhin ging es um eine Pionierleistung: Europas ersten Musikfilm. Wir hatten uns auf Neuland begeben, und niemand wagte vorherzusagen, welchen Erfolg dieser Versuch haben oder wie das Publikum ihn aufnehmen würde.

Wir hätten uns keine Sorgen machen müssen. Unsere Arbeit und Herrn Heimanns Schuhgelder trugen gute Früchte. Die Premiere am 13. März 1930 – im selben Monat wurde auch *Der blaue Engel* mit Marlene Dietrich und Emil Jannings uraufgeführt – leitete eine neue Ära des deutschen Tonfilms ein. Ich werde diesen Abend nie vergessen – es war die erste von vielen Galapremieren meiner Filme im Berliner Gloria-Palast am Zoo.

Unser Film war eins der größten Unterhaltungsereignisse des Jahres, und die ganze Berliner Prominenz war erschienen. Selbst heute noch liest sich die Gästeliste wie ein Katalog sämtlicher Berühmtheiten der Zeit. Es kamen: die schöne, hochbegabte Elisabeth Bergner; die lebhafte Fritzi Massary, die so viele meiner Lieder und Kabarettsongs interpretierte; Regisseure und Darsteller wie Leopold Jessner und Fritz Kortner, Werner Krauß, Heinrich George, Ernst Deutsch, Tilla Durieux, Albert Florath, Käthe Dorsch, Hilde Körber, Mathias Wieman, Asta Nielsen, Henny Porten ... Die Liste könnte noch lange fortgesetzt werden. Nicht nur das Publikum war uns gewogen: wir bekamen auch durchweg freundliche Kritiken, mit Ausnahme der eines einzigen Berliner Rezensenten, der für die BZ schrieb. Dem nicht eben hellseherisch begabten Kritiker zufolge war der Film recht gelungen – bis auf die Titelmusik: Der Walzer »Zwei Herzen im Dreivierteltakt« sei mir total mißglückt, schrieb er, kein Mensch könne die Melodie behalten. Ich nahm seine Kritik nicht sonderlich ernst, hatte ich doch Dutzende von Zuschauern schon auf dem Nachhauseweg von der Premiere meinen Walzer summen und pfeifen hören. Übrigens habe ich im Laufe der Jahre herausgefunden, daß Kritiker mit ihren Prophezeiungen sich nur allzuoft irren können.

Trotz dieser Schwarzseherei wurden die Klavierausgaben meines »Zwei-Herzen«-Walzers über sieben Millionen mal verkauft und er selbst später von der amerikanischen Zeitschrift »Colliers« zum zweitbeliebtesten Wiener Walzer aller Zeiten erklärt; sein weltweiter Erfolg rangierte gleich hinter Johann Strauß' »An der schönen blauen Donau«. Der Text wurde in viele Sprachen übersetzt und der Walzer auf der ganzen Welt gespielt, sogar in China und Japan. Auch der Film selbst trat eine triumphale Reise um die Welt an und brach schließlich alle Rekorde, als er fünfzig Wochen lang am Broadway in der deutschsprachigen Originalfassung lief!

Selbst meine damalige Frau Lilli, die sich nach den ersten Ehemonaten meist ziemlich gleichgültig gab, wenn es um solche Dinge ging, hat sich über den Erfolg der *Zwei Herzen* gewaltig gefreut.

Und was schließlich Robert Stolz betrifft: Der war wieder einmal verliebt. Diesmal – ausnahmsweise – nicht in eine neue Frau, sondern in eine wundervolle neue Kunstform. Es herrschten vielversprechende und gleichzeitig verhängnisvolle Zeiten in Deutschland, die Hermann Hesse zutreffend charakterisierte als »... unsere merkwürdige Zeit: die trübe, verzweifelte und doch so fruchtbare Zeit nach dem großen Krieg«. Während *Zwei Herzen* sein triumphales Debüt feierte und der Frühling die prachtvollen Berliner Linden zu neuem Leben erwachen ließ, standen Millionen deutscher Arbeiter vor den Arbeitsämtern Schlange. Die politischen und wirtschaftlichen Wolken ballten sich zusammen – drohender als die meisten von uns ahnten. Ich habe mir, wie viele andere Menschen auch, leider nur selten Gedanken über die Politik gemacht. Noch zu Beginn des Jahres 1930 sagte mir der Name Adolf Hitler fast gar nichts. Ein unwichtiger, gehässiger Mensch, dachte ich allenfalls, ein Ärgernis, mit dem man am besten fertig wird, indem man es kaum beachtet.

Viel zu bald schon sollten diese Männer und ihre Denkweise, die die meisten von uns toleriert oder schlicht ignoriert hatten, der deutschen Geschichte ein Kapitel voller Alpträume hinzufügen. Doch im März 1930 war ich noch ganz ahnungslos. Ich ging, wie alle Verliebten, geschlossenen Auges und lächelnden Mundes durch die Welt. Schließlich ging es mir gut wie nie zuvor, dazu bereitete meine Musik, meine Filmarbeit zahllosen Menschen inner- und außerhalb der deutschen Grenzen Freude – besonders denen, die sich in diesen harten Zeiten kaum eine andere Unterhaltung leisten konnten als hin und wieder einmal einen Kinobesuch. Dort, in der abgeschlossenen Welt des Lichtspieltheaters, bei den fröhlichen Klängen der Melodien aus *Zwei Herzen,* konnten sie ihre Sorgen wenigstens für kurze Zeit vergessen ...

Zu meinem damaligen Freundeskreis gehörte auch ein Mann der mit seinen »übernatürlichen Fähigkeiten« die Berliner Gesellschaft faszinierte. Ob er wirklich hellsehen konnte, wage ich nicht zu entscheiden – aber eines weiß ich immerhin: dieser Herr Brett-schneider, der Sohn eines Theaterdirektors aus Chemnitz war und sich in seiner Eigenschaft als Hellseher Hanussen nannte, hat sich mir gegenüber als »Wunderheiler« bewährt. Ich hatte entsetzliche Zahnschmerzen, die Wange war dick geschwollen, und der Zahn-arzt erwies sich im Moment als machtlos. Ich mußte aber an diesem Abend dirigieren. Hanussen, der mich in meinem Elend sah, ver-sprach mir: »Ich werde dich von deinen Schmerzen befreien – aber nur für einige Stunden. Danach wird der Schmerz wiederkommen, aber dann hast du wenigstens deinen Auftritt hinter dir.« Genauso geschah es: Der Schmerz war wie weggeblasen und kam erst in der Nacht zurück.

Heute weiß man, daß Hanussen manches prophezeit hat, was sich später als zutreffend erwies. So soll er den Reichstagsbrand vorausgesagt haben. Als er den Nazis unbequem wurde, sorgten sie dafür, daß man ihn eines Tages erschlagen im Grunewald fand ...

Mir hat Hanussen von seiner düsteren politischen Vision nichts erzählt. Von seinen Künsten, mit denen er im Varieté das Publikum verblüffte, war ganz Berlin beeindruckt.

8.
Die ganze Welt ist himmelblau – oder doch nicht?

Der Erfolg der *Zwei Herzen* eröffnete mir eine ganz neue Welt; bald erhielt ich sogar phantastische Angebote aus Hollywood. Aber ich war glücklich, meine Musik war überall bekannt und beliebt, ich verdiente mehr als je zuvor – ich sah also keinen Grund, quer über den Ozean in einen fremden Erdteil zu ziehen, hielt meinem Motto die Treue und sagte mir: Goldene Nockerln kann ich nicht essen, und blieb fröhlich in Berlin und Wien, wo ich alle meine Freunde hatte, meine Arbeit, meine Erfolge.

Von 1929 bis zum »Anschluß« Österreichs komponierte ich, außer verschiedenen Operetten und einzelnen Liedern, die Musik zu fast fünfzig deutschen Filmen, die ich auch selbst dirigierte – manchmal waren es sechs und mehr pro Jahr! Natürlich konnten bei diesen Produktionsmassen nicht alle Melodien Evergreens werden, aber viele schafften es doch, und die meisten meiner Filme waren Kassenschlager.

1930 kam außer den *Zwei Herzen* auch *Hokuspokus* heraus, bei dem Gustav Ucicky die Regie führte; Hauptdarsteller waren Willy Fritsch und die bezaubernde Lilian Harvey. Im selben Jahr hatte auch der Film *Das Lied ist aus* mit Liane Haid, Willi Forst und

Marcel Wittrisch Premiere und machte meine beiden Lieder »Adieu, mein kleiner Gardeoffizier« und »Frag nicht, warum ich gehe« berühmt. Letzteres erlangte Popularität in der Welt durch die Plattenaufnahmen dreier sehr verschiedener, aber gleich großartiger Gesangsstars, die dem Lied jeweils ihre eigene charakteristische Interpretation verliehen: Willi Forst, Marlene Dietrich und Richard Tauber. Während eines Aufenthaltes in Wien mit Wallis Simpson verliebte sich Edward, Prinz von Wales, in meinen »Gardeoffizier«; auch seine Mutter mochte die Melodie, und seitdem gehört er in England zu den beliebtesten Märschen.

Weniger bemerkenswert, aber auch 1930 entstanden, sind die Filme *Das Kabinett des Dr. Larifari* (eine Parodie auf den berühmten Film *Das Kabinett des Dr. Caligari*), *Heute nacht – eventuell!*, *Der Hampelmann* (mit dem Lied »Schön wär's ... ja, wunderschön wär's«) sowie der wichtigere Film *Ein Tango für dich* mit den Liedern »Musikant, Musikant, wo ist deine Heimat?« und »Du bist mein Maskottchen gewesen«. 1931 entstanden weitere fünf Tonfilme: *Der Herr auf Bestellung*; *Die lustigen Weiber von Wien*, in dem eines der Lieder hieß »Ich lieb' nur eine« – was sich für mich keine zehn Jahre lang mehr als richtig erweisen sollte!; *Der Raub der Mona Lisa* (mit Willi Forst), aus dem das Lied »Warum lächelst du, Mona Lisa?« vielleicht am bekanntesten geworden ist; *Die Marquise von Pompadour*; und schließlich eine meiner gefeiertsten Film-Operetten, *Liebeskommando* mit Dolly Haas. Richard Tauber interpretierte zwei der Evergreens aus dieser Operette, »Im Traum hast du mir alles erlaubt« und »Ich möcht' einmal wieder verliebt sein«, und wer könnte sie je vergessen, wenn er gehört hat, wie Richard Tauber sie sang? Ebenfalls aus *Liebeskommando* stammt der schmissige Marsch »Kamerad, wir sind die Jugend«, der später ein Lieblingsmarsch der Hitlerjugend werden sollte, was nicht einer bitteren Ironie entbehrte, denn der Text stammte von meinen jüdischen Freunden Robert Gilbert und Armin Robinson.

Nach dem furchtbaren, die Weltwirtschaft erschütternden Börsenkrach im Jahre 1929 war es mir nicht anders ergangen als jedermann: Ich verlor alles während der weltweiten Depression. Doch im Unterschied zu den meisten Deutschen, besonders den arbeitslosen Fabrikarbeitern und den Rentnern, konnte ich mich dank der Filmindustrie erholen, die in all der Armut blühte und gedieh. Seltsam, nicht wahr? Aber je unerträglicher das Leben wird, desto mehr sehnen sich die Menschen nach Fröhlichkeit, »flüchten« sich in die Unterhaltung! Ende der zwanziger und Anfang der dreißiger Jahre entstanden viele ernstzunehmende Experimente auf Bühne und

Leinwand – aber die Massen strömten in heitere Komödien, Operetten, Revuen. Selbst der größte Teil jener, die *Die Dreigroschenoper* sahen, kam nicht etwa, um die soziale Botschaft, sondern um Kurt Weills herrliche Musik zu hören!

Doch das war außerhalb Deutschlands nicht viel anders: in England, Frankreich und ganz besonders in Amerika bot sich fast das gleiche Bild: Je schlimmer die Zeiten wurden, desto mehr verlangte es den Durchschnittsbürger nach Lachen, nach Musik, nach *happy ends*. Und während ich in Berlin meine Tonfilme herausbrachte, produzierte Hollywood ebenfalls leichte Komödien voll Gesang und Tanz mit Heldinnen und Helden wie Ginger Rogers und Fred Astaire. Manchmal kreuzten sich unsere Wege sogar, 1936 zum Beispiel, als Fred Astaire – ein vollendeter Gentleman, nebenbei bemerkt – die Hauptrolle in meinem Musical *Rise and Shine* spielte, das in London uraufgeführt wurde. Als ich am Victoria-Bahnhof in London eintraf, hieß mich die schöne Sarah Churchill, die Tochter von Winston Churchill, willkommen und überreichte mir einen silbernen Taktstock. Mein Aufenthalt in London war wunderbar, mein Erfolg riß nicht ab. Wenn ich heute darauf zurückblicke, kann ich nur staunen über die Geschwindigkeit und den Umfang meiner Produktivität in jenen für mich so »goldenen« Jahren. Damals jedoch kam mir das gar nicht enorm vor, ganz im Gegenteil! In Berlin flogen mir die Ideen nur so zu, und meine Filme waren, Gott sei Dank, beim Publikum ebenso beliebt wie bei der Kritik. Von meiner Warte aus gesehen war *tatsächlich* »die ganze Welt himmelblau«, obwohl mir eben dieses Lied in späteren Jahren noch etliche Unannehmlichkeiten bereiten sollte:

Den Slowfox »Die ganze Welt ist himmelblau« und den schwungvollen Walzer »Mein Liebeslied muß ein Walzer sein« komponierte ich im Auftrag Eric Charells; er war der Produzent des nun schon klassischen Singspiels *Im Weißen Rößl*. Die bezaubernde Show basiert auf einem erfolgreichen Lustspiel desselben Titels von Blumenthal und Kadelburg, sämtliche Gesangstexte dieses Werkes sind von Robert Gilbert. Die Musik allerdings ist von vielen Komponisten: Ralph Benatzky steuerte einige der hübschesten Melodien bei; die zwei oben genannten Lieder sind von mir; das Lied »Zuschauen kann ich nicht« ist von Bruno Granichstaedten; »Erst wenn's aus wird sein« ist von Hans Frankowski, und für das lustige Lied »Was kann der Sigismund dafür, daß er so schön ist« schrieb Text und Musik Robert Gilbert.

In der englischen Fassung kamen dazu meine beiden Lieder »Adieu, mein kleiner Gardeoffizier« und »Auch du wirst mich einmal betrügen«. Es waren also vier Hauptschlager von *White Horse Inn* aus meiner Feder. Der vom Musikverlag Chappell London gedruckte Klavierauszug hatte auf dem Titelblatt folgenden Text: »Music by Ralph Benatzky and Robert Stolz«.

Mein Beitrag zum Erfolg des *Weißen Rößl* war in den englischsprachigen Gebieten sehr groß. Trotzdem habe ich niemals von den Aufführungen des Singspiels *Im Weißen Rößl* auch nur einen Groschen bekommen.

Jahre später führte die Frage nach Verdienst und Tantiemen für meinen musikalischen Anteil am »Weißen Rössl« zu langen und bitteren Rechtsstreitigkeiten, die mir den Glauben an Gerechtigkeit, Anstand und Wahrheitsliebe der Menschen beinahe zerstört haben. Ich habe sehr darunter gelitten, denn es bleibt die größte Ungerechtigkeit, die mir in meiner gesamten beruflichen Laufbahn widerfahren ist.

Aber mit dem *Weißen Rößl* ist auch die weitaus glücklichere Erinnerung an meine Zusammenarbeit mit Robert Gilbert verbunden, der einer meiner Lieblingstextdichter ist. Wenn ihm gerade der Sinn danach steht, kann Robert auch ein wahrhaft vollendeter Poet und Philosoph sein; überdies verfügt er über einen köstlichen, trokkenen, niemals aufdringlichen Humor. Und wie so viele humoristische Autoren, neigt auch er zu tiefer Melancholie – eine Eigenschaft, um derentwillen ich ihn um so besser verstehe und liebe. Eine weitere Gemeinsamkeit, die Robert Gilbert und mich verbindet, ist, daß auch er einen Teil seiner Begabungen seinen Vorfahren zu verdanken hat. Sein Vater war der berühmte Komponist Jean Gilbert, der die Musik zu Erfolgen wie *Die keusche Susanne, Die Frau im Hermelin* und anderen geschrieben hat. Doch Robert Gilbert hat nicht nur die Texte zu vielen beliebten deutschen Liedern und Operetten – darunter einige meiner bekanntesten – verfaßt; er hat sich darüber hinaus den besten Ruf mit seinen Bearbeitungen ausländischer Musicals für deutsche Aufführungen erworben. Man würde seiner Leistung kaum gerecht, wollte man ihn lediglich den »Übersetzer« solcher Werke wie *My Fair Lady, Gigi* und *Der Mann von La Mancha* bezeichnen, denn wenn Robert zu Feder und Papier greift, dann entsteht reine Poesie. Jede einzelne von all seinen Bearbeitungen für deutsche Bühnen trägt seinen ganz persönlichen Stempel, und nicht selten hat er gar das Original noch verbessert.

Es gibt noch einen weiteren Grund dafür, daß Robert Gilbert einen Ehrenplatz in der langen Reihe meiner Librettisten einnimmt. Er hat die Verse zu meinem aus tiefster Empfindung entstandenen Lied »Wohin ist das alles, wohin?« geschrieben. »Wohin?«, so lautete meine leidvolle Frage, als ich nach dem Zweiten Weltkrieg zurückkam und mein geliebtes Wien in Trümmern fand. Es ist gewiß das traurigste Lied, das ich in meinem ganzen Leben komponierte, und es kam mir direkt aus dem Herzen, das Gefühl des unwiderruflichen Verlustes, das es widerspiegelt – die Klage um die verlorenen Freunde, um die Welt einer vergangenen, glücklicheren Zeit.

Wohin ist das alles, wohin?

Die Rosen von gestern,
das Rauschen im Wald,
das einmal so anders
als heute geschallt –

wohin ist das alles, wohin?

Wohin sind sie alle, wohin
die Freunde von damals,
mit denen man oft
bei uraltem Wein
auf die Zukunft gehofft –

wohin sind sie alle, wohin?

Das kann doch nicht alles begraben sein,
begraben für ewige Zeit!
Das müßte doch wieder zu haben sein,
sonst täte die Welt mir so leid,
denn das gab dem Leben den Sinn,
die Rosen der Liebe,
die Freunde von einst.
O sage mir Sonne, warum du noch scheinst?

Dahin ist das alles, dahin!

»Die Freunde von einst ...« Das erinnert mich an einen meiner teuersten Freunde aus den dreißiger Jahren – an Richard Tauber, den König unter den Tenören. Aber solch ein guter Freund verdient wahrlich ein ganzes Kapitel für sich.

9.

Glanz und Gloria der Tenöre

Die Arbeit eines Schriftstellers, einmal niedergeschrieben, steht und fällt mit ihrer eigenen Qualität. Das Bild eines Malers behält seine Farben und Linien und wird danach beurteilt. Doch die Melodien eines Komponisten müssen sich bei jeder neuen Aufführung durch eine Neugeburt behaupten. Einen tröstlichen Aspekt hat dies allerdings auch: Ein Komponist, der es schafft, wirklich gute, primäre Melodien zu erfinden, wird immer wieder erleben, daß sein Werk sich trotz unterschiedlichster Arrangeure und Interpreten seine ganz eigene innere Schönheit bewahrt. Ich habe viele Künstler erlebt, denen ich für ihre Interpretation nur dankbar sein kann – von den wundervollen frühen Gesangsstars wie Leo Slezak und Willi Forst, meinen beiden ersten Ehefrauen Grete und Franzi, Joseph Schmidt, Jan Kiepura und Marcel Wittrisch bis zu Meisterinnen und Meistern der letzten Jahre, wie Fritz Wunderlich, Hilde Güden, Anneliese Rothenberger, Nicolai Gedda, Rudolf Schock, Peter Alexander, Peter Minich und vielen, vielen anderen, Sie alle haben meine Lieder auf ihre eigene Art gesungen, die meinen Beifall gefunden hat.

Ob er nun den traurigen Clown in *Pagliacci* spielte oder lediglich ein Wienerlied sang, wie etwa mein »In Wien hab' ich einmal ein Mädel geliebt« – sein Gesang kam stets aus einem echten Gefühl. Wann immer und was immer Tauber sang, er gab den Melodien einen Reichtum, den sich nicht einmal der Komponist selber vorgestellt hätte. Franz Lehár, der sich niemals ganz vom Verlust Taubers als »seines« Tenors erholt hat, sagte einmal, in Richard verbinde sich eine wunderbare Stimme mit ganz ungewöhnlicher Musikalität und enormem Können. Er war wahrhaftig ein Phänomen.

Richards Stimme hatte ihre Grenzen, insbesondere in der Höhe. Doch seine Mittellage, sein Falsetto, seine Pianissimi, seine unvergleichliche Phrasierung ließen alles andere vergessen. Mein Freund Marcel Prawy sagte einmal, Richard Taubers unglaubliche Beherrschung von Ausdruck und Betonung hätte alle so mitgerissen, daß man, selbst wenn er einmal einen hohen Ton nicht ganz erreichte, hätte schwören können, er habe ihn getroffen. Als Freund war Richard Tauber ein liebenswerter, überschwenglicher Kamerad, loyal, voller Späße und stets für eine Überraschung gut.

Jahre später, während des »Blitzkriegs«, als er bereits in London lebte und an seiner Lungen- und Halskrankheit litt, an der er schließlich starb, war er in der Lage, seiner Stimme die nötigen

Ruhepausen zu gönnen, indem er als Gastdirigent auftrat. Sogar der ewig mürrische Sir Thomas Beecham, der nur selten ein gutes Wort über irgend jemanden verlor, bewunderte Richard, wie er den Taktstock über Beechams Londoner Philharmonikern schwang.

Kein Wunder, daß Richard, der selbst ein guter Dirigent war, als Sänger für jeden seiner Dirigenten eine reine Freude bedeutete. Wenn Richard und ich zusammenarbeiteten – egal, ob auf der Bühne, beim Film oder im Aufnahmestudio –, bedurfte es kaum eines Wortes zwischen uns: Unsere Augen trafen sich, und das Einverständnis übertrug sich vom Sänger und Dirigenten auf das Orchester in perfekter Harmonie.

»Mit dir zu arbeiten, Schnappula, das ist eine Köstlichkeit wie Marillenknödel; ich verstehe dich, du verstehst mich. Und manchmal frage ich mich, ob andere überhaupt noch einen von uns beiden verstehen« – so beschrieb Richard unsere Zusammenarbeit und unsere Freundschaft.

Richard brachte es fertig, sogar seine qualvollen arthritischen Schmerzen noch für die Arbeit zu nutzen! Bei der Premiere von *Land des Lächelns* in Berlin war er nach einem beinahe tödlich verlaufenen Anfall noch immer teilweise gelähmt. Aber er trat auf und spielte die Rolle des Prinzen Sou-Chong mit steifem Arm und deutlich erkennbarem Hinken. Und was er daraus machte! Er beherrschte seine Behinderung so meisterhaft, daß er den Eindruck erweckte, er ahme lediglich den vornehm-exotischen Gang eines Mandarins nach – und beinahe jeder, der später den Sou-Chong spielte, versuchte Richard zu kopieren!

Wenn ich eines Tages meinen Weg durch die himmlische Pforte nehme, könnte ich mir nichts Schöneres vorstellen, als vom blitzenden Monokel und der vertrauten, volltönenden Stimme meines Freundes Richard Tauber begrüßt zu werden: »Ha, bist du das, Schnappula?«

Bislang ist der erhabenste Ort, an dem meine Melodien jemals erklangen, immer noch die Wiener Oper. Daß dies überhaupt geschah, habe ich einem anderen Tenor zu verdanken, der – wie Richard Tauber – ebenso gern eine Arie aus *Tosca* sang wie die fröhlichen Verse »Ob blond, ob braun, ich liebe alle Frau'n« – wem anders als Jan Kiepura, dem strahlenden polnischen Tenor, der sich mit seinem hohen C nicht nur Wien, sondern die Welt eroberte!

Ich dirigierte Jan in etlichen meiner erfolgreichsten Tonfilme, zum erstenmal im 1933 entstandenen *Mein Herz ruft nach dir*, später in *Ich liebe alle Frau'n* und *Zauber der Bohème*. Bei den Dreharbeiten zu diesen Filmen konnte es mir nicht entgehen, daß Jan Kiepura sich in seine entzückende Partnerin, die schöne und hochtalentierte Martha Eggerth, verliebte. Ich erinnere mich noch gut, wie seine Augen leuchteten, als er sie in einer verführerischen Badeszene erblickte. Bald wurde Martha seine Frau, und diese Liebe währte ein Leben lang.

Aber lassen Sie mich weitererzählen, wie es kam, daß Jan Kiepura Stolz-Lieder an der Wiener Oper sang. Jan war ein überwältigender Sänger im besten Sinne des Wortes, und nichts genoß er so sehr wie die vielen Vorhänge und Zugaben nach einer Vorstellung. Im Anschluß an eine *Rigoletto*-Aufführung in der Staatsoper rief er einmal einen Freiwilligen aus dem Publikum auf die Bühne, der ihn dann auf dem Klavier begleitete, während Jan populäre Lieder sang, darunter auch einige von mir.

Zum Leidwesen mancher Beamtenseelen! Ein besonders humorloser Angestellter in leitender Position an der Staatsoper verübelte Jan diesen »plebejischen Ausbruch« an solch geweihtem Ort und untersagte ihm ein für allemal, nach den Vorstellungen Lieder zur Klavierbegleitung zu singen.

Am nächsten Abend forderte das Publikum natürlich wieder »Lieder! Lieder! Lieder!« von Jan. Der verkündete prompt, es sei ihm verboten worden, auf der Bühne zur Klavierbegleitung zu singen ... und schmetterte »Mein Herz ruft immer nur nach dir« und »Ob blond, ob braun, ich liebe alle Frau'n« – *ohne* Begleitung! Das Publikum raste vor Begeisterung, und die Stolz-Lieder hatten ihren etwas gesetzwidrigen Einzug in die »Heiligen Hallen« der Staatsoper gehalten.

Der »fesche Janek« brachte es sogar mehrmals zuwege, mit meinen Liedern den gesamten Verkehr am Ring aufzuhalten, indem er, nach der Vorstellung in der Oper, in der Nacht auf ein Taxidach sprang und für die vielen hundert am Bühnenausgang harrenden Bewunderer Schlager sang. Soviel ich weiß, ist es niemals vorgekommen, daß die Polizei wegen nächtlicher Ruhestörung einschritt ...

1934, im selben Jahr, in dem Jan Kiepura zum erstenmal »Mein Herz ruft immer nur nach dir« sang, gewann, wie ich schon erzählt habe, ein anderer meiner Filme – *Frühjahrsparade* – die »Große Goldene Medaille der Biennale« in Venedig, worauf mir wiederum lukrative Angebote aus Hollywood ins Haus flatterten. Und immer noch sah ich keinen vernünftigen Grund, nur des Geldes wegen über den Ozean zu reisen.

Allmählich kam aber doch die Zeit, mich nach einem anderen

Aufenthaltsort umzusehen. Zwar waren mir noch etliche erfolgreiche Jahre in Berlin beschieden, doch es wurde immer einsamer um mich. Obwohl ich selbst von den Nazis anerkannt und als »arischer« Künstler arbeiten durfte, mußte ich zusehen, wie von meinen jüdischen Freunden und Mitarbeitern einer nach dem anderen aus Deutschland vertrieben oder gar ein Opfer der Verfolgung wurde. Ich beschloß, mich wieder ganz in Wien niederzulassen. Dort wenigstens, dachte ich, würde ich im Alter eine Insel des Friedens finden; dort würde ich meinen Lebensabend verbringen ...

10.
Futsch ist futsch

Ich habe mein Leben lang die Meinung vertreten, Musik – und Kunst überhaupt – sollte am besten gar nichts mit Politik zu tun haben. Die Geschichte hat oft genug gezeigt, daß auch der begabteste Künstler naiv, wirr oder gar schamlos opportunistisch werden kann, sobald er sich in politische Angelegenheiten mischt. Meine Faustregel für die Politik, an die ich mich immer gehalten habe, lautet schlicht: Unterstütze kein Großmaul und traue keinem, der dir das Paradies auf Erden verspricht! Da dieser Leitsatz – mal zum einen, mal zum anderen Teil – auf die meisten der führenden Politiker in den dreißiger Jahren zutraf, hielt ich meine Weste mühelos rein und wurde auf diese Weise auch niemals für politische Zwecke mißbraucht.

Ich verabscheute die Nazis von allem Anfang an wegen ihrer Hetze gegen die Juden und wegen ihrer »Dolchstoßlegende«, die die Juden und Sozialisten des Vaterlandsverrates bezichtigte. Sicher, ich konnte das psychische Bedürfnis vieler Deutscher nach einem Sündenbock für all ihre Enttäuschungen verstehen – besonders in der Zeit des Elends, der erdrückenden Armut nach dem Krieg, als die neureichen Kriegsgewinnler mit ihrem Reichtum herumprotzten, während unzählige Arbeiter Hungers starben. Aber ich wußte, daß die »Dolchstoßlegende« kein Körnchen Wahrheit enthielt, und ganz gleich, welche nationalen Interessen solche Praktiken vorgeben: Mir drehte sich der Magen um, wenn ich die zerschmetterten Fensterscheiben und geplünderten jüdischen Geschäfte sah und das widerwärtige Gebrüll hörte, wenn wehrlose Bürger zusammengeschlagen wurden.

Damals erschien im »Simplicissimus« eine Karikatur, ich glaube, von Karl Arnold, die in meinen Augen den ganzen blinden, törichten Glauben der viel zu vielen naiven und verbitterten Menschen an

die »Dolchstoßlegende« und die wilden Drohungen Hitlers darstellte. Die Karikatur zeigte drei Kleinbürger, die in abgewetzter
Kleidung an einer Straßenecke stehen und große Politik diskutieren:

»Solange die Juden am Rhein steh'n, sag' i, gibt's koa Ruh' im
Land!« grantelt der erste sauertöpfische Spießer.

»Geh', hör' auf, dös san do die Franzosen«, protestiert sein etwas
einsichtigerer Nachbar.

»Soo – da geh amal in a Hitlerversammlung«, sagt der dritte her-
risch, »der sagt's dir nacha scho, wer die san!«

Und allmählich begannen immer mehr Leute eben dies zu tun: Sie
gingen in die Hitlerversammlungen, um dort »die Wahrheit« zu
hören, und es wurden noch mehr nach der zweiten großen Wirt-
schaftskatastrophe und der Arbeitslosigkeit von apokalyptischen
Dimensionen, die 1929 auf den Börsenkrach in Amerika folgte.

Im September 1930 hatten die Nationalsozialisten im Reichstag
107 Sitze (statt bisher 12) errungen. Nun verfügten sie über eine
politische Macht, mit der man zu rechnen hatte. Und die Zahl ihrer
Anhänger unter den Armen und Arbeitslosen wuchs und wuchs, je
tiefer es mit der Wirtschaft bergab ging. Bei der Reichspräsidenten-
wahl im März 1932 erhielt Hitler elf Millionen Stimmen und stand
damit an zweiter Stelle hinter dem alten Reichspräsidenten Hindenburg. Am 30. Januar 1933 wurde der von so vielen so lange mißach-
tete Adolf Hitler zum Reichskanzler ernannt.

Wie konnte das geschehen? Ich glaube nicht, daß es nur einen
ausschlaggebenden Grund dafür gab. Sicher, der Antisemitismus
war in Deutschland weit verbreitet, aber das war auch anderswo in
Mittel- und Osteuropa der Fall. Und damit allein wäre Hitler vermutlich niemals an die Macht gekommen. Lange Zeit nahmen nicht
einmal alle deutschen Juden Hitlers antisemitische Tiraden ernst.

»Pfui, Robertl«, sagte noch 1932 einer meiner wohlhabenden,
»assimilierten« jüdischen Freunde zu mir, »das darfst du nicht
wörtlich nehmen. Gewiß, Hitler haßt die polnischen und die russischen Juden. Sie sind Fremde in unserer Mitte, und auch ich mag sie
nicht besonders. Aber meine Familie lebt seit den Zeiten Friedrichs
des Großen hier, und wir waren immer gute Deutsche. Damit sind
doch nicht *wir* gemeint. Und überhaupt – das ist doch alles bloß
Dahergerede!«

Das war die vorherrschende Meinung im deutschen Bürgertum,
sowohl bei Juden als auch bei Nichtjuden; die überdeutlichen
Drohungen von seiten Hitlers, Goebbels' und anderer wurden
schlicht abgetan als die Großmäuligkeit einer Bande rotznäsiger

Schuljungen. Die wirksamste Waffe Hitlers – mit der er auch seine große Popularität errang – war seine Ablehnung der Verträge von Versailles, die von den Deutschen als ungerecht empfunden wurden; und als er der darbenden Bevölkerung schließlich noch »Brot und Arbeit« versprach, hatte er auf der ganzen Linie gesiegt. Die Nazis manövrierten höchst geschickt, indem sie die reichen Bankiers, die Industriellen und Konservativen davon überzeugten, daß nur durch den Nationalsozialismus Recht und Ordnung gewahrt und eine Revolution vermieden werden könne; gleichzeitig überzeugten sie die hungrige Masse der Arbeiter und kleinen Unternehmer, daß nur der Nationalsozialismus imstande sei, dem »kleinen Mann« wieder zu bescheidenem Wohlstand zu verhelfen und ihn aus den Ketten der »Zinsknechtschaft« der großen Unternehmen zu befreien. Nachdem im März 1933 das »Ermächtigungsgesetz« von Reichstag und Reichsrat gebilligt worden war, hatte Hitler freie Hand und konnte tun und lassen, was er wollte. Und nun erwies sich, daß alles, was er bisher gesagt hatte, auch genau so und nicht anders gemeint war.

Kirchen, Universitäten, Theater, Literatur, Bildende Künste, alle moralischen und kulturellen Institutionen wurden von nun an gnadenlosen Angriffen ausgesetzt. Mit der Verabschiedung der »Nürnberger Gesetze« im Jahre 1935 wurden alle Juden ihrer bürgerlichen Rechte beraubt – auch mein Freund, der mir so selbstzufrieden versichert hatte, daß die Nazis mit *ihm* doch nichts im Sinne hätten. Danach konnte es eigentlich nur noch eine Frage der Zeit sein, bis man sie auch ihres Eigentums, ihres Rechtes auf Arbeit und letztlich ihres Rechtes auf Leben überhaupt berauben würde.

Hitlers Versprechen, er werde für Vollbeschäftigung sorgen, die Freizeitorganisation »Kraft durch Freude« und das Gefühl, in einem neuen, mächtigen Deutschland zu leben, verdarben eine Menge wohlanständiger Menschen oder führten sie zumindest in Versuchung, ihre Augen vor den Greueln der neuen Machthaber zu verschließen.

Mir war das unmöglich. Nicht, daß ich ein unbeirrbarer Moralist gewesen wäre oder überlegene politische Weitsicht besessen hätte. Ganz im Gegenteil. So wie ein hoher Nazifunktionär nach der Pistole gegriffen haben soll, sobald das Wort »Kultur« fiel, so muß ich zugeben, daß ich gerne das Thema wechsle, sobald in einem Gespräch das Wort »Politik« erwähnt wird.

Doch da so viele meiner engsten Freunde und Mitarbeiter Juden waren, hatte ich von Anfang an einen geschärften Blick für das wahre Gesicht des Nationalsozialismus. Und wenn es irgend etwas gibt, das ich absolut nicht vertragen kann, dann ist das Ungerechtigkeit. Mein ganzes Leben lang hatte ich Seite an Seite mit Juden verbracht und gearbeitet. Viele meiner Komponisten-Kollegen, Sänger und Musiker waren Juden und fast alle meine Librettisten. Aber auch die großen Erfolge von Offenbach, Strauß, Millöcker, von Suppé, Lehár, Kálmán, Oscar Straus – *alle* sind in Zusammenarbeit mit jüdischen Autoren und Textdichtern entstanden. Einer der fähigsten war Victor Leon, der das Libretto zu Franz Lehárs *Lustiger Witwe* geschrieben hatte und später für meine Operette *Mädi* jene besondere Mischung von Charakteren zusammenstellte, über die allein jüdische Autoren mit ihrem Erbe jahrhundertelanger Verfolgung und daraus gewonnener Menschenkenntnis verfügten.

»Das Operetten-Publikum«, sagte Victor, »will unter Tränen lachen – und das ist genau das, was wir Juden seit der Zerstörung Jerusalems nun schon zweitausend Jahre lang tun!«

So konnte ich also – obwohl die Nazis meine Arbeit förderten und alles taten, mich auf ihre Seite zu bringen – nur einen Standpunkt vertreten: »Wer mich akzeptiert, der muß auch meine Freunde akzeptieren.« Wenn Deutschland meinen Freunden keine Sicherheit mehr bot, so war es auch kein passender Wohnort mehr für mich.

Also packten Lilli und ich unsere Koffer und zogen wieder nach Wien, wo wir uns in einer schönen Wohnung häuslich niederließen, in der Elisabethstraße 16, genau zwischen den beiden Denkmälern von Goethe und Schiller. Beinahe über Nacht wurde meine Wohnung so etwas wie ein Stolz-Museum, angefüllt mit allen möglichen Andenken an die verschiedenen Stationen meiner Karriere und mit von meinem Vater geerbten Schätzen. All die Manuskripte, Erstausgaben, Partituren, Gobelins und Möbelstücke, die Gemälde und Photographien waren Teil der Erinnerung an meine sechsundfünfzig ebenso hektischen wie faszinierenden Lebensjahre, vom umherziehenden Wunderkind bis zum wohlgenährten Operettenkomponisten. Ganz sicher, dachte ich im Jahre 1936, als ich in meinem Fauteuil im hellerleuchteten Roten Salon saß, umgeben von Lilli und einer Menge singender, kartenspielender, Wein trinkender Freunde – ganz sicher, werde ich hier meinen Lebensabend in Frieden und Ruhe verbringen. Zwar herrschen gerade verrückte Zeiten, aber eigentlich kann mir das Schicksal wohl kaum noch Überraschungen bereiten – schließlich habe ich davon schon mehr als genug erlebt ...

Der Umzug nach Wien bedeutete allerdings nicht, daß ich mich von jeder Arbeit zurückgezogen hätte. Ein müßiges Leben zu führen – das wäre mir vorgekommen, als stünde ich bereits mit einem Fuß im Grabe, und in den dreißiger Jahren war ich dazu ebensowenig bereit wie heute im Jahre 1974. Der Tod, wenn er mich dereinst ereilt, birgt keine Schrecken für mich – aber mich freiwillig zur Ruhe setzen? Niemals! Ich blieb also aktiv und setzte sogar meine Reisen nach Berlin fort, komponierte, arbeitete an Filmen und Plattenaufnahmen und dirigierte Neuinszenierungen meiner Operetten. Im Jahre 1935 zum Beispiel gelang mir sogar einer meiner populärsten Evergreens: »Auf der Heide blüh'n die letzten Rosen«. Dieses Lied entspricht ganz meinem inneren »Ich«. Es ist so schlicht und einfach, daß es von vielen Menschen auf Grund seines Sentiments für ein echtes Volkslied gehalten wird. Auch mein Freund Karl Böhm glaubte das jahrelang. Erst 1967 erfuhr er, daß es von mir stammte, als er mich im Westberliner Ariola-Eurodisc-Aufnahmestudio besuchte, wo ich ein Album meiner Lieder mit den Symphonikern dirigierte. Der wunderbare Tenor Rudolf Schock sang »Auf der Heide blüh'n die letzten Rosen« und andere meiner Lieder mit so viel Herz, daß ich immer wieder voll Bewunderung dachte, welch ein Glück, daß sie in dieser einmaligen Interpretation auf Schallplatte »verewigt« werden. Als Rudolf Schock zu Ende gesungen hatte, starrte mich Karl Böhm erstaunt an und rief: »Was! ›Auf der Heide blüh'n die letzten Rosen‹ ist von dir? Ich habe es immer für ein altes Volkslied gehalten!«

In Wien ist Karl Böhm mein Nachbar, denn er wohnt ebenfalls in Grinzing, in der Himmelstraße 41.

Oft spazierte er mit seinem kleinen Hunderl Nikki die Himmelstraße herauf. Einmal, als Karli bei uns zum Nachtmahl weilte, sagte er zu mir, indem er das herrliche Panorama von unserer Terrasse aus bewunderte: »Robertl, du hast ja von deinem Paradies hier eigentlich gar nichts, du bist ja immer fort. Wo bist du die ganze Zeit?«

»Robert hat zwei Monate lang in Berlin Schallplatten dirigiert«, sagte Einzi, »das solltest du auch machen, Karli. Dein ganzes Œuvre, aber auch Mozart, Richard Strauss, Brahms, Wagner, Bruckner, müßtest du auf Schallplatten verewigen, für die kommenden Generationen, für die Unsterblichkeit.«

Darauf antwortete Karl Böhm: »Ewigkeit, Unsterblichkeit, merk dir eines: Kein Interpret ist unsterblich. Ich brauch' mir nur den Arm zu brechen oder krank zu werden, ein Jahr nicht dirigieren zu können, schon werden die Menschen bei der Erwähnung meines Namens fragen, welchen Böhm meinen S' denn? Unsterblich ist nur der schöpferische Mensch. Der Robert, der ist unsterblich, denn noch in 100 Jahren wird man ›Im Prater blüh'n wieder die Bäume‹, ›Vor meinem Vaterhaus steht eine Linde‹, ›Auf der Heide blüh'n die letzten Rosen‹ und andere seiner Lieder singen.«

Einzi und ich waren von so viel Bescheidenheit und Demut eines so großen Künstlers einfach überwältigt.

Ich glaube, meine beiden Lieder »Vor meinem Vaterhaus steht eine Linde« und »Auf der Heide blüh'n die letzten Rosen« haben in den deutschsprachigen Ländern so viele Herzen gewonnen, daß sie heutzutage *wirklich* schon zum nationalen Volksliederschatz gehören.

Bald nach Ende des Zweiten Weltkriegs erhielt ich viele Briefe deutscher und österreichischer Kriegsgefangener mit der Bitte um die Noten dieser beiden Lieder. Heimkehrer haben mir später gesagt, daß sie in den Lagern diese Lieder gesungen und dabei von der Heimat geträumt haben. Es hat mich berührt, als mir diese Menschen erzählten, wieviel Kraft und Hoffnung sie aus diesen einfachen Liedern geschöpft hatten. In den Eiswüsten von Sibirien oder Kanada wurden diese Träume für sie Quellen der Zuversicht.

Doch meine musikalischen Erfolge in den dreißiger Jahren waren nicht auf Deutschland und Österreich beschränkt.

Überall in der Welt gewannen meine Lieder, Filme und Operetten in anderen Sprachen neue Freunde: in Holland, Belgien, Skandinavien, Frankreich, in der Schweiz, in Italien, England und Amerika.

Meine Operette *Wenn die kleinen Veilchen blühen* zum Beispiel wurde im Princess-Theater in Den Haag uraufgeführt und zog dann nach England weiter, wo sie im Londoner Royal Drury Lane Theater, inszeniert vom berühmten Regisseur Hassard Short, unter dem Titel *Wild Violets* zwei Jahre lang lief; auch in Belgien und Frankreich war sie erfolgreich, und zwar unter dem Titel *Quand les violettes fleurissent* oder *Le printemps chante*.

Ähnlich ging es mir mit meiner *Venus in Seide,* die eine triumphale Welturaufführung am Züricher Opernhaus erlebte und sich danach London als *Venus in Silk* eroberte. *Grüezi,* ebenfalls im Opernhaus Zürich uraufgeführt, lief erfolgreich in der Inszenierung von Adolf Rott am Theater des Volkes in Berlin sowie in Dresden und Hunderten anderer deutscher Theater unter dem Titel *Himmelblaue Träume,* im Wiener Johann-Strauß-Theater als *Servus, Servus* und in Italien mit dem Titel *Ciao-Ciao.*

In den Jahren, die zwischen der nationalsozialistischen »Machtergreifung« und dem »Anschluß« Österreichs lagen, gönnte ich es mir hin und wieder, dem Reichspropagandaminister Dr. Goebbels einen Streich zu spielen, indem ich von jüdischen Autoren zu meinen Liedern geschriebene Texte ins Reich schmuggelte. Das funktionierte folgendermaßen: Ich bat einen meiner jüdischen Freunde in Wien, meistens Robert Gilbert, mir Liedertexte zu schreiben. Als Autor gab ich einen anderen sehr »deutsch« klingenden Namen an, zum Beispiel »Rudolph Bertram«, und sagte, der Texter sei ein schlichter alter Bauer aus der Steiermark oder den Tiroler Bergen, ein Heimatdichter und Einsiedler, der mich gebeten habe, die finanziellen Angelegenheiten für ihn zu erledigen. Auf diese Weise konnte ich einigen meiner jüdischen Freunde auch noch unter der Nazi-Herrschaft helfen, mit ihren Musiktexten in Deutschland Geld zu verdienen. Nach dem Krieg wurden die »Pseudonyme« natürlich wieder mit den richtigen Namen der Autoren ausgetauscht, die Copyrights wurden bei den Verwertungsgesellschaften angemeldet, und die Tantiemen kamen nun wieder direkt in die richtigen Hände.

»Frag nicht, warum ich gehe« – der Herrgott weiß, wie sehr ich Berlin liebe, wie viele glückliche Stunden ich dort erlebt habe! Aber die sanften Sonnenstrahlen über dem »Goldenen Berlin« sind zur Stichflamme geworden. Die Universität und das Opernhaus sind auf einmal wie ausgestorben, doch wer sich Unter den Linden aus dem Fenster beugt, sieht die Flammen der neuen Ära hochschlagen; da brennen Bücher, da klingt es schrill: »Brenne, Sigmund Freud! Brennt, Thomas und Heinrich Mann! Brenne, Karl Marx!«

Ein großes Werk nach dem anderen wird zu Asche, und ihre Schöpfer, falls sie noch am Leben sind, müssen fliehen wie viele der besten Wissenschaftler, Politiker und Künstler aus den deutschsprachigen Ländern. Das Zeitalter der traurigen Abschiede ist angebrochen. Fritz Kreisler packt widerstrebend seine Geige in den Kasten und sagt Adieu; Stefan Zweig zieht hilflos herum, verzweifelt über eine dem Wahnsinn anheimgefallene Welt und endet schließlich durch Selbstmord; mein scharfzüngiger Freund Kurt Tucholsky tut es ihm gleich; Franz Werfel, Erich Maria Remarque, Alfred Döblin, Bert Brecht, die Brüder Thomas und Heinrich Mann und ungezählte andere wählen das Exil. Kein Deutscher, kein Österreicher wird je wieder von den brillanten Inszenierungen des genialen Max Reinhardt ergriffen sein oder wird so bald wieder den eingängigen Chansons der Marlene Dietrich lauschen – alles vorbei und vorüber, bis der Alptraum sich in seinem eigenen Höllenfeuer verzehren und zu Asche zerfallen wird.

Einer, dessen Werke in dieser Nacht ebenfalls in den Flammen aufgehen, ist schon seit einem dreiviertel Jahrhundert tot: Heinrich Heine. Ein eiskaltes Schaudern überfällt mich angesichts des tobenden Mobs, der Heines Bücher auf den Scheiterhaufen wirft: »Dort, wo man Bücher verbrennt«, schrieb Heine, »verbrennt man am Ende auch Menschen!«

Adieu, Goldenes Berlin – die Bücherverbrenner haben dich heute mit zu Asche verbrannt. Bis 1938 werde ich noch gelegentlich in die geliebte Stadt an der Spree kommen, aber sie wird niemals wieder dieselbe sein wie früher. Und nach 1938 werden wir uns lange, lange nicht mehr sehen. Bis 1947 nicht. Aber das Leid, das Trauerspiel, der Wahnsinn werden auch einmal ein Ende haben. Dann will ich wieder nach Berlin kommen – und ein ganz neues, hier und da bestürzend verändertes Berlin vorfinden, das sich jedoch seinen Humor, seine Geduld bewahrt hat. Auf dieses moderne Berlin wird auch wieder das Liedchen passen, das Robert Gilbert aufs »Goldene Berlin« geschrieben und das Marlene gesungen hat:

> »Durch Berlin fließt immer noch die Spree ...
> Wenn die tollsten Dinge in der Welt passier'n,
> Der Berliner wird nie den Humor verlier'n.
> Er hält stolz die Nase in die Höh',
> Denn durch Berlin fließt immer noch die Spree!«

SIEBENTES BUCH

Frag nicht, warum ich gehe

»*Wo es mir schlecht geht, dort ist mein Vaterland.*«

Joseph Roth

Frag nicht, warum ich gehe,
frag nicht, warum!
Was immer auch geschehe,
frag nicht, warum!
Ich kann dir nurmehr sagen:
Ich hab' dich lieb!

Worte von Walter Reisch und Armin Robinson zu Robert Stolz' Lied
»Das Lied ist aus«

1.
Klein, aber mein

Heute verbringen Einzi und ich, wenn wir nicht gerade auf Reisen sind, die meiste Zeit in unserer kleinen Villa in der Himmelstraße, von der man eine herrliche Aussicht auf Wien hat. In Grinzing kommt mir die Luft klarer, der Himmel blauer vor als in der Stadt, und der Vogelgesang in meinem Rosengarten ist eine freundlichere Begleitung beim Komponieren als der Lärm in der Innenstadt. Von Zeit zu Zeit halten wir uns allerdings auch ein paar Tage in meiner Wohnung in der Elisabethstraße auf. Diese Räume haben sich seit den dreißiger Jahren kaum verändert. So wenig, daß ich mich, wenn ich dort mitten in der Nacht aufwache, für Augenblicke wieder in die dreißiger Jahre zurückversetzt fühle. Es ist dann, als brauchte ich bloß aufzustehen, meinen Mantel anzuziehen und den Ring hinunterzuschlendern, um meine Freunde von damals zu treffen: Lehár, Franz Werfel, Oscar Straus, Stefan Zweig, Karl Kraus und all die weniger strahlenden Talente, die mit dem Wien jener Tage dahingegangen sind ...

Und oft frage ich mich, was in meiner Wohnung wohl vorgefallen sein mag, nachdem ich 1938 Österreich verließ. Sie hat, wie das restliche Wien, eine zweimalige Besatzung über sich ergehen lassen müssen – erst die der Nazis, dann die der Russen –, und in der Nazizeit hat sie als Gästequartier für die Bonzen aus Berlin gedient.

Ich kann bis heute keinen Geschmack daran finden, über meine letzten Jahre in Europa vor dem Krieg zu berichten, und dies, obwohl Jahre wie etwa 1936 für mich persönlich durchaus berufliche Höhepunkte darstellten. Meine Arbeit für Film, Schallplatte und Operette blühte und gedieh bis zum Ausbruch des Krieges, ja selbst noch, nachdem ich nach Frankreich geflüchtet war. Doch in jeder anderen Hinsicht, vor allem in geistiger und seelischer, waren es vorwiegend Jahre des Schmerzes und der Qual: Zu viele Unschuldige habe ich leiden sehen müssen, zu viele andere enttäuschten mich geradezu entsetzlich durch ihr Verhalten.

Rückblickend betrachte ich jene Jahre hauptsächlich als Übergangszeit – eine Zeit, in der ich versuchte, ehrenhaft zu handeln, in der ich den Preis für meine Überzeugungen zu zahlen hatte und schließlich, nach etlichen bitteren Stunden, nach mehrmaligem Entrinnen in knappster Not, wieder ein neues Leben beginnen konnte, diesmal mit meiner geliebten Einzi an meiner Seite. Vergeben Sie mir daher, daß ich nicht länger bei den traurigen Tagen verweile, die zu besseren Zeiten führten. Für mich stellen sie ein finsteres Intermezzo inmitten wunderschöner Szenen dar. Jeder, der diese Zeiten selbst miterlebt hat, wird sich nur allzugut an sie erinnern; und alle anderen werden sie sich gut genug vorstellen können, auch wenn ich nicht allzusehr ins Detail gehe.

Man schrieb das Jahr 1938, als ich, der unpolitische Komponist, *die* entscheidende Wahl meines Lebens zu treffen hatte. Diese Entscheidung in meinen Erinnerungen übergehen, hieße, einen wichtigen Teil meiner selbst, meines Fühlens und Denkens ignorieren. Wenn Sie also geneigt sind, mich auf meiner düsteren Reise zu begleiten, will ich Sie so rasch und zielbewußt wie möglich führen.

»Klein, aber mein« war der Titel eines beliebten österreichischen Liedes, das der Komponist und Pianist Hermann Leopoldi in den letzten Tagen vor dem »Anschluß« geschrieben hatte. Titel und Sentiment dieses Liedes dienten als Motto für alle, die die kleine, belagerte österreichische Republik jener Tage liebten, so winzig, schwach und unvollkommen sie auch war. Angesichts der bedrohten Unabhängigkeit Österreichs wurde sogar Karl Kraus – trotz seiner provozierend sozialistischen Überzeugung – so etwas wie ein widerwilliger Nationalist und unterstützte zuerst Engelbert Dollfuß, später Dr. Kurt Schuschnigg in ihrem Bemühen, unsere nationale Identität zu wahren. Doch Kraus müßte nicht Kraus gewesen sein, wenn er nicht seine ganz private, beißende Meinung zu diesem Thema gehabt hätte. 1914 hatte er unter Freunden nur sarkastisch über den ermordeten Thronfolger Franz Ferdinand gesprochen, während er ihm andererseits in der »Fackel« seinen nüchternen und – in Grenzen – auch angemessenen Tribut zollte. In den dreißiger Jahren dann, als die Bedrohung für Österreich wuchs, verteidigte er öffentlich sein Vaterland, während er sich im stillen weiterhin eine tiefe Abneigung gegen unsere offenbar unheilbare nationale »Schlamperei« bewahrte. Wenn Hermann Leopoldi uns also das beste Gefühlsmotto für das kleine Österreich *in extremis* bot, so lieferte uns Karl Kraus das treffendste satirische Bild der Republik. Das geschah während eines mitternächtlichen Kaffeehausgeplauders, nachdem einer der Gäste an unserem Tisch, ein wichtigtuerischer Bekannter eines Freundes, mit schwerfälligem Humor den zerrütteten Zustand des österreichischen Doppeladlers als »gerupft wie ein Hühnchen und eines Kopfes beraubt« beschrieben hatte.

Karl litt sichtlich eine Weile stumm vor sich hin, dann warf er ein: »Den Doppeladler könnt ihr vergessen. Er ist eine ausgestorbene Art, wenn nicht gar, wie etwa das Einhorn, eine Erfindung menschlicher Einbildungskraft.« Karl deutete auf einen Kupferstich, der an

Oben links: Der französische Schauspieler und Sänger Maurice Chevalier (1888–1972).
Oben rechts: Mit Romy Schneider und Ernst Marischka bei den Aufnahmen zu dem Film »Die Deutschmeister«, 1955.
Unten: Mit Anneliese Rothenberger und Hermann Prey.

Oben: Gute Freundschaft mit Robert Stolz hielt der Stellvertretende Generalsekretär der Vereinten Nationen, Friedensnobelpreisträger Dr. Ralph Bunche. 1957.
Unten links: 1959 wurde der Paramount-Film »A Breath of Scandal« mit der Musik von Robert Stolz uraufgeführt.
Unten rechts: Spaziergang über den Berliner Kurfürstendamm mit der Sopranistin Erika Köth und dem Tenor Rudolf Schock. 1965.

der Wand hing und einen Igel darstellte. Dann sagte er mit spötti-
scher Feierlichkeit: »Der wäre eher das Wappentier unseres Österreichs! Aus dem Doppeladler ist ein Igel geworden. Aber einer ohne
Stacheln! Sobald Gefahr besteht, werden wir uns zusammenrollen
wie jeder andere Igel. Aber stachellos, wie wir sind, werden wir mit
einem einzigen Biß verschlungen sein!«

Karl Kraus irrte sich lediglich in der Anzahl der erforderlichen
Bisse. Der erste traf uns im Jahre 1934 – ein beinahe erfolgreicher
deutschnationaler Putsch, in dessen Verlauf das Bundeskanzleramt
sowie der Rundfunksender erobert wurden und Dollfuß einem
Mordanschlag zum Opfer fiel. Doch die republiktreuen Truppen
und Polizisten sammelten sich wieder, und als Mussolini seine Soldaten an der österreichischen Grenze mobilisierte, wies Hitler jegliche Verantwortung für diesen Putsch von sich und brachte gar so
viel Heuchelei auf, offiziell zum Tode von Dollfuß zu kondolieren.

Den zweiten Biß bekamen wir im Jahre 1938 zu spüren, und
diesmal sollte sich Karl Kraus' Prophezeiung als nur zu wahr erweisen: Österreich igelte sich ein und ließ es geschehen. Wir stürzten in
den Schlund der Nazis. Ein schreckliches Blutvergießen war vermieden worden, und der »Anschluß« hatte stattgefunden.

Einer der Gründe dafür war die Uneinigkeit innerhalb der österreichischen Gesellschaft. Es hatte immer viele »Großdeutsche«
gegeben – in der Mehrzahl Österreicher, die ihr Vermögen und ihre
Position eingebüßt hatten, als das alte Kaiserreich zusammengebrochen war. Nun sahen sie im Nazi-Reich eine Möglichkeit, wieder
zu Wohlstand und Privilegien zu gelangen. Da der damalige Bundeskanzler Dollfuß die Wiener Sozialisten aus der Arbeiterklasse
unterdrückt und die Rechte der parlamentarischen Demokratie
eingeengt hatte, verlor die österreichische Regierung auf diese
Weise die entscheidende Unterstützung aus den Massen der Arbeiter, als Hitler endgültig zuschlug. Er hatte inzwischen, nach seinem
Scheitern 1934, Mussolini mit dem Angebot abgefunden, ihm anderswo territoriale Zugeständnisse zu machen, als Gegenleistung
dafür, daß er ihm freie Hand in Österreich ließ. Somit würde es in
einer zweiten Krise keinen Widerstand von seiten Italiens geben. Da
sich außerdem die Westmächte uneinig waren und ohnehin nicht
besonders mit Österreich sympathisierten, stand 1938 nichts mehr
zwischen Hitler und der Verwirklichung der ersten Phase seines
großdeutschen Traumes.

Glücklicherweise hat Karl Kraus die Erfüllung seiner Prophezeiung nicht mehr erleben müssen. Er hatte, wie bei so vielen seiner
düsteren Vorhersagen, auch bei dieser gehofft, die Realität würde

ihn widerlegen. Er starb im Sommer 1936 an einem Herzanfall, und das Lob, das Oskar Kokoschka ihm zollte, ist nur wenig übertrieben: »Als Karl Kraus starb, starb auch die Gedankenfreiheit in Österreich.«

Er war ein großer Mann, dieser Karl Kraus. Niemals wieder habe ich jemanden kennengelernt, der, wie er, mit so viel Verve, Witz und Scharfsinn *reden,* vor allem aber *schreiben* konnte! Die Stunden mit ihm zählen zu meinen teuersten Erinnerungen. Mit ihm ging ein weiteres Symbol Wiens dahin, ein Symbol für die alte Kaiserstadt als Metropole des Geistes.

Und Hitler fraß sich weiter vorwärts. Allerdings ließ sich des »Führers« Entschlossenheit, uns zu vereinnahmen, mit den Gefühlen, die er für uns empfand, gar nicht so recht auf einen Nenner bringen. Er hatte Wien stets gehaßt, denn es war Schauplatz seines Scheiterns als Künstler.

In Hitlers Augen war Wien nichts als ein Völker-Mischmasch, und doch neidete er der Stadt ihre Eleganz, ihre strahlende Vergangenheit, ihre eindrucksvollen Denkmäler und öffentlichen Gebäude – die ungeschickt imitiert wurden in Hitlers und Speers Entwürfen für das »Neue Berlin« zum Ruhm ihres »Tausendjährigen Reiches«. Doch abgesehen von seinem Neid und seiner Abneigung gegen Wien wollte Hitler Österreich aus rein politischen und wirtschaftlichen Machterwägungen haben; es ging ihm um die Kontrolle über sechs Millionen deutschsprechende Einwohner der österreichischen Republik. Wir stellten das erste große Stück aus dem pangermanischen Kuchen dar. Und Hitler wußte, daß unser Widerstand gegen eine deutsche Eroberung um so größer werden würde, je länger wir in Frieden und Freiheit leben könnten: »Es besteht die große Gefahr, daß Deutschland dadurch endgültig sechs Millionen Menschen verlieren könnte, die auf dem Wege dazu sind, eine Art Schweiz zu bilden«, gab er einmal zu. Und damit hatte er ganz recht, wie die Nachkriegsgeschichte gezeigt hat. Wie traurig, daß es uns nicht vergönnt war, die friedliche Entwicklung von heute bereits in den dreißiger Jahren zu erleben!

Aber das Wien der späten dreißiger Jahre bestand nicht nur aus Waffenlärm und Politik. Ich zog nach Wien, nachdem sich der durch den 34er-Putsch aufgewirbelte Staub bereits gelegt hatte und die Dinge, zumindest an der Oberfläche, wieder ihren normalen Lauf nahmen. Für Kunst und Kultur war Wien immer noch ein Mekka. Clemens Krauß war nach Berlin gegangen, aber Felix von Weingartner und Bruno Walter schufen Großartiges in der Oper.

Sigmund Freud hielt trotz zunehmender antisemitischer Bedrohung an seinen Studien in der Berggasse 19 fest, geächtet in Wien, aber in der ganzen Welt als Vater der Psychoanalyse anerkannt und gewürdigt. Ich selbst bin kein restlos überzeugter Freudianer, aber ich bewunderte den Doktor wegen seines unglaublich scharfen Intellekts, seiner menschlichen Einsichten, seines beißenden Humors und schließlich auch wegen seines Mutes, den er während seiner letzten Lebensjahre im Angesicht konkreter physischer Gefahr zeigte. Ich habe ihn nur ein einziges Mal in seiner Eigenschaft als Arzt in Anspruch genommen, und ich kann mich nicht über ihn beklagen: Er hat mir einen ausgezeichneten Rat gegeben, obschon der weder besonders wissenschaftlich noch besonders intellektuell klang. Es ging damals um folgendes:

Zwischen zwei Ehen in jener Zeit der »Goldenen Zwanziger« war mir eines Tages klargeworden, daß ich mich – gleichzeitig! – in zwei neue Damen verliebt hatte. Dieses Dilemma, dazu meine Angstzustände, der Druck, den beide Frauen auf mich ausübten, um mich zu einer Entscheidung zu zwingen, und überdies noch andere Probleme ließen mich an den Rand eines Zusammenbruchs geraten. Ich war sicher, beide Damen zu lieben – wie also sollte ich meine Wahl zwischen ihnen treffen? Freuds Ratschlag war simpel und erfolgreich: »Wenn Sie die Situation tatsächlich zu anstrengend finden, Herr Stolz, dann versuchen Sie es doch einmal mit ein paar Wochen Sanatoriumsaufenthalt. Während dieser Zeit dürfen Sie keine der beiden Damen zu Gesicht bekommen. Nach längstens drei Wochen werden Sie wissen, welche von beiden Sie wirklich lieben. Um ganz aufrichtig zu sein: Ich vermute, daß Sie, haben Sie sich erst einmal eine Atempause gegönnt und Ihren Verstand wiedergefunden, entdecken werden, daß Sie keine von beiden lieben.«

Was sich, Gott sei Dank, als richtig erwies – andernfalls dürfte es noch mehr als fünf Ehen in meinem Leben gegeben haben! Mit Freud diskutierte ich auch über Wien; von seinen recht interessanten, wenn nicht gar widersprüchlichen Gefühlen für die Stadt, in der wir beide so viele Jahre verbrachten, habe ich bereits erzählt. Ich glaube, was ihn am meisten verbitterte, war die Art, in der die Wiener Akademiker und Bürokraten seine Arbeit verachteten. Aber Freud kleidete selbst seine Enttäuschung noch in Humor.

»Ich fürchte, ich kann nicht ernsthaft behaupten, daß die Wiener Behörden meine Arbeit ignorieren«, sagte er achselzuckend. »Zumindest einmal habe ich die offizielle Aufmerksamkeit an höchst bedeutender Stelle erregt: Das Finanzamt teilte mir in den schmeichelhaftesten Worten mit, es sei ›allseits bekannt, daß Ihr Ruhm wohlhabende Patienten aus aller Welt anzieht‹. Wie freundlich von diesen Leuten, so viel Anteil an meinem Erfolg zu nehmen!«

Dann lachte er tief und leise – und hatte damit mein Herz gewonnen, zumal er mir auch noch eine seiner »Tabucco«-Zigarren anbot, für die wir beide eine Vorliebe hatten. In vielen Äußerlichkeiten war der Vater der Psychoanalyse übrigens der Inbegriff des respektablen, gebildeten Wieners des gehobenen Bürgertums – keineswegs ein Rebell.

Das Jahr 1936 könnte man vielleicht als den Zenit meiner Karriere bezeichnen, ganz sicher aber als einen der Meilensteine. In London trat Fred Astaire in meinem Musical *Rise and Shine* auf; er sang und tanzte mit seinem gewohnten Charme und spielte seine Rolle mit ungekünstelter Leichtigkeit, um die ihn viele »seriöse« Schauspieler beneidet hätten. Dazu folgte ein Filmerfolg auf den anderen – Filme, die in den Kinos in aller Welt liefen: *Frauenparadies; Ungeküßt sollst du nicht schlafen geh'n; Konfetti* (erinnern Sie sich an das Lied »Oft genügt ein Gläschen Sekt«?); *Der letzte Fiaker* mit Leo Slezak; *Die Austernlili* mit Theo Lingen, der darin »Man darf bei den Mädels nicht schüchtern sein« sang; *Husaren heraus* und *Millionäre*.

1937 komponierte ich verschiedene Orchesterstücke, darunter den Konzertwalzer »Träume an der Donau«, sozusagen als Intermezzo zwischen meiner Arbeit bei Theater und Film. Danach kamen zwei besonders bemerkenswerte Filme: *Zauber der Bohème* mit Martha Eggerth und Jan Kiepura, unter dessen bekannten Liedern auch »Ich liebe dich« und »Weine nicht, bricht eine schöne Frau dir dein Herz« waren; und auch die Musik für den Film *Musik für dich* ist von mir.

Ich fand sogar noch Zeit für zwei Operetten in Wien: *Die Reise um die Erde* mit dem Libretto meines Freundes Hugo Wiener, die an der Volksoper Premiere hatte, und *Der süßeste Schwindel der Welt* nach dem Buch von Robert Gilbert und Dr. Rudolf Weys, die am Johann-Strauß-Theater in Wien uraufgeführt wurde.

Da wir gerade beim Schwindel sind: Lassen Sie mich von einer Schwindelei erzählen, die ich in jenen Zeiten einige Male beging. Oder nennen wir es lieber ein riskantes Abenteuer, denn wäre ich erwischt worden, könnte ich Ihnen heute nicht davon berichten.

2.
Das Hakenkreuz auf der Motorhaube

Es ist eine seltsame Sache um die Furcht. Mein ganzes Leben lang haben mich die Schatten eingebildeter Ängste verfolgt – mein »heimlicher Teufel«. Natürlich weiß mein Verstand, daß eigentlich kein Grund für diese Zustände besteht; aber sobald sie mich überfallen, sind sie fürchterlich und ganz unbezwingbar für mich.

Doch betrachten wir uns einmal die andere Seite der Medaille: Bei den wenigen Gelegenheiten, da ich mich *wirklicher* Gefahr ausgesetzt sah, schien ich Nerven aus Stahl zu besitzen. Und ich kann nicht einmal sagen, wie das kam: Es war einfach so. Denn in meinem Fall sind es das Unsichtbare und das Unbekannte, nicht die greifbaren Gefahren oder Feinde, die mich erzittern lassen. Was wohl auch seine Vorteile hat, denn andernfalls hätte ich womöglich die wichtigste gute Tat in meinem Leben verpfuscht.

Zwischen 1933 und 1938, aber vor allem nach meinem definitiven Umzug nach Wien, wurde ich Schmuggler. Ich schmuggelte Menschen. Einundzwanzigmal brachte ich jüdische oder politische Flüchtlinge über die österreichisch-deutsche Grenze nach Wien in Sicherheit – eine weitaus ernstere Herausforderung als die Streiche, die ich den Nazis spielte, indem ich ihnen etwa Texte von Robert Gilbert als das Werk eines erfundenen arischen Dichters namens »Karl Buda« oder »Rudolph Bertram« unterjubelte.

Es fing alles ganz einfach an. Einer meiner Freunde, der wußte, daß ich im Begriff stand, von Berlin nach Wien zu fahren, erzählte mir von einer unglücklichen Frau mit zwei Kindern, die fliehen müßten, jedoch keine Papiere besäßen.

Ich kannte die Frau nicht. Doch wie Sie wissen, bin ich der letzte, der »nein« sagen kann, besonders, wenn es sich um eine verzweifelte Frau handelt, die von der Gestapo verfolgt wird und noch zwei kleine Kinder hat. Ohne weiter darüber nachzudenken, erklärte ich mich also bereit, das bedrängte Trio über die Grenze zu schmuggeln. Während der dreißiger Jahre fuhr ich die Strecke zwischen meinen beiden Lieblingsstädten stets im Auto – in meinem riesigen, schnellen schwarzen »Gräf und Stift«, der damals als kontinentales Gegenstück zum Rolls Royce galt. Mein Chauffeur Braun war ein grober Bursche, ein ungeschliffener, aber echter Diamant. Kein Mensch hätte angesichts seines Äußeren vermutet, daß er ein Herz aus Gold besaß. Ich vertraute Braun vollkommen und fühlte mich ohnehin verpflichtet, ihn in meine Pläne einzuweihen. Denn wenn man uns schnappte, würde er ebenso wie ich bestraft werden.

Braun reagierte bewundernswert, genauso, wie ich es von ihm erwartet hatte. »Klar, Chef«, sagte er. »Sie sitzen sowieso immer vorne, also brauchen wir Ihre Freunde bloß unter Decken im Fond zu verstecken. Noch was: Vielleicht wär's keine schlechte Idee, auf der Motorhaube ein Hakenkreuz anzubringen.«

»Von mir aus«, sagte ich, »können Sie ein Hakenkreuz anbringen so groß wie der Stephansdom, solange wir nur sicher über die Grenze kommen.«

Was dann auch geschah. Das war das erste und letzte offizielle Zugeständnis, das ich Hitler gemacht habe ...

Der Abfahrtstag ist gekommen. Meine Frau Lilli sitzt bereits sicher in Wien. Ich habe ihr nichts von diesem Unternehmen erzählt, weil ich befürchte, sie könne versuchen, es mir auszureden. Lilli ist kein Mensch, der gerne Risiken auf sich nimmt, schon gar nicht um irgendwelcher Ideale willen. Braun dagegen scheint das Ränkeschmieden Spaß zu machen. Er hat genaue Pläne ausgearbeitet, wie wir die Frau und ihre beiden Kinder unbeobachtet treffen können, so daß niemand ihr Verschwinden mit uns in Verbindung bringen wird, selbst wenn ihre Wohnung überwacht werden sollte. Den Ausdruck im Gesicht der armen Frau werde ich nie vergessen. Sie sagt nur wenig, aber einen Moment lang umklammert sie meine Hand in stummem Dank. Ihre Hand ist kalt, doch ihre Augen sind voll Wärme. Und dieser Blick läßt mich ihre ganze Liebe und Dankbarkeit, aber auch die Angst um ihre Kinder spüren; ich muß daran denken, wie meine Mutter mich angesehen hatte, als ich, viele Jahre zuvor, aus Rußland an ihr Sterbebett geeilt war.

Es ist eine ergreifende Szene – sie könnte von Käthe Kollwitz gezeichnet sein. Die Kinder: ein verschreckter kleiner Junge von fünf Jahren, der versucht, tapfer zu wirken, was ihm nicht so recht gelingen will; ein kleines, etwa siebenjähriges Mädchen mit Zöpfen und großen braunen Augen, das seine Babypuppe mit der gleichen ernsthaften Hingabe an seine Brust drückt, mit der seine Mutter es festhält. Das sind also »Feinde der Neuen Ordnung« ...

Ich kann gar nicht anders. Ich muß dieser verfolgten Unschuld helfen.

Die Frau sagt: »Wie werden mucksmäuschenstill sein. Ich habe den Kindern Schlaftabletten gegeben. Wir sind alle sehr müde. Hier, nehmt die noch«, sagt sie und gibt jedem Kind eine weitere weiße Pille, die die Kleinen mit einem halben Glas Limonade hinunterschlucken.

Traurige Gesichter mit müden Augen, so jung, so verwundbar, und doch voll Hoffnung. Ihren Vater haben sie schon verloren, aber immer noch nicht ihr Vertrauen zu Fremden. Als ich den beiden zusehe, wie sie die Tabletten mit der Limonade schlucken, sehe ich mich selbst bei meiner ersten Kommunion – wie ich die Hostie und den Wein aus den Händen eines großen, rotgesichtigen steirischen Pfarrers entgegennehme. Mutter hat mir damals voller Stolz zugesehen; mir ist, als sähe sie mich auch jetzt an und nickte mir in schweigendem Einverständnis mit meinem Vorhaben zu.

Der Herrgott weiß, daß mein Weg seit der ersten Kommunion nicht immer schnurgerade verlief. Wieviel Dummes, Gedankenloses habe ich angestellt! Doch wenn mir noch ein Funke Anstand geblieben ist, so verdanke ich ihn meiner Mutter – ihrer Liebe, ihren Lehren, ihrem Beispiel.

Ich habe Glück. Robert Stolz ist ein vertrauter, ein berühmter Name. Die deutschen Grenzwachen erkennen mich und nicken erfreut angesichts des Hakenkreuzes auf der Motorhaube. Einer bittet mich gar um ein Autogramm, »für meine Frau«, sagt er. Er hat meine Filme gesehen. Das Lieblingslied seiner Frau ist »Adieu, mein kleiner Gardeoffizier«. Nein, das Gepäck wollen sie nicht sehen. Die Erhebung unter der Decke im Fond bleibt unbemerkt. Die lächelnden Grenzer winken uns durch, Braun zwinkert mir zu, der starke »Gräf-und-Stift«-Motor dröhnt – wir sind in Österreich.

Noch zwanzigmal mache ich diese Reise mit einer Fracht von Verfolgten, Gejagten. Zwanzigmal noch erreichen wir sicher österreichischen Boden. Mehr als einmal denke ich dabei an »Großpapa« Brahms' Bemerkung, daß er jedesmal, wenn er die Grenze nach Österreich überschreite, am liebsten die Zöllner küssen würde. Gewiß, es ist immer ein Risiko. Aber irgendwie bin ich mir sicher, daß wir gut ankommen werden. Es mag absurd klingen, aber ich habe das Gefühl, Mutters Seele wache auf unseren gefahrvollen Reisen über uns, und deshalb könne uns nichts geschehen.

Braun, ich und unsere Frachten furchtsamer Männer, Frauen und Kinder kommen sicher durch. Doch allzu früh ist es mit meinem »Schwindel« vorbei. 1938 ist Österreich kein Hafen mehr für Juden und politisch Verfolgte, ja, Österreich selbst hört auf, ein unabhängiger Staat zu sein. Und nun ist die Reihe an mir, zu fliehen ...

3.
Gott schütze Österreich!

Es traf sich seltsam, daß eines der letzten Orchesterstücke, die ich 1937 komponierte, ausgerechnet »Träume an der Donau« hieß. Bald und für sehr lange Zeit sollte ich die Donau nur noch in meinen

Träumen sehen können. Und in Wien waren auch die letzten Tage der Unabhängigkeit wie ein surrealistischer Traum. Täglich und sichtbar wuchsen Begeisterung und Arroganz der Nazi-Mitläufer, während jene, die immer noch hofften, Österreich die Unabhängigkeit erhalten zu können, gleichsam in einen grimmigen Fatalismus verfielen. Viele schienen wie Drogensüchtige oder Schlafwandler herumzugehen. Unser Land war klein und hatte keine starken Verbündeten. Jedermann wußte, daß Österreich, sollte es zu einer Kraftprobe kommen, nicht mithalten konnte, ja, unweigerlich verlieren mußte. So entstand aus den Nazi-Sympathisanten und jenen, die schlicht resignierten, eine Art schweigender Mehrheit.

Hätte man uns in Frieden gelassen, wäre die Geschichte ganz anders verlaufen. Selbst Nazianhänger räumen ein: Hätte das Referendum stattfinden dürfen, das Kanzler Schuschnigg für den 13. März 1938 angekündigt hatte, so wäre das Ergebnis ein Sieg für Österreichs Selbständigkeit gewesen. Ich kann mich erinnern, wie sich das Publikum der Staatsoper noch einen knappen Monat vor dem »Anschluß« wie ein Mann erhob, um Schuschnigg, der von dem schicksalhaften Treffen mit Hitler in Berchtesgaden kam, seiner Unterstützung zu versichern. Doch einem Politiker im Opernhaus zu huldigen, ist eine Sache; eine ganz andere ist es, Leben und Sicherheit in der Realität aufs Spiel zu setzen. Und im März wurde uns allen schmerzlich klar, daß die »Realpolitik« sich durchsetzen würde, ohne Rücksicht auf noch so viele Beweise patriotischer Gesinnung.

So machte ich also am 10. März einen kleinen Spaziergang zu meiner Bank. Mein Guthaben belief sich auf etwa 600 000 Schilling. Ich hob den gesamten Betrag ab. Lilli, die nicht als »reine Arierin« galt, war bereits außer Gefahr, samt Juwelen und Schmuck im Wert von mehr als einer Million Dollar, die ich ihr im Laufe der Jahre gekauft hatte. Außerdem konnte ich mit 8000 Pfund Sterling auf meinem Konto bei der Midland Bank in England rechnen, sollte es notwendig werden, ins Exil zu gehen. Mit dem Schillingbetrag hatte ich andere Pläne.

Am Abend des 11. März versammeln sich einige meiner alten Freunde in meiner Wohnung in der Elisabethstraße. An diesem Abend ist die Stimmung – anders als sonst – trübe, die Gesichter sind gespannt. Fast alle Anwesenden sind Juden, für die sich die Schlinge unaufhaltsam zuzieht. Einige von ihnen sind nicht nur meine Freunde, sondern langjährige Mitarbeiter und Textdichter, so Robert Gilbert, Kurt Robitschek, Rudolf Österreicher, Hans

Brodt. Nicht zu vergessen der Rechtsanwalt Dr. Hans Kurz – für uns alle die Verkörperung von Anstand und Gerechtigkeit und mir ein alter, vertrauenswürdiger Freund noch aus den Tagen, da ich als Einjährig-Freiwilliger bei den Deutschmeistern diente. Dieser Sozialist und unermüdliche Verteidiger der Verfolgten wird später, in der wiedererstandenen Republik, ein hohes Amt als Mitglied des Verfassungsgerichtshofs bekleiden.

In jenen letzten Tagen der Republik ist meine Wohnung so etwas wie ein Hort für meine jüdischen Freunde geworden. Sie wissen, daß sie hier sicher sind, da mich die örtlichen Nazis vorerst in Ruhe lassen. Schlag acht Uhr, wie magnetisch angezogen, drängen wir uns alle um die große alte Mahagoni-Radiotruhe. Kanzler Schuschnigg hält eine Ansprache an die Nation. Es wird mucks-mäuschenstill im Salon ... Ich muß Ihnen nicht viel über diese Ansprache erzählen. In der Minute, in der sie zu Ende geht, ist es auch mit Österreich zu Ende. Überall in der alten Kaiserstadt wehen Nazifahnen. Schuschnigg ist unter Druck zurückgetreten und räumt den Platz für Hitlers Marionetten. Mit schmerzerstickter Stimme kommt Schuschnigg zum Kern der Rede, zu seinen letzten Worten als Kanzler: »Ich weiche der Gewalt. Gott schütze Österreich!«

»Nun«, sagt Robert Gilbert, »das wär's ...« Eine Zeitlang sagt niemand ein Wort. Wir starren uns bloß alle gegenseitig an, als wären wir eine Familie, die soeben die Nachricht vom Tode eines lieben Angehörigen erhalten hat.

»Robert«, sagt Kurt Robitschek schließlich und nimmt mich bei der Hand, »es ist wunderbar von dir, daß du uns alle hast herkommen lassen. Aber was mich angeht, ich habe jetzt sehr viel in sehr kurzer Zeit zu erledigen. Ich sehe eine lange Reise vor mir – wenn ich Glück habe! Und ich glaube, ich bin hier nicht der einzige mit diesen Zukunftsaussichten. Ich schlage vor, wir lassen es dabei bewenden ...«

Auch die anderen erheben sich, schieben sich niedergeschlagen zur Tür.

»Einen Moment bitte, meine Herren, ich habe noch etwas zu sagen, das Sie alle betrifft!« Das ist die Stimme von Dr. Hans Kurz. »Robert Stolz befürchtet, daß – unter den augenblicklichen Umständen – der eine oder andere von Ihnen ein wenig knapp an Bargeld sein könnte. Es kommen bestimmt harte Zeiten auf uns alle zu. Sollten Sie in Wien bleiben, so werden Sie jeden Monat einen gewissen Betrag von mir bekommen, um Sie über Wasser zu halten. Und hier ist für jeden ein Umschlag mit einer Starthilfe.«

Das war das Ende meiner 600 000 Schilling. Dank des Muts und der Voraussicht von Dr. Hans Kurz halfen sie den im Zimmer versammelten Freunden weiter – und in den folgenden Jahren der Nazi-Besatzung noch Dutzenden anderer Unglücklicher, die fliehen oder »im Untergrund« leben mußten, um überleben zu können.

Es ist, wir fühlen es alle, ein Abend des Abschiednehmens. Für viele von uns wird es ein endgültiger Abschied sein. Manche dieser Freundschaften besteht schon dreißig, vierzig Jahre lang. Sie können sich vorstellen, was wir fühlen. Ehe wir es noch gewahr werden, ist es schon ein Uhr morgens. Ein letztes großes Händeschütteln, Umarmungen, dann sind meine Freunde gegangen ...

Unerwartet klingelt das Telefon. Es schmerzt mich heute noch, nach so vielen Jahren, an dieses Telefongespräch zu denken. Einer meiner Brüder war am Apparat. Ich habe ihn in diesem Buch bisher nicht erwähnt, denn wir standen uns nicht nahe. Zur Zeit jenes Anrufs hatten wir uns schon zwanzig Jahre lang nicht mehr gesehen. Er war ein erfolgreicher Schauspieler, der unter dem Namen »Max Siegfried« auftrat. Außerdem war er Mitglied der NSDAP. Sie können sich denken, was er von mir und meinen Freunden hielt – und was ich von ihm ... Und Sie können sich auch denken, daß unser Gespräch sehr kurz war.

»Hier spricht dein Bruder Max. Ich will dir nur sagen, daß du deine Wohnung sofort von dieser jüdischen Bagage zu säubern hast. Falls das bis sechs Uhr in der Früh nicht passiert ist, komme ich mit der Gestapo zu dir. Du weißt, der Führer ist auf dem Weg nach Wien!«

Diese Rede schrie geradezu nach einer Antwort, doch alles, was ich sagte, war: »Du kannst mich mitsamt deinem Führer am Arsch lecken ...« und hängte ein.

Ich bin mir bis heute nicht darüber klar geworden, was Max damals veranlaßt hat, mich anzurufen. Er wußte natürlich genau, daß er unter den Nazis auf dem hohen Roß sitzen würde – und das wollte er mir unter die Nase reiben. Außerdem haßte er meine Verbindung mit Juden und wollte mich einschüchtern. Aber war vielleicht doch ein Rest von brüderlichen Gefühlen mit im Spiel? So überheblich sein Anruf auch war, so hätte er doch auch als ernste Warnung vor den im Morgengrauen zu erwartenden unliebsamen Besuchern gemeint sein können. Ich glaube, daß dies der Grund für Bruder Max war, mich anzurufen.

So unklar sein Motiv auch war, so klar machte mir dies Gespräch doch meine Situation. Ich konnte meinen Freunden nicht mehr länger von Nutzen sein, vielleicht war ich sogar selber in Gefahr. Es hätte zweifellos irgendeine Möglichkeit gegeben, die Dinge »in Ordnung zu bringen« – die Nazis brauchten schließlich alle »arischen« Komponisten, deren sie habhaft werden konnten. Doch ich wußte zu gut, daß ich dafür einen Preis zu zahlen gehabt hätte – wenn keinen noch höheren, so doch mindestens den Preis stillschweigender Billigung des Unrechts. Meine Erinnerungen, meine Besitztümer, meine Karriere, alles war mit Deutschland und Österreich verbunden – aber ich mußte fort, solange es mir noch möglich war. Außerdem dachte ich, mit meiner Musik könnte ich überall Geld verdienen, während meine Freunde, von der Sprache abhängige Autoren, hilflos wären. Im Exil, wo sie und ihre Familien, wie wir alle wußten, ein kümmerliches Dasein fristeten, würde ich ihnen helfen können.

Mein Chauffeur Braun war verständlicherweise irritiert, als ich ihn in den Salon rief und ihm auftrug, den Wagen für eine lange Fahrt reisefertig zu machen.

»Sofort, Chef? Wissen Sie, wieviel Uhr es ist?« fragte er, indem er sich schläfrig die Augen rieb.

»Es ist ungefähr zwei Uhr in der Früh«, antwortete ich so lässig wie möglich, »aber ich muß morgen in Zürich sein, und zwar zu dringenden Besprechungen über einen wichtigen Film, zu dem ich die Musik komponieren soll. Hab' ich Ihnen das nicht schon vorige Woche gesagt? Wahrscheinlich hab' ich's vergessen. In zwanzig Minuten werde ich fertig zur Abfahrt sein. Schauen Sie zu, bitte, daß Sie's ebenfalls sind.«

Bemüht, ein harmloses Gesicht zu machen, fügte ich noch hinzu: »Wenn wir Glück haben, können wir in Linz vielleicht sogar den Führer grüßen, auf seinem Weg nach Wien ...«

Braun warf mir einen verwunderten Blick zu, tippte mit dem Zeigefinger an die Nase, sah mich erneut an und grinste: »Klar, Chef!« Was immer er sich gedacht haben mag – mein großer »Gräf und Stift« stand bereit, wie verlangt, sogar mit glänzendem Hakenkreuz. In den letzten Stunden vor Tagesanbruch schnurrte er mit uns Richtung Zürich aus Wien hinaus. Als ich mich umdrehte, sah ich die bleiche Silhouette der »Stadt meiner Träume«, ihre neuen Herren erwartend wie eine schöne Geliebte.

In der Panik packt man die überflüssigsten Dinge ein. Als ich in jenen letzten, schrecklichen Minuten vor unserer Abreise durch meine Wohnung hastete, muß ich nur halb bei Bewußtsein gewesen sein. Jedenfalls stellte ich bei unserer Ankunft in Zürich fest, daß der eine kleine Koffer, den ich mitgenommen hatte, nichts enthielt außer einer Zahnbürste, einem Smoking und einer Badehose. Doch immerhin war ich mit heiler Haut angekommen. Hätte ich noch mehr Zeit zum Packen verschwendet, wäre mir das vielleicht nicht mehr gelungen. Als ich um acht Uhr morgens von Zürich aus zu Hause anrief, teilte mir mein treues Hausmädchen Anni sehr aufgeregt mit, daß Schlag sechs Uhr die Gestapo an der Tür erschienen war, genau wie Bruder Max versprochen hatte. »Oh, gnädiger Herr«, schluchzte sie, »sie haben alles von oben nach unten gekehrt und überall gesucht. Und sie haben gesagt, sie kommen wieder, so lange, bis sie Sie finden. Was soll ich ihnen denn sagen?«

»Beruhige dich, Annerl. Sag ihnen nur, ich muß die Musik für einen Film im Ausland machen und komme dann zurück.« Weder Anni noch ich ahnten damals, daß meine »Arbeit im Ausland« sich zu acht langen Jahren in der Emigration auswachsen sollte ...

4.
Gaité Parisienne

Von Zürich reiste ich so schnell wie möglich weiter nach Paris, wo ich bald wieder mit Lilli vereint war. Wir wohnten komfortabel im vornehmen Hotel »George V.«. Lilli widmete sich ausgedehnten Einkaufsbummeln, und ich war so fleißig wie fröhlich mit der Musik für zwei Operetten am Théâtre Mogador beschäftigt – *Balalaika* und *Saisissez-moi*. Eigentlich war es eine lustige Zeit, dieses erste Jahr in Paris. Zwar gab es ständig Kriegsgerüchte, doch immer noch herrschte Friede in Europa, obwohl dieser Friede mit jedem Tag ungewisser wurde. Und aus eben diesem Grunde war Paris leichtlebiger, aufregender denn je.

Nicht jede dieser Aufregungen war bekömmlich. Ein Hauch von Hysterie lag in der Luft – und das Gefühl, in einem großartigen, doch brüchigen alten Palast zu leben, der jeden Augenblick einstürzen konnte. Politische und wirtschaftliche Korruption war an der Tagesordnung.

Im Paris des Jahres 1938 herrschte Untergangsstimmung: fieberhafte Betriebsamkeit und übertriebene Vergnügungssucht. Zu einem gewissen Preis war alles zu haben, und die Leute lebten, als gäbe es kein Morgen. Natürlich wirkte sich das auch auf den Verkauf von Theaterkarten aus, und dafür hätte ich eigentlich dankbar sein sollen. Doch ich hatte eher das Gefühl, als seien die Wolken, die in den letzten Tagen vor dem »Anschluß« über Wien gegangen hatten, mir nach Frankreich nachgezogen. Und darüber konnte ich mich wirklich nicht freuen.

Glücklicherweise hatte ich nicht nur ausgefüllte Arbeitstage, sondern auch eine Menge Freunde in Paris. Maurice Chevalier, der begonnen hatte, zusammen mit der Mistinguette meine Lieder zu singen, war nur eines unter den vielen willkommenen Gesichtern aus der Vergangenheit. Wie oft haben sich unsere Wege seitdem gekreuzt! Wer hätte schon gedacht, daß der junge Mann, der in der »Belle Epoque« Stolz-Lieder in Pariser Musiktheatern sang, in den sechziger Jahren einen Film in Wien – mit Sophia Loren! – drehen würde, wiederum mit Robert-Stolz-Musik: *Breath of Scandal* (*Prinzessin Olympia* nach Molnars *Olympia*).

Maurice Chevalier, *der* Pariser schlechthin, war wiederum einer jener unbestechlich genau beobachtenden, hochbegabten »Außenseiter«, die mehr von der sie umgebenden Atmosphäre wahrzunehmen vermögen als »Eingeborene«. Ich glaube, ich habe nie mehr einen so professionellen Entertainer wie Chevalier erlebt. Er kannte sein Publikum und war überdies ein Meister der Präzision. Seine scheinbar achtlose, gedehnte Sprechweise, seine unbeschwerte, natürliche Miene, ja, selbst der schräge Sitz seines Strohhutes – all das war sorgfältigst auf Effekt berechnet. Einmal – ich glaube, es war während der Dreharbeiten zu *Gigi* –, als Chevalier eines seiner unvergeßlichen Chansons auf Englisch sang, bat er den amerikanischen Autor um seine Anwesenheit bei den Tonaufnahmen. Danach fragte er ihn: »Wie war mein Akzent?«

»Oh, machen Sie sich keine Sorgen, Monsieur Chevalier«, erwiderte der Autor, »man kann Ihr Englisch sehr gut verstehen.«

»Nein, nein, das wollte ich doch gar nicht wissen! Sagen Sie mir: Ist mein französischer Akzent *deutlich* genug?«

Maurice Chevalier wußte haargenau, was sein Publikum von ihm erwartete, und er zog stets Nutzen aus seiner professionellen Genauigkeit. Wie jeder wahre Perfektionist *lebte* er seine Kunst. Wenn man sich mit ihm auf der Straße oder im Restaurant unterhielt, begegnete man der gleichen Figur, der gleichen charmanten Künstlermaske, die man von der Bühne oder der Leinwand her gewohnt war: freundlich, kühl, charmant. Sollte er überhaupt andere, private Charakterzüge besessen haben, so bekam ich sie nie zu Gesicht. Vielleicht war er auch ein überaus introvertierter Mensch, was man von erstaunlich vielen Entertainern sagen kann. Wie auch immer: Man genoß die Gesellschaft des Künstler-Kollegen Maurice Chevalier – und doch hatte man nie das Gefühl, eine gleichgesinnte Seele zu treffen.

In mancher Hinsicht war Paris damals ein kleines Wien! Auch Franz Lehár kam für kurze Zeit mit seiner Frau, entschied, daß er zu alt sei, um noch einmal woanders heimisch zu werden, und kehrte wieder nach Österreich zurück. Er sagte, daß er sich von seinen Werken, den Musiknoten, Programmen und Photos, kurz von seinem Leben in Wien, nicht trennen könne. William Paley von der Columbia Broadcasting Corporation kam nach Paris und bot Lehár einen glänzenden Vertrag mit einer Garantie von tausend US-Dollar die Woche. Aber Lehárs Heimweh war stärker! Andere alte Freunde und Kollegen – wie Oscar Straus, Paul Abraham, Alfred Grünwald, Karl Farkas und Emmerich Kálmán – kamen, um in Paris zu arbeiten und zu leben. So war ich in gewisser Weise noch immer zu Hause.

Auch Joseph Roth habe ich kurz vor seinem Tode noch in Paris getroffen. Er hielt es für denkbar, daß sein Roman »Radetzkymarsch« mich zu einem musikalischen Bühnenwerk anregen könne. Da ich eine gewisse Seelenverwandtschaft zu ihm empfand und sein großartiges Buch sehr liebte, war der Gedanke nicht abwegig.

Das alte Klischee, das Paris anhaftet, stimmt: An vielen Brennpunkten der Lichterstadt – in der Rue de Rivoli, auf dem Boulevard St. Germain oder auf den Champs-Élysées – wird man, wenn man nur lange genug wartet, mit Sicherheit jemand vorüberschlendern sehen, dessen Name etwas gilt in der Welt.

Einen besonders kuriosen Anblick bot das gefeierte königliche Paar, der Herzog und die Herzogin von Windsor. Geborener Romantiker, der ich bin, reizte mich natürlich die Geschichte des Königs von England, der »für die Frau, die ich liebe« auf den Thron verzichtet hatte. Der Anblick des berühmten Paars *in natura* entzauberte die Geschichte allerdings ein wenig. Der Herzog, auf Photographien immer sehr gut aussehend, war ein kleiner Mann mit beinahe mädchenhafter Figur, einer hohen Stimme und nervösem Kichern. Die Herzogin – eben die Frau, für die er den Thron aufgab – schien mir das genaue Gegenteil von ihm zu sein, mindestens so groß wie er, mit ziemlich tiefer Stimme, breiten Schultern und wesentlich ausgeprägteren Zügen. Wenn es stimmt, daß Gegensätze sich anziehen, müssen sie sich ausgezeichnet ergänzt haben. Aber es ließ sich nicht verkennen, daß der Herzog sehr verliebt war. Er ließ sie nie allein, und die Zeit hat erwiesen, daß ihre Liebe wirklich tief und dauerhaft war.

Als junger Komponist liebte Richard Wagner die Stadt. In seinen Briefen nach Hause schrieb er, daß nichts in ganz Deutschland Paris gleichkäme. Diese Einschätzung änderte sich allerdings rapide, nachdem das Pariser Opernpublikum keine Lust gezeigt hatte, diese Liebe zu erwidern – was nur beweist, daß kein Teufel zorniger sein kann als ein beleidigter Künstler.

Nietzsche mag vielleicht übertrieben haben, als er, dem Sinne nach, sagte: »Für einen Künstler gibt es in Europa keine Heimat außer Paris.« Auch mir ist es einigermaßen gelungen, in Paris heimisch zu werden, wenigstens so lange, bis mich der Krieg und eine neue Ehekatastrophe aus meiner Bahn geworfen hatten. Bevor ich mich jedoch als Komponist in Paris etablieren konnte, mußte ich erst einmal zu einem britischen Protektorat, bestehend aus meiner Person, werden!

Komponisten leben nicht ausschließlich vom Komponieren. Da ist vor allem die Sache mit den Tantiemen. Um überleben zu können, müssen unsere Werke und ihre Aufführungsrechte geschützt werden. So wie Einzelpersonen den Schutz ihrer Bürgerrechte unter einer nationalen Flagge genießen, so können Komponisten nicht überleben, ohne einer nationalen Organisation anzugehören – in Amerika der ASCAP, in England der PRS (Performing Right Society) und in Deutschland, seit 1946, der GEMA. 1938 war ich, bereits seit dem Jahre 1907, Mitglied der österreichischen Gesellschaft AKM. Nach dem »Anschluß« jedoch ging die AKM in der Vorläuferin der deutschen GEMA, der STAGMA* auf. Es tut mir leid, wenn ich Sie mit solch trockenen Einzelheiten langweilen muß, aber sie sind wichtig zum Verständnis meiner Geschichte. Denn nachdem die STAGMA die österreichische Gesellschaft geschluckt hatte, standen meine verbannten Kollegen und ich ohne beruflichen Schutz da. Für die Juden unter uns gab es keine Möglichkeit zur Rückkehr; die neue deutsche »Ordnung« hatte auch in der STAGMA keinen Platz für jüdische Künstler. Sie mußten entweder die Mitgliedschaft einer ausländischen Organisation erwerben, oder sie verloren jeglichen Schutz – und damit jegliches Einkommen aus ihren Werken.

In meinem Fall lagen die Dinge etwas komplizierter. Kurz nach meiner Ankunft in Paris nahmen offizielle deutsche Repräsentanten Kontakt mit mir auf und erklärten mir, ich würde im Falle meiner Rückkehr mit offenen Armen als »arischer« Künstler empfangen werden. Ich bekam sogar Briefe – die ich noch besitze –, in denen mich Richard Strauss in seiner Eigenschaft als Präsident der STAGMA um meinen Eintritt in die deutsche Organisation bat. Ich

* Staatlich genehmigte Gesellschaft zur Verwertung musikalischer Urheberrechte

beantwortete die Briefe nicht und blieb in Paris. Aber damit war die Angelegenheit noch nicht zu Ende.

Nun wurde ich von Dr. Leo Ritter, dem Geschäftsführenden Direktor der STAGMA, besucht – Richard Strauss diente der Gesellschaft lediglich als Galionsfigur. Dr. Ritter kam mit erstaunlichen Angeboten: Dr. Goebbels persönlich habe versichert, ich sei ein willkommenes Mitglied für die STAGMA, und die deutschen Behörden würden alles tun, um meine Werke – sollte ich mich zu einer Rückkehr ins Reich entschließen – in den ersten Theatern aufzuführen, mit jeglicher amtlicher Unterstützung ausgestattet. Ich erklärte, daß ich aus ethischen Gründen einfach nicht zurückkehren könne – ja, daß ich lieber reinen Gewissens in einer Pariser Mansarde verhungern würde, als unter den gegenwärtigen Umständen in meiner schönen Wiener Wohnung zu leben. Ich entsinne mich noch genau der Reaktion des Dr. Ritter.

»Ach, kommen Sie schon, Herr Stolz«, sagte er. »Treiben Sie es nicht ein bißchen zu weit mit Ihrem Gewissen? Im Reich haben Sie jegliche künstlerische Freiheit, die Sie nur wollen. All das Gerede von Tumulten und Zerstörungen – das ist doch übertrieben. Außerdem weiß doch jedes Kind, daß es bei Revolutionen nun mal nicht ohne zerbrochene Fensterscheiben abgeht.«

»Es sind die zerbrochenen Menschenleben, um die es mir geht, Herr Doktor. Ich bedaure. Ich weiß, Sie tun Ihr Möglichstes, um mir entgegenzukommen. Aber es gibt wirklich absolut *nichts* mehr, das mich noch umstimmen könnte ...«

Dr. Ritter blinzelte nervös und räusperte sich. »Hören Sie mir erst zu, Herr Stolz, ich bin noch nicht fertig. Deutschland will Sie haben – und ich sage das mit voller Billigung der höchsten Stellen. Aber wenn es nötig werden sollte, kann Deutschland es Ihnen auch außerordentlich erschweren, woanders zu arbeiten. Wir wollen Sie nicht nur haben – wir können *Anspruch* auf Sie erheben. Sie sind durch den Anschluß Österreichs automatisch deutscher Staatsbürger geworden. Sie wissen, bei den Autorengesellschaften gilt das Nationalitätsprinzip. Auf Grund der CISAC*-Statuten können Sie daher als Deutscher nur Mitglied der STAGMA werden. Keine Gesellschaft, die der CISAC angehört, darf Sie aufnehmen, denn jede muß die Statuten befolgen. Falls Sie der STAGMA nicht beitreten, werden Sie vogelfrei, Ihre Werke sind schutzlos und Sie ohne Einkommen.** Im Juni wird sich die CISAC in Mailand treffen,

---

* Confédération Internationale des Sociétés des Auteurs et Compositeurs
** Das Nationalitätsprinzip ist erst kürzlich im Rahmen der EG aufgehoben worden.

und ich habe, was Sie angeht, bereits meine Anweisungen. Nehmen Sie doch Vernunft an! Warum wollen Sie nicht in Deutschland arbeiten, unter geradezu idealen Bedingungen? Glauben Sie mir, Herr Stolz, Sie haben keine Wahl. Es sei denn, Sie wollen überhaupt nicht mehr arbeiten.«

Ende des Gesprächs.

Mittlerweile hatten Paul Abraham, Oscar Straus, Karl Farkas, Emmerich Kálmán, ich selbst sowie eine Reihe weniger bekannter emigrierter Komponisten und Autoren aus Österreich und Deutschland um Mitgliedschaft in der französischen Organisation SACEM nachgesucht. Unglücklicherweise machte mir die Antwort der Franzosen auf unser Gesuch einen Beitritt unmöglich. Sie waren bereit, Straus, Kálmán und Stolz – alle drei erprobte Kassenmagneten in Frankreich – aufzunehmen. Sonst keinen. Zwar hätte die Mitgliedschaft bei SACEM eine schnelle Erlösung von jedem weiteren deutschen Druck auf mich bedeutet, doch hielt ich es für falsch, einer Organisation beizutreten, die Freunde und Kollegen nur deshalb abwies, weil ihre Werke in Frankreich weniger bekannt waren als meine eigenen. Außerdem hoffte ich, daß unsere Solidarität mit den abgewiesenen Kollegen SACEM veranlassen würde, uns alle aufzunehmen. Meine Freunde Kálmán und Straus waren jedoch anderer Ansicht.

»Laß das doch, Bobby«, drängte mich Kálmán. »Wir drei sind doch die Größten. Es ist eine Ehre, von SACEM mit der Mitgliedschaft ausgezeichnet zu werden; du wärst ja dumm, sie abzulehnen. Oscar und ich haben uns bereits entschlossen, wir werden beitreten.«

Sie nahmen an. Doch ich hatte mich ebenfalls entschlossen. Ich hatte Deutschland und Österreich auf Grund der Diskriminierung meiner Kollegen – und wegen weit Schlimmerem – den Rücken gekehrt; jetzt, da ich in Frankreich war, würde ich mich nicht schon wieder einer, wenn auch nicht ganz so großen Ungerechtigkeit unterwerfen. Aber der Juni und das Mailänder Treffen der CISAC rückten unaufhaltsam näher. Was sollte ich tun?

Hilfe wurde mir von höchst unerwarteter Seite zuteil: von England, und zwar in Gestalt eines sympathischen, aufrichtigen Mannes mit Namen Leslie Arthur Boosey. Leslie Boosey ist mir nun schon länger als fünfunddreißig Jahre ein guter Freund, aber in gewisser Weise ist er für mich noch heute das geblieben, als was ich ihn bei unserem ersten Treffen empfand: das Ideal des englischen *gentleman*. 1939 vertrat er die British Performing Right Society, und als er mich während eines Aufenthaltes in Paris traf, fragte er mich beiläufig, wie es um meine Situation stünde, nachdem die österreichische Organisation AKM der STAGMA »angeschlossen« wurde. Als ich ihm meine »staatenlose« Lage erklärte und von den Gründen berichtete, die dazu geführt hatten, bot er mir sofort die Mitgliedschaft in der britischen Gesellschaft an. Und nicht nur das. Als ich von der deutschen Delegation bei der CISAC-Tagung in Mailand als deutscher Bürger – und somit automatisches Mitglied der STAGMA – reklamiert wurde, erklärte Leslie Boosey:

»Robert Stolz ist ein freier Mensch. Er lebt in Paris und will Mitglied der PRS werden. Sollte STAGMA Robert Stolz nicht freigeben, so wird die britische PRS aus der CISAC austreten ...«

Nach einem letzten Telefongespräch mit Berlin kehrte ein kleinlauter Dr. Ritter in die Versammlungsrunde zurück und informierte Leslie Boosey, er »könne mich haben«.

»Das Deutsche Reich«, erboste sich Dr. Ritter, »hat nicht die Absicht, wegen eines Robert Stolz einen Krieg mit dem britischen Empire zu beginnen!«

So wurde ich also zum Ein-Mann-Protektorat der Briten. Es war ein prophetisches Beispiel englischer Entschlossenheit, sich von den Nazis nicht einschüchtern zu lassen. Dieses nachdrückliche Eintreten der Briten für individuelle Rechte gestattete mir nun auch eine fruchtbare Arbeit in Paris. Nachdem *Balalaika* Erfolg gehabt hatte, begann ich mit einer großen neuen Operette für das Théâtre Châtelet mit dem Titel *La Montagne Bleue,* zu der der berühmte Albert Willemetz das Libretto schrieb. Die Dinge schienen sich endgültig zum Guten zu wenden.

Da kam es plötzlich zur Katastrophe. Dafür gab es zwei verschiedene Anlässe: einen von weltweiter Bedeutung und einen rein persönlichen.

Anlaß Nummer 1: der Ausbruch des Krieges am 1. September 1939. Ein Krieg, der Europa wiederum Verwüstung und Millionen Toter, Verhungernder, Vertriebener bescheren würde.

Anlaß Nummer 2: Etwa zur gleichen Zeit zerstörten gewisse häusliche Probleme meine vierte Ehe und machten mich zum besitzlosen Insassen eines französischen Internierungslagers – der dunkelste Augenblick meines Leben.

Dennoch war die erste Hälfte meines Pariser Lebens wunderschön gewesen, und einer meiner Wahlsprüche – vielleicht ein selbstverständlicher für einen Mann des Theaters – war ja stets: »Laß dir niemals von einem schlechten zweiten die Erinnerung an einen guten ersten Akt verderben.« Wobei ich zugeben muß, daß

sogar der katastrophale zweite Akt meines Pariser Gastspiels einiges
»Lachen unter Tränen« enthielt, wie es meine alten Freunde, die
Librettisten Victor Leon und Alfred Grünwald, ausgedrückt haben
würden...

5.

Der große Juwelenraub

Das Châtelet-Theater unter der Leitung von Maurice Lehman war
das größte Theater von Paris und Umgebung, und so war der Auftrag, die Musik für die Uraufführung von *La Montagne Bleue* zu
schreiben, in der Tat eine Ehre. Kaum hatte ich ihn erhalten, da
kam, wie meistens in solchen Situationen, auch schon mein innerer
»Motor« auf Touren. Innerhalb von fünf Tagen und Nächten, in
denen ich fast ununterbrochen arbeitete, war die Partitur fertig!

So geschehen Ende August 1939.

Kosten waren nicht gescheut worden: Es sollte eine phantastische
Aufführung werden. Doch wenige Tage später zerstoben alle unsere Hoffnungen: Hitler hatte Polen überfallen, und der Zweite
Weltkrieg begann. In der Lichterstadt gingen die Lichter aus: Ver-
dunklung wurde angeordnet. Meine Theaterarbeit war natürlich
beendet, und diese erzwungene Arbeitslosigkeit wirkte sich rapid
auf meine Psyche aus: Die Einsamkeit und die ungewollte Freizeit
boten einen idealen Tummelplatz für den kleinen, bösen Teufel in
mir, der mich nun folterte. Das Heimweh nach Wien und die entsetzliche Vorahnung, daß Europa sich in eine selbstverschuldete
Katastrophe gestürzt hatte, die sich möglicherweise als noch
furchtbarer erweisen würde als der Erste Weltkrieg, trugen ihr Teil
dazu bei, daß aus mir ein nervöses Wrack wurde. Meine Angstzustände und die allgemeine Nervosität nahmen von Tag zu Tag an
Heftigkeit zu. Einen Großteil meiner Zeit verbrachte ich damit, in
den Straßen herumzulaufen, in den Cafés andere Emigranten zu
treffen und mit ihnen in langen Gesprächen das Ende der »guten
alten Zeit« zu bejammern. Natürlich tauschten wir auch die neuesten Nachrichten über gemeinsame Freunde aus, die sich selbst den
Tod gegeben hatten, verhaftet worden waren oder irgendwo im Exil
am Hungertuche nagten. Diese Themen waren ganz und gar nicht
dazu angetan, meinen Zustand zu verbessern – im Gegenteil.

Auch Lilli ließen diese Geschehnisse nicht unberührt. Meine
ständig schlimmer werdenden Depressionen waren auch für sie eine
Qual. Sie versuchte, mich zu beruhigen, indem sie sagte: »Schau,
lieber Robert, abgesehen von dem Geld, das du in Paris schon ver-

dient hast, haben wir ja noch die 8000 Pfund auf unserem gemeinsamen Konto in England. Und die Juwelen! Ob wir nun hier bleiben oder nach England oder in die Staaten gehen – vor dem Hunger brauchen wir uns jedenfalls nicht zu fürchten.«

Obwohl mir in diesen Tagen der Sinn durchaus nicht nach Vergnügungen stand, besuchte ich mit Lilli gelegentlich Hunderennen, um ihr und mir ein wenig Ablenkung zu verschaffen. Zuweilen gewann ich sogar ein paar zusätzliche Devisen dank meiner alten Angewohnheit, auf den »Underdog« zu setzen. Wie bei den Menschen, kommen bei Windhunden die angenehmen Überraschungen manchmal von seiten der Unscheinbaren und Unbekannten.

Bei diesen Hunderennen begegneten wir einem seltsamen Mann – nennen wir ihn einmal »Dr. Reiter« –, der von sich behauptete, er sei der Erfinder des »Ewigen Streichholzes«. Ich hatte ihn vor Jahren in Wien auf irgendeiner Party kennengelernt und ihn sowie alles, was mit ihm zusammenhing, prompt wieder vergessen.

Doch nach einem Hunderennen in Paris, als Lilli und ich gerade unsere Gewinne einstrichen und uns auf den Heimweg machen wollten, hörten wir plötzlich jemanden auf Deutsch rufen: »Herr Stolz, Herr Stolz! Das sind doch Sie, nicht wahr?«

Ich drehte mich um und erblickte einen finster aussehenden Menschen mit Glatzkopf und tiefliegenden, funkelnden Augen. Er lächelte breit, als er mich ansprach, aber es war ein Lächeln, das eher gekünstelt als herzlich wirkte ... Ich starrte ihn an und versuchte, dieses Gesicht und diese Stimme irgendwo einzuordnen, doch bevor ich dazu in der Lage war, stellte sich der Mann schon selbst vor: »Wir haben uns in besseren Tagen einmal in Wien getroffen, Herr Stolz. Ich bin Dr. Reiter, der Erfinder des ›Ewigen Streichholzes‹. – Ich nehme an, diese wunderschöne Dame ist Ihre Gattin ... Madame, ich habe die Ehre!« Bei diesen Worten schlug er die Hacken zusammen und küßte Lillis Hand.

Um es kurz zu machen: es gelang Dr. Reiter, sich unser Vertrauen zu erschleichen – meines, weil ich während meines Pariser Exils immer froh war, wenn ich Schicksalsgenossen traf, und Lillis, weil Dr. Reiter mit Schmeicheleien nicht sparte, und weil sie selbst sich in einer Phase ihres Lebens befand, in der so manche Frau einen geradezu unersättlichen Appetit auf Komplimente (und andere Süßigkeiten) entwickelt, angesichts des unweigerlich herannahenden Zeitpunkts, an dem es kein Zurück mehr geben wird ...

Langsam wurde sich nämlich auch Lilli des Ernstes unserer fatalen Lage bewußt. Sie traute sich schon nicht mehr aus dem Hotel, und auch meine Depressionen wurden von Tag zu Tag schlimmer.

In dieser gespannten Atmosphäre rannte Lilli tobend und schreiend durch die Zimmer und machte mir fürchterliche Szenen. Sie gebärdete sich, als wäre sie tatsächlich am Ende. Kein Wunder, denn die wenigen Menschen, die noch zu uns kamen, brachten kaum eine gute Nachricht, nie einen Hoffnungsschimmer, immer nur neue Hiobsbotschaften von pausenlosen Polizeiverhören und Razzien, von denen schon viele unserer Bekannten betroffen waren.

Ja, und in genau so einem Augenblick erschien Dr. Reiter auf der Bildfläche. Gleich einem Deus ex machina hatte er überzeugende Lösungen für alle unsere Probleme. Bei seinen großartigen Kontakten zu den einflußreichsten Persönlichkeiten Frankreichs sei es für ihn eine Leichtigkeit, uns zu helfen, versicherte er uns. Seine Versprechungen gaben uns nach den Enttäuschungen durch viele unserer ehemaligen »Freunde« und Landsleute, die, wie wir, Emigranten waren und uns plötzlich nicht mehr kennen wollten, echte Hoffnung.

Ich kann es heute Lilli gar nicht verübeln, daß unter diesen Umständen Dr. Reiter bei ihr so leichtes Spiel hatte. Wir waren beide nervliche Wracks, und dieser Dr. Reiter war für Lilli und mich so etwas wie ein Ruhepol inmitten immer neuer Schreckensnachrichten und erdrückender Ausweglosigkeit. Er besuchte uns oft, und ich war glücklich darüber, daß Lilli sichtlich ruhiger wurde, nicht mehr so gereizt war und wieder ausging.

Lillis Juwelen habe ich bereits erwähnt. Während all der Jahre, in denen mir meine Filmmusik Millionen einbrachte, hatte Lilli mich unablässig gedrängt, so viel Geld wie möglich in Diamanten anzulegen. Dies sei eine Investition, die auch in Zukunft unabhängig von den wankelmütigen Wechselkursen sein werde. Zur Zeit unserer Ankunft in Paris besaßen wir daher bereits eine stattliche Juwelenkollektion, die bei Lloyds in London für ungefähr eine halbe Million Dollar versichert war. Selbst diese Summe entsprach jedoch nicht mehr dem wirklichen Wert des Schatzes, da ich ihm immer wieder neue Stücke hinzugefügt hatte. Ausgerechnet an einem Tag an dem uns Dr. Reiter wieder einmal besuchte, waren wir gerade dabei, Inventur zu machen, um die noch nicht versicherten Schmuckstücke bei Lloyds anzumelden. Das große Bett im Schlafzimmer unserer Suite war geradezu übersät mit einem glitzernden Schatz aus Gold und feurigen Brillanten – in der Tat ein überwältigender Anblick! Und ich Vertrauensseliger lud Dr. Reiter ein, ins Schlafzimmer zu kommen, um ihm Gelegenheit zu geben, sich »etwas Schönes« anzusehen...

Es wäre eine arge Untertreibung, wollte man behaupten, Dr.

Reiter habe diese funkelnde Diamantenkollektion lediglich »schön« gefunden. Ich glaube nicht, daß ich jemals wieder eine so urplötzliche, geradezu dramatische Ausdrucksveränderung in einem menschlichen Antlitz beobachtet habe. Verwunderung, Gier, Lust, Verwirrung, Verschlagenheit – all das huschte im Laufe weniger Sekunden über sein Gesicht. Das Blitzen der Diamanten, Brillanten und Perlen entfachte ein verwandtes Feuer auch in seinen Augen.

Ohne genau zu wissen, warum, *wußte* ich in diesem Moment, daß die Diamanten, so wie sie sich jetzt in Reiters gierigen Augen spiegelten, für mich Unheil bedeuten würden...

Aber wie so oft, wenn mich meine Gefühle auf diese Weise warnten: ich ignorierte sie einfach, bis es zu spät war.

Das herzliche Willkommen, das Paris mir bereitet hatte, ging bald im Kriegsfieber unter. Ich war schließlich ein »Arier«, kein Jude auf der Flucht, und Paris war zwar eine Kunstmetropole, gleichzeitig aber auch eine ziemlich skeptische Stadt. Die Behörden waren mehr als nur ein wenig mißtrauisch mir gegenüber. Für sie galt ich – und wer kann ihnen daraus einen Vorwurf machen – als ein »Sicherheitsrisiko«.

Wie meine seelische Verfassung in diesen ersten Kriegsmonaten war, das kann vielleicht nur der nachfühlen, der die Briefe liest, die ich damals an einen treuen Freund geschrieben habe. Mein Haß auf den Mann, der Europa und die ganze Welt in Flammen setzte, war grenzenlos. Und damals mußte ich es als ebenso grotesk wie ungerecht empfinden, daß die Behörden Frankreichs, dieses von mir geliebten Landes, nun in mir so etwas wie einen »Staatsfeind« sahen. Man holte gerade die Leute, die als Hitlergegner, als Emigranten in dieses Land geflüchtet waren, als unerwünschte und gefährliche Ausländer ab und steckte sie – bloß weil sie noch die deutsche oder österreichische Staatsangehörigkeit besaßen – in Internierungslager. Jeden Morgen, wenn wir auf der Treppe Schritte hörten, klopfte uns das Herz bis zum Hals: Sind jetzt wir an der Reihe?

Natürlich hatte Paris nun auch kein Interesse mehr an Stolz-Melodien. Ich hatte nun überhaupt keine Arbeit und verbrachte dementsprechend immer mehr Zeit zu Hause oder bei meinen Emigrantenkollegen in den Cafés. Und in Lillis Kopf dämmerten die ersten Zweifel über meine berufliche Zukunft herauf.

Eines Abends, als ich ins »George V.« zurückkam, fand ich, zum zweiten Male in meinem Leben, die knappe Botschaft einer mich verlassenden Gemahlin vor: »Lieber Robert, sei mir nicht bös. Ich folge der Stimme meines Herzens.«

Briefe aus Paris

Auszüge aus Briefen, die Robert Stolz aus Paris im September, Oktober und November 1939, also bald nach Kriegsausbruch, an seinen Freund, den Kapellmeister Paul Hühn, geschrieben hat. Interpunktionen wie im Original, ebenso Unterstreichungen (im Original oft doppelt oder dreifach). Da eine Beförderungsmöglichkeit nach Berlin nicht mehr bestand, traf Robert Stolz auf dem Umschlag eines dieser Briefe die folgende Verfügung:

Dieser Brief ist *in diesem Moment* meinem lieben, alten, besten Freund:
    Herrn Kapellmeister Paul Hühn
    Berlin Kurfürstendamm 150
zuzustellen, wo Hitler – dieser *Bluthund gefallen ist* und das deutsche Volk wieder zur Besinnung gekommen ist, welchem Mörder es gefolgt hat!

Es bittet innigst von Herzen
Robert Stolz
Briefbeginn in Paris, am 5. September 1939

NS Gott gebe es, daß Lillichen u. ich diesen Brief, zur gegebenen Zeit, Dir persönlich übergeben können – aber wer weiß, *was* kommen wird!

Paris, Sonntag den 24. Sept. 1939

Mein liebster Freund Paul!
Seit 16. d. schrieb ich Dir nicht – es ist kein Leben mehr, mein armes gütiges engelsgutes einziges Lillichen, weint unausgesetzt – sie zittert ja so furchtbar, daß ich jeden Moment ins Lager abgeholt werde. Abgesehen davon, daß ich eine Internierung mit meinen vollkommen ruinierten Nerven nicht 1 Tag überleben würde – würde mein armes Engerl Lillichen sehr sehr bald zusammenbrechen – – –
    Du ahnst ja nicht Paulchen, *wie* entsetzlich verlassen wir sind! Alle französischen Freunde und ebenso meine intimsten Mitarbeiter: Willemetz an der Spitze, wenden sich seit Kriegserklärung geradezu *entsetzlich* herzlos von uns ab.
. . . . .
Und diese Situation muß *ich* erleben, wo die ganze Welt weiß, daß ich *Alles* in meiner Heimat geopfert habe nur um nicht im Lande dieses *Mörders* Hitler leben zu müssen! Ich begreife ja vollkommen den furchtbaren Haß der Franzosen – aber *ich* gerade *ich* habe ihn *nie* verdient!!
. . . . .

Paris, Sonntag den 24. Sept. 1939

Mein lieber Freund Paul!

Originalseiten aus den an Kapellmeister Paul Hühn in Berlin gerichteten Briefen, die Robert Stolz aus Paris, wenige Tage vor seiner Internierung im November 1939, schrieb. Hier: Anfang des Briefes vom 24. September 1939 (vgl. Seite 343).

Ich muss aber doch versuchen zu verdienen — denn lange ohne Einnahmen, kann ich's nicht mehr durchhalten ... ich hoffe in New York, wo ich einen guten Namen habe u. auch Verbindungen, doch etwas zu erreichen !! Muss halt wiederum von vorne anfangen! Wäre ja so gerne im schönen, herrlichen Paris geblieben — aber ich bin ja ein Staatsfeind !! Die französische Sprache kann ich auch noch nicht (bis auf paar Sätze) u. so muss ich jetzt als „Stummerl" herumgehen — denn auf der Straße o. Restaurant deutsch zu sprechen wäre jetzt — was ich vollkommen begreife — höchst gefährlich ! Fühle mich so unglücklich wie noch nie im Leben — muss Trotz all diesen Elendes, erleide ich lieber alles, als dass ich nach Deutschland zurückgekehrt wäre ! Entweder hätten sich meine „lieben Freunde" sofort nach Dachau gebracht, o. ich hätte mir dort selbst das Leben genommen — denn ich hätte es nicht mehr mitansehen können, was diese Bestie Hitler aus unserem lieben, guten Österreich u. dem herrlichen Deutschland gemacht hat !!

Aus dem Brief vom 30. September 1939 (vgl. Seite 346).

Wir hätten ja vor Kriegsausbruch in die Schweiz o. irgendwohin fahren können aber es hat *kein Mensch* für möglich gehalten, daß man in Frankreich österr. Flüchtlinge in Haft nehmen wird, dafür, daß wir unsere Heimat verloren haben!

Paris, am 30. September 1939

. . . . .

Wie der Krieg ausgeht – *wie lange* er dauern wird, weiß *kein* Mensch – ich aber *garantiere* Dir, er wird nicht früher enden, bis das Hitlerregime *gänzlich* vernichtet ist!!!

. . . . .

Der berechtigte Haß für alles, was »*deutsch*« ist – wird noch *Jahrzehnte* dauern!!
Ich *muß* aber doch versuchen *zu verdienen* – denn lange *ohne* Einnahmen, kann ich's nicht mehr durchhalten u. ich hoffe in New York, wo ich einen *guten Namen habe* u. auch Verbindungen, doch etwas zu erreichen!! Muß halt wiederum von *vorne* anfangen! Wäre ja *so gerne* im *schönen, herrlichen Paris geblieben* – aber ich bin ja ein »*Staatsfeind*«*!!* Die franz. Sprache kann ich auch *noch nicht* (bis auf paar Sätze) u. so muß ich jetzt als »*Stummerl*« herumgehen – denn auf der Straße o. Restaurant *deutsch* zu sprechen wäre jetzt – was ich vollkommen begreife – höchst *gefährlich!* Fühle mich *so* unglücklich wie noch *nie* im Leben – und *trotz* all diesen Elendes, erleide ich lieber *alles,* als daß ich nach Deutschland zurückgekehrt wäre! Entweder hätten mich meine »*lieben Freunde*« *sofort* nach Dachau gebracht, o. ich hätte mir dort selbst *das Leben genommen* – denn *ich* hätte es nicht mehr mitansehen können, *was* diese *Bestie Hitler* aus unserem *lieben,* guten Österreich u. dem *herrlichen Deutschland gemacht hat!!*

. . . . .

Draußen Sonnenschein – ein *herrlicher* Herbsttag u. das Leben ist *so* entsetzlich, liebster Paul – wir leben wie *kleine Mäuse,* welche jede Sekunde den *Schlangenbiß* erwarten! Dies das Ende eines *ehrlichen, fleißigen* u. *anständigen* Lebens ...

. . . . .

Paris, am 17. Oktober 1939

. . . . .

Heute war mein – in meiner jetzigen furchtbaren Lage – *einziger* Freund, der sich um uns kümmert Dr. R... mit einem sehr einflußreichen Herrn beim Minister Giraudoux bei uns. Höre u. staune mein Paul! Ich beabsichtige im hiesigen Pariser Radio an alle Österreicher in den nächsten Tagen *eine Ansprache, als Robert Stolz zu halten,* wo ich mich als R. St. vorstelle u. zu den Herzen der Österreicher sprechen will u. *alles* restlos sagen werde, *was ich* am Herzen habe und meine *ganze* innere Einstellung *gegen* diese *Bestie Hitler* offenbaren werde u. allen Österreichern die Augen zu öffnen *versuchen* werde *etc!* Ich weiß natürlich, daß *am nächsten Tag nach* dieser meiner Radioansprache – welche hoffentlich *die ganze Welt* hören wird – *alles restlos verloren* ist, *was* ich noch *in Wien* besitze – meine *ganze schöne liebe* Wohnung, mit den *tausenden Andenken* von meiner Kinderzeit an, alle meine Originalmanuskripte – Arbeiten seit über 40 Jahren – *alles, alles* wird *beschlagnahmt* u. *vernichtet* werden – alle *Urheber*rechte etc alle – alles – *aber* ich opfere von Herzen gerne *alles, was* ich *besitze,* ich *muß* öffentlich meine Meinung u. Einstellung bekennen – denn – *es ist ja zum wahnsinnig werden* – *ich, ich* erwecke *hier* noch an vielen Stellen den Anschein, daß ich *»Deutschfreundlich«* also *»Hitlerfreundlich«* eingestellt bin! *Was* sagst Du dazu? *Trotz* aller meiner gelieferten Beweise haben dies meine Feinde – es sind natürlich nur *Landsleute* – Emigranten – erreicht, daß *ich diesen* Ruf genieße! Nun staunst Du nicht mein Paul daß ich mir noch nicht längst ein Ende bereitete? Nur meiner armen Lily zuliebe, bin ich noch am Leben!

. . . . .

Paris, am 1. November 1939 *»Allerseelen«*

Mein liebster Paul!
Ich habe Dir einige Tage nicht geschrieben – denn ich bin *seit* unserer Verhaftung am 24. Oktober – wo ich die acht *schwersten* Stunden meines Lebens, als *»Verhafteter«* (unter Polizeiaufsicht) verbrachte – ein ganz anderer Mensch geworden! – Ich bin heute alt und *nervenkrank* – ein Zustand, der viell. nie mehr gut werden wird! Dieser 24. Okt. hat mir einen Denkzettel gegeben – leide seither an Angstzuständen die zum wahnsinnig werden sind – bekomme Anfälle von Atemnot – mein armes Lillichen tut mir dabei so *furchtbar* leid – denn dieses beste Wesen auf der Welt leidet bei meinen Anfällen mehr als ich! Ich habe ja schon immer seit Jahrzehnten mit meinen armen Nerven zu tun gehabt, aber seit dem 24. Okt. bin ich *schwerkrank!* Gott gebe, daß sich mein Zustand wieder verändert, denn *so* kann ich *unmöglich* weiterleben, da ich diese Anfälle nicht mehr aushalten kann! Glaube dabei zu *ersticken* u. *wahnsinnig* zu werden!

Erwarte jeden Moment immer wieder eine neue Verhaftung – u. diese Angst wird noch mein Ende sein!

. . . . .

Vormittag waren wir am Montmartre Friedhof und legte ich am Grab Heines u. Offenbachs Blumen nieder ... an diesen heiligen Gräbern wo Menschen liegen – einmalig geborene Schöpfer – die vom Verbrecherreich Hitlers verachtet werden! ... Es ist so furchtbar traurig heute – denke so viel an das Grab meiner Eltern u. Lieben in Graz – welches ich nie mehr sehen werde! Ob wohl heute am Grab die Lichter brennen werden – – ich hoffe mein armes krankes Schwesterl Mizzerl in Graz wird dafür sorgen! ... Wenn Du ahnen würdest welche qualvolle Stunden wir in dieser schönen Wohnung hier verleben – wo wir uns mit Dir so glücklich fühlten. Ein Leichenhaus kann nicht *trauriger* sein!

. . . . .

Lilli war mit Dr. Reiter durchgebrannt. Nur – das mit der »Stimme des Herzens« war noch nicht alles. Mit ihr verschwand aus unserer Suite alles, was nicht niet- und nagelfest war – die millionenschwere Juwelensammlung, meine *Carte d'identité* (eine 'Aufenthaltsgenehmigung für in Frankreich ansässige Ausländer), meine Personalpapiere, mein Taufschein, mein Dirigentenfrack – ja, sogar der Großteil meiner Unterwäsche und meine Schreibmaschine! Was immer man über Lilli sagen mag: gründlich war sie! Da sie mein ganzes Geld und alle meine Papiere mitgenommen hatte, war ich nicht einmal in der Lage, irgendwelche gesetzlichen Maßnahmen in die Wege zu leiten: Ich war nun, ohne Papiere, in Paris erst recht ein feindlicher Ausländer – eine »Unperson«, die keine Ansprüche mehr auf den Schutz des Gesetzes anmelden konnte ...

Lilli genoß derweil das Leben in Monte Carlo an der Seite von Dr. Reiter, der ihr ein grandioses Märchen von einer Riesensumme aufgetischt hatte, welche ihm angeblich der schwedische Zündholz-König Ivar Kreuger dafür gezahlt hatte, daß er auf die Vermarktung seines »Ewigen Streichholzes« verzichtete. Außerdem behauptete er, eine wohldotierte Professur an der George Washington Universität in den Vereinigten Staaten warte auf ihn. In Wirklichkeit war Dr. Reiter nichts als ein mittelloser Abenteurer. Kaum hatte er sich erfolgreich der Juwelen und des Geldes bemächtigt, ließ er Lilli sitzen.

Doch selbst wenn ich gewußt hätte, was Lilli bevorstand, wäre dadurch meine Lage als einsamer Ausgesetzter ohne jeden Pfennig

Geld nicht hoffnungsvoller geworden. Zwar kam mir bald der Gedanke an das Geld, welches bei der Midland Bank in England deponiert war. Wenigstens das war mir von all den Millionen, die ich dank harter Arbeit innerhalb der letzten zwanzig Jahre erspart hatte, noch geblieben. Nur ein Problem gab es: Im Jahre 1939 war ich noch nicht imstande, soviel Englisch zu lesen, zu schreiben oder zu sprechen, um persönlich mit der Bank in Kontakt zu treten. Abgesehen davon waren meine Nerven dermaßen zerrüttet, daß ich kaum noch klar denken konnte. Gewiß gab es jemanden in Paris, an den ich mich in meiner hilflosen Situation vertrauensvoll würde wenden können – aber wer war dieser Jemand?

Und da erinnerte ich mich an einen Spitznamen. Er änderte mein Leben ...

6.
Ein Mädchen namens Einzi

Es ist nur ein kleines Wort, »Einzi« – eine Abkürzung für »die Einzige«. Aber was für eine Bedeutung hat dieses kleine Wort in meinem Leben gewonnen! Wenn es Schutzengel auf dieser Erde gibt, so ist Einzi der meinige geworden. Gerne würde ich sagen, daß ich das von Anfang an gleich begriffen hatte, daß ein einziger Blick auf Einzi unmittelbar zu der Einsicht geführt hatte: hier hat das Schicksal gesprochen. Aber ganz so war es nicht. Was mich betrifft, so war unsere erste Begegnung ein Treffen, wie man es leicht wieder vergißt. Für Einzi war alles ganz anders: Vom ersten Augenblick an scheint das liebe Mädchen intuitiv gefühlt zu haben, daß der Herrgott mit uns beiden etwas Besonderes vorhatte. Ich hingegen stolperte blindlings in eine neue Situation hinein, ließ mich lediglich von der helfenden Hand des Schicksals leiten – um erst sehr viel später zu verstehen, was das alles zu bedeuten hatte.

Aber lassen Sie mich von Anfang an erzählen!

Ein besonders beliebter Treffpunkt für deutsche und österreichische Emigranten im Paris des Jahres 1939 war das Café Cristal in der Rue Marignan. Kurz nachdem Lilli sich abgesetzt hatte, aber noch bevor ich daran dachte, meine finanziellen Angelegenheiten in Ordnung zu bringen, hatte ich mir schon wieder eine neue blonde Verbindlichkeit zugelegt – ein hübsches, wenn auch nicht gerade zart besaitetes Mädchen aus Wien namens Maria. Im Sturm ist man mit jedem Hafen zufrieden ... Und in der Stunde meines Unglücks schien das Mädchen sehr verständnisvoll zu sein – ein wahrer Trost!

Als ich nun eines Tages Arm in Arm mit meinem neuen blonden Püppchen, noch immer von den vergangenen Ereignissen wie vor den Kopf geschlagen, durch die Rue Marignan bummelte, entschloß ich mich, im Café Cristal vorbeizuschauen, um festzustellen, ob vielleicht der eine oder der andere meiner Freunde anwesend sei.

Kaum hatten wir die Tür hinter uns geschlossen, als ich schon an einem der Tische Paul Abraham, den Komponisten der Operetten *Die Blume von Hawaii* und *Viktoria und ihr Husar,* erblickte. Bei ihm saßen seine Freundin Martha Labarr, Lilian Harvey, Paul Lukas, Jean Geiringer und ein paar andere sowie eine hübsche, lebhafte junge Frau, die ich nicht kannte. Ich winkte Paul zu, und dieser bat mich an den Tisch und stellte mir die fremde Dame vor. Sie hieß Yvonne Louise Ulrich, doch jeder nannte sie, wie mir Paul versicherte, »Einzi«.

»Das kommt daher, weil so viele von uns hier im Exil Hilfe bitter nötig gehabt haben, und dieses liebe Mädchen hier – und sie ist nicht nur lieb, sondern auch gescheit, Robert –, sie ist die einzige, die uns hilft. Einzi ist ein wahrer Schatz; eine Jurastudentin, aber eine, die uns Künstler versteht!«

Das ist ja interessant, dachte ich, und während wir weiter plauderten, sah ich mir diese »Einzi« etwas genauer an, von der meine Freunde so viel hielten. Wie kann ich einen Menschen mit einfachen Worten beschreiben, der dazu bestimmt war, solch ein Gottessegen in meinem Leben zu werden? Lassen Sie mich versuchen, sie heute noch einmal so zu sehen, wie ich sie damals sah, bei unserer allerersten Begegnung.

Es gibt Menschen, die allein durch die Kraft ihrer Persönlichkeit – heutzutage nennt man das »Charisma« – Aufmerksamkeit auf sich ziehen. Ein solcher Mensch ist Einzi. Wenn man einen Raum voller Unbekannter beträte, so zöge einen sofort diese kleine, fröhliche Frau voll ansteckender Tatkraft wie ein Magnet an. Irgend etwas Unwiderstehliches strahlt aus ihren freundlichen braunen Augen, und ihr Lächeln ist ebenso mütterlich wie hinreißend weiblich. Wärme, Intelligenz und grenzenlose Energie – wie selten trifft man doch alle diese Vorzüge gebündelt in einem so kleinen, so besonderen Persönchen an! Wie unsere Tochter Clarissa zu sagen pflegt: »Gute Dinge kriegt man nur in kleinen Paketen.«

Von meinen Freunden hatte ich bereits erfahren, daß Einzi den Armen, den hilflosen Emigranten zu helfen pflegte. Wer jemals mit dickhäutigen Bürokraten zu tun bekommen hat, der weiß, wie schwer sie einem das Leben machen können. Doch sogar diese hartgesottenen Beamten mußten die Segel streichen vor Einzis Charme und Überredungskunst – und ihrer schon legendär gewordenen Weigerung, »Nein« als eine Antwort zu akzeptieren, wenn sie es sich in den Kopf gesetzt hatte, jemandem zu helfen!

Meine Lieblingsfrage – ein echtes biologisches Rätsel – ist, wie so viel Vitalität, Charme und Großzügigkeit in solch ein kleines Wesen hineinpassen. »Frag nicht, warum« ... Hauptsache, es war so und ist noch heute so. Auch beeindruckte mich bei unserer ersten Begegnung Einzis Fähigkeit, den Dingen auf den Grund zu gehen. Sie scheut sich nicht, unverblümt ihre Meinung zu sagen, was manche Leute befremdlich finden. Doch die gleichen Worte, die uns zuerst befremdet haben, trösten einen schon bald, denn sie helfen, einen Weg zur Lösung von Problemen zu finden, die uns schon seit Jahren belasten. Eine Art »Zweites Gesicht« scheint Einzi die Herzen anderer zu öffnen und es ihr zu ermöglichen, aufzumuntern, zu helfen, die richtige Richtung zu weisen und dadurch das Beste im Menschen hervorzukehren.

Dies, dachte ich bei mir, ist ein ganz besonderer Mensch. Ob wir wohl jemals Gelegenheit haben werden, uns richtig gut kennenzulernen? Doch da stieß mich meine kleine blonde Freundin auch schon mit dem Ellbogen in die Rippen und erinnerte mich daran, daß es Zeit war weiterzugehen. Erst sehr viel später sollte ich erfahren, daß Einzis »Zweites Gesicht« bereits weit in die Zukunft gesehen hatte. Kaum waren wir gegangen, hatte sie sich an Paul Abraham gewandt und gesagt: »Ich weiß, Paul, es klingt verrückt, aber diesen Mann werde ich heiraten.«

Alle lachten, küßten ihr die Hand, neckten sie und nannten sie »Frau Stolz«. Aber da sagte Paul Lukas: »Kinder, lacht nicht so laut! Roberts gegenwärtige Frau, seine vierte, wohlgemerkt, ist ihm gerade davongelaufen. Wer weiß? Vielleicht kriegt die Einzi ihn ja doch ...?«

Ich werde niemals verstehen, warum Einzi sich dermaßen schnell entschied. Sie wußte nichts von mir, ja, sie kannte kaum meinen Namen, wenngleich ihr die Melodien mancher meiner Lieder durchaus geläufig waren. Sie war jung und hübsch, während ich mich den Sechzig näherte, ein glatzköpfiger Emigrant, und darüber hinaus, wie sie schon bald erfahren sollte, ein ziemlich glück- und erfolgloser dazu. Aber irgendwie fand Einzi in meinem alten Gesicht – oder hinter ihm – etwas, was sie anzog. Auf einmal arbeitete Cupido *für* statt gegen mich ... Und dennoch war der einzige Eindruck, den diese erste Begegnung in mir hinterließ, der einer hübschen, intelligenten jungen Dame, auf die man in Notsituationen zählen konnte. Ja, auch ihren Spitznamen behielt ich im Gedächtnis ...

Ein paar Tage später erzählte ich Paul Abraham von dem tatsächlichen Ausmaß meines Eheschiffbruchs und von der unbedingten Notwendigkeit, mich mit der Midland Bank in Verbindung zu setzen. Sofort brachte er mich mit Einzi in Kontakt. Ich erklärte ihr meine Lage und vergaß auch nicht zu erwähnen, daß ich in Geldfragen so unbeholfen war wie ein Kind. Es war Lilli gewesen, die bislang all unsere finanziellen Angelegenheiten geregelt hatte.

Einzi lächelte, ergriff eine Feder und schrieb einen Brief in perfektem Englisch an die Midland Bank (Englisch, Französisch und Deutsch beherrscht sie fließend), in dem sie um die sofortige Überweisung von fünfhundert Pfund bat. Ich unterschrieb und steckte den Brief sofort ein, im festen Vertrauen darauf, daß meine Geldsorgen nun ein für allemal vorüber wären.

Dann erhielt ich die Antwort aus London, natürlich gleichfalls in Englisch. Grund genug für einen weiteren Besuch bei Einzi. Dieses Mal lächelte sie nicht, denn der Brief enthielt die Nachricht, daß »Ihre Gattin bereits Ihr gemeinsames Konto aufgelöst und die gesamte Summe auf ein auf ihren Namen laufendes Konto bei der Barclay's Bank überwiesen hat«.

Schon wieder war ich pleite – und es sollte noch schlimmer kommen ...

Heute will ich mir, betrachte ich diesen Abschnitt meines Lebens, vorkommen wie ein Betrunkener, der einen vereisten Bürgersteig entlangtorkelt. Immer wieder glitt ich aus, fiel hin, rappelte mich wieder auf – nur, um gleich aufs neue hinzufallen. Aber Einzi war da; sie war immer da, wenn ich sie brauchte. Sie schrieb sogar einige Briefe an Hollywood- und Broadway-Größen wie Joe Pasternak, den Verleger Louis Bernstein und andere, um eventuelle Engagements in die Wege zu leiten, und bemühte sich – für den Fall, daß ich mich entschlösse, in die Staaten auszuwandern – um Bürgschaften.

Unsere nächste Begegnung fand bei einer der berühmten »Gulasch-Parties« bei Paul Abraham statt. Trotz seiner vielen Erfolge in Deutschland vor der Machtergreifung der Nazis war Paul Abraham inzwischen genauso mittellos wie ich. Als einer der erfolgreichsten Komponisten hatte es sich Paul einst leisten können, nicht nur selbst auf großem Fuße zu leben – die verführerische Extravaganz der Feste, die er in seiner Berliner Rokokovilla veranstaltete, hatte geradezu legendären Ruhm –, er unterstützte auch eine Reihe ernster Musiker, wie Arnold Schönberg, der sich um Pauls Arrange-

Oben links: Der Tierfreund.
Oben rechts: Die Philatelie betrieb Robert Stolz mit Leidenschaft und wissenschaftlicher Akribie.
Unten: In Israel als Botschafter des guten Willens, 1963. Von links nach rechts: Clarissa, Robert Stolz, Einzi Stolz, Dr. W. Peinsipp, Österreichischer Botschafter, mit Gattin. Robert Stolz dirigierte in Israel »Eine Nacht in Wien« mit dem Israel Philharmonic Orchestra.

Oben: In der Spielbank von Baden-Baden.
Unten: Nach der Premiere des Films »Der Kongreß amüsiert sich«, 1966,
mit Einzi Stolz, Simone und Curd Jürgens im Wiener Hotel Sacher.

ments und um die Orchestrierung seiner Werke kümmerte. Es ist eine Ironie der Musikgeschichte: Schönbergs grundlegende Zwölftonmusik wurde unabsichtlich finanziert vom letzten – und geschäftstüchtigsten – der großen ungarischen Operettenkomponisten und seiner Unterhaltungsmusik.

Pauls Feste in Paris waren nicht ganz so teuer wie ehedem – aber schließlich war er ja nun arbeitslos. Und er hatte immer nur Geld ausgegeben und niemals gespart. Um seine Feste zu finanzieren, borgte er sich Geld von Einzi, wobei er vorgab, es für eine überfällige Behandlung der letzten ihm verbliebenen Zähne verwenden zu wollen. Anstatt zum Zahnarzt zu gehen, schmiß Paul dann aber eine Party, auf der es nach »Palinka«, Paprika, Puszta und, natürlich, nach Puppen duftete … Bei diesen wilden Festlichkeiten begegnete ich, der ich von meiner eigenen Puppe begleitet wurde, hin und wieder auch Einzi. Meine Gefühle ihr gegenüber waren von Dankbarkeit, aber nicht von Leidenschaft geprägt; mein »blondes Gift« band alle Leidenschaft, zu der ich fähig war.

Am 30. November 1939 wurde ich als feindlicher Ausländer ohne Papiere festgenommen und interniert: Der Staat verschluckte mich gleichsam – und kaum jemand vermißte mich. Glücklicherweise gab es einige wenige Ausnahmen. Paul Abraham zählte zu ihnen, und er traf zufällig drei Tage später vor dem Café Colisé auf den Champs-Élysées Einzi. Halb im Scherz fragte sie ihn, was denn ihr »Schwarm«, der Robert Stolz, zur Zeit so treibe.

»Der sitzt«, antwortete Paul knapp und erklärte ihr dann, daß man mich ins Lager Colombes eingeliefert habe – mittellos und ohne irgendwelche Identitätspapiere. Das liebe Mädchen handelte sofort – und wenn Einzi sich einmal entschlossen hat zu handeln, dann geht's in der Tat rund …

Sie hatte schon eine ganze Weile den Großteil ihres Geldes darauf verwendet, Flüchtlingen zu helfen. Ihre Hilfe bestand unter anderem darin, daß sie auf »inoffiziellen« Wegen Pässe und andere Papiere besorgte, und so hatte sie im Laufe der Zeit ein beachtliches Netz von Beziehungen geknüpft.

Kaum hatte sie von meinem Schicksal erfahren, eilte sie zu ihrer Bank, der Crédit Lyonnais, und hob 20 000 Francs ab. Sie steckte das Geld in einen Umschlag und fuhr zum Elysée-Palast. Dort gab sie es einem Beamten, der ein lukratives Nebengeschäft betrieb: Er verkaufte Menschen. Er war einer der Sekretäre des Ministers Sarraut. Da Einzi schon früher mit ihm verhandelt hatte, brauchte sie ihm an jenem Tage nur den Umschlag auf den Tisch zu legen und zu sagen: »Ich will Robert Stolz. Er ist in Colombes interniert.«

Der Sekretär nahm den Umschlag, begab sich in ein Nebenzimmer, um das Geld zu zählen, kam zurück und sagte zu ihr: »Gehen Sie in die Rue de Lisbonne Nummer fünf und fragen Sie dort nach Monsieur René. Er wartet bereits auf Sie. René wird Ihnen einen Zettel geben. Legen Sie diesen Zettel in Colombes vor, und man wird Ihnen Monsieur Stolz ausliefern.«

Das klingt so, als stamme es direkt aus einem James-Bond-Film. Aber genauso spielte es sich ab: In der Rue de Lisbonne Nummer fünf wartete tatsächlich jener Monsieur René und überreichte Einzi meinen Entlassungsschein. Einzi machte sich sofort auf den Weg: Die lange Taxifahrt nach Colombes führte durch einen wütenden Regensturm ...

Was hatte sich in der Zwischenzeit getan? Um nichts zu beschönigen: Ich lag im Sterben. Am dritten Tag meiner Internierung hatte ich alle Hoffnung auf Entlassung aufgegeben und mir zu allem Überfluß auch noch eine Lungenentzündung zugelegt. Es war der finsterste Tag meines Lebens, jener 2. Dezember 1939, und beinahe wäre es auch mein letzter gewesen. Ich erlebte diesen Tag in der Trance eines glühenden Fiebers.

Der Himmel war kalt und grau, und es goß in Strömen. Ich war einer von 70 000 Gefangenen. Unser Gefängnis war ein Fußballstadion ohne Dach und ohne Heizung. 70 000 Männer und Frauen! Wir kauerten nahe beieinander, aber jeder von uns war allein – ein jeder mit seiner eigenen Geschichte und mit seinen eigenen Sorgen in einem sich feindlich gebärdenden fremden Land. Ich war völlig durchnäßt, krank und fühlte mich total verlassen. Ich hätte nichts tun oder sagen können, wodurch sich meine Lage verbessert hätte – und so lag ich einfach da auf einem zerschlissenen Strohsack und starrte in den Himmel, der es gar nicht gut mit uns meinte.

Das also, Robert, ist der letzte Akt, dachte ich. Kaputt. Finis. Das Ende. Der Vorhang fällt. Nur, daß es nicht so ein Vorhang ist wie in einem deiner Filme oder in einer deiner Operetten. Keine Musik, keine Lieder, keine glückliche Umarmung, kein *da capo*. Nur Schlamm, Fieber, Einsamkeit – ein ziemlich trauriges Finale für einen Mann, der ein gefeierter Star der Film- und Theaterwelt war, nach dessen Musik noch immer die ganze Welt singt und tanzt.

Kalte Regentropfen rannen meine Stirn und meine Wangen herunter, aber ich spürte sie kaum. Mein Kopf stand in Flammen. Die wandernden Wolken schienen vertraute Formen einer längst vergangenen Zeit nachzubilden: das große, weiträumige alte Haus am Mehlplatz in Graz, in dem Vater und Mutter ihre Musikschule eingerichtet hatten, und wo ich vor mehr als einem halben Jahrhundert meine glückliche Kindheit verbracht hatte.

Eine meiner frühesten Erinnerungen war die: ich sitze als Kind von zwei oder drei Jahren auf Mutters Schoß am Klavier. Ihre warme, weiche Hand führt die meine, und zum ersten Male berühren meine Finger die elfenbeinernen Tasten. »Spiel, Robertl, spiel!«

Ich erinnerte mich daran, wie ich erbebte beim Klang dieser ersten, einfachen Töne – das Erstaunen eines kleinen Kindes vor dem Wunder der Musik. Das Staunen hatte ich noch nicht verlernt. Fast sechzig Jahre lang war es der Dreh- und Angelpunkt meines Lebens gewesen, der einzige Fixstern in einem rastlosen Universum, der einzige ruhende Pol in meinem stürmischen Leben. Und obwohl es jetzt auf so jämmerliche Weise zu Ende ging: es war ein faszinierendes Leben gewesen – manchmal glücklich, manchmal traurig, aber niemals langweilig!

Wie viele andere junge Musiker hatten denn schon das Privileg gehabt, das Pantheon brillanter Komponisten noch persönlich kennengelernt zu haben – so wie ich in meiner Jugend Johann Strauß, Ferruccio Busoni, Johannes Brahms, Anton Bruckner, Engelbert Humperdinck und die anderen Freunde meines Vaters? Und dann gab es ja noch meine eigenen Freunde – Giganten wie Puccini und Lehár. Von jedem hatte ich etwas anderes gelernt – und mit jedem verband mich ein Schatz liebevoller Erinnerungen.

Wie viele andere hatten sich denn vergnügen können im eleganten Wien in den glanzvollen Jahren der Habsburgermonarchie, hatten die schönsten Operetten dirigiert, einige der beliebtesten Lieder geschrieben, die schönsten Frauen geliebt und waren sogar Freund des letzten Kaisers gewesen, des melancholischen, unglücklichen Karl? Selbst jetzt, in dem Dreck, in dem ich lag, trug ich noch immer die brillantenbesetzte Anstecknadel mit den kaiserlichen Initialen, die er mir einst gegeben hatte.

Wie viele andere hatten denn schon in jenem wirbelnden, vitalen künstlerischen Nervenzentrum leben dürfen – dem Berlin der zwanziger und dreißiger Jahre, wo jedes Theater und jedes Kabarett Talente im Überfluß hervorbrachte, wo jede Woche ein neuer klassischer Hit entstand, um dann von Unsterblichen wie Marlene Dietrich und Richard Tauber interpretiert zu werden? Sollte ich in dieser Sekunde sterben müssen – wenigstens so viel hatte ich erreicht!

Vor allem aber hatte es meine Tonfilme gegeben. Meine *Zwei Herzen im Dreivierteltakt* hatten das Goldene Zeitalter des deutschen Films eingeleitet. Bis zum Kriegsausbruch waren *Zwei Her-*

zen und viele andere meiner Filme – in denen so große Schauspieler wie Jan Kiepura, Willi Forst, Martha Eggerth, Lilian Harvey, Willy Fritsch und Joseph Schmidt mitwirkten – die einzige reale Konkurrenz für Hollywood gewesen. Niemals wieder sollte die deutsche Filmindustrie diese Weltgeltung erreichen.

Ich konnte mir ein bitteres Lächeln nicht verkneifen, als ich mich der Worte erinnerte, die Hermann Göring einige Jahre vorher zu mir gesagt hatte. Es war bei einer Galapremiere im Berliner Ufa-Palast gewesen. Lichterketten über dem Titel kündeten den »neuesten Robert-Stolz-Film« an. Göring war pompös aufgeputzt wie gewöhnlich; seine breite Brust glänzte vor Orden und anderem Lametta.

Er grinste breit – jenes typische Göring-Grinsen, das ihm einen tückischen Charme verlieh, und Charme war eine Eigenschaft, die den meisten der damaligen Machthaber gänzlich abging.

»Ah, Herr Stolz«, sagte er. »Mir ist bekannt, daß Sie gegenüber dem Reich kein Blatt vor den Mund nehmen – aber Sie sind trotzdem eine von Deutschlands stärksten Waffen. Ich habe viele feindliche Flugzeuge während des Krieges abgeschossen – aber im Vergleich zu Ihrer Leistung ist das gar nichts. Ihre Musik ist mit dem deutschen Film zu einem Feldzug durch die ganze Welt angetreten – und sie war überall siegreich.«

Ich wollte gerade eine Antwort geben, die mich später wahrscheinlich gereut hätte, doch da schnippte er mit seiner Zigarettenspitze, lachte, und ich sah seine massige Figur davonschlurfen. Er steuerte auf eine junge, schöne Schauspielerin mit grünen Augen und rotbraunen Haaren zu, die ihm während der Premiere aufgefallen war ...

Diese Herren des Dritten Reiches hatten mich hoch gelobt und umworben. Sie hatten sogar meine Kritik geduldet, deren ich mich nicht enthielt und über deren Inhalt sie von ihren Informanten ständig auf dem laufenden gehalten wurden. Solange ich konnte, bediente ich mich dieser Toleranz und versuchte, in Ungnade gefallenen Künstlern zu helfen und jüdischen und aus politischen Gründen Verfolgten die Flucht aus Deutschland zu erleichtern.

Jetzt, zwanzig Monate nach dem »Anschluß« und meiner Flucht aus dem besetzten Österreich, hatte sich das Blatt vollkommen gewendet. Ich war ein Gefangener und ein Almosenempfänger. In gewisser Hinsicht gehörten ich und jene 70 000 verlorenen Seelen im Stadion vom Colombes zu den ersten zivilen Opfern in jenem fürchterlichen Krieg, der noch so viel Leid über die Franzosen, die Deutschen und viele andere Völker bringen sollte.

Zum erstenmal in meinem Leben hatte ich jegliche Hoffnung aufgegeben. Mein Fieber verschlimmerte sich, und ich bekam Atembeschwerden. Selbst in dem eiskalten Regen empfand ich eine seltsame Wärme, eine eigenartige, lähmende Müdigkeit. Es war mir, als ob etwas Wertvolles, etwas Unbezahlbares durch meine Finger glitte, aber ich war zu müde und zu hilflos, dagegen irgend etwas zu unternehmen.

Immer wieder kehrten meine Gedanken zu Mutter zurück, die nun bereits seit 36 Jahren tot war – ich erinnerte mich, wie sie in meinen Armen gestorben war, vom Schlaganfall zur Sprachlosigkeit verdammt, aber mit jenem zärtlichen, erkennenden Blick. Als ich mich an ihr friedliches Gesicht erinnerte, das selbst im Tod noch ganz Liebe war, begannen sich meine Augen mit Tränen zu füllen, die sich mit den Tropfen des Regens vermischten: Noch bevor Mutter meine kleinen Hände mit dem Klavier vertraut gemacht hatte, hatte sie mir beigebracht, sie fürs Gebet zu falten. Jetzt, da ich schwach und hilflos war wie einst das kleine Kind, kehrte der Glaube zurück – der so lange vergessene Glaube, der einfache, nichts in Frage stellende Glaube der Kindheit. Ich fing an, die Worte zu flüstern, die mir meine Mutter vor mehr als einem halben Jahrhundert mit so viel Liebe beigebracht hatte:

> Vater unser, der du bist im Himmel,
> Geheiligt werde dein Name,
> Dein Reich komme,
> Dein Wille geschehe
> Wie im Himmel also auch auf Erden ...

»Dein Wille geschehe ...« wiederholte ich für mich, »Dein Wille geschehe ...«. Das Rauschen des Regens hörte plötzlich auf. Der Himmel wurde schwarz ...

Wie lange ich bewußtlos lag, weiß ich nicht. Das nächste, an das ich mich erinnere, war der Klang einer Stimme, leise zunächst, dann aber immer lauter und immer beharrlicher. Eine Stimme versuchte mich wieder ins Bewußtsein zu bringen. Aber seltsam – ich wollte einfach nicht aufwachen! Sieht der denn nicht, daß es mit mir zu Ende ist, dachte ich. Warum läßt er mich nicht wenigstens in Frieden sterben?

Ich wache an diesem Nachmittag nicht mehr auf, jedenfalls nicht richtig. Mir kommt es so vor, als bekäme lediglich ein Teil von mir, sehr entfernt, mit, was um mich herum geschieht, während der Rest nach wie vor bewußtlos ist. Gehört die Stimme zur realen Welt? Oder ist sie ein Teil meiner Träume? Ich weiß es nicht.

»*Levez-vous*, Monsieur Stolz, *levez-vous!* Stehen Sie auf! Stehen Sie auf! Sie müssen gehen!« Irgend jemand oder irgend etwas schüttelt mich, reißt mich hoch. Mehr als ich selber gehe, werde ich geschleppt – erst über den Sportplatz, dann durch einen langen, dunklen Korridor. Der Raum um mich herum besteht aus Echos, Schritten und einem Gefühl von Dunkelheit und Feuchtigkeit. Sind es Meter oder Kilometer? Meine Sinne für Zeit, Raum und Entfernung sind verwirrt. Nur noch das Gehör des Musikers funktioniert.

Wir rühren uns nicht mehr vom Fleck. Ich sitze in einem dunklen Zimmer. Aus der Entfernung höre ich Stimmengemurmel, Papier raschelt, Stempel hämmern dumpf. Ich fühle mich schwindelig und kann nicht mehr geradeaus blicken.

Die Zeit vergeht. Träume ich? Lebe ich oder bin ich tot? Langsam öffnet sich die Tür, und ein Lichtstrahl erhellt den dunklen Raum. Eine Frauenfigur steht im Türrahmen. Ich erkenne sie kaum, aber es gibt keinen Zweifel: sie lächelt. Es ist das Lächeln meiner Mutter.

»Es ist vorbei«, sagt sie. »Kommen Sie mit mir, bitte!«

Sie nimmt mich bei der Hand und führt mich fort. Mein Schritt ist schwankend, meine Augen sind umschattet. Noch immer wütet das Fieber in mir. Aber irgendwie wird mir klar, daß meine Not ein Ende hat, wohin auch immer diese Frau mich führen wird.

Da höre ich plötzlich wieder einen Ton, ein kleines Wort – den Spitznamen eines Mädchens, das »Einzi« genannt wird …

7.

Fiebertraum

Die drei Tage im Internierungslager und die darauffolgenden Wochen verbrachte ich im Dämmerzustand eines »Fiebertraums«. Nur manchmal nahm ich wahr, was um mich herum vorging und wo ich mich befand. Den größten Teil der Zeit umgab mich jedoch so etwas wie vorüberziehende Nebelschwaden. Ich war nur halb bei Bewußtsein, als Einzi mich in ihr Hotel brachte. Meine äußere Erscheinung muß den Portier schockiert haben: Ich war unrasiert, meine Kleidung naß und schmutzig, und aus meinen blutunterlaufenen Augen sprach der starre Blick eines Delirierenden – kein Wunder bei 40 Grad Fieber! Mit Hilfe von Dr. Malinowski pflegte mich Einzi gesund. Es gab Augenblicke, in denen ich sie für meine Mutter hielt und nach ihr rief, als sei ich noch immer der kleine Bub daheim in Graz. Kurz und gut: Ich bin fest davon überzeugt, daß ohne Einzi mein Leben im Schlamm von Colombes geendet hätte … Aber zu der körperlichen Schwäche kam noch hinzu, daß Einsamkeit, Enttäuschung und das Gefühl, Gefangener zu sein, mein seelisches Gleichgewicht empfindlich gestört hatten.

Selbst als meine Körperkräfte langsam wieder zurückkehrten, blieb meine psychische Konstitution labil. Sexuell verfiel ich mehr und mehr meinem blonden Püppchen. Einzi gegenüber empfand ich tiefe Dankbarkeit und Zuneigung. Ich wußte, daß ich dieser schönen, starken jungen Frau mit ihrer unerschöpflichen Energie und herzensguten Seele niemals das würde geben können, was sie bereits für mich getan hatte. Aber, frei nach Sigmund Freud: meine Libido konzentrierte sich noch immer auf die blonde Maria und zog mich zu ihr hin und von Einzi fort. Dazu kam, daß ich noch immer nicht davon überzeugt war, daß Einzi mich wirklich liebte – es schien mir einfach zu unwahrscheinlich, daß ein Mädchen mit derartigen Qualitäten ausgerechnet auf mich verfallen sollte. Es wäre ihr ein leichtes gewesen, sich einen halb so alten und weitaus wohlhabenderen Mann zu suchen. Hinzu kam, daß ich nach dem Fortgang Lillis derartig verschreckt war, daß ich überhaupt keiner Frau mehr glauben oder trauen konnte.

Was Maria anging, so war sie, auf ihre Art, auch recht energisch. Wie ich schon bald herausfinden sollte, war Sex nur eines ihrer Talente. Sie war darüber hinaus Gestapo-Agentin und ging außerdem einer lukrativen Halbzeitbeschäftigung als Erpresserin nach. Eine ihrer Hauptaufgaben zu Beginn der vierziger Jahre war es, einen gewissen Robert Stolz zu beschatten und was immer in ihrer Macht stand zu tun, um ihn – sei es durch Verlockungen oder mit Gewalt – wieder zurück nach Deutschland zu bringen. Das war durchaus nicht zum Lachen. Manche deutsche Agenten waren nicht eben zimperlich in der Wahl ihrer Mittel; der in der Schweiz ansässige Schriftsteller Berthold Jacob zum Beispiel wurde in diesen Jahren in der Schweiz von ihnen gekidnappt und nach Deutschland verschleppt. Zu meinem Glück hatte ein Pariser Polizeibeamter Einzi einen Tip gegeben und ihr die Natur des Auftrages von Maria enthüllt. Einzi zahlte nun 20 000 Francs aus ihrer eigenen Tasche, um meine blonde Circe zu »kaufen« und um die unklugen Liebesbriefe, die ich ihr geschickt hatte, wiederzubekommen. Unglücklicherweise machte Einzi einen Fehler: Sie gab mir die Briefe zurück, nachdem sie mir die gesamte Geschichte von dem verräterischen Auftrag Marias erzählt hatte. Ich aber, verhext, wie ich damals war, schlug alle Warnungen Einzis in den Wind und verabredete ein weiteres erotisches Stelldichein mit der Dame. Nach einer ganz besonders delikaten Begegnung gab ich ihr nach und schenkte ihr die Briefe. Die arme Einzi mußte sie noch einmal kaufen!

Für Einzi mußte diese Dummheit das Maß zum Überlaufen gebracht haben, denn sie ist genauso intelligent wie sie freundlich ist. Sie half mir jedoch immer noch, obwohl sie an der Aufgabe, mich wieder zur Vernunft zu bringen, verzweifelt war. Sie beschaffte mir sogar meine Reisepapiere für die Überfahrt in die Vereinigten Staaten, wo eine neue Hollywood-Version meiner *Frühjahrsparade* in der Produktion des berühmten Joe Pasternak gedreht werden sollte. Danach traf sie Vorbereitungen für ihre Rückkehr nach London, wo ihre Familie lebte.

Nicht selten macht Unwissenheit grausam. Und dementsprechend verhielt ich mich bei meinem vorletzten Besuch bei Einzi in Paris. Wie gewohnt war ich vorbeigekommen, um sie mal wieder um einen Gefallen zu bitten. Ich hatte keine Ahnung, wie sehr sie mich liebte – nie hätte ich sonst so eine Rücksichtslosigkeit begangen. Aber wir sind alle blind, es sei denn, wir folgen den subtilsten Eingebungen der besten in uns schlummernden Eigenschaften.

Was konnte auch diese schöne, reiche junge Frau zu einem unglücklichen und erfolglosen Flüchtling von fast sechzig Jahren hinziehen, der kaum zu großen Zukunftshoffnungen Anlaß gab? Ich betrachtete seltsamerweise Einzi, obwohl sie meine Enkelin hätte sein können, als eine Art Ersatzmutter – eine liebevolle Freundin, Krankenschwester und Ratgeberin –, aber noch immer nicht als eine Geliebte, besessen wie ich war von der Maria. Trotz der Warnungen von seiten der Polizei hätte ich vielleicht niemals mit ihr gebrochen, wenn sie nicht darauf bestanden hätte, daß ich in Europa blieb. Irgendwie fühlte ich instinktiv, daß meine Zukunft woanders lag. Da ich aber ihrem Körper so gut wie verfallen war, schien es mir am besten, den Atlantischen Ozean zwischen uns zu legen... So war es dazu gekommen, daß Einzi meine Überfahrt in die Wege leitete, und so kam es auch zu jener unbeabsichtigten Grausamkeit.

Einer meiner »vaterlandslosen« Freunde in Paris war Gustav Kotanyi, ein jüdischer Komiker, den ich von Wien her kannte. Auch er hoffte nun verzweifelt darauf, Europa verlassen zu können, doch verfügte er weder über Geld noch über Freunde oder gute Verbindungen. Ich selber war heilfroh darüber, einen möglichen Reisebegleiter gefunden zu haben, da ich schon wieder das Alleinsein mit meinem »Privatteufel« fürchtete. So kaufte ich einen großen Strauß Rosen und stand damit – und mit einem ziemlich verlegenen Gesicht – eines Nachmittags vor Einzis Tür.

»Meine liebe Einzi«, sagte ich, als sie mich hereinbat. »Ich bin gekommen, um dir für deine Hilfe bei den Reisevorbereitungen zu danken. Du bist so lieb zu mir gewesen ... ein echter Schutzengel!«

Einzi lächelte in der ihr eigenen wunderbaren Art, als ich ihr die Rosen überreichte. Dann fuhr ich hastig fort: »Ich fürchte, ich muß dich noch einmal um einen Gefallen bitten. Weißt du, ich kann die Vorstellung nicht ertragen, ganz allein nach Amerika zu gehen ... Und es gibt jemanden hier in Paris, der mir sehr viel bedeutet – jemanden, von dem ich hoffe, daß er mich begleiten kann. Freilich hängt das weitgehend von dir ab ...«

Die arme Einzi ließ beinahe den Rosenstrauß fallen vor lauter Überraschung. *Heute* verstehe ich genau, was sie damals für meine Absicht halten mußte. Aber *damals* war ich ein gefühlloses Trampeltier mit einem Brett vor dem Kopf. Keine Ahnung hatte ich – und mit meinem nächsten Satz verdarb ich alles:

»Es handelt sich um meinen Freund Gustav Kotanyi, Einzi. Der arme Mann braucht Papiere und eine Schiffskarte nach den USA – oder er sitzt hier fest. Du bist so gut zu mir gewesen«, bat ich sie, »ich bin sicher, du wirst mir auch heute helfen.«

Wenn ich heute darüber nachdenke, so wundere ich mich, daß Einzi nicht sofort nach dem Hausmeister klingelte, mich hinaus- und mir den Blumenstrauß hinterherwerfen ließ! Statt dessen errötete sie bloß, wandte sich einen Augenblick lang ab, legte die Rosen beiseite, räusperte sich und sagte dann mit ziemlich rauher Stimme: »Sicher, lieber Robert. Du weißt doch, daß ich alles tue, was in meiner Macht steht – für jeden deiner Freunde!«

War das eine Träne, die da im Winkel eines ihrer seelenvollen braunen Augen blitzte? Ich weiß es nicht – jedenfalls konnte ich Narr mir in diesem Moment keinen Grund für Tränen vorstellen. Ich gab ihr ganz einfach einen Handkuß, dankte ihr noch einmal für ihre Freundlichkeit und machte mich wieder auf die Socken. Im Café Marignan überbrachte ich Kotanyi die gute Nachricht.

Gott segne sie! Obwohl sie tief verletzt war, organisierte Einzi die notwendigen Papiere für Kotanyi, so daß dieser, als »brasilianischer Diplomat«, mich auf meiner Reise begleiten konnte.

Was Einzi betraf, so war sie jetzt mehr denn je davon überzeugt, daß ich mich überhaupt nicht für sie interessierte. Sie flog am 6. Februar 1940 nach London. Als ich mich von ihr auf dem Flugplatz verabschiedete, glaubten wir beide nicht an ein Wiedersehen.

Eine »Gestapo-Fußnote« noch zu meiner Pariser Zeit: Maria blieb auch während der deutschen Besatzung in Paris, und ihre nationalsozialistischen Arbeitgeber hielten sie auch weiterhin auf Trab. Ich selber konnte mich, Gott sei Dank, schnell von ihr lösen, nachdem der verführerische Zauber ihrer physischen Gegenwart gebrochen war. 1945 erfuhr ich in Amerika aus einem Brief einer Pariser Rechtsanwältin, daß das Fräulein von den Behörden des freien Frankreich festgenommen worden sei. Man stellte sie vor ein Gericht, und sie wurde zum Tode verurteilt. Später wurde die Strafe in einen zwanzigjährigen Freiheitsentzug umgewandelt.

Im Gegensatz zu vielen ihrer Opfer schien Maria jedoch ihr Glück niemals zu verlassen. Was unter normalen Umständen für sie nichts weiter als ein dummer Zwischenfall gewesen wäre, der sich mit einem kurzen Besuch beim »Engelmacher« hätte erledigen lassen, erwies sich für sie als der Schlüssel zur Freiheit. Denn als die Behörden erfuhren, daß sie schwanger war, entließen sie sie vorzeitig aus dem Gefängnis in Fresnes. Zwar hatte die Polizei längst einen ganzen Schatz von Geld und Juwelen konfisziert, der in ihrem Appartement in der Avenue Matignon gefunden worden war, doch hat ein cleveres Mädchen ohne Skrupel niemals große Schwierigkeiten, eine lukrative Beschäftigung zu finden. Bald war sie wieder im gewohnten Fahrwasser, und letzten Nachrichten zufolge führt sie inzwischen in Westdeutschland als Ehefrau eines sehr vermögenden, prominenten Geschäftsmannes ein respektables Leben.

Ich glaube indessen, daß auch sie manchmal schwere Stunden erlebt. Selbst das trägste Gewissen rührt sich mitunter, wenn das Bewußtsein schlummert – und ich beneide die Dame nicht um diese Alpträume. Damit endet die Gestapo-Geschichte: Meine idiotische und gefährliche Affäre mit Maria ist ein seit langem abgeschlossenes Kapitel in meinem Leben, und ich bin heilfroh, daß es nichts mehr darüber zu berichten gibt.

Wir kehren zurück in den März des Jahres 1940. Ich packte meine spärlichen Habseligkeiten und machte mich auf den Weg nach Genua, zusammen mit meinem alten Freund Kotanyi.

Alles war bereit: Einzi hatte schon vor ihrer Abreise nach London mit dem berühmten Hollywood-Agenten Paul Kohner den Vertrag über das Remake der *Frühjahrsparade* durch Universal Pictures vorbereitet. Das Schicksal schien mir wieder gewogen zu sein, und ich sah der Zukunft in der gleichen optimistischen Stimmung entgegen, die sich meiner schon einmal, vor fast zwanzig Jahren, ebenfalls in einem Eisenbahnzug, bemächtigt hatte – damals, als ich mittellos, aber voller Hoffnung, von Wien ins Goldene Berlin gefahren war.

Der Oberfinanzpräsident Berlin-Brandenburg
~~Finanzamt Moabit-West~~
"Vermögensverwertung" Außenstelle
~~Dienststelle für die Einziehung~~
~~entzotener Vermögenswerte~~

Berlin N.W.7, A 28. März 1942
~~Postfache 36~~ Altmoabit 143
Fernsprecher ~~12 22 86~~ 35 6661

O. 10 - 9064/41 P II Verv. ⟩ Geheime Staatspolizei
D3   Staatspolizei-Leit-Stelle
                              in Wien

Eing: 11...

Betrifft: Ausbürgerung des deutschblütigen Robert Stolz,
geb. am 25.8.1880 in Graz, zuletzt wohnhaft gewesen in
Wien I., Elisabethstr. 16

Bezug : Erlaß des Reichsführers-SS und Chef der Deutschen Polizei

vom 28. August 1941 - S II A 5 b - St. 252.

Als Durchführungsbehörde für die Vermögensbeschlagnahme von Aus-

gebürgerten bitte ich um Mitteilung, ob und welche Vermögenswerte von

Ihnen sicher gestellt werden konnten.

Jm Auftrag:
Böttcher

Beglaubigt:

Vertragsangestellte.

Kanzlei Dr. Zabransky
Eing: 23. JUL. 1942

Moabit-West Vordruck: Ausbg.7 - 4.40

Oben: Betrifft: Ausbürgerung ... Die Dienststelle betont eigens, daß Robert Stolz »deutschblütig«, also »rein arisch« sei.

Links: Die Performing Right Society bestätigt, daß Robert Stolz freiwillig in die Emigration ging und allen verlockenden Angeboten des »Dritten Reiches« widerstand.

Ganz genau die gleiche Stimmung war es aber dieses Mal doch nicht. Ich fühlte mich innerlich hohl und leer. Irgend etwas oder irgend jemand fehlte in meinem Leben. Dann schickte ich plötzlich ein Telegramm nach London – an Einzi: »*Ich vermisse Dich so sehr – Stop – Fürchte mich alleine vor Amerika – Stop – Bitte hilf mir!*«

Je weiter ich mich von Paris entfernte, desto stärker vermißte ich Einzi! Als sie in meiner Nähe gewesen war, hatte ich ihre Gegenwart, ihre moralische Unterstützung und ihre warme, herzensgute Seele als eine Selbstverständlichkeit angesehen – und wie selbstverständlich hatte sie mir dies alles gegeben, ohne Fragen zu stellen, mit unendlicher Güte! Niemals hatte ich mir bewußt gemacht, welch ein Schatz sie wirklich war und wie sehr ich ihrer bedurfte.

Jetzt erst bemerkte ich, daß dieses selbstlose Mädchen, welches mir vom Schicksal gesandt worden war, um in Colombes mein Leben zu retten, gleichzeitig die einzige Frau auf Erden war, die meinem Leben auch weiterhin würde Sinn geben können. Zu spät dämmerte es mir, daß, zumindest für mich, Einzi tatsächlich die »Einzige« war! Aber nach der Art und Weise, wie ich sie behandelt hatte, war ich nun überzeugt, daß ich keine Chancen mehr besaß. Und dennoch glaubte ich, es ihr und mir schuldig zu sein, sie über den wahren Zustand meiner Gefühle für sie in Kenntnis zu setzen.

Kaum hatte ich Genua erreicht, nahm ich all meinen Mut zusammen und schickte ein Telegramm nach London. »Ich kann ohne Dich nicht leben«, schrieb ich. »Ich war ein blinder, selbstsüchtiger Narr. Ich liebe Dich. Erst jetzt haben sich meine Augen geöffnet! Bitte, Liebste, Einzige, verzeih mir!«

Der Tag der Abfahrt. Die Stunde schlägt. Noch immer keine Antwort von Einzi. Der arme Kotanyi muß mich sozusagen fast an Bord tragen. All die euphorischen Hoffnungen, die ich mir für den Neubeginn in Amerika gemacht hatte, sind erstorben. Das Geheimnis meines Glücks war zum Greifen nahe gewesen. Sie hatte mir geholfen. Sie hatte mein Leben gerettet. Und trotz all meiner Fehler und meiner Dummheiten hatte sie mich geliebt! Aber ich hatte Einzi aus lauter Egoismus und Gefühllosigkeit wieder fortgetrieben. Jetzt war ich ein doppelt Vertriebener: ein Mann, der nicht nur sein Vaterland, sondern auch sein Herz verloren hatte.

Der schrille Pfiff der *S.S. Washington* zerschneidet die Luft im Hafen von Genua. Die Gangway wird eingezogen. Die mächtigen Maschinen laufen an und versetzen das ganze Schiff in Schwingungen. Aber mich kann nichts aus meiner Verzweiflung aufrütteln. Noch ehe sie angefangen hat, scheint sich meine »Symphonie aus der Neuen Welt« in einen Grabgesang zu verwandeln.

ACHTES BUCH

Symphonie
aus der
Neuen Welt

»Amerika, der Halbbruder der Welt;
Von jedem Land hat es etwas Gutes und etwas Schlechtes.«

Philip James Bailey, englischer Dichter, 19. Jh.

»Eines der interessantesten, unterhaltsamsten und ohrenerquik-
kendsten Konzerte fand gestern abend in der Robin Hood Dell statt,
als Robert Stolz die Männer und Frauen des Philadelphia Orchestra
dirigierte. Die größte Zuschauermenge dieser Spielzeit hatte sich
eingefunden, die Leute forderten schreiend und weinend Zugang zu
der Vorstellung. Diese begeisterten Musikfreunde wollten den
Schöpfer von »Zwei Herzen im Dreivierteltakt« einige seiner groß-
artigen Stücke dirigieren sehen. Sein glanzvollster Beitrag zum
Gelingen dieses Abends war das, was er ein ›bouquet‹ nannte – ein
Potpourri aus seinen populärsten Werken. Die Zuschauer waren
praktisch völlig in seiner Hand bis hin zu den letzten phantastischen
Akkorden seines großen Walzers. Aus dem Grauen und der Tragö-
die des Krieges kam Stolz zu den amerikanischen Konzertbesuchern,
um Freude zu bringen.«

Philadelphia Daily News, 6. August 1943

1.
Der 1. April in New York

Zieht man all die Klemmen in Betracht, in die ich während meines Aufenthalts in Paris geraten war, so scheint es nur angemessen, daß mein nächster Lebensabschnitt an einem 1. April begann, im Jahre 1940. An diesem Tage erreichte die *S. S. Washington* den Hafen von New York, nach einer ereignislosen, für mich jedoch sehr traurigen Atlantiküberquerung. In Amerika nennt man den 1. April »April Fools Day« – den Tag der Aprilnarren –, und er ist, wie in vielen anderen Ländern auch, ein Tag voller Streiche, Scherze und Überraschungen. Für mich hielt jener 1. April 1940 eine der größten Überraschungen meines Lebens bereit. Doch als wir in den Hafen einliefen, vorbei an der riesigen Silhouette der Freiheitsstatue, war meine Stimmung eher schicksalsergeben als vorfreudig zu nennen, denn ohne Einzi erschien mir alles, was Amerika zu bieten hatte, bedeutungslos.

Obwohl ich die Inschrift auf dem Sockel der Freiheitsstatue erst einige Wochen später las, faßt sie doch recht genau die Art meiner Gefühle zusammen, die mich während des Vormittags jenes 1. Aprils 1940 ergriffen hatten:

Schickt mir eure müden, eure armen,
Eure verworrenen Massen, die endlich wieder frei atmen wollen,
Alle die Elenden, von euren fruchtbaren Küsten Vertriebenen,
Schickt diese Heimatlosen, Sturmgebeutelten zu mir;
Hoch halt' ich meine Fackel neben dem Goldenen Tor.

Als wir an der majestätischen Gestalt der Dame mit der Fackel vorüberglitten, und als die Skyline New Yorks in unser Blickfeld geriet, war ich zutiefst beeindruckt. Es kam mir vor, als sei dieses überdimensionale Panorama von einem Volk von Riesen errichtet worden: Alles schien groß und bedeutend. Aber diese majestätische Szenerie trug nur noch zu meinem Gefühl der Winzigkeit und Verlassenheit bei. Ich fühlte mich wie der Niedrigste, Gottverlassenste unter all den »elenden Vertriebenen«, die es jemals von den »fruchtbaren Küsten« der Alten Welt nach New York verschlagen hatte.

Als wir angelegt hatten und das Schiff verlassen mußten, ging ich zögernden Schrittes den Laufsteg hinab, allein, und sah zu, wie Hunderte von Freunden und Verwandten meine Mitreisenden umschwärmten. Gibt es eine größere Einsamkeit als die in einer fröhlichen Menschenmenge? Da ich damals auch kaum ein Wort Englisch sprach, fühlte ich mich um so ausgeschlossener – unbekannt, unerwünscht und dazu noch unfähig, mich zu verständigen.

Doch dann, wie es mir so oft in meinem Leben geschehen ist, erfolgte ein jäher Umschwung aus einer Ebbe der Verzweiflung in eine Springflut der Hoffnung und Freude. Ein Fremder im Trenchcoat bahnt sich seinen Weg durch die Menge, und er scheint tatsächlich *mich* zu suchen. Unsere Augen treffen sich, und als nächstes höre ich, wie er mir auf Deutsch zuruft: »Entschuldigen Sie, aber sind Sie nicht Herr Stolz aus Wien? Ich habe eine Nachricht für Sie.«

Ein gutes Omen, denke ich. Sicher ein Bote von Mr. Bernstein, dem amerikanischen Musikverleger, der mir meine Einwanderungsbürgschaft schickt. Und wie schön, meine Muttersprache zu hören, im selben Moment, in dem mein Fuß dieses unbekannte, neue Land betritt.

»Ja, ja ... Ich bin Robert Stolz«, antworte ich.

»Welch eine Ehre, Sie kennenzulernen. Willkommen in den Vereinigten Staaten! Erlauben Sie, daß ich mich Ihnen selbst vorstelle. Mein Name ist Harry Sperber, ich bin Journalist der Zeitung ›New Yorker Staatszeitung und Herald‹. Ich bin sicher, Sie werden sich bald zu Hause fühlen in New York. Wissen Sie schon, daß es hier mehr Deutsch sprechende Menschen gibt als in den meisten deutschen Städten?«

Und dann sagt Harry Sperber noch zwei Sätze, die mich zum glücklichsten Menschen unter der Sonne machen: »Ich bin heute nachmittag nicht nur in beruflicher, sondern auch in privater Mission hier; ich habe eine Botschaft für Sie von Frau Yvonne Louise Ulrich.«

»Frau Ulrich?!« schreie ich und umklammere des verdutzten Harry Rockaufschläge wie ein Ertrinkender. »Dann muß sie Ihnen aus London geschrieben haben!«

»Nein, gar nicht, Herr Stolz«, antwortet er, und meine Hoffnung sinkt schon wieder auf den Nullpunkt, aber nur für einen Moment, denn Sperber spricht schnell weiter: »Sie ist hier, in New York. Sie war auf der *S.S. Britannic* aus Liverpool und ist ebenfalls heute angekommen, schon etwas früher als Sie. Wir sind hier auf Pier Nummer 7, sie hat an Nummer 11 angelegt. Das ist übrigens ein gutes Zeichen für uns Amerikaner – die 7 und die 11 sind Glückszahlen beim ›craps‹, unserem nationalen Würfelspiel! Sehen Sie, dort drüben! Sehen Sie das Schiff mit der britischen Flagge? Das ist die *Britannic* ...«

In meinem Eifer, Einzi wiederzusehen, will ich meinem neuen Freund schon vorschlagen, ein Motorboot zu chartern und zur *Britannic* hinüberzurasen. Doch da erzählt er mir, daß Einzi ihr

Schiff bereits verlassen hat und im St. Moritz Hotel auf mich wartet. So ist es also einem zerbeulten, alten gelben New Yorker Taxi samt kaugummikauendem, alleswissendem Fahrer vorbehalten, mir als *postillon d'amour* zu dienen. New Yorker Taxifahrer sind eine Rasse für sich, eine Art grotesker Karikatur auf alle Fiaker und Droschkenkutscher der ganzen Welt. Außerdem müssen für sie wohl alle Fahrgäste gleich aussehen, denn sie nennen jeden männlichen Passagier »Mack«, die weiblichen – je nach Alter – »sister« oder »Mom«.

»Wohin, Mack?« fragt unser Chauffeur.

»Ins St. Moritz«, antwortet Harry Sperber.

»Klar, Mack.« Die Antwort klingt mürrisch, aber nicht unfreundlich. Unser Fahrer gibt Gas, und in einer Wolke von Abgasen brausen wir Richtung St. Moritz Hotel.

Etwas später an diesem Nachmittag, während der Pianist im 25. Stockwerk des St. Moritz »Zwei Herzen im Dreivierteltakt« spielt, trinken Einzi und ich unseren ersten gemeinsamen Martini-Cocktail in Amerika, und die Welt ist wieder wunderschön ...

Es ist erstaunlich. Nachdem ich nun doch so viele Frauen in meinen Armen gehalten habe, ist die Liebe mit Einzi wie eine Offenbarung – ein ganz neues Gefühl, eine neugeborene Leidenschaft. Schon tausendmal zuvor hatte ich mich verliebt gewähnt, und doch war das Gefühl nie zuvor so intensiv, so allumfassend gewesen. Meine Liebe zu Einzi – und ihre Liebe zu mir – ist etwas ganz Besonderes. Jede meiner Affären, meiner Ehen hatte dem Druck, den Einflüssen von außen nicht standhalten können. Berufliche Konflikte, Seitensprünge, finanzielle Verluste, Trennungen, meine Angstzustände – all dies war für meine früheren Verbindungen zu stark gewesen, eine nach der anderen waren sie zerbrochen. Doch mit Einzi ist das anders. Wie eine Mutter liebt sie mich, mitsamt meinen Fehlern und Schwächen. Und sie kam nicht etwa im Augenblick meines größten Erfolges zu mir, sondern in der Stunde der höchsten Not.

»Es ist eine alte Geschichte«, sagt Heine von der Liebe, »doch bleibt sie immer neu.« So ist es auch mit Einzi und mir. Selbst heute noch, nach vierunddreißig Jahren gemeinsamen Lebens, beschert uns jeder Tag neues gegenseitiges Verständnis, neue Tiefen der Zuneigung, der gemeinsamen Freude – das größte, göttlichste Geschenk, das ein Mensch einem anderen machen kann. Und deshalb ist, nach so vielen Jahren, so vielen Enttäuschungen und Triumphen, mein Leben noch immer so interessant, und jeder Morgen ist der Beginn eines neuen Abenteuers. Selbst mein »Privat-

369

teufel«, der mich wohl auch für den Rest meines Lebens von Zeit zu Zeit heimsuchen wird, vielleicht als eine Art Ausgleich für all das Gute, das mir das Leben beschert hat – selbst er ist erträglich, solange meine Einzi mir zur Seite steht. Und sie ist immer an meiner Seite, täglich, fast stündlich, seit wir uns damals in New York in die Arme fielen, Fremde in einem fremden Land, die ein neues Leben zusammen beginnen.

Der Tag wird kommen, an dem mein Leib dahingehen wird. Doch solange noch ein Lebenshauch in ihm ist, fühlen sich mein Herz, meine Seele jung – jung durch die Liebe, die Einzi und mich verbindet und die mir die Begeisterung verleiht zu leben, zu lachen, die Widrigkeiten des Alltags zu ertragen und weiter Musik zu machen. Nun weile ich beinahe schon ein ganzes Jahrhundert auf dem Erdball, doch nur in den letzten vierunddreißig Jahren habe ich mich wirklich jung gefühlt, habe ich gern und fröhlich gelebt – diese vierunddreißig Jahre, die mich der Herrgott mit meiner einzigen wahren Seelengefährtin teilen ließ. Zu meinem 94. Geburtstag sandte ein alter Freund und Schriftsteller ein Briefchen an Einzi und mich, das folgendermaßen lautete:

»Lieber Robertl!

Was kann man Dir, nach all diesen Jahren, noch als Geburtstagsgruß schreiben? Alles, was ich noch sagen kann, ist ein geborgtes Zitat. Es ist nicht neu, doch ich glaube, es paßt gut zu Deinem Leben. Es ist aus Schillers ›Don Carlos‹, doch es trifft besser auf Dich (und Deine geliebte Einzi) zu als auf irgend jemanden sonst auf der Welt: ›Arm in Arm mit dir,

So fordr' ich mein Jahrhundert in die Schranken.‹

Wie dem auch immer sei, Ihr beide habt das Geheimnis wahren Glücks entdeckt. Möget Ihr noch lange die Jahre – Dein Jahrhundert – fordern; Arm in Arm in die Schranken des Lebens!«

Und alles hatte begonnen mit einem Martini in der Bar des St. Moritz Hotels im 25. Stockwerk – am 1. April 1940 ...

2.
Ich entdecke Amerika – Amerika entdeckt mich

Manhattan ist eine Insel – und dies in mehrfacher Hinsicht: Nicht nur, daß es von Wasser umschlossen ist – es stellt auch eine Welt für sich dar, mit ihren eigenen Gesetzmäßigkeiten, die es auf vielerlei Art vom »restlichen« Amerika unterscheiden. Einzi und ich hatten also nicht nur eine, sondern gleich eine ganze Menge »Neuer Welten« gemeinsam zu erforschen.

Zunächst mußten wir uns mit den Straßen New Yorks – einschließlich der Schleichwege – vertraut machen. Wir lernten das schillernde Theatermilieu des Broadway kennen, die »Tin Pan Alley«, von der aus so viele erfolgreiche Schlager ihren Siegeszug um die Welt antreten; wir sahen die Wall Street, in der täglich Millionengeschäfte getätigt werden; die kleinen, deutlich voneinander geschiedenen Siedlungsgebiete der Deutschen, Iren, Ungarn, Italiener, Griechen, Österreicher und Dutzender anderer ethnischer Gruppen, die den Plan von New York City sprenkeln; wir sahen die stilvolle Eleganz der Fifth Avenue und die schöne Szenerie des Central Park mit seinen Waldpfaden, Teichen, Statuen und den – damals – stets freundlichen Menschen. New York war noch immer eine Stadt mit jugendlichem Schwung, und es hatte den Anschein, als ob alle, die Reichsten und die Ärmsten, vom gleichen Optimismus beseelt wären. Die allgemeine Überzeugung schien zu sein, daß alles immer besser werden müsse und daß sich für jedes Problem eine Lösung finden ließe. Ob diese Grundstimmung in der Nachkriegszeit angedauert hat, müssen andere entscheiden. Alles, was ich sagen kann, ist, daß New York im Jahre 1940 und bei allen späteren Gelegenheiten, zu denen ich es besuchte – zum letzten Male 1963 – immer eine aufregende und fröhliche Stadt war. Wie das Berlin der zwanziger Jahre, ist auch New York ein Ort, an dem ein talentierter Künstler, wenn er nur nicht den Mut verliert oder skrupellosen Agenten und Managern in die Hände fällt, immer Arbeit finden kann. Es mag eine Weile dauern, und gewiß gibt es mitunter auch magere Zeiten, doch letztendlich, das sollte mir sehr bald klar werden, gibt es für jeden, der irgendeine besondere Begabung hat, in einem Land von der Größe der Vereinigten Staaten ein potentielles Publikum.

Und was für eine verwirrende Ansammlung von Talenten hatte sich in Amerika in der Folge der europäischen Kriegsereignisse zusammengefunden! Dichter, Künstler, Akademiker, Wissenschaftler, Philosophen und Pädagogen! Albert Einstein, jenes sanfte Genie, den zu treffen und näher kennenzulernen ich bald die Ehre haben sollte, lehrte an der Princeton University im nahegelegenen New Jersey. Max Reinhardt hatte sich am Broadway bereits einen Namen als Regisseur gemacht und würde schon bald mit seinen »drama workshops« Einfluß auf eine neue Generation amerikanischer Schauspieler und Regisseure ausüben. Otto Klemperer, Igor Strawinsky, Arturo Toscanini, Bruno Walter und Paul Hindemith waren alle in Amerika und repräsentierten die »ernste« europäische Musik – Kurt Weill, Emmerich Kálmán, Oscar Straus, Paul Abraham und ich zählten zu den bekanntesten Komponisten der leichten Muse, die das Wiener und das deutsche Musiktheater in der Neuen Welt vertraten. Franz Werfel, Alfred Döblin und Bert Brecht gehörten zu den vielen Literaturgiganten, die an Amerikas Küsten Zuflucht gesucht hatten, und bei der Aufführung österreichischer und deutscher Musik stand uns eine hervorragende Auswahl europäischer Interpreten zur Verfügung: von Marlene Dietrich und Lotte Lenya bis zu Jan Kiepura und Martha Eggerth, Walter Slezak, Hans Jaray, Grete Mosheim, Oskar Karlweis ... um nur einige zu nennen; dazu meine Librettisten Robert Gilbert, Alfred Grünwald, Karl Farkas, Kurt Robitschek.

Ich zählte zu denjenigen, die verhältnismäßig spät in Amerika eintrafen. Der Auswandererstrom hatte bereits Mitte der dreißiger Jahre eingesetzt, und 1937 schrieb ein amerikanischer Journalist im »New Republican Magazine« über diese »neue Gruppe von Einwanderern, die, im Gegensatz zu allen vorangegangenen, aus hochqualifizierten Individuen bestand, die unter normalen Umständen nie auch nur davon geträumt hätten, sich so entwurzeln zu lassen«.

Der Autor ging so weit, Hitler ironisch dafür zu danken, daß er den Exodus einer geistigen Elite aus der deutschsprachigen Welt provoziert hatte:

»Diese Männer und Frauen sind Wissenschaftler, schöpferische Künstler, Musiker, Philosophen. Sie stehen auf denkbar hohem Niveau. Sie haben bereits einen wertvollen Beitrag zur Erweiterung unseres Horizonts geleistet, doch sind ihre bisherigen Leistungen gewiß noch unbedeutend gegenüber dem, was wir in den kommenden Jahren von ihnen erwarten können. Ich bin der Ansicht, daß wir Amerikaner Hitler zutiefst dankbar dafür sein sollten, daß er unserer Gesellschaft diese enorme Bereicherung zuteil werden ließ. Thank you, Hitler.«

Meine Ankunft erregte für kurze Zeit beachtliches publizistisches Aufsehen. Es schien, als ob jeder in Amerika meinen Walzer »Zwei Herzen« kannte und liebte; allerdings war das auch so ungefähr alles. »Ein Komponist, der Hitler herausforderte«, lautete eine Schlagzeile der »Boston Sunday Post« im Jahre 1940. »Mister Stolz widmet sein musikalisches Talent Amerika.« Ähnliche Geschichten erschienen in vielen anderen führenden amerikanischen Zeitungen. Aber dann verschluckte mich das riesige New York, und die Öffentlichkeit verlor mich aus den Augen. Es wurde sehr schnell deutlich, daß auf dem brodelnden, vom Konkurrenzkampf geprägten amerikanischen Markt keine Chance bestand, sich auf seinen Lorbeeren auszuruhen. Ich mußte von neuem beginnen. Und für einen Mann von sechzig Jahren, der keine Ahnung von der Landessprache hatte, würde dies nicht ohne entsprechende Eingewöhnung möglich sein. Glücklicherweise war Einzi nun an meiner Seite, und ihr Takt, ihre Energie milderten die Wucht der anfänglichen Rückschläge und ebneten den Weg zu neuen Erfolgen.

Als mir einmal das Geld ausging, behauptete Einzi, meinen letzten Ring und meine goldene Taschenuhr verpfändet zu haben – in Wirklichkeit war es ihr eigenes Geld, das sie mir gab, während die mir so ans Herz gewachsenen Gegenstände sich bei ihr in sicherer Obhut befanden. Und noch mehr, eine noch subtilere, rücksichtsvollere Täuschung ließ Einzi sich einfallen, um meine Hoffnungen während der ersten kargen Monate aufrechtzuerhalten: Sie gab mir Geld, das ich mir durch imaginäre »Aufträge« verdient haben sollte. Wiederum kam es aus ihrer eigenen Tasche, aber ihr einfühlsames Versteckspiel sorgte dafür, daß ich beschäftigt war, nicht dauernd unter Geldsorgen litt und ungestört komponieren konnte. Hätte sie dies nicht getan, dann wären mir mein Selbstvertrauen und mein seelisches Gleichgewicht vermutlich wieder abhanden gekommen.

Das St. Moritz, ein Mittelklassehotel in Manhattan und Domizil für wohlhabende Emigranten, wurde uns bald zu teuer. So zogen Einzi und ich in ein bescheiden eingerichtetes Appartement – 50 Central Park West lautete die Adresse –, das für die nächsten sechs Jahre in New York unser glückliches, wenn auch hektisches »Hauptquartier« sein sollte. Ein komischer Zufall wollte, daß mein alter Kollege Emmerich Kálmán schließlich in dasselbe Gebäude zog, so daß dort zwei exilierte Wiener Operettenkomponisten unter einem Dach in Manhattan wohnten!

Unser bemerkenswertester Nachbar war jedoch ein lebenslustiges Ehepaar, das eine kleine Musikschule führte. Luigi und Hulda Rossini waren beide sehr charmant – aber es gab Zeiten, da der kratzende Amateurgesang ihrer Studenten und das permanente Klimpern der Klavierübungen mir auf die Nerven gingen. Daß ich in New York ausgerechnet neben einer Musikschule gelandet war, war vielleicht eine Erinnerung des Schicksals an die Opfer, die meine Eltern dereinst gebracht hatten – beide ernsthafte Musiker, die die Knochenarbeit normalen Musikunterrichts auf sich nehmen mußten, um den Unterhalt für ihre Kinder aufzubringen. Dennoch – die Rossinis waren wunderbare Nachbarn und Freunde.

Manchmal schien das alles zu viel für mich zu sein – diese große, fremde Stadt, die fehlende Anerkennung und der Mangel an den ganz simplen, vertrauten Umgangstönen meiner Muttersprache. In solchen Momenten pflegte sich mein Privatteufel wieder einzustellen, und selbst, wenn es drei Uhr nachts war, konnte mich meine Nervosität noch heraus auf die Straßen von New York City treiben, in denen ich lange Zeit ziellos herumstreifte. Die liebe Einzi, stets geduldig und voller Verständnis, begleitete mich immer. Wie sie es schaffte, dabei frisch und jung zu bleiben, ihr Lächeln zu behalten und optimistisch dreinzuschauen, das werde ich niemals ganz begreifen.

Auf einem dieser angespannten Märsche, zu einem Zeitpunkt, da ich in meiner Verzweiflung schon kaum mehr daran glaubte, mich auch in Amerika durchsetzen zu können, sagte ich zu Einzi, es wäre wahrscheinlich besser für mich gewesen, in Wien zu sterben, als hier in Amerika zu leben.

»Hier kommt es mir so vor, als ob es eine Person namens Robert Stolz überhaupt nicht gäbe. Die meisten Amerikaner können ein paar Takte meiner Melodien vor sich hinpfeifen. Aber als Person bin ich ihnen unbekannt. Wenn ich nur die Chance hätte, ihnen einmal zeigen zu können, was ich als *Dirigent* kann.«

In solchen Stunden tiefer Depression stand mir das Schicksal des hochtalentierten deutsch-ungarischen Komponisten Paul Abraham vor Augen. Auch ihm war es gelungen, 1940 aus Paris nach Amerika zu entkommen. Aber trotz der Unterstützung durch die ungarischen Kolonien in New York und Hollywood gelang es ihm nicht, in der Neuen Welt Fuß zu fassen.

Eines Tages erzählte er, er werde den berühmten Hollywood-Star ungarischer Herkunft Ilona Massey heiraten und lud uns alle für den nächsten Tag zur Hochzeit ins Hotel St. Moritz ein. Als wir mit Blumen dort erschienen, wußte er von nichts, konnte sich an nichts erinnern. So begann seine tragische Krankheit.

Unser gemeinsamer Freund Hans Geiringer wohnte auch im St. Moritz. Als Geiringer eines Nachts nach Hause kam, saß Paul Abraham im Pyjama in der Hotelhalle und bat Geiringer, bei ihm schlafen zu dürfen. Geiringer, der ein Zimmer mit zwei Betten bewohnte, nahm ihn mit und bestellte ihm, der stundenlang im Central Park gewesen und total verschmutzt war, ein Frühstück; Abraham ging ins Badezimmer. Dort setzte er sich für zwanzig Minuten in eiskaltes Wasser.

Als Geiringer gerade eingeschlafen war, hörte er eine zornige Stimme: »Dich bring ich um, du bist mein Feind – dich bring ich um!« An seinem Bett stand Abraham, den Telefonapparat in der drohend erhobenen Hand. Mit Hilfe von Abrahams bestem

Freund, dem Fotografen Pal, den Geiringer benachrichtigen konnte, gelang es, den Unglücklichen ins Bellevue Hospital – ein Nervenkrankenhaus – zu bringen. Dort blieb Abraham bis zu seiner Rückkehr nach Deutschland. Er lebte in Hamburg noch einige Zeit in einem Heim, bis zu seinem Tod.

So endete einer der talentiertesten Komponisten der deutschen Unterhaltungsmusik.

Einzi tat alles, was in ihrer Macht stand, um mich zu trösten. Und eines Tages trafen wir auf der Straße einen alten Bekannten aus meinen Berliner Studio- und Konzerttagen, einen Geiger namens Jack Fischberg.

»Maestro Stolz!« rief Jack. »Das nenn' ich Glück! Es sieht nämlich so aus, als müsse das heutige Abendkonzert der New Yorker Philharmoniker in der Carnegie Hall abgesagt werden; Bruno Walter ist plötzlich krank geworden. Aber da sind ja Sie, gesund und munter! Könnten Sie vielleicht heute abend unser Konzert dirigieren? Wir spielen hauptsächlich Johann Strauß. Ich habe ja mit Ihnen gearbeitet und weiß, wie schnell Sie sich zurechtfinden können. Ich bin einer von den Ersten Geigern, und Sie werden eine ganze Reihe alter Gesichter aus den Berliner Tagen im Orchestergraben wiedererkennen. Sie brauchen bloß zuzusagen, Maestro – und ich erledige alles mit dem Manager.«

Um es kurz zu machen: So kam ich zu meinem Dirigentendebüt in Amerika – dank der Erkrankung Bruno Walters und jener noch unwahrscheinlicheren Begegnung mit einem jüdischen Geiger und alten Berliner Freund, auf dem Broadway in New York ...

Später fand ich heraus, daß Jack mehr getan hatte, als mich beim Management einfach zu empfehlen. Sein Vertrauen in meine Fähigkeiten als Dirigent war so groß, daß er, als die Manager Zweifel äußerten, versprach, er werde für einen eventuellen finanziellen Verlust persönlich aufkommen. Wieder einmal hatte sich die Freundschaft mit einem wenig bekannten Kollegen, den ich in früheren Tagen mit Höflichkeit und Respekt behandelt hatte, bewährt.

Zur Sorge bestand in der Tat kein Anlaß. Nach so langem, unfreiwilligem Exil vom Dirigentenpult war ich geradezu überladen mit Energie und brannte nur darauf, zu dirigieren. Noch dazu mit den New Yorker Philharmonikern!

So wurde das erste von – wie sich später herausstellen sollte – Tausenden von *Night in Vienna*-Konzerten ein Bombenerfolg. Das Orchester, in dem so viele alte Freunde saßen, gab sein Bestes. Ein paar verzauberte Stunden lang erfüllte Johann Straußsche Musik die

Carnegie Hall mit echtem Wiener Geist. Und ich, den Taktstock in der Hand, war wieder in meinem Element, und das Publikum reagierte mit enthusiastischem Beifall. Außerdem hatte ich das Glück, daß Einzi Siegfried Hearst von der NCAC (National Concerts & Artists Corporation) eingeladen hatte. Er sollte später meine Konzert-Tourneen organisieren.

Nach meinem Triumph in der Carnegie Hall kamen die Aufträge – zunächst war's nur einer, dann kamen mehrere. Filmmusik in Hollywood, Schallplatten, Rundfunk, Operetten-Aufführungen und Konzerte – all das waren nun regelmäßige Betätigungsfelder für mich.

Das ging so weit, daß Amerikas First Lady, Eleanor Roosevelt, die ich ein paar Jahre später bei einem Gala-Diner in New York traf, zu mir sagen konnte: »Österreich hat keinen Botschafter in den USA, und dennoch gibt es einen Botschafter in den Vereinigten Staaten, und das sind Sie, Mr. Stolz. Durch Ihre Musik sind Sie zu einem modernen Wiener Orpheus geworden!«

Amerikas führendes Musikmagazin, »The Etude«, schien dem zuzustimmen. »Robert Stolz«, so vermeldete es in seiner Ausgabe vom April 1942, »ist der König des zeitgenössischen Wiener Walzers und der Operetten-Komponisten. Er ist der Johann Strauß unserer Tage.«

Wieder einmal war das Leben voller Erwartungen, und Amerika erwies sich als ein aufnahmebereiter Hafen. Aber mit dem Herzen lebte ich noch immer in Österreich. Eines Abends bemerkte Einzi, wie ich mit großem Eifer stundenlang Eintragungen in ein Notizbuch machte, anstatt, wie üblich, auf vorgedrucktes Notenpapier. Sie fragte mich, woran ich arbeitete.

»An einer Botschaft. An einer Radiobotschaft an mein Heimatland.«

Und das war es auch: eine kurze, unpolitische Stellungnahme, die per Rundfunk mein geliebtes Österreich erreichen sollte. Ich versuchte darin, meinen Landsleuten die Gründe für meine Emigration zu erklären: Haß auf die Ungerechtigkeit – und die Liebe zu all dem Schönen und Guten, das einst der Reichtum Europas war und eines Tages auch wieder kommen würde. Ich bin kein großer Redner, aber wenn ich mir den Text der kurzen Rundfunkansprache heute durchlese, so finde ich, daß er meine Gefühle korrekt wiedergab, und vielleicht sprach ich gleichzeitig für viele meiner Landsleute, die damals keine Gelegenheit besaßen, ihre Meinung selbst zu äußern. Insofern ist diese kleine Rede ein wichtiger Bestandteil meiner Lebensgeschichte.

Meine lieben Freunde!

Es ist mir eine besondere Freude, an euch das Wort richten zu dürfen. Damals, als ich zu dem barbarischen Geräusch des Stechschritts meine Heimat verließ, da hab ich mir gleich gedacht: Zu so was san wir net geboren.

Es war grad so, als hätte man dem Mozart einen Stahlhelm aufgesetzt, dem Schubert einen Säbel umgeschnallt und dem Johann Strauß einen Stacheldraht um den Hals gewickelt und dann dazu gesagt: Strammgestanden, jetzt komponiert mal was Schönes! Alles in allem eine grausliche Idee.

Und so habe ich denn mein Binkerl zusammengeschnürt und bin gegangen mit den Worten: Frag nicht, warum ich gehe.

Ich habe es vorgezogen wegzubleiben, auf fremden Hügeln zwar, aber dort hat die Freiheit gerauscht.

Ich bin nie ein Politiker gewesen. Politik war mir immer ein Buch mit sieben Siegeln, zu dem ich keinen Schlüssel hatte.

Ich hatte halt seit meiner Geburt nur einen Violinschlüssel und einen Baßschlüssel, und damit bin ich höchstens in den Prater hineingekommen, wenn dort die Bäume wieder geblüht haben. In meinem Koffer, da lag neben meinen sieben Zwetschgen ein Stückerl vom Dachstein, ein Stückerl von Tirol und Salzburg und Steiermark, ein Stückerl von Schönbrunn und vom Wurstelprater. Und auf amerikanischem Boden habe ich das alles wieder ausgepackt und die Stückerln schön wieder zusammengesetzt, und für meine neuen Freunde, die Amerikaner, habe ich daraus österreichische Musik gemacht, Operetten, Konzerte, bis sie alle miteinander am Broadway und in Hollywood gesungen haben ›Wien, Wien, nur du allein‹. Das war meine Politik!«

In Amerika gab es für mich immer wieder Anlässe, mich an Wien zu erinnern – und nicht jeder war so angenehm wie die wieder zum Leben erweckten Operetten oder meine »Nacht in Wien«-Konzert-Tourneen quer durch die Vereinigten Staaten und Lateinamerika.

Denn auf einmal tauchte meine vierte Gemahlin Lilli – jene, die aus dem Juwelenraub-Kapitel hinlänglich bekannt ist – in Amerika auf und machte mir das Leben schwer. Nun ja – wie hatte doch mein Freund und Gefährte im Exil, Oscar Straus, schon vor so vielen Jahren gesagt: »Keine Rosen ohne Dornen …«

3.
Das Letzte von Lilli

Ich halte das Telefon nicht gerade für ein Geschenk Gottes. Niemals war diese Ansicht berechtigter als an jenem Frühlingstag des Jahres 1940, als uns das Telefonklingeln in unserer Suite im »St. Moritz« aufschreckte – das war also noch vor unserem Umzug in das Appartement am Central Park West. Zunächst wollte ich meinen Ohren nicht trauen – die Stimme am anderen Ende der Leitung gehörte nämlich keinem anderen als Dr. Reiter, meinem alten »Freund« mit dem kahlen Schädel. Eines muß man Dr. Reiter lassen: Er mochte mir Hörner aufgesetzt und Lilli dazu gebracht haben, zur Diebin zu werden, sein »Ewiges Streichholz« mochte Betrug gewesen sein – aber auf jeden Fall hatte dieser Mann das perfekte Gegengift gegen jedwede Art von Schamgefühl erfunden! Als er mir erklärte, daß er im Namen Lillis anrufe und mich um einen Gefallen bitten wolle, war seiner Stimme nicht die geringste Spur von Verlegenheit anzuhören.

»Die Einwanderungsbehörden halten sie zur Zeit auf Ellis Island in Haft, mein lieber Herr Stolz«, sagte er. »Sie wollen sie nicht ins Land lassen, und Sie sind der einzige, der ihr helfen kann. Wenn Sie sie nicht als Ihre Gattin anerkennen und erklären, daß sie in die Staaten gekommen ist, um sich Ihnen anzuschließen, dann bekommt sie keine Einreiseerlaubnis und wird nach Europa zurückkehren müssen.«

Die gemeine Art, in der Lilli und Reiter seinerzeit vorgegangen waren, hatte mich dermaßen entsetzt, daß ich am liebsten allen beiden sofort zugeschrien hätte, sie sollten sich zum Teufel scheren. Einzi indes besänftigte mich.

»Wenn du Lilli jetzt im Stich läßt, Robertl, dann benimmst du dich genauso schlecht wie sie«, gab sie mir zu bedenken. »Was sie sonst auch sein mag – auf dem Papier ist sie immer noch deine Frau. Und wenn sie hier in Amerika keine Zuflucht findet, dann fällt sie womöglich noch den Nazis in die Hände. Sollte das aber passieren, wirst du dir niemals vergeben können.«

Das überzeugte mich. Ich schluckte meinen Zorn hinunter und setzte mit der Fähre nach Ellis Island über, wo Tausende von verzweifelten Flüchtlingen, die nicht die richtigen Papiere hatten, festsaßen – zu einer Zeit, da Amerika für viele von ihnen die letzte Zufluchtstätte bedeutete.

»Das ist meine Frau«, versicherte ich dem zuständigen Beamten, »und sie ist mir hierher nachgereist.«

Lilli schien, trotz aller schlechten Erfahrungen, die sie gemacht hatte, weder schlanker noch klüger geworden zu sein, aber irgendwie brachte sie es fertig, sekundenlang die tränenreiche Bußfertige zu spielen. Vielleicht entsprach das sogar ihren wirklichen Gefühlen – schließlich hatten wir uns ja zweifellos einmal geliebt ... Kurzum, sie umarmte mich und versprach mir atemlos: »Dafür werde ich dir ewig dankbar sein!«

Sie erinnerte sich meiner in der Tat. Kaum hatte Reiter das Geld und die Wertgegenstände, die Lilli hatte mitgehen lassen, verschleudert, da gab es für ihn nichts Eiligeres zu tun, als sich grünere Wiesen zum Grasen zu suchen. Lilli überfiel mich sofort mit einem ganzen Schwarm von gerichtlichen Forderungen, um weiteres Geld aus mir herauszupressen. Damit gab sie sich aber noch nicht zufrieden. Sie gewährte den Zeitungen Interviews, in denen sie mich höchst gehässig als Blaubart und Verschwender bezeichnete und dem amerikanischen Lesepublikum phantastische Geschichten über mein Liebesleben auftischte.

Zunächst war ich sprachlos über das undankbare, ja grausame Spiel, das Lilli mit mir trieb. Was hatte ich bloß getan, um solchen Haß, solche Illoyalität hervorzurufen? Diese Frage peinigte mich – sie war mir einfach ein Rätsel. Ich habe es niemals lösen können, möglicherweise aus dem verblüffend einfachen Grund, den mir kein Geringerer als Max Reinhardt, ein profunder Kenner der menschlichen und insbesondere der weiblichen Seele, nannte: daß es nämlich *keine* tiefschürfende psychologische Erklärung für Lillis Verhalten gab.

»Es gibt eine bestimmte Art von Frauen, Robert, die rein nach Instinkten und Impulsen handeln. Wenn man es so betrachtet, kann man sie eigentlich nie eines vorsätzlichen Verbrechens bezichtigen. Nach allem, was ich von Ihnen über Ihre Nummer Vier gehört habe, gehört sie genau zu diesem Typus. Wahrscheinlich war sie immer aufrichtig: als sie Ihnen auf Ellis Island ewige Dankbarkeit gelobte vermutlich ebenso wie damals, als sie Sie in Paris mit allem, was Sie besessen haben, verließ. Und genau das gleiche trifft jetzt wieder zu, wo sie Ihnen eine Geldforderung und Klage nach der anderen ins Haus schickt. Das wahre Geheimnis solcher Frauen ist der *Mangel* an Geheimnissen. Das ist wie bei den Katzen. Ihre Rätsel scheinen unergründlich zu sein und ihre Herzen geheimnisumwittert – ganz einfach, weil sie weder das eine noch das andere besitzen. Die Seelen solcher Nymphen sind wie Regenwolken: aus einiger Entfernung betrachtet, sehen sie komplex und solide aus, aber in

Wirklichkeit sind sie nichts als Wasserdampf. Am besten, Sie regen sich nicht allzu viel über sie auf und erteilen ihr, wenn es irgend geht, vor Gericht eine Abfuhr. Ich kenne mich in diesen Dingen sehr gut aus ... Fast zwanzig Jahre habe ich gebraucht, um endlich meine Scheidung von Else (Reinhardts erste Frau) durchzusetzen – obwohl sie genau wußte, daß zwischen uns nichts mehr lief, und daß ich mich längst entschlossen hatte, Helene (Thimig) zu heiraten. Es ist sinnlos zu versuchen, eine logische Erklärung zu finden für so etwas ... Logik ist da ganz einfach fehl am Platze.«

Als ich so in Maxens klare, leuchtende Augen blickte, war ich endlich überzeugt: Es hatte keinen Sinn, sich den Kopf über die Motive für Lillis Handlungsweise zu zerbrechen – ganz zu schweigen von denen der unersättlichen Fini. Wenn man es mit solchen Damen vom Pandora-Typ zu tun hat, dann muß man ganz einfach die Nerven behalten und sich von der Überzeugung leiten lassen, daß die einzig wirksame Verteidigung von einem guten zuverlässigen Rechtsanwalt geleistet werden kann.

Trotz eines hervorragenden Rechtsbeistandes dauerte es noch bis zum Kriegsende, bis es mir gelang, mich von Lilli endgültig zu befreien. Ihre Habsucht veranlaßte sie nicht nur, stets so viel Geld wie möglich aus mir herauszupressen, sie war auch grimmig entschlossen, mich dazu zu zwingen, ihr die Wohnung in der Elisabethstraße in Wien zu überschreiben, mit allem, was dazugehörte. Dazu war ich nun aber ganz und gar nicht bereit – ich hätte ihr ebensogut mein gesamtes bisheriges Leben überschreiben können! Jede Vase, jeder Teppich, jedes Bild war eine Trophäe besonderer Art, die Belohnung für eine Vorstellung, ein Lied oder einen Film – kurzum, eine Erinnerungs-Kavalkade meiner Erfolge und der schönsten Augenblicke in meiner Laufbahn. Zwar lag es durchaus im Bereich der Möglichkeiten, daß all dies ohnehin den Kriegsereignissen zum Opfer fallen würde, und es war ja auch gar nicht sicher, ob ich überhaupt so lange leben würde, um es wiedersehen zu können – doch das hielt mich nicht davon ab, meine gesetzlichen Ansprüche auf die Wohnung bis zur letzten Instanz durchzufechten. Sie bedeutete für mich meine letzte sichtbare Verbindung mit Wien, wohin zurückzukehren ich, sobald der Krieg beendet sein würde, fest entschlossen war. Gott sei Dank, daß ich in diesem Punkte niemals nachgab.

Zunächst einmal brachte mich Lilli, obwohl mein eigenes Gewissen ihr gegenüber rein war, immer wieder in Verlegenheit – und zwar vor der amerikanischen Öffentlichkeit. »Women's Liberation« mag eine Neuerung aus den sechziger Jahren sein, doch schon im Amerika der vierziger Jahre hatten Frauen einen weitaus größeren Einfluß als in Europa. Noch immer gab es auch eine sehr starke puritanische Strömung im amerikanischen Volk. So gelang es Lilli, unterstützt und angespornt von einer aggressiven amerikanischen Rechtsanwältin, auch weiterhin meinen Ruf zu schädigen. Das führte dazu, daß viele amerikanische Frauenorganisationen meine Vorstellungen boykottierten. Und es wurde von Tag zu Tag schlimmer. Schließlich erhielten Einzi und ich – ohne deren Intervention Lilli ja niemals ins Land gelassen worden wäre – eine Warnung von einem befreundeten deutsch-amerikanischen Journalisten, der für die Wochenzeitschrift »Aufbau« arbeitete.

»Ich habe gerade eine unangenehme Nachricht erhalten, Maestro«, berichtete er eines Nachmittags aufgeregt, als er bei uns in unserer New Yorker Wohnung saß. »Lilli hat vor, dich und Einzi bei den Einwanderungsbehörden anzuschwärzen, weil ihr ›in Sünde‹ zusammenlebt. Das mag euch zwar lächerlich vorkommen, aber ihr müßt immerhin bedenken, daß ihr in Amerika seid. Wir haben hier ein Gesetz gegen die sogenannte moralische Verworfenheit, das *Moral Turpitude Law*. Es könnte dazu führen, daß man euch als ›unerwünschte Ausländer‹ des Landes verweist. Glaubt mir, das ist eine echte Gefahr für euch. Wenn ihr irgendwelche Beziehungen habt, dann nutzt sie, bevor es zu spät ist!«

Glücklicherweise hatten Einzi und ich in Amerika bereits einige Freundschaften schließen können. Vor allem gab es eine Reihe prominenter Amerikaner jüdischen Glaubens, die wußten, daß ich ein freiwilliger Emigrant war, der sein Land verlassen hatte, um den Nazis die Stirn zu bieten. Das rechneten sie mir hoch an, und bis heute verbindet mich mit vielen von ihnen eine herzliche Freundschaft.

Zu ihnen zählte damals der einflußreiche New Yorker Kongreß-Abgeordnete Emmanuel Celler, an den wir uns durch die Vermittlung einer Freundin von Einzi, Cele Edelman, wenden konnten. Kaum hatte der Abgeordnete die Geschichte gehört, daß wir uns in New York eine Existenz aufzubauen versuchten, und auch von Lillis Bemühungen, alles wieder zu zerstören (und davon, was sie schon in Europa angerichtet hatte), da gerieten die Dinge in Bewegung. Lilli erhielt plötzlich eine Vorladung nach Washington und mußte eine ganze Reihe offizieller Verhöre über sich ergehen lassen. Inoffiziell, aber nicht weniger nachdrücklich, machte man ihr klar, daß sie selbst eines Tages ohne ihr Besucher-Visum, das sie ja nur dank meiner Bestätigung bekommen hatte, dastehen könne – es sei denn, sie würde mich in Zukunft in Ruhe lassen.

Vor die Wahl gestellt, entweder mich in Frieden zu lassen oder ausgewiesen zu werden, entschloß sich Lilli, ein wenig nachzugeben. Sie zog nach Florida und reichte die Scheidung ein, ohne die Forderung nach der Wohnung aufrechtzuerhalten. 1946 war der Weg für Einzi und mich frei: Endlich konnten wir auch vor dem Gesetz Mann und Frau werden, was wir im Herzen schon längst waren. Aber das greift den Ereignissen voraus. Bis es soweit war, standen uns eine Menge anderer amerikanischer Abenteuer bevor, Triumphe ebenso wie kritische Augenblicke. Ich wollte lediglich das letzte Wort im letzten Kapitel über Lilli so schnell wie möglich hinter mich bringen. Jetzt haben wir Ruhe und können uns dem Aufbau einer Existenz widmen.

4.
Mit Musikern, Millionären und Löwenbändigern im alten New York

Wie gut Einzi und ich New York kennenlernen sollten – seine Sonnen- ebenso wie seine Schattenseiten! Während der ersten Jahre sah unser Tagesablauf oft folgendermaßen aus: An den Vormittagen komponierte ich, an den Nachmittagen verhandelten wir mit potentiellen »Geldgebern« für irgendeine neue Show, und die Abende verbrachten wir bei Empfängen der »besseren Gesellschaft«. Zwar schlossen wir Freundschaft mit einer Reihe von Millionären, die uns hier oder dort begegneten, doch war es zunächst keineswegs so, daß der Goldregen auch auf uns niederging. Vielmehr krebsten wir eine ganze Weile am Existenzminimum dahin. Doch mein Bekanntheitsgrad in Amerika stieg stetig – insbesondere nach jener phantastischen Nacht mit den New Yorker Philharmonikern in der Carnegie Hall.

Ich dirigierte nunmehr Konzerte »Eine Nacht in Wien« quer durch die Vereinigten Staaten. Das Schema war einfach: In den verschiedenen Städten dirigierte ich das jeweilige Symphonie-Orchester und den dortigen Chor. Als Solisten wurden Opernstars wie Jan Peerce, Charles Kulmann, Miliza Korjus, Hertha Glatz und Jarmila Novotna engagiert. So manch einem Dirigenten wäre diese Aufgabe nicht sehr angenehm gewesen. In jeder Stadt mußte man sich auf ein neues Orchester und einen anderen Chor einstellen. Für mich indessen war es eher eine Herausforderung als eine Belastung, und die Ergebnisse waren sehr erfreulich.

Aufgrund meiner langen Lehrzeit kann ich aufrichtig sagen, daß mich immer eine besonders enge Beziehung mit den Orchestermusikern verband. Ich versuche, jeden von ihnen sowohl als individuellen Künstler wie auch als ein dem Team in seiner Gesamtheit eingeordnetes Mitglied des Ensembles zu behandeln. An die Demokratie in diesem Fall glaube ich nicht – irgendeiner muß das Sagen haben, und wenn der Dirigent diese Aufgabe nicht übernimmt, dann bedeutet das soviel wie musikalische Anarchie. Aber ich glaube an Takt, Fairness und gegenseitigen Respekt – etwas, worüber sich mein Freund Toscanini immer lustig machte; er warf mir vor, meine Musiker zu »verderben«. Nun hat jeder von uns seinen eigenen Stil, aber was mich angeht, so habe ich gefunden, daß man mit dem Gehorsam der Musiker am ehesten rechnen kann, wenn man zuvor ihren Respekt und die Anerkennung als Dirigent gewinnt.

In gewisser Hinsicht ist es wie das Werben um eine Frau. Man versucht, mit Können zum Ziel zu gelangen. Und das reicht unter normalen Umständen völlig aus, wenn man sich nur die Mühe macht, seine Musiker auch zu *verstehen*. Jeder von den Leuten im Orchestergraben hat einst mit der großen Hoffnung, ein Star-Solist werden zu können, angefangen; schon das Kind, das Geige, Klarinette oder ein anderes Instrument übt, strebt nach Ruhm. Im Laufe der Jahre verlieren fast alle diese »Wunderkinder« eine Illusion nach der anderen. Es ist wie beim Zug der Lachse zu ihren Laichplätzen: Von Hunderten, die den gefährlichen Weg flußaufwärts durch die Stromschnellen begonnen haben, kommen nur wenige durch, und auf jeden, der es schafft, kommen Hunderte von verwundeten, zerschmetterten Opfern. In der Musikwelt sind diese »Opfer« meistens die Lehrer und die Männer und Frauen im Orchesterraum. Zwar sind sie das Salz der musikalischen Erde – aber viele von ihnen sind verständlicherweise verbittert. Einen neuen Dirigenten unterwerfen sie gerne einem »Test«, das heißt, sie sorgen hier und dort mit Absicht für Schwierigkeiten und Disharmonien, bis sie sich entschieden haben, dem Mann mit dem Taktstock jenes Maß an Können als Dirigent zuzugestehen, das ihnen selbst versagt geblieben ist. Ein festengagierter, ortsansässiger Orchesterleiter muß nur einmal diesen Kampf durchfechten. Der Gastdirigent hingegen muß in jeder Stadt von neuem in die Schlacht.

Die Zeitungsmeldungen aus der Zeit meiner Tourneen in Amerika lauteten: »16 000 Personen, die größte Zuschauermenge in der Geschichte von Robin Hood Dell, erschienen heute abend zu dem Wiener Potpourri unter der Leitung des Wiener Komponisten und Dirigenten Robert Stolz. Das Publikumsinteresse war noch größer als bei der Judy-Garland-Vorstellung ... 8000 Menschen fanden keinen Einlaß.« (Associated Press)

»Am Dirigentenpult stand Robert Stolz, der sich als Walzer- und Operettenkomponist einen hervorragenden Namen gemacht hat. Seine Autorität und sein Enthusiasmus auf diesem Gebiet stehen außer Frage. Mr. Stolz dirigierte die Ouvertüre zur *Fledermaus* und eine Auswahl eigener Kompositionen, einschließlich des populären Walzers ›Zwei Herzen im Dreivierteltakt‹, einer der besten Melodien ihrer Art seit den großen Tagen der legendären Walzerkönige.« (Philadelphia Evening Bulletin)

»Ich hätte beginnen sollen mit Robert Stolz, dem eminenten Operettenkomponisten, der den Taktstock führte. Die Präzision, die Nuancen und das Temperament, die er aus seinem Orchester herausholte, waren bemerkenswert: Hier lag der Schlüssel zu der gesamten Vorstellung.« (New York Herald Tribune)

»Vorrangig ... ist der Dirigent, Robert Stolz, zu nennen, dessen respektgebietende musikalische Leitung das Letzte aus der Partitur herausholte ...« (Variety)

Und so ging es weiter, in einer Stadt nach der anderen. In der »Hollywood Bowl«, wo sonst der silbermähnige Leopold Stokowski auftrat, sorgten meine Gastspiele mit »Nacht in Wien« alljährlich für neue Besucherrekorde. Im Grant Park in Chicago kamen bei einer sommerlichen Vorstellung unter freiem Himmel 62 000 Menschen zusammen und kletterten auf Dächer und Bäume, um meine Wiener Melodien besser hören zu können. Einige von ihnen drängten sich sogar auf dem Marmormausoleum von General Ulysses S. Grant. In Colorado, in Ohio und im New Yorker Lewisohn-Stadion versammelten sich zwanzigtausend, um das musikalische Echo des alten Wien zu hören, obwohl der Krieg gegen Hitlers Staat weiterwütete. Ungefähr zur gleichen Zeit gab im Lewisohn-Stadion zufällig ein unbekannter junger Kollege mit einer hervorragenden Darbietung der »Fünften« von Tschaikowskij sein Dirigentendebüt. Der Mann war damals erst knapp über zwanzig Jahre alt, aber ich erinnere mich daran, wie ich zu Einzi sagte: »Diesem Jungen steht eine Weltkarriere bevor!« Sein Name war Leonard Bernstein, und ich kann mit gutem Gewissen sagen, daß ich einer seiner ersten »Fans« war. Später, in Wien, wurden wir Freunde, dank der Vermittlung von Marcel Prawy, der herausfand, daß wir beide am 25. August Geburtstag haben: Seitdem beglückwünschen wir uns alljährlich gegenseitig zum gemeinsamen Wiegenfest.

Unter meinen eigenen »Fans« befanden sich in Amerika Persönlichkeiten aus der Politik und Millionäre wie Gilbert Miller, Oscar Hammerstein, Max Dreyfus, der Gründer des »Chappell-Musikimperiums«, sowie – verstörte Löwendompteure. »Jimmy« Wal-

Oben: Staatspräsident Tito beglückwünscht Robert Stolz zu seinem großen Erfolg als Dirigent der »Fledermaus«, 1967 in der Wiener Staatsoper.
Unten: Schlußapplaus in der Staatsoper nach der »Fledermaus«. Von links nach rechts: Fred Liewehr, Gerda Scheyrer, Robert Stolz, Renate Holm, Guiseppe Zampieri, Otto Schenk, Erich Kunz.

Top Pop Songs Around The World

This roster encompasses a repertory of pop songs that have achieved hit status in relation not only to their American standing but to the key countries of the world. This country-by-country lineup of popular standards includes some numbers that may be unfamiliar to U.S. audiences, but rate inclusion in the "global top pops" because of wide performances in their own and other countries.

The English titles are favored in this tabulation, with the original foreign title parenthetically indicated. Certain pops, such as "Volare," La Vie En Ros pois," "Mama Inez," have retained their original titles in global accepta Yank and U.K. tops are omitted. A "Golden 100" was published in the 56t sary Number, and supplemented with a galaxy of an additional 25. Like the a hits, this roll of Global Top Pops reflects the current patterns of sheet sales and live performances within the dynamic flux of the music busines

ARGENTINA

ADIOS
ADIOA PAMPA MIA
CAMINITO
CRISTAL
DREAM TANGO
 (Tango Du Reve)
HAVE MERCY DEAR
 (Piedad)
HEALTH, WEALTH AND LOVE
 (Salud Dinero Y Amor)
HEARTBROKEN GAUCHO
 (Sentimiento Gaucho)
INSPIRATION
 (Inspiracion)
I WISH THAT I WERE DREAMING
 (Esta Noche Me Emborracho)
LOOK TO ME
 (Ole Guapa)
MALA JUNTA
MAMA YO QUIERO UN NOVIO
MISA DE ONCE
NIEBLA DEL RIACHUELA
PLEGARIA
SILENCE
 (Silencio)
TANGO OF ROSES
 (Tango De La Rosa)
UNO
WHY
 (Por Que)

AUSTRALIA

BAREFOOT BOY
GOOD LOOKIN' BOY
GOT A ZAC IN THE BACK OF ME
 POCKET
HANGIN' FIVE
I'VE BEEN EVERYWHERE
KISSING SOMEONE NEW
KISS, KISS, KISSIN' IN THE CORN
LITTLE BOY LOST
PUB WITH NO BEER
ROYAL TELEPHONE
SOUTHERN 'RORA
THAT'LL BE ALRIGHT
TIE ME KANGAROO DOWN, SPORT
TURN THE LIGHTS OUT, JOHNNY
WALTZING MATILDA

AUSTRIA

A LITTLE CAFE DOWN THE STREET
 (Ein Kleines Cafe in Hernals)
JUST A GIGOLO
 (Schoener Gigolo)
KISS IN YOUR EYES
 (Kommen Sie Ins Chambre Separee)
LIGHTLY, VERY LIGHTLY
 (Walzertraum Waltz)
LOVELY VIENNA AT NIGHT
 (Wie Wird Bei Nacht Erst Schoen) ●
MERRY WIDOW WALTZ
 (Lustige Witwe)
MY HERO
 (Komm, Komm, Held Meiner Traume)
SARI (Waltz)
 (Zigeunerprimas Waltz)
THE WOODS OF VIENNA WE ARE ●
 CALLING
 (Im Prater Bluehn Wieder die Baume)
THIRD MAN THEME
 (Der Dritte Mann)
TWO HEARTS IN THREE-QUARTER ●
 TIME
 (Zwei Herzen im ³₄ Takt)
VIENNA, CITY OF MY DREAMS
 (Wien, Wien Nur Du Allein)
WHEN DAY IS DONE
 (Madonna, Du Bist Schoener als der
 Sonnenschein)

BRAZIL

BAIA
BA-TU-CA-DA
BALANCINHO
COME TO THE MARDI GRAS ●
 (Nao Tenho Lagrimas)
LITTLE BOAT
 (O Barquinho)
MEDITATION
 (Meditacao)
MISS BALANCO
ONE NOTE SAMBA
 (Samba De Uma Nota So)
QUIET NIGHTS OF QUIET STARS
 (Corcovado)
ROSA MORENA
SAMBA DE MINHA TERRA
SAMBA LEGAL
THE BANDIT
 (O Cangaceiro)
THE GIRL FROM IPANEMA
 (Garota De Ipanema)
THE PARROT
 (Os Pintinhos No Terreiro)
TICO TICO
TRENZINHO

CHILE

AY AY AY
CORAZON DE MUJER

COLOMBIA

SANTA MARTA
FLORES NEGRAS

CUBA

AFRICAN LAMENT
 (Lamento Africano)
ALWAYS IN MY HEART
 (Siempre Mi Corazon)

AMAPOLA

BABALU
CHI CHI CHA CHA CHA
COME CLOSER TO ME
 (Acercate Mas)
CORDOBA
DANZA NEGRA
DUST ON THE MOON
 (Canto Indio)
EL JAMAIQUINO
GITANERIAS
JUNGLE DRUMS
LA CHARANGA
LA COMPARSA
LA CONGA
LA PACHANGA
MADE FOR EACH OTHER
 (Tu Felicidad)
MALAGUENA
MAMBO INEZ
MAMBO JAMBO
MARIA MY OWN
 (Maria La O)
MARTA
MONDONGO
OYE EL CARBONERO
PATRICIA
PEANUT VENDOR
 (El Mansiro)
PERHAPS, PERHAPS, PERHAPS
 (Quizas, Quizas, Quizas)
RUMBA RUMBERO
SAY SI SI
 (Para Vigo Me Voy)
STARRY BLUE NIGHT
 (Noche Azul)
SWEET AND GENTLE
 (Me Lo Dijo Adela)
TABOO
THE BREEZE AND I
 (Andalucia)
WITHOUT YOU
 (Tres Palabras)
YOU'RE THE MOMENT OF A LIFETIME
 (Floras Negras)
YOURS
 (Quiereme Mucho)

DENMARK

ALLEY CAT
BEAUTIFUL MUSIC TO LOVE BY
 (Jeg er ikke den sidste zigeuner)
BLUE ROSES
 (Blaa Roser)
DANCING SONG
 (Dansevisen)
ECHO BOOGIE
GIV MIG DIT HJERTE, MARIA
JEALOUSY
 (Tango Jalousi)
RIO DE JANEIRO
SCANDINAVIAN SHUFFLE
THE SAILOR AND THE STAR
 (Somanden og Stjernen)

GERMANY

ANSWER ME
 (Glaube Mir)
AUF DER REEPERBAHN
AUF WIEDERSEHEN
BEER BARREL POLKA
 (Rosamunde)
BEL AMI
BERLIN AIR
 (Berlin Luft)
BLUE EYES
 (Die Ganze Welt Ist Himmelblau)
DON'T ASK ME WHY ●
 (Frag Nicht, Warum Ich Gehe)
FAITHFUL HUSSAR
 (Treuer Husar)
GLOW WORM
 (Gluehwuermchen)
GOODBYE, MY LITTLE CAPTAIN ●
 (Adieu, Mein Kleiner Gardeoffizier)
HEAD OVER HEELS IN LOVE
 (Ich Bin Von Kopf Biss Fuss)
JUST A GIGOLO
 (Schoener Gigolo)
LIECHTENSTEINE POLKA
LILI MARLENE
MACK THE KNIFE
 (Mackie Messer)
MY SONG OF LOVE ●
 (Mein Liebeslied Muss Ein Walzer
 Sein)
PUPPCHEN, DU BIST MEIN
 AUGENSTERN
RAINDROPS
 (Regentropfen)
TWO HEARTS IN THREE-QUARTER ●
 TIME
 (Zwei Herzen In ³₄ Takt)
UNDER THE LINDEN TREE
 (Untern Linden, Untern Linden)
UNDER THE RED LANTERN OF ST.
 PAULI
 (Under Der Roten Laterne Von Sankt
 Pauli)
WHEN THE LILACS BLOOM ●
 (Wenn Der Weisse Flieder)
WILD VIOLETS
 (Wenn Die Kleinen Vielchen Bluehn)
YOU CAN'T BE TRUE
 (Du Kannst Nicht Treu Sein)
YOU, YOU, YOU
 (Du, Du, Du)
YOURS IN MY HEART ALONE
 (Dein Ist Mein Ganzes Herz)

FRANCE

ALL MY LOVE
 (Bolero)
AT LAST, AT LAST
 (L'Ame Des Poetes)
AU REVOIR
AUTUMN LEAVES
 (Les Feuilles Mortes)
BEYOND THE SEA
 (La Mer)
C'EST SI BON
CHERRY PINK AND APPLE BLOSSOM
 WHITE
 (Cerisiers Roses et Pommiere Blanc)
COMME CI, COMME CA
 (Clopin-Clopant)
COMME UN PETIT COQUELICOT
DAYS OF THE WALTZ
 (La Valve a Mille Temps)
DOMINO
DREAMS NEVER GROW OLD
 (Mes Jeunes Annees)
ELLE ETAIT SI JOLIE
FASCINATION
FLEUR DE PARIS
FIND ME A BOY
 (Tout Les Garcons & Les Filles)
FOR MAMMA
 (La Mamma)
HOLDING HANDS
 (J'ai Ta Main)
I DON'T WANT TO LIVE WITHOUT
 YOUR LOVE

MAKE UP YOUR BED FOR T
 (Strosse to stroma sou ya
MYRTIA
 (Myrtia)
NEVER ON SUNDAY
 (Ta pedia tou Pirea)
PHEDRA'S
SYRTAKI
YANKA BEAT

ITALY

AL DI LA
ANEMA E CORE
ARRIVEDERCI ROMA
CIAO CIAO BAMBINO
COME BACK TO SORRENTO
DO YOU LOVE ME LIKE YOU
 GUAGLIONE
I HAVE BUT ONE HEART
 (O Marenariello)
JUST SAY I LOVE HER
LA STRADA
MAMA
MORE
NON DIMENTICAR
RETURN TO ME
 (Ritorna -Mi)
THAT'S AMORE
THERE'S NO TOMORROW
 (O Solo Mio)
TORERO
TOWARDS THE END OF THE
VOLARE

Die Fachzeitschrift »Variety« führt 1967 die »Top Pop Songs Around The World« auf. Alle mit einem Punkt versehenen Titel sind von Robert Stolz.

Robert Stolz erhielt die Goldene Schallplatte für bis 1969 mehr als 2 Millionen in Deutschland verkaufte Langspielplatten.

ker, seines Zeichens »Lyriker« und ehemaliger Bürgermeister von New York – ein echter Broadway-Flaneur –, war regelmäßig Gast bei den formlosen Nachmittagstreffen im Hause Stolz. Was uns an Kaviar und anderen teuren Verlockungen fehlte, ersetzten wir durch gute Laune. Eine typische Nachmittagsszene war zum Beispiel die folgende: Jimmy stellt seinen Drink beiseite, dreht sich um und sagt zu mir: »Robert, ich liebe deine Lieder – vor allem ›Don't ask me why‹ (Frag nicht warum), so wie Marlene es singt. Du weißt ja, daß ich selber ein paar recht erfolgreiche Texte geschrieben habe wie zum Beispiel ›Will You Love Me In December As You Did In May?‹. Komm, laß uns gemeinsam ein Lied schreiben!«

Es ist genau wie damals bei Madame Kathrin – nur diesmal ohne leichte Mädchen! Jimmy ergreift einen Stift, der auf meinem Schreibtisch liegt, feuchtet ihn mit der Zunge an und kritzelt etwas auf die Rückseite eines Briefumschlags. Ein paar Minuten später gibt er ihn mir, und ich improvisiere am Klavier eine Melodie: Ein Lied ist geboren. Wir nennen es »Lazy Lips« – und wenn es auch kein Evergreen wie »Servus Du« werden wird: In den vierziger Jahren erfreute es sich in Amerika weiter Verbreitung.

Ein anderer guter Freund in meinen New Yorker Tagen war Billy Rose, ein Liedtexter und Besitzer des berühmten »The Diamond Horseshoe«, einem der schicksten nächtlichen Treffpunkte Manhattans. Billys Stärke war eher schöpferische Energie als ästhetische Sensibilität. Ich erinnere mich vor allem an die Einladung zu einem Herrenabend in seinem Haus am Beekman Place. »Du mußt unbedingt kommen, Robert. Das wird eine merkwürdige Nacht! Die klügsten Köpfe von ganz New York werden da sein – und von denen kommt die Hälfte eh aus Wien: Max Reinhardt, Oscar Straus, Ben Hecht, Ferenc Molnár, Geza Herczeg, Kurt Weill, Howard Dietz, Jimmy Walker ... Die meisten sind ohnehin gute Bekannte von dir. Aber denk daran: Nur Herren sind eingeladen. Sogar Eleanor (Eleanor Holm war Billys bildhübsche Frau) hat an diesem Abend keinen Zutritt!«

Ich sagte mit halbem Herzen zu. Für mich gibt es so etwas wie eine Abendgesellschaft ohne Damen eigentlich nicht. Abgesehen davon waren Einzi und ich, seitdem wir uns an jenem 1. April im St. Moritz in die Armen gefallen waren, unzertrennlich.

Einzi begleitete mich im Taxi zum Beekman Place. Ehe ich den Wagen verließ, sagte ich: »Bitte, Einzerl, laß dir irgendeinen Trick einfallen, mit dessen Hilfe du mich sehr bald hier loseisen kannst!« Einzi lächelte und gab mir einen Abschiedskuß. Ich wußte, daß ich mich auf sie verlassen konnte.

An der Eleganz des Ambiente und der lukullischen Auswahl an Speis' und Trank gab es nicht das geringste auszusetzen. Billy hatte keine Kosten gescheut, und in der Tat war die Gästeschar eine Versammlung großer Talente und geistreicher Köpfe. Vor dem Essen zeigte uns Billy sein Haus, das einer Kunstgalerie glich. Allerdings beschrieb er – und das war, wie ich später nur allzuoft noch feststellen konnte, eine typisch amerikanische Betrachtungsweise – seine prächtige Gemäldesammlung nicht mit Erläuterungen zu den Künstlern und Stilepochen, sondern mit Bemerkungen wie: »Und für dieses hübsche kleine Ding bin ich 150 000 Dollar losgeworden!« – In diesem Tonfall hätte er genausogut von einem Immobilien- oder Börsengeschäft erzählen können.

Das Essen war exquisit und wurde von Obern aus dem »Diamond Horseshoe« stilgerecht serviert. Aber irgend etwas fehlte. Schweigend bahnten wir uns unseren Weg durch die köstliche Mahlzeit. Kein Wort kam von den Lippen des sonst so überschwenglichen Molnár, nichts von dem so geistreichen Jimmy Walker oder von Max Reinhardt. Schließlich bat Billy förmlich darum, jeder von uns möge eine »lustige Geschichte« erzählen. Dies erinnerte mich verdammt an einen steifen deutschen Gastgeber, der seine Gäste im Befehlston dazu animiert, sich zu »entspannen« und »fröhlich zu sein«. Immerhin hatte seine Bitte Erfolg: Einer nach dem anderen gab eine Geschichte zum besten. Ein bißchen klang das so, als ob Schüler ihre Hausaufgaben herunterleierten. Das Fehlen femininen Charmes und weiblicher Schönheit hatte zu einer langweiligen, drückenden Atmosphäre geführt. Ich fühlte, wie ich nervös wurde, und kam mir gänzlich deplaciert vor. Hoffentlich denkt Einzi daran, mich von dieser so gutgemeinten Folter zu erlösen...

Ich zerbrach mir gerade den Kopf darüber, was für eine Geschichte ich erzählen sollte, wenn die Reihe an mich käme, als einer der Ober mir eine Botschaft überbrachte: »Ihre Frau hat gerade angerufen, sie ist gestürzt und hat sich verletzt. Sie hofft, daß Sie so schnell wie möglich nach Hause kommen können ...«

Gerettet – durch das Telefon! Ich verabschiedete mich, so schnell dies möglich war, und fuhr mit dem Taxi nach Hause.

In unserer Wohnung 50 Central Park West sprach ich mit Einzi über die Ereignisse des Abends. »Für mich beweist das nur«, resümierte ich, »daß das Männchen der wahrhaft eitle Part ist. Eine Abendgesellschaft ohne Damen ist wie Champagner, der nicht schäumt. Was sind wir Männer doch nur für eitle Pfauen!«

Nach den Pfauen will ich nun auf Löwen zu sprechen kommen –

und damit auf eine andere Begebenheit, die Einzi und ich in New York gemeinsam erlebten. Wieder einmal war es während einer jener »Durststrecken«, als es uns gerade nicht besonders gutging und meine alte Unrast mich überfallen hatte. Es war vormittags gegen 12 Uhr; Einzi und ich waren unterwegs auf einem jener langen Streifzüge durch die Stadt. An diesem Morgen führten uns unsere Schritte zum Times Square, dem Herzen des Theaterviertels.

Als wir beim »Astor«-Kino vorbeikamen, bemerkten wir eine kleine Gruppe neugieriger New Yorker, die sich um einen aufgeregt gestikulierenden kleinen Mann mit einem großen, gezwirbelten Schnurrbart scharte. Als wir näher kamen, bemerkte ich, daß er in wildem Ungarisch vor sich hin lamentierte.

»Was gibt's?« – »Reden Sie langsamer, Mister! Wir verstehen kein Wort von dem, was Sie da erzählen!« Die Amerikaner taten ihr Bestes, um dem unglücklichen kleinen Mann zu helfen, aber die Sprachbarriere war unüberwindbar. Auch Einzi war aufmerksam geworden. Immer bereit zu helfen, ging sie auf den Fremden zu und sprach ihn auf Deutsch an: »Vielleicht können wir Ihnen helfen!«

Der aufgeregte Ungar war überglücklich. Er ergriff Einzis Hand, küßte sie, und schon sprudelte aus ihm in fließendem Deutsch, wenn auch mit starkem Akzent, hervor: »Liebe Dame, der Herrgott hat Sie geschickt! Ich bin der Löwenbändiger von dem Zirkus, der gerade in Madison Square Gardens gastiert. Heute abend ist unsere erste Vorstellung. Meine Löwen beherrschen eine Tanznummer, aber leider nur zu einer ganz bestimmten Melodie. Und auf der Fahrt von Florida hierher ist der Koffer mit den Noten verlorengegangen. Das Lied heißt ›Du sollst der Kaiser meiner Seele sein‹ und stammt vom Lehár Ferenc. Ich habe eine Musikalienhandlung nach der anderen abgeklappert – umsonst! Wenn ich die Noten nicht bis heute nachmittag finde, dann fällt meine Nummer ins Wasser – und dann bleibt mir nicht einmal genügend Geld, um das Futter für meine Löwen zu bezahlen.«

»Schauen Sie, noch ist nichts verloren«, sagte Einzi. »Aber so werden Sie die Musik, die Sie suchen, niemals finden. In Wirklichkeit stammt das Lied nicht vom Lehár Ferenc, sondern vom Stolz Robert, und der ist hier in New York, genauer gesagt, er steht vor Ihnen.«

Ehe ich mich zurückziehen konnte, umarmte mich der Ungar und versetzte mir auf jede Wange einen tränenreichen Kuß. Sobald er sich ein wenig beruhigt hatte, nahmen wir ihn mit in unsere Wohnung. Seit seiner Ankunft in New York am Abend zuvor hatte er noch nichts gegessen. Einzi zauberte binnen kurzer Zeit ein

Essen herbei, während ich mich hinsetzte und ein Arrangement für
»Du sollst der Kaiser meiner Seele sein« schrieb – für seine Zirkuskapelle. Das war genau die richtige Medizin für meine eigene Depression. Schnell hatte ich sie vergessen, als ich den armen Mann
sah, der weitaus tiefer in der Patsche saß als ich.

Nun erwies sich auch, daß ich in New York wirklich ein Publikum hatte – das Problem war lediglich, daß ich mich um es bemühen
und ihm klarmachen mußte, daß es mich überhaupt gab. An jenem
Abend saßen Einzi und ich jedenfalls in der ersten Reihe im Madison Square Garden und erlebten das erste »Robert-Stolz-Musical«
während meines Aufenthaltes in Amerika. Die Besetzung und die
Regie waren nicht gerade überwältigend: bloß ein kleiner Ungar mit
einer großen Peitsche und einem ebenso eindrucksvollen Schnurrbart – sowie sechs tanzende Löwen! Aber als die Zirkuskapelle mein
Lied intonierte, ließ der Ungar seine Peitsche knallen und lächelte
uns zu. Das Publikum applaudierte – und mich überkam eine Welle
von Seligkeit, guter Laune und ein Gefühl der Sicherheit, so als ob
ich richtig »dazugehörte«. Ich tastete hinüber nach Einzis Hand
und hielt sie fest in der meinen. Es kommt Ihnen vielleicht eigenartig vor, daß ich einen Tag, der so sorgenreich begonnen hatte, auf so
glückliche Weise in einem Zirkus zu Ende bringen konnte ... aber
Sie wissen ja, daß ich für den Zirkus schon immer etwas übrig hatte.

Wenn man vom Zirkus spricht, dann muß man natürlich auch
den größten aller amerikanischen Zirkusse erwähnen, jenes phantastische Sammelsurium von Clowns, Seiltänzern, wilden Tieren und
Zirkusdirektoren, das gemeinhin unter dem Namen Hollywood
bekannt ist. Und es ist Hollywood, wo das nächste Kapitel meiner
amerikanischen Lebensgeschichte spielt.

5.
Ein Wanderer in der Traumfabrik

Oft hat man Hollywood eine »Traumfabrik« genannt. Aber im
Grunde gehört zum Theater ohnehin ein großes Maß an Phantasie,
und umgekehrt kommen die Träume ohne Theater nicht aus ...

Zu meinen Aufgaben in Hollywood zählte es, zu den Träumen
die Musik zu schreiben, weshalb ich mit vielen der prominentesten
Träumer zu tun bekam. Ganz abgesehen davon, daß mir meine
dortige Arbeit zwei Oscar-Ehrungen und endlich auch dringend
benötigtes Geld einbrachte, gestattete sie mir auch einige faszinierende Einblicke in ein ganz besonderes Milieu – jene seltsame Mischung aus begnadeter Kunst, rücksichtslosem Profitstreben,

hedonistischer Schwelgerei und brutal harter Arbeit, die für Hollywoods große Zeit so typisch war. Ich habe kürzlich erfahren, daß inzwischen ein Großteil der weit ausgedehnten Studioanlagen an Immobilienhändler verkauft worden ist und daß der überwiegende Teil dessen, was übrig blieb, hauptsächlich dazu dient, billige Fernsehfilme und -serien abzuspulen. Als ich jedoch Anfang der vierziger Jahre nach Hollywood kam, war es wie bei meiner Ankunft im Wien der Jahrhundertwende: die dortige Kunst erlebte gerade ein glänzendes »Silbernes Zeitalter«.

Was war das nur für eine abenteuerliche Galerie von Charakteren, denen ich dort begegnete! Sie wurden ganz und gar der bizarrschönen Umgebung, in der sie lebten, gerecht. Es waren mehr oder weniger glückliche – in ein, zwei Fällen allerdings auch unglückliche – Zufälle, denen ich es zu verdanken hatte, daß ich in engeren Kontakt mit so unterschiedlichen Stars wie Charlie Chaplin, Judy Garland, W.C. Fields, Clark Gable, Charles Boyer, Mae West, Bing Crosby, Greta Garbo, den Marx Brothers und natürlich mit den meisten Mitgliedern jener deutsch-österreichisch-ungarischen Kolonie kam, die mit ihren Autoren, Produzenten, Regisseuren, Schauspielern und Komponisten seit den dreißiger Jahren einen enormen Einfluß in Hollywood gewonnen hatte. Anläßlich eines meiner späteren Besuche traf ich sogar ein damals noch völlig unbekanntes Starlet von betörender Schönheit, dem der Durchbruch noch nicht gelungen war. Ihr richtiger Name war Norma Jean Baker, aber seit kurzem arbeitete sie unter dem Künstlernamen Marilyn Monroe. Dies war im Jahre 1950, als ich zu einer neuen Gastspielreise mit meinen »Nacht-in-Wien«-Konzerten nach Amerika zurückgekehrt war. Ich weilte gerade in Kalifornien, um in der »Hollywood Bowl« mein Konzert »A Night in Vienna« zu dirigieren. Damals spielte die junge Marilyn hier und da in winzigen Rollen das sprichwörtliche »blonde Dummchen«. Wir trafen uns auf einer Cocktail-Party in Beverly Hills, die sich weitgehend im Freien abspielte. Beiderseits eines Swimming-pools, der mir so groß wie der Bodensee zu sein schien, hatte man die Bars installiert. Obwohl eine ganze Reihe mir bekannter Gesichter anwesend war, fiel mir sogleich jene hübsche blonde Unbekannte ins Auge. Ihr Begleiter war ein fetter Studioboß. Es dauerte nicht lange, da hatte er auch schon an der Bar Wurzeln geschlagen und trank in schneller Folge, vernebelt von dichten Wolken Zigarrenrauchs, einen doppelten Martini nach dem anderen. Seine Begleiterin ignorierte er völlig; die blonde Schönheit blieb sich selbst überlassen. Was die Gäste betraf, so straften die Frauen sie mit Mißachtung, während die meisten Männer ab und an zu ihr herüberschielten. Für die meisten war sie wohl nichts weiter als eben mal wieder ein neues Girl mit mehr oder weniger großen Rosinen im Kopf. Wahrscheinlich hüpfte es von Bett zu Bett, um zu kleinen Rollen zu kommen. Von dieser Sorte gab es in Hollywood genug.

Aber es gehörte zu Marilyn Monroes besonderem Charme, daß sie der Hauch einer naiven Unschuld umgab, eine Art unverdorbenen Vertrauens auf die Menschen und das Leben, was um so mehr verwundern muß, wenn man weiß, wie hart das Schicksal von Kindesbeinen an mit ihr umgesprungen war. Sie wirkte somit nicht nur attraktiv, sondern auch liebenswert, was ganz und gar nicht dasselbe ist. Jeder Mann, dem Marilyn Monroe begegnete – zumindest jeder *Gentleman* –, mußte ihr gegenüber nicht nur physische Begierde empfinden, sondern auch das Verlangen, sie zu beschützen. Sie schien noch zerbrechlicher zu sein als sie hübsch war. Jedenfalls war das der Eindruck, den ich von ihr gewann.

Sie trug ein einfaches, nicht besonders elegantes, tiefausgeschnittenes Cocktailkleid und kaum Schmuck, aber das machte überhaupt nichts aus. Mit ihrem goldblonden Haar, den umflorten, haselnußbraunen Augen, denen eine gewisse Tristesse selbst dann nicht fehlte, wenn ihre Lippen lächelten, mit ihrer glänzenden Figur, weich, stattlich, aber in keiner Weise zu füllig, war sie auffallend schön und begehrenswert.

Mir kam es so vor, als hätte ich Marilyn schon einmal irgendwo gesehen. Das war in gewisser Hinsicht auch richtig. Sie war das idealisierte Spiegelbild all jener Mädchen und Möchtegern-Diseusen, die ich in den Tagen vor dem Ersten Weltkrieg im alten Wien gekannt hatte, und die alle kein Hehl daraus gemacht hatten, daß sie auch als Künstlerin reüssieren wollten. Sie war die Reinkarnation eines Wienerkindes der »Belle Epoque«!

Einzi befand sich gerade am anderen Ende des Raumes und diskutierte mit zwei Herren Fragen der Weltpolitik. Ungefähr eine Stunde lang plauderte ich mit Marilyn über dieses und jenes. Bei meinem rudimentären Englisch konnte man das nicht gerade eine sehr tiefschürfende Konversation nennen. Irgend jemand hatte ihr erzählt, ich sei Dirigent, aber erst als sie im Laufe unserer Unterhaltung erfuhr, daß ich auch Komponist war, schien sie das zu beeindrucken.

»Es muß herrlich sein, etwas zu schaffen, was wirklich einem selbst gehört«, sagte sie in kindlichem, aber gefühlvollem Flüsterton. »Wissen Sie, was ich von allen Dingen auf der Welt am liebsten täte?« fragte sie mich dann.

»Nun, Sie wollen doch eine große Schauspielerin werden, nicht wahr? Ich bin sicher, daß es Ihnen eines Tages auch gelingen wird ...« antwortete ich, ohne von dem, was ich da sagte, völlig überzeugt zu sein.

»*Das* meine ich gar nicht«, seufzte sie. »Ich spreche gar nicht von meiner Karriere, sondern über einen ganz privaten Wunsch. Am liebsten wäre ich nämlich Dichterin.«

In diesem Moment wurde unsere Unterhaltung von rauhem, wieherndem Gelächter unterbrochen. Ihr Begleiter war gerade von der Bar her zu uns herübergetorkelt, hatte Marilyns künstlerischen Schrei des Herzens mitgehört und fand ihn offenbar sehr komisch.

Sein brutales Lachen schien sie zu treffen wie ein Messerstich. Ich tat mein Bestes, um die Situation zu retten, indem ich ihre Hand küßte und ausrief: »Aber meine Liebe, Sie selber sind ein wunderschönes Gedicht. Eine Inspiration!«

Zur Belohnung bekam ich ein flinkes Küßchen auf die Wange und ein geflüstertes »Thank you« ins Ohr. Dann ließ das Rauhbein mit der Zigarre Marilyn wissen, daß es nun Zeit sei, »abzuhauen«, und die blonde Sexbombe verschwand aus meinem Leben so schnell, wie sie gekommen war. Als die beiden fortgingen, bekam ich noch mit, wie ihr Begleiter sie über mich ausfragte: »Wer war dieser alte Bock, der dir da Honig ums Maul geschmiert hat?«

»Ich kenne ihn nicht, aber er ist ein Komponist«, antwortete Marilyn und warf mir über die Schulter einen umwerfenden Blick zu. »Er war ganz schön raffiniert, glaube ich, und er hatte gute Manieren ...«

Die arme Marilyn! Ich fürchte, die meisten Männer, mit denen sie in ihrem Leben zu tun bekam, waren nicht sehr höflich zu ihr, um es ganz milde auszudrücken. Und was ihren lyrischen Ehrgeiz anging, so fand man nach ihrem Selbstmord im Jahre 1962 eine ganze Anzahl von ihr selbst geschriebener kurzer Gedichte. In einigen ihrer besseren Filmrollen, in denen sie schöne, verlorene Seelen spielte – Charaktere, die jene Mischung aus Zerbrechlichkeit, Verspieltheit und *Tristesse* verrieten, die für sie selber, die sensible Schauspielerin, so typisch war – umgab sie ein Hauch von Poesie. Servus, Marilyn!

Komisch, an was man sich so alles erinnert. Es war zum Beispiel nicht Clark Gables großartiges Talent für romantische Hauptrollen, das sich am nachhaltigsten meinem Gedächtnis einprägte, sondern die Art und Weise, mit der er ein Taschentuch aus seiner Hose und dann sein Gebiß aus dem Mund nahm, um dieses mit betonter Lässigkeit von Speiseresten zu reinigen. Dabei verwandelte er sich in Sekundenschnelle aus einem strahlenden Idol in einen sabbernden Komiker. Jeder, der zum erstenmal dieses kleine Ritual mitansah, war zutiefst schockiert. Für mich war es jedoch eher eine kleine charmante Geste, mit der Gable auf seine Weise unter Beweis stellte, daß ihm jegliche Überheblichkeit fehlte. Im Zweiten Weltkrieg schloß er sich freiwillig der Armee an, obwohl er eigentlich schon zu alt für den Dienst gewesen war. Clark Gable war ein unprätentiöser, durch und durch sympathischer Mann, dessen Charme und natürliche »Präsenz« selbst dann ungebrochen blieben, wenn das berühmte Gable-Grinsen nur noch den Blick auf eine zahnlose Mundhöhle erlaubte.

Meine Erinnerung an Judy Garland ist klarer umrissen. Sie war ein Superstar, der niemals aufhörte, ein kleines, verlorenes Mädchen zu sein. Stets bewegte sie sich in der Nähe eines Abgrunds, immer in Gefahr, sich durch übermäßigen Alkohol- und Tablettenkonsum selbst zu zerstören, und doch immer vorangetrieben von dem brennenden Drang zu spielen, um in der Zuneigung und dem Applaus ihres Publikums Erlösung zu finden.

Ihre Eltern waren Varietékünstler gewesen und hatten das kleine Mädchen bereits im zarten Alter von fünf Jahren mit der harten Realität des Showbusineß vertraut gemacht. Der Film *The Wizard of Oz,* in dem sie die Dorothy spielte, ist ein echter Klassiker geworden. Noch heute lockt er in in den USA jedes Jahr Millionen von Zuschauern vor die Bildschirme.

Ein besonderes Vergnügen war für mich Judys künstlerische Wiederauferstehung nur wenige Jahre nach ihrem frühen Tod im Jahre 1969: Liza Minelli, ihre Tochter, in dem Film *Cabaret.* Die lebenslustige Liza, die von ihrer Mutter das Talent, aber nur wenige ihrer Probleme geerbt zu haben scheint, verfügt über die gleiche Dynamik und verbindet diese mit stillen, mädchenhaften Zügen. Mir verhalf sie, als ich sie auf der Leinwand singen und tanzen sah, zu lebhaften Erinnerungen an meine eigene Kabarettzeit in Berlin. Gewiß, *Cabaret* entsprach nicht in allen Einzelheiten der Realität des Vorkriegs-Berlin, aber es war ein faszinierender, gut gemachter Film mit sehr schmissiger Musik – und schließlich macht Hollywood seine Geschäfte mit Träumen und nicht mit Historie ...

Das Traumgeschäft. Unglücklicherweise behielt in Hollywood das Geschäft nicht selten Oberhand über die Träume. Ich entsinne mich, wie Bert Brecht einmal erzählte, daß er mit zwei emigrierten

Freunden eines Tages den Entschluß faßte, ein strikt »kommerziel-
les« Drehbuch zu schreiben, dessen einzige Aufgabe es sein sollte,
ihnen in kurzer Zeit Geld einzubringen.

»Schließlich gibt es hier Dutzende von Lohnschreibern, die
nichts anderes tun – warum sollten wir das nicht auch können?«
sagte Bert und strich mit der Hand über seine hohe Stirn.

»Aber war das nicht schwierig für dich, deine eigene künstlerische Auffassung zugunsten der abgedroschenen Hollywoodschen
Handlungsschemata zu unterdrücken?« fragte ich.

»Seltsam, daß ausgerechnet du so etwas sagst«, erwiderte Brecht.
»Schließlich sind abgedroschene Trivialhandlungen bei Operetten
hoch im Kurs. Aber du hast recht. Meine künstlerischen Überzeugungen stellten sich quer. Ich wollte die Geschichte um die Abenteuer eines jungen Mädchens in der französischen Résistance anle-
gen, welches fälschlicherweise der Kollaboration mit den Deutschen verdächtigt wird. Dazu war es unerläßlich, daß meine Heldin
während der gesamten Dauer des Stückes mit kahlrasiertem Kopf
herumläuft – denn das ist das Schicksal all derer, die man für Kol-
laborateusen hält. Du kannst dir vermutlich vorstellen, was nun
geschah, Robert. Die Studiobosse mochten die Idee mit der kahlen
Hauptdarstellerin nicht. Aber selbst *wenn* sie sie akzeptiert hätten –
sie hätten ja niemals eine Hollywood-Größe gefunden, die damit
einverstanden gewesen wäre, daß man ihr den Schädel rasiert! Das
ist das Problem beim Filmemachen in Hollywood: Man steht vor
einem unlösbaren Wirrwarr von Widersprüchen. Wie schon Salka
Viertel (die Frau des Schriftstellers und Regisseurs Berthold Viertel,
die selbst eine anerkannte Drehbuchautorin war und oft an Filmen
mit Greta Garbo mitarbeitete) sagt: Was die Studios wollen, das ist
eine Geschichte, die einerseits neu, andererseits aber altbekannt ist;
die kontrovers ist, aber niemanden kompromittiert; eine Story voller Sex, aber moralistisch; einfach zu begreifen, aber auch höheren
Ansprüchen genügend … Und selbst wenn all diese Forderungen
erfüllt sind, dann lassen sie das ganze Drehbuch noch einmal um-
schreiben!«

So kam es, daß Hollywood niemals eine in unserer Zeit spielende,
kahlköpfige Kinoversion der *Mutter Courage* produzierte, Drehbuchautor Bert Brecht …

Für mich als Komponist existierten die Probleme, denen ernstzunehmende Schriftsteller wie Bert Brecht sich gegenübersahen,
nicht. Einige der schönsten und lohnendsten Stunden meines Ame-
rikaaufenthalts verbrachte ich komponierend – in Hollywood, der
Traumfabrik.

6.
Hollywood, wie es lacht und weint

1941 wurde ich von der Hollywooder *Academy of Motion Picture Arts and Sciences* für den Oscar nominiert. Er galt der Musik in dem Film *Spring Parade,* der Hollywood-Version meiner *Frühjahrsparade.* Der Oscar ist die höchste Auszeichnung, die man in Hollywood erringen kann, und da ich die Gage für die Filmmusik längst ausgegeben hatte, kam mir das durch die Ehrung wiedererweckte Interesse der Amerikaner an meiner Filmarbeit sehr zustatten, ebenso wie die erfolgreichen *Night-in-Vienna*-Konzerte, die meinen Ruf als Dirigent begründet hatten.

Spring Parade war ein verschwenderisch ausgestattetes Film-Musical geworden. Die Hauptrolle spielte eine der hübschesten Nachwuchsdarstellerinnen Hollywoods, Deanna Durbin. Deanna, die neben Shirley Temple und Judy Garland zu den großen drei Kinderstars der dreißiger Jahre gehört hatte, verfügte nicht nur über eine bezaubernde Stimme, sondern auch über ein strahlendes Kameralächeln, womit sie eine geradezu ideale Besetzung für die Rolle der Marika in *Spring Parade* wurde. Sie erhielt fähige Unterstützung von Robert Cummings, der den jugendlichen Liebhaber spielte; Mischa Auer sowie Szöke Szakall sorgten in komischen Rollen für Heiterkeit.

Der einzige Mensch, der jemals ein unfreundliches Wort über *Spring Parade* sagte, war der jähzornige, rotnasige amerikanische Filmkomiker W.C. Fields. Wir wurden im »Chasen«, einem von vielen Hollywood-Stars besuchten Restaurant, einander vorgestellt, und mein Gastgeber erzählte Fields, ich hätte eine Oscar-Ehrung bekommen für die Filmmusik, die ich für Deanna Durbin geschrieben hätte. Der große Mann fuhr hoch, seine Nase nahm ein noch lebhafteres Purpur als gewöhnlich an, und seine kleinen, stahlblauen Augen verengten sich vor Abscheu. »Verdammt!« schrie er. »Dann sind also Sie der Unhold, der mich meines Schlafes beraubt und die heilige Ruhe meines Heimes zerstört hat!«

Der Grund für Fields' Zorn war, daß Deanna Durbin direkt neben des alten Komödianten weitläufigem Anwesen am De Mille Drive wohnte. Zu den vielen Eigentümlichkeiten Fields' gehörte auch ein maßloser Widerwille gegen Sängerinnen. Da ich einige von Deannas beliebtesten Liedern komponiert hatte, wie »Waltzing in the clouds«, »It's foolish but it's fun« und »When April sings«, hielt Fields mich zumindest teilweise für mitverantwortlich an ihrer Gesangskarriere. »Bill« Fields war, wie ich es ähnlich schon an vie-

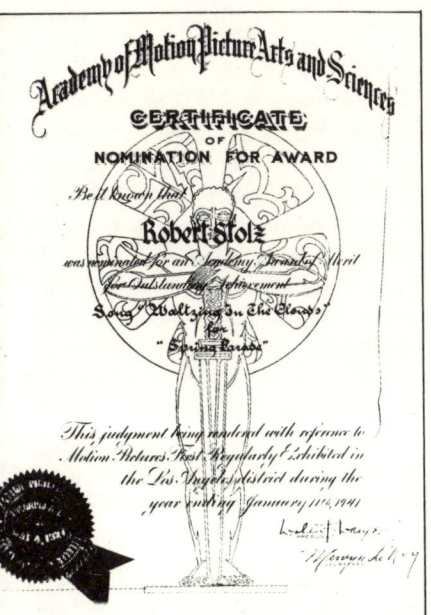

Oben: Zweimal wurde Musik von Robert Stolz für den »Oscar«, die höchste Auszeichnung der amerikanischen Filmwelt für besondere Leistungen, nominiert.

Unten: Plakat bzw. Anzeige für »Spring Parade« mit Deanna Durbin und »The Merry Widow« von Lehár in der Bearbeitung von Robert Stolz.

len Komikern beobachtet hatte, ein Mensch voller Widersprüche. Ich habe häufig gefunden, daß Komiker offenbar weniger fröhlich sind als ihre Kollegen vom ernsten Fach, weniger auch als Musiker und Sänger; sie scheinen vielmehr dazu zu neigen, tiefstes Weh über die Welt samt ihren Bewohnern zu empfinden, gegen die sie ihren Humor sowohl als Waffe wie auch als Schutz einsetzen. Dies gilt besonders für Humoristen mit sarkastischen oder satirischen Zügen, mehr vielleicht als für die fröhlichen, leichtherzigen Clowns.

Über W.C. Fields ging ein geflügeltes Wort um, das besagte: »Einer, der Hunde und Kinder haßt, kann gar so schlecht nicht sein ...«

Fields' Clownerien waren nicht nur auf seine Arbeit bei Film, Bühne und Rundfunk beschränkt. Mit einigen seiner Trinkkumpane, etwa mit Gene Fowler, den Brüdern John und Lionel Barrymore sowie dem draufgängerischen australischen Filmstar Errol Flynn, pflegte er gelegentlich in aller Öffentlichkeit komische Streiche auszuhecken. Während des Zweiten Weltkriegs wankten sie einmal, alle schon recht angeheitert und der jüngste von ihnen bereits hoch in den Fünfzigern, ins örtliche Rekrutierungsbüro und verlangten, umgehend erfaßt und nach Europa geschickt zu werden. Lionel Barrymore, durch seine Arthritis bereits ein halber Krüppel, kam gar im Rollstuhl daher – eine Szene, die geradeswegs aus dem *Braven Soldaten Schweijk* hätte stammen können. Es wird berichtet, die Dame hinter dem Schreibtisch habe nur einen einzigen Blick auf diesen närrischen Haufen angesäuselter Senioren geworfen und gefragt: »Wer hat Sie denn geschickt? Der Feind?«

Mir war bald klargeworden, daß Fields, der im Film meistens grantelnde Brummbären darstellte, in Wirklichkeit ein zwar rauher, doch liebenswerter Geselle war – ganz im Gegensatz zu einem anderen großen Komiker, den ich auch kennenlernte: Charlie Chaplin. Auf der Leinwand kannte man Charlie Chaplin nur als ungemein sanften, geduldig leidenden »kleinen Mann«, als das Opfer, das am Ende den Spieß herumdreht und mit Glück und List der Gerechtigkeit zum Siege verhilft. Sowohl vor als auch hinter der Kamera konnte Chaplin überaus charmant und amüsant sein. Doch als Regisseur oder Mitarbeiter behandelte er Kollegen mitunter reichlich roh. Er schien entschlossen, sich als Universalgenie darzustellen, und gab jedermann Anweisungen, wie was zu tun sei, als ob es nicht Ruhm genug wäre, »nur« ein brillanter Komiker und hochtalentierter, vielseitiger Regisseur zu sein.

Als Chaplin seinen satirischen Anti-Hitler-Film *The Great Dic-*

tator (Der große Diktator) drehte, gab es bissige Kommentare über seine Art, mit anderen Schauspielern umzugehen. Damals sprach man darüber, Chaplin müsse sich nicht sehr bemühen, für diesen Film in die Rolle eines exzentrischen Diktators hineinzuwachsen, denn das sei ohnedies sein wahres Naturell.

Möglich, daß diese scharfen Attacken gegen Chaplin irgendwie begründet waren. Aber Chaplin, der zumindest mit seinen Filmen Millionen Menschen Freude bereitete, mit Hitler zu vergleichen, schien mir und den meisten Emigranten aus Europa mehr als unpassend.

Teddy Baumfeld, ein lieber Freund, verschaffte mir den Vertrag für die Kompositionen und die musikalische Leitung in dem Film *It happened tomorrow (Was morgen geschah)*. Die aufreibende, gleichwohl lohnende Arbeit an diesem Film ist eine meiner glücklicheren Erinnerungen an Hollywood. Die Hauptdarsteller waren Dick Powell, Linda Darnell und Jack Oakie. Jack Oakie war ein dicker, lustiger amerikanischer Komiker. Dick Powell und Linda Darnell waren noch junge, doch bereits bewährte Stars in romantischen Rollen, und René Clair, ein temperamentvoller Franzose, war einer der besten Regisseure aller Zeiten für geistreiche, beschwingte Komödien. Mit einem solchen Team zu arbeiten, war eine reine Freude. Die Beschreibung von Clairs Art, Filme zu machen, klingt wie eine Beschreibung meiner eigenen Lebensart: »Perfekte Beherrschung der Technik, optimistische Lebensanschauung und Begeisterungsfähigkeit, aber ohne Missionsgeist ...« Die ideale Mischung für einen Mann meines Temperaments.

Einzi und ich fuhren mit dem Zug von New York nach Hollywood, auf der sagenumwobenen Überlandstrecke der »Twentieth Century Limited«. Erst einige Jahre später, in einem Augenblick der Verzweiflung, sollte ich meinen ersten Versuch wagen, per Flugzeug zu reisen.

In Hollywood wohnten wir in dem bezaubernden Château Marmonte Hotel. *Was morgen geschah* wurde von United Artists produziert, und als ich mit den Musikaufnahmen beginnen wollte, herrschte gerade ein unglaublicher Andrang in den Tonstudios, so daß ich schließlich die gesamte Filmmusik innerhalb von vierundzwanzig Stunden aufnehmen mußte und die Arbeit nur ab und zu unterbrechen konnte, um eine Zigarette zu rauchen oder eine Tasse Kaffee zu trinken. Wir fingen um acht Uhr morgens an, arbeiteten den ganzen Tag und die ganze Nacht durch, und nachdem ich drei Schichten Studio-Musiker und Tontechniker »verbraucht« hatte, war ich schließlich gegen acht Uhr am nächsten Morgen fertig. Total erschöpft ließ ich mich auf den nächstbesten Stuhl fallen und schlief sofort ein, doch gleich kam jemand und sagte mir, ich solle mein Nickerchen anderswo halten, denn das Studio sei ausgebucht und die nächste Schicht wolle gleich mit der Arbeit beginnen.

Gott sei Dank hatte ich Einzi an meiner Seite, so daß derlei Arbeiten nicht ganz so strapaziös waren, wie es klingt. Ihr hatte ich es zu verdanken, daß ich zu meinem alten Selbst wieder zurückgefunden hatte, und einiges von meinem wiedererwachten Lebensgeist muß sich wohl in meine Musik und mein Dirigieren eingeschlichen haben, denn *It happened tomorrow* brachte mir meine zweite Oscar-Nominierung ein.

Doch genug von beruflichen Dingen. In Hollywood sollte ich noch eine andere interessante künstlerische Erfahrung machen, die diesmal nichts mit Komödianten und Studios zu tun hatte, sondern mit einem Gentleman aus der Alten Welt, einem seriösen Musiker reinsten Wassers – mit dem großen slawischen Musikgenie unseres Jahrhunderts: mit dem unvergeßlichen Igor Strawinsky.

7.
Gespräche mit einem atonalen Magier

Von all den glänzenden Komponisten, die ich gekannt habe, strebte niemand um der künstlerischen Vervollkommnung willen mit größerer Leidenschaft nach Wahrheit als Igor Strawinsky. Es hat vielleicht niemals – weder vor ihm noch nach ihm – einen großen Meister der Musik gegeben, der so viele Metamorphosen durchgemacht hat. Und niemals waren es modische Trends, die diese Wandlungen bewirkten. Sie waren vielmehr stets das Ergebnis neuer Erkenntnisprozesse, die zuweilen das Begriffsvermögen der meisten zeitgenössischen Musiker überstiegen. In gewisser Hinsicht war Strawinsky das musikalische Äquivalent zu Einstein – ein rastloses Genie, das die Grenzen des Wissens immer weiter hinausschob. Mit einem visionären Geist begabt, der anderen versagt ist, waren sie beide in der Lage, Wahrheit und Schönheit in neuen und fremdartigen Formen zu entdecken und alte Begriffe neu zu interpretieren.

Zwar ist es nicht gerade ein fremdes Gebiet für mich, aber von meiner eigenen ästhetischen Heimat im Lande der Melodie ist es nichtsdestoweniger ein langer Weg bis zum Reich der atonalen und der Zwölftonmusik. Ich habe immer den Standpunkt vertreten, daß all diese neuen musikalischen Formen, die ja in manchen Fällen nicht nur Neuschöpfungen sind, sondern ebensosehr eine klare Absage an die alten Formen darstellen, bei all ihren oft rätselhaften Eigenschaften zweifellos eine Brücke zur Musik der Zukunft schlagen. *Wohin* diese Brücke einmal führen wird, vermag ich nicht zu sagen; wann immer diese Frage beantwortet werden kann, ich werde diesen Augenblick nicht mehr erleben. Die ernste Musik hat diese Brücke unwiderruflich beschritten. Und während ich ganz sicher bin, daß die Melodie immer weiterleben wird, steht es doch außer Frage, daß auch diese neuen Richtungen in den kommenden Jahren weiterverfolgt werden: Der Zielort ist unbekannt, aber ein Zurück gibt es nicht mehr.

Strawinsky war aufgeschlossen genug, um diesen Weg einzuschlagen; er wurde getrieben von dem unstillbaren Verlangen nach neuen Ideen, die für seine Nachfolger richtungweisend sein würden. Darüber hinaus war er ein europäischer Grandseigneur der alten Schule, mit dem man sehr gut auskommen konnte, zudem äußerst geistreich, wenngleich zuweilen etwas exzentrisch. Selbst seine Eß- und Trinkgewohnheiten zeichneten sich durch eine Mischung aus Experimentierfreude und gelegentlichen Anflügen von Schrulligkeit aus. Ich entsinne mich, daß er in Paris, ich glaube, es war Anfang der dreißiger Jahre, eine Zeitlang behauptete, von einer »Gesundheitsdiät« zu leben, welche ausschließlich aus rohen Kartoffeln und Tomaten bestand, die in einer brackigen, essighaltigen Brühe schwammen. Das einzige, was er seinem Gaumen zugestand, waren große Mengen von brandyversetztem Kaffee – ein Zugeständnis freilich, das dazu angetan war, alle Vorteile, die die vegetarische Ernährungsweise mit sich bringen mochte, wieder zunichte zu machen.

Wenn ich Strawinsky während der vierziger Jahre in Hollywood besuchte, insbesondere, wenn ich mit ihm Arm in Arm durch seinen duftenden Terrassengarten schritt, dann kam es mir manchmal vor, als befände ich mich in Begleitung einer Persönlichkeit mit magischen Kräften – er erinnerte mich an eine Figur aus dem Märchenreich der Zwerge, mit seinem winzigen, zierlich gebauten Körper und seinem langen »Eierkopf« –, wenn er sich mit seltsam storchenartigem Stelzgang seinen Weg durch die Blumen bahnte, wobei jeden Moment die Gefahr zu bestehen schien, daß er sich in Rauch auflösen könne.

Der amerikanische Humorist Mark Twain hat einmal gesagt, die Leute sollten sich »die Hölle wegen der Gesellschaft und den Himmel wegen des Klimas« aussuchen. Strawinsky hatte Hollywood ursprünglich nur aus klimatischen Gründen zum Wohnsitz gewählt, weshalb er immer froh war, wenn er alte musikalische Bekanntschaften aus Europa treffen konnte. Ausgenommen natürlich die beträchtliche, wenn sich auch stets in ihrer Zusammensetzung verändernde Gruppe jener »ernsten« Musiker, mit denen er jeweils gerade in Fehde lebte. Ich jedoch war als Vertreter der heiteren Muse für ihn weder ein potentieller Mitstreiter noch ein Konkurrent – nur ein Besucher, der gelegentlich vorbeikam und einige Erinnerungen an Europa und an gemeinsame Freunde mit ihm teilte. Unsere Unterhaltungen verliefen daher nur selten kontrovers. Einmal fragte ich ihn, ob er wirklich darüber glücklich sei, so viel Zeit in Hollywood zu verbringen. Für einen so überaus ernsthaften Musiker wie Strawinsky war diese Stadt wirklich ein höchst ungewöhnlicher Anlegehafen. Strawinsky zuckte mit den Schultern: »Mein Leben lang bin ich von einem fremden Land zum anderen gezogen. Der ganze Krimskrams und alle Aufzeichnungen meines Lebens haben sich hier angesammelt. Schauen Sie sich nur diese Unordnung an . . .« – er deutete auf die Bücherborde, auf denen sich Akten und Manuskripte häuften. »Allein der Gedanke daran, das alles wieder einpacken zu müssen, reicht aus, mich an den Rand eines Nervenzusammenbruchs zu bringen.«

So verbrachte er, von allerdings nicht seltenen langen Reisen abgesehen, den Großteil seiner Zeit in Hollywood, freute sich über die Sonnenuntergänge und verfluchte den ständig dichter werdenden Smog. Seine lebenslange Expedition in neue Bereiche der Musik setzte er fort.

Obwohl Strawinskys Neigungen, denen er mit Begeisterung nachgab, ständig wechselten, war er doch eine permanente, unerschöpfliche Informationsquelle für mindestens drei größere Epochen der Musik: das Barock, die Klassik und die Romantik. Was seine Bemerkungen noch interessanter machte, war der Umstand, daß er alle drei Epochen durch die einzigartigen Linsen seines Intellekts und seiner Gefühlswelt betrachtete. Die einzige Frage, in der wir uns – Hollywood ausgenommen – nicht einig wurden, betraf die Rolle des Klaviers beim Komponieren. Strawinsky konnte ohne Klavier nicht arbeiten, während ich viele meiner Kompositionen weitab vom unmittelbaren Klang des Klaviers direkt aufs Papier zu notieren pflegte. Strawinsky bedurfte ständig des Flügels. Aber die Ursache für unsere unterschiedliche Arbeitsmethodik lag eher in äußeren Umständen als im persönlichen Geschmack.

»Sehen Sie, mein lieber Stolz«, erklärte mir Strawinsky, »Sie sind als Instrumentalist erzogen worden. Sie haben schon als Kind die Nuancen des instrumentalen Klangs in der Musikschule Ihrer Eltern in sich aufgenommen. In dieser Hinsicht glich Ihre Ausbildung der Mozartschen, aber auch der Bachs, Haydns und der meisten anderen deutschen Komponisten des 18. Jahrhunderts. Sie beherrschten die Instrumente, bevor Sie mit dem Komponieren anfingen. In meinem Falle war es genau umgekehrt. Ich habe ein so frühes instrumentales Training nicht gehabt. Am Anfang stand bei mir ein Überhang an Musik-Theorie – und ein Defizit an instrumentaler Praxis. So muß ich bis heute am Klavier sitzen, wenn ich komponiere. Ich kann einfach nicht reale Töne allein mit meiner Vorstellungskraft herbeizaubern; ich muß sie vielmehr bei der Arbeit unmittelbar vor mir haben. Aber genug davon! Ich glaube, wir *beide* lieben den Klang der sich berührenden Gläser. Wollen Sie nicht ein Gläschen Wodka mit mir trinken?«

Wie hätte ich da nein sagen können – bei seinem lausbübischen Grinsen und angesichts der Vorstellung von kühlem Wodka in blitzenden Kristallgläsern? Ohnehin mußte ich befürchten, daß jede weitere Diskussion über die Rolle des Klaviers beim Komponieren zu unnötigen rhetorischen Feuerwerken führen würde. Wir wechselten das Thema – und kamen niemals wieder darauf zu sprechen.

Im Laufe seines Lebens schloß sich der Kreis. In seinen allerletzten Jahren vertraute Strawinsky Freunden an, daß er das Interesse an den neuesten Entwicklungen in der Musik verloren habe und nun einige der alten Meister »wiederentdecke«. *Fidelio,* so sagte er einmal, sei nun sein Lieblingswerk geworden; es sei die Synthese alles Guten aus Beethovens titanischem Œuvre. Er selber war in diesen seinen letzten Jahren nicht mehr in der Lage, zu komponieren – wohl der schlimmste Schicksalsschlag, der einen Komponisten treffen kann! Sein letztes größeres Werk, die *Requiem Canticles,* verblüffte mich, weil es trotz seiner modernen Form zumindest emotionell – wenn auch nicht theoretisch – zutiefst bewegend und gar nicht so schwer zu begreifen war. Strawinsky starb in Venedig im Jahre 1971, nachdem er von Jahr zu Jahr gebrechlicher geworden war. Die Stadt war für sein Hinübergleiten in eine andere Welt gewiß geeigneter als Hollywood mit seinen Plastikmausoleen und seinen kurzlebigen Kulissenträumen. Nach einer sehr schönen Trauerfeier trat sein leichter, zerbrechlicher Körper die letzte Reise an: Ruhig glitt die Gondel des atonalen Magiers über die sanft bewegten Wasser des Canale Grande ...

Auch ich schlug keine Wurzeln in Hollywood. Meine häufigen Besuche dort waren niemals von langer Dauer. Nachdem es gelungen war, mir einen Namen in der Film- und Konzertwelt zu machen, war die Zeit gekommen, mein Glück auch einmal wieder am Musiktheater zu versuchen – dieses Mal mit einer größeren Besetzung als einem ungarischen Dompteur und sechs Löwen!

8.
»Broadway-Bobby« erweckt die Wiener Musik zu neuem Leben

Als der Bürgermeister Jimmy Walker erfuhr, daß ich beabsichtigte, der Wiener Musik auf den New Yorker Bühnen zu einem Comeback zu verhelfen, verlieh er mir den Spitznamen »Broadway-Bobby«. Ein passender Spitzname reichte aber bei weitem nicht aus, um sich in den vierziger Jahren am Broadway einen Platz an der Sonne zu erkämpfen. Das Milieu war faszinierend – aber der halsabschneiderische Konkurrenzkampf ging an die Substanz. Das Zauberwort hieß »Erfolg«, und für persönliche Gefühle war kein Platz. Ich sollte das sehr bald herausfinden.

J. J. Shubert und Lee Shubert, die »Shubert Brothers«, waren zwei hartgesottene alte Großmogule, die sich das größte Theater-Imperium der Vereinigten Staaten aufgebaut hatten. Ihre Theaterketten erstreckten sich über das ganze Land, und in New York gehörten ihnen einige der führenden Häuser. Ich kann Ihnen versichern, daß die beiden nicht nur aus reiner Menschenfreundlichkeit zu millionenschweren Machtpositionen innerhalb der Welt des Theaters aufgestiegen waren. Kurz nach meiner Ankunft in New York hatte ich eine Begegnung mit J. J. Shubert, den ich schon seit vielen Jahren kannte, weil er auf seinen zahlreichen transatlantischen Geschäftsreisen normalerweise in Berlin und Wien Station zu machen pflegte, um neue musikalische und dramatische Bühnenwerke für die USA zu erwerben. Was für ein Gedächtnis der alte Mann doch hatte!

Als wir uns trafen, waren seine ersten Worte: »Ich nehme an, Sie wollen etwas für das amerikanische Theater schreiben?« – Ich nickte eifrig, und er antwortete: »Fein. Ich würde gern ein Robert-Stolz-Musical produzieren. Geld spielt keine Rolle ...«

Ich drückte verstohlen Einzis Hand, in der angenehmen Hoffnung, daß unsere Geldsorgen nun vorüber seien.

»Geld spielt keine Rolle«, wiederholte er. »Denn wie Sie sich erinnern dürften, habe ich Ihnen im Jahre 1906 einen Vorschuß von 500 Dollar für eine Operette gezahlt, die in Amerika niemals zur Aufführung kam. Betrachten wir jetzt ganz einfach diese 500 Dollar als Vorschuß für ein neues Werk!«

Über dreißig Jahre lag das jetzt zurück, und ich hatte natürlich die 500 Dollar von damals völlig vergessen. Nicht so J. J. Shubert! Und doch – hier bot sich eine Chance, »etwas für den Broadway« zu tun; wie konnte ich also sein Angebot ablehnen? Ich sagte zu, in Zusammenarbeit mit dem geistreichen und talentierten britischen Autor und Regisseur Rowland Lee ein Musical zu schaffen. Rowland war ein lebhafter, in seinem Metier sehr versierter Gentleman, mit dem zusammenzuarbeiten stets ein Vergnügen war, und unsere beiden Stars, die anmutige Helen Gleason und der galante junge John Lodge, gehörten zur Spitzenklasse. Vor allem Lodge war ein sehr ungewöhnliches und wandlungsfähiges Talent. Er entstammte der ehrbaren Familie Cabot Lodge, die ihrerseits zu den alteingesessenen New-England-»Brahmanen« zählte, einer Gesellschaftsschicht, die in Amerika fast unserem Erbadel entspricht.

John Lodges Großvater, ein Wissenschaftler und einflußreicher Politiker, war zu Beginn des Jahrhunderts einer der hartnäckigsten Gegner des amerikanischen Präsidenten Woodrow Wilson gewesen; sein Bruder Henry Cabot Lodge war in den vierziger Jahren ein junger, aufsteigender Stern am politischen Horizont. Dreimal wurde er in den Senat gewählt, um dann später ein enger Berater von Präsident Eisenhower zu werden. Als amerikanischer Botschafter bei den Vereinten Nationen erwarb er sich in den fünfziger Jahren große Verdienste.

John selber war alles andere als eine blasse Bühnenfigur: Er wurde nach einer erfolgreichen angloamerikanischen Theater- und Filmkarriere, in der er, die ideale Verkörperung des eleganten jungen Mannes, viele große Rollen übernahm, Gouverneur des Staates Connecticut und amerikanischer Botschafter in Spanien. Eine so vielgestaltige Karriere ist in einem anderen Land als den Vereinigten Staaten kaum denkbar.

Die Familie Cabot Lodge war so berühmt und ihre gesellschaftliche Stellung so angesehen, daß die folgenden Verse über sie und die Familie Lowell, eine kaum weniger exklusive eingeborene Dynastie, in ihrer gemeinsamen Heimatstadt Boston die Runde machten:

> »Willkommen im guten alten Boston,
> der Heimat der Bohnen und des Kabeljau,
> wo die Lowells nur mit den Cabots reden
> und die Cabots nur mit dem lieben Gott.«

Dieser Spruch wäre sogar den versnobtesten Vertretern des österreichischen Uradels gerecht geworden ... Aber John Lodge war alles andere als ein Snob. Als ich ihm zum erstenmal begegnete, war er ein eleganter junger Mann, stets zu Späßen aufgelegt, kurz: eine durch und durch gewinnende Erscheinung – und bereits ein Bühnen- und Filmveteran mit zehnjähriger Berufserfahrung.

Alles in allem konnten Rowland Lee und ich bezüglich unserer Show guten Mutes sein. Unter dem Namen *One Night of Love* wurde sie vom Publikum in Boston und in New Haven, wo zu Beginn des Jahres 1942 Vorausaufführungen stattgefunden hatten, sehr gut aufgenommen. Unglücklicherweise erwies sich J.J. Shubert, womit ich nach der Geschichte mit dem 500-Dollar-»Vorschuß« eigentlich hätte rechnen müssen, als sehr knauserig. Er sparte an allen Ecken und Enden und hatte nichts Eiligeres zu tun, als die Show so schnell wie möglich am Broadway zur Aufführung kommen zu lassen. Dahinter steckte natürlich die Hoffnung auf schnellen Profit. Dabei blieb *One Night of Love* auf der Strecke. Trotz positiver Kritiken für Musik und Darsteller hielt es sich nur drei Wochen am Broadway.

Wegen des Geizes von Mr. Shubert war *One Night of Love* ein theatralisches Stiefkind geblieben, mit schauerlich magerer Ausstattung. Hinzu kam, daß die New Yorker Premiere im August, also im der heißesten Jahreszeit, stattfand – im nicht klimatisierten Century Theater. Wir alle litten unbeschreiblich unter einer Temperatur von fast 40 Grad Celsius und einer Luftfeuchtigkeit von 98 Prozent.

»Hübsche Musik, ein nettes Buch, eine gute Besetzung«, schrieben die New Yorker Kritiker, »aber eine erbärmliche Ausstattung.« Das Publikum, in New York noch abhängiger von den Meinungen der Kritiker als anderswo, blieb somit unserer Aufführung fern – und das war dann auch schon das Ende von *One Night of Love*. Aber nicht das Ende von »Broadway-Bobby« Stolz!

Wäre ich allein gewesen, der Fehlschlag von *One Night of Love* und die unangenehme Episode mit J.J. Shubert wären ein schwerer Schlag für mich gewesen. Ich hätte vermutlich vom Broadway genug gehabt und mich von nun an ganz auf Konzerte und Film konzentriert. Aber mit Einzi an meiner Seite und ermuntert von dem Lob, das meine Musik und mein Dirigieren von den Rezensenten erfahren hatten, gab ich noch nicht auf. Eines Tages, es war an einem sonnigen Nachmittag, saßen wir auf einer Bank im Central Park und sprachen bei »Hot Dogs« – so ungefähr die einzige Mahlzeit »außer Hause«, die wir uns damals leisten konnten – über unsere Zukunft. Da hatte Einzi eine Idee: »Ich habe darüber nachgedacht, Liebling, ob es nötig ist, daß du dich einem solchen Sklavenhändler wie Shubert auslieferst, der es nur darauf anlegt, so viel Geld wie möglich aus deiner Arbeit herauszuquetschen, ohne auch nur einen Penny in die qualitative Ausstattung des Stückes zu investieren. Warum, Robert, suchen wir uns nicht selber unsere Geldgeber zur Finanzierung der Aufführungen?«

Und so fand »Broadway-Bobby« einen Impresario, dem er sein volles Vertrauen schenken konnte: »Broadway-Einzi«. Zusammen waren wir ein erfolgreiches Team – aber leicht war es trotzdem nicht. In jenen Tagen feierte das reich ausgestattete Musical mit phantasiereichen Kostümen, großen Chören und prächtigen Bühnenbildern Triumphe. Mein Freund Billy Rose, ein ebenso erfolgreicher Autor, Regisseur und Produzent wie der sagenumwobene Ziegfield, präsentierte phantastische Shows.

Alle unsere Freunde und Bekannten warnten uns: »Wiener Musik ist in Amerika ›Theaterkassengift‹, das man nicht anrühren sollte.« Aber wir ließen uns durch derartige Sprüche nicht entmutigen. Und es war keine verlorene Liebesmüh.

Auf eigenen Beinen stehen – das klang von der Idee her sehr gut, aber diese Idee erforderte entsprechende Umstellungen in unserem Tagesablauf. Wir mußten alles sein: Theatertruppe, Gastgeber und Gastgeberin, Rechtsanwalt, Finanzierungsfirma, Handelsvertreter und redegewandte Manager. Und unsere hübsche Wohnung am Central Park verwandelte sich in eine Kombination aus freier Bar, Restaurant, Börse und Irrenanstalt!

Wir mußten ständig darauf gefaßt sein, fremde Besucher zu empfangen – mysteriöse Geldleute, Figuren aus der Unterwelt mit ihren pseudomondänen Freundinnen – und jedem dieser Besucher in seiner Eigenschaft als potentieller Geldgeber einen königlichen Empfang bereiten. Ohne meine Einzi hätte ich das niemals durchgestanden. Sie war es, die den Gästen alkoholische Getränke und Erfrischungen reichte, und da wir es uns nicht leisten konnten, Musiker zu engagieren, mußte ich die gesamte Partitur der vorgesehenen Aufführung auf dem Klavier vorspielen. Einzi sang nicht nur alle Rollen, sondern füllte auch die Pausen, die wir einlegen mußten, indem sie den Fortgang der Handlung erklärte. Sie hätte sich wirklich eine Medaille verdient, die Gute – stellen Sie sich bloß meine Einzi vor, wie sie alle Rollen aus der *Fledermaus,* von der Rosalinde bis hin zum stotternden Advokaten Blind vorspielt! Und das in einem Raum voller reicher, aber unkultivierter Farmer, Pelzhändler und Börsenspekulanten, die in ihrem ganzen Leben noch keine Operette, geschweige denn eine Oper gesehen hatten.

Aber ich war entschlossen, dem Titel, den Mrs. Roosevelt und die Presse mir verliehen hatten, gerecht zu werden; ich wollte wirklich der inoffizielle »Botschafter der Wiener Musik« in Amerika sein. Ich war mir sicher, daß jene mitreißenden Walzer, die jeden Kummer vergessen ließen, und die verträumten Liebeslieder die Herzen der Amerikaner erobern könnten, wenn es nur gelänge, niveauvolle Aufführungen am Broadway in Szene zu setzen. Vor allem ging es mir darum, die Wiener Musik in der Neuen Welt populär zu machen, und Einzi konnte dieses Anliegen sehr gut verstehen.

Aber diese Vor- und Nachmittagssitzungen in unserer Wohnung waren zum Teil nervenaufreibend. Erlauben Sie mir, an zwei Beispielen deutlich zu machen, wie sehr sie das waren, wie wenig voraussehbar ihr Ausgang, und doch – im Endeffekt – wie gewinnbringend!

Fall Nummer eins: Eine anscheinend gute Nachricht erreicht uns per Telefon: Einer unserer Freunde hat einen berühmten Multimillionär namens Serge Rubenstein dazu überredet, bei uns hereinzuschauen. Wir bemühen uns gerade, Geld für eine Aufführung von Millöckers *Bettelstudent* zusammenzubekommen, und so erscheint uns diese Gelegenheit wie ein Geschenk des Himmels. Einzi eilt in die Küche, um alles vorzubereiten, und ich eile an meinen Schreibtisch, um Buch und Klavierauszug der Operette zurechtzulegen. Eine halbe Stunde später klopft es an die Tür. Vor uns steht der leibhaftige Serge Rubenstein, jener gefeierte (und berüchtigte) aus Europa stammende Multimillionär, dessen Netz von Interessen und Verbindungen sich in den Staaten von Wallstreet bis hin zur internationalen Unterwelt erstrecken soll. Rubenstein trägt einen Homburg und einen pelzbesetzten Mantel, und noch bevor er abgelegt hat, umarmt er mich bärenhaft und küßt mich auf beide Wangen.

»Maestro Stolz«, ruft er aus, »welch ein herrlicher Augenblick für mich! Ihre Melodien haben mein Herz erobert – ich höre sie sogar des Nachts in meinen Träumen. Ich liebe Sie wie meinen eigenen Vater.«

Schließlich gelingt es mir, mich seinen Armen zu entwinden, und mit vereinten Kräften bekommen wir ihn soweit, daß er Hut und Mantel ablegt. Wir bieten ihm Cocktails und einen Imbiß an. Dann galoppieren Einzi und ich durch die gesamte Partitur des *Bettelstudent*, häufig unterbrochen durch Rubensteins enthusiastischen Beifall. Es wird Abend, und noch immer weilt Rubenstein bei uns. Ich spiele ihm auf sein Bitten hin Dutzende meiner eigenen Lieder vor. Er sprüht vor Charme und spart nicht mit Schmeicheleien. Dabei säuft er riesige Mengen von Schnäpsen und vertilgt Berge von Sandwiches. Gegen neun Uhr abends sieht er auf seine Uhr und sagt: »Mein Gott, ich hatte ja gar keine Ahnung, wie spät es schon ist. Wir müssen gleich morgen weitermachen ... Ich habe Ihnen noch so viel zu erzählen. Meinen herzlichen Dank, gnädige Frau! Sie sind eine perfekte Gastgeberin!« – Eine weitere Runde von Küssen und Umarmungen. Wir wickeln Serge Rubenstein wieder in seinen Mantel und setzen ihm den Homburg auf. Er geht ...

Als unser temperamentvoller Millionär uns verlassen hat, sind Einzi und ich erschöpft, aber unsere Stimmung ist gut. Was für ein glücklicher Tag! Ein Millionär, der sich als alter Stolz-Verehrer erweist – und der versprochen hat, morgen wiederzukommen. Die Tage des Bettelns für den *Bettelstudent* sind vorüber!

Und Serge Rubenstein kommt am nächsten Tag wieder. Aber nicht nur am nächsten. Immer wieder erscheint er bei uns, stets voller Begeisterung und nie um eine Schmeichelei verlegen. Den Erfrischungen, die wir ihm vorsetzen, spricht er reichlich zu, und immer sind wir müde, aber erwartungsvoll, wenn er uns verläßt. Das geht wochenlang so weiter. Im Vertrauen darauf, endlich einen perfekten Mäzen gefunden zu haben, vernachlässigen Einzi und ich in dieser Zeit die Suche nach anderen potentiellen Geldgebern.

Dann kommt der Tag, an dem Serge Rubenstein, nachdem er wieder einmal stundenlang bei Whisky und Brötchen meinem Klavierspiel gelauscht und sich zu einer selbst für ihn ungewöhnlich wortreichen Lobeshymne gesteigert hat, das letzte Mal die Wohnung am Central Park West verläßt. Niemals wieder hören wir etwas von ihm. Niemals hat er auch nur einen einzigen Dollar für uns investiert, und, das fällt mir dabei ein, nicht ein einziges Mal hat er einen Strauß Blumen oder eine Bonbonniere mitgebracht. Der *Bettelstudent* bleibt ein Bettler, und der Millionär, der mich »wie einen Vater« liebte, läßt uns einfach sitzen.

Wenige Jahre später erfuhren wir aus den Zeitungen, daß Serge Rubenstein in seiner Luxuswohnung in der Fifth Avenue ermordet worden war. Einer unserer Emigrantenfreunde, der große Ferenc Molnár, der einmal Zeuge jener »liebevollen« Auftritte Rubensteins in unserem Apartment gewesen war und sich seinen Humor bewahrt hatte, sagte einige Tage später zu mir: »Ich glaube, ich weiß, wer Serge Rubenstein umgebracht hat.«

»Wirklich?«

»Aber sicher. Denken Sie daran, wie Rubenstein Ihnen immer wieder erzählt hat, daß er Sie liebt wie seinen eigenen Vater. Na ja, wenn er seinen Vater genauso behandelt hat wie Sie, dann würde es mich nicht wundern, wenn's sein Alter Herr gewesen wäre, der ihm jetzt den Rest gegeben hat ... Und falls es eine Gerechtigkeit gibt, dann kann ich mir nicht vorstellen, daß sich auf dieser Welt ein Gericht finden würde, das ihn dafür bestraft!«

Beispiel Nummer zwei aus der Zeit der Triumphe und Tragödien, die wir auf der Suche nach Geldgebern für unsere Broadway-Shows erlebten: Diesmal versuche ich, eine Aufführung des *Zigeunerbaron* auf die Beine zu stellen, und wieder ruft uns ein Freund an und sagt, daß er einen potentiellen »Engel« (so werden in den USA die Finanziers der Broadway-Shows genannt) noch am selben Nachmittag herschicken wird – einen Farmer aus Kansas City. Ziemlich verzweifelt, wie wir gerade sind, beschließen wir, auch diese anscheinend nur sehr vage Chance wahrzunehmen. Viel Hoffnung auf Erfolg haben wir nicht. Unser Gast – beziehungsweise unsere Gäste, denn der Herr aus Kansas hat seine beiden Töchter mitgebracht – kommt wie angekündigt, und nachdem wir ihnen ein paar Kleinigkeiten zum Trinken und Essen vorgesetzt haben, beginnen Einzi und ich mit unserem »Zwei-Personen-Stück« (stellen Sie sich die arme Einzi vor: Sie mußte ja auch den Schweinezüchter Zsupán singen!).

Während der gesamten Dauer des Vortrags stoßen unsere Bemühungen nur auf eisiges Schweigen. Die beiden Töchter, zwei unscheinbare rotbackige Bauernmädchen ohne Make-up, die ziemlich schlampig gekleidet sind und zweifellos ihren dreißigsten Geburtstag schon hinter sich haben, starren vor sich hin und nicken gelegentlich. Aber das ist schon ein auffällig lebhaftes Verhalten, verglichen mit dem ihres Herrn Papa! Der ist ein großer, sehniger Mann mit sonnenverbrannter Haut, wasserblauen Augen und spärlichen Strähnen blonden Haars, das schon grau zu werden beginnt. Seine riesigen, abgearbeiteten Hände deuten darauf hin, daß er sein Leben lang geschuftet hat, um dem Boden das Notwendigste abzutrotzen. Steif und absolut bewegungslos sitzt er auf seinem Stuhl; nicht einmal seine Wimpern zucken. Das ist so ungewöhnlich, daß ich mich vor dem Finale an Einzi wende und ihr auf Deutsch zuflüstere: »Ich fürchte, unser Freund ist irgendwann im Verlaufe des ersten Aktes gestorben ... es sieht so aus, als hätte die Totenstarre schon eingesetzt!« Einzi lacht, und da ihr sonniges Gemüt und ihr glockenhelles Lachen immer wie ein Tonikum auf mich wirken, finde ich die Kraft, bis zum Ende dieser schweren Prüfung durchzuhalten.

Kein Applaus. Selbst ein verlegenes Hüsteln oder ein indiskreter Rülpser wären erträglicher gewesen als diese Grabesstille, die sich nun im Zimmer breitmacht. Unsere Gäste erheben sich, leeren ihre

Gläser und gehen. Welch ein Unterschied, verglichen mit den Besuchen Serge Rubensteins! Nicht der geringste Hoffnungsschimmer scheint uns zu bleiben. Kaum hat sich die Tür hinter ihnen geschlossen, sehen Einzi und ich uns in die Augen, unschlüssig, ob wir lachen oder weinen sollen. Aber da Einzi eben Einzi ist, lachen wir schließlich. Erschöpft wie wir sind, wollen wir an diesem Abend frühzeitig zu Bett gehen und davon träumen, daß sich am nächsten Morgen wieder irgendwo eine Spur, die zu verfolgen sich lohnen könnte, zeigen wird – irgendein Hoffnungsstrahl bei einem offenbar hoffnungslosen Unterfangen ...

Unser Traum geht in Erfüllung, wenn auch in höchst unerwarteter Weise. Um halb neun Uhr in der Frühe, als ich gerade mit einem sehr wertvollen, goldigen kleinen Etwas namens Clarissa an der Hand (darüber in Kürze mehr!) den Fahrstuhl besteigen will, reißt mich der freche, aber zuverlässige Liftboy Allen aus meinen trübsinnigen Gedanken:

»Mr. Stolz, erinnern Sie sich an die Vogelscheuche mit den zwei alten Jungfern, die Sie gestern besucht hat, ja? Er kam eine halbe Stunde nachdem sie gegangen waren, wieder zurück und gab mir das«, sagt Allen und holt einen Umschlag aus seiner Manteltasche. »Er sagte, das sei für Sie, aber ich wollte Sie nicht mehr stören – deshalb hab' ich's bis heute behalten ...«

In dem Umschlag befand sich ein Scheck über 50 000 Dollar zur Finanzierung des *Zigeunerbaron!* Der Farmer mit der Leichenbittermiene mußte also von den magischen Klängen des Johann Strauß tatsächlich tief beeindruckt gewesen sein.

Im Zusammenhang mit jener erst kurz zurückliegenden Episode mit Serge Rubenstein bedeutete dieses Erlebnis eine echte Lektion für uns und bewies uns, wie unsinnig es ist, Menschen einfach nach ihrer äußeren Erscheinung und oberflächlichen Beredsamkeit beurteilen zu wollen. Rubenstein war bei all seinem Charme unserer Arbeit gegenüber bestenfalls gleichgültig – jener einfache Farmer aus Kansas City, der sich mit dem Sprechen so schwer tat, entpuppte sich als großherzig, und seine Zuneigung zu unserer Musik war ehrlich. Was er für uns getan hatte, war doch so viel wichtiger als Rubensteins blumige Komplimente!

Jetzt konnte ich wieder einmal ein Juwel der leichten Wiener Muse dem so dankbaren Broadway-Publikum vorstellen. Auch die Kritiker begrüßten meine Bemühungen, das alte Wien in der Neuen Welt wieder zum Leben zu erwecken, die mit der *Fledermaus* begonnen hatten, mit überwältigender Zustimmung:

»Die *Fledermaus,* die erfolgreichste der Operetten von Johann
Strauß Sohn, kam im April in New York unter der meisterhaften
Leitung von Robert Stolz zur Aufführung, der fraglos der größte
lebende Nachfolger des unnachahmlichen Strauß ist. Die Auf-
führung fand in deutscher Sprache vor einem großenteils aus
Österreichern, Deutschen und Deutschamerikanern bestehen-
den Publikum statt, dessen Nazifeindlichkeit unverkennbar war.
Der Arier Stolz ist ein freiwilliger Emigrant aus dem Lande der
Nazis. Es wird berichtet, daß Hitler und Goebbels indirekte
Versuche gemacht haben, Stolz zurückzuholen. Währenddessen
wurde Wiener Schwung nach New York transferiert.« »The
Etude«, Juni 1942

»In authentischer Atmosphäre und lebendig im Handlungsablauf
hat die *Fledermaus* in New York endlich eine ihr gemäße Inszenierung erfahren, welche an die großen Tage des Straußschen
Meisterwerks erinnert. Der Dirigent war Robert Stolz, der in
diesem Land vor allem als Komponist des Walzers ›Zwei Herzen
im Dreivierteltakt‹ bekannt ist. Die Ergebnisse seiner Arbeit sind
sehr zu loben ...« »Musical America«, 25. April 1942

»Die Theaterleitung kann sich sehr glücklich schätzen, Robert
Stolz als Dirigenten gewonnen zu haben. Unter Mr. Stolz' kun-
digem Taktstock gelang es von der Ouvertüre an in jeder Nummer, die typisch wienerischen Rhythmusnuancen hervorzuhe-
ben, ohne die die Polkas, Walzer und andere mitreißende Melodien der Operette ihre wesentliche Eigenart verlieren würden. Er
dirigierte hervorragend in jeder Hinsicht und verfügte über ein
Orchester, dem für seinen Part am Gelingen des Ganzen höchstes
Lob zu zollen ist.« Noel Straus, »The New York Times«,
12. April 1942

Die Fledermaus war, wie gesagt, mein erster Versuch, die Wiener
Operette in New York neu zu beleben, und wir hatten uns gezwun-
gen gesehen, die Aufführung mit vergleichsweise bescheidenen
Mitteln zu bestreiten. Aber ihr Erfolg beim Publikum und bei der
Kritik sowie der 50 000-Dollar-Scheck des schweigsamen Farmers
aus Kansas ermöglichten es uns, mein nächstes Projekt, den *Zigeunerbaron,* unter Ausnutzung aller bühnentechnischen Möglichkeiten zu realisieren. So konnte Robert Lawrence, Musikkritiker der
»New York Herald Tribune«, am 20. Juni 1942 schreiben:

»Der Startschuß zu einer grandiosen Operettenfolge fiel gestern abend im New Yorker Cosmopolitan Opera House mit einer brillanten Vorstellung der Johann-Strauß-Operette *Der Zigeunerbaron*, aufgeführt von derselben, überwiegend aus Österreichern bestehenden Truppe, die schon vor einigen Wochen vor einem kleinen Vorstadtpublikum mit der *Fledermaus* des gleichen Komponisten eine exzellente Probe ihres Könnens abgelegt hat. Es dürfte jeder anderen Truppe sehr schwerfallen, das Niveau der Vorstellung von gestern abend zu erreichen.«

Im »World Telegram« konnten die New Yorker am selben Tag folgendes lesen: »Die fröhliche, beschwingte und oft sehnsuchtsvolle Musik des Wiener Walzerkönigs wurde von Robert Stolz akzentreich und voller Wärme dirigiert. Der bekannte Komponist kennt sein Wien; er kennt darüber hinaus, was noch wichtiger ist, seinen Strauß und weiß sein Orchester und seine Sänger im Zaum zu halten.«

Schließlich fiel auch die renommierte »New York Times« einmal mehr in den Chor der positiven Kritiken ein und erteilte der Aufführung ihren Segen: »Die farbenreiche Aufführung wurde von Robert Stolz mit derselben Kennerschaft und Präzision dirigiert, die schon bei seiner Arbeit in der *Fledermaus* auffiel: Es war die gleiche Souveränität bei der Wahl der Tempi und die gleiche kundige Handhabung jeder rhythmischen und dynamischen Nuance. Mit einer Besetzung, die zum großen Teil aus operettenerprobten europäischen Flüchtlingen bestand, einem Orchester, das mit Genauigkeit und Zuverlässigkeit seine Aufgabe erfüllte, und einem großen Chor, der über außerordentliche stimmliche Reinheit verfügte, war Mr. Stolz in die Lage versetzt worden, der Aufführung zu einem sicheren Sieg zu verhelfen.«

Nach all den zahllosen Kostproben in unserer Wohnung und den scheinbar endlosen Mengen Whisky und belegten Broten, die wir zum besten gegeben beziehungsweise verteilt hatten, konnte ich also endlich Wien auf den Broadway bringen. Andere Erfolge ließen nicht auf sich warten; zu ihnen gehörte auch eine wunderbare Inszenierung des *Bettelstudent* – ohne Serge Rubensteins Hilfe! Aber der größte Erfolg sollte erst noch kommen – eine fürstliche Aufführung der *Lustigen Witwe* im Majestic Theater am Broadway, in der meine alten Kollegen aus der Filmzeit in Europa, Jan Kiepura und Martha Eggerth, die Hauptrollen übernahmen. Mein größter

Erfolg am Broadway war noch immer auf jene besondere Wiener Mischung aus Lust und Schmerz, Freude und Wehmut zurückzuführen. Aus persönlichen Gründen war dies für mich eine bittersüße Erfahrung. Aber das ist eine Geschichte für sich...

9.
»Oklahoma!« wird geboren – die »Lustige Witwe« erobert den Broadway

Die *Lustige Witwe* feierte 1943 ihren 38. Geburtstag. Angesichts dieses vergleichsweise hohen Alters und der einschneidenden Änderungen, denen das Musiktheater – vor allem am Broadway – in dieser Zeit unterworfen war, mußte man nicht unbedingt erwarten, daß dieser Geburtstag ein Anlaß zu besonderen Feiern sein würde.

So sorgten zu Beginn des Jahres 1943 zum Beispiel der Komponist Richard Rodgers und der Autor Oscar Hammerstein mit ihrem ländlichen »Western«-Musical namens *Oklahoma!* für einen kühnen Neubeginn, der eine bedeutende Abweichung vom althergebrachten Operetten- bzw. Musikkomödienstil darstellte und das amerikanische Theater grundlegend veränderte. In gewisser Hinsicht hatte es allerdings schon früher Versuche gegeben, diese neue Entwicklung, die darin bestand, daß man einfache Folklore-Klänge auf die Bühne brachte, in die Wege zu leiten. War, zum Beispiel, Leo Falls »revolutionärer« *Fideler Bauer* etwas anderes gewesen? *Oklahoma!* war jedoch bedeutender, weil es in Amerika zu einem Zeitpunkt herauskam, da das amerikanische Musiktheater das wichtigste Medium für die Komponisten wurde.

Dies war nicht zuletzt auf die unmittelbare Verbreitung ihrer Werke per Radio, Film und Schallplatte zurückzuführen. Ich selber hatte diesbezügliche Erfahrungen bereits machen können: Kaum hatte ich mit »Live«-Vorstellungen der *Fledermaus* und des *Zigeunerbaron* in New York Erfolg gehabt, da wurde ich auch schon mit Schallplattenangeboten geradezu überschwemmt. Während der kommenden Jahre konnte ich für die amerikanische Decca-Gesellschaft eine ganze Reihe von Langspielplatten mit Wiener Musik aufnehmen, wobei mir die besten Musiker, die in New York und Hollywood zu bekommen waren, zur Verfügung standen – die meisten von ihnen waren Exileuropäer, die vor und während des Krieges in den Staaten Zuflucht gesucht hatten und nun das Rückgrat guter amerikanischer Symphonie-Orchester bildeten.

Ich sagte bereits, daß *Oklahoma!* das amerikanische Musik-Theater in puncto Themenwahl und Schauplatz revolutionierte.

Doch war dies beileibe noch nicht alles: Auch was die künstlerische Qualität der Aufführungen anging, setzte *Oklahoma!* neue, anspruchsvolle Maßstäbe. Abgesehen davon, daß es sich um eine von Richard Rodgers' besten Partituren und um ein Libretto Oscar Hammersteins handelte, beeindruckte vor allem das Niveau der Inszenierung, und die Choreographie von Agnes de Mille zeichnete sich durch Grazie und Phantasie aus – kurz gesagt, es war eine Sternstunde des Musiktheaters.

Oscar Hammerstein war mit mir befreundet, und daher war ich überglücklich über seinen Erfolg, der sich endlich, nach Jahren, einstellte. Oscar besaß die wunderbare Gabe, so verschiedenartige Themen wie den »Wilden Westen« in *Oklahoma!* und die Exotik des siamesischen Königshofes in *The King and I (Der König und ich)* in Worte zu fassen und darüber hinaus für jedermann verständliche und plausible Handlungen zu entwerfen. Mit seiner unbeschreiblich schöpferischen Phantasie arbeitete er ununterbrochen an der Entwicklung neuer Themen und neuer Ideen für das Musical. Um Ihnen mit Hilfe eines Beispiels zu verdeutlichen, wie weit er sich mitunter vorwagte, sei an seinen zweiten Broadway-Hit aus dem Jahre 1943 (also demselben Jahr, in dem schon *Oklahoma!* Triumphe gefeiert hatte) erinnert, an *Carmen Jones.* Können Sie sich eine Negerversion von Bizets *Carmen* vorstellen? Genau darum handelte es sich: Bizets Musik war nach modernen Kriterien modifiziert worden, und Hammersteins Text folgte in seinem Grundschema der Original-*Carmen* – nur war der Schauplatz in eine Stadt im tiefen Süden der Vereinigten Staaten verlegt worden. In Hammersteins Version ist Don José ein Korporal der Militärpolizei. Carmen selber arbeitet nicht in einer Zigaretten-, sondern in einer Fallschirmfabrik, und der Bösewicht, der sie entführt, Escamillo, ist kein Stierkämpfer, sondern ein Schwergewichtsboxer. Vielleicht meinen Sie, daß all dies ein bißchen übertrieben amerikanisch und allzu »populär« sei. Aber sie müssen sich vergegenwärtigen, daß schon lange vor *Carmen Jones,* nämlich im Jahre 1927 in Berlin und Wien (und dort in der Staatsoper!), gemeinhin »anspruchsvollere« Musikliebhaber bei der Jazz-Oper *Jonny spielt auf* in Begeisterungsstürme ausbrachen! Dieses musikalische Werk war eine Schöpfung von Gustav Mahlers Schwiegersohn Ernst Krenek.

Um auf meinen Freund Oscar Hammerstein zurückzukommen: *Carmen Jones* war, wie gesagt, sein zweiter großer Erfolg im Jahre 1943 und trug natürlich nicht gerade dazu bei, die Zukunftsaussichten traditioneller Wiener Operetten am Broadway in rosigem Lichte schimmern zu lassen. Ich war nichtsdestoweniger davon überzeugt, daß der Zauber von Strauß und Lehár noch immer seine Wirkung nicht verfehlen, ja, nach wie vor die Menschen unwiderstehlich in seinen Bann ziehen würde – vorausgesetzt, daß eine optimale Aufführung präsentiert werden könnte. Eine Idee war geboren. Bald sollte sie in die Tat umgesetzt werden.

Zunächst jedoch noch ein paar Worte über den meisterhaften Schriftsteller Oscar Hammerstein. Er war kein mechanisches, kommerziell orientiertes Talent. Seine Werke charakterisierten ein genialer Ideenreichtum und außergewöhnliche Ausdrucksweise. So war zum Beispiel Oscars »The Last Time I Saw Paris« in der Vertonung von Jerome Kern eines der populärsten Lieder der vierziger Jahre und ist seitdem zu einem in der ganzen Welt vielgespielten »Evergreen« geworden. Unter dem Eindruck des Falls von Paris heißt es in diesem Lied:

>»Als ich Paris das letzte Mal sah,
>war sein Herz warm und heiter.
>Wie immer sie es verändern werden:
>Ich werde diesen Eindruck in der Erinnerung bewahren.«

Dies war ein Bild, welches nicht nur auf Paris zutraf, sondern auch auf all die schönen Erinnerungen, die so viele von uns noch mit Berlin, Wien, Warschau, Amsterdam, Brüssel, Prag und all den anderen herrlichen Städten der Alten Welt verbanden.

Oscar besaß ein schönes altes Farmhaus mit einem weitausgedehnten Grundstück in Bucks County, Pennsylvania, einer Gegend, in der einige der wohlhabenden New Yorker Theatergrößen sich Landbesitz zugelegt hatten. Als ich ihn dort einmal besuchte und wir über das gewellte grüne Land blickten, das gerade die ersten Anzeichen goldroter, herbstlicher Verfärbung zeigte, fragte ich ihn: »Wie erklärst du dir die Popularität von ›The Last Time I Saw Paris‹ in einem Land mit so viel eigener natürlicher Schönheit und mit Menschen, von denen kaum einer jemals in Paris gewesen ist?«

»Das war doch die natürlichste Sache der Welt, Robert«, antwortete er. »Die Hälfte der romantischen Ausstrahlung von Paris besteht in der *Phantasie* der Menschen. Jeder liebt diese Stadt, auch diejenigen, die niemals dort waren!« Er hätte noch hinzufügen können, daß das gleiche für die Country-Landschaft von Oklahoma, den königlichen Hof im Siam des 19. Jahrhunderts und vielleicht sogar für meine eigene »Trauminsel« gilt, die in Mexico spielt. Das Buch für dieses Musical schrieben Robert Gilbert und Per Schwenzen.

414

Wie schon erwähnt, beflügelte mich der Erfolg von *Oklahoma!* mit seiner ausgezeichneten Choreographie und einer Inszenierung, an der nicht gespart worden war, zu einer Idee. Ich wollte aber keinen neuen Broadway-»Western« auf die Bühne bringen, sondern überlegte mir, ob sich mit meiner alten Wiener Liebe, der *Lustigen Witwe,* eine gelungene Broadway-Aufführung realisieren ließe. Entsprechende Gelder waren Grundbedingung. Einzi und ich hatten damals bereits eine Menge Erfahrungen mit diesem schwierigen Problem gesammelt; ja, die mühsame Suche nach Geld und Sponsoren war für uns gewissermaßen schon zu einer Art zweiter Natur geworden. Darüber hinaus hatten wir inzwischen den Beweis erbracht, daß bei einer einfallsreichen, sorgfältigen, perfekten Produktion die Operette sich durchaus verkaufen ließ. So kam es, daß wir bald dazu in der Lage waren, uns die Geldgeber auszusuchen, anstatt daß wir uns um sie bemühen mußten. Nun waren *sie* es, die potentiellen Interessenten, die *uns* einluden und sich um unsere gute Laune bemühten. Ich entsinne mich besonders gut einer solchen Veranstaltung, weil sie ein tragikomisches, aber bezeichnendes Licht auf die unterschiedlichen Wertvorstellungen warf.

Als wir uns entschlossen hatten, *Die lustige Witwe* zu bringen, zählte eine wohlhabende amerikanische Lady, die Produzentin Yolanda Mero-Irion, zu den wichtigsten Geldgebern. Mrs. Mero-Irion war so etwas wie ein Gesellschaftsschmetterling und hatte ihr Domizil in einer luxuriösen Suite im eleganten New Yorker Hotel »Warwick«. So waren Einzi und ich nicht überrascht, als wir eines Tages von ihr eine Einladung zu einem »kleinen Abend mit ein paar Freunden« erhielten, zu dem dann in Wirklichkeit fast hundert Leute kamen, von denen die meisten potentielle Geldgeber waren. Als wir eintrafen, stürmte Mrs. Yolanda Mero-Irion atemlos auf uns zu, küßte Einzi und bereitete uns einen überschwenglichen Empfang. »Ich bin sicher, daß es für euch heute ein wunderschöner Abend werden wird, meine Lieben. Es sind *so* viele interessante Leute gekommen! Interessante ... und nützliche! Seht ihr den alten Herrn, der da hinten unter dem Gemälde links neben dem Kamin steht, den mit dem großen Walroß-Schnauzbart? Das ist Mister A. Er besitzt die größte Ladenkette für Damenblusen in ganz New York! Ich schätze ihn auf mindestens eine Million im Jahr – nach Steuerabzug, wohlgemerkt! Und der kleine Herr mit der großen Zigarre, da drüben, der der Klavierspielerin in den Ausschnitt schielt, das ist Mister B. Er ist ein großes Tier im Herrenkonfektionsgeschäft. Ihr *müßt* ganz einfach mit ihm ins Gespräch kommen! Und die dicke Frau in dem enganliegenden rosa Abendkleid, das ist Mrs. C., die Witwe von dem Hundefuttermillionär. Sie spielt ganz gern die Kunstmäzenin – sie könnte für euch *sehr* nützlich sein!«

Obwohl wir von dieser scheinbar endlosen Liste hochangesehener Bürger sehr beeindruckt waren, fühlte sich Einzi veranlaßt, Mrs. Yolanda Mero-Irion zu unterbrechen, um eine Frage zu stellen: »Und wer ist jener interessante ältere Herr, der da in der Ecke ganz allein im Sessel sitzt? Er hat so melancholische blaue Augen!«

»Ach der«, sagte Mrs. Yolanda Mero-Irion und rümpfte die Nase, »warum fragst du nach dem? Das ist nur wieder einer von diesen Europäern – ich glaube, sein Name ist Reynard oder so ähnlich. Einzi, meine Liebe, du darfst deine Zeit heute abend wirklich nicht verschwenden!«

Während Mrs. Mero-Irion Einzi rücksichtsvoll warnte, sah ich mir jenen Herrn im Sessel etwas genauer an. »Mein Gott!« rief ich aus, »das ist ja Max Reinhardt!« Sofort gingen Einzi und ich zu ihm, und als er mich erblickte – Einzi kannte er noch nicht –, leuchteten seine traurigen blauen Augen auf. Sehr zu Mrs. Mero-Irions Verwunderung und wohl auch Verdruß verbrachten wir den Rest des Abends mit Max Reinhardt und sprachen von der guten alten Zeit, als er Salzburg zum wichtigsten Zentrum der europäischen Kultur gemacht und seine faszinierenden Feste im Schloß Leopoldskron gegeben hatte. Wir erinnerten uns an die großen Künstler der Zeit, mit denen wir in den Goldenen Zwanziger Jahren zusammengearbeitet hatten. Wie viele waren jetzt tot, eingesperrt oder im Exil!

Wir erzählten einander auch, wie sich unsere persönliche Lage seit unserem letzten Treffen geändert hatte, und dabei kam es auch zu jenem Gespräch über die Frauen, das ich bereits im Kapitel über Lilli wiedergegeben habe. Als ich Max Reinhardt über meine Filme, die Konzertreisen und meine Arbeit am Broadway berichtete, lächelte er sehnsuchtsvoll und sagte zu mir: »Es freut mich sehr, das zu hören, aber ich fürchte, daß meine eigene Arbeit nicht ganz so gut ›geht‹. Nach ein paar Anfangserfolgen beim Film und auf der Bühne hat sich das Interesse, das mir entgegengebracht wurde, leider recht schnell wieder gelegt – und jetzt scheinen meine Aussichten so gut wie dahin zu sein. Im schnellebigen Amerika kennt kaum jemand meinen Namen. Ich war überrascht, daß man mich noch zu dieser Party eingeladen hat. Ihr seid übrigens die ersten Leute, mit denen ich heute abend spreche!«

Die gute Einzi verstand es, die Konversation sehr schnell wieder auf glücklichere Tage in Europa zu bringen, und mit geschickten Fragen und aufmunterndem Lächeln gelang es ihr sogar, seine

Oben links: Hans Weigel.
Oben rechts: Johannes Heesters.
Unten links: Professor Ernst Haeusserman.
Unten rechts: Professor Dr. Marcel Prawy.

Oben links: Beim Komponieren.
Oben rechts: Der Dirigent.
Unten: Bregenzer Festspiele 1969. Aufführung der Operette »Hochzeit am Bodensee«.

Stimmung zu heben und ihn zu bewegen, noch einmal seine beruflichen Triumphe Revue passieren zu lassen! Für uns drei war es ein fesselnder Abend, der uns moralisch aufrichtete.

Auf dem Heimweg sagte Einzi: »Es gab nur eine einzige Person auf dieser Party, die mir wirklich leidgetan hat.«

»Du meinst den armen Reinhardt?« fragte ich.

»Nein«, lachte Einzi, »nein, es war die arme Mrs. Mero-Irion, die mir leidtat. Sie glaubt nämlich felsenfest, daß wir den Abend sinnlos vertan haben ...!«

Die eigentümliche Einschätzung menschlicher Qualitäten durch Mrs. Mero-Irion und das, gelinde gesagt, seltsame Gebaren jenes Mr. Rubenstein – beide Verhaltensweisen kann man vielleicht erklären aus dem Unvermögen, vielleicht auch einer gewissen Unlust, sich in die Situation seiner Mitmenschen hineinzudenken und einzufühlen. Gerade bei Amerikanern ist mir das nicht selten begegnet.

Eines Tages, es war ein unerträglich heißer Augusttag, rief mich der große Komponist Jerome Kern an, der in Kalifornien lebte, aber gerade auf Besuch in New York war. Ich hatte ihn sehr gern und freute mich, daß er am Nachmittag bei uns hereinschauen wollte. Er kam nicht.

Am nächsten Tag stand in der Zeitung, daß Jerome Kern gestorben war. Dem herzkranken Mann war in der Hitze auf der Straße schlecht geworden. Nur mühsam hatte er sich an einer Mauer festhalten können, dann fiel er um und lag lange Zeit in der prallen Sonne. Unzählige Menschen gingen vorbei, aber keiner kümmerte sich um ihn.

Als doch endlich jemand dafür sorgte, daß er ins Krankenhaus kam, mußte er in der Ambulanz endlos warten, bis ein Arzt ihn untersuchte. In einer seiner Taschen fand man einen an ihn adressierten Brief. Nun wußte man, mit wem man es zu tun hatte. Aber es war schon zu spät; er konnte nicht mehr gerettet werden. So starb einer der größten Komponisten Amerikas.

Als wir einmal durch den Central Park gingen, sah ich auf einer Bank einen Mann liegen, der schon ganz blau im Gesicht war. Einzi fragte einige Passanten, was da zu tun wäre, und als sie sich uninteressiert zeigten, bat sie einen Polizisten, dem Mann zu helfen. Er antwortete: »Lassen Sie den Mann schlafen. Sie sind hier in einem freien Land. Jeder Mensch kann tun und lassen, was er will. Und wenn er hier liegt, dann ist es auch sein gutes Recht, in Ruhe gelassen zu werden.«

An diese Kehrseite der Medaille sollte man wohl auch denken, wenn man von der großen Freiheit in Amerika spricht.

Obwohl es uns also nicht gelang, die Unterstützung der Blusen-, Herrenbekleidungs- und Hundefutter-Imperien zu gewinnen, wurde *Die lustige Witwe* schließlich doch finanziert. Angestachelt vom Erfolg *Oklahomas!*, scheuten die Geldgeber diesmal keine Kosten – und ich scheute keine Mühe. Felix Brentano erwies sich als ein sehr einfallsreicher Regisseur, und die choreographische Leitung lag in den Händen von keinem Geringeren als Strawinskys verehrtem Freund und Protegé, George Balanchine.

Was meinen eigenen Beitrag zum Gelingen der *Lustigen Witwe* betraf, so arrangierte ich den prachtvollen »Gold- und Silber-Walzer« von Lehár als Balletteinlage in einer Art und Weise, die Balanchines künstlerische Phantasie voll inspirierte.

Da das Aufführungsmaterial in einem sehr mangelhaften Zustand war, hatte ich große Teile der Operette neu instrumentieren müssen und vieles für unsere Produktion am Broadway neu eingerichtet. So habe ich zum Beispiel das wunderschöne Rosillon-Lied »Komm' in den kleinen Pavillon« als Arie für Jan Kiepura arrangiert. Der Text wurde in englischer Sprache dementsprechend verfaßt.

Es war ein Tour-de-Force-Auftritt mit Show-Charakter für den Danilo, bei dem Kiepura seine prächtige Stimme großartig zur Geltung bringen konnte.

Lehár hat für *Die lustige Witwe* keine Ouvertüre geschrieben. Für die New Yorker Aufführung habe ich aus den schönsten Melodien dieser Operette eine Ouvertüre geschaffen, mit der die Zuschauer, die zum überwiegenden Teil die *Lustige Witwe* nicht kannten, gleich einen Vorgeschmack auf die herrliche Musik bekamen. Bei jeder Vorstellung, die ich dirigierte, waren nach der Ouvertüre der Jubel und der donnernde Applaus des begeisterten Publikums unbeschreiblich. Jedesmal gab es eine sogenannte »Standing Ovation«.

Die Rolle der Witwe Hanna sang Martha Eggerth, Jan Kiepuras bezaubernde Gattin, und Melville Cooper, der bekannte britische Komiker, wurde engagiert, um den humoristischen Passagen des Buches Geltung zu verleihen, das von Felix Brentano geschickt für die amerikanischen Verhältnisse adaptiert wurde.

Auf dem Papier sah alles wie ein sicherer Erfolg aus, und die Proben ließen unsere Hoffnungen weiter in die Höhe schnellen, obgleich wir feststellen mußten, daß Martha Eggerths Stimme, die bei den Aufnahmen im Studio von wunderschöner, bestechender Klarheit war, in einem so großen Theatersaal einige Schwierigkeiten hatte, sich durchzusetzen.

Kiepura hatte, obwohl er nicht mehr ganz die Kraft seiner besten

Zeit besaß, noch immer eine eindrucksvolle Stimme. Seine schauspielerische Darstellung war jedoch, gemessen an amerikanischen Maßstäben, etwas hölzern – wie einige Mitarbeiter warnend behaupteten.

Ich war sicher, daß *Die lustige Witwe* die USA erobern würde, zumal sie ja jetzt neue, der amerikanischen Mode entsprechende Kleider trug, bei deren Entwurf ich mitgeholfen hatte. Und in der Tat gingen meine schönsten Hoffnungen in Erfüllung. »Ein Triumph«, schrieb der Kritiker des »Herald Tribune«.

»Mit Sicherheit der größte Segen der neuen Saison«, notierte Louis Kronenberger, der angesehene Kritiker der »PM«-Zeitung.

Es war indessen nicht förderlich für die Harmonie im Ensemble, daß zu viele Kritiker meine persönliche Leistung heraushoben, so zum Beispiel die Rezensenten von »Associated Press« und »United Press«.

»Wiener Operette geliebt von ganz New York. Wiedergeburt der Melodie am Broadway. Dies ist allein das Verdienst von Robert Stolz ...«, hieß es in der Meldung der »Associated Press«, während sich »United Press« folgendermaßen äußerte: »Das Broadway-Publikum bejubelte die von Robert Stolz eingeleitete Renaissance der Operette.«

Die Tatsache, daß diese glühenden Lobeshymnen häufig von kritischen Anmerkungen über Jan Kiepuras schauspielerische Fähigkeiten begleitet wurden und mit Anspielungen auf seinen Gesang »in einer Sprache, die sehr schwer verständlich ist«, führte leider zu Mißhelligkeiten zwischen Jan Kiepura und mir.

Kiepura und ich hatten in gemeinsamen Filmtagen in Europa stets ausgezeichnet miteinander gearbeitet. Schließlich hatte ich einige Lieder komponiert, die Janeks größte Erfolge waren – so zum Beispiel »Ob blond, ob braun, ich liebe alle Frau'n«, »Ich liebe dich«, »Mein Herz ruft immer nur nach dir, oh Marita«, »Weine nicht«, »Schenk' mir dein Herz heute nacht« und andere. Nun aber, angestachelt von den Rezensionen, die mich lobten und ihn kritisierten, fing er an, sich als Primadonna aufzuspielen. Da er die Produktion zu einem bedeutenden Teil finanzierte, hatte er die Macht. Beinahe jeden Abend ließ er mich kurz vor Beginn der Vorstellung in seine Garderobe kommen und hielt mir einen längeren Vortrag, in dem er meine Arbeit vom Vorabend scharf kritisierte. Häufig warf er mir vor, ich hätte ihn »schlecht aussehen lassen«. Mehr als einmal war ich versucht, ihm klarzumachen, daß sein polnischer Akzent und nicht sein Aussehen das Hauptproblem war. Aber wenn Jan Kiepura seine Launen hatte, dann war es unmöglich, vernünftig mit ihm zu reden. Sein Verhalten machte mich traurig und deprimiert, und Einzi weinte aus Zorn über unsere Hilflosigkeit ihm gegenüber. Als er nach einigen Wochen noch immer auf mir herumhackte und keine Anzeichen von Mäßigung erkennen ließ, hatte ich genug und kündigte als Dirigent.

Ich bilde mir ein, daß meine Bearbeitung und Orchestration der Musik für ein modernes amerikanisches Publikum sowie meine intensive Probenarbeit, die ich auf Grund meiner jahrzehntelangen Erfahrung besonders fachmännisch durchführen konnte, schließlich auch meine Tätigkeit als Dirigent der Aufführungen entscheidend zum Erfolg beigetragen haben. Sämtliche Zeitungen schrieben in diesem Sinne, was mich sehr glücklich machte.

Eines ist gewiß: Die Wiener Operette hatte nun einen festen Platz im amerikanischen Bewußtsein. Es dauerte nur ein paar Jahre, da präsentierte die Metropolitan Opera unter der Leitung von Sir Rudolf Bing Aufführungen vom *Zigeunerbaron* und von der *Fledermaus*. Derartige Erfolge machten vorübergehenden Ärger mehr als wett, und ich fühlte, daß ich mir den Titel »Botschafter der Wiener Musik« nun wirklich verdient hatte.

Aber was ist schon jeder noch so großartige Erfolg auf der Bühne im Vergleich zu den so viel einfacheren Erfolgen, die nur das menschliche Herz erlangen kann? Als ich vor einigen Seiten von dem 50 000-Dollar-Scheck erzählte, den wir jenem ruhigen Farmer aus Kansas City verdankten, erwähnte ich auch, daß ich beim Betreten des Fahrstuhls in unserer Wohnung am Central Park West einen kleinen, goldigen Schatz namens Clarissa an der Hand hielt. Selbst als Einzi und ich keinen Penny mehr besaßen, machte uns jenes kleine, goldige Etwas reich, geliebt und hoffnungsfroh. Clarissas Geschichte ist ein wesentlicher Bestandteil meiner eigenen – und ein großer Trost in einem langen, wechselvollen Leben. Erlauben Sie mir daher bitte, Ihnen die Geschichte von dem kleinen Geschenk zu erzählen, das der Herrgott in seiner Güte mir und Einzi zukommen ließ; wie dieses Kind unsere Zeit in Amerika aufhellte und im Laufe der Jahre selber zu einer musterhaften Frau, Mutter und Künstlerin erblühte.

10.
Clarissa: Die »andere Frau« in meinem Leben

Es gibt ein altes Bibelwort, das besagt »wie die Mutter, so auch die Tochter«. Nach meinen Erfahrungen kann ich das nur bestätigen, und ich bin sehr froh darüber. Die beiden Frauenpaare, deren Liebe mir mehr als alles auf der Welt bedeutet hat, waren meine Mutter und meine ältere Schwester Mizzi, die das zarte, eigensinnige Kind, das ich war, mit Fürsorge und Ermutigung geradezu überschütteten; und Einzi und Clarissa, ebenfalls Mutter und Tochter, die mir in den Jahren, die man üblicherweise zum hohen Alter rechnet, so viel Freude und Erfüllung geschenkt haben.

In beiden Fällen waren Mutter und Tochter von der gleichen liebevollen Art, besaßen die gleichen starken Charaktereigenschaften. Über Mutter und Mizzi habe ich Ihnen bereits erzählt; die Geschichte meiner Rettung durch Einzi und wie sie mir geholfen hat, aus meinen Lebenstrümmern ein neues Leben aufzubauen, füllt viele Seiten dieses Buches, ja, macht dessen eigentlichen Kern aus. Nun wird es Zeit, daß ich Ihnen die letzte aus diesem Quartett wunderbarer Frauen vorstelle – die »andere Frau« in meinem Leben, meine kleine Tochter Clarissa.

Um meinen Liebling Clarissa kennenzulernen, müssen Sie jedoch erst etwas mehr über das Leben meiner geliebten Einzi erfahren, das sie führte, bevor wir uns trafen. Einzis Familie war in der französischen Schweiz ansässig, doch ihre Vorfahren waren über ganz Mitteleuropa verstreut und wurzelten vor allem in Polen. Die meisten von Einzis Verwandten starben während des Krieges, einige davon in Auschwitz. Einzi selbst hatte vor dem Krieg in England gelebt, wo sich ein wohlhabender Bankier trotz des beträchtlichen Altersunterschiedes heftig in sie verliebte. Ihr Mann pflegte sogar zu sagen, er hätte Einzi besser adoptieren sollen, statt sie zu heiraten, und er hat Einzi stets dazu ermutigt, ihr eigenes Leben voll auszuleben, ihre Studien an der Sorbonne eingeschlossen, die schließlich dazu führten, daß wir beide uns in Paris kennenlernten. Als sich Einzi und ihr erster Gatte endgültig trennten, geschah es ohne jegliche Bitterkeit. Ja, nachdem er mich etwas besser kannte und entschieden hatte, daß ich das Herz auf dem rechten Fleck habe, machte er mir ein großes Kompliment, indem er mir den größten Schatz anvertraute, den Einzi und er besaßen – ihre zauberhafte kleine Tochter Clarissa.

Als sie in mein Leben trat, war Clarissa ein winziges Wesen von eineinhalb Jahren. Ihr Vater hatte sie von London nach New York zu Einzi und mir geschickt, damit sie den Luftangriffen entging. So kam es, daß das hübsche, geistvolle, begabte und liebevolle Mädchen »das Kind meiner alten Tage« wurde, eine echte Herzenstochter für mich, ebenso wie Adeles Tochter in Johann Strauß' letzten Jahren sein geliebtes Adoptivkind wurde. »Nicht Fleisch und Blut, das Herz macht uns zu Vätern ...«

Einzi und ich waren am 1. April 1940 in New York angekommen. Im Oktober, als es Bomben auf London regnete, kam Clarissa zu uns, nach einer gefahrvollen Reise über den Atlantik. Wieder einmal hatte das Schicksal seine Hand im Spiel: Obwohl ihr Schiff torpediert wurde, entkam Clarissa unbeschadet, um ein großer Trost in meinem Leben zu werden.

Welch lächelndes, nachdenkliches, süßes Kind sie doch war, mit ihrem wunderschönen dunkelblonden Haar und dem gefühlvollsten, intelligentesten Paar sanfter blauer Augen, die ich je bei einem Mädchen ihres Alters gesehen hatte. Für mich war es Liebe auf den ersten Blick – eine väterliche Liebe, die seitdem von Tag zu Tag noch wuchs. Clarissa war von Anfang an eine ausgezeichnete Schülerin – etwas, worauf ich ganz besonders stolz war, zumal ich selbst mehr als fünfzig Jahre früher von all meinen Lehrern als der schlechteste Schüler der ganzen Steiermark gebrandmarkt worden war. Wahrhaftig, ich gab mir nun die allergrößte Mühe, meine traurigen Schulzeugnisse vor Clarissa zu verheimlichen!

Clarissa besaß auch eine natürliche, instinktive musikalische Begabung. Aus Liebe zu diesem sonnigen Mädelchen komponierte ich eine Reihe von Klavierübungen für Anfänger, um meinem Kind die Welt der Musik zu erschließen, wie dies meine Mutter einst für mich getan hatte. Letztendlich sind die einfachen Freuden des Lebens immer auch die größten und dauerhaftesten. Ich habe die meisten großen Symphonie-Orchester Europas und Amerikas dirigiert – doch einige meiner glücklichsten musikalischen Augenblicke in Amerika und später in Wien verbrachte ich am Klavier neben meiner kleinen Clarissa, indem ich ihre Hände mit den Grübchen und den schlanken, künstlerischen Fingern über die Tasten führte.

Ich finde einfach keine Worte, um die Befriedigung auszudrücken, die ich empfand, als ich mit einer Verspätung von so vielen Jahren die Freuden der Vaterschaft entdeckte! Ich hatte Kinder immer geliebt, und nun gewährte mir Gott die Gnade, ein unschuldiges, vielversprechendes junges Herz und Gemüt einer schönen Blume gleich erblühen zu sehen.

Meine kleine Clarissa ist natürlich längst nicht mehr klein. Sie ist eine auffallend schöne junge Frau geworden, die ihr Studium mit Auszeichnungen bestand, viele Sprachen beherrscht, eine erfolgreiche Karriere an Londoner Bühnen, in britischen und anderen europäischen Filmen gemacht hat und nun, zusammen mit ihrem Ehemann Marc Henry, zu den führenden französischen Journalisten und Dokumentarfilm-Autoren gehört. Ihre Arbeiten über Israel und die Aspekte des Zweiten Weltkriegs zum Beispiel wurden gedruckt und für das französische, englische, deutsche und amerikanische Fernsehen verfilmt; sie trugen ihr sowohl den Beifall der Kritik als auch der Öffentlichkeit ein.

Clarissa ist, trotz ihrer vielen Erfolge, die Einfachheit selbst geblieben in ihrer reinen, unmaterialistischen Lebensanschauung. Wie ihrer Mutter, so fehlt auch ihr jegliche Spur weiblicher Eitelkeit und frivoler Selbstsucht, Charakterzüge, die so viele der früheren Frauen in meinem Leben besaßen. Sie lebt ausschließlich für jene, die sie liebt, und für ihre Arbeit. Doch außer ihrer unkomplizierten Seele hat Clarissa auch den scharfen Verstand und die Ideale ihrer Mutter geerbt sowie das lebhafte Interesse an Kultur und Philosophie. Und ihren unbezähmbaren mütterlichen Instinkt. Wie Einzi, kann auch Clarissa niemals einen Hilfsbedürftigen abweisen, sei's nun ein Mensch oder ein Tier!

Obwohl in meinen Gedanken immer noch mein »kleines Mädchen«, ist Clarissa längst eine herzensgute Mutter von zwei prachtvollen Kindern. Die kleine Natascha, Clarissas Tochter, ist sehr hübsch, und mir bereitet es besondere Freude, den Charme und das Lächeln Einzis in meinem geliebten Enkelkind wiederzufinden. Mein Enkel und Namensvetter Nicolas Robert ist ein herziges, gescheites Kind mit großem Wissensdurst und lebhaftem Sinn für Humor. Es ist immer wieder ein Vergnügen, Mutter, Vater und Kinder in ihrem einfachen Heim zu besuchen, einer umgebauten Scheune auf dem Lande in der Normandie. Weit weg vom Lärm und der Hektik des großen Paris haben sie sich eine idyllische Existenz geschaffen, umgeben von Hunden, Katzen und anderen Tieren. Manchmal kommt es mir vor wie eine Kreuzung aus Arche Noah und Garten Eden.

Zu den glücklichsten Ereignissen in meinem Leben gehören die Tage, an denen Clarissa und Marc mit den Enkelkindern uns für kurze Zeit in Grinzing besuchen und meine kleine Villa in der Himmelstraße von der Musik des Kindergelächters widerhallt. Ich hoffe sehr, daß die kleine Natascha und Nicolas sich später noch gern an die fröhlichen Nachmittage erinnern werden, die wir miteinander verbracht haben, auch wenn ich längst nicht mehr bin. Und ich wünsche mir, daß sie eines Tages, wenn sie selbst alt geworden sind, gelegentlich mit ihren eigenen Kindern und Kindeskindern am Kamin sitzen und in Erinnerungen an den alten Herrn schwelgen, der sie einst auf den Knien geschaukelt hat und trotz seiner alten Knochen hin und wieder mit ihnen im Garten herumtollte und ihre Kinderspiele mitmachte.

Möglicherweise trifft es auch auf mich zu, was meine eigene

Mutter einst über »Großpapa« Johannes Brahms sagte. Der Herrgott mag mir nicht die erforderlichen Talente für einen guten Ehemann mitgegeben haben, aber ganz sicher hat er mich zu einem guten Großvater auserkoren.

Und irgendwann einmal, im nächsten Jahrhundert, sitzt dann vielleicht ein kleines Urenkelkind, das jetzt noch gar nicht geboren ist, am Klavier und entdeckt den Zauber der Musik und versucht behutsam die Kompositionen zu spielen, die ich in Kriegszeiten für die kleine Clarissa in New York geschrieben habe.

Meine Melodien – meine »musikalischen Kinder« – haben mir über die Jahre hinweg viel Trost geschenkt. Die Hoffnung, daß sie noch weiterleben und anderen Menschen Freude bereiten werden, ist ein großer Trost, wenn der Lebensabend sich zur Nacht neigt. Doch was Einzi, Clarissa, Marc und ihre Kinder mich gelehrt haben – und es war eine sehr späte, doch um so freudiger gelernte Lektion – ist, daß nur ein liebevolles Familienleben einem Menschen wahren inneren Frieden, wirkliches Glück geben kann; daß die Höhen und Tiefen, die uns das Schicksal beschert, in einem liebevollen Familienkreis stets erträglich sind: eine unbezahlbare Lektion.

Mein Lebensmotto war: »Wenn meine Melodien in den Herzen der Menschen einen Platz gefunden haben, dann weiß ich, daß ich meine Aufgabe erfüllt und nicht umsonst gelebt habe!« Dank meiner Einzi, dank Clarissa und den Enkelkindern, dank dem Platz, den ich in ihren Herzen einnehme und sie in meinem, weiß ich, daß ich nicht umsonst gelebt habe und daß meine Liebe weiterleben wird.

Doch halt! Es wird spät, und womöglich habe ich ein wenig zu lange auf der sentimentalen Geige gespielt. Kehren wir also zurück ins Amerika zur Zeit des Zweiten Weltkriegs, wo gerade ein viel Größerer als ich dabei ist, seine Geige zu stimmen und uns ein Privatkonzert zu bieten. Er hat die wehende Mähne und den träumerischen, in die Ferne gerichteten Blick eines echten, romantischen Primas. Bekannt geworden ist er jedoch nicht als Fiedler, sondern als Philosoph und Mathematiker, als Wissenschaftler und Humanist. Er heißt Albert Einstein, und ich hatte die Ehre, ihn nicht nur kennenlernen zu dürfen, sondern von ihm auch noch mit einem Ständchen beglückt zu werden ...

11.
Albert Einstein spielt auf

Von den vielen berühmten Emigranten, die in den dreißiger und vierziger Jahren den harten Weg ins amerikanische Exil antreten mußten, erfreute sich keiner in der amerikanischen Öffentlichkeit größerer Beliebtheit als Professor Albert Einstein. Seine Popularität sprengte die Grenzen akademischer Abgeschiedenheit: Er war für Millionen Männer und Frauen, die nicht die geringste Ahnung von der Relativitätstheorie hatten, ein Idol. Sie spürten, daß dieser bemerkenswerte Mann ein Mensch von besonderer Klugheit und tiefer Herzensgüte war – eine Mischung aus Weisem, Mystiker, Wissenschaftler und Humanist.

Wohin er auch reiste, immer folgte ihm ein Schwarm von Reportern, Fotografen und Fans. Der scheue, sehr zurückhaltende Mann übte auf die Massen eine Anziehungskraft aus, um die ihn die meisten Filmstars jener Tage beneiden mußten.

Trotz des Rummels, der um seine Person gemacht wurde, bestand niemals die Gefahr, daß Einstein sein Ruhm zu Kopfe steigen würde; er war gegen diese Versuchung, der ein normaler Mensch leicht hätte erliegen können, absolut immun. Heitere Gelassenheit, Ruhe und intellektuelle Freiheit waren die einzigen Dinge, die er für sich selbst begehrte. Zu seinen Freizeitvergnügungen gehörten zum einen gelegentliche Tagesausflüge mit seinem kleinen Segelboot – welches der große Mathematiker bisweilen auf Grund setzte, weil er in seiner Geistesabwesenheit Fehler beim Navigieren machte. Zum anderen spielte Einstein hin und wieder sehr gerne Geige.

Einstein liebte die Musik – und das war ein Grund dafür, weshalb ich, dank der freundlichen Vermittlung durch einige meiner New Yorker Freunde, seine Bekanntschaft machen konnte. Es stellte sich heraus, daß der große Mann meinen Namen gekannt hatte. Eines Tages erhielten Einzi und ich eine Einladung, ihn in seinem Haus in Princeton (New Jersey) zu besuchen.

Wenn Sie niemals in Princeton gewesen sind, so stellen Sie sich am besten ein englisches Städtchen wie Windsor oder Oxford vor, mit seinen sauberen, efeuumrankten alten Reihenhäusern, den gepflegten grünen Rasenflächen, der ruhigen und friedlichen, fast zeitlosen Atmosphäre. Für dieses liebenswerte Genie war Princeton die ideale Umgebung.

An einem wunderschönen Sommernachmittag erreichten wir Albert Einsteins bescheidenes Backsteinhaus in der Mercer Street. Der Hausherr empfing uns am Eingang. Er trug weite, sackartige

Hosen und einen leichten Pullover; die unbestrumpften Füße steckten in ausgetretenen Pantoffeln – Albert Einstein legte niemals großen Wert auf Äußerlichkeiten.

Wie meine Leser wissen, bin ich von Natur aus ein sehr kontaktfreudiger Mensch, und meistens sind mir die Leute, denen ich begegne, auch gleich symphatisch. Aber nur sehr selten habe ich erlebt, daß mich schon im ersten Augenblick ein so unmittelbares Gefühl der Freundschaft überkam wie an jenem Nachmittag, als Albert Einstein mir die Hand gab. Er war von einer besonderen Aura umgeben, einer Ausstrahlung von Güte und Herzlichkeit. Man spürte es an seinen Augen, daß man hier einen Mann vor sich hatte, der längst über die kleinkarierten Wünsche und Probleme dieser Welt erhaben war. Es war – und hier erinnerte er mich an einen anderen verehrten Freund, den Botschafter Ralph Bunche, von dem ich bereits erzählt habe –, als ob Einstein auf einer höheren Ebene lebte und dachte als die Welt um ihn herum.

Zunächst zeigte er uns kurz sein privates Reich, das Studierzimmer, in dem so viele großartige Gedanken zu Papier gebracht worden waren. Es war ein kleiner spartanisch eingerichteter, an eine Mönchszelle erinnernder Raum, in dem sich nur ein noch nicht einmal ganz fertiggestellter Holztisch und ein paar alte Bücherregale sowie Stifte und Schreibpapier befanden. Dann bat uns der große Mann ins Wohnzimmer zum Tee.

Einstein machte mir eines der schönsten Komplimente, die ich jemals erhalten habe: »Ihre Musik, mein Freund, ist mir eine liebe Erinnerung an die Heimat«, seufzte er und fuhr mit zarter Hand durch seine silbrige Mähne. »So sehr ich Amerika liebe und so glücklich ich hier in Princeton bin, meine Gedanken kreisen doch immer wieder um die alte Heimat. Immer wieder muß ich daran denken, daß eine Gangsterbande, angeführt von einem verrückten Anstreicher, das Land der Dichter und Denker auseinanderreißt. Es gibt Momente, in denen ich es ganz einfach nicht glauben will, daß so etwas passieren konnte. Ich denke dann sehr gerne an die schöneren Zeiten, die ich früher erlebt habe, und dabei hilft mir die Musik sehr. Sie haben wahrscheinlich schon gehört, daß ich Geige spiele. Was spielen Sie?«

»Meine Eltern leiteten ein Konservatorium, Herr Professor«, antwortete ich. »Ich erhielt Unterricht auf fast allen Instrumenten – Holz-, Blech- und Streichinstrumente. Das Glockenspiel war so ungefähr das einzige, worin mich Papa nicht unterwies ... Ich nehme an, daß ich noch immer in der Lage bin, Geige zu spielen, obwohl ich das seit gut zwanzig Jahren nicht mehr getan habe.«

»Welche Schande, Maestro«, sagte Einstein und drohte mir schelmisch mit dem Finger. »Sie hätten sich dieses Vergnügen nicht so lange Zeit versagen dürfen. Ich bitte Sie: Geben Sie hier und heute diesen Boykott auf!«

Nach diesen Worten ging Albert Einstein zu einem Schrank, holte einen alten Geigenkasten hervor, der schon recht viel mitgemacht hatte, und reichte mir das Instrument.

»Wollen Sie wirklich, daß ich Ihnen darauf etwas vorspiele?« fragte ich ihn. »Gewiß, es wäre ein Ehre für mich ... es ist ja schon so lange her ...«

»Unsinn«, sagte Einstein mit herzlichem Lächeln und schob meine Vorbehalte beiseite. »Sie müssen mir etwas Eigenes spielen – sozusagen als Gegengift für unser beider Heimweh!«

Die Aussicht, diesem alten Herrn in den ausgetretenen Pantoffeln auf der Geige vorspielen zu müssen, machte mich vermutlich nervöser als ich jemals vor einer tausendköpfigen Zuhörerschaft gewesen war. Aber seine Einfachheit und Natürlichkeit erleichterten mir die Aufgabe. Ich ergriff die Geige und begann »Du sollst der Kaiser meiner Seele sein« zu spielen. Die ersten Takte kamen etwas zitterig, danach ging es ganz gut, und Einstein lächelte und nickte zustimmend, als die letzten Töne des Liedes verklangen.

»Geben Sie sie mir«, sagte er und langte nach der Geige. »Ich kenne dieses Lied auch.«

Und nun gab Albert Einstein für mich und Einzi ein Privatkonzert. Zunächst spielte er mein eigenes Lied, welches er recht gut beherrschte. Auf Einzis Bitte hin fuhr er dann mit sehr beachtlichen Interpretationen von Fritz Kreislers *Liebesfreud* und *Liebesleid* fort.

Unvergeßlich blieben für Einzi und mich jene Momente, in denen das wahrscheinlich größte zeitgenössische Genie eines meiner Lieder spielte. Wir klebten vor Spannung fast bewegungslos in unseren Sesseln, als wir ihm zuhörten. Es war herrlich, wenngleich ein Musikkritiker vielleicht das Vibrato etwas bemängelt hätte. Aber wenn Einstein auch das Vibrato nicht vollendet beherrschte – wie viele Musikkritiker ihrerseits verstanden wohl die Relativitätstheorie ...

Einzi sagte: »Herr Professor, bald werden alle Fragen der Schöpfung und alle Probleme der Menschheit gelöst sein, wenn die Wissenschaft auch weiterhin so erfolgreich arbeitet.«

Darauf erwiderte er: »Nein, das stimmt nicht. Je weiter wir ins Weltall vorstoßen, desto mehr werden wir feststellen müssen, daß uns Grenzen gesetzt sind.«

Einzi fragte erstaunt: »Grenzen? – Von wem?«

»Vom lieben Gott«, antwortete Einstein.

Einzi und ich verbrachten fast zwei Stunden bei Einstein. Dabei sprachen wir hauptsächlich über Musik und über Deutschland. Einstein war davon überzeugt, daß Deutschland nicht für immer verloren sei. »Zu viele Jahrhunderte, in denen die deutschsprachige Welt viele hervorragende Männer und große Ideen hervorgebracht hat, stehen hinter dem Land, als daß seine Zukunft unrettbar dem Bösen verfallen sein könnte«, sagte er zu uns, und ich glaube, ihm standen bei diesen Worten tatsächlich Tränen in den Augen. Verglichen mit den bitteren Äußerungen, die man gegen Kriegsende bezüglich der Zukunft Deutschlands oftmals zu hören bekam, war Einsteins Meinung eine geradezu erfrischende Abwechslung. Als einige Jahre später der berüchtigte »Morgenthau-Plan« diskutiert wurde, machte ich eine der wenigen Ausnahmen von meiner Grundeinstellung, mich nicht um die Politik zu kümmern. Jedem, der es hören wollte, sagte ich, daß es nicht nur ungerecht, sondern auch unklug wäre, in Deutschland eine »Politik der verbrannten Erde« zu praktizieren.

»Glauben Sie mir«, sagte ich zum Beispiel zu amerikanischen Journalisten, »wenn der Krieg vorbei und Hitler mit seiner Clique verschwunden ist, dann können die Alliierten nichts Klügeres tun, als allen deutschen Arbeitern ein Seidenkissen unter den Hintern zu schieben und sie schleunigst wieder an ihre Arbeitsplätze zurückzubitten. Ohne ein blühendes, industrialisiertes Deutschland wird es keinen Wiederaufbau in Europa geben.«

Nicht jeder stimmte mir damals zu, aber schließlich kam es – zum großen Glück für Deutschland – doch nicht zu einem Revanchismus, bei dem die Unschuldigen mitsamt den Schuldigen bestraft worden wären. Und diejenigen von uns, die sich nach Kriegsende für Deutschland aussprachen, sind durch die verantwortungsvolle Rolle, die das deutsche Volk seither in dem großen Orchester der Nationen spielt, mehr als bestätigt worden. Für mich, der ich so viele liebe jüdische Freunde besitze, ist es ganz besonders befriedigend zu sehen, daß es auch zwischen dem deutschen und dem israelischen Volk langsam zu einer Versöhnung kommt, die das entsetzliche historische Trauma überwindet.

Ich erinnere mich an ein Gespräch mit Axel Springer in Berlin kurz nach dem arabisch-israelischen Krieg im Jahre 1967. Axel teilte mir stolz mit, daß sein Sohn freiwillig in einem israelischen Kibbuz gearbeitet habe, auf den während des Krieges Bomben fielen. Es hat mich beeindruckt, daß ein junger Deutscher sein Leben

Seite an Seite mit jungen Israelis aufs Spiel setzte. Es ist sehr schade, daß diese neugeschmiedeten brüderlichen Bande im Feuer eines Krieges gestählt werden mußten.

»Krieg.« Wie schön wäre es, wenn wir eines Tages dieses grausame, häßliche Wort zum letztenmal hören könnten! Aber selbst Albert Einstein, der immer ein Pazifist gewesen war, hatte sich zu der Meinung durchgerungen, daß die Anwendung physischer Gewalt in einer Welt, in der das Böse freie Bahn hat, leider eine Notwendigkeit sei. In Extremfällen dürfte sie sogar das letzte, verzweifelte Mittel sein, um die menschliche Zivilisation vor dem Untergang zu bewahren.

Als es Zeit war zu gehen, geleitete Einstein uns zur Tür. Noch heute sehe ich ihn vor mir, wie er uns zum Abschied nachwinkt, die etwas verloren wirkende und doch so imposante Gestalt mit dem langen, weißen Haar, das sich im sanften Sommerwind bewegt ...

Solange die deutsche Kultur Männer von der Einsicht und Humanität eines Einstein hervorzubringen in der Lage ist, dachte ich, als der Wagen losfuhr und Einzi und ich der zerbrechlichen, schnell kleiner werdenden Gestalt noch zuwinkten, solange ist es sicher, daß auch die guten Seiten der deutschsprachigen Welt noch existieren. Mit den schönen Worten Robert Gilberts, die er wenig später für mein Lied »Wohin ist das alles?« schrieb, könnte man sagen:

»Das kann doch nicht alles begraben sein,
Begraben für ewige Zeit!«

In jenen Tagen neigte sich, Gott sei Dank, der Wahnsinn des Hitlerregimes unwiderruflich seinem Ende zu. Ein neuer Morgen dämmerte für die beiden geliebten Länder herauf, für Österreich und Deutschland, die ich verlassen hatte.

12.
Krieg, Frieden und Hochzeitsglocken

Meine Erinnerung an den Tag, an dem Amerika in den Krieg eintrat, ist nicht so lebendig wie die an jenen, an dem der Friede kam. Die meisten Menschen hatten den Eindruck, daß ein amerikanisches Eingreifen auf seiten der Alliierten über kurz oder lang unvermeidlich war, wenngleich kaum einer von uns wissen konnte, welches nun der äußere Anlaß für ein solches Eingreifen sein würde. Als mit dem japanischen Angriff auf Pearl Harbor jenes Ereignis eintrat, führte es zu einer zwar verzögerten, aber weithin bereits erwarteten Reaktion.

Der 7. Dezember 1941, jener Tag, »an dem man immer der Schmach gedenken wird«, wie Präsident Roosevelt es ausdrückte, war in gewisser Hinsicht auch ein Tag der Hoffnung. Denn mit dem Eintritt Amerikas in den Krieg war es klar, daß am Ende nur ein alliierter Sieg stehen konnte. Der 7. Dezember war ein Sonntag, und, unheilbar musikbesessen, wie ich nun einmal bin, ist die Erinnerung an die erste Nachricht von der Katastrophe von Pearl Harbor mit einer musikalischen Erinnerung verbunden. Ich hörte gerade im Radio ein Tschaikowskij-Klavierkonzert mit Arthur Rubinstein. Mitten in der Übertragung brach die Musik ab, und nach einem Augenblick, in dem gar nichts geschah, verkündete eine aufgelöste, schrille Stimme: »Wir unterbrechen das Programm für eine Sondermeldung ...«

Amerika befand sich im Kriegszustand, und in jenen vergleichsweise unkomplizierten Zeiten unterstützte jedermann die entsprechenden Maßnahmen. Auch ich tat auf meine Art mein Bestes. Während dieser Zeit fing ich als einer der ersten der vielen emigrierten Musiker aus Italien, Österreich, Deutschland und Frankreich an, über Kurzwelle Musik und persönliche Botschaften in Richtung Heimat zu senden. Einzi verpackte, zusammen mit anderen Frauen aus allen Berufen und Schichten, die sich freiwillig gemeldet hatten, Verbandsmaterial und beteiligte sich, gleich mir, an Veranstaltungen für wohltätige Zwecke.

Einer von vielen, die dabei mitmachten, war Arturo Toscanini. Im Jahre 1943 wandte ich mich in einer Rundfunkansprache, wie schon früher einmal erwähnt, an das österreichische Volk und dirigierte ein Potpourri der mir liebsten Wiener Lieder, einschließlich einer glänzenden Wiedergabe von »Im Prater blüh'n wieder die Bäume« durch den Tenor Jan Peerce von der Metropolitan Opera. Im selben Jahr dirigierte Maestro Toscanini das NBC-Symphonie-Orchester, das den ersten Satz von Beethovens »Fünfter« spielte, jener Symphonie, die, gleich dem »V«-Zeichen für »Victory«, sozusagen zu einer Art musikalischen Siegessymbols geworden war. In der selben Sendung, die nach Italien übertragen wurde, standen die Ouvertüre zu *Wilhelm Tell* und das »Star-Spangled Banner« (Sternenbanner) auf dem Programm. Toscanini war so bewegt, daß er nach der Vorstellung, die er »Sieg, Erster Akt« nannte, weinte. Als er sich wieder gefaßt hatte, sagte der Maestro, daß er zwei weitere Akte vorbereiten werde. Er war einer der ersten Gegner des Faschismus gewesen und hatte sogar einen Angriff des Mobs über sich ergehen lassen müssen, als er sich 1931 in Bologna geweigert hatte, die Faschisten-Hymne »Giovinezza« zu spielen. Nun, zwölf

Jahre später, sandte er eine Freiheitshymne für seine Landsleute in den Äther, und glücklicherweise war es ihm noch vergönnt, die Befreiung Italiens mitzuerleben.

Ein denkwürdiges Ergebnis meiner Bemühungen, die Moral der Alliierten und der im Lande Verbliebenen mit meiner Musik aufrechtzuerhalten, war eine Einladung zu einem Empfang bei Präsident Roosevelt und seiner Frau, die Einzi und ich im Jahre 1944 erhielten.

Sie waren ein eindrucksvolles Paar, die beiden, Eleanor Roosevelt mit ihrem schlichten, aber so viel Mitgefühl ausdrückenden Gesicht und dem breiten Lächeln, und der an einen gutaussehenden Patrizier erinnernde »FDR«, dessen heiterer, scheinbar sorgloser Charme gut zu seinem zuversichtlichen, entschlossenen Äußeren paßte. Wir hatten die Gelegenheit, mit beiden kurz zu sprechen. Mrs. Roosevelt fand ein paar freundliche Worte für meine Musik und meine Position als »Botschafter der Wiener Musik«, was ich bereits an früherer Stelle erwähnt habe. Präsident Roosevelt machte mir Komplimente für »jenen herrlichen Walzer von Ihnen, ›Zwei Herzen im Dreivierteltakt‹«.

»Ich bedaure nur, Maestro Stolz, daß Sie ihn nicht schon ein paar Jahre früher komponiert haben – als ich selber noch Walzer tanzen konnte«, scherzte er, klopfte mit seiner Zigarettenspitze an seinen metallenen Rollstuhl und lächelte unwiderstehlich. Seit er als junger Mann von Kinderlähmung befallen worden war, war Roosevelt gehbehindert. Mit Hilfe von Krücken konnte er zwar – zum Beispiel bei einer Rede – stehen, aber er war nicht mehr imstande zu gehen und verbrachte den Großteil seiner Zeit im Rollstuhl.

Es gab nur einen Wermutstropfen bei dieser Begegnung mit dem großen Führer der amerikanischen Nation im Zweiten Weltkrieg. Es war 1944 für uns, die wir ihn aus der Nähe sehen konnten, klar, daß Franklin Delano Roosevelt ein sehr kranker Mann war. Um seine tiefliegenden Augen lagen dunkle Ringe. Er sah um zehn Jahre älter aus als auf den Photographien, die von ihm im Umlauf waren. Die jüngere Geschichte hätte womöglich einen ganz anderen Verlauf genommen, wäre der Präsident damals noch bei Kräften gewesen. Am 23. April 1945 starb Roosevelt in seinem Sommerhaus in Warm Springs (Georgia) an einem Schlaganfall. Wenige Monate zuvor hatte er in seiner Rede zur Lage der Nation dem amerikanischen Volk gesagt: »Dieses neue Jahr kann das bedeutendste Erfolgsjahr in der Menschheitsgeschichte sein. 1945 kann die endgültige Überwindung des nazifaschistischen Terror-Regimes in Europa erleben. Vor allem aber kann und muß uns das Jahr 1945 den substantiellen Beginn der Organisation des Weltfriedens bringen.«

Der neue Präsident der Vereinigten Staaten hieß Harry S. Truman. Er war ein Senator aus Missouri, von dem man kaum Genaueres wußte. Alle wünschten ihm Glück für die schwere Aufgabe, die er zu erfüllen hatte.

Niemand beschrieb den Schock über Roosevelts Tod und die Schwere der Last, die Roosevelts Nachfolger geerbt hatte, besser als Truman selbst. In der ihm eigenen, einfachen Art fragte er eine Gruppe von Journalisten auf dem Capitol: »Ist Ihnen jemals ein Ochse oder eine Ladung Heu auf den Kopf gefallen? Wenn ja, dann wissen Sie, was ich gestern abend empfand. Mir kam es so vor, als ob zwei Planeten und ein ganzes Sternbild auf mich gestürzt seien. Ich weiß nicht, ob ihr Burschen betet, aber wenn ihr's tut, betet zu Gott, daß er mir hilft, diese Last zu tragen.«

Noch im Tode übte Roosevelt, der besonders bei den armen und ärmsten Amerikanern sehr beliebt war, auf viele Menschen eine große Anziehungskraft aus. Ich erinnere mich sehr gut an viele ältere amerikanische Bürger schwarzer Hautfarbe, die mit von Trauer gezeichneten Gesichtern den Bahndamm säumten, als Roosevelt seine letzte Reise nach Washington antrat. Mancherorts brachen sie, als der Zug vorbeifuhr, spontan in langsame, rhythmische Gesänge aus; die traurigen, melodischen Klänge dieser Spirituals erinnerten mich an die alten Bauernchöre, die ich auf meiner Rußland-Tournee zu Beginn des Jahrhunderts zu hören bekommen hatte. Den Armen und Unterdrückten scheint Gott ein besonderes Gefühl für die Musik geschenkt zu haben, als ob er sie in ihrem Unglück habe trösten und ihnen ein eigenes Ausdrucksmittel habe geben wollen.

Auch Truman liebte, auf seine Art, die Musik. Er spielte selber Klavier – wenn auch mit ein bißchen mehr Begeisterung als Können, und seine junge Tochter Margaret hatte den Ehrgeiz, Opernsängerin zu werden. Als ein Washingtoner Musikkritiker die Verwegenheit besaß, Margarets Darbietung bei einem Konzert zu kritisieren, geriet ihr Vater fürchterlich in Rage. Er schrieb dem Kritiker einen wütenden Brief, in dem er damit drohte, ihm die Augen grün und blau zu schlagen, und ihn warnte, daß er »ein Bruchband werde tragen müssen«, wenn er, Harry S. Truman, mit ihm abgerechnet habe ... Glücklicherweise kam es niemals zu einer Begegnung zwischen den beiden, und der Kritiker, ein freundlicher und kenntnisreicher Musikschriftsteller namens Paul Hume, schrieb noch

Musikkritiken für die »Washington Post«, als Truman längst – 1972 – hochbetagt in seinem Alterswohnsitz in Missouri gestorben war und seine Tochter Margaret der Bühne ein für allemal den Rücken gekehrt hatte.

Hiroshima! Der verhängnisvolle Atompilz, der im August 1945 über die unglückliche Stadt aufstieg, lastet seitdem wie ein böser Fluch auf der Menschheit. Noch heute liegt sein Schatten über uns. Im Jahre 1945 jedoch war die furchtbare Explosion nur eines von mehreren schicksalhaften Ereignissen: der Tod Roosevelts, Hitlers und Mussolinis Sturz, die Kapitulation der Achsenmächte in Deutschland und schließlich die Beendigung des Krieges im Pazifik.

Das für mich wichtigste Ereignis war das Ende des Krieges in Europa. 1945 war für mich in Amerika ein gutes Jahr gewesen. Zu weiteren erfolgreichen Schallplattenaufnahmen und Auftritten als Gastdirigent war ein neues Robert-Stolz-Musical, *Mister Strauss goes to Boston* (Herr Strauß geht nach Boston) gekommen, das unter der choreographischen Leitung von George Balanchine am Broadway zur Aufführung gelangte. Das Libretto stammte von Alfred Grünwald, Felix Brentano und Leonard L. Lewinsohn, die Verse hatte Robert Sour geschrieben.

In beruflicher Hinsicht lief tatsächlich alles ausgezeichnet. Aber je näher das Kriegsende heranrückte, desto stärker wurde mein Heimweh nach Wien. Eines Abends ging ich mit Einzi in die New Yorker St.-Patricks-Kathedrale. Wie schon so oft bat ich sie, auch diesmal feierlich vor dem Altar das Gelübde abzulegen, daß, sollte ich eines Tages in Amerika sterben, sie für die Überführung meiner Leiche nach Österreich Sorge tragen werde, damit ich in heimatlicher Erde meine letzte Ruhe finden könne. Das mag in der Retrospektive vielleicht etwas morbid klingen, aber in den Jahren meiner Emigration war es sehr wichtig für mich, zu wissen, daß ich, was immer sonst geschehen mochte, eines Tages doch wieder in meine geliebte Heimat zurückkehren würde – und wenn es im Sarg sein sollte.

Die bruchstückhaften, von der Zensur gestutzten Nachrichten, die wir gelegentlich aus Deutschland und Österreich erhielten, waren nicht sehr ermutigend. Natürlich wußten wir, daß der Luftkrieg in Mitteleuropa überall schwerste Verwüstungen anrichtete. Aber dann erhielt ich eines Tages ein Telegramm von Willi Forst, in dem er mich davon in Kenntnis setzte, daß das Haus in der Elisabethstraße, in dem sich meine Wohnung befand, bei den Bombenangriffen zerstört worden sei. Später erwies sich diese Nachricht als

Fehlalarm – aber in dem Moment, da ich sie erhielt, empfand ich sie als einen vernichtenden Schlag. Es war mir, als ob ein Teil meines Lebens zerstört worden wäre.

Dem Himmel sei Dank für all die lieben Freunde, die Einzi und ich in Amerika hatten. Viele von ihnen waren Emigranten wie wir selber. Zwei ganz besondere Freunde waren Dr. »Poldi« Weinstein und seine Frau Ida. Der gute Doktor hat mir mehrmals das Leben gerettet. Und die anfänglichen Schwierigkeiten, denen er sich in New York ausgesetzt gesehen hatte, können als typisches Beispiel gelten für den Optimismus und die Kraft, mit der sich die Widerstandsfähigeren unter den Emigranten in Amerika durchzusetzen vermochten. Um in Amerika als Arzt praktizieren zu können, mußte »Poldi« von neuem studieren und eine Anzahl von Prüfungen bestehen. Während er sich also mit seinen Lehrbüchern beschäftigte, ernährte seine prachtvolle Frau Ida sich selbst, ihn und ihre gemeinsame Tochter Susi, indem sie leckeres Wiener Gebäck buk und verkaufte. Nachdem er seine Prüfungen abgelegt hatte, wurde Poldi zu einem helfenden Engel für die Emigranten-Gemeinde, die sich nicht nur aus Berühmtheiten, sondern auch aus ganz gewöhnlichen Menschen zusammensetzte. Er lehnte es stets ab, von den ohnehin bereits vom Schicksal geschlagenen Flüchtlingen Geld für seine Dienste zu nehmen.

Die Gastfreundschaft und Hilfsbereitschaft, die uns überall in den Staaten entgegengebracht wurden, haben unser Leben erträglich gemacht. Aber erst der Frieden konnte mir die Rückkehr in die Heimat bringen.

Ich entsinne mich gut des überwältigenden Gefühls der Erleichterung, ja der Befreiung, das ich empfand, als mitten in ein Konzert, das ich vor 62 000 Zuhörern im Chicagoer Grant Park dirigierte, die Nachricht hereinplatzte, daß der Krieg in Europa zu Ende sei. Das Publikum erhob sich und sang »God bless America«, und ich glaube nicht, daß es in der riesigen Arena einen einzigen Menschen gab – mich eingeschlossen –, dessen Augen trocken blieben. Es war, als seien wir alle soeben aus einem langen, ganz besonders abscheulichen Alptraum erwacht. Wir waren glücklich, heiter, müde, traurig, verblüfft – alles auf einmal. Wir – das heißt: diejenigen, die überlebt hatten. Zehn Millionen Soldaten und dreißig Millionen Zivilisten lagen tot unter den Trümmern von Hitlers Wahnsinnstraum. Zum zweitenmal in meinem Leben hatte sich die westliche Kultur in einen selbstmörderischen Irrsinn weltweiten Ausmaßes gestürzt ...

Genug davon! Wenn Sie mehr über Krieg und Frieden wissen wollen, empfehle ich Ihnen besser Tolstoj oder ein gutes Geschichtsbuch. Dieses Kapitel soll auch von Hochzeitsglocken handeln, denn endlich können Einzi und ich auch vor dem Gesetz Mann und Frau werden, wie wir es in unseren Herzen längst sind.

Sie werden sich erinnern, daß meine vierte Frau, Lilli, sich erst nach langem Hin und Her entschlossen hatte, in eine Scheidung einzuwilligen und dann nach Florida zog. Überflüssig zu sagen, daß ich ihr keine Träne nachweinte. Nun war der Weg frei für Einzi, die bereits getrennt von ihrem Ehemann lebte, um den entscheidenden Schritt zu tun, damit ich sie heiraten konnte.

Ende April 1946 flog Einzi nach Reno im Staate Nevada, um die endgültige Scheidung zu vollziehen. Wir hatten geplant, daß ich solang in New York bleiben sollte, da ich einige Kompositionsaufträge zu erfüllen hatte und verschiedene Konzerte dirigieren mußte; nach Einzis Rückkehr in einigen Wochen wollten wir heiraten. Außerdem gab es noch einen weiteren Grund dafür, daß ich sie nicht begleitete: Reno liegt auf der anderen Seite des Kontinents, und bis 1946 hatte ich noch nie in einem Flugzeug gesessen. Allein der Gedanke ans Fliegen jagte mir kalte Schauder über den Rücken. Und dann gab es ja noch die Schwierigkeit mit meiner Klaustrophobie ...

Doch ich hatte nicht vorhergesehen, wie sehr ich Einzi vermissen würde. Innerhalb von vierundzwanzig Stunden nach ihrer Abreise trieb mich mein »Privatteufel« auch schon die Wände hoch. Zwar hatte Einzi glücklicherweise ein paar von unseren New Yorker Freunden – Robert und Jula Arden sowie Teddy Baumfeld – gebeten, ein Auge auf mich zu haben; doch trotz ihrer liebevollen Aufmerksamkeit konnte ich weder essen noch schlafen. Die Trennung von Einzi war noch keine zwei Wochen alt, als ich auch schon zwanzig Pfund abgenommen hatte und ein nervöses Wrack geworden war! Seit unserem Wiedersehen in New York war es das erste Mal, daß wir für mehr als ein paar Stunden voneinander getrennt waren – und auch das letzte Mal. Seitdem, und das sind nun bald dreißig Jahre, ist Einzi nicht mehr von meiner Seite gewichen, wenn ich sie brauchte, und hat mich niemals mehr für längere Zeit als wenige Stunden verlassen, und auch dann nur, wenn sie zum Friseur gehen mußte oder anderes Unumgängliches zu erledigen hatte. Doch damals, am Ende unserer ersten und letzten, zweiwöchigen Trennung hatten unsere Freunde schließlich solche Sorge um mich, daß sie mich bestürmten, meine Ängste hinunterzuschlucken und Einzi nach Reno nachzufliegen.

Cannes, 8. März 1962

Mein geliebtes Einzerle!

Leider – leider wie auch die letzten Jahre packte mich wieder der verfluchte „*Spielteufel*"! Gott sei Dank kommt dies nur einmal im Jahr vor – wo ich nicht anders kann! Ich glaube mein innigst geliebtes Einzerl – sonst habe ich ja keine großen Fehler!

Du hast mir immer verziehen, und bin ich sicher, Du wirst mir auch diesmal verzeihen! Da ich immer gewohnt bin Schulden zu bezahlen – musste ich auch dieses Jahr die kommende Einnahme 62/63 mit allen Rechten verkaufen! Ich weiß es ist ein großer Unrecht – aber was nun ist's ja vorbei – ich kann es nicht ändern! Solange ich in einer Stadt bin, wo es kein Casino gibt – denke ich nicht an's Spielen – aber eine magische Macht zieht mich leider Gottes dann immer hin. :/.

Robert Stolz unterlag zuweilen seiner Spielleidenschaft, was ihn oft zwang, Rechte an seinen bekanntesten Werken zu veräußern. In diesem Brief entschuldigt er sich bei Einzi für einen solchen Vorfall.

Wie gern hätte ich Dir dieses Jahr einen
schönen neuen Pelz gekauft — aber
wenn Gott will — werde ich's nachholen!
Ich verspreche es Dir mein geliebtes
engelsgutes Emmchen!!

Ich werde wie immer von früh bis
nachts arbeiten u. werde alles wieder
gut machen! Da ich nie vor Dir das
kleinste Geheimniß habe, mußte ich
Dir dies sofort mittheilen — und schreibe
ich es Dir — da ich mich schäme es Dir
persönlich zu sagen!

Ich verehre mir — bitte — bitte..!!
Ich liebe Dich mehr als mein
Leben — ~~
Dein Dein — nur Dein

Robert

N. Ich habe eben schon viel Glück durch
Deine Liebe — bin aber glücklich daß
es nicht umgekehrt ist!!!

»Lieber bring' ich mich um, als in ein Flugzeug zu steigen«, sagte ich zu ihnen, aber ihre Antwort ließ mich dann doch meine Meinung ändern: »Das ist genau das, was du gerade tust – dich umbringen! Schau dich an, du bist ja nur noch Haut und Knochen. Wenn du nicht losfliegst und bald zu Einzi kommst, ist es ohnehin zweifelhaft, ob du sie jemals wiedersehen wirst.«

Sie hatten recht – aber was bedeutete es für eine Überwindung, ein Flugzeug zu besteigen! Der Flug von New York nach Reno dauerte 1946 nicht weniger als 19 Stunden – 19 Stunden purer Angst, ein einziger Ausbruch anhaltender Klaustrophobie.

Die Ardens hatten der Stewardeß erzählt, daß es sich um meinen ersten Flug handelte, und das gute Mädchen tat, was in seinen Kräften stand, um mir besondere Fürsorge zukommen zu lassen. Unglücklicherweise bestand ihre Aufmerksamkeit hauptsächlich darin, mich in den wenigen Momenten, in denen es mir gelungen war, ein bißchen einzudösen, mit einem leichten Rippenstoß wieder aufzuwecken, um zu fragen, ob ich »sicher sei, daß es mir auch gutgehe«. Den Rest der Zeit saß ich in meinem Sitz und zitterte.

Man stelle sich die schneidige Figur vor, die ich abgab, als wir neunzehn Stunden später in Reno eintrafen. Die liebe Einzi begrüßte mich am Flughafen. Sie befand sich in Begleitung des Rechtsanwalts, der mit ihrer Scheidungsangelegenheit befaßt war. Er hatte mich noch nie zuvor gesehen. Als ich aus dem Flugzeug taumelte und er die hohlwangige, unrasierte Vogelscheuche mit den blutunterlaufenen Augen sah, wandte er sich an Einzi und fragte: »Ist das wirklich der Mann, den Sie heiraten wollen? Noch ist es nicht zu spät: Sie können Ihren Entschluß immer noch ändern.«

Der Scheidungsprozeß dauerte noch weitere drei Wochen. Den größten Teil unserer Freizeit verbrachten wir am Spieltisch – so ungefähr die einzige Unterhaltung, die es in Reno gibt. Nach einer Weile gehörten Einzi und ich in einem der Casinos, im »Harod's Club«, schon so gut wie zum Inventar. Weil ich mich ziemlich zurückhaltend benahm und vielleicht auch, weil mich ein gewisser Hauch altweltlicher Ritterlichkeit umgab, erhielt ich von den Croupiers sehr bald den Spitznamen »der Colonel aus Kentucky«. Eines Tages ließ uns der Manager vom »Harod's Club«, ein gewisser Mr. Smith, zu sich in sein Büro bitten.

Um Gottes willen, dachte ich, hoffentlich haben wir nicht irgendeinen Fehler gemacht! Vielleicht sind die Regeln in Amerika anders als bei uns, und wir sind Falschspieler, ohne es zu wissen! Meine Ängste erwiesen sich jedoch als unbegründet.

»Nehmen Sie doch bitte Platz, Yvonne«, sagte der Manager zu Einzi und fügte grinsend hinzu, »und Sie auch, Colonel. Ich will schon seit ein paar Tagen mit euch beiden sprechen. Euer Stil gefällt mir, und ich denke, daß wir zu einem für beide Seiten zufriedenstellenden Arrangement kommen könnten. Wie wär's, Yvonne, wollen Sie nicht einen Job als Kartenausgeberin bei ›21‹? Mit Ihrer Persönlichkeit und Ihrem Charme würden Sie sicherlich für uns sehr erfolgreich arbeiten. Und was Sie angeht, Colonel, Sie könnten mit Ihrem würdevollen Aussehen einen erstklassigen Croupier beim Würfelspiel abgeben. Da wird nämlich sehr hoch gespielt, und ein respektgebietender Mann wie Sie könnte die wilden Burschen in Schach halten. Was sagen Sie zu diesem Angebot: 120 Dollar die Woche für Sie, Yvonne, und 250 für Sie, Colonel. Und vergeßt nicht, daß euch die Trinkgelder noch ein paar hundert Dollar pro Woche mehr einbringen!«

Ich versuchte nun, unserem Casino-Manager auf die freundlichste Art und Weise klarzumachen, daß ich durch sein schmeichelhaftes Angebot in einen Gewissenskonflikt bezüglich meiner beruflichen Laufbahn geriete – und daß ich in Kürze ein Konzert in New York dirigieren müsse, welchem eine gewisse Priorität zukäme.

Vielleicht glaubte uns Mr. Smith, aber sicher bin ich mir dessen nicht. Er zuckte mit den Schultern und sagte: »Naja, mir soll's recht sein. Aber ich verstehe einfach nicht, wie man eine solche Chance nicht wahrnehmen kann. Ihr zwei wäret echtes Dynamit hier draußen. Ihr scheint einfach nicht zu wissen, was gut für euch ist. Musik? Musik kann jeder machen, wenn man es ihm nur lang genug beibringt. Aber gute Casino-Croupiers werden geboren, die kann man nicht anlernen. Und ihr zwei habt nun einmal genau die richtige Mischung aus Autorität und Ehrbarkeit, jedenfalls seht ihr so aus. Warum greift ihr also nicht zu?«

Wir dankten unserem Freund, wiederholten jedoch unsere höfliche Absage. Später schickte Einzi ihm ein paar Ausschnitte aus New Yorker Zeitungen, um ihm zu beweisen, daß wir tatsächlich anderweitig beschäftigt waren und ihn nicht zum Narren gehalten hatten.

Nach Ablauf der drei Wochen wurde Einzi geschieden. Der Vorsitzende Richter, ein freundliches Gewächs des amerikanischen Westens, fragte Einzi, was ihre nächsten Pläne seien.

»Ich werde wieder heiraten«, antwortete sie.

»Sie verlieren nicht viel Zeit, Madam«, erwiderte der Richter mit typisch amerikanischer Offenheit. »Befindet sich Ihr Auserwählter hier in Reno? Wenn ja, dann heiraten Sie doch gleich hier bei mir. Das erspart Ihnen eine Menge Zeit und Nerven!«

So kam es, daß wir um fünf Uhr am selben Nachmittag, an dem Einzi geschieden worden war, heirateten. Nur in Amerika ist so etwas möglich!

Es war nur eine kurze Zeremonie. Einzis Rechtsanwalt und dessen Frau fungierten als Trauzeugen. Auch die Frau des Richters war anwesend. Nichts war vorbereitet worden, doch entbehrte die Szenerie, deren einziger Schmuck aus ein paar Blumensträußen und flackernden Kerzen bestand, nicht einer gewissen Romantik. Davon einmal ganz abgesehen: Wenn man sich im Herzen einer Sache gewiß ist, was bedarf es da noch großer Kulissen? Einzi und ich hätten in einer Kesselfabrik heiraten können – und es wäre trotzdem der romantischste Tag in unserem Leben gewesen!

Gleich nach der Zeremonie gingen wir essen und dann in eine Bar, die uns an unseren ersten Martini am ersten Tag in New York erinnerte. Die Kapelle spielte Noel Cowards »Gipsy«, und wir tanzten und waren sehr, sehr glücklich.

Ich war beinahe sechsundsechzig Jahre alt, als Einzi und ich 1946 heirateten und als sie aus Liebe zu mir einwilligte, mit mir nach Wien zu gehen. Trotz der vielen Freundschaften, die wir in Amerika geschlossen hatten, und den vielversprechenden Aussichten, die sich uns nach den ersten ungewissen Jahren aufgetan hatten, war sie bereit, dies alles um meinetwillen aufzugeben.

Sechsundsechzig! Für die meisten Menschen ist das ein Alter, in dem früher oder später die letzte Runde eingeläutet wird. Es ist der Beginn der Abenddämmerung des Lebens. Und, weiß Gott, in meinen ersten sechsundsechzig Jahren hatte ich genügend »Geschichtsträchtiges« erlebt; sie waren voll von Abenteuern und romantischen Torheiten gewesen, und die verzauberten Momente musikalischer Kreativität machten alle Ängste und Sorgen wett und gaben meinem Leben einen tieferen Sinn.

Von welcher Seite man es auch betrachtete: Ich hatte von allen guten und schlechten Dingen, die das Leben einem zu bieten hat, mein Teil mitbekommen. Und ich bin sicher, daß einige meiner Freunde in Amerika, als sie erfuhren, daß ich in das frierende, zerstörte Wien des Jahres 1946 zurückzukehren beabsichtigte, bei sich dachten: Der alte Robert Stolz geht heim, um zu sterben – einen anderen Grund kann es nicht geben. Freilich waren sie alle viel zu höflich, mir das zu sagen ...

Aber natürlich gab es einen anderen Grund. Ich war davon überzeugt, daß mich Österreich und Deutschland, wenn sie mich jemals gebraucht hatten, in diesem Moment nötiger brauchten denn je.

Ich liebe Dich Du mein schönstes Frauerl auf dieser Welt! Nur Deine Liebe erhält mich am Leben! Dein Robert

19. III. 59

Immer wieder »verstreute« Robert Stolz an seine Einzi gerichtete »billets d'amour« in der Wohnung.
Die Heiratsurkunde von Robert und Einzi Stolz, Reno/USA.

Marriage Certificate

State of Nevada } ss.
County of Washoe   214770

This is to Certify that the undersigned district judge

....did, on the

12th   day of June   A. D. 19 46 join in lawful Wedlock

ROBERT E. STOLZ   of   New York City

State of   N. Y   and   YVONNE LOUISE ULRICH

of   Reno   State of Nev.   with their

mutual consent in the presence of   Ralph K. Wittenberg   and

                              Helen G. Wittenberg   who were witnesses.

                              A. J. Maestretti

                              District Judge

Recorded at the request of Judge A. J. Maestretti Filed JUN 15   19 46

                              Delle B. Boyd
                              County Recorder

Wenn jemand, den man liebt, krank ist, dann muß man an seine Seite eilen; er bedarf der Unterstützung weit mehr, als wenn er gesund ist. Ich war überzeugt, daß meine Musik einen kleinen Beitrag zur Wiedergenesung Österreichs und Deutschlands nach Nationalsozialismus, nach Krieg und Zerstörung, würde leisten können. Davon abgesehen, hatte ich einen Wunsch, den ich gegenüber einigen Journalisten äußerte, die mich am Flughafen erstaunt fragten, wieso ich bereit sei, die USA – das Land, in dem Milch und Honig fließen – zu verlassen, um in das verwüstete, verhungernde, zertrümmerte Wien von heute zu fliegen. Was in aller Welt ziehe mich dort hin?

Ich, der ewige Romantiker, antwortete: »Ich möchte die Minoritenkirche im Schnee sehen – und das ist Grund genug, alle Opfer und Entbehrungen auf uns zu nehmen ...«

»Grund genug ...« – Einzi und ich bestiegen das Pan-American-Flugzeug voll Zuversicht. Seit meiner »Feuertaufe« auf dem Flug nach Reno hatte ich nichts mehr gegen das Fliegen und habe seither Tausende von Kilometern im Flugzeug zurückgelegt. Wir hatten die ersten beiden Visa erhalten, die von Österreich nach dem Krieg ausgestellt worden waren, Nummer eins und Nummer zwei, und wir waren die einzigen Passagiere in dem großen Pan-American-Clipper.

Und doch hatten wir gute Begleiter: unsere Erinnerungen. Erinnerungen an das weite, freundliche, dynamische Land, das ich nun hinter mir ließ, vor allem aber ältere Erinnerungen an das sorgenbeladene Heimatland, in das ich zurückkehrte. Erinnerungen an

> die Freunde von damals,
> mit denen man oft
> bei uraltem Wein
> auf die Zukunft gehofft.

Erinnerungen an Albert Einstein, der mir gesagt hatte, daß meine Musik eine liebe Erinnerung an die Heimat sei, und der mit Tränen in den Augen darauf bestanden hatte: »Zu viele Jahrhunderte, in denen die deutschsprachige Welt viele hervorragende Männer und große Ideen hervorgebracht hat, stehen hinter dem Land, als daß seine Zukunft unrettbar dem Bösen verfallen sein könnte.«

Jetzt kehrte ich zurück, um so viel, wie in meiner Macht stand, zu retten von dem, was es in der Vergangenheit an Gutem gegeben hatte; um mitzuhelfen beim Aufbau einer besseren Zukunft; um alte Wunden zu heilen und neue Melodien zu schreiben für meine Heimat, die ich liebte.

Fast drei Jahrzehnte sind vergangen, seitdem ich das Flugzeug bestieg und zu meinem ersten Transatlantikflug nach Wien aufbrach. In diesen dreißig Jahren habe ich Deutschland und Österreich eine neue Blüte erreichen sehen, welche die schönsten Hoffnungen noch übertraf, die man an jenem grauen Morgen des 30. Oktober 1946 hegen konnte, als ich mit meiner geliebten Einzi am Arm die Heimreise antrat.

Viel Glück und Erfolg – und nicht wenige höchst komische Episoden – haben mein Leben in diesen wunderbaren Jahren erfüllt. Aber das Schönste von allem ist, daß jedes dieser Jahre besser war als das jeweils vorangegangene.

1946 konnte ich das alles noch nicht wissen – aber es war wirklich so: Ich war sechsundsechzig Jahre alt, und meine besten Jahre lagen noch vor mir.

Der Lebenswalzer, manchmal langsam, manchmal schnell, mit seinen zärtlichen und melancholischen, seinen leidenschaftlichen und fröhlichen Passagen und mit seinen überraschenden *rubati* fing für mich erst richtig an. Jetzt, da ich diese Worte schreibe, bin ich fast fünfundneunzig Jahre alt. Und wenn der Herrgott eines Tages sagt: »Komm zu mir!« – dann werde ich mich an meine Lebensdevise erinnern: »Am Ende bleibt einem nur das, was man im Leben verschenkt hat.«

NEUNTES BUCH

Epilog
»Ein schöner Herbst«
1946–1975
von Einzi Stolz

»Staatsoberhäupter haben dich gepriesen. Wien und andere Städte haben dich zu ihrem Ehrenbürger ernannt. Du bist der Ehrenbürger unserer Herzen, lieber Robert Stolz. Der Vorhang über einem großen Leben ist gefallen. Der Vorhang geht auf über einer großen Unsterblichkeit.«

Die letzten Sätze der Grabrede auf Robert Stolz
von Marcel Prawy

»Wenn meine Melodien in den Herzen der Menschen einen Platz gefunden haben, dann weiß ich, daß ich meine Aufgabe erfüllt und nicht umsonst gelebt habe!«

Worte von Robert Stolz, die als Faksimile auf dem Monument seines Ehrengrabes im Wiener Zentralfriedhof eingraviert sind.

1.
Ein Brief von Einzi Stolz

Grinzing, 25. August 1979

Lieber Freund und Leser,

was Toscanini bei der Premiere von Puccinis *Turandot* im Jahre 1926 der Trauergemeinde in der »Scala« zurief, gilt auch für die letzte Seite: »Hier beendete der Meister seine Arbeit.«

Heute, an Roberts Geburtstag, ein Jahr vor seinem hundertsten, habe auch ich diesen kurzen Epilog beendet – den Überblick über die Jahre, die Robert und ich seit 1946, seit unserer Rückkehr nach Wien, gemeinsam verbrachten – die Jahre, in denen er noch einmal eine neue, brillante Karriere erlebte. Es war sein »Schöner Herbst«, in dem er der Nachkriegswelt noch so viele neue Melodien und diese Erinnerungen schenkte.

Als Robert an seinem letzten Werk, seinen Memoiren, arbeitete, nahm ihm der Tod die Feder aus der Hand. Aber Gott hatte ihm in den letzten beiden Jahren seines Lebens noch die Zeit gegeben, Hunderte von Seiten zu schreiben, zu diktieren und auf Tonband zu sprechen. Hunderte von unvergeßlichen Augenblicken in seinem Leben wurden auf diese Weise der Nachwelt erhalten.

Jetzt, da sein hundertster Geburtstag schnell heranrückt, kann er diese Erinnerungen mit seinen Freunden und Verehrern überall auf der Welt teilen. Robert hatte immer gehofft, dabei zu sein und diesen Moment persönlich miterleben zu können. Ich bin sicher, daß nun, da ihm diese Gelegenheit versagt geblieben ist, sein unsterblicher Geist, der diese Zeilen mit prickelndem Leben erfüllt, für ihn sprechen wird. Jede einzelne dieser Seiten bedeutete ihm ungeheuer viel, und er arbeitete an ihnen mit der gleichen Liebe und Sorgfalt wie an jeder seiner unzähligen Kompositionen. »Mein letztes Musenkind«, nannte er seine Memoiren, »mein Abschiedsgesang in Prosa.«

In Lugano, wo wir uns kurz vor seiner letzten Reise nach Berlin aufhielten, beschäftigte er sich besonders intensiv mit seinen Erinnerungen. Viele der für mich schönsten gemeinsamen Stunden verbrachten wir am Tonbandgerät, bei der Durchsicht seiner persönlichen Aufzeichnungen und mit dem Lesen seiner Manuskripte. Miteinander durchlebten wir noch einmal seine lange, erstaunliche Karriere. Einmal – er hatte mir gerade die bewegende Geschichte seiner Begegnung mit dem tragikumwitterten Kaiser Karl zu Ende erzählt – hielt Robert inne, ergriff meine Hand und sagte:

»Weißt, Einzerle, mein Liebling, wenn ich es mir so richtig über-

447

lege, dann war mein ganzes Leben ein Roman. Wenn ich mir all diese Seiten ansehe, dann kommt es mir fast so vor, als hätte ich ein historisches Abenteuer erlebt und geschildert. Jetzt, da ich das alles einmal im Zusammenhang überblicke, kann ich es kaum noch glauben, daß ich all diese Dinge auch wirklich erlebt habe und daß der Herrgott mir die Kraft und das Glück geschenkt hat, sie nicht nur zu erleben, sondern sie alle auch noch erzählen zu können!«

Es war typisch für Roberts Bescheidenheit, daß er seine eigene Bedeutung bei den Ereignissen seines Lebens herabspielte. Und dennoch werden Sie sicher mit mir darin übereinstimmen, daß sein wahres Herz und sein wunderbares Wesen das Geheimnis der Faszination seiner Erinnerungen ausmachen: Sanft, beständig, humorvoll, aber nicht ohne einen gewissen Hauch von Melancholie, die er *tristesse* nannte, beschwört er in seiner Erzählung die Licht- und Schattenseiten seines Lebens wieder herauf.

Robert hätte möglicherweise seine Memoiren noch über das Jahr 1946 hinaus weiterführen können, wäre er nicht einem für seine Großherzigkeit so typischen Impuls gefolgt. Wie ich schon erwähnte, hatten wir das Frühjahr 1975 in Lugano verbracht, wo Robert komponierte, sich mit seinen Aufzeichnungen beschäftigte und in der wärmenden Frühlingssonne entspannte. Unglücklicherweise befiel ihn damals eine sehr schwere Erkältung, die lange Zeit nicht weichen wollte. Anfang Juni fühlte er sich wohl und wiederhergestellt.

Vom 25. Juni an wollte er nach einem schon vor längerer Zeit vereinbarten Terminplan in Berlin einige Schallplattenaufnahmen dirigieren. Angesichts seines Gesundheitszustandes bat ich ihn, die Reise zu verschieben. Ich legte ihm nahe, Lugano nicht zu verlassen, da ich die Strapazen der Reise und der bevorstehenden Arbeit bei seiner angeschlagenen Gesundheit für gefährlich hielt.

Robert jedoch blieb hartnäckig: »Ich kann meine Musiker in Berlin nicht im Stich lassen. Mit einigen von ihnen arbeite ich doch seit mehr als dreißig Jahren zusammen. Ohne die zusätzlichen Einnahmen von den Schallplattenaufnahmen werden es sich die meisten von ihnen nicht leisten können, mit ihren Familien in Ferien zu fahren, worauf sie sich schon das ganze Jahr über gefreut haben. Nein, Einzi, es tut mir leid, aber ich kann meine Freunde jetzt nicht einfach hängenlassen. Ich bin sicher, daß du dafür Verständnis haben wirst!«

Er lächelte auf seine unnachahmliche Art, ein bißchen melancholisch und ein bißchen fröhlich, und küßte meine Hand...

448

Oben: Das Ehepaar Stolz Weihnachten 1973 in der Himmelstraße.
Unten links: Vor dem Haus in Grinzing.
Unten rechts: Beim Wein in der Himmelstraße.

So traten wir denn unsere letzte gemeinsame Reise an, die uns aus dem sonnigen Lugano ins brodelnde Berlin bringen sollte, in jene Stadt, die der Schauplatz so vieler von Roberts künstlerischen Sternstunden gewesen ist. Da Robert noch immer sehr schwach war, mietete ich einen großen Wagen für die Reise. Es waren vor allem die Beine, die ihm einige Sorgen bereiteten; deshalb wollte ich ihm mit der Anmietung des Wagens die Tücken von Gangways, Transiträumen und Gepäckkontrollen ersparen. .

Auf dem Weg nach Berlin machten wir in der freundlichen Stadt Stuttgart Station, wo ein spezielles »Robert-Stolz-Konzert« mit den berühmten Gotthilf-Fischer-Chören stattfand. Es sollte Roberts letztes Rendezvous mit dem ihn verehrenden Publikum sein – nur wußten wir das damals noch nicht. Das Schicksal hätte es nicht schöner fügen können: Die Fischer-Chöre sangen Roberts Lieder in wunderbarer Vollkommenheit, und die herzlichen Stuttgarter kamen zu Tausenden und winkten und jubelten Robert zu, als wir in einem offenen Fiaker durch die Straßen eskortiert wurden. Der Jubel, die Blumen und die liebevolle Zuneigung der Menschen wirkten wie eine Medizin auf Robert. Es war ein rundum gelungener Tag – die ideale Abschiedsbegegnung zwischen Robert und seinen Fans.

Dieser herzliche Empfang wurde von der Europäischen Bildungsgemeinschaft, die Robert zu ihrem Ehrenmitglied ernannte, arrangiert. Gerhard Kuhn, der dynamische Geschäftsführer der EBG, ein echter Freund von Robert, und seine Mitarbeiter, vor allem Doris Heldmaier, Josef Zapatka, Alfred Schaible, Dr. Jörg Bauer, Dr. Dieter Schaefer und andere, taten alles in ihrer Macht Stehende, um diesen Besuch zu einem wahren Triumph für ihn zu gestalten. Diese sonnigen Tage in Stuttgart waren ein beglückendes Erlebnis für alle. Robert sagte später zu mir: »Wir müssen bald hierher zurückkommen. Ich kann es schon gar nicht mehr erwarten, die Fischer-Chöre wieder zu hören.«

Gewiß, Robert kehrte niemals wieder nach Stuttgart zurück. Aber die Fischer-Chöre konnte er vielleicht noch einmal hören: Vier Wochen später reiste das gesamte, vielhundertköpfige Ensemble auf eigene Kosten in Autobussen nach Wien, um an Roberts Beerdigung teilzunehmen und ein letztes Mal für ihn zu singen, den sie nicht nur als einen großen Komponisten verehrt, sondern auch als großzügigen und gutherzigen Menschen geschätzt hatten.

Wir setzten unsere Fahrt von Stuttgart nach Berlin fort. Am Steuer saß unser lieber Wladi Costa, der in Lugano nicht nur Roberts Chauffeur, sondern auch sein Freund geworden war; Robert besaß die Gabe, stets die Zuneigung aller, die sich in seiner Nähe befanden, zu gewinnen.

Der Grunewald mit seinem vielen Grün und seiner frischen Waldluft war die Gegend Berlins, die Robert am meisten liebte. Deshalb brachte uns Wladi Costa zum Hotel Belvedere, wo Robert Stammgast war. Am nächsten Morgen erschienen zwei unserer engsten Freunde in Berlin, Heinz Alisch und Horst Fuchs, die beide mit Robert zahllose Schallplattenalben produziert hatten, und begleiteten ihn zum Aufnahmestudio, wo er seinen letzten Arbeitstag verbringen sollte.

In blendender geistiger und seelischer Verfassung war Robert von Lugano über Stuttgart nach Berlin gekommen, und so hatte er auch an jenem Vormittag darauf bestanden, ins Studio zu gehen. Er schien wieder ganz gesund zu sein und freute sich sichtlich auf die Arbeit mit den Berliner Symphonikern. Aber als er am Nachmittag ins Belvedere zurückkehrte, bestätigten sich meine schlimmsten Befürchtungen. Er war total erschöpft. Wie ich es geahnt hatte, waren die Strapazen der Reise und die Anstrengung durch die Arbeit so kurz nach einer schweren Erkrankung zu viel für ihn gewesen. Zwar fehlte es ihm nicht an Willenskraft, doch war sein vierundneunzigjähriger Körper stark geschwächt.

Sofort rief ich seinen Freund, den Arzt Dr. Wilhelm Engert. Er untersuchte Robert und stimmte mit mir darin überein, daß die Lage sehr ernst sei. Eigenhändig trug Dr. Engert Robert, der nach seiner Krankheit nur mehr 52 Kilo wog, zu seinem Wagen und brachte uns ins St.-Franziskus-Krankenhaus. Obwohl außerordentlich schwach, war Robert geistig hellwach und bewahrte sich seine übliche gute Laune. Wäre er nicht physisch so mitgenommen gewesen, man hätte ihn für einen freundlichen, humorvollen Krankenhausbesucher halten können.

Das St.-Franziskus-Krankenhaus wurde in eher konventionellem Stil geführt, und Robert fühlte sich dort recht wohl. Man hatte für ihn freundlicherweise einen großen Raum mit fünf Fenstern, in dem normalerweise fünf Patienten lagen, bereitgestellt. In diesem geräumigen Zimmer, bei frischer Luft und strahlender Sonne, die durch die Fenster flutete, und dank der liebevollen Pflege der Ärzte und Schwestern befiel Robert nicht ein einziges Mal sein »Privatteufel«, die Klaustrophobie, und so erlebte er seine letzten Tage in vollkommenem inneren Frieden. Es befanden sich nur mehr zwei Betten im Zimmer, und diese beiden hatte man dicht nebeneinandergerückt. Unser ganzes gemeinsames Leben hindurch waren Robert und ich unzertrennlich gewesen und hatten jede Freude und jede Sorge miteinander geteilt. Dies sollte sich auch jetzt nicht ändern; Tag und Nacht war ich bei ihm. Ich aß und schlief im selben Raum, ich beteiligte mich an seiner Pflege und wich während der gesamten Dauer seines Krankenhausaufenthaltes nicht von seiner Seite.

Selbst nachdem die Ärzte an jenem ersten Tag festgestellt hatten, daß Robert an einer doppelseitigen Lungenentzündung litt, blieben wir alle voller Hoffnung. Insbesondere Robert selbst war sehr zuversichtlich und äußerte die Ansicht, daß er in ein, zwei Tagen wieder den Taktstock im Studio schwingen könne.

Heinz und Horst besuchten uns regelmäßig, und ich glaube, daß wir uns alle an die Hoffnung klammerten, daß Robert, wie schon so oft im vergangenen Jahrzehnt, nach einer kurzen Krankheit wieder auf die Beine kommen und daß sein Arbeitswille den Heilungsprozeß beschleunigen würde.

In der Vergangenheit hatte Robert sich immer geweigert, ins Krankenhaus zu gehen. Oft hatte er zu mir gesagt: »Wenn ich einmal im Krankenhaus bin, komme ich nicht mehr lebend heraus.«

Aber dieses Mal war alles anders, und Robert selbst mußte es gefühlt haben, obwohl er sich ständig darum bemühte, unserer Hoffnung Nahrung zu geben. Er hatte sich nicht gegen die Einlieferung ins Krankenhaus gesträubt, ja, er erwies sich als ein geradezu musterhafter Patient. Ich glaube, ihm war schon früher klar als uns, daß sein Lebensabend sich zur Nacht neigte.

Ich war vollauf mit seiner Pflege beschäftigt, leistete ihm Gesellschaft und achtete darauf, daß er immer, wenn ihm der Sinn danach stand, Musik hören konnte. Wir hatten einen kleinen Kassetten-Recorder bei uns, und viele Stunden verbrachte Robert damit, seinen Klängen zu lauschen – sein Durst nach Musik blieb bis zum Ende unstillbar! Ich hatte nur wenig Zeit, mir Gedanken über die Zukunft zu machen, da ich alle meine Kräfte darauf verwandte, Robert die Gegenwart so angenehm zu gestalten, wie das unter diesen schwierigen Umständen möglich war. Während der kommenden drei Tage war dies mein einziger Gedanke.

Der 27. Juni 1975 war ein wunderschöner, sonniger Tag. Ich war allerdings zu erschöpft, um den herrlichen Sonnenaufgang genießen zu können. Unser letzter gemeinsamer Tag war angebrochen.

In den vergangenen achtundvierzig Stunden hatte Robert Infusionen erhalten, und da die Behälter mit der Infusionsflüssigkeit alle zwei Stunden erneuert werden mußten, war ich ununterbrochen auf dem Sprung gewesen. Zwei Tage war ich nicht mehr dazu gekommen, meine Kleidung zu wechseln. Voll angezogen lag ich neben

Robert auf dem Bett und hielt seine Hand. Da erinnerte ich mich, wie Robert oft zu mir gesagt hatte:

»Schau, mein geliebtes Einzerle, es liegt in der Natur der Sache, es ist nur selbstverständlich, daß ich früher gehen muß als du. Aber auch wenn ich nicht mehr bin, werde ich immer bei dir sein, um dich zu beschützen. Und wenn einmal meine letzte Stunde kommt, dann möchte ich deine Hand halten, denn dann weiß ich, daß ich direkt in den Himmel kommen werde.«

Die letzte Stunde! Mein Gott, wie konnte ich daran denken – das kann doch nicht sein, so plötzlich! Robert hatte doch schon viel Schlimmeres überstanden... Damit machte ich mir Mut.

Obgleich Robert ständig schwächer wurde, war er für mich stets derselbe, der gute, frohgestimmte, zärtliche Mann geblieben, der er immer gewesen war. Er bezauberte auch die Krankenschwestern, die jeden Morgen um sieben ins Zimmer kamen, um mir zu helfen, ihn zu waschen. Auch an diesem Morgen war er wieder der ideale Patient, der mit seinen Scherzen und seinem charmanten Witz alle Beteiligten bei Laune hielt.

Dennoch gab es an diesem Tag ein böses Omen für uns. Schon seit zwei Tagen beunruhigte es uns, daß Roberts Appetit verschwunden war. Er wollte weder essen noch trinken, und das bedeutete, daß die Infusionen fortgesetzt werden mußten.

Gegen zehn Uhr erschienen unsere treuen Freunde Horst und Heinz für ungefähr eine halbe Stunde. Kurz vor elf kam dann der Chefarzt mit seinem Team zur Visite. Robert plauderte noch erstaunlich angeregt mit ihnen.

Als der Arzt das Zimmer verließ, merkte ich, daß sein Gesicht einen traurigen Ausdruck angenommen hatte. Auf dem Gang wandte er sich zu mir und sagte: »Sein Herz ist bereits extrem schwach. Ich fürchte, es wird nicht mehr lange dauern. Sie müssen jedenfalls mit allem rechnen. Wir haben einen katholischen Priester im Hause, er könnte dem Herrn Professor die Sterbesakramente erteilen...«

Das war sie also, die furchtbare Wahrheit, auf die man ein Leben lang Zeit hätte, sich vorzubereiten, die ich aber auch jetzt noch nicht bewußt akzeptiert hatte, getäuscht durch Roberts scheinbare Vitalität und geistige Frische, mit der er noch immer brillierte.

Sollte es tatsächlich jeden Augenblick soweit sein, daß ich meinen geliebten Robert verlieren würde, den Menschen, um den sich mein gesamtes Leben von jenem Tag an gedreht hatte, da wir uns 1939 in Paris zum ersten Male begegnet waren? Mein Lebensinhalt würde mir nun bald für immer genommen sein.

452

Der Augenblick, in dem mir dies bewußt wurde, traf mich wie ein Schlag; ich spürte einen dumpfen Schmerz in meinem Herzen. Ich riß mich zusammen und ging zurück in unser Zimmer. Wenn Roberts Leben schon unweigerlich zu Ende ging, wollte ich meine allerletzten Reserven dafür verwenden, ihm das Hinübergleiten in eine andere Welt so schmerzlos wie nur möglich zu gestalten, und dies mit all der Liebe, zu der ich fähig war.

Aber wie konnte ich Robert überreden, den Priester zu empfangen, ohne ihn zu beunruhigen?

»Robsi«, sagte ich mit sanfter Stimme zu ihm, »der Doktor hat mir gesagt, daß es hier im Krankenhaus einen Priester gibt. Seine Genesungsgebete können vielleicht dazu beitragen, daß du schnell wieder gesund wirst. Meinst du, daß er kommen soll?«

Robert wandte mir sein Gesicht zu. Nun hatte auch ich die Gewißheit, daß der Arzt recht haben mußte. Nach dem Gespräch mit ihm hatte ich insgeheim noch gehofft, daß er Roberts Zustand schlimmer einschätzte, als er tatsächlich war. Schon während der ein, zwei Minuten, die ich auf dem Gang verbrachte und die mir wie eine Ewigkeit schienen, hatte Roberts Konzentration nachgelassen. Seine hohe Stirn und die pergamentartige Haut erschienen im Sonnenlicht blutlos und fast durchsichtig, aber seine blauen Augen waren noch immer klar, und ein zärtliches Lächeln spielte um seine trockenen Lippen. Es schien mir, als würde ihm selbst dieses Lächeln Mühe bereiten.

»Was du damit wirklich sagen willst, Einzerle, ist, daß er mir die Letzte Ölung geben soll«, flüsterte er.

»Nein, Robert, er wird nur beten«, sagte ich und versuchte, glaubhaft zu wirken.

»Na, gut, Einzerle...« Robert lächelte wieder. »Dann laß ihn kommen und mir die Letzte Ölung geben.«

Kurz darauf erschien der junge Priester mit Kreuz, Kerze und Klappaltar. Er erteilte die Sterbesakramente und sprach ein Vaterunser, das Robert mit gestärkter Stimme wiederholte. Es fiel mir ein, daß er auch im Internierungslager von Colombes das Vaterunser gebetet hatte, als er im Delirium lag und der Tod schon so nahe zu sein schien. Damals hatte ich ihn retten können. Dieses Mal war von Rettung keine Rede mehr, sondern es kam nur mehr darauf an, ihm seine letzte Reise zu erleichtern.

Der Priester verließ uns gegen Mittag. Robert, dem die Gebete Trost gebracht zu haben schienen, fragte mich: »Hast du etwas Musik?«

Mit tränenverhangenen Augen griff ich blindlings in den kleinen

Stapel, der auf dem Nachttisch lag, und legte das erste beste Band ein. Ein gespenstischer Zufall hatte es gefügt, daß ich ausgerechnet die Titelmelodie von Roberts *Ein schöner Herbst* mit dem Text von Hans Weigel erwischt hatte, in welchem die Worte vorkommen: »Bestelle dein Haus, es wird spät...«

Als die letzten Takte verklungen waren, bat mich Robert mit einer Bewegung, das Gerät, das ich zu uns aufs Bett gestellt hatte, abzuschalten. Während des Liedes hatte ich seine Hand gehalten und ihm mit der linken Hand löfferlweise kühles Wasser auf seine trockenen Lippen geträufelt. Jetzt schob Robert den Löffel sanft beiseite. Er wollte sprechen.

»Einzerle«, flüsterte er, und seine Stimme wurde mit jedem Atemzug schwächer, »bald ist es vorbei mit mir. Wenn ich meine Augen geschlossen habe, dann nimm bitte meine Krawattennadel, meinen Ring und meine Uhr und trage sie immer bei dir.«

»Bitte, Robert«, sagte ich und kämpfte gegen die Tränen an, »bitte, sag so etwas nicht.«

Robert lächelte nur. Plötzlich wurden seine Atemzüge immer schwerer. Ich erinnerte mich daran, irgendwo gelesen zu haben, daß Soldaten an der Front in ihrer Sterbestunde immer nach ihrer Mutter rufen, als wollten sie in ihren Armen Trost suchen. Daher sagte ich: »Robertl, weißt du, wer hier ist? Mama und Papa, sie sind beide da!«

Atemlos antwortete Robert: »Mama, Papa! Ich habe mein Versprechen gehalten. Ich *habe* den Namen Stolz in die große weite Welt getragen! Ich habe es getan! Ich habe mein Versprechen gehalten! Mama, Papa, Einzerle. Ich liebe dich und Cla...«

Er beendete das letzte Wort nicht mehr, aber ich bin sicher, daß er Clarissa meinte, die Tochter, die er so sehr liebte. Aber das Wort verwandelte sich in einen langen, sanften Seufzer, und Roberts Kopf fiel zurück in die Kissen. Seine Hand, die in der meinen ruhte, entspannte sich, um für immer zu erkalten. Robert war nicht mehr.

Noch in den letzten Augenblicken seines Lebens war es die große Liebe, die Robert für seine Mutter empfand, die Jahrzehnte überbrückte und ihn nun in die Ewigkeit hinübergleiten ließ. Diese bewundernswerte Frau hatte ihn so sehr geliebt und so sehr inspiriert, daß ihr Einfluß während seines ganzen Lebens, das fast ein Jahrhundert gewährt hatte, spürbar blieb.

»Schimpft nur, Robertl wird der einzige sein, der den Namen Stolz berühmt machen wird!« hatte Roberts Mutter zu seinen Geschwistern gesagt.

IN TIEFER TRAUER GEBE ICH NACHRICHT,
DASS MEIN INNIGSTGELIEBTER MANN,

ROBERT STOLZ

BESITZER ZAHLREICHER HOHER IN- UND AUSLÄNDISCHER
AUSZEICHNUNGEN
EHRENBÜRGER VON WIEN, GRAZ
UND VIELEN ANDEREN STÄDTEN

FREITAG, DEN 27. JUNI 1975, IM 95. LEBENSJAHR
VON MIR GEGANGEN IST.

DIE TRAUERFEIER FINDET
FREITAG, DEN 4. JULI 1975, UM 15 UHR
IN DER HALLE II DES WIENER ZENTRALFRIEDHOFES STATT.
(EINGANG ZWEITES TOR RECHTS)

NACH FEIERLICHER EINSEGNUNG ERFOLGT DIE BEISETZUNG
IN EINEM EHRENGRAB DER STADT WIEN.

DAS HEILIGE REQUIEM WIRD SAMSTAG, DEN 5. JULI 1975, UM
9 UHR IN DER BASILIKA ZU UNSERER LIEBEN FRAU ZU DEN
SCHOTTEN (SCHOTTENKIRCHE, WIEN I, FREYUNG 6) ZELEBRIERT.

EINZI STOLZ

IM NAMEN ALLER VERWANDTEN

WIEN, IM JUNI 1975
1190 HIMMELSTRASSE 69

IM SINNE DES VERSTORBENEN BITTE ICH, VON BLUMENSPENDEN
ABSTAND ZU NEHMEN UND DEN HIERFÜR VORGESEHENEN BETRAG
DEM SOS KINDERDORF PSPK. KTO. 1000.009 ODER DER CARITAS DER
ERZDIÖZESE WIEN PSPK. KTO. 7700.004 ZU WIDMEN.

Die Todesanzeige, 27. Juni 1975.

Diese so oft wiederholten Worte hatten sich dem Kind Robert tief eingeprägt. Sie waren die Triebkraft für sein ganzes Leben. Das Versprechen, das seine geliebte Mutter immer wieder gab, war ihm eine Verpflichtung, die er einhalten mußte. So sehe ich es heute.

Wer weiß, was für Gedanken einem Sterbenden durch den Kopf gehen in jenem letzten Moment, da die Seele schon zwischen den beiden Welten schwebt? Ob es nur meine Worte waren, die Robert dazu veranlaßten, nach seiner Mutter zu rufen, oder ob es noch andere Beweggründe dafür gab, werde ich nie erfahren. Soviel weiß ich jedoch: Robert starb beglückt von dem Gedanken, daß er seiner geliebten Mutter hatte Wort halten können, und er starb mit den Namen der vier Menschen auf seinen Lippen, die er auf dieser Erde am meisten geliebt hatte.

Roberts Tod erschütterte unzählige Menschen auf der ganzen Welt. In allen fünf Erdteilen beweinten Millionen das Dahinscheiden des »letzten Walzerkönigs« – eines Mannes, dessen rhythmische Melodien von frühester Jugend an zu ihrem Leben gehört hatten. Aus dem Weißen Haus sandten Präsident Gerald Ford und Außenminister Henry Kissinger ihre Kondolenzbotschaften. Das gleiche geschah in anderen Hauptstädten überall auf dem Globus. Monarchen wie Königin Juliana der Niederlande, König Baudouin von Belgien, fast alle Staats- und Regierungschefs und bedeutende Persönlichkeiten aus Politik, Kultur und Wirtschaft und nicht zuletzt viele Tausende einfacher Menschen auf der ganzen Welt – sie alle verband die gemeinsame Trauer um Robert. Für mich war es wiederum ein Beweis dafür, wie sehr Robert als Mensch und Künstler geliebt wurde. Ein Kommentator schrieb: »Die Welt hat einen großen Musiker und Europa einen allseits geliebten Großvater verloren.«

Roberts Beerdigung in Wien wurde zu einem Staatsakt. Es war beinahe, als trüge man einen Monarchen zu Grabe. In Berlin hatte man von seinen Händen Abdrücke und von seinem Gesicht die Totenmaske abgenommen. Clarissa war mir zur Seite geeilt. Robert war in der Kapelle des Krankenhauses aufgebahrt worden, während die Vorbereitungen für die Trauerfeierlichkeiten in seiner »Traumstadt« Wien getroffen wurden.

Dann flogen Clarissa und ich von Berlin nach Wien. Ich befand mich in einer Art Schockzustand und spürte, daß ich nervlich fast am Ende war. Aber ich war entschlossen, so lange durchzuhalten, bis Robert in heimatlicher Erde zur letzten Ruhe gebettet sein würde. Mir kam es so vor, als ob auch mein Leben vorüber sei, zumindest seelisch, wenn schon nicht physisch.

Eine kleine Episode auf dem Flughafen von Wien-Schwechat machte mir deutlich, wie sehr sich meine Welt verändert hatte. Robert wäre am 25. August 95 Jahre alt geworden – in nur zwei Monaten! Und das erste, worauf meine Blicke fielen, als ich ein Exemplar des Wiener »Flughafen-Journals« ansah, das den aussteigenden Passagieren in die Hände gedrückt wurde, war ein groß aufgemachter Artikel über die bevorstehende Geburtstagsfeier. Wie sehr hatten wir, Robert und ich, uns auf jenen großen Tag gefreut, von dem wir fest überzeugt gewesen waren, daß wir ihn gemeinsam in seinem geliebten Wien würden erleben können. Jetzt kehrte ich allein nach Wien zurück – als Witwe.

Während Clarissa und ich ein Zimmer im Hotel Imperial bezogen, salutierten die deutschen und österreichischen Grenzbeamten dem Leichenwagen, der Roberts sterbliche Überreste von Berlin nach Wien brachte. Seit dem Tode von Johann Strauß, um den Robert damals als junger Kapellmeister in Marburg an der Drau getrauert hatte, hatte die Wiener Musikwelt und mit ihr Zehntausende von einfachen Bürgern sich nicht mehr in solcher Geschlossenheit zusammengefunden – wie um einem geliebten Sohn Lebewohl zu sagen. Die schwarze Trauerflagge wehte über allen staatlichen Theatern der Stadt. In vielen Schallplattenläden versahen die Angestellten und Verkäuferinnen Roberts Alben mit schwarzen Trauerbändern. Von überall in der Welt trafen Tausende von Briefen und Kondolenz-Telegrammen ein, darunter unzählige von »kleinen Leuten«, denen Robert sich immer so verbunden gefühlt und deren Freud und Leid er so viele seiner Lieder gewidmet hatte.

Robert wurde im Foyer der Wiener Staatsoper aufgebahrt. Tausende von Wienern und auswärtigen Besuchern aus allen Schichten defilierten vorüber, um von ihrem geliebten Robert Stolz Abschied zu nehmen. Clarissa und ich legten einen Strauß von fünfundneunzig roten Rosen, Roberts Lieblingsblumen, an seinem Sarg nieder.

Auf dem Wiener Zentralfriedhof war bereits ein Ehrengrab reserviert worden. Es befand sich in der ersten Reihe des Abschnitts, der den großen österreichischen Musikern vorbehalten war, unweit der Gruft der österreichischen Bundespräsidenten. Für Robert war es gerade der richtige Platz: gleichsam der Ecksitz in der ersten Reihe, den er im Theater und in der Oper immer vorgezogen hatte.

Auch in den stillen grünen Zentralfriedhof waren Tausende gekommen, darunter viele vertraute Gesichter aus der Vergangenheit, und noch mehr Fremde, die sich mit Robert durch seine Musik geistig verbunden fühlten.

In der Aufbahrungshalle hielt als Repräsentantin der Stadt Wien die Kulturstadträtin und Vizebürgermeisterin Gertrude Sandner die Trauerrede. Ihre Worte drückten das aus, was Millionen Menschen in diesen Tagen für Robert empfanden: Dankbarkeit, Hochachtung und Liebe. Diese aufgeschlossene, besonnene Politikerin hat die Bedeutung von Roberts Lebenswerk voll erkannt; sie weiß, daß seine Musik international mehr für Wien und Österreich tun kann als ein Heer der besten Diplomaten. Hätte es doch schon immer solche weitsichtigen, offenherzigen Menschen gegeben wie Gertrude Sandner! Mozart und so vielen anderen großen Meistern wäre das beschämende Schicksal erspart geblieben, verkannt und geschmäht in einem Armengrab verscharrt zu werden. Diese Gedanken schossen mir durch den Kopf, als ich mit Clarissa dem Wagen mit Roberts Sarg folgte und an der unüberschaubaren Trauergemeinde vorbeischritt, die die Straßen bis zu Roberts Grab säumte.

So wie Robert es schon vor Jahren verfügt hatte, spielte das Blasorchester an seinem offenen Grab eines seiner Lieblingsstücke, jenes typische, gefühlvolle Wiener Lied »Erst wann's aus wird sein«.

Dann hielt unser lieber Freund Marcel Prawy eine einfühlsame, ja, leidenschaftliche Ansprache, in der er an Roberts Wirken als Künstler und als Mensch erinnerte. Als Marcel Prawy geendet hatte, sangen die Fischer-Chöre, die erst achtundzwanzig Tage zuvor, unter weit glücklicheren Umständen, für Robert ihre Stimmen hatten erklingen lassen: »Auf der Heide blüh'n die letzten Rosen«. Ein anderer lieber, von Robert hochgeschätzter langjähriger Freund, der Wiener Kardinal Dr. Franz König, erteilte den Segen.

Robert hatte immer die bescheidene Lebensweise des Kardinals bewundert, der auch in weltlichen Kreisen dank seiner Charakterfestigkeit und auch als Verfasser bedeutender wissenschaftlicher Bücher große Anerkennung findet. Aus den Lautsprechern der Trauerhalle ertönte die bewegende Melodie von Roberts »Ave Maria«, das er zu Toscaninis Freude vor fast einem halben Jahrhundert komponiert hatte.

Roberts Geburtsstadt Graz, die eine Delegation zu seiner Beerdigung entsandte, hielt am 3. Juli im Grazer Rathaus für ihren Ehrenbürger eine feierliche Trauersitzung ab, bei der alle Mitglieder des Stadtsenates und Gemeinderates sowie der Steiermärkischen Landesregierung zugegen waren. Der Grazer Bürgermeister Dr. Götz würdigte in seinem Nachruf nicht nur die künstlerischen Verdienste Roberts, sondern auch sein standhaftes Bekenntnis zur Heimat während der schwersten Zeit.

So hatte Österreich seinen letzten Walzerkönig zu Grabe getragen.

Erschöpft wie ich war, blieben mir noch immer zwei Pflichten, die ich für Robert zu erfüllen hatte.

»Einzerle«, so hatte er mich 1946, kurz nach unserer Rückkehr nach Wien, einmal gebeten, »wenn meine Stunde geschlagen hat, dann möchte ich nicht, daß meine Freunde in Trauer von mir scheiden. Nach der Beerdigung sollen sie sich alle zusammensetzen und der schönen Zeiten gedenken, die wir miteinander verbringen durften. Wenn sie auf diese Weise von mir Abschied nähmen, wäre es mir am liebsten.«

Daher bat ich eine Anzahl derer, die Robert am nächsten gestanden hatten, nach der Beerdigung ins Beethovenhaus in Grinzing zum »Mayer am Pfarrplatz« zu kommen, Roberts Stamm-Heurigenlokal. Hier, im Garten des Hauses, in dem Beethoven seine monumentale *Eroica* komponiert hatte, flossen die Herzen über, als wir einen letzten Toast auf Robert ausbrachten. In gewisser Weise bedeutet die Erinnerung an das Klingen der Gläser und die tränenfeuchten und doch lächelnden Mienen der guten Freunde für mich genausoviel wie die Gebete und die Feierlichkeiten auf dem Friedhof. Diese Form des Abschiednehmens von meinem geliebten Robert war so richtig nach seinem Wunsch.

Meine letzte Pflicht war eine stillere. Am Tag nach der Bestattung ging ich mit Clarissa auf den Friedhof und goß den Inhalt einer Flasche seines Lieblingsweines »Einziperle« über seinem Grabe aus. Auch dies war sein Wunsch gewesen. Robert hatte keine Angst vor dem Tod. Oft hat er mit mir über die Zeit nachher, also nach seinem Ableben, gesprochen. Er gab mir Ratschläge, äußerte Wünsche, wie es eben in seinem Musical *Ein schöner Herbst* heißt: »Bestelle dein Haus, es wird spät«.

Fürs erste schmückte ein schlichtes Holzkreuz die Grabstätte.

Jede Frau, die den Mann ihres Lebens verloren hat, weiß, wie mir in den ersten Wochen nach Roberts Beerdigung zumute war. Eine traurige Dumpfheit erfüllte mich, eine tiefe Leere. Mein Körper lebte noch, aber ich hatte das Gefühl, meine Seele sei abgestorben. Robert Stolz war mein Leben gewesen; mit seinem Tod schien alles zu Ende zu sein. Ich bin wie das Holzkreuz auf seinem Grab, dachte ich bei mir: Ich bleibe noch eine Weile stehen, um sein Andenken zu pflegen – aber das ist die einzige Aufgabe, die mir noch geblieben ist. Und bald wird ein dauerhaftes Monument aus Stein dieses Kreuz ersetzen, und auch ich werde bald nicht mehr sein...

Aber seltsamerweise war es ausgerechnet der Entwurf jenes Marmormonuments, der mir half, dies Gefühl tiefster Niedergeschlagenheit zu überwinden.

Ich überlegte monatelang, bevor ich mich entschied und ein Monument aus weißem Marmor mit einem Relief-Porträt Roberts in Auftrag gab. Robert hatte ausdrücklich gewünscht, keine Lobeshymnen auf seinen Grabstein zu schreiben, also machte ich mir Gedanken über eine für Robert charakteristische Inschrift, die seinem Wunsch entsprechen könnte.

Robert lebte nicht mehr, aber er war, Gott sei Dank, noch immer bei mir. Seine Krawattennadel mit den Diamanten-Initialen, die der letzte Habsburgerkaiser ihm geschenkt; der Ring, den er immer getragen hatte und der für mich ein Symbol seiner Karriere bedeutet, und seine Armbanduhr – alle drei trug fortan ich, so wie er es sich gewünscht hatte. Durch diese kleinen Dinge spürte ich gleichsam Roberts Gegenwart; sie gaben und geben mir das herzerwärmende Gefühl, daß er noch immer, wie zu seinen Lebzeiten, an meiner Seite steht und mich behütet.

Und die Freunde, Roberts Freunde, von denen ich geglaubt hatte, daß sie nach seinem Tode allmählich meinem Blickfeld entschwinden würden – sie kamen noch immer zu Besuch und kümmerten sich um mich. Vor allem aber trafen auch nach Roberts Tod noch immer unzählige Briefe ein von den unbekannten Freunden und Liebhabern seiner Musik in aller Welt. Sie baten um Informationen über Roberts Schallplatten und seine Kompositionen. Bald wurde mir klar, daß Robert durch sein Werk und sein Publikum weiterlebte, und ich empfand, daß ich eine Aufgabe habe. Diese Mission zu erfüllen, würde meinem Leben auch in Zukunft einen Sinn geben und die Erinnerung an Robert nicht nur in mir, sondern auch in den Herzen Millionen anderer wachhalten.

Der Gedanke an diese neue Aufgabe kam mir nun zum ersten Male, als ich versuchte, eine Inschrift für Roberts Grabmal zu finden. Aus heiterem Himmel fiel mir ein Satz ein, den Robert geprägt hatte, und den man als eine seiner Lebensdevisen bezeichnen kann:

»Wenn meine Melodien in den Herzen der Menschen einen Platz gefunden haben, dann weiß ich, daß ich meine Aufgabe erfüllt und nicht umsonst gelebt habe!«

Das sollte die Inschrift auf Roberts Grabmonument sein – und für mich war es das Motto für die Mission, die mein Leben in den mir verbleibenden Jahren lebenswert machen würde.

Und darum, lieber Freund und Leser, erscheinen diese Erinnerungen zu Roberts hundertstem Geburtstag. Wie schon Marcel

Prawy am Grabe Roberts sagte: »Der Vorhang über einem großen Leben ist gefallen. Der Vorhang geht auf über einer großen Unsterblichkeit.«

In den abschließenden Kapiteln dieses Buches will ich nun versuchen, Roberts Geschichte dort wieder aufzunehmen, wo ihm die Feder aus der Hand fiel. Ich will seinen »Schönen Herbst« kurz zusammenfassen, jene ereignisreichen, triumpherfüllten Jahre, die 1946 mit unserer Rückkehr nach Wien ihren Anfang nahmen. Die Erinnerung an diese Jahre erfüllt mein Leben noch heute mit Freude und tieferem Sinn.

Allerherzlichst
Ihre
Einzi Stolz

2.
Wiedererstanden aus der Asche

»Ereignisreiche, triumpherfüllte Jahre« habe ich die Zeit genannt, die Robert und ich seit jenem Oktober 1946 in Europa miteinander verbrachten – doch zu Beginn war sie hauptsächlich ereignisreich und weniger triumpherfüllt. Wieder einmal lag Europa nach einem selbstmörderischen Krieg in Trümmern. Das Leben und die Kunst mußten wiedererstehen aus der Asche, wie es Robert gewollt und gefordert hatte. Diese Aufgabe zog ihn unwiderstehlich an, und er ergriff die erste Gelegenheit, in sein geliebtes Österreich zurückzukehren.

Diese tragikomische Begrüßungsszene am Flughafen in Wien, die Robert selbst schon in seiner Erzählung beschrieben hat, konnte in mehrfacher Hinsicht als symbolisch für unsere ersten Jahre im Nachkriegseuropa gelten: eine Collage aus Blumen und Gerichtsvollziehern, Theatertriumphen und rachsüchtigen Prozessen der unersättlichen Fini, die noch immer über jenes empörende Pfändungsrecht verfügte, das sie Robert in einem seiner schwachen Momente vor der Scheidung abgeluchst hatte. Doch Robert pflegte stets zu sagen: »Arbeit ist die beste Medizin«, und je mehr Hindernisse es zu überwinden gab, desto härter arbeiteten wir und desto schneller ging es voran. Dennoch hatten wir es zu Anfang alles andere als leicht.

Leid gab es überall. Der zweite Nachkriegswinter schien überhaupt kein Ende nehmen zu wollen. Sieger und Besiegte, Befreite und Unterdrückte litten gleichermaßen unter Frost, Hunger und

Elend. In England waren weite Gebiete übersät mit den Leichen erfrorener Weidetiere. In manchen Teilen Deutschlands und Österreichs lagen noch viele Menschen unidentifiziert unter den Trümmerbergen ausgebombter Häuser. Fremde Besatzung, Armut, Hunger und Ungewißheit waren die Regel. Wien, die herrliche goldene Stadt aus Roberts Träumen, die er mir so oft und so lebhaft beschrieben hatte, daß ich sie schon auswendig zu kennen glaubte, mit ihren fröhlichen Menschen, hell erleuchteten Straßen, den festlichen Theatern und den Heurigen auf den Hügeln der Umgebung, lag in Trümmern. Im Jahre 1946, unter fremder Militärregierung, war die Stadt ausgebombt, arm, kalt. Auch in Roberts Wohnung in der Elisabethstraße hatte sich die Besatzung einquartiert. Bei unserer Ankunft teilte man uns mit, das Haus sei von den Russen beschlagnahmt worden, woraus sich eine etwas komplizierte Situation ergab, die schließlich durch die freundliche Vermittlung eines sowjetischen Generals gelöst wurde, der sich als Verehrer von Robert entpuppte; diese Geschichte werde ich Ihnen noch erzählen.

Robert mußte also wie ein Fremder in der Stadt, die er so liebte, und nach der er sich so gesehnt hatte, leben. Irgendwie gelang es uns, ein Zimmer im Hotel Krantz, dem früheren Ambassador, zu bekommen, dessen einer Flügel den Bomben entgangen war. Wir lebten nicht eben im Luxus: Um unser Zimmer zu erreichen, mußten wir über den Schutt der zerstörten Gebäudeteile klettern. Doch in jenen kummervollen Zeiten ging es uns schon dadurch, daß wir ein Dach über dem Kopf hatten, besser als vielen anderen.

Wie gut ich mich unserer ersten Winterabende in Wien erinnere! Robert und ich pflegten beisammen zu sitzen, in Mänteln, Schals, Handschuhen, und rückten, so nahe es irgend ging, an einen kleinen, gefährlich spuckenden Petroleumofen, um möglichst viel Wärme abzubekommen. Oft hatten wir nichts zu essen, und während unserer ersten zwei Wochen in Wien nahmen wir beide zehn Kilo ab! Aber ich könnte nicht behaupten, wir seien unglücklich gewesen. In Roberts Gesellschaft längere Zeit mutlos zu sein, war unmöglich, und abgesehen davon hatten wir viel zu viel zu tun. Sogar in jenem kahlen, kalten Hotelzimmer pflegte Robert zu komponieren, solange ihm die Lichtverhältnisse das Lesen und Schreiben gestatteten, und ich begann bald mit der Organisation einer Kampagne, welche die hungrigen Wiener durch Care-Pakete ernähren half, die von unseren Freunden aus dem Ausland geschickt wurden. Robert immerfort arbeiten zu sehen, sein Herz auch in dieser trostlosen Umgebung von Musik erfüllt zu wissen – das machte mich glücklich und gab mir Kraft. Mit jedem Tag, der verging, schätzte ich meinen Robert höher, und in den Stunden des Hungers und der Kälte wärmte uns unsere Liebe, die uns gegenseitig das Gefühl der Geborgenheit gab.

So gut ich Robert auch bereits kannte – es gab doch eine Charaktereigenschaft, die mir sein heiteres, leichtlebiges Wesen bisher verborgen hatte. Es bedurfte einer unheimlichen, erschütternden und geisterhaften Szene, um mich Roberts feinste Charakterzüge erkennen zu lassen: seinen Mut und seine Menschenliebe.

Einige Wochen nach unserer Ankunft in Wien erhielten Robert und ich eine Einladung ins Konzerthaus zu einer Veranstaltung, die von Mitgliedern des Widerstandes organisiert wurde. Wir kamen zur genannten Stunde und waren ziemlich überrascht, als die Gastgeber uns hastig einen Platz in der Loge Nummer eins anwiesen. Dr. Hans Kurz, Roberts langjähriger Freund und Rechtsanwalt, saß bereits darin.

Wie soll ich diese Versammlung beschreiben? Auf der Rednerbühne befanden sich ein paar Stühle, ein nackter Tisch, ein einziges Mikrophon. Sonst nichts. Das Haus war bis auf den letzten Platz besetzt. Viele der Anwesenden sahen aus wie menschliche Skelette, in ärmlichste Kleidung gehüllt. Eine Szene wie aus Dantes »Inferno«, wie eines von Goyas Alptraumbildern. Schon ihr bloßer Anblick trieb einem die Tränen in die Augen.

Alles war totenstill, als der Vorsitzende, Dr. Franz Sobek, eine kurze Eröffnungsansprache hielt.

»Wir, die wir heute hier versammelt sind«, schloß er, »sind die überlebenden Mitglieder der Widerstandsbewegung und die überlebenden Insassen der Todeslager. Wir wollen uns erheben, um der vielen zu gedenken, die diesen Tag nicht mehr erleben dürfen...«

Nach dieser Schweigeminute wurde eine lange Reihe von Reden gehalten, von denen sich manche ähnelten, doch alle waren herzzerreißend. Gerade als ich mich zu fragen begann, wie lange sich diese Trauerversammlung noch hinziehen werde, trat ein neuer Sprecher ans Mikrophon, der sich als Angehöriger der einstmals blühenden Jüdischen Gemeinde bezeichnete, von der nur ein kläglicher Rest in Wien erhalten geblieben war. Er hielt eine Sekunde inne, in der er einen Blick auf unsere Loge zu werfen schien. Dann räusperte er sich und verkündete: »Und nun möchte ich jemanden erwähnen, der, obwohl er nicht unseres Glaubens ist, allein viel mehr für unsere Brüder und Schwestern getan hat als eine Menge anderer zusammen... Meine Damen und Herren – sein Name ist: Robert Stolz!«

Bevor ich recht wußte, was vor sich ging, wurde der Scheinwerfer auf uns gerichtet. Ich saß wie gelähmt, unfähig zu verstehen, was das alles zu bedeuten hatte, denn Robert hatte – typisch für ihn – niemals auch nur die leiseste Andeutung über all das gemacht, was er in den Jahren, bevor wir uns in Paris kennenlernten, unternommen hatte, um seinen jüdischen Freunden in Berlin und Wien zu helfen. Es entsprach ganz Roberts Art, daß er niemals über seine guten Taten sprechen wollte. Erst viel später erfuhr ich Näheres. An jenem Abend jedenfalls schien ich der einzige Mensch in dieser Halle zu sein, der nichts von Roberts Heldenmut und Großherzigkeit gewußt hatte. Alle Anwesenden hatten sich erhoben. Es gab weder Zurufe noch Applaus. Doch die hageren, gerade noch dem Tode entronnenen Gestalten standen einer Mauer gleich und zollten Robert ihren Tribut, starrten schweigend und in ergriffener Dankbarkeit auf die Loge, in der wir saßen, immer noch wie gelähmt, wie vom Strahl des Scheinwerfers gebannt.

Es ist mir unmöglich, die Intensität meiner Gefühle an jenem Abend zu beschreiben. Ich kann nur sagen, daß mir die Tränen übers Gesicht liefen. Auch meine Mutter war während des Krieges in einem deutschen Konzentrationslager in Polen umgekommen, und für mich war es, als repräsentiere diese Versammlung nicht nur die Überlebenden, sondern ebenso die Millionen derer, die untergegangen waren, bevor Europa vom Naziwahnsinn befreit wurde. So schaurig auch all die gespenstischen Gesichter aussahen, es gemahnte doch jedes einzelne daran, daß die Flammen von Hitlers Inferno nicht jegliche Humanität vernichtet hatten. In ihrem Schweigen teilten sie mir mit, daß mancher von ihnen überlebt hatte dank des tapferen und großzügigen Herzens meines Mannes Robert Stolz.

Erneut hob der Mann am Mikrophon seine Stimme: »Ich rufe nun die Zeugen auf, die darum gebeten haben, für Robert Stolz zu sprechen.«

Der erste »Zeuge« war der Wiener Schriftsteller Rudolf Österreicher. »Bevor Robert Stolz Wien verließ«, erklärte Herr Österreicher, »erteilte er seinem Rechtsanwalt Dr. Hans Kurz Vollmacht über sein gesamtes Vermögen, das er in Österreich besaß. Er ermächtigte ihn, in seiner Abwesenheit darüber zu verfügen, und wies ihn an, mir und meiner Familie eine monatliche Summe aus diesem Vermögen zu schenken. Wir mußten im Untergrund leben, und ohne jene Zuwendungen hätten wir nicht überleben können. Während der ganzen Zeit der Nazibesatzung traf ich Dr. Kurz zu Beginn jedes Monats nach Einbruch der Nacht auf der Marienbrücke, wo er mir im Vorbeigehen einen Umschlag zuzustecken pflegte. Diese

Umschläge haben unser Leben gerettet. Meine Familie und ich, wir haben es Robert Stolz zu verdanken, daß wir heute noch am Leben sind.«

Der zweite Zeuge war der Sportjournalist Schani (Johann) Brodt, der dasselbe sagte. Zeuge um Zeuge berichtete die gleiche Geschichte.

An jenem düsteren und doch so beeindruckenden Abend im dunklen Wiener Konzerthaus lernte ich den Mann, den ich geheiratet hatte, ebenso zu verehren, wie ich ihn liebte. Mir wurde klar, daß er nicht nur ein genialer Komponist und Dirigent war, nicht nur ein warmherziger, liebevoller Ehemann: Robert Stolz war darüber hinaus ein großer Menschenfreund. All die vielen Schläge, die er im Laufe der Jahre hatte einstecken müssen – Enttäuschung, Verrat, Neid und Grausamkeit von seiten so vieler Kollegen, Freunde und Frauen –, hatten Robert nicht verhärtet, sondern ihn nur um so mitfühlender und verständnisvoller für die Mißgeschicke anderer werden lassen. In all unseren gemeinsamen Jahren habe ich es niemals erlebt, daß Robert einen Mitmenschen im Stich gelassen hätte, der in Not war und der Hilfe oder des Trostes bedurfte. Sein Herz blieb jung und unverdorben bis zuletzt, sein Sinn für Gerechtigkeit und Fairneß ungebrochen. Doch an jenem gespenstischen Abend entdeckte ich dies alles erstmals in seiner ganzen Dimension. Mein Mann war auch mein Held geworden. Er ist es geblieben bis auf den heutigen Tag.

Zu Beginn dieses Kapitels habe ich erwähnt, daß Roberts schöne Wiener Wohnung in der Elisabethstraße von den Russen beschlagnahmt worden war. Wie es kam, daß sie ihrem rechtmäßigen Besitzer zurückgegeben wurde, steht als frohe Erinnerung im Kontrast zum alltäglichen Grauen der frühen Nachkriegsjahre. Wir wohnten noch in jenem erhalten gebliebenen Flügel des Krantz-Ambassador-Hotels, als eines Tages Dr. Hans Kurz, der beherzte Anwalt und Jurist, zu Besuch kam.

Dr. Hans Kurz war ein charmanter, hochintelligenter Herr, ein sehr lieber, rücksichtsvoller Freund. Er brachte uns Neuigkeiten über den Zustand von Roberts Wohnung und seines Eigentums. Die Möbel, schien es, waren alle unversehrt geblieben, doch die unschätzbar wertvolle Sammlung von Roberts unveröffentlichten Manuskripten – Hunderte von neuen Liedern und Partituren – sowie alle wertvollen historischen Dokumente und Photographien mitsamt der Korrespondenz, die Robert und sein Vater aufgehoben hatten und worunter sich viele Autographen befanden, Noten und

Briefe von Meistern wie Beethoven, Wagner, Bruckner und Brahms: all das war von der Gestapo konfisziert worden. Sechzehn Säcke voll unersetzlicher Dokumente waren weggeschleppt und in zwei versiegelte Eisenbahnwaggons am Wiener Südbahnhof verfrachtet worden. In dem Chaos, das während des deutschen Rückzugs ausbrach, wurden alle sechzehn Säcke gestohlen und vernichtet von Plünderern, die glaubten, die Gestapo hätte hier Schätze versteckt. Da sie nur Papier fanden, nahmen sie es zum Verheizen mit – der Rest wurde von Regen und Schnee zerstört. Alles, was wir davon jemals wiederentdeckten, waren ein paar verkohlte Papierfetzen. Für Robert war das ein schwerer Schlag, nicht nur, weil seine eigenen Werke verlorengegangen waren, sondern auch weil die Jahre geduldigen und verständnisvollen Sammelns ihm viel bedeutet hatten. Was ihn jedoch am meisten quälte, war der Verlust, den die Einbuße dieser Schätze für die Musikgeschichte bedeutete. »Nichts ist in diesem schrecklichen Krieg verschont geblieben«, klagte er. »Sogar die Kunst ist ihm zum Opfer gefallen.«

»Es hätte noch viel schlimmer kommen können für dich, Robert«, antwortete Dr. Kurz. »Wenigstens steht deine Wohnung noch, die so viele Erinnerungen an deine eigene Lebensgeschichte enthält. Ich glaube, sie ist ohne einen einzigen Kratzer davongekommen. Wie wäre es, Frau Stolz, möchten Sie sie ansehen?«

Da ich die Wohnung noch nie gesehen und Dr. Kurz von den vielen Symbolen, Andenken und Erinnerungen aus Roberts Leben gesprochen hatte, stimmte ich natürlich sofort zu. So machten wir uns an diesem Nachmittag zu dritt zu dem kurzen Spaziergang in die Elisabethstraße 16 auf, und ich konnte zum ersten Male einen Blick in unser zukünftiges Heim werfen.

Von außen bot das Gebäude einen betrüblichen Anblick. Zwar war es ein schönes, eindrucksvolles Beispiel für den vornehmen Baustil, der das Zweite Empire in Paris und das späte 19. Jahrhundert in Wien gekennzeichnet hatte, doch der Krieg hatte das Haus, wie Robert es nannte, »blind gemacht«. Die Fenster, die in der Vergangenheit während so vieler herrlicher Feste in hellem Glanz gestrahlt hatten, schimmerten kaum mehr. Keine einzige Scheibe war heilgeblieben, und die leeren Rahmen waren mit Pappdeckeln ausgefüllt.

Roberts Nostalgie und meine Neugier trieben uns jedoch weiter. Als wir das Gebäude betraten und im dunklen Treppenhaus standen, war es uns, als seien wir in ein verwunschenes Schloß geraten, das von außen unheimlich und abstoßend wirkt, in seinem Inneren aber verlockend funkelt...

In der Wohnung befand sich auf Veranlassung von Dr. Kurz eine Haushälterin, Frau Adaler. Sie begrüßte uns an der Küchentür. Die Küche war noch in ihrer Obhut, doch erfuhren wir, daß in den anderen zehn Räumen zwei russische Offiziere mit ihren Gattinnen einquartiert waren, Major Seidman und Leutnant Schapiro.

Frau Adaler informierte unsere »Hausgäste« von unserer Ankunft. Als sie zurückkam, sagte sie, wir seien herzlich willkommen und dürften die Wohnung besichtigen.

Zu unserem Glück hatte der Hausmeister des Gebäudes, ein Mann namens Stepanek, den Russen gleich zu Beginn der Einquartierung erzählt, daß Robert Stolz, der Eigentümer dieser Wohnung, ein international bekannter Komponist und Antifaschist sei, der gegenwärtig in Amerika lebe. Wir wurden daher von den Herren Seidman und Schapiro und ihren Damen mit ausgesuchter Höflichkeit begrüßt. Es stellte sich heraus, daß sie große Musikfreunde waren und daß sie gerne die vielen Schallplatten mit Roberts Musik hörten, die in der Wohnung zurückgeblieben waren. »Sie also sind Robert Stolz...«, sagte Major Seidman. Er schüttelte Robert die Hand und lud uns zu Kaffee, Kuchen und Champagner ein.

Mir war sofort klar, weshalb unsere neuen russischen Freunde die Wohnung so gerne hatten. Schließlich lebten sie in einer der besterhaltenen Luxuswohnungen Wiens. Denn die Nazis hatten ja bis zum Schluß geglaubt, Robert, der »100%ige Arier«, würde eines Tages zurückkehren und hatten deshalb alles – mit Ausnahme der Dokumente, Musiknoten und persönlichen Papiere – in bester Ordnung gehalten. Auch ich war jetzt sehr beeindruckt.

Während der gesamten Zeit unseres Zusammenlebens hatten Robert und ich entweder in unpersönlichen Hotelzimmern oder in unserem ziemlich einfach eingerichteten Appartement in New York gewohnt. Nun sah ich zum erstenmal den Glanz, in dem Robert zuvor gelebt hatte; ich sah Zimmer wie in Schönbrunn – funkelnde Kristallüster, stoffbezogene Möbel mit elegantem Schnitzwerk, kostbare Vorhänge. Überall standen auf Hochglanz polierte Kristallvasen, und den Fußboden bedeckten wunderschöne Orientteppiche. Erst jetzt konnte ich verstehen, warum Robert sich standhaft geweigert hatte, Lilli bei der Scheidung die Wiener Wohnung als Abschiedsgeschenk zu überlassen. All die Schätze, die ich jetzt sah, waren von Robert mit dem Geld bezahlt worden, das er in jahrelanger, harter Arbeit als Komponist und Dirigent verdient hatte. Diese Wohnung war die Verwirklichung eines lebenslangen Traumes, sie war das Nest, in dem er seinen Lebensabend hatte verbringen wollen.

Es war ein sehr angenehmer Nachmittag und nur der erste von vielen Besuchen. Wir freundeten uns mit den russischen Offizieren an – so sehr, daß die Seidmans und Schapiros andeuteten, sie würden die Wohnung verlassen, damit Robert sie wieder für sich beanspruchen könne. Frau Schapiro strickte für Robert sogar ein sehr schickes Paar warmer Wollhandschuhe, um, wie sie sich ausdrückte, »seine schönen Pianistenhände« zu schützen.

Wochen vergingen. Die Russen blieben, den Andeutungen zum Trotz, in unserer Wohnung, und wir blieben in unserem Hotel.

Wir hatten damals nicht sehr viel Geld, und mit jeder weiteren Woche wuchsen unsere Sorgen; das Gespenst der Armut rückte näher und näher. Dazu kam noch, daß die Gase des Petroleumofens, der einzigen Heizung, die es in unserem Hotel gab, bei Robert eine hartnäckige Augenentzündung hervorriefen.

Einige unserer Freunde erkundigten sich nun bei der österreichischen Regierung, und schließlich kam die Frage, wieso Robert Stolz, der populäre, heimgekehrte Sohn, nicht in seiner eigenen Wohnung leben könne, sogar vor das Parlament. Aber Fragen stellen sich gemeinhin leichter, als sie sich beantworten lassen.

Nichts geschah. Daraufhin gingen Robert und ich in die Porzellangasse und bemühten uns um amerikanische Unterstützung. Colonel Hodge, der verantwortliche Offizier, war sehr zuvorkommend, teilte uns aber zu seinem Bedauern mit, daß er, da unsere Wohnung im Internationalen Sektor Wiens liege, keine rechtliche Handhabe besitze, solange die Russen sie beschlagnahmt hielten.

»Wenn Sie eine Möglichkeit finden, sie herauszukomplimentieren, dann – und nur dann – kann ich die Wohnung unter die Kontrolle der vier Besatzungsmächte stellen. Aber solange die Russen auf offizielle Anweisung dort bleiben, sind mir die Hände gebunden«, erklärte Colonel Hodge.

Das war nun wenigstens ein brauchbarer Hinweis, der zur Lösung unseres Problems beitragen konnte. Aber wie sollten wir Major Seidman und Leutnant Schapiro dazu überreden, die Wohnung zu verlassen?

Die Lösung fand sich, auf typisch wienerische Art, einige Tage später in einem Kaffeehaus. Robert und ich plauderten mit einem guten Freund, Dr. Fritz Meznik, der damals das Pressebüro der Regierung leitete. Nachdem wir ihm unser Herz ausgeschüttet hatten, schlug er, halb im Scherz, vor: »Warum wendet ihr euch nicht an General Lebedenko?«

»Wer ist denn das?« fragte ich.

»General Lebedenko, liebe Einzi«, antwortete Fritz lachend, »ist der Oberbefehlshaber der sowjetischen Besatzungsmacht in Österreich. In Gebieten unter russischer Kontrolle gilt sein Wort so viel wie ein Gesetz.«

Ohne allzu große Hoffnungen rief ich im sowjetischen Hauptquartier an und bat um einen Termin bei General Lebedenko.

»Robert Stolz wünscht dem General einen Höflichkeitsbesuch abzustatten, da wir nach vielen Jahren in Amerika kürzlich nach Österreich zurückgekehrt sind«, erklärte ich dem netten jungen Mann am anderen Ende der Leitung. Die Stimme, sie gehörte, wie sich später herausstellte, einem Leutnant Awdjejew, versprach mir in exzellentem Deutsch, einen Besuchstermin zu arrangieren.

Auf sein Wort war Verlaß: Zehn Minuten später rief er zurück und teilte mit, daß uns der General am nächsten Morgen im Justizpalast erwarte.

Nicht ohne Herzklopfen fanden wir uns am nächsten Morgen im Justizpalast ein. Nachdem man unsere Papiere einer gründlichen Prüfung unterzogen hatte, wurden wir von einem netten blonden Adjutanten begrüßt – Leutnant Awdjejew, wie sich herausstellte –, der sich alle Mühe gab, uns die Wartezeit so angenehm wie möglich zu gestalten.

Der beruhigende Effekt dieses freundlichen Empfanges hielt indessen nur kurze Zeit an. Als man uns in das riesige Büro des Oberbefehlshabers ließ, überliefen uns kalte Schauer. Hinter einem mächtigen Schreibtisch thronte General Lebedenko höchstpersönlich. Wenn Sie Orson Welles in seinem berühmten Film *Journey Into Fear* (Reise ins Land der Furcht) gesehen haben, dann wissen Sie, wie der General aussah: eine hochgewachsene Gestalt mit dem Gesicht eines mongolischen Eroberers. Sein Blick war streng und kalt. Auf seiner Brust glitzerten ganze Reihen von Orden, und auf dem Kopf trug er eine hohe Pelzkappe – in diesem Winter war es dermaßen kalt, daß die Leute sogar im Justizpalast ihre Kopfbedeckung aufbehielten.

Leutnant Awdjejew fungierte als Dolmetscher. »Der General wünscht zu wissen, was Sie wollen«, sagte er uns, nachdem Lebedenko uns mit einem nicht unfreundlichen Kopfnicken begrüßt hatte.

Mit sorgfältig abgewogenen Worten antwortete Robert: »Ich *will* gar nichts. Ich wollte lediglich dem Herrn General meine Aufwartung machen.«

Für einen Augenblick herrschte Grabesstille. Wir hielten unseren Atem an. Dann murmelte General Lebedenko mit gutturaler Stimme ein paar Worte. Leutnant Awdjejew übersetzte: »Der

General wünscht zu wissen, ob Sie in Wien eine Wohnung haben.«

Man hatte mich und Robert gewarnt: Seid vorsichtig mit dem, was ihr sagt! So antwortete Robert ganz einfach: »Ja.«

»Der General wünscht zu wissen, ob Sie in Ihrer Wohnung noch Fensterscheiben haben«, fuhr der Leutnant fort.

»Nein, nur Pappendeckel.«

»Haben Sie Kohle?«

»Nein«, erwiderte Robert.

Leutnant Awdjejew notierte unsere Adresse: Elisabethstraße 16. Ich erinnere mich, daß ich immer neugieriger wurde, wohin diese angespannte Konversation letztendlich führen würde. Momentan sah es nur so aus, als ob wir unsere Wohnung für unsere russischen Gäste renovieren dürften...

Mit einer Geste guten Willens griff Robert nun in seine Aktentasche und überreichte dem General seine neuesten Plattenalben *Robert Stolz dirigiert Johann Strauß* und *Robert Stolz dirigiert seine Evergreens.* Es handelte sich um Decca-Alben, die er in Amerika aufgenommen hatte.

»Wenn Sie gestatten, Herr General«, sagte Robert und lächelte entwaffnend, »ich habe Ihnen etwas mitgebracht. Vielleicht kann es sogar hier in Wien von Nutzen sein. Nach diesem entsetzlichen Krieg haben die Menschen Musik nötiger denn je.«

Zum erstenmal ließ sich der General zu einem Lächeln herab, bedankte sich bei Robert und schlug ihm vor, ein Konzert für Kriegswaisen zu dirigieren. Robert stimmte freudig zu. Noch immer saßen wir da, und keiner von uns sprach ein Wort. In Wien sagt man von einer solchen Situation: Ein Engel fliegt durchs Zimmer.

Plötzlich fragte uns der General durch seinen Dolmetscher: »Haben Sie vielleicht sowjetische Einquartierung?« Sein Gesicht war wieder ganz streng geworden.

»Jawohl«, gestand Robert ein.

Da begann das Feuerwerk: General Lebedenkos Gesicht schillerte in verschiedenen Purpurtönen, und er fing an zu schreien. Aber er tobte nicht unseretwegen! Er langte nach dem Telefon und brüllte: »General Tschernakow, Stadtkommandant!« Die einzigen Worte, die wir im kommenden Gespräch verstehen konnten, waren: »Robert Stolz ... Komponista ... internationala ... antifaschista ... Amerika!« – aber das genügte, um neuen Mut zu schöpfen. Nachdem er sich ein wenig beruhigt hatte, ließ uns der General durch seinen lächelnden Leutnant mitteilen, daß am kommenden Tag um sechs Uhr in der Früh unsere Wohnung geräumt sein werde und uns zur Verfügung stehe! Wir bedankten uns, und voller Hoffnung verließen wir den Justizpalast, um zur »Gusti« zu gehen, dem einzigen Ort, wo man etwas zu essen bekommen konnte. Gegen vier Uhr nachmittags entschlossen wir uns, den Rest des Tages in der »unbesetzten« Küche bei Frau Adaler zu verbringen. Noch immer wagten wir unserem Glück nicht zu trauen. Mit eigenen Augen wollten wir uns vergewissern...

Der erste Eindruck in der Elisabethstraße 16 war alles andere als ermutigend. Frau Stepanek, die Frau des Hausmeisters, lief händeringend auf uns zu. Aus ihren Augen sprach Verzweiflung. »Gott sei uns gnädig«, jammerte sie, »etwas Entsetzliches ist geschehen!«

O nein, dachten wir, nicht schon wieder! Doch die Nachricht erwies sich in Wirklichkeit als recht gut. Während Robert und ich mit Freunden beim Essen saßen, hatte sich General Lebedenkos Gnade bereits in Form zweier Lkw-Ladungen voll Kohle manifestiert. Das »entsetzliche« Problem bestand für die Hausmeisterin darin, geeignete Kellerräume zu finden... Übrigens half uns die Kohle, unser Appartement und die Wohnungen unserer Nachbarn für den Rest jenes furchtbaren Winters warm zu halten. Denn wie so oft, wenn Robert vom Glück begünstigt worden war, ließ er wie selbstverständlich alle, die um ihn waren, daran teilhaben.

Die nächste »entsetzliche« Nachricht kam wiederum durch Frau Adaler. Sie empfing uns an der Küchentür und machte einen ziemlich konfusen Eindruck.

»Ich kann das einfach nicht begreifen«, sagte sie und fuhr sich mit ihrer abgearbeiteten Hand über die Stirn. »Vor ein paar Stunden erschienen plötzlich wie aus dem Nichts drei Arbeiter, die seitdem damit beschäftigt sind, überall neue Fensterscheiben einzusetzen. Was hat das zu bedeuten?«

Robert lächelte leise und flüsterte mir ins Ohr: »Das kann eine Menge bedeuten – oder auch gar nichts. Alles hängt jetzt davon ab, ob die Seidmans und die Schapiros wirklich ausziehen werden. Am besten, wir bleiben in der Küche bei Frau Adaler und warten ab, was da geschieht.« Übrigens: Die Fensterscheiben, das Geschenk General Lebedenkos, sind noch heute, dreiunddreißig Jahre später, intakt.

Und so warteten wir. Bis zehn Uhr abends blieb alles enttäuschend ruhig und normal. Das Licht brannte in den besetzten Räumen wie sonst auch um diese Zeit, und kein Laut war zu vernehmen, aus dem sich hätte schließen lassen, daß die Bewohner ihre Sachen packten. Dann platzte plötzlich ein lautes Pochen an der Küchentür in die Stille. Ich öffnete und sah zwei grimmig dreinblikkende russische Soldaten, die mit Puschkas-Maschinengewehren bewaffnet waren. Im ersten Moment hatte ich Angst. Aber dann fragten sie nach Major Seidman. Ich wies auf die gegenüberliegende Tür.

Die beiden Soldaten waren wie himmlische Gesandte, die gute Nachricht brachten. Nicht unseretwegen waren sie gekommen, sondern wegen der Seidmans. Ich konnte sehen, wie sie am Eingang zur Wohnung eine Art offizielles Dokument präsentierten. Nach wenigen Augenblicken hörten wir, daß dort drüben gepackt wurde, und den Rest der Nacht über hörten diese Geräusche nicht mehr auf. Um sechs Uhr früh am nächsten Morgen fuhr ein großer Lastkraftwagen vor dem Hause vor, und unsere russischen Gäste fuhren davon – nicht ohne zuvor noch mit uns ein paar nette Worte gewechselt zu haben. Sie waren sympathische Leute, und ich kann es ihnen wirklich nicht verdenken, daß sie, solange es möglich war, in der Wohnung hatten bleiben wollen. Wir schieden in Freundschaft voneinander. Später stellten wir übrigens fest, daß sie alles in makellosem Zustand verlassen hatten – nicht ein einziger Gegenstand fehlte.

Als der Lastwagen in einer dichten Wolke von Abgasen davongefahren war, umarmte mich Robert und sagte: »Einzerle, meine Liebste, willkommen in unserem Heim! Endlich!« Er drückte mich eng an sich, küßte mich und führte mich an der Hand über den Flur. Nun betraten wir die Wohnung durch den Haupteingang! Zum erstenmal setzten wir unseren Fuß als unumstrittene Eigentümer über die Schwelle seiner geliebten alten Wohnung. Jetzt erst waren wir »echte Wiener«, nicht mehr nur Hotelgäste auf Zeit.

Um uns alle Befürchtungen bezüglich der Rechtslage und vor eventuellen zukünftigen Streitereien zu nehmen, wurden am nächsten Morgen um acht Uhr zwei Schilder, jeweils eines vor jeden Eingang, gehängt, auf denen in vier Sprachen – in Deutsch, Russisch, Englisch und Französisch – die einfachen, für uns aber sehr beruhigenden Worte standen: »Diese Wohnung untersteht dem Schutz und der Kontrolle der vier Besatzungsmächte.«

Ein neues Leben hatte begonnen.

P. S.: Ein paar Jahre später klopfte um sieben Uhr in der Früh ein Fremder an unsere Tür. Er überbrachte uns Grüße und ein Geschenk von Leutnant Schapiro aus Moskau: ein sehr schönes Relief des großen russischen Komponisten Peter Iljitsch Tschaikowskij. Noch heute steht es auf dem Kaminsims in Roberts Musikzimmer.

I. ELISABETHSTRASS. 16. II

Serie
Серия
Serie
Serial

№ 02488 ✳

Befehl

Dieser Besitz und sein Inhalt steht unter
Kontrolle der Militärregierung
Nichtbevollmächtigten ist der Zutritt verboten

Wenden Sie sich nötigenfalls an das Amt für Eigentumskontrolle

Приказ

Это владение и содержимое находятся под
контролем Межсоюзной Военной Комендатуры
Посторонним
лицам доступ запрещен

В случае необходимости обращаться в бюро
Имущественного Контроля

Ordre

Cette proprieté et son contenu se trouvent sous le
Contrôle du Gouvernement Militaire
L'accès est interdit aux personnes nonautorisées

En cas de nécessité s'adresser au Bureau du Contrôle des biens

Order

This Property, with its contents, is under
the control of Military Government
unauthorised entrance is forbidden

In case of necessity refer to Property Control Office

Office Adress: ....

Telephone No: ....

Sailer, Wien IX, Porzellangasse 43

PROPERTY CONTROL
AMERICAN MILITARY GOVERNMENT SEC.
Porzellangasse 51
Tel. A 17580 Kl. (Ext.) 191

UNITED STATES ARMY
VIENNA AREA COMMAND
PROPERTY CONTROL
MILITARY GOVERNMENT
6

MILITARY GOVERNMENT
131
(BRITISH)

Damals ein vielbegehrtes Plakat. Mit diesem Text gab die Militärregierung
eine Wohnung frei und stellte sie unter den Schutz der Besatzungsmächte.

Robert war kaum in Wien eingetroffen, da hatte er auch schon damit begonnen, seine unvergleichliche schöpferische Kraft ganz in den Dienst einer großen Aufgabe zu stellen, die er darin sah, mitzuhelfen, seine geliebte Stadt Wien wieder zu einer Stadt der Musik zu machen. Noch in New York hatte er zusammen mit Karl Farkas an einem neuartigen musikalischen Bühnenwerk gearbeitet, dessen Ursprung im amerikanischen Broadway-Musical zu finden ist. Farkas und Robert bereiteten jetzt die Uraufführung von *Schicksal mit Musik* vor.

Die Proben waren eine einzige Quälerei, da das Apollo-Kino, in dem sie stattfanden, ungeheizt war. Die Franzosen – es lag im französischen Besatzungssektor – hatten Proben und Aufführungen nur zweimal in der Woche, und zwar vormittags, gestattet. Karl Farkas war ein Regisseur von Weltformat, und Robert hatte sich mit der Partitur außerordentliche Mühe gegeben. Hinzu kam, daß auch die Besetzung erstklassig war: Attila Hörbiger, Alfred Jerger, Herta Mayen, Senta Wengraf, Tony Birkmeyer und Karl Farkas selbst zählten zu den Hauptdarstellern. Wir alle waren sehr gespannt auf die Aufführung, handelte es sich doch um das erste moderne Musical, das nach dem Krieg in Wien auf die Bühne kam, und darüber hinaus um eine der ersten Premieren seit Kriegsende überhaupt. Für Österreich war es etwas ganz Neues: eine Krimi- und Liebesgeschichte mit Musik. War Wien, war vor allem Roberts Publikum tatsächlich schon aufnahmefähig für eine solche Abweichung von altgewohnten Pfaden?

Im Jahre 1946 war die Antwort ein nachhaltiges »Nein«! Die Show wurde ein Mißerfolg, obwohl wir der Ansicht waren, daß es sich um das beste Stück handelte, das Farkas jemals geschrieben hatte, eine wirklich packende, spannende Geschichte. Das Hauptproblem war vermutlich der Zeitpunkt, zu dem die Uraufführung stattfand. Was die Wiener in jenen kalten Hungertagen, in denen nur die Erinnerung an die Vergangenheit ein wenig Trost zu bringen vermochte, von Robert erwarteten, das war nicht ein modernes Musical, das waren Souvenirs an glücklichere, längst vergangene Zeiten: Lieder und Operetten wie »Im Prater blüh'n wieder die Bäume« mit ihrer Mischung aus Nostalgie und Optimismus.

Unsere Aufführung wurde bald wieder abgesetzt. Doch wer weiß? Vielleicht wird eines Tages *Schicksal mit Musik* wieder hervorgeholt und von einem aufnahmebereiteren, modernen Publikum akzeptiert werden. Es wäre nicht das erste Mal, daß eines von Roberts Werken eine »Wiederauferstehung« erführe, die kaum jemand für möglich gehalten hätte.

Unmittelbaren Erfolg hatte Roberts ergreifendes Lied »Wohin ist das alles, wohin?«, das aus dem Schock und der Verzweiflung über den Verlust so vieler geliebter Freunde, ja einer ganzen Welt entstanden war. Dieses Lied sprach die Herzen der kriegsmüden Menschen an.

Der Fehlschlag von *Schicksal mit Musik* konnte Roberts Arbeitseifer nicht einen Moment lang bremsen. Im nächsten Jahr komponierte er eine neue Operette im echten Wiener Stil, *Drei von der Donau*. Das Libretto stammte von Robert Gilbert und basierte auf *Lumpazivagabundus*, einem Stück des berühmten österreichischen Bühnenautors Johann Nestroy. Es traf genau den richtigen Ton. Im selben Jahr knüpfte Robert erfolgreich an seine Karriere als unübertroffener Komponist europäischer Filmmusik an – mit *Rendezvous im Salzkammergut, Anni, eine Wiener Ballade* (Elfie Mayerhofer spielte die Titelrolle) und *Une Nuit à Tabarin*, einem französischen Film, der Roberts beliebtes Lied »Comme les saisons« bekannt machte. 1948 folgten seine Musik für *Ein Lied aus der Vorstadt*, dessen Premiere im Deutschen Volkstheater in Wien stattfand, sowie zwei weitere Filme, *Kleine Melodie aus Wien* (mit Paul Hörbiger) und *Ein bezaubernder Schwindler*, beide mit Gesangstexten von Aldo von Pinelli. Später kam noch der Film *Ein Mann, der nicht nein sagen kann* mit Josef Meinrad hinzu. Meinrad, der allseits verehrte Burgschauspieler, erhielt den Iffland-Ring. Dieser Ring gilt als die höchste Auszeichnung für deutschsprechende Bühnenkünstler. Der Schauspieler A. W. Iffland hatte ihn zu Beginn des 19. Jahrhunderts gestiftet und bestimmt, daß jeder Träger des Ringes ihn an den Schauspieler weitergeben soll, den er für den würdigsten erachtet. Vor Meinrad trugen den Iffland-Ring Th. Döring, F. Haase, Albert Bassermann und Werner Krauß.

Der Produzent jener Filme war Alfred Stoeger, einer der führenden Männer in Österreichs Filmindustrie. Viele Künstler erinnern sich seiner in Dankbarkeit: Er war der hilfsbereiteste Freund während der schwierigen Anfangsjahre ihrer Karriere.

Zwischen Film- und Theaterarbeit fand Robert in jenen Nachkriegsjahren immer noch Zeit, neue Lieder zu schreiben, anstrengende Konzertreisen zu unternehmen und Schallplattenaufnahmen zu machen. Er bereiste ganz Europa und fuhr zumindest einmal jedes Jahr für längere Zeit nach Amerika, wo er seine Konzerte *A Night in Vienna* dirigierte. 1949 erlebte das Wiener Stadttheater die Premiere einer der letzten großen Operetten im echten Wiener Stil, *Frühling im Prater*. Das Libretto stammte aus der Feder von Ernst Marischka. Diese Operette zählt zu Roberts erfolgreichsten und dauerhaftesten Werken. Einige ihrer Lieder sind inzwischen zu Evergreens geworden und haben einen festen Platz im musikalischen Erbe Österreichs. Dies gilt insbesondere für das lustige »Gibt's in Wien a Hetz, a Drahrerei«, »Du bist auf dieser Welt« und »Wiener Musi – Wiener Walzer«. Schauplatz der Handlung ist der Prater im Jahre 1910, in jenen letzten glücklichen Tagen vor dem Ersten Weltkrieg. Die Operette versteht es, die ausgelassene Stimmung des Wiener Praters einzufangen, mit seinen feschen und schneidigen Dragoner-Offizieren, den hübschen, koketten Wienermadeln, den eleganten Aristokraten und Musikanten. Dies war genau das Richtige, um 1949 den Leuten Mut zu machen. Der Vorhang hob sich vor glücklichen Erinnerungen an eine Zeit, die tausend Jahre zurückzuliegen schien, obgleich kaum mehr als dreißig Jahre seit dem Ende der k. u. k. Dynastie und von dem, was sie repräsentierte, vergangen waren.

Im Nürnberger Opernhaus war *Frühling im Prater* ein großer Erfolg. Unter Karl Pschigode erlebte dieses Theater seine Blütezeit. Er präsentierte seinem Publikum Roberts Operetten *Fest in Casablanca, Signorina, Venus in Seide, Zwei Herzen im Dreivierteltakt, Himmelblaue Träume* und *Kleiner Schwindel in Paris* unter Roberts musikalischer Leitung. Karl Pschigode war ein großer, kreativer, ganz seinem Beruf lebender Intendant.

Mitten in dieser arbeitsreichen, hoffnungsfrohen Periode traf uns aus heiterem Himmel ein nahezu tödlicher Schlag.

Es war im Jahr 1948. Wir waren in das Wiener Hotel de France, das der französischen Besatzungsmacht gehörte, zu einem Empfang geladen, bei dem eigens aus Paris eingeflogene Austern und Hummer serviert wurden. In der Nacht bekam Robert Schwellungen am ganzen Körper und verlor das Bewußtsein: die bedrohlichen Anzeichen einer schweren Vergiftung.

Unser Hausarzt, Obermedizinalrat Dr. Polterauer, bemühte sich rührend um ihn, mußte aber am dritten Tag drei der größten medizinischen Kapazitäten unter den Wiener Professoren an Roberts Krankenbett holen. Ihr einstimmiges Urteil war: »Nicht mehr transportfähig. Hier ist nicht mehr zu helfen.«

Die Nieren hatten bereits ausgesetzt.

In meiner Verzweiflung telefonierte ich mit Roberts Freund Ernst Haeusserman, der damals amerikanischer Theateroffizier war, und bat ihn, ein Medikament, das man nur aus den USA bekommen konnte, zu beschaffen.

Später saß ich hilflos und weinend in meinem Zimmer. Plötzlich klingelte es. In der Tür stand Bruno Hardt-Warden.

Von diesem treuen Freund hat Robert bereits erzählt. Er hatte die schlimmen Jahre gut überstanden; seine Libretti und Liedertexte zu *Der Tanz ins Glück, Wenn die kleinen Veilchen blühen* und *Die Rosen der Madonna,* sein Liederzyklus *Blumenlieder* oder das bereits zum Volkslied gewordene »Vor meinem Vaterhaus steht eine Linde« – sie alle sind Zeugnis einer fruchtbaren Zusammenarbeit von Autor und Komponist.

Bruno Hardt-Warden hatte natürlich auch, wie alle Künstler, seine liebenswerten Eigentümlichkeiten. So behauptete er steif und fest, er habe einen privaten Geist namens Ursus, dem er alle Eingebungen zu verdanken habe und der ihm seine Werke diktiere. Ursus wird es wohl auch gewesen sein, der ihn bei seinem unvermuteten Besuch zu folgender Prophezeiung bewegte, die ich zunächst für einen unangebrachten Scherz halten mußte. Als ich schluchzend aus Roberts Krankenzimmer kam, schaute er mich bedeutungsvoll an und sagte voller Überzeugung: »Robert wird leben! Der Ursus hat es mir gesagt.«

Wenig später kam ein Bote von Ernst Haeusserman. Dem treuen Freund war es gelungen, unter größten persönlichen Opfern das gesuchte Medikament zu besorgen; es war mit einer Spezialmaschine direkt aus New York eingeflogen worden. Ich lief ins Schlafzimmer und gab Dr. Polterauer, der ständig bei Robert war, das Medikament. Der Arzt mußte erst suchen; die Schwellungen waren so stark, daß die Venen unauffindbar waren. Nach einer unendlich langen halben Stunde kam er aus dem Zimmer.

»Ich glaube, wir haben den Professor gerettet«, sagte er. »Ich habe zum lieben Gott gebetet, und der hat uns geholfen.«

In den folgenden Tagen injizierte er das Medikament regelmäßig, die Nieren begannen zu arbeiten, die Schwellung klang ab, Robert wurde gesund.

Brunos Geist Ursus hatte recht behalten: Die Hilfe von Ernst Haeusserman und das große medizinische Können von Dr. Polterauer hatten Robert gerettet, obwohl die Professoren ihn bereits aufgegeben hatten. Nun wurden ihm noch fast dreißig herrliche Jahre voll Glück und Schaffenskraft geschenkt.

Mit Ernst Haeusserman, zeitweilig Burgtheaterintendant und Autor vieler Bücher über das Kulturleben Österreichs, darunter die meisterhafte Karajan-Biographie, verband Robert eine lebenslange Freundschaft.

Das Jahr 1949, in dem die nostalgische Operette *Frühling im Prater* seine größte künstlerische Leistung war, erlebte auch den Anfang von Roberts hartem Kampf um die Erhaltung der GEMA, einer Organisation zum Schutz der musikalischen Werke in Deutschland. Die Besatzungsmächte waren drauf und dran, die GEMA aufzulösen, und wenn das gelungen wäre, so wäre die Wiedererweckung des deutschen Musiklebens über Jahre hinaus nur unter großen Schwierigkeiten möglich, ja, vielleicht sogar völlig unmöglich gewesen. Letztendlich war es nur den übermenschlichen Anstrengungen zweier Männer zu verdanken, daß die Zerschlagung der GEMA verhindert wurde. Ihnen gelang es, Freunde in aller Welt für die Rettung der GEMA zu mobilisieren. Einer dieser beiden Männer war Erich Schulze.

Gegen Ende des Jahres 1949 besuchten Robert und ich Berlin. Für Robert, der noch die vitale goldene Stadt an der Spree in Erinnerung hatte, war dies ein erschütterndes Erlebnis. Überall begegneten wir Trümmern und menschlichem Leid. Für jene von uns, die das Berlin des Jahres 1949 gesehen haben, ist es noch immer schwierig, das Wunder zu begreifen, das in der Phase des Wiederaufbaus dort stattgefunden hat. Damals schien die Stadt unrettbar verloren.

In Berlin trafen wir Erich Schulze, den Mann, der unmittelbar nach Kriegsende die neue Gesellschaft an Stelle der STAGMA ins Leben gerufen hatte: GEMA – eine Organisation zum Schutze der Komponisten und ihrer Werke. Es war ein trauriger, wenngleich sehr anregender Besuch, den wir Erich Schulze abstatteten. Überall in der spartanisch eingerichteten Wohnung lagen Papiere: die Unterlagen, auf welche die hartbedrängten deutschen Komponisten, Autoren und Musikverleger all ihre Hoffnung setzten.

Ich entsinne mich, daß es sehr kalt war und daß es in Berlin fast nichts zu essen gab. Bei einem kargen Mahl erzählte uns Schulze eine Geschichte, die uns nur noch depressiver stimmen konnte.

Aufgrund der »Anti-Trust-Gesetze« sollte auch die GEMA als Monopolgesellschaft zerschlagen werden. Wenn es nicht gelingen würde, sehr schnell internationale Unterstützung zu mobilisieren, so würde die GEMA aufgelöst, und Deutschlands Künstler wären damit ihres Schutzes und Einkommens beraubt und von aller Welt abgeschnitten. Robert selber hatte bei einer eventuellen Vernichtung der GEMA wenig zu verlieren, da er Mitglied einer ausländischen Gesellschaft war. Doch war er, wie immer, um das Wohl anderer mehr als um sein eigenes besorgt.

»Mein Gott!« rief er aus, »wenn die GEMA zerstört wird, dann werden die deutschen Komponisten und Schriftsteller keinerlei rechtlichen Schutz für ihre Werke mehr haben! Sie werden buchstäblich verhungern! Das kann ich nicht zulassen!«

Tag und Nacht war Schulze damit beschäftigt, Dokumentationen zusammenzustellen und juristische Abhandlungen zur Verteidigung der GEMA zu verfassen. Eines Vormittags überreichte er Robert einen dicken Aktenordner, der all seine Argumente und seinen Antrag auf Beibehaltung der GEMA enthielt. Aber Deutsche bekamen damals keine Reiseerlaubnis. Die Zensur verzögerte Korrespondenzen monatelang. Es gab keine Möglichkeit, die dringend benötigte Hilfe herbeizuschaffen.

Unmittelbar darauf machten Robert und ich mehrere Reisen und schrieben an zahlreiche einflußreiche Persönlichkeiten in aller Welt, angefangen bei Roberts altem Freund in London, Sir Leslie Boosey, dem Vorsitzenden der britischen Verwertungsgesellschaft (British Performing Rights Society), der Robert seinerzeit unter »britischen Schutz« gestellt hatte, als die Nazis nach dem »Anschluß« versucht hatten, ihn zu isolieren. Im Februar 1950 flogen wir abermals nach London und trafen uns mit Sir Leslie und Mr. James, dem Generaldirektor der PRS. Auf ihre Initiative hin klingelten bald die Telefone im britischen Außenministerium, bei den Besatzungsmächten und in den Zentralen der französischen, der schweizerischen und anderer Urheberrechtsgesellschaften. Wir begaben uns nach Paris und unterbreiteten unser Anliegen den zuständigen Herren der französischen SACEM-Gesellschaft (die übrigens die älteste Autorengesellschaft der Welt ist). Von Paris aus ging es nach New York, um die Unterstützung der ASCAP zu gewinnen. Zu unserem Glück konnten wir die Angelegenheit dort mit Dr. Rudolf Nissim und dem Präsidenten der ASCAP, Gene Buck, besprechen. Ihnen gaben wir die Unterlagen, die Schulze in Berlin während jener Tage und Nächte geschrieben hatte, als er die Verteidigung der GEMA vorbereitete.

Nun kamen Anweisungen von höchster Stelle: von Downing Street, vom Quai d'Orsay, aus dem Weißen Haus an die Hochkommissare, die Existenz der GEMA und ihren weiteren Aufbau nicht zu gefährden, da sie nicht unter die Anti-Trust-Gesetze falle!

Erich Schulze konnte sich nun in aller Ruhe dem Wiederaufbau der GEMA widmen. Heute ist die GEMA eine der bedeutendsten Gesellschaften der Welt und ein wahrer Segen für alle schöpferisch tätigen Künstler – dank Schulzes Mut, unermüdlicher Hingabe und aufopferungsvoller Aufbauarbeit. Wie all ihre Schwestergesellschaften in anderen Ländern der Erde, kämpft die GEMA um Aufführungsgebühren bei den Musik-»Verbrauchern«, beim Rundfunk, beim Fernsehen, bei Schallplattenfirmen etc. Die Gebühren, die für die Verwendung musikalischer Werke eingenommen werden, werden dann an die GEMA-Mitglieder verteilt beziehungsweise, wenn es sich um Aufführungen ausländischer Werke handelt, an die entsprechenden Schwestergesellschaften überwiesen, zu deren Mitgliedern gleichfalls Komponisten, Autoren und Musikverleger gehören. Auf diese Weise ist die gesamte musikalische Literatur der Welt durch gegenseitige Verträge der einzelnen Gesellschaften geschützt. Robert hatte auch befürchtet, daß die Zerschlagung der GEMA ein Präzedenzfall werden könne, mit dem auch den anderen Gesellschaften das Leben hätte erschwert werden können. So wurde die GEMA gerettet, doch wäre der Rettungsversuch sicherlich fehlgeschlagen, hätten sich nicht zwei Männer, Dr. Erich Schulze und Robert Stolz, selbstlos für ihre Rettung eingesetzt, jene beiden Männer, die an einem eiskalten Dezemberabend in Berlin beschlossen hatten, gegen scheinbar unüberwindbare Widerstände gemeinsam vorzugehen.

Wieder einmal hatte ich in jenen finsteren Nachkriegstagen ein leuchtendes Beispiel erlebt für Roberts Großzügigkeit und seine nie erlahmende Bereitschaft, den Schwächeren zu helfen.

London, wo Robert eine erste Bresche für die GEMA geschlagen hatte, war zu Beginn der fünfziger Jahre eine faszinierende Stadt. Obwohl es nicht so schwer vom Krieg getroffen war wie viele Städte auf dem europäischen Festland, waren die Narben, die der Krieg hinterlassen hatte, noch immer zu sehen, und noch immer waren einschneidende, kriegsbedingte Sparmaßnahmen, wie zum Beispiel Lebensmittel-Rationierungen, an der Tagesordnung. Aber trotz der Ruinen, trotz der Sparmaßnahmen und des allgegenwärtigen Smogs war London lebendig und mitreißend! Und es war bei weitem lebensfroher und optimistischer als Wien oder Berlin.

Robert hatte schon vor dem Krieg große Erfolge an Londoner Bühnen erlebt, vor allem die britischen Aufführungen von *Whirled into Happiness (Tanz ins Glück)*, *White Horse Inn (Im Weißen Rößl)*, welches dort vier Robert-Stolz-Schlager enthielt und mit dem Vermerk »Music by Ralph Benatzky and Robert Stolz« präsentiert wurde, *Venus in Silk (Venus in Seide)* und *Rise and Shine* mit Fred Astaire. Jetzt, 1951, jubelte das Publikum über ein weiteres Stolz-Musical, *Rainbow Square,* in der Produktion eines der größten Männer des englischen Theaters (und guten Freundes von Robert), Mr. Prince Littler. Buch und Text stammten von dem bekannten Team Guy Bolton und Harold Purcell. Es war eine grandiose Premiere im Stoll-Theater. Ich erinnere mich besonders an die herrliche Party im Savoy-Hotel nach der Premiere. Ein gan-

DEM BERÜHMTEN
SOHN UNSERER
STADT
EHRENBÜRGER
EHRENRINGTRÄGER
PROFESSOR
ROBERT STOLZ
IN VEREHRUNG
GEWIDMET
DIE STADT GRAZ
UNTER
BÜRGERMEISTER

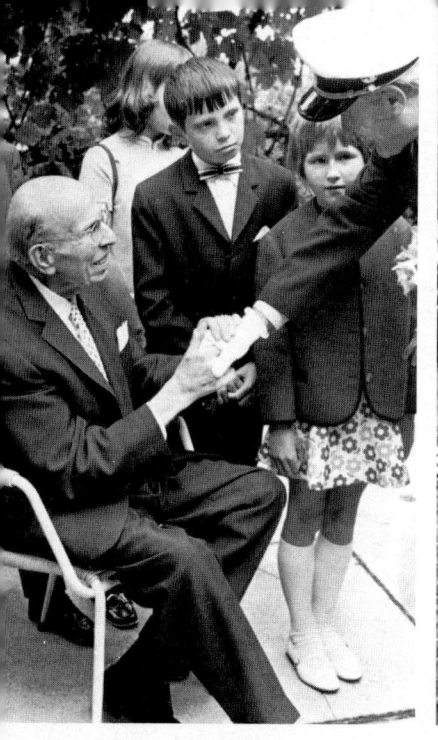

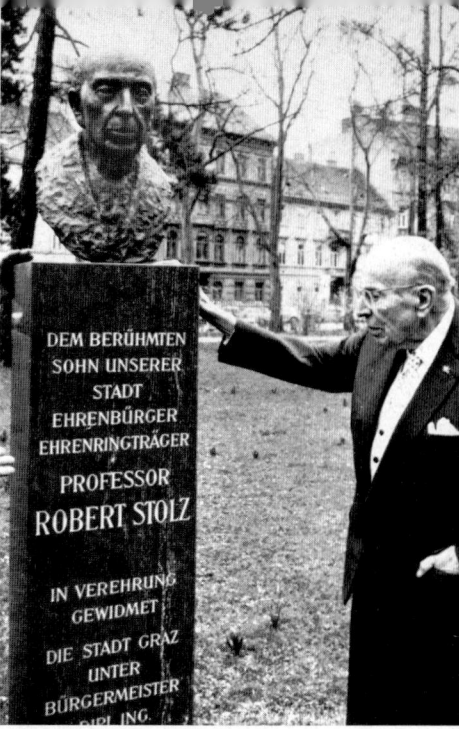

Oben links: Polizei und Kinder aus dem Hermann-Gmeiner-SOS-Kinderdorf in der Hinterbrühl gratulieren in Grinzing zum 90. Geburtstag, 1970.
Oben rechts: Vor seinem Denkmal im Grazer Stadtpark.
Unten: In Wien zwischen Opernring und Schillerplatz liegt der Robert-Stolz-Platz. In diesem Haus entsteht das Robert-Stolz-Museum.

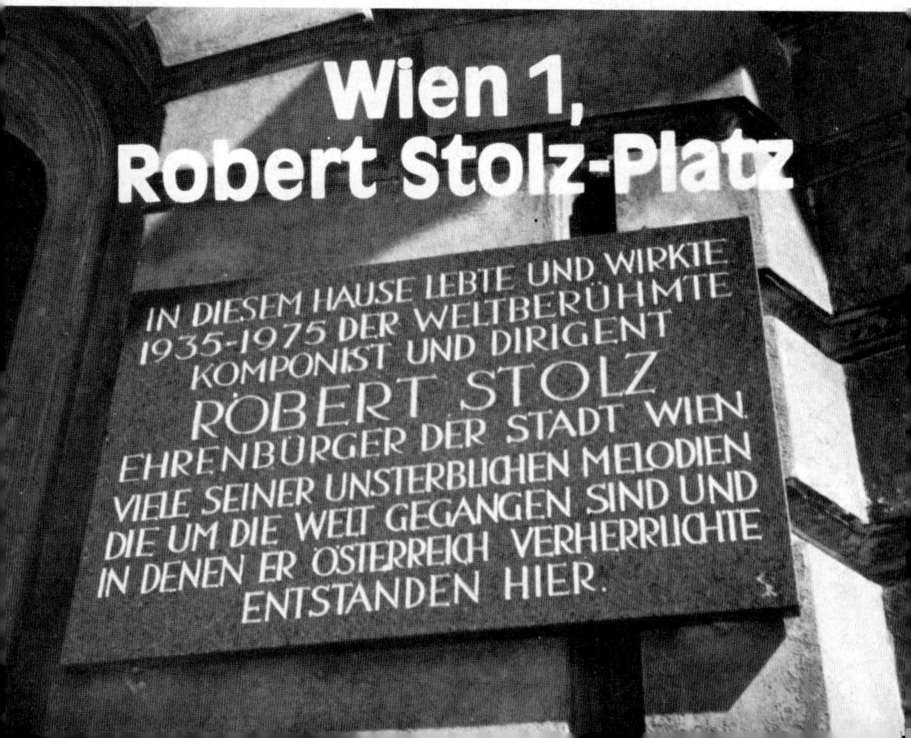
Wien 1,
Robert Stolz-Platz
IN DIESEM HAUSE LEBTE UND WIRKTE
1935-1975 DER WELTBERÜHMTE
KOMPONIST UND DIRIGENT
ROBERT STOLZ
EHRENBÜRGER DER STADT WIEN.
VIELE SEINER UNSTERBLICHEN MELODIEN
DIE UM DIE WELT GEGANGEN SIND UND
IN DENEN ER ÖSTERREICH VERHERRLICHTE
ENTSTANDEN HIER.

Oben: Luis Trenker und Robert Stolz.
Unten: Mit dem deutschen Bundespräsidenten Gustav Heinemann beim Bundespresseball 1972.

zer Ballsaal war reserviert worden und übervoll mit wunderschönen Blumen ausgeschmückt. Alles, was in der Londoner Theaterwelt Rang und Namen hatte, war erschienen. Und doch: ganz zufrieden konnte Robert mit dieser Aufführung leider nicht sein, da er fühlte, daß unter seiner eigenen musikalischen Leitung die Aufführung schwungvoller und mit mehr Begeisterung und »Pfeffer« über die Bühne gegangen wäre. Leider war dies nicht möglich. Zwar hatte Prince Littler sich bereit erklärt, dem britischen Dirigenten ein Honorar zu zahlen, obwohl nicht er, sondern Robert dirigiert hätte, und er hat sich auch darum bemüht, für Robert die Genehmigung zu bekommen, wenigstens bei der Welturaufführung am Dirigentenpult stehen zu können, doch war alle Anstrengung vergebens: Die Londoner Musiker-Gewerkschaft verweigerte ihre Zustimmung. Robert hatte in dieser Situation ein Telegramm an den österreichischen Bundeskanzler Leopold Figl geschickt, woraufhin das österreichische Außenministerium offiziell beim britischen Foreign Office um eine Erlaubnis für den Komponisten Robert Stolz nachsuchte, die Welturaufführung *seines* Musicals in London dirigieren zu dürfen.

Die Antwort war ein klares »Nein«! Armer Robert! Wie sehr er in jenen Tagen während der Verhandlungen und später während der Premiere und den folgenden Aufführungen litt...

Leopold Figl, damals Außenminister, spielte eine wesentliche Rolle bei den Bemühungen, die Zustimmung der Sowjetunion für den Staatsvertrag zu erhalten. Der Vertrag wurde von allen vier Mächten unterzeichnet und garantierte Österreich Freiheit und ewige Neutralität. In Österreich erinnert man sich Figls in Ehrfurcht und Liebe. Man sagt, daß unter anderem seine Trinkfestigkeit die Verhandlungen mit den Russen erleichterte und seine herzliche Ausstrahlung in Moskau jene Atmosphäre der Freundschaft schuf, in der der Staatsvertrag entstand. Ganz entscheidend trug zu seinem Zustandekommen und Abschluß Dr. Bruno Kreisky bei, der damalige Staatssekretär im Außenministerium, heute österreichischer Bundeskanzler.

Sie sehen selbst, daß in den ersten Jahren, die Robert und ich gemeinsam in Europa verbrachten, triumphale Erfolge und Mißgeschicke, komische und tragische Augenblicke in schneller Folge einander ablösten. Dies alles geschah vor dem Hintergrund regelmäßiger, harter Arbeit. Es ist schwer zu sagen, wann genau die Atmosphäre der Ungewißheit einem Gefühl der Sicherheit wich. Das markanteste Ereignis, an dem dieser Wandel vielleicht am ehesten deutlich wird, war eine Episode im Jahre 1952. Zunächst brachte sie uns an den Rand des Todes – aber nachdem wir die Lage gemeistert hatten, konnten wir unsere schlimmsten Zeiten vergessen. Die Episode bewies uns einmal wieder, daß immer dann, wenn man befürchten muß, sein Vertrauen in das Gute im Menschen zu verlieren, irgendein unverhofftes Ereignis eintritt, das neuen Lebensmut schenkt.

Seit unserer Rückkehr nach Wien war Robert unablässig von seiner habsüchtigen Ex-Frau Fini und dem Schwarm ihrer Anwälte verfolgt worden. Fast immer glich unsere Wohnung in der Elisabethstraße einem Kuckucksnest, da auf jedem Möbel, jeder Vase und jedem Gemälde der kleine Aufkleber des Gerichtsvollziehers saß – als beständige Erinnerung an die Vollstreckungsbefehle, die uns immer dann ins Haus flatterten, wenn Fini wieder einmal mehr Geld von dem armen Robert haben wollte.

Im Jahre 1952 waren wir mit unseren Kräften so gut wie am Ende. Robert hatte sich fast zu Tode gearbeitet, aber jedesmal, wenn ein bißchen Geld hereinkam, meldete Fini ihre Ansprüche an, und schon standen wir wieder vor dem Nichts.

Wir waren beide vollkommen erschöpft, und Robert erklärte sich auf meine Bitten hin schließlich bereit, auf den bewaldeten Höhen des Semmerings einen kleinen Urlaub zu machen. Wir brauchten dringend ein paar Tage Luftveränderung, und das Ausspannen hätte uns sicher auch ganz gut getan, aber leider hatte die Sache einen Haken...

Anscheinend hatte unser Rechtsanwalt die Zahlungsfrist für eine Überweisung an Fini nicht eingehalten, ohne daß wir darüber Bescheid wußten. Jedenfalls fiel mir am Morgen unseres zweiten Ferientages eine reißerisch aufgemachte Schlagzeile auf der Titelseite der »Weltpresse« in die Augen, deren ernüchternder Text lautete: »Haftbefehl gegen Robert Stolz«.

Mein Gott, dachte ich, eine einzige Nacht im Gefängnis würde genügen, um Robert umzubringen, bei seiner Klaustrophobie und seinen Angstzuständen. Der Haftbefehl war gleichbedeutend mit der Vollstreckung eines Todesurteils. Er würde mit dem Kopf gegen die Zellenmauer rennen und seinen Verstand verlieren. Es gab nur eine Lösung: Wir mußten unverzüglich nach Wien zurückkehren, um diese Sache in Ordnung zu bringen – bevor es zu spät war.

Wir packten schnell das Nötigste in einen Koffer, nahmen den Fünf-Uhr-Zug nach Wien und trafen gegen zehn Uhr abends am Südbahnhof ein. Sofort begab ich mich in eine Telefonzelle und rief unseren Rechtsanwalt an.

»Was, in Gottes Namen, sollen wir tun?« fragte ich.

Unser Anwalt war genauso durcheinander und besorgt wie wir. »Auf gar keinen Fall dürfen Sie in Ihre Wohnung gehen«, warnte er mich. »Robert würde sofort festgenommen werden!«

»Aber was ist denn überhaupt passiert?«

»Wir haben eine Zahlungsfrist überzogen. Ich kann morgen oder übermorgen wieder alles in Ordnung bringen. Aber bis dahin müssen Sie Robert versteckt halten!«

»Können wir zu Ihnen kommen?« bat ich ihn.

»Ich würde Ihnen ja sehr gerne helfen, aber ich fürchte, der erste Platz, an dem die Polizei Robert suchen wird, wenn sie ihn nicht in seiner Wohnung antrifft – der wäre bei mir. Sie müssen sich selber irgendwie durchschlagen. Ich bin sicher, daß es Ihnen gelingen wird...«

Wir riefen noch einige andere Freunde an, aber die Antworten, die wir bekamen, waren stets die gleichen: Tut uns leid, aber die Polizei wird hier bestimmt nach euch suchen!

Mit anderen Worten: Es gab keinen Raum mehr in der Herberge, und so stand uns nur noch eine Möglichkeit offen: Wir mußten irgendwie über die Grenze kommen.

Wie niedergeschlagen und allein wir uns in jener trostlosen Nacht auf dem Bahnhof fühlten! Es ist eine andere Sache, in Kriegszeiten auf der Flucht zu sein, oder emigrieren zu müssen, weil man für einen hohen moralischen Grundsatz einsteht. Die Situation, in der wir uns befanden, war weitaus schlimmer. Eine rachsüchtige und habgierige Frau war drauf und dran, uns aus Österreich hinauszujagen... Mir fehlen die Worte, um zu beschreiben, wie elend wir uns in jenem Augenblick fühlten.

Robert war zutiefst erschüttert. Ich glaube, wir beide, er und ich, befanden uns in einem echten Schockzustand. Wir sprachen sogar über Selbstmord.

Aber wir hatten keine Minute zu verlieren. Gegen Mitternacht ging ein Zug nach München – aber vom Westbahnhof aus, und wir befanden uns am Südbahnhof. Wie immer in Notfällen, war ausgerechnet jetzt weit und breit kein Taxi in Sicht. Die erste Etappe unserer »Flucht« legten wir daher mit der Straßenbahn zurück. Jede Minute kam uns vor wie eine Stunde, aber schließlich gelang es uns doch noch, rechtzeitig am Westbahnhof anzukommen. Der Zug erreichte die deutsche Grenze gegen fünf Uhr morgens. Dort wartete eines der aufreibendsten Geschehnisse meines Lebens auf mich. Noch heute zittere ich, wenn ich daran denke!

Ich ließ Robert in unserem Abteil zurück, nahm unsere Pässe und begab mich nervös zu jenem Tisch, an dem zwei österreichische Beamte saßen und die Reisepapiere überprüften. Als ich die beiden Pässe auf den Tisch legte, durchfuhr mich ein fürchterlicher Schreck, und mein Herz klopfte mir bis zum Hals: Auf dem Tisch neben den beiden Beamten lag eine Ausgabe der »Weltpresse« mit der Robert-Stolz-Schlagzeile!

Das also, dachte ich, ist nun das Ende.

Einer der Beamten prüfte unsere Pässe. Es schien eine Ewigkeit zu dauern. »Robert Stolz«, murmelte er dann und sah mir geradewegs ins Gesicht.

In diesem Moment verließen mich meine letzten Kraftreserven, und ich brach in Tränen aus. Ohne seinen Blick von mir zu wenden, stempelte der Beamte unsere Pässe. Um seine Mundwinkel spielte ein kaum zu ahnendes, sympathisches Lächeln. Wir waren frei und konnten gehen!

Überglücklich rannte ich zurück zum Zug, der gerade dabei war, den Grenzbahnhof zu verlassen. Zehn Minuten später waren wir in Freilassing, das heißt in Sicherheit.

Ich bin davon überzeugt, daß das, was der freundliche Beamte für eine kleine gute Tat gehalten haben mag, in Wirklichkeit Roberts Leben rettete – und bis heute erinnere ich mich an ihn mit aufrichtiger Dankbarkeit.

Die nächsten drei Wochen verbrachten wir in München, einer Stadt, die für Robert und seine Musik immer sehr viel Sympathie gezeigt hat, und zu der Robert eine echte Verbundenheit empfand. Die Handlungsweise des Grenzbeamten hatte unser Vertrauen in das Gute im Menschen wiederhergestellt, aber noch immer litten wir unter den Auswirkungen des Schocks. Für Robert war das Gefühl, wie ein gejagter Verbrecher aus Österreich fliehen zu müssen, unbeschreiblich schmerzvoll. Er war so tief verletzt, daß er wieder von Emigration sprach. Und ironischerweise war es ein Exil-Angebot, das uns Mut machte, nach Wien zurückzukehren...

Ungefähr ein Jahr vor jenem fürchterlichen Ereignis war mir – in der Mariahilferstraße – eine schlicht gekleidete Frau aufgefallen, die einen sehr verwirrten und verzweifelten Eindruck machte. Sie versuchte, Passanten etwas zu fragen, aber da sie nur Englisch sprach, verstand sie keiner. Weil sie mir leid tat, fragte ich sie auf englisch, ob ich ihr helfen könne. Sie bejahte und sagte, sie suche einen Hautarzt – und nun habe sie sich total verlaufen. Ich zeigte ihr den Weg zu der genannten Adresse, doch als wir dort ankamen, sagte man uns, der Doktor sei nicht da und werde nicht vor dem Abend des nächsten Tages zurückkommen.

Da brach die arme Frau zusammen und fing an, heftig zu schluchzen. Als ich sie fragte, was ihr denn fehle, öffnete sie ihre Bluse und zeigte mir einen schauderhaften Ausschlag. Sie sei Touristin aus Australien, erklärte sie mir, und an der Rezeption ihres Hotels habe man ihr gesagt, der Doktor in der Mariahilferstraße sei der einzige Mann in Wien, der ihre Krankheit, die während der Reise ausgebrochen sei, behandeln könne.

Die arme Frau war untröstlich, und aus ihrem Äußeren schloß ich, daß sie vermutlich nicht viel Geld bei sich hatte. Da sitzt sie nun, dachte ich, krank in einer fremden Stadt und kann sich nicht einmal in der Landessprache verständlich machen. Sicher gab es eine Möglichkeit für mich, ihr zu helfen. Und da fiel mir unser guter Hausarzt Dr. Polterauer ein, der Robert, Clarissa und mich, seit wir ihn kennen, noch nie im Stich gelassen hat.

»Ich kenne einen guten Arzt, der Ihnen ganz sicher helfen kann«, sagte ich zu der verstörten Frau. »Und machen Sie sich wegen des Geldes keine Sorgen; er ist ein alter Freund von meinem Mann und mir.«

Insgeheim beschloß ich, für die Kosten der Behandlung selber aufzukommen.

Die arme Frau war sehr froh, jemanden gefunden zu haben, der sich ihrer annahm. »Ich komme sofort mit Ihnen«, sagte sie, »aber ich muß schnell noch meinen Mann informieren. Er ist gerade zur Bank gegangen.«

In der Bank am Getreidemarkt trafen wir dann ihren Mann, und Sie können sich vorstellen, wie verdutzt ich war, als ich mitbekam, wie er siebentausend Pfund in Schillinge einwechselte! Du hast dich sicher verhört, dachte ich, wurde jedoch, kaum, daß wir die Bank verlassen hatten, eines Besseren belehrt. Der Mann bat uns, in einem funkelnagelneuen blauen Jaguar mit allen Schikanen Platz zu nehmen! Um Dr. Polterauers Honorar brauchte ich mir nun keine Sorgen mehr zu machen!

Das Ehepaar aus Australien, Mr. und Mrs. John Taylor, erwies sich als überaus wohlhabend. Sie waren im Auftrag der Handelskammer in Europa unterwegs und dienten mir als erneuter Beweis dafür, daß man einen Menschen niemals allein nach seinem Äußeren beurteilen soll.

Es freut mich, sagen zu können, daß unser guter Dr. Polterauer die Hautkrankheit von Mrs. Taylor erkannte und heilte. Er rettete damit ihr Leben, denn weite Strecken ihres Körpers waren bereits infiziert und sahen aus wie rohes, rotes Fleisch. Ursache der fürchterlichen Krankheit war eine Lebensmittelvergiftung gewesen, die sie sich sechs Wochen zuvor in Paris zugezogen hatte; Spezialisten in Paris, London und Madrid hatten vor einem unlösbaren Rätsel gestanden. Und stellen Sie sich vor, worin Dr. Polterauers erfolgreiche Therapie bestand: aus einer Salbe, die gemeinhin bei räudigen Hunden Anwendung findet, kombiniert mit Goldinjektionen!

Nach einer dreiwöchigen Behandlung war Patricia Taylor wieder gesund und munter, und Robert und ich hatten zwei neue Freunde gewonnen. In der Folgezeit wechselten wir einige kurze Briefe mit den Taylors, aber unter normalen Umständen hätten sich unsere Wege niemals wieder gekreuzt.

Damit komme ich zurück zu unserem Münchner »Exil«. Überall in der Welt hatte Roberts Flucht aus Österreich für Schlagzeilen gesorgt – sogar in australischen Zeitungen. Kurz nach unserer Ankunft in München erhielten wir folgendes Telegramm aus Melbourne:

»Habe BOAC-Flugtickets nach Australien, Erster Klasse, für Sie besorgt. Wunderbares Haus steht zur Verfügung. Sie brauchen nichts mitzubringen. Kommen Sie rüber. Sie werden in Ihrem ganzen Leben keine Sorgen mehr haben. Ihre Sie liebenden und Ihnen ewig dankbaren John und Pat Taylor.«

»Eine phantastische Einladung, Einzerle«, sagte Robert zu mir, nachdem wir das Telegramm ein zweites Mal gelesen hatten. »Auch das läßt mich wieder an die Menschen glauben.«

Viele Menschen in Österreich waren schockiert, als sie aus den Zeitungen die wahren Hintergründe für Roberts Flucht ins Exil erfuhren. Es war vor allem ein Freund, der alles tat, was in seiner Macht stand, um Robert zu überzeugen, daß Wien nicht mit Fini und ihren Helfern gleichzusetzen war: Franz Stoß, ein Mann von allerhöchster Integrität, der den Unterdrückten half, wo immer er konnte, kam nach München. Seiner Argumentation, die geprägt war von Liebe und Bewunderung für ihn, konnte Robert sich nicht verschließen. Sie brachte ihn dazu, seine Meinung zu ändern und nach Wien zurückzukehren.

Franz Stoß hat als Theaterdirektor die erfolgreichsten Welturaufführungen von Roberts Bühnenwerken, die er nach dem Kriege erlebte, herausgebracht: *Frühling im Prater* (Stadttheater), *Glücksrezept* (Bürgertheater), *Kleiner Schwindel in Paris, Kitty und die Weltkonferenz* und *Ein schöner Herbst* (Buch: Hans Weigel). Die drei letztgenannten Musicals, alle große Erfolge, wurden uraufgeführt im traditionsreichen Theater in der Josefstadt.

So führten die Freundschaftsbekundungen von Franz Stoß sowie das Telegramm von John und Pat Taylor aus Australien dazu, daß wir unsere Probleme lösen konnten. Wir kehrten tatsächlich nach Wien zurück, setzten unsere Arbeit fort und versuchten, den Gerichtsvollzieher von unserer Türe fernzuhalten. Im Jahre 1956 erreichte der Herrgott, was Freunde, Rechtsanwälte, Flucht und langjährige Prozesse nicht vermocht hatten: Er beendete Finis unermüdliche Jagd auf Roberts Geld dadurch, daß er sie von dieser Erde abberief.

Nach jener göttlichen Intervention konnten wir uns daranmachen, unsere anderen Schulden abzutragen, und mit der Zeit wurde unser Leben nicht nur lebenswert – es gewann auch an Komfort und Sicherheit. Roberts letzte Lebensjahre, seinen »goldenen Herbst«, verbrachte er im Kreise seiner Freunde. Unzählige künstlerische Triumphe und Ehrungen verklärten sie. Die Zeit der Enttäuschungen war vorüber – und noch immer lagen vor mir und meinem geliebten Robert zwei unschätzbare Jahrzehnte voller Liebe, Spannung und Erfolg, die für uns beide die beglückendste Zeit unseres Daseins waren. Aber was war eigentlich das Geheimnis des Phänomens Robert Stolz, was war die Triebkraft für seine oft übermenschlichen Leistungen?

Immer wieder wird danach gefragt, aber die Antworten können so vielseitig sein wie Roberts schillerndes Leben. Ich glaube aber, daß die fünfunddreißig Jahre, die ich an der Seite Roberts verbringen durfte, mich mehr als jeden anderen berechtigen, seine Persönlichkeit zu charakterisieren.

Bei all seiner Genialität war Robert im Privatleben ein Mann wie wahrscheinlich jeder liebende Ehegatte. Er war höflich, herzlich, charmant und aufmerksam, das war seine Natur. Bei der Ausübung seines Berufes traten aber noch andere, erstaunliche Eigenschaften hervor. Robert am Klavier oder am Dirigentenpult, das war plötzlich ein ganz anderer. Hier begegnete man einem Besessenen, der sein ganzes Leben, Denken und Fühlen, seine Zeit, Kraft und Energie bis zur Erschöpfung der Musik widmete. Diese absolute Hingabe hatte ihm die vollste Konzentration abverlangt, so daß er in praktischen Dingen beinahe hilflos war. Ein großes Kind, das mit den alltäglichen Kleinigkeiten nicht fertig werden konnte. Das musikalische Talent wurde ihm in die Wiege mitgegeben. Bewundernswert und verblüffend aber waren seine absolute Konzentration auf die Musik, seine Hingabe und die eiserne Disziplin, die ihm von seinem Vater schon in der Kindheit anerzogen wurde. Robert war in seinem Beruf als Komponist und Dirigent die personifizierte Pünktlichkeit, und seine Genauigkeit grenzte schon an Pedanterie. Um seinen Verpflichtungen nachzukommen und seine Verträge erfüllen zu können, war er bereit, die größten persönlichen Opfer zu bringen, die sogar seiner Gesundheit schaden konnten.

So ließ er sich nicht davon abhalten, mit fast 40 Grad Fieber Konzerte zu dirigieren oder Schallplatten aufzunehmen. Nicht einmal die Musiker merkten etwas von seinem Zustand.

Das Publikum hingegen erlebte wie immer den ganz großen Meister am Pult, der wegen seiner schöpferischen Musikalität, seiner überragenden Technik und seiner »unabhängigen Linken« als Dirigent so Einzigartiges vollbrachte. Diese »unabhängige Linke« gab ihm seine besondere Souveränität, denn mit einem Arm führte er das Orchester, mit dem anderen die Solisten und den Chor. Diese von den Musikkritikern bewunderte Fähigkeit prädestinierte Robert zum Bühnendirigenten. Sie ist ein wesentlicher Teil des Geheimnisses seiner großen Erfolge als Dirigent. Für Robert war seine »unabhängige Linke« ein Mittel zur Erreichung absoluter Präzision. Das Publikum genoß die Faszination, die von der ästhetischen Zeichengebung Roberts beim Dirigieren ausging, doch nur Experten kannten den Schlüssel zu diesem Geheimnis. Das Dirigieren ist eine schwere physische und geistige Anstrengung, doch nachher war Robert wie durch ein Wunder immer genesen, wohl verschwitzt und todmüde, aber beglückt.

Robert und ich waren über vieles derselben Meinung, so legten wir beide keinen Wert auf Statussymbole, wir brauchten keine glanzvollen Parties, nicht die Garderoben der internationalen Haute Couture und kümmerten uns schon gar nicht um die vom jeweiligen Jet-Set diktierten Trends.

Einfache Dinge des Lebens bedeuteten uns viel mehr. Wir erfreuten uns an interessanten Theateraufführungen, einem Glas guten Weines mit lieben Freunden und am meisten an unserem ständigen Beisammensein.

Für mich war und ist Robert Stolz meine große Liebe. Er war ein wunderbarer Mann, ein großer Künstler und ein zärtlicher, rücksichtsvoller Lebenskamerad, dessen wesentlicher Charakterzug die Menschenliebe war. Niemals in seinem Leben hat er irgend jemandem bewußt wehgetan oder ein Unrecht zugefügt. Es war für mich selbstverständlich, daß unser gemeinsames Leben vom Beruf Roberts geprägt war und daß wir zu einem Arbeitsteam wurden.

Unter diesen Voraussetzungen konnten uns Mißerfolge nie so vernichten, wie das oft bei anderen Künstlern der Fall ist. Wir sprachen uns gegenseitig gut zu, dachten an morgen, sinnierten nicht weiter über die Probleme von gestern, und schon fingen wir mit einer neuen Arbeit an.

August 19, 1974

Dear Professor Stolz:

Mrs. Ford and I are delighted to extend our
warmest congratulations for August 25. We
are especially pleased to send you every
blessing and happiness as you celebrate your
ninety-fourth birthday.

No wish at this time could be greater than
that which expresses the hope that the year
ahead may bring you the health and prosperity
you so richly deserve.

With our very best wishes always,

Sincerely,

Gerald R. Ford

Professor Robert Stolz
Himmelstrasse 69
A-1190 Wien
Austria

Der amerikanische Präsident Gerald R. Ford gratuliert Robert Stolz zum
94. Geburtstag.

Diese Einstellung brachte es auch mit sich, daß Robert fast niemals schlecht gelaunt oder mürrisch war, weder in den guten noch in den schlechten Zeiten, die wir miteinander erlebten und von denen ich Ihnen jetzt erzählen will.

3.
Roberts goldener Herbst

Von einigen Enttäuschungen und den unvermeidlichen kleinen Gebrechen abgesehen, unter denen ein jeder zu leiden hat, der in die Jahre kommt, war das letzte Vierteljahrhundert, das Robert erlebte, für ihn sehr glücklich, ja, es war in mehrfacher Hinsicht die schönste Zeit seines langen Lebens. Aber Robert erkannte, daß bei der Entwicklung einer Künstlerseele und eines Talents Sorgen mindestens eine genauso große Rolle spielen wie Freuden. Oft sagte er zu mir, daß er nicht noch einmal einige der schweren Prüfungen mitmachen wolle, die er am Anfang seiner Karriere hatte bestehen müssen. »Aber ohne sie könnte ich nicht so komponieren, wie ich es jetzt kann«, betonte er. Seine Erfahrungen gehörten zu seinem künstlerischen Credo, das er in seinen späteren Jahren einmal wie folgt definierte:

»Die Lieder, die ich im Ersten Weltkrieg geschrieben habe, waren meine Liebeserklärungen an die bedrohte, hungernde und frierende Heimat. Die Liebe zum Vaterland muß man in schwierigen Zeiten beweisen.«

»Das Wienerlied hat auch der heutigen Jugend mehr zu sagen, als sie im Augenblick wahrhaben will. Lassen Sie sie nur ein bißchen älter werden, dann finden sie alle den Weg zur Harmonie und zur Menschlichkeit.«

»Ich bin überzeugt, daß es zum Wesen eines jeden Menschen einen Schlüssel gibt, der alle Türen öffnet und alle verwirrenden, verworrenen Dinge erklärt.«

Roberts monumentaler Erfolg im hohen Alter war vor allem auf drei Umstände zurückzuführen, von denen jeder einzelne eigens erwähnt zu werden verdient. Roberts *Nacht in Wien*-Konzerte, mit denen er die Welt bereiste, trugen ihm nicht nur internationale Anerkennung ein, sie dienten auch dazu, das Ansehen Nachkriegs-Österreichs und der deutschsprachigen Kultur zu einer Zeit zu fördern, da deren »Rehabilitierung« vor aller Welt nicht weniger wichtig war als der politische und wirtschaftliche Wiederaufbau zu Hause. Zweitens: Rundfunk und Fernsehen sorgten dafür, daß Roberts Melodien jedermann vertraut wurden.

Schließlich, und dies war vielleicht der wichtigste Punkt, ermöglichte es die moderne Schallplattenindustrie Robert, seinen Lebenstraum zu verwirklichen, indem er alle Meisterwerke der Wiener Musik in authentischen Aufnahmen mit den Wiener und den Berliner Symphonikern sowie erstklassigen Sängern für Hunderte von Schallplatten dirigierte.

Im Laufe der Jahre arbeitete Robert für eine ganze Anzahl verschiedener Studios und Firmen. Die enge persönliche Bindung, die sich zwischen Robert und der Bertelsmann-»Familie« entwickelte, hat seinen Tod überdauert, wie nicht zuletzt das Zustandekommen dieses postumen Memoirenbandes beweist. Ohne die Aufmunterung und das Entgegenkommen von lieben Freunden aus dem Verlag hätte er möglicherweise niemals erscheinen können. Zunächst waren es jedoch die Schallplattenabteilung sowie die Clubs, mit denen Robert und ich in Geschäftsbeziehungen traten, welche sich dann zu einer echten, persönlichen Freundschaft wandelten.

Es begann im Juni 1962 bei der Aufnahme von Roberts Musical *Trauminsel* (Libretto: Robert Gilbert und Per Schwenzen) mit den Wiener Symphonikern. Ein paar Wochen später, im Juli, fand auf der berühmten Bregenzer Festspielbühne, unter der Leitung des bekannten Regisseurs Adolf Rott und mit Robert am Dirigentenpult, die Weltpremiere der *Trauminsel* statt.

Während Robert die Schallplattenaufnahmen der *Trauminsel* im Wiener Konzerthaus dirigierte, wurde mir ein etwas schüchterner junger Mann vorgestellt. Wie viele andere Leute in Europa hatte er Robert bis dahin nur als Komponisten gekannt und war nun sehr beeindruckt von seiner Brillanz als Dirigent. Dazu muß man wissen, daß Robert in den Jahren vor dem Zweiten Weltkrieg sich vor allem als Komponist einen Namen gemacht hatte und nur bei seinen eigenen Filmmusiken und bei den Weltpremieren seiner eigenen Operetten als Dirigent in Erscheinung getreten war. Erst später, in Amerika, begann er, nachdem ich ihn dazu ermuntert hatte, seine zweite Berufskarriere als Dirigent der *Nacht in Wien*-Konzerte, die seinen Namen in den Vereinigten Staaten und in Südamerika bekannt machten. Der Herr, der uns im Konzerthaus besuchte, Dr. Kurt Hahn, hatte, wie sich bald herausstellte, für den Bertelsmann Schallplattenring die Aufnahme der *Trauminsel* erworben. Manfred Hennig ist es gewesen, der das richtige Gespür hatte und Dr. Hahn nach Wien schickte, um Robert Stolz als Dirigent für die Ariola-Eurodisc zu gewinnen. Die Langspielplatte »Trauminsel« wurde zu einem Bestseller, und alle Bertelsmann-Mitarbeiter in Gütersloh waren fasziniert von dem Dirigenten Robert Stolz!

Manfred Hennig und Kurt Vössing bestanden nun darauf, Robert für die Langspielplatten-Produktion aller seiner eigenen Werke sowie der berühmten Wiener Musik und der Operetten anderer Komponisten zu engagieren. Roberts Traum wurde wahr: Hier bot sich ihm die Chance, diese unsterblichen Werke in authentischer Interpretation aufzunehmen und somit für die Nachwelt zu erhalten. So entstand die dokumentarische Anthologie »Die Goldene Zeit der Wiener Musik«.

Robert war der einzige Dirigent auf der Welt, der dazu befähigt war, diese authentische Interpretation zu geben. Er hatte noch den großen Johann Strauß dirigieren sehen und mit dessen Orchester im Theater an der Wien gearbeitet. Er hatte von Lehár, Kálmán, Oscar Straus und vielen anderen persönliche Ratschläge bekommen und war von ihnen in alle *tempi* und *rubati* ihrer Werke eingeweiht worden. Jetzt, da Roberts Schallplatten als authentische Musterbeispiele dienen können, werden die Dirigenten der Zukunft diese musikalischen Edelsteine ohne Schwierigkeiten so dirigieren können, wie es ihnen zukommt.

Eines der ersten Mitglieder der Bertelsmann-»Familie«, mit denen wir in Kontakt kamen, war ein netter junger Mann namens Monti Lüftner, der irgendwann in den fünfziger Jahren einmal in der Elisabethstraße 16 an der Tür klingelte. Damals, als Student, war Monti ein sich von Tür zu Tür vorwärtskämpfender Buchvertreter. Bevor er nach Wien gekommen war, hatte sich Monti durch die Abendschule gerackert, während er tagsüber in den Stahlwerken der VÖEST einem Brotberuf nachging und damit noch seine Mutter unterstützte.

Monti war ein charmanter junger Mann, der die Musik, den Heurigen und hübsche Mädchen liebte. Natürlich war er Robert von Anfang an sehr sympathisch. Schon bald zählte er zu den regelmäßigen Besuchern an Roberts Stammtisch beim Heurigen im Beethovenhaus. Fast jeden Nachmittag gegen fünf Uhr kam Monti auf ein paar Glas jungen Weins vorbei – stets mit einer hübschen, langbeinigen Blonden im Schlepptau, und manchmal mit zwei oder drei Mädchen... Robert pflegte zu sagen: »Monti ist ein sonniger Junge. Die Gespräche mit ihm sind immer heiter, und die Mädchen, die er mitbringt, stets ein Augenschmaus!«

Robert mochte Monti sehr gerne, und er empfand es als einen

persönlichen Verlust, als diesem, der sich dank harter Arbeit langsam innerhalb des Hauses Bertelsmann hocharbeitete, eine gute Position im Münchner Büro der Firma angeboten wurde. Auch Monti verließ Wien, das er so liebte, nur ungern. Es war charakteristisch für Robert, daß er es war, der ihm, obwohl er ihn gewiß vermissen würde, zuredete und ihm empfahl, die Stellung anzunehmen: »Wenn du diese Chance nicht wahrnimmst, wirst du es vielleicht für den Rest deines Lebens bereuen. Du mußt dir selber beweisen, zu was du in der Lage bist und wie hoch du aufsteigen kannst! Und solltest du nicht Karriere machen, kannst du immer zu uns zurückkommen. Du weißt, wir lieben dich.«

Monti ging nach München und machte in der Tat eine steile Karriere. Heute ist er, als Chef der ARIOLA, einer der bedeutendsten Männer in der internationalen Schallplattenindustrie. Robert und Monti verband eine tiefe echte Freundschaft, und noch heute freue ich mich über seine gelegentlichen Besuche in Wien, bei denen wir dann unweigerlich zusammen mit anderen guten Freunden aus vergangenen Tagen zu Roberts Stammtisch im Beethovenhaus pilgern.

Kurt Vössing, der lange Jahre die Bertelsmann-Auslandsclubs leitete, ist ein weiterer guter Freund. Er zählte zu den regelmäßigen Besuchern in unserer Villa in der Himmelstraße. Viele gemeinsame Stunden haben wir beim Heurigen verbracht. Dank Kurts geschicktem Management sind die Bertelsmann-Auslandsclubs sehr erfolgreich. Robert wurde als Adoptivkind des Hauses Bertelsmann betrachtet, und an dieser Verbundenheit hat sich bis zur letzten Stunde nichts geändert. Auch Manfred Hennig sowie Werner Rodmann haben sich als hilfreiche Freunde bewährt.

Als dann Bertelsmann auch die UFA-Musikverlage kaufte, die in ihren Katalogen einen Löwenanteil von Roberts Werken haben, wurde die Bindung noch intensiver. Der Leiter dieser Verlage, Dr. Josef Bamberger, ist ein sehr tüchtiger und aufgeschlossener Mann, der sich des großen Wertes dieses traditionsreichen Kataloges voll und ganz bewußt ist und den Verlag dynamisch auf moderne Art führt.

Vor allem gibt es aber Reinhard Mohn, jenen brillanten, bescheidenen und zurückhaltenden Mann, der das Bertelsmann-Imperium aufgebaut und es zu einem Musterbeispiel für aufgeklärtes Unternehmertum gemacht hat. Wie Robert möchte auch Reinhard Mohn nicht Geld verdienen nur um des Geldes willen. Vielmehr betrachtet er seinen Konzern nicht zuletzt als Mittel, um Tausenden von Angestellten ein angenehmeres Leben zu ermöglichen und um Millionen von Durchschnittsbürgern Kultur, Bildung und niveauvolle Unterhaltung zu erschwinglichen Preisen zu bieten. Das ist ohne Zweifel mehr als lediglich gutes Management – das ist aufgeklärte Sozialpolitik.

Zwei andere liebe Freunde, die oft mit Robert an gemeinsamen Schallplattenprojekten arbeiteten, sind Horst Fuchs und Heinz Alisch, die zu Roberts »Berliner Jungs« gehören. Beide halfen Robert und mir in jenen letzten Tagen im Jahre 1975 in Berlin. Horst gehört zu den begabtesten Produzenten, und Heinz ist ein hervorragender Musiker, doch für Robert und mich waren sie vor allem wunderbare, liebevolle Freunde.

Diesen und anderen Menschen war es zu verdanken, daß Robert in seinen letzten Jahren noch so viel leisten konnte. Sie ermöglichten es, daß seine Talente als Komponist und Dirigent buchstäblich jeden Winkel auf dieser Welt erreichten. Robert selbst sagte oftmals: »Es gibt nur eine Methode, nach der ein Mann seine Reichtümer zählen kann: Er muß seine Freunde zählen. Und aus diesem Grund, liebes Einzerle, halte ich mich für einen der reichsten Männer der Erde.«

Im Jahre 1952 traten drei andere Freunde in unser Leben und halfen dabei, Musikgeschichte zu machen. Schon vor 1952 hatte es sowohl in Europa als auch in Amerika eine Reihe von Shows und Revuen auf dem Eis gegeben, aber nicht eine von ihnen war von der Musik her künstlerisch geprägt gewesen. Einfache, vorfabrizierte Stücke wurden umstrukturiert und ohne übergreifendes Thema aneinandergereiht. 1952 jedoch erhielten wir den Besuch von Adolf Eder, dem Manager des Wiener Eislauf-Verbandes, dem die Wiener Eisrevue gehörte. »Maestro«, sagte Eder, »ich fände es schön, wenn Sie uns speziell für unsere Eisrevue etwas komponieren könnten. Ich möchte, daß Sie eine neue Kunstform schaffen – die Operette auf dem Eis!«

»Das klingt ja sehr interessant«, antwortete Robert, »aber ich habe niemals eine Eisrevue gesehen!« So flogen Robert und ich nach Belgien, wo in Charleroi gerade die Eisrevue lief, und waren entzückt von der Grazie und der geradezu ballettreifen Schönheit des Eistanzes. Was Robert weniger beeindruckte, war die phantasielose Musikuntermalung.

Wir nahmen nun Kontakt auf mit Will Petter, dem Vater der Wiener Eisrevue, und seiner charmanten Frau Edith, der Choreographin. Schnell wurden wir gute Freunde, und während der kommenden 19 Jahre schrieb Robert die Musik für alle Produktionen jener einzigartigen »Operette auf dem Eis«, die auf Tourneen durch West-Europa, die Sowjetunion, Amerika, Israel und Afrika Triumphe feierte.

Die Premieren der Wiener Eisrevue waren immer in der Dreiflüsse-stadt Passau. In der Wiener Stadthalle gastierte die Eisrevue meist um die Weihnachtszeit. Daß in Wien die technischen Einrichtungen besser und die Arbeitsbedingungen angenehmer waren als in vielen anderen Städten, war vor allem dem ambitionierten und dynami-schen Direktor der Stadthalle, Robert Jungbluth, zu danken. Er brachte auch viele spektakuläre Produktionen nach Wien, um die ihn ausländische Manager oft beneideten.

Als Robert ihn anläßlich einer Eisrevue-Premiere zum erstenmal traf, war er überzeugt, daß dieser von Ideen sprühende junge Mann eine ganz große Karriere machen werde. Heute ist Robert Jung-bluth Chef der Österreichischen Bundestheaterverwaltung und hat als Leiter dieses wahrscheinlich größten Theaterunternehmens der Welt bereits sehr viel für das internationale Ansehen Österreichs getan.

Das viele Geld, das die Wiener Eisrevue verdiente, wurde aus-schließlich für die Förderung des österreichischen Eislaufsportver-eins verwendet. In dieser Zeit kamen viele Weltmeister und Euro-pameister des Eiskunstlaufs aus Wien. So zum Beispiel Sissy Schwarz und Kurt Oppelt (Europameister und Weltmeister im Paarlauf), die Europameisterin Ingrid Wendel, Emmerich Danzer (Welt- und Europameister), der Olympiasieger Wolfgang Schwarz und Trixi Schuba (Olympiasiegerin und Europameisterin).

Der Eindruck, den die Eisrevue hinterließ, war enorm. Der frü-here österreichische Bundespräsident Adolf Schärf bemerkte ein-mal: »Wir haben drei Artikel, die Österreich in der ganzen Welt bekannt machen: die Wiener Sängerknaben, die Wiener Philhar-moniker und die Wiener Eisrevue. Ohne meine Bewunderung für die beiden Erstgenannten einschränken zu wollen, möchte ich doch darauf hinweisen, daß diese in Konzerthallen vor zwei- oder drei-tausend Zuschauern singen bzw. spielen. Die Eisrevue dagegen wird in großen Hallen aufgeführt, die bis zu dreißigtausend Zu-schauer fassen, und ist von Millionen Fernsehfreudigen überall gesehen worden.«

Robert sah eine Herausforderung darin, traditionelle Wiener Themen mit zeitgenössischen Melodien und Rhythmen zu verbin-den, die die Jüngeren in seinem weltweiten Publikum ansprachen. Aber er nahm diese Herausforderung gerne an. »Die jungen Leute

WHITE HORSE INN

MUSIC BY
RALPH BENATZKY
WITH INTERPOLATED SONGS BY
ROBERT STOLZ

⬤
chappell

STATSRADIOFONIEN
KONCERTSALEN

Onsdag den 2. november kl. 20,10

Wieneraften

Wienertoner fra
Johann Strauss til Robert Stolz

Medvirkende: **Edith Oldrup**

Otte Svendsen

Underholdningsorkestret

Dirigent: **Robert Stolz**

Oben links: Titelblatt des Klavierauszuges »Im Weißen Rößl« in englischer Sprache. Dieses Singspiel wurde und wird in den englischsprachigen Ländern mit vier der bekanntesten Lieder von Robert Stolz erfolgreich aufgeführt.

In der ganzen Welt – *oben rechts* Dänemark, *unten* Israel – feierte Robert Stolz mit seinen Konzerten unter dem Titel »Eine Nacht in Wien« Triumphe.

התזמורת הפילהרמונית הישראלית
THE ISRAEL PHILHARMONIC ORCHESTRA

FAREWELL CONCERT • קונצרט פרידה

A NIGHT IN VIENNA • ערב בוינה

From **Johann Strauss** to **Robert Stolz**

מיוהאן שטראוס עד רובערט שטולץ

Conductor: **ROBERT**

המנצח: רוברט

STOLZ • שטולץ

Representative of the Conductor in Israel: Impresario **KALMAN GINZBURG** – קלמן גינצבורג נציג המנצח בישראל: האימפרסריו

מכירת כרטיסים בקופת היכל התרבות (רחוב הוברמן) בכל יום בשעות 4.1-10 6.-4 ביום שישי: 1-10.

Tickets at Mann Auditorium Box Office, (Huberman St.) daily 10–1, 4–6: Friday 10–1.

MONDAY – יום שני
ב' שבט תשכ"ג
28•1•63
AT **8.30** בשעה

היכל התרבות
ע"ש פרדריק ר. מאן
Fredric R. Mann
AUDITORIUM

ההכנסות לטובת קרן הפנסיה של המנגנים
PROCEEDS FOR THE BENEFIT OF THE MUSICIANS' PENSION FUND

haben ein Recht darauf, die Musik zu hören, die ihnen entspricht«, sagte er oft, »und es fällt mir ganz und gar nicht schwer, ihnen das zu geben. Ich bin ja selber ein echter Beatles-Fan. ›Yesterday‹ ist einer meiner Lieblings-Songs!«

Das war absolut typisch für Roberts Begeisterungsfähigkeit und die Breite seines Geschmacks, vor allem für seine ewige geistige Jugend. Die Musik für die Eisrevue war eine neue Aufgabe. Eine Pionierarbeit, die ihn faszinierte und inspirierte.

Zu dieser Zeit begründete Robert den Ruhm seiner Konzerte, die er unter der Devise *Eine Nacht in Wien* alljährlich bis ins hohe Alter dirigierte. Diese Konzerttourneen begannen in den Niederlanden. Die Begeisterung und die Liebe, die Robert spontan entgegengebracht wurden, waren unbeschreiblich. Wer jemals Gelegenheit hatte, bei diesen Konzerten anwesend zu sein, der weiß, zu welchen Beifallsstürmen, zu welchem Jubel das holländische Publikum fähig sein kann, vor allem, wenn es spürt, daß seine Zuneigung erwidert wird. Robert empfand für das tapfere niederländische Volk schon immer eine große Bewunderung, denn sein Vater hatte oft in den Niederlanden geweilt und hatte diese Liebe an Robert weitergegeben. So war es für Robert eine Selbstverständlichkeit, in mehreren Liedern die Schönheit der Niederlande zu verherrlichen.

Was die Tausende von *Nacht in Wien*-Konzerten angeht, die Robert überall in der Welt dirigierte, so sprechen die zahllosen Veranstaltungsplakate in vielen Sprachen für sich selbst:

Une Nuit à Vienne mit dem Belgischen National-Orchester im Palais des Beaux Arts, *Wieneraften* mit dem Staatlichen Radio-Symphonieorchester in Kopenhagen, *Wienerabend* mit den Wiener Symphonikern in der Hofburg zu Wien, *A Night in Vienna* mit dem Londoner Symphonie-Orchester in der Royal Albert Hall, mit führenden Orchestern in den Vereinigten Staaten und mit den Israelischen Philharmonikern in Tel Aviv – die Liste kennt kein Ende, und auch der Applaus scheint nie aufzuhören.

Am meisten bewegte uns Roberts Erfolg in Israel, da er nicht nur einen persönlichen Triumph, sondern einen entscheidenden Meilenstein auf dem Weg zur Versöhnung der jüdischen mit der deutschen Kultur bedeutete.

1963 wurde Robert von dem sehr tatkräftigen Manager Kalman Ginsburg nach Israel eingeladen, um seine *Nacht in Wien*-Konzerte mit den Israelischen Philharmonikern zu dirigieren. Israel ist sowohl eine sehr junge wie eine uralte Nation – ein Charakteristikum, das es mit dem Individuum Robert Stolz gemeinsam hatte. Die Energie, der Mut und der alles bezwingende Wille des israelischen

Volkes schienen bereits die Luft zu erfüllen in dem Moment, da wir das Flugzeug verließen. »Dies ist eine ganz besondere Tournee«, sagte Robert zu mir, als wir uns auf dem Weg zum Dan-Hotel in Tel Aviv befanden.

Er sollte recht behalten. Bis zum Jahre 1963 war die deutsche Sprache aus verständlichen Gründen noch nie auf einer israelischen Bühne zu hören gewesen. Die Verbitterung war noch immer sehr tief, doch Robert war entschlossen, sie zu überwinden. Die israelische Regierung besaß detaillierte Dossiers über jeden, der auch nur entfernt in den nationalsozialistischen Alptraum verwickelt war – im Guten wie im Bösen. Es war daher kein Zufall, daß man ausgerechnet Robert eingeladen hatte. Man kannte seine Einstellung in der NS-Zeit, wußte von seiner freiwilligen Emigration und bereitete ihm einen triumphalen Empfang, sowohl von offizieller Seite wie auch im privaten Kreise. Robert war von der Einladung derart gerührt, daß er auf ein Honorar verzichtete. »Ich will als Gast und Freund, als Botschafter des guten Willens dorthin reisen – und nicht als ein Musiker, der Geld verdienen will«, sagte er.

Und so geschah es. Alles ging glatt – bis zum Morgen des ersten Probetages im Mann-Auditorium in der Huberman Street, als die bittere Vergangenheit zum ersten und einzigen Male ihr Medusenhaupt erhob...

Roberts Solisten, Adele Leigh und Nigel Douglas, waren britischer Nationalität. Beide waren im Opernhaus in Zürich engagiert, und beide hatten nicht nur hervorragende Stimmen, sondern sprachen auch fließend Deutsch. Die Order von Herrn Ginsburg war eindeutig gewesen: Alle Lieder sollten auf Englisch gesungen werden; Deutsch war absolut verboten.

Die erste Probe sollte um zehn Uhr morgens beginnen. Bevor wir uns auf den Weg machten, frühstückten Robert und ich gemeinsam in unserem Zimmer im Dan-Hotel. Beim Kaffeetrinken fragte ich Robert, wie es ihm denn nun in Israel gefalle, nachdem alle Leute so freundlich gewesen waren und man uns einen so begeisterten Empfang bereitet hatte.

»Oh, mir gefällt es gut«, antwortete Robert – aber mir war klar, daß ihn irgendwelche Gedanken plagten.

»Was ist denn los, Robsi? Gibt es vielleicht etwas, das dir doch nicht gefällt?«

»Das hat nichts mit den Leuten oder den Musikern zu tun, liebes Einzerle. Nur diese Haltung gegenüber der deutschen Sprache... Wie kann ich denn einen wirklich authentischen ›Wiener Abend‹ bringen, wenn Nigel, statt ›Im Prater blüh'n wieder die Bäume‹, singen muß ›The woods of Vienna are calling‹? Das ist doch nicht dasselbe.«

Robert versuchte, das Problem zu verdrängen, aber ich erkannte gut, daß es ihn wirklich sehr belastete. Ich mußte irgend etwas tun – aber was?

Während der ersten Probe im Mann-Auditorium kam Herr Ginsburg zu mir und stellte mir zwei Herren vor, die Robert im Namen der israelischen Regierung begrüßen wollten. Wir saßen nun zu viert beisammen und warteten auf Robert, der sich uns während einer Pause anschloß. Dann gingen wir in die Dirigentengarderobe, die »Toscanini-Zimmer« genannt wurde, da Roberts alter Freund Arturo Toscanini das erste Konzert im Mann-Auditorium gegeben hatte.

Robert begegnete den Herren mit dem ihm eigenen Charme. Er war viel zu taktvoll und zu bescheiden, um das Problem, das ihn bedrückte, auch nur zu erwähnen. Nachdem er jedoch wieder gegangen war, fragte mich einer der Herren von der Regierung, ob Robert mit dem bisherigen Verlauf seines Besuches zufrieden sei. Jetzt oder nie, dachte ich mir, und riskierte es. Ich beantwortete die Frage mit einem simplen »Soso-lala«.

Die Herren waren sehr erstaunt. Das war nicht gerade die Antwort, die sie erwartet hatten. »Was meinen Sie damit?!« riefen sie erschrocken und voll verletztem Stolz.

»Ich meine damit, daß Robert der Ansicht ist, ›The woods of Vienna are calling‹ sei nicht dasselbe wie ›Im Prater blüh'n wieder die Bäume‹. Er sagt, daß solche Lieder in der Originalsprache gesungen werden müssen, will man sie nicht eines Großteils ihrer Poesie und ihres Inhalts berauben.«

Das war verständlicherweise starker Tobak für unsere Gastgeber. Die Zornesröte stieg ihnen ins Gesicht, und einer von ihnen antwortete brüsk: »Sie wissen genau, daß es unmöglich ist, die Lieder auf Deutsch singen zu lassen, Mrs. Stolz. Das kommt überhaupt nicht in Frage.«

Ich muß gestehen, daß mich diese Haltung ärgerte. Keiner hatte mehr Grund, die Nazis zu hassen als ich. Sie hatten meine Mutter umgebracht und alles getan, um Robert das Leben schwer zu machen. Aber warum sollte man die Sprache für die Verbrechen der Nazis bestrafen? Ich entschloß mich, zugunsten meiner ehrlichen Überzeugung auf diplomatische Zurückhaltung zu verzichten.

»Was soll das heißen – ›unmöglich‹?« fragte ich, ohne meine Verärgerung verbergen zu können. »Wenn Hitler schon tausend Jahre unter der Erde liegen wird – die Sprache von Goethe, Schiller und Heine wird es noch immer geben. Ihre Haltung erinnert mich sehr an die Bücherverbrennung der Nazis. Was kann die deutsche Sprache dafür, die Sprache bedeutender Dichter und Philosophen, die noch dazu die Muttersprache vieler Ihrer Landsleute ist, wenn sich ein verrückt gewordener Anstreicher wie eine Bestie aufführt?«

»So dürfen Sie nicht reden«, zürnte der rotgesichtige Herr. »Sie vergessen ganz einfach, daß sechs Millionen unserer Brüder und Schwestern...«

Er kam nicht dazu, den Satz zu beenden, weil ich ihn an dieser Stelle sofort unterbrach: »Darüber brauchen Sie mir nichts zu erzählen«, fuhr ich fort und ließ mich von meinem Zorn mitreißen. »Ich habe unter den Nazis genauso gelitten wie viele andere. Aber darum geht es hier ja gar nicht. Es geht schlicht und einfach darum, daß es verrückt ist, eine Sprache bestrafen zu wollen. Ganz abgesehen davon, hat Robert natürlich recht, wenn er sagt, daß Lieder nur in der Originalsprache wirklich genossen werden können. Robert ist der Ansicht, daß seine Lieder so gesungen werden sollten, wie er sie geschaffen hat. Sie hatten mich um eine Erklärung gebeten – voilà, das war sie!«

Guter Gott, dachte ich bei mir, ob ich wohl zu weit gegangen bin? Aber was sollte es – es ist immer besser, die Wahrheit zu sagen, als mit der Lüge leben zu müssen. Hoffentlich hatte ich für Robert nicht alles verdorben...

Herr Ginsburg und die anderen Herren schienen sich ein bißchen beruhigt zu haben. Sie baten nur noch höflich, Robert und mich nach der Probe im Hotel sehen zu dürfen. Ich blieb im Zustand völliger Ungewißheit zurück, doch ich war überzeugt, daß das Recht auf meiner Seite war.

Wie so oft, erwies sich Ehrlichkeit als die beste Politik. Um vier Uhr nachmittags erschien eine vierköpfige Delegation im Hotel Dan und teilte uns mit, daß »angesichts der weithin bekannten Verdienste, die sich Maestro Stolz um das jüdische Volk erworben hat, in diesem Falle eine Ausnahmegenehmigung erteilt worden sei«.

»Ihre Sänger können, wenn Sie darauf bestehen, auf Deutsch singen«, wurde uns gesagt. »Aber sagen Sie später nicht, man hätte Sie nicht gewarnt! Und wundern Sie sich nicht, wenn man Sie mit faulen Eiern und Tomaten statt mit Blumen feiert...«

»Machen Sie sich darüber nur keine Sorgen«, sagte Robert. »Ich komme aus der Steiermark und habe einen harten Schädel. Ich habe keine Angst.«

So zuversichtlich, wie wir uns nach außen hin gaben, waren wir jedoch nicht, und die letzten Stunden vor der ersten Abendvorstellung plagte uns hochgradige Nervosität. Trotzdem waren wir sicher, daß, was immer sich auch ereignen mochte, unser Standpunkt der richtige war.

Und dann beginnt das Konzert. Robert dirigiert phantastisch die Ouvertüre der *Fledermaus*, und das Publikum ist begeistert. Aber die Stunde der Wahrheit schlägt erst in der nächsten Nummer des Programms. Mit tapferem Lächeln tritt Nigel Douglas an die Rampe und fängt an zu singen: »Im Prater blüh'n wieder die Bäume...«

Das Publikum ist erschüttert. Man kann den Schock, der es durchfährt, wie einen elektrischen Stromschlag spüren. Überall in der großen Halle sehen sich die Leute verwundert an. Der Saal ist bis auf den letzten Platz besetzt – und jeder einzelne ist völlig überrascht. Aber dann weicht die Überraschung nicht etwa dem Ärger, sondern herzlicher Zustimmung.

Innerhalb weniger Sekunden summt das Publikum mit Nigel mit. Die Menschen fassen sich bei den Händen. Viele weinen. Es ist ein echtes Heulkonzert, aber die Tränen, die vergossen werden, sind Tränen der Nostalgie und der Freude. Diese phantastische Stimmung hält an bis zum Ende des Konzertes, und Robert, Nigel, Adele und das Orchester erhalten Ovationen...

Robert hatte die Musik und die Poesie Wiens nach Israel gebracht und mit ihnen die Bitterkeit und den Kummer hinweggefegt, die die Herzen vieler so viele Jahre lang vergiftet hatten.

Ich war sehr stolz auf ihn an jenem Abend.

Ursprünglich hatten vier Konzerte auf dem Programm gestanden, aber wegen der überwältigenden Reaktion wurde die Tournee verlängert. Nach dem achten Konzert gab die israelische Gewerkschaft, die »Histadrut«, einen Empfang für uns. Alle führenden Künstler und Politiker Israels erschienen. Es war ein denkwürdiger Abend. Der Höhepunkt der Veranstaltung war die Rede eines sehr eindrucksvollen jungen Mannes, der perfekt Englisch sprach. Er war damals im Kultusministerium und in der Histadrut tätig. Inzwischen ist Shimon Peres einer der führenden Politiker des Landes.

An jenem Abend drehte sich seine Rede jedoch nicht um Politik, sondern um Robert Stolz.

»Maestro Stolz«, sagte Shimon Peres, »vom Grunde unseres Herzens danken wir Ihnen dafür, daß Sie zu uns gekommen sind. Sie haben für unser Volk getan, was Tausende von Psychoanalytikern und Psychologen nicht erreichen könnten. Im Jahre 1948 hatte

Israel nur eine halbe Million Einwohner, heute sind es fast zweieinhalb Millionen. Die meisten von ihnen kommen aus Wien und Berlin, Budapest und Prag, Bukarest und Warschau. Ihre Wurzeln liegen in Mitteleuropa, aber bis zu Ihrem Besuch waren sie von diesen Wurzeln abgeschnitten. Sie hatten ihre Kindheit, ihre Jugend, ihre Vergangenheit verloren. Sie lebten in einer Art Trauma, einem kulturellen Vakuum. Wenn einer von ihnen Deutsch sprach, die Sprache, mit der er aufgewachsen war, dann fand sich immer wieder einer, der sagte: ›Hör auf! Oder hast du deine Mutter, deinen Vater, deine Kinder vergessen?!‹ Unser Volk hatte Angst vor der deutschen Sprache. Es haßte sie. Sie brachte zu viele entsetzliche Erinnerungen mit sich.

Und nun haben Sie uns eine Katharsis geschenkt. Ihre Konzerte haben unserem Volk seine Kindheit wiedergegeben, seine Jugend, seine Vergangenheit, seine Wurzeln. Sie haben es von einem Trauma befreit. Nach jedem Ihrer Konzerte hat es Leute gegeben, die Dinge sagten wie: Weißt du, als wir ›Zwei Herzen im Dreivierteltakt‹ sangen, da fiel mir wieder ein, daß das ja das Lieblingslied meiner Mutter war. Und: ›Salome‹ war das Lied, das das Orchester am Abend unseres ersten Rendezvous spielte. – Mit Ihrer Musik, Maestro Stolz, haben Sie das Vakuum im Leben dieser Menschen gefüllt und sie damit wieder zu ganzen Menschen gemacht. Und daher danken wir Ihnen, mehr als Worte es vermögen, für Ihren Besuch bei uns.«

Nach Shimon Peres' bewegender Ansprache kam die Leiterin der Israelischen Oper auf Robert zu und sagte zu ihm: »Ich kann Ihnen gar nicht sagen, wie dankbar und glücklich ich über Ihren Besuch bin. Ich habe schon immer *Fidelio* und *Die Zauberflöte* im deutschen Originaltext aufführen wollen, aber bisher erhielt ich keine Genehmigung dafür. Jetzt kann ich sagen: ›Was gut genug ist für Robert Stolz, muß auch gut genug sein für die Oper!‹«

Später sagte der Direktor des Theaters das gleiche zu Robert über Lessings *Nathan der Weise* und andere Dramen der deutschen Klassik.

Für alle hatte Robert das Eis gebrochen. Von jenem Tage an wurde in der Öffentlichkeit und auf den israelischen Bühnen auch wieder Deutsch gesprochen und gesungen. Das Ereignis machte überall auf der Welt Schlagzeilen: »Robert Stolz baut Versöhnungsbrücken zwischen Israel und Deutschland.« Sogar der Generalsekretär der Vereinten Nationen schickte Robert ein Telegramm, in dem er ihn als Brückenbauer bei der Versöhnung zwischen Israel und Deutschland bezeichnete. Die Bundesrepublik verlieh ihm das

»Große Verdienstkreuz des Verdienstordens der Bundesrepublik Deutschland«. Robert aber sagte: »Das Telegramm und das Verdienstkreuz waren ja ganz nett. Aber richtig beglückt hat mich das israelische Publikum, das Abend für Abend in Tränen ausbrach – und dabei lachte. Leute, die, wie Shimon Peres es ausdrückte, wieder ganze Menschen geworden waren. Ich danke Gott dafür, daß er so gnädig war, mir die Gelegenheit zu geben, etwas wirklich Wichtiges auf dieser Erde tun zu können. Oh, Einzerle, wie stolz wäre meine Mutter gewesen, wenn sie all dies hätte miterleben können!«

Israel verlieh Robert die Jerusalem-Medaille und pflanzte einen tausend Bäume umfassenden »Robert-Stolz-Wald« auf den Hügeln von Nazareth. Das Israel Philharmonic Orchestra ernannte ihn zu seinem Ehrenmitglied.

Als wir unterwegs zur zweiten Probe waren, stürzte auf der Huberman-Straße ein alter Mann auf Robert zu, kniete sich vor ihm nieder und küßte Robert die Hand. Robert war wie erstarrt und wußte nicht, was dies zu bedeuten hatte. »Warum küssen Sie mir die Hand? Ich bin ja kein Pfarrer.« Der alte Mann war zutiefst bewegt und unter kurzen, aufgeregten Atemstößen brachte er endlich hervor: »Aber Herr Stolz, erinnern Sie sich denn nicht? Sie haben meine Frau, mich und unsere zwei Söhne in Ihrem Wagen aus Berlin nach Wien gerettet. Meine Frau ist leider nicht mehr da, um Ihnen zu danken. Meine Söhne leben in den USA. Ich weiß nicht, wie lange ich noch zu leben habe, aber wenigstens konnte ich Ihnen noch danken.«

Hätte ich diese ergreifende Szene nicht mit meinen eigenen Augen gesehen, wüßte ich wahrscheinlich bis heute nichts darüber, denn Robert erzählte mir kaum etwas von seinen Rettungsaktionen. Das meiste erfuhr ich erst im Laufe der Jahre von den Überlebenden.

Roberts zufriedene Stimmung nach unserem Israelbesuch entsprach ganz dem Tenor jener letzten Jahre, die wir gemeinsam verbringen durften. Obgleich seine physischen Kräfte allmählich schwanden, blieb er im Geiste immer jung, und sein Idealismus blieb ungebrochen. Unermüdlich suchte er nach neuen Wegen, um seiner Menschenliebe mit Hilfe der Musik, die er schuf, Ausdruck zu verleihen. Die Sprache der Liebe klang durch all seine Melodien.

Immer wieder schlossen wir neue Freundschaften, und niemals versiegte der Strom der Ehrungen. Eine dieser Ehrungen verdient besonders hervorgehoben zu werden, da sie in engem Zusammenhang mit unserem Israel-Besuch steht. Drüben in Amerika lebte Frederick Mann, einer von Roberts besten Freunden und einer seiner begeistertsten Anhänger. Er und seine Frau Sylvia waren immer große Förderer der Künste gewesen. Sie waren es, die ein *Night in Vienna*-Konzert unter Roberts Leitung mit einem der besten amerikanischen Orchester, Eugene Ormandys Philadelphia Orchestra, arrangierten. Mr. Mann ist Philanthrop im reinsten Sinne des Wortes. Robert verglich ihn immer mit den Mäzenen des Mittelalters, die die herrlichen bunten Glasfenster der gotischen Kathedralen stifteten: »Jeder von ihnen benutzte seinen Reichtum, um Kunst und Schönheit Millionen Menschen zugänglich zu machen, deren Leben sonst öde und trist gewesen wäre. Frederick Mann baut zwar keine Kirchen, aber er baut Tempel für die Kunst – und das ist eine genauso ehrenvolle Mission.«

Das Mann-Auditorium in Tel Aviv, wo Robert im Jahre 1963 Musikgeschichte machte, war nicht der geringste Beitrag, den Mr. Mann in seiner Eigenschaft als Kunstmäzen geleistet hatte. Über dieses Auditorium hörten Robert und ich während einer Reise ins Heilige Land folgende amüsante Anekdote:

Man erzählte uns, daß einmal ein deutscher Tourist, der in Tel Aviv einen Stadtbummel machte, plötzlich auf ein herrliches, modernes Theater stieß. Beeindruckt von dessen Architektur, fragte er den Hausmeister nach dem Namen des Gebäudes. »Das ist das Mann-Auditorium«, lautete die Antwort. Der deutsche Tourist war begeistert. »Das ist ja ganz phantastisch!« rief er aus. »Was für eine großzügige Geste, dieses herrliche Theater nach unserem großen deutschen Autor Thomas Mann zu nennen. Er war ein Gegner der Nazis, wissen Sie...« – »Weiß ich, weiß ich«, antwortete der Hausmeister. »Aber das Haus heißt nicht nach ihm, sondern nach Frederick Mann, einem amerikanischen Juden.« – »Frederick Mann, Frederick Mann... was hat *der* denn geschrieben?« fragte der deutsche Gast verdutzt. – »Den Scheck hat er unterschrieben, mit dem der Bau finanziert wurde...« erwiderte der Hausmeister.

Im Jahre 1967 – Robert war schon 87 Jahre alt – kam es zu einem neuen Höhepunkt in seiner Laufbahn als Dirigent. Er war eingeladen worden, die Festvorstellung der *Fledermaus* in der Wiener Staatsoper zu dirigieren. Robert selber hat in dem Kapitel »Der Walzerkönig von Marburg« schon vorgreifend einiges von dieser Vorstellung erzählt, bei der der jugoslawische Staatspräsident Tito als Ehrengast anwesend war.

Als Robert noch an der Wiener Musikakademie studierte, ging er

Festvorstellung

ZU EHREN
SEINER EXZELLENZ
DES HERRN PRÄSIDENTEN
DER SOZIALISTISCHEN FÖDERATIVEN REPUBLIK JUGOSLAWIEN

JOSIP BROZ TITO

STAATSOPER

Dienstag, den 14. Februar 1967

DIE FLEDERMAUS

Operette in drei Akten nach dem Lustspiel „Le reveillon"
von Meilhac und Halévy unter teilweiser Verwendung der
Textbearbeitung von Alfred Jerger

Musik von Johann Strauß

Dirigent: Robert Stolz

Inszenierung: Leopold Lindtberg

Bühnenbilder: Teo Otto

Kostümentwürfe: Erni Kniepert

Choreographie: Wazlaw Orlikowsky

Gabriel von Eisenstein, Rentier	Eberhard Wächter
Rosalinde, seine Frau	Gerda Scheyrer
Frank, Gefängnisdirektor	Erich Kunz
Prinz Orlofsky	Gerhard Stolze
Alfred, ein Tenor	Hans Beirer
Dr. Falke, Notar	Hans Braun
Dr. Blind, Advokat	Peter Klein
Adele, Kammermädchen Rosalindes	Renate Holm
Ida, ihre Schwester	Susanne Kirnbauer
Frosch, Gerichtsdiener	Otto Schenk
Iwan, Diener Orlofskys	Richard Bauer

BALLETTEINLAGE:

„An der schönen blauen Donau." Walzer von Johann Strauß

Edeltraud Brexner — Lisl Maar — Ully Wührer

Die in die Theatergeschichte eingegangene Festvorstellung der »Fledermaus« in der Wiener Staatsoper zu Ehren des jugoslawischen Staatspräsidenten Tito. Anläßlich des 100. Geburtstages des Johann-Strauß-Walzers »An der schönen blauen Donau« wurde dieser als Ballett eingelegt. Unter der musikalischen Leitung von Robert Stolz erzielte das prominente Ensemble einen seiner nachhaltigsten Erfolge.

mit seinen Kommilitonen oft auf die 4. Galerie der damaligen Hofoper. Damals wurde der Name des jeweiligen Dirigenten nicht im Programm gedruckt. So war es für die Musikstudenten eine beliebte Erprobung ihres künstlerischen »Gespürs«, die Augen zu schließen und bereits nach den ersten Takten zu erraten, wer am Pult stand. Einer, den sie immer sofort erkannten, war Gustav Mahler; der war unverwechselbar.

Nun ging also für Robert nach fast sechs Jahrzehnten der Traum eines jeden dieser jungen Menschen in Erfüllung: er durfte am Pult der Staatsoper stehen! Es war eine historische Aufführung. Der Johann-Strauß-Walzer »An der schönen blauen Donau« beging gerade seinen 100. Geburtstag, und zu seinen Ehren war es Robert gelungen, ihn als großes Ballett in das Finale des zweiten Aktes der *Fledermaus* einzufügen. Zum erstenmal erklang dieser Walzer in der Wiener Staatsoper.

Vor Beginn, als wir im Dirigentenzimmer ganz allein saßen, hatte Robert eiskalte Hände. »Wie soll das werden«, sagte er. »Ich hatte nicht genug Proben, ich habe Angst.« Da antwortete ich intuitiv: »Weißt du, wer heute im Theater ist? Deine Mama und dein Papa. Du wirst sehen, die werden dir helfen.«

Von diesem Moment an war Robert wie in Trance. Und es wurde ein Sensationserfolg. Als Robert nach all dem Jubel und Applaus in die Garderobe kam, sagte er zu mir: »Mama und Papa waren in der Vorstellung. Sie haben mir geholfen.« Er hatte fest daran geglaubt.

Die Kritik über Robert lautete:

Johann Strauß wurde wieder Wiener.

Franz Hrastnik, Blauer Montag

Statt Karajan stand Robert Stolz am Dirigentenpult – und macht sich, Johann Strauß und der Staatsoper Ehre. Die Philharmoniker spielten prächtig und genauso, wie ihnen der Schnabel gewachsen ist.   Österreichische Neue Tageszeitung

Ein Ehrentag für den Großsiegelbewahrer von Wiens leichter Muse ... Ein Abend voll glänzender Laune und musikalischer Perfektion.   Otto F. Beer, Neues Österreich

Robert Stolz und die Hauptdarsteller wurden von den festlich gestimmten »Fledermaus«-Besuchern am Schluß enthusiastisch gefeiert und ungezählte Male vor den Vorhang gerufen.«

Arbeiter-Zeitung

Der berühmte Komponist bewährte sich an diesem seinem Ehrenabend als ein Dirigent von Rang. *Wiener Zeitung*

Man spürte, wie sehr Stolz diese ganze Operettenstimmung im
Blut liegt, und man erlebte … die Spontanreaktion eines Vollblutmusikers, der sich mit Begeisterung und Können für Strauß
einsetzt. *Karl Löbl, Express*

Die Karriere des letzten überlebenden Meisters der Wiener
Operette, Robert Stolz, wurde am Silvesterabend in der berühmten Wiener Staatsoper gekrönt. Er wurde vom mitgerissenen
Publikum enthusiastisch gefeiert, und die Wiener Zeitungen priesen seine Darbietung. *United Press International*

Robert hat noch oft die *Fledermaus* in der Wiener Staatsoper dirigiert. Und jedesmal hatte er das erhebende, beglückende Gefühl:
Ein großer Traum ist in Erfüllung gegangen.

Im Jahre 1970 feierte Robert seinen 90. Geburtstag. Jeder, der bei
guter Gesundheit und in ungebrochener Aktivität neunzig Jahre alt
wird, muß damit rechnen, daß man ihn allein schon wegen seines
Alters feiert – als eine Art medizinisches Wunder. Als Robert 90
wurde, waren es jedoch der Mann und seine Werke – und nicht sein
Alter –, die man überall auf der Welt feierte.

In Österreich wurde Robert neben den Ehrenbürgerschaften von
Wien und Graz durch die Verleihung des »Ehrenzeichens für Kunst
und Wissenschaft« gewürdigt. Diese höchste Auszeichnung, die
Österreich äußerst selten an eine stets gleichbleibend kleine Anzahl
von Künstlern und Wissenschaftlern vergibt, empfing Robert aus
der Hand von Leopold Gratz. Es war die erste Amtshandlung des
damals neubestellten Unterrichtsministers, der heute als Bürgermeister und Landeshauptmann von Wien couragiert und großzügig
schon für das Wohl der künftigen Generationen dieser Millionenstadt plant.

Zu den Festlichkeiten trug Robert selber bei, indem er in einer
spektakulären Fernsehsendung mit den Berliner Symphonikern den
»Gold-und-Silber-Walzer« von Lehár dirigierte. An der Show
wirkten Stars wie James King, Anneliese Rothenberger, Peter
Minich und viele andere mit. Sie dauerte zweieinhalb Stunden.
Niemals zuvor hatte Europa etwas Derartiges gesehen. Roberts
alter Freund Wolfgang Rademann, der schon mehrere Robert-
Stolz-TV-Shows betreut hatte, war der Produzent, und Oskar

Krüger führte die Regie. Wolfgang war ein junger Berliner Journalist, der heute einer der bedeutendsten Musikshow-Produzenten des Fernsehens ist und große Erfolge wie die »Peter-Alexander-«, die »Anneliese-Rothenberger-« und die »Wencke-Myhre-Show« präsentiert. Auf seinem Gebiet ist Rademann ein wahres Genie. Der Autor der Robert-Stolz-Show und aller anderen, die wir hier erwähnt haben, ist Hans Hubberten – ein nie versiegender Quell neuer Ideen.

Klaus Schütz, der Regierende Bürgermeister von Berlin, gratulierte Robert zum Neunzigsten, und Robert antwortete mit dem ihm eigenen charmanten Witz: »Lieber Herr Bürgermeister, wenn *Sie* Ihren 90. Geburtstag feiern, werde ich, wie ich hoffe, zu Ihren Ehren ein Festkonzert in Berlin dirigieren können...«

Robert wird dieses Versprechen nicht persönlich einhalten können. Aber wenn sich aus der Popularität seiner Musik heute, fünf Jahre nach seinem Tod, auf die Zukunft schließen läßt, dann werden seine Melodien noch lange Zeit für Bürgermeister und Verkäuferinnen, Künstler, Kaminkehrer, Millionäre, Teenager und Fabrikarbeiter erklingen. In diesem Sinne wird er sein Versprechen einhalten können.

Oft hat man mir gesagt: »Einzi, es ist phantastisch, wie du es verstanden hast, Roberts Jugend so lange zu erhalten.« Meine Antwort darauf ist immer die gleiche: »Nicht ich habe Robert jung gehalten, sondern er mich.« Niemals habe ich eine so heitere, so überschwengliche Persönlichkeit, nie eine jugendlichere und aufgeschlossenere gekannt. Hans Weigel, einer der führenden Literaten Wiens, faßte einige Jahre vor Roberts Tod seine einmalige Art und sein künstlerisches Erbe wie folgt zusammen:

»Er ist in seiner Generation der anerkannte Botschafter des Dreivierteltaktes, obgleich das Jahrhundert des Walzers so weit zurückzuliegen scheint wie des Kaisers Bart. Er hat den letzten Walzer und den ersten kontinentalen Foxtrott geschrieben, ebenso wie den ersten europäischen Film-Hit. Er besitzt die doppelte Staatsbürgerschaft in der Alten wie in der Neuen Welt der leichten Muse. Immer war er der Erste, und schon seit langem ist er eine lebende Legende, lebhaft und produktiv wie eh und je. Als authentischer Dirigent trägt er Wiener Musik in ferne Kontinente und bannt sie in dem ihr angemessenen Stil auf Schallplatten. Was normalerweise nur mit Musikstücken geschieht, ist ihm als Mensch zuteil geworden: Er lebt unter uns als ein personifizierter Evergreen.«

Roberts besondere Ausstrahlung brachte es mit sich, daß sich ein Gefühl von Frische und Jugend all jener bemächtigte, mit denen er

ORDE VAN
ORANJE-NASSAU

HARE MAJESTEIT DE KONINGIN
GROOTMEESTER DER ORDE VAN ORANJE-NASSAU
HEEFT BIJ HAAR BESLUIT VAN
19 maart 1969 no. 120
Professor Dr Robert
S T O L Z
GEBOREN TE Graz, 25 augustus 1880
BENOEMD TOT
COMMANDEUR IN DE ORDE VAN
ORANJE-NASSAU

DE SECRETARIS TER KANSELARIJ,   DE KANSELIER DER NEDERLANDSE ORDEN,

---

DER BUNDESPRÄSIDENT
DER REPUBLIK ÖSTERREICH

HAT AUF ANTRAG DES BUNDESMINISTERS FÜR
UNTERRICHT UND AUF VORSCHLAG DER BUNDES-
REGIERUNG IN ANERKENNUNG BESONDERS
HOCHSTEHENDER SCHÖPFERISCHER LEISTUNGEN
AUF DEM GEBIETE DER KUNST
MIT ENTSCHLIESSUNG VOM

23. MÄRZ 1970

HERRN PROFESSOR
ROBERT STOLZ
KOMPONIST

DAS ÖSTERREICHISCHE EHRENZEICHEN
FÜR WISSENSCHAFT UND KUNST
VERLIEHEN, WAS HIEMIT BEURKUNDET WIRD

WIEN, AM 23. MÄRZ 1970

DER LEITER DER
ÖSTERREICHISCHEN EHRENZEICHENKANZLEI

KABINETTSDIREKTOR

Zahlreiche Ehrungen aus vielen Ländern wurden Robert Stolz zuteil
(vgl. Zeittafel).
Links oben: Königin Juliana der Niederlande verlieh den Orden von
Oranien-Nassau.
Rechts oben: Der Bundespräsident von Österreich, Franz Jonas, verlieh das
Österreichische Ehrenzeichen für Wissenschaft und Kunst.
Links unten: Die American Society of Composers, Authors and Publishers
gratuliert zum 90. Geburtstag.
Rechts unten: Baudouin, König der Belgier, ernennt Robert Stolz zum
»Commandeur in de Kroonorde«.

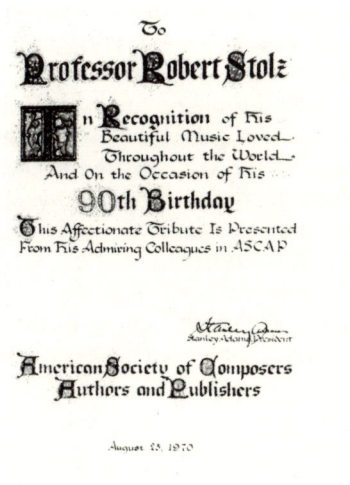

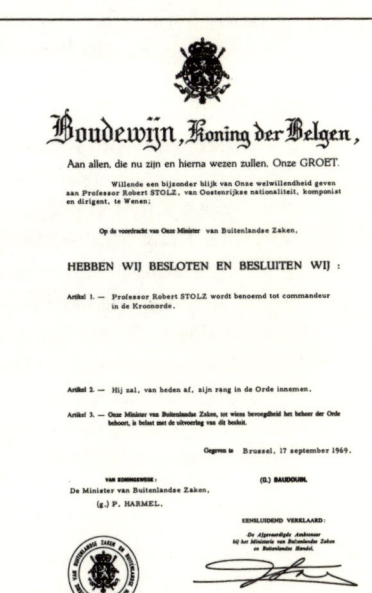

in Berührung kam. Er wußte die besten Seiten der Menschen anzusprechen, und ich glaube, daß er auch bei mir das Beste hervorkehrte. Meinem Leben schenkte er nicht nur die Erfahrung einer großen Liebe, sondern er gab ihm auch einen tieferen Sinn – einen Sinn, der bis heute noch nichts von seiner Realität eingebüßt hat, obwohl Robert nicht mehr in Fleisch und Blut neben mir steht.

Der österreichische Bundespräsident Dr. Rudolf Kirchschläger hat gesagt, daß Robert durch seine Musik den Männern und Frauen in grauen, harten Zeiten Freude gebracht hat. Sein Publikum vergaß ihm das niemals, und wo immer Robert erschien – in Theater- und Konzerthallen, auf der Straße, in einem Kaffeehaus, im Restaurant oder beim Heurigen –, erwies man ihm Bewunderung und Dankbarkeit. Die Liebe, die man ihm entgegenbrachte, ließ niemals nach; sie wurde mit der Zeit nur immer stärker.

Was war das doch für eine Vielzahl von Freunden und Bewunderern! Kirk Douglas, der amerikanische Filmstar, schrieb ihm, um seiner Verehrung Ausdruck zu verleihen. Orson Welles, der mit seinem unvergeßlichen Film *Der dritte Mann* der Welt das Wien der Nachkriegszeit vorstellte, hatte Robert gebeten, ihn mit Wien bekanntzumachen, und Robert führte ihn in Heurigenlokale und zu anderen nächtlichen Attraktionen. Das Gästebuch in unserer Wohnung enthält ein lebendiges Andenken an Orsons Besuch – ein karikiertes Selbstporträt dieses vielseitigen Wunderkindes – und dazu den Text: »For my dear friend Robert, from Orson with much admiration and affection« – Für meinen lieben Freund Robert von Orson, in tiefer Bewunderung und Zuneigung.

Auch Swjatoslav Richter, der größte russische Pianist unserer Zeit, war ein Fan Roberts. Dieser Protegé Prokofjews stimmte, wie Robert, der Definition Johann Strauß' zu, daß die wahre Trennungslinie in der Musik nicht zwischen schwer und leicht, sondern zwischen gut und schlecht zu suchen sei. In Robert erkannte er einen genialen Exponenten der heiteren Form. Am anderen Ende des Spektrums befand sich ein weiterer begabter Anhänger, der amerikanische Schlagersänger Bing Crosby. Keiner hatte einen tieferen Spürsinn für populäre Melodien als er, und diese Eigenschaft, die er in erstaunlichem Maße mit Robert gemein hatte, erwies sich als die Basis für die gegenseitige Bewunderung.

Politiker, gekrönte Häupter, Philosophen und Künstler – zu Roberts Fans zählten Prominente auf allen Gebieten, von Albert Einstein zu Lucchino Visconti, von Dr. Ralph Bunche bis zu Karl Böhm und Leonard Bernstein.

Königin Juliana schrieb an Robert: »Ihre Musik hat in den Herzen des niederländischen Volkes eine Heimat gefunden« – und verlieh ihm den Orden eines »Commandeurs des Hauses Oranje und Nassau«.

»Das Lied ›Auf der Heide blüh'n die letzten Rosen‹ ist eines der schönsten deutschen Lieder«, erklärte Herbert von Karajan.

»Um einen Wiener Walzer dirigieren zu können, muß man ihn im Blut haben, man muß ihn fühlen, spüren. Lernen kann man es nicht, und Robert Stolz hat es auch niemals gelernt: Er kann es einfach...« bemerkte Pablo Picasso.

Am meisten bedeutete für Robert jedoch immer die Zustimmung, die nicht von den Großen dieser Welt, sondern von einfachen Leuten kam. Stets war ihm bewußt, daß sie allein es waren, die seinem Werk einen dauerhaften Platz in der Musikgeschichte sichern könnten. Und Roberts Vertrauen in sie wurde nie enttäuscht.

Stellvertretend für viele andere Briefe, die ich in den letzten Jahren von mir unbekannten Menschen erhalten habe, die Roberts Musik schätzten und in den abenteuerlichsten Winkeln dieser Welt auf sie stießen, möchte ich Ihnen zwei zitieren. Der erste Brief stammt von einem österreichischen Konsulatsbeamten, den ein jüngst erschienenes Plattenalbum mit Roberts Musik an ein privates »Stolz-Konzert« erinnerte, das er an einem der Enden dieser Welt, nämlich am Polarkreis, gehört hatte:

»Aus dieser Schallplatte strahlt ein ganzes Panorama von Erinnerungen und Erlebnissen, die ich selbst hatte, und die so wieder aus der Vergangenheit wachgerufen wurden. So habe ich vor vielen, vielen Jahren weit über dem Polarkreis am Inari-See in einer Taverne eine Schallplatte vorgefunden. Es erklang das Lied ›Vor meinem Vaterhaus steht eine Linde‹ – und gab mir Trost und Zuversicht in meiner Einsamkeit.«

Der andere Brief stammt aus der Feder einer Salzburger Rentnerin, deren Erinnerungen an Robert Stolz Kontinente überspannen:

»Ich möchte Ihnen eine ›Robert-Stolz-Geschichte‹ erzählen, die sich im Jahre 1938 zugetragen hat. Wir waren nach Argentinien ausgewandert und wohnten in einer Vorstadt von Buenos Aires. Am Karfreitag, einem Regentag, entschlossen wir uns, ins Kino zu gehen, wo man einen biblischen Monumentalfilm zeigte.

Wir betraten das dunkle Kino und wurden von dem Lied ›Im Prater blüh'n wieder die Bäume‹ begrüßt. Bald stellten wir fest, daß es sich um einen uralten Stummfilm handelte. Und schon erschienen Josef und Maria, auf einem Eselchen sitzend, auf der Leinwand, begleitet von den Klängen ›Fern durch den Sand der Sahara‹, und als der Tenor dann schmachtend ›Salome‹ sang, konnten wir unser Lachen kaum zurückhalten, was zornige Zischlaute der andächtigen Zuschauer zur Folge hatte. Die Musik gefiel ihnen wahrscheinlich, den Text konnten sie nicht verstehen. Für sie war es wohl die richtige, sanfte Untermalung des Films.

Es folgten noch einige, uns wohlbekannte Robert-Stolz-Melodien, aber den Höhepunkt erlebten wir, als die Bilder von Christi Himmelfahrt vor unseren Augen abrollten. Mit der Genauigkeit eines für uns unsichtbaren Filmmusik-Untermalers erklang es, süß und immer wieder gern gehört: ›Adieu, mein kleiner Gardeoffizier‹!

Da war es um unsere Beherrschung geschehen. Bei den Klängen ›...und vergiß mich nicht, adieu...‹ liefen wir in den Regen hinaus.

›Heimweh könnte man bekommen‹, sagte mein Mann.«

Wie sehr Robert darüber gelacht hätte! Und wie gerührt er zugleich gewesen wäre!

Die Medien haben Roberts Popularität besonders gestärkt. Die vielen Rundfunk- und Fernsehprogramme mit seiner Musik haben seine Melodien in die Wohnungen der Menschen gebracht.

Anläßlich der Kampagne für die Wiederwahl des Bundespräsidenten Dr. Adolf Schärf, für den sich Robert engagierte, weil er meinte, daß ein Mann, der bereits vier Jahre die Aufgaben wunderbar erfüllte, auch weiter im Amt bleiben sollte, gab Robert einem jungen Journalisten ein Fernsehinterview. Für Dr. Helmut Zilk, dem späteren Direktor des ORF-Fernsehens, war es das erste Interview. Dr. Zilk wurde dann auch Ombudsmann des Österreichischen Fernsehens und der »Kronen-Zeitung«. Er schreckte vor keinem heißen Eisen zurück und ließ sich auch von keiner Lobby beeinflussen.

Dieses aufrichtige Eintreten für den »Underdog« brachte ihm große Anerkennung und Dankbarkeit in ganz Österreich. Für viele Menschen war er in tiefster Verzweiflung die letzte Rettung. Eben wegen seiner Zivilcourage fühlte sich Robert mit ihm sehr verbunden. Heute ist Dr. Zilk mit der bezaubernden Dagmar Koller verheiratet und bekleidet in Wien das Amt des Stadtrats für Kultur und den Bürgerdienst.

Linke Reihe von oben nach unten: Anna Moffo, René Kollo, Margit Schramm, Renate Holm. *Rechte Reihe:* Julia Migenes, Peter Alexander, Dagmar Koller, Nicolai Gedda.

Oben links: Das Ehrengrab von Robert Stolz im Wiener Zentralfriedhof. Das erste Kreuz.
Oben rechts: Der Grabstein mit der Faksimile-Inschrift: »Wenn meine Melodien in den Herzen der Menschen einen Platz gefunden haben, dann weiß ich, daß ich meine Aufgabe erfüllt und nicht umsonst gelebt habe. Robert Stolz.«
Unten: Die Beisetzung am 4. Juli 1975. Einzi Stolz und Clarissa.

4.
Zwei Herzen im Dreivierteltakt

Wir haben nun einen langen Weg miteinander zurückgelegt, lieber Leser.

Gerade eben, bevor ich mich niedersetzte, um diese letzten Zeilen meines Epilogs zu schreiben, habe ich noch einmal zurückgeblättert. Dabei war es mir, als ob ich mein und Roberts Leben noch einmal erlebte, und das stimmte mich froh. Allein ein einfaches Verzeichnis der Ehrungen und Erfolge, die Roberts letzte Jahre begleiteten, würde ein ganzes Buch füllen. Ich denke nur an neue Shows wie die *Frühjahrsparade* an der Volksoper oder die *Trauminsel* und ihre unvergeßliche Premiere auf dem glitzernden See bei den Bregenzer Festspielen. Ich denke an Filme wie *A Breath of Scandal.* Und ich denke an den nicht enden wollenden Strom neuer Melodien, von denen so viele noch immer unveröffentlicht sind und erst im Laufe der kommenden Jahre publiziert werden können.

Das Jahr 1980, in das Roberts einhundertster Geburtstag fällt, wird für mich so ereignisreich und bedeutsam sein wie jedes einzelne der Jahre, in denen ich mit Robert zusammenlebte. Denn wie kann ich anders, als mich meinem geliebten Mann aufs engste verbunden zu fühlen in einem Jahr, in dem so viele Robert-Stolz-Konzerte gegeben werden und neue Stolz-Plattenalben, Sonderbriefmarken und Gedenkmünzen erscheinen, in dem Parks, Straßen und Denkmäler, die seinen Namen tragen sollen, feierlich eingeweiht werden?

Je mehr Zeit vergeht, desto stärker wird meine Erinnerung an Robert und desto inniger liebe ich ihn. Wenn man mich fragt, warum ich so viel Zeit und Mühe für seine Musik opfere, wo ich doch ein freies, ungebundenes Leben führen könnte, dann antworte ich ganz einfach, daß wahre Liebe keine Opfer kennt. Alles, was man für einen geliebten Menschen oder sein Andenken tut, macht einen glücklich. Und genauso geht es mir.

Neben mir liegt ein Brief, den ich am 1. Mai 1967, an meinem Geburtstag, unter meinem Kopfkissen fand. Er ist in Roberts vertrauter Handschrift geschrieben, und er gehört zu den vielen kostbaren Briefen, die ich von ihm besitze. In ihnen verleiht Robert seinen Gefühlen für mich mit eigenen Worten Ausdruck, etwas, was er sonst lieber seiner Musik anvertraute. Alle diese Briefe sowie unzählige von Robert besprochene Tonbänder sind Liebeserklärungen, die mich immer wieder aufs neue beglücken.

Grinzing, 1. Mai 1967

Liebe und Dankbarkeit sprechen aus dem Brief von Robert Stolz an seine Einzi (siehe Nebenseite).

Mein innigst geliebtes Frauerl – mein Einzerle!

Heute an Deinem Geburtstag kann ich nur die Worte finden: »*Unser Herrgott liebt Dich wirklich*«, denn eine Frau wie Du gibt es auf dieser Welt *nie mehr!!!*
Mehr als 27 Jahre hast Du *nur* für mich gelebt – Deine ganze Aufgabe war immer nur auf mein »Glücklichsein« gerichtet! *Ich* weiß es am besten – wie *schwer* es oft für Dich war!!! Worte zu finden, Dir, mein geliebtes Einzerle für Alles zu danken – finde ich nicht!
Seit 27 Jahren habe ich Dich immer mehr geliebt!
An *Deiner* Seite – also in 27 Jahren habe ich erst *meinen Aufstieg erreicht!* Deine Güte – Dein ganzes Wesen – hat mir tausende Melodien einfallen lassen! Ich brauchte Dich nur neben mir zu wissen – in Deine wunderschönen Augen zu sehen – und die Melodien fliegen mir nur so zu!
Die *ganze* Welt weiß – *was* für eine *fabelhafte* Frau Du bist – alle anderen sind nur Neider!
An Deinem heutigen Geburtstag habe ich nur einen Wunsch noch viele Jahre bei Dir zu sein!
Bitte liebstes Einzerle verzeihe mir diese Schrift – aber in fast 87 Jahren – bei den *unzähligen Millionen kleinen Noten* – sind meine Augen nicht mehr so – wie sie einmal waren!!
Gott segne Dich! Ich liebe Dich von Stunde zu Stunde immer mehr!!! Jeder Atemzug gilt nur Dir!!!
Ich küsse Deinen bezaubernden Mund bis zu meiner letzten Stunde!

Dein Dich unsagbar vom Herzen liebender
Robert

Die Seele und die Liebe Roberts leben für mich in diesem wundervollen Brief weiter, so wie sie weiterleben in seiner Musik und in den Seiten dieses Buches – und in tausend traurigen, glücklichen und zauberhaften Erinnerungen an die fünfunddreißig Jahre, die wir gemeinsam erlebt haben.

Ich sitze am Schreibtisch unserer Wohnung in der Elisabethstraße. Wenn ich aus dem Fenster auf den großen, grünen Platz mit den wunderschönen roten Rosen blicke, sehe ich eine bleibende Stätte des Gedenkens an den Mann, dessen Liebe mein Leben prägte: den neuen »Robert-Stolz-Platz« im Herzen Wiens. Gleich um die Ecke befindet sich die Staatsoper, wo Robert Johann Strauß' unsterbliche Operette *Die Fledermaus* dirigierte. Als die Stadt Wien beschloß, diesen Platz nach Robert Stolz zu benennen, schrieb Dr. Franz Fischer, ein Wiener Publizist, in einem bewegenden Beitrag über Robert und seine Bedeutung in der Geschichte der Stadt Wien:

»Wir danken Dir, Meister Stolz, für Deine Weisheit, Deine Güte, Deine unsterbliche Musik. Dein Platz liegt im Herzen von Wien, in unserem Herzen.«

Im ersten Winter nach Roberts Tod hatte ich das Gefühl, die Welt um mich herum sei eingestürzt und das Leben habe für mich keine Bedeutung mehr.

Gott gab mir die Kraft, diese Krise zu überwinden. Ich wartete auf bessere Zeiten, auf den Frühling, der dem Winter folgen würde. Und als mein gebrochenes Herz heilte, wobei mir der Zuspruch vieler alter Freunde, die Robert noch persönlich gekannt hatten, sowie vieler Anhänger seiner Musik, die wir niemals persönlich kennengelernt hatten, sehr half, da entdeckte ich, daß es eine Kontinuität und einen tieferen Sinn in unserem Leben gibt: Wir müssen uns nur dazu bringen, sie zu entdecken. Roberts Tod bedeutete eben nicht das Ende all der wunderbaren Dinge, die uns verbanden. Er war lediglich das Ende der physischen Phase unseres gemeinsamen Geistes- und Seelenlebens.

Aus diesem Grunde bin ich niemals einsam, selbst wenn ich allein in Roberts Studierzimmer in unserer Wohnung oder in seinem Musikzimmer in der Himmelstraße arbeite. Ich bin nicht einsam, weil ich weiß, daß ich in Wahrheit nicht alleine bin. Ich höre Roberts Stimme: »Einzerle, es ist doch ganz natürlich, daß ich vor dir gehen muß. Aber du wirst niemals allein sein. Ich werde immer bei dir sein, um dich zu beschützen!«

Und eines weiß ich gewiß:

Heute bin ich eine Frau mit einer Mission, die der liebevollen Betreuung und weltweiten Verbreitung der Werke von Robert Stolz gilt. Ich bin überzeugt, daß die Werke Roberts schon durch ihre qualitative Substanz unsterblich sind. Denn über fast ein Jahrhundert haben sie die verschiedensten Stilrichtungen und Trends überdauert.

Dennoch glaube ich, daß seine Musenkinder einer behutsamen Pflege bedürfen. Wie eine Blume erst unter der kundigen und liebevollen Betreuung eines erfahrenen Gärtners ihre ganze Pracht entfaltet, so muß auch das Lebenswerk eines schöpferischen Menschen mit herzlicher Hingabe und Umsicht gehegt und gepflegt werden.

Die Erfüllung dieser Aufgabe bedeutet für mich Wahrung der Kontinuität. Sie wird auch dann gewahrt werden, wenn ich längst mit Robert vereint sein werde. Clarissa und Marc, ihre Kinder Natascha und Nicolas sowie Hans Stolz werden zur Erfüllung dieses Vermächtnisses ebenso beitragen wie mein Team junger Mitarbeiter, die schon seit Jahren in ihre Aufgabe hineingewachsen sind und mir mit Begeisterung und Hingabe bei der Verwaltung dieses einzigartigen Musik-Imperiums helfen. Denn auch sie wissen um die Bedeutung von Roberts Musik, die ihre Beständigkeit und Gültigkeit unabhängig von Zeit und Raum schon längst bewiesen hat.

Wenn meine Uhr auf Erden abgelaufen ist, wird wohl das erste, was ich dann in einer anderen Welt sehen werde, jenes alte, ewig junge Gesicht sein, mit den leuchtenden blauen Augen und dem freundlichen Lächeln, aus dem so viel Liebe und gute Laune spricht.

Zwei Herzen im Dreivierteltakt ... ein ewiger Walzer ...

Danksagung

Allen Freunden von Robert Stolz, die ihre Liebe und Treue zu ihm und zu seinen Melodien stets bewiesen und dadurch sein Leben verschönert und verlängert haben, gilt meine aufrichtige Dankbarkeit.

Mein Dank gilt auch jenen, die mich bei der Erfüllung meiner Lebensaufgabe, der Betreuung und Förderung des Lebenswerkes von Robert Stolz, mit Rat und Tat unterstützt haben.

Besonders dankbar bin ich den Freunden, die mir bei der Redaktion dieses Buches geholfen haben. Es sind dies: Aram Bakshian jr., Wolfgang Lohmeyer, Till Reinhard Lohmeyer, Christel Rost und Hans Stolz.

Einzi Stolz

Zeittafel

1880 Robert Stolz am 25. August als Sohn des Dirigenten, Komponisten und Musikschuldirektors Jakob Stolz und der Pianistin Ida Stolz, geb. Bondy, in Graz geboren

1896 Staatsprüfung am Wiener Konservatorium. (Stolz war u. a. Schüler von Robert Fuchs und Engelbert Humperdinck.)

1897 Korrepetitor am Grazer Stadttheater

1898 Kapellmeister am Stadttheater Marburg a. d. Drau (Maribor)

1899 Begegnung mit Johann Strauß in Wien
Erstes Bühnenwerk: die Singspielposse *Studentenulke* (Marburg)

1902 Kapellmeister am Salzburger Stadttheater

1903 Operette *Schön Lorchen* (Uraufführung Salzburg)
Rußlandtournee als Dirigent eines Operettenensembles
Kapellmeister am Deutschen Theater in Brünn

1904 Erste Ehe mit der Sängerin Grete Holm, die später sein Chanson »Servus, Du!« kreiert

1905 Erster Kapellmeister am Theater an der Wien
Robert Stolz dirigiert am Theater an der Wien den Premierenlauf der *Lustigen Witwe* von Franz Lehár (547 en-suite-Aufführungen)
Stolz dirigiert am Theater an der Wien in der Folgezeit die Uraufführungen weiterer Lehár-, Oscar Straus- und Kálmán-Operetten

1910 Uraufführung der Operette *Das Glücksmädel* am Wiener Raimundtheater mit Alexander Girardi

1913 Erste Filmmusik (Stummfilm-Begleitmusik): *Der Millionenonkel* mit Alexander Girardi

1915 Singspiel *Die Varietédiva* mit Hans Moser

1916 Uraufführung der Operette *Der Favorit* an der Berliner Komischen Oper (daraus: »Du sollst der Kaiser meiner Seele sein«); in diesen Jahren entstehen auch Lieder wie »Im Prater blühn wieder die Bäume«, »Das ist der Frühling in Wien«, der Chansonzyklus »Mosaik« (30 neue Cabaretlieder) und »Wien wird bei Nacht erst schön«

1917 Erste Fassung der Operette *Eine einzige Nacht* (Carl-Theater, Wien)

1919 Stolz komponiert Modetänze wie »Salome« (erster europäischer Foxtrott) und »Hallo, du süße Klingelfee« (onestep). Die französische Fassung der »Klingelfee« singt Jean Gabin im Casino de Paris. Robert Stolz ist beteiligt an der Gründung des Wiener Bohème Verlages durch Otto Hein

1920 Uraufführung der einaktigen Oper *Die Rosen der Madonna* (Libretto: Bruno Hardt-Warden) mit Erik Schmedes in Wien

1921 Uraufführung der Operette *Der Tanz ins Glück* (Raimundtheater, Wien), die einer der ersten internationalen Erfolge von Stolz wurde (in Amerika als *Sky High*, in England als *Whirled into Happiness*, in Frankreich als *Danse vers le bonheur*, in Italien: *Danza la Fortuna*)

1923 Uraufführung der Operette *Mädi* (Berliner Theater, Berlin) mit Hans Albers
Eröffnung der Robert-Stolz-Bühne, Wien, Annagasse

1925 Uraufführung der Operette *Märchen im Schnee* (Kabarett der Komiker, Berlin) mit Max Pallenberg, Max Hansen, Paul Morgan, Edith Schollwer
Uraufführung der mit dem »Turandot«-Librettisten Renato Simoni geschriebenen Operette *Due Baci* (Mailand)

1926 Uraufführung der Operette *Der Mitternachtswalzer* am Wiener Bürgertheater

1927 Neufassung der Operette *Eine einzige Nacht* mit den Liedern »Pierrot, Pierrot« und »Flammend rote Rosen« im Carltheater, Wien

1928 Robert Stolz vollendet den Kunstliederzyklus »20 Blumenlieder« (nach Gedichten von Bruno Hardt-Warden)
Uraufführung der Operette *Prinzessin Ti-Ti-Pa* (Carltheater, Wien)

1930 Sein größter Filmerfolg: *Zwei Herzen im Dreivierteltakt* (mit dem Lied »Auch du wirst mich einmal betrügen«) mit Willi Forst, Oskar Karlweis und Paul Hörbiger
Ufa-Film *Hokuspokus* nach Curt Goetz, mit Lilian Harvey, Willy Fritsch, Gustaf Gründgens, Wilhelm Bendow; Regie: Gustav Ucicky (darin: »Ich will deine Kameradin sein«),
sowie der Film *Das Lied ist aus* mit Willi Forst, Liane Haid und Marcel Wittrisch (daraus: »Frag nicht, warum ich gehe« und »Adieu, mein kleiner Gardeoffizier«)
Beiträge zum Singspiel *Im weißen Rößl*: »Die ganze Welt ist himmelblau und »Mein Liebeslied muß ein Walzer sein«. In der englischen und französischen Fassung noch: »Auch du wirst mich einmal betrügen« und »Adieu, mein kleiner Gardeoffizier« eingelegt

1931 Tonfilm-Operette *Liebeskommando* (Richard Tauber singt: »Im Traum hast du mir alles erlaubt«)

1932 Uraufführung des Singspiels *Wenn die kleinen Veilchen blühen* in Den Haag (Princess Schouwburg)
Uraufführung der Operette *Venus in Seide* am Opernhaus Zürich

1933 Komposition des »Ave Maria«

1933 Uraufführung der Operette *Der verlorene Walzer* (»Zwei Herzen im Dreivierteltakt«) am Opernhaus Zürich

1933 Sein erster Jan-Kiepura-Film *Mein Herz ruft nach dir* (daraus: »Ich sing mein Lied heut nur für dich« und »Mein Herz ruft immer nur nach dir, oh Marita!«)

1934 Große goldene Medaille der Biennale in Venedig für die Musik zu dem Film *Frühjahrsparade* mit Franziska Gaal, Wolf Albach-Retty, Anni Rosar, Hans Moser, Paul Hörbiger; Regie: Geza von Bolvary

1935 Operette *Himmelblaue Träume* (»Grüezi«, »Ciao, Ciao«); Regie: Adolf Rott, am Theater des Volkes, Berlin
Film *Der Himmel auf Erden* mit Heinz Rühmann, Theo Lingen, Adele Sandrock (daraus: »Mein Himmel auf Erden bist du«)
Film *Ich liebe alle Frauen* mit Jan Kiepura, Theo Lingen (daraus: »Ob blond, ob braun, ich liebe alle Frau'n« und »Schenk mir dein Herz heute nacht«)
Film *Zirkus Saran* mit Pat und Patachon,
Film *Herbstmanöver* (Leo Slezak singt: »Auf der Heide blühn die letzten Rosen«)

1936 Uraufführung des Musicals *Rise and Shine* mit Fred Astaire im Royal Drury Lane Theatre, London
Film *Wer zuletzt küßt* und *Die Austernlilli* (mit Theo Lingen)

1937 Film *Zauber der Bohème* mit Jan Kiepura und Martha Eggerth (daraus: »Ich liebe dich« und »Weine nicht, bricht eine schöne Frau dir dein Herz«)

1938 Freiwillige Emigration über die Schweiz nach Paris. Operette *Balalaika* (Musik: Robert Stolz und Bernard Grun) am Théatre Mogador

1939 Robert Stolz lernt Yvonne Louise Ulrich (»Einzi«) kennen

1940 Überfahrt nach den Vereinigten Staaten

1941 Filmmusik-OSCAR-Nominierung für *Spring Parade (Frühjahrsparade* – Neuverfilmung mit Deanna Durbin und Robert Cummings; Regie: Henry Koster)
Erste Konzerttournee »A Night in Vienna« durch die USA, als Dirigent der jeweiligen philharmonischen oder symphonischen Orchester der Großstädte Amerikas

1942 Uraufführung *One Night of Love* (Musical) am Shubert-Theatre New York
Ausbürgerung aus dem Deutschen Reich und Beschlagnahme des gesamten Vermögens von Robert Stolz

1943 Fortsetzung der Konzerttournee »A Night in Vienna« durch Nord- und Südamerika
Robert Stolz bringt klassische Wiener Operetten am Broadway heraus. Er dirigiert *Die Fledermaus, Die lustige Witwe, Der Bettelstudent* und *Der Zigeunerbaron* und macht dadurch die Wiener Operette in den USA populär

1944 Zweite Filmmusik-OSCAR-Nominierung für *It happened Tomorrow;* Regie: René Clair, mit Dick Powell und Linda Darnell (daraus: »Someday when tomorrow comes along«)

1945 Uraufführung des Musicals *Mr. Strauss goes to Boston* am Century-Theatre, Broadway, New York (Buch: Alfred Grünwald & Leonard

521

Levison); Regie: Felix Brentano, Choreographie: George Balanchine)

Robert Stolz wird als »Botschafter der Wiener Musik« in den USA anerkannt und feiert in Nord- und Südamerika als Komponist und Dirigent Triumphe

1946 Heirat mit »Einzi«

Rückkehr nach Wien, Uraufführung des Musicals *Schicksal mit Musik* am Apollo-Theater in Wien (Regie und Libretto: Karl Farkas. Mit Attila Hörbiger, Senta Wengraf, Herta Mayen, Alfred Jerger und Karl Farkas)

1947 Die Stadt Wien ernennt Robert Stolz zu ihrem Bürger

Verleihung des Titels »Professor« durch den österreichischen Bundespräsidenten. Uraufführung des Singspiels *Drei von der Donau* (nach Nestroys *Lumpazivagabundus)* am Wiener Stadttheater

Film *Rendezvous im Salzkammergut* mit Josef Meinrad (Regie: Alfred Stöger).

Robert-Stolz-Straße in Graz

1949 Uraufführung der Operette *Frühling im Prater* am Wiener Stadttheater mit Heinz Conrads, Peter Alexander (Regie: Hubert Marischka)

ab 1950 dirigiert Robert Stolz seine Konzerte »Eine Nacht in Wien« auch in den europäischen Großstädten

1951 Uraufführung der musikalischen Komödie *Das Glücksrezept* am Wiener Bürgertheater (mit Maria Eis in der Hauptrolle)

Verfilmung der Operette *Der Tanz ins Glück* mit Johannes Heesters. Uraufführung des Musicals *Rainbow Square* in London am Stoll-Theatre (Buch: Guy Bolton & Harold Purcell)

ab 1952 komponiert Stolz alljährlich die Musik zu insgesamt 19 abendfüllenden Eisoperetten für die weltberühmte Wiener Eisrevue, die mit diesen Produktionen internationale Triumphe feiert

1953 Uraufführung der *Ballade vom lieben Augustin* anläßlich der Wiener Festwochen im Arkadenhof des Rathauses (Buch: Ulrich Becher und Peter Preses, Regie: Peter Preses) mit Paul Hörbiger, Martha Wallner und Erik Frey

1954 Stolz vollendet das Musical *Signorina* (Buch und Texte: Per Schwenzen und Robert Gilbert), das 1955 am Opernhaus Nürnberg uraufgeführt wird

1955 Film *Die Deutschmeister* (dritte Verfilmung des *Frühjahrsparade*-Themas) mit Romy Schneider, Hans Moser, Fritz Imhof und Gretl Schörg; Buch und Regie: Ernst Marischka

1956 Uraufführung des Musicals *Kleiner Schwindel in Paris* (Neufassung von *Der süßeste Schwindel der Welt* 1937), Theater in der Josefstadt, Wien; mit Chariklia Baxevanos, Peter Alexander, Helmut Qualtinger. Regie: Peter Preses, Buch: Robert Gilbert und Rudolf Weys

1960 Uraufführung des Musicals *Joie de Vivre* am Queen's Theatre, London (basiert auf dem Bühnenstück von Terence Rattigan *French without Tears,* Liedtexte von Paul Dehn)

522

ab 1961 und in den folgenden Jahren dirigiert Stolz zahlreiche Schallplattenaufnahmen der Wiener Musik sowie Operettenaufnahmen mit den bedeutendsten Solisten und Orchestern Europas

1962 Uraufführung des Musicals *Trauminsel* (Neufassung von *Signorina*) auf der Seebühne der Bregenzer Festspiele (Regie: Adolf Rott, Bühnenbild: Prof. Walter von Hoesslin) mit Jean Cox, Claudio Nicolai, Hilde Konetzni

Uraufführung des musikalischen Lustspiels *Ein schöner Herbst* (Theater in der Josefstadt, Wien); Buch: Hans Weigel (nach Bruno Schupplers Bühnenstück *Junger Herr von vierzig Jahren)* mit Elfriede Ott, Senta Berger, Leopold Rudolf, Anni Rosar; Regie: Peter Preses

Großes Verdienstkreuz des Verdienstordens der Bundesrepublik Deutschland

Brucknerring der Wiener Symphoniker

1964 Uraufführung der Operette *Frühjahrsparade* (Volksoper, Wien); Buch: Ernst Marischka und Hugo Wiener, Regie: Prof. Otto Fritz, Bühnenbild: Prof. Walter von Hoesslin; mit Peter Minich, Mimi Coertse, Guggi Löwinger, Erich Kuchar, Fred Liewehr, Gretl Schörg, Rudolf Carl. Das Werk bleibt elf Jahre ununterbrochen im Repertoire der Wiener Volksoper, zu deren erstem Ehrenmitglied Robert Stolz ernannt wurde

ab 1965 Dirigent der *Fledermaus* in der Wiener Staatsoper

1965 Ehrenring der Stadt Graz

1966 Verleihung des »Grand Gala du Disque Populaire« in Amsterdam (Robert Stolz als Komponist und Dirigent war der erste Künstler, dem diese Auszeichnung für seine Verdienste um die ernste Musik, wie auch um die Unterhaltungsmusik verliehen wurde)

Film *Der Kongreß amüsiert sich* mit Lilli Palmer, Curd Jürgens, Walter Slezak

1967 Dirigent der Staatsopern-Galavorstellung der *Fledermaus* zum 100-Jahr-Jubiläum des Walzers »An der schönen blauen Donau«

»Orden der Jugoslawischen Fahne am Goldenen Band«, verliehen durch Präsident Tito

1968 Ehrenring des Landes Steiermark

1969 Uraufführung der Operette *Hochzeit am Bodensee* (Neufassung von *Grüezi / Himmelblaue Träume)* auf der Seebühne der Bregenzer Festspiele

Goldene Schallplatte für mehr als zwei Millionen verkaufte Ariola-Eurodisc-Langspielplatten

Goldene Schallplatte für mehr als 250.000 in Holland verkaufte Langspielplatten einer holländischen Plattenfirma

Königin Juliana der Niederlande ernennt Robert Stolz zum Commandeur des Ordens von Oranje-Nassau

König Baudouin von Belgien ernennt Robert Stolz zum Commandeur im Kronorden

Bundesfilmpreis in Gold (Berliner Filmfestspiele) für seine Verdienste um den deutschen Film
Ehrenring der Bregenzer Festspiele
1970 Ehrenzeichen für Kunst und Wissenschaft der Republik Österreich.
Ehrenring der GEMA
Ehrenbürger von Wien (aus der Welt der Musik wurde diese Ehre zuvor nur Richard Strauss zuteil)
Ehrenbürger von Graz
Gründung der »Robert-Stolz-Stiftung e. V.«
Ehrenring der Wiener Volksoper
Robert-Stolz-Briefmarke der Österreichischen Post (mit einem Motiv aus der Operette »Zwei Herzen im Dreivierteltakt«)
Erster von bis 1980 mehr als 20 Stolz-Sonderpoststempeln
Ehrenmedaille der Stadt Rotterdam
Geburtstagsmedaille, herausgegeben in Wien
Ehrenmedaille der Stadt Jerusalem
1970 Ehrennadel und Ernennung zum Ehrenmitglied des Israel-Philharmonic-Orchestra
Verleihung des Deutschen Weinkulturpreises
1971 Ehrenbürger der Stadt Montclair/USA
Pflanzung der »Robert-Stolz-Linde« in Baden-Baden, zur Erinnerung an das Lied »Vor meinem Vaterhaus steht eine Linde«
1972 Enthüllung des Robert-Stolz-Denkmals in Graz
Ehrenmitglied der »Bronx Philharmonic Symphony Society«, USA
Ehrenmitglied der Europäischen Bildungsgemeinschaft Stuttgart
Robert-Stolz-Promenade im Grazer Stadtpark
Ehrenbürger von St. Wolfgang am Wolfgangsee (als Mitschöpfer der Melodien des Singspiels »Im weißen Rößl«)
1973 Grand Prix du Disque der Académie Charles Cros in Paris für das Doppelalbum »Zwei Herzen im Dreivierteltakt«
Ehrenmitglied der Volksoper Wien
Robert-Stolz-Straße in Neustadt an der Weinstraße/BRD
1974 Grand Prix du Disque der Académie Charles Cros in Paris für die Anthologie »Die goldene Zeit der Wiener Musik« (20 LPs) und »Robert Stolz dirigiert Johann Strauß« (12 LPs)
Einweihung der »Robert-Stolz-Wohnhausanlage« Wiener Neustadt
1975 Premiere der Neufassung der Operette *Zwei Herzen im Dreivierteltakt* an der Volksoper, Wien
Großkonzert der Fischerchöre zu Ehren von R. Stolz in Stuttgart
Robert Stolz reist zu Schallplattenaufnahmen nach Berlin
27. Juni stirbt Robert Stolz in Berlin, wird nach Wien übergeführt, in der Staatsoper aufgebahrt und am 4. Juli in einem Ehrengrab der Stadt Wien auf dem Zentralfriedhof beigesetzt
Aufstellung einer »Robert-Stolz-Büste« im Wiener Raimundtheater
Robert-Stolz-Platz und Robert-Stolz-Denkmal in Lüneburg
1976 Robert-Stolz-Denkmal in Wiener Neustadt

1977 Robert-Stolz-Denkmal in St. Wolfgang am Wolfgangsee
Robert-Stolz-Straße in Monheim
Robert-Stolz-Straße in Darmstadt
Uraufführung der Multimediashow »Robert Stolz und sein Jahrhundert« von und mit Marcel Prawy am Opernhaus Graz
Uraufführung der musikalischen Komödie *Das Konzert,* nach dem gleichnamigen Bühnenstück von Hermann Bahr, Musik aus dem Nachlaß von Robert Stolz, Kammerspiele, Wien. Regie: Axel von Ambesser; mit: Elfriede Ott, Walter Reyer

1978 Robert-Stolz-Wald in Israel
Robert-Stolz-Denkmal in Baden-Baden
Bundestheater-Tournee der Operette »Zwei Herzen im Dreivierteltakt« (Produktion der Volksoper, Wien) durch ganz Österreich
Robert-Stolz-Straße in Heilbronn
Robert-Stolz-Platz in Wien I (zwischen Opernring und Schillerplatz)
Die Stadt Graz beginnt mit der Errichtung eines Stolz-Museums

1979 Enthüllung der Robert-Stolz-Gedenktafel am Wohnhaus, Wien I (Robert-Stolz-Platz/Elisabethstraße)
Stadthallenproduktion der Operette *Frühjahrsparade*

1980 Multimediashow »Robert Stolz und sein Jahrhundert« von und mit Marcel Prawy am Theater an der Wien
Tournee der Multimedia-Operettenshow *Servus, Du!* nach einer Idee von Marcel Prawy (Produktion: Konzertdirektion Hans Schlote) durch die Bundesrepublik Deutschland, die Schweiz und Holland
Robert-Stolz-Sondermarke der Österreichischen Post
Robert-Stolz-Sondermarke der Deutschen Bundespost/Berlin
Robert-Stolz-Sondermarke der Postverwaltung der Republik San Marino
Verleihung der »Robert-Stolz-Trophy for Music Philately« in London
Robert-Stolz-Park in Berlin-Grunewald
Robert-Stolz-Gedenkmünzen und -medaillen in Platin, Gold und Silber
Robert-Stolz-Straßen in München, Hamburg, Köln, Düsseldorf, Saarbrücken, Wiesbaden, Linz, Klagenfurt, Miami/Florida
Die jahrzehntelang von Robert Stolz benützte Stadtwohnung am Robert-Stolz-Platz in Wien wird von Einzi Stolz der Stadt Wien für ein Robert-Stolz-Museum geschenkt
Enthüllung des Robert-Stolz-Denkmals im Stadtpark Wien
Enthüllung des Robert-Stolz-Denkmals in Wien-Grinzing
Jungfernfahrt des Triebwagenschnellzuges »Robert Stolz« zwischen Wien und Graz
Robert-Stolz-Straße in Lippstadt
Robert-Stolz-Straße in Dortmund

Werkeverzeichnis

a) *Bühnenwerke* mit Musik von Robert Stolz (Auswahl) in der Reihenfolge ihrer Entstehung

Jahr	Titel des Werkes/Opuszahl	Bezeichnung	Buch- und Textautoren	Uraufgeführt
1901 21. III.	*Studentenulke*/op. 15	Singspiel	F. Haller	Stadttheater Marburg a. d. Drau
1903 3. III.	*Schön Lorchen*/op. 17	Operette	A. Moisson	Stadttheater Salzburg
1906 15. IV.	*Manöverliebe*/op. 26 a	Operette	Waldeck/Bondi	Stadttheater Brünn
1908 16. XI.	*Die lustigen Weiber von Wien*/op. 59	Operette	J. Brammer/ A. Grünwald	Colosseum-Theater Wien
1909 2. X.	*Der große Name*/op. 67	Schauspiel mit Musik	V. Leon/L. Feld	Deutsches Volkstheater, Wien
1910 28. X.	*Das Glücksmädel*/op. 72 daraus: Das Glückerl	Operette	R. Bodansky/ F. R. Thelen	Raimundtheater Wien
1911 11. XI.	*Die Eiserne Jungfrau*/op. 90	Operette	V. Leon	Raimundtheater Wien
1913 24. I.	*Du liebes Wien*/op. 143	Operette	O. Hein/ K. Robitschek	Intimes Theater Wien
1915 31. VII.	*Das Lumperl*/op. 219	Operette	V. Leon	Königl. Wilhelma-Theater Stuttgart
1915 1. XII.	*Die Varietédiva*	Singspiel		Ronacher-Theater Wien
1916 7. IV.	*Der Favorit*/op. 221 daraus: Du sollst der Kaiser meiner Seele sein	Operette	F. Grünbaum/ W. Sterck	Komische Oper Berlin

Datum	Werk	Gattung	Text	Theater
1916 29. IV.	*Mädel, küsse mich*/op. 245	Revue-Operette	B. Hardt/ E. Schwarz	Wiener Lustspieltheater
1916	*Die Bauernprinzessin*/op. 260 daraus: Ihr bayrischen Berge; Nachts beim Mondenschein; Das weiß kein Mensch net	Singspiel	A. Alt/S. R. Lunzer	Volkstheater München
1917 15. III.	*Eine einzige Nacht*/op. 274 (siehe: 1927/op. 274)	Operette	O. Hein/ E. Wengraf	Budapester Orpheum Wien
1917 28. III.	*Lang, lang ist's her*/op. 275 daraus: Lang, lang ist's her; Wienerin, Wienerin, liebliche Dienerin; Heute Nacht, wenn die Sternlein glühn	Operette	B. Hardt	Wiener Lustspieltheater
1918 1. VIII.	*Das Busserlschloß*/op. 307	Operette	F. Grünbaum	Ronachertheater Wien
1920 1. III.	*Die Rosen der Madonna* daraus: Rosen, wilde Rosen; Wind du trägst das Lied der Liebe himmelwärts	Oper in 1 Akt	B. Hardt/ Dr. O. Tumlirz	Wien
1920 1. VI.	*Das Sperrsechserl* (Wr. Gemütlichkeit) op. 360 daraus: A klane Drahrerei; Dann geh ich hinaus in den Wienerwald; Vater Strauß, schau runter; Kinder, Kinder, gehts doch gschwinder; Wenn der Walzer erklingt	Operette	A. Grünwald/	Wiener Komödienhaus
1920 28. X.	*Der Tanz ins Glück*/op. 372 daraus: Einmal im Mai; Guter Mond, schau uns nicht zu; Ich hab kein Geld; Kleine Mägdelein; Kakadu; Heut' gehts los	Operette	R. Bodansky/ B. Hardt	Raimund-Theater Wien
1921	*Die Tanzgräfin*/op. 375 daraus: Zieh' an den seidenen Pyjama	Operette	R. Bodansky/ L. Jacobson	Wallner-Theater, Berlin
1921 23. XII.	*Eine Sommernacht*/op. 400	Operette	R. Bodansky/ B. Hardt	Johann-Strauss-Theater Wien

Jahr	Titel des Werkes/Opuszahl	Bezeichnung	Buch- und Textautoren	Uraufgeführt
1922 22. VI.	*Die Liebe geht um*/op. 425	Operetten-Posse	R. Bodansky/ B. Hardt	Raimund-Theater Wien
1923	*Mädi*/op. 450 daraus: Halt dich fest, daß du die Balance nicht verlierst; Mädi; Du warst mein schönstes Rendezvous	Operette	A. Grünwald/ L. Stein	Berliner Theater Berlin
1923 9. XI.	*Der Hampelmann*/op. 451 daraus: Leb wohl, du schöner Hampelmann; Heut ist das Glück mir nah; Wenn es Frühling wird	Vaudeville-Operette	G. Beer/F. Lunzer	Wiener Komödienhaus
1924	*Der Kavalier von zehn bis vier* (Ein Ballroman) op. 452 daraus: Schon rufen zum Walzer die Geigen; Dunkler Rubin; Du trägst den Duft von süßen Sünden	Operette	R. Österreicher/ A. Willner/F. Rotter	Apollo-Theater Wien
1924 8. X.	*Ein Rivieratraum* (Das Fräulein aus 1001 Nacht) op. 453 daraus: Es gibt auf der Welt nur ein einziges Wien; Komm in's kleine Café; Deine weißen Hände	Operette	B. Hardt/K. Farkas/ F. Rotter	Robert-Stolz-Bühne Wien
1925	*Due Baci* (Zwei Küsse)	Operette	Forzano/Simoni	Mailand
1925 1. XII.	*Märchen im Schnee*/op. 467	Operette	K. Robitschek/ P. Morgan	Kabarett der Komiker Berlin
1926 28. X.	*Der Mitternachtswalzer*/op. 470 daraus: Der Mitternachtswalzer erklingt; Fasching in Wien; Tokaier, Tokaier, von dir hab ich mein Feuer; Mädchen aus Wien; Nie kriegt der Mensch die Liebe satt	Operette	Dr. B. Willner/ R. Österreicher	Burgtheater Wien
1927 23. XII.	*Eine einzige Nacht*/op. 501 (Neufassung von op. 274) daraus: Flammend rote Rosen; Pierrot; Weit ist mein Herz; Eine einzige Nacht; Beim goldenen Spatz	Operette	R. Österreicher/ L. Jacobson	Carltheater Wien

			G. Beer/F. Lunzer	Carltheater Wien
1928 15. V.	*Prinzessin Ti-Ti-Pa*/op. 480	Operette		
1929	*Gloria und der Clown*/op. 520	Operette	J. Horst/R. Bertram	
	daraus: War einst ein junger Troubadour; Man träumt von Frauen, die man nie gesehn; Ja, so ein Liebesautomat; Pierrot Lunaire			
1930	*Peppina*/op. 530	Operette	R. Österreicher	Komische Oper Berlin
	daraus: Schenk mir ein paar süße Blicke, Peppina; Ein Mann ist niemals alt, solang er liebt; Sagt die Frau dir »nein«; Ich hab die ganze Nacht; Eine moderne Ehe			
1930	*Im Weißen Rössl*	Singspiel		Großes Schauspielhaus Berlin
	Musik von: Ralph Benatzky, Robert Stolz, Bruno Granichstädten, Robert Gilbert, Hans Frankowski davon von Robert Stolz: Mein Liebeslied muß ein Walzer sein/op. 562; Die ganze Welt ist himmelblau/op. 567; In der englischen und französischen Bühnenfassung noch die folgenden Robert-Stolz-Lieder eingelegt: Adieu, mein kleiner Gardeoffizier/op. 559; Auch du wirst mich einmal betrügen/op. 549			
1932	*Wenn die kleinen Veilchen blühen*/ op. 590	Operette	B. Hardt-Warden (Basiert auf: Als ich noch im Flügelkleide)	Princess-Theater Den Haag
	daraus: Du, du, du, schließ deine Augen zu; Im Casino, da steht ein Piano; Ich hab ein Mädel gern; Servus, du gute alte Zeit; In Bacharach am Rhein; Der Herrgott schrieb, o habt euch lieb; Es lebe die Liebe;			
1932	*Venus in Seide*/op. 600	Operette	A. Grünwald/ L. Herzer	Opernhaus Zürich
	daraus: Spiel auf deiner Geige; Erst hab ich ihr Komplimente gemacht; Eine wie du war immer mein Traum; Fräulein, ach Fräulein; Jonapot grüß dich Gott; Nur für dich schlägt mein Herz allein; O mia bella Napoli; Solang es Frauen gibt; Spiel mit mir auf der kleinen goldnen Mandoline; Venus in Seide; Wie herrlich ein Räuber zu sein			

Jahr	Titel des Werkes/Opuszahl	Bezeichnung	Buch- und Textautoren	Uraufgeführt
1933	*Der verlorene Walzer* (Zwei Herzen im Dreivierteltakt) daraus: Auch du wirst mich einmal betrügen; Das ist der Schmerz beim ersten Kuß; Das ist kein Zufall, daß das Glück in Wien wohnt; Du bist meine schönste Träumerei; Es war sehr schön, man hat geweint, man hat gelacht; Grüß dein Fräulein Braut von mir; Heute besuch ich mein Glück; Meine kleine Schwester heißt Hedi; Wenn eine achtzehn ist; Wenn man zweimal leben könnte; Zwei Herzen im Dreivierteltakt	Operette	P. Knepler/ Welleminsky	Opernhaus Zürich
1934 3. XI.	*Grüezi*/op. 633 (Himmelblaue Träume/Servus, Servus/Ciao, Ciao) daraus: Himmelblaue Träume; Jedes kleine Mädel hat eine kleine Lieblingsmelodie; Kamerad laß uns ein bißchen singen; Wenn die semmelblonde Sennerin; Was wär denn ich; Wenn ein bißchen Zeit vergeht	Operette	B. Bertram	Stadttheater Zürich
1934	*Ein Mädel hat sich verlaufen*/op. 638 daraus: Wenn der Leierkastenmann einen Walzer dreht; Heute Nacht wird dem Leichtsinn ein Ständchen gebracht; Wenn man Künstler ist; Dies kleine Souvenir; Heut' liegen Küsse in der Luft	Musikal. Lustspiel	B. Hardt R. Bertram	Berliner Theater Berlin
1935	*Zum goldenen Halbmond*/op. 646 (Zum goldenen Kipferl) Siehe: *Wiener Café* 1965	Operette	F. Koselka	Deutsches Nationaltheater Osnabrück
1936 V.	*Rise and Shine* daraus: Darling du, my Darling du; Wann bist du da, ich warte; Ich lerne Englisch um dir zu sagen »I love you«	Operette	F. Arnold/ R. Bertram	Drury Lane Theatre London
1937 21. XII.	*Der süßeste Schwindel der Welt*/op. 696 Musik. Lustspiel daraus: Ich habe das Gefühl; Mein Schatz hat mich im Mai geküßt; Man erzählt sich in Paris; Vallerie, Vallera		R. Weys/R. Gilbert	Scala-Theater Wien
1937 22. XII.	*Die Reise um die Erde in 80 Minuten*/ op. 699 daraus: Ich bin in Grinzing einheimisch	Operette	Robert Gilbert/ Henry Gilbert/ Hugo Wiener	Volksoper Wien

1938	Balalaika (Musik von Robert Stolz und Bernard Grun) Operette	H. Wernert	Theatre Mogador Paris

daraus Lieder von Robert Stolz: Quand l'amour/op. 703; Ce n'etait là qu'un rêve/op. 704; Quand je fais des pointes/op. 705; Les yeux d'une blonde/op. 706

1942	One Night of Love (Tonight or Never) Musical	Rowland Leigh	Shubert Theatre New York

1945 13. VIII.	Mr. Strauss goes to Boston/op. 750 Musical	A. Grünwald/Levison	Shubert Theatre Boston

daraus: Who knows/op. 750 a; Going back home/op. 750 b; Into the Night/op. 750 c; What's a Girl supposed to do/op. 750 d; Mr. Strauss goes to Boston/op. 750 c

1946 24. XI.	Schicksal mit Musik/op. 790 Musical	K. Farkas	Apollo-Theater Wien

daraus: Blaue Stunde; Du bist der Anfang und du bist das Ende; Es wird immer einen Mondschein geben; Frühling im Nachtlokal; Schicksal; Wer kann schlafen in Paris bei Nacht

1947 24. IX.	Drei von der Donau/op. 820 Musical	Robert Gilbert	Wiener Stadttheater

(basiert auf Johann Nestroys »Lumpazivagabundus«)
daraus: Da geht das Herz mir auf; An der Donau lang; Jede Tür lockt hinaus; Musi muß i habn; Die Liebe und das Vogelzwitschern; Ja, so sind sie halt, die lieben Landsleut; Das war in Gumpoldskirchen so

1948 19. IV.	Ein Lied aus der Vorstadt Musik. Lustspiel	D. M. Brandt	Deutsches Volkstheater Wien

daraus: Wiener Frühling/op. 826; Ja, nur fesch und a Schneid/op. 827; Auf der Kärntner Straßn/op. 828; Vier Vierterln Lustigkeit/op. 829; Am Montag kommt der Infant'rist/op. 830; So zwei wie wir zwei san/op. 831

1949 22. XII.	Frühling im Prater/op. 850 Operette	E. Marischka	Stadttheater Wien

daraus: Gibt's in Wien a Hetz, a Draherei; Du bist auf dieser Welt; Wiener Musi, Wiener Walzer; Zieht der Frühling durch den Prater; Die Gasserln, die Platzerln, die Garterln von Wien; Scheint denn die Sonne nimmermehr; Wenn eine Liebelei zu End ist; Wir werden alle als Engerln im Himmel leben

Jahr	Titel des Werkes/Opuszahl	Bezeichnung	Buch- und Textautoren	Uraufgeführt
1949	*Fest in Casablanca*/op. 855 daraus: Schönes Casablanca; Der neue Stil; Was wissen wir, wohin wir gehn; Zauber des Orients; Schwer ist es, zu schweigen; Du bist so nahe und doch so fern; Es gibt noch Kavaliere	Operette	G. Schwenn/ W. Frank	Opernhaus Nürnberg
1951 1. V.	*Das Glücksrezept*/op. 890 daraus: Das ist die Nacht von Monte Carlo; Die jungen Mädchen heutzutage; Das ist schön, wunder-wunderschön; Ein Herr aus Amerika	Musik. Lustspiel	R. Martiné/ H. Wiener	Wiener Bürgertheater
1951 21. IX.	*Rainbow Square*/op. 901 daraus: Be my Sunday Girl; Bells of St. Veronica; You're so easy to know; You'll still belong to me; Who knows; Rainbow Square; What a Day; Fabulous; The Show must go on	Musical	Bolton/Purcell	Stoll-Theatre London
1953 1. VI.	*Ballade vom lieben Augustin*/op. 916 daraus: In Wien, da weht ein eigner Wind; Wenn die Nacht sinkt; Wir alle müssen nach der Pfeife tanzen; Lucia, du südliche Rose	Singspiel	U. Becher/ P. Preses	Arkadenhof/Wiener Festwochen
1955 26. IV.	*Signorina*/op. 967 daraus: Arrivederci, bella Italia; Das ist noch schöner als Musik; o Signorina; Jeden Tag wünsch ich mir italienische Nächte mit dir; Mein Herz grüßt die Heimat; Wenn die Sommersonne lacht; Zwei sind verliebt und wissen's nicht	Musical	P. Schwenzen/ R. Gilbert	Opernhaus Nürnberg
1955 X.	*Behalt mich lieb, Chérie*/op. 970 daraus: Behalt mich lieb, Chérie; Ein Kuß in der Dämmerung; In Paris auf der Champs-Elysées; Den Namen einer schönen Frau	Funkoperette	A. Morenau	Österreichischer Rundfunk, Wien
1956 31. XII.	*Kleiner Schwindel in Paris*/op. 977 (Neufassung von op. 696 »*Der süßeste Schwindel der Welt*«) daraus: Verliebte muß man gar nicht erst in Stimmung bringen; Morgens früh in der Avenue	Musical	R. Weys/R. Gilbert	Theater in der Josefstadt, Wien

Datum	Werk	Gattung	Autor	Ort
1958	*Hallo, das ist die Liebe*/op. 1310 (Neufassung von op. 372 »*Der Tanz ins Glück*«) daraus: Hallo, das ist die Liebe; Caramba; Rote Lippen, roter Wein	Operette		Raimundtheater Wien
1959 4. II.	*Kitty und die Weltkonferenz*/op. 1312 daraus: Bißchen Liebe tut; Coprador; Was man am Frühlingstag; Zum Tessin mußt du ziehn; Das Chanson vom grünen Tisch; Das Lied vom toten Punkt; Es fängt vielversprechend an	Musical	K. Nachmann/ P. Preses	Theater in der Josefstadt
1960 14. VII.	*Joie de Vivre* daraus: Open your Eyes; Fraternity; The Girl I am intending to marry; Le Westend	Musical (basierend auf Rattigans Bühnenstück: »French without Tears«)	Terence Rattigan	Queen's Theatre, London
1962 31. VII.	*Trauminsel* (Weit her von Yucatan) (Neufassung von »*Signorina*« op. 967) daraus: Ah, Primavera; Hasta Mañana; Da kam einst ein Junge aus Guadalajara; Du kleines Fischerdorf; Hier im Dorf ist heut Hochzeit; Huapango; Ich hab mich tausendmal verliebt, immer in eine; Ich schau mich um und bleibe stumm; Leicht ist die Jacke; Man nennt es Amor; Männer, Männer, Männer; O Donna Rosa; Schiff ahoi; Si, Señor; Tief ist der Ozean, tief; Weit her von Yucatan; Die Götter rufen	Musical	P. Schwenzen/ R. Gilbert	Seebühne Bregenz
1963	*Die kleine und die große Welt* (Neufassung von »*Kitty und die Weltkonferenz*« op. 1312)	Musical	G. Neumann	Berlin
1963 5. VI.	*Ein schöner Herbst* daraus: Ein schöner Herbst, so hell und klar; Lied von der Vergangenheit; Zwischen Häuserl am Roa und dem Häuserl am Stoa; Das ist doch eine Rücksichtslosigkeit; Was einmal war kann nicht mehr wiederkommen; Valerie, was ist geschehen; Ungarisches Lied; Französisches Lied	Musik. Lustspiel (basiert auf Bruno Schupplers Komödie »Junger Herr von vierzig Jahren«)	Hans Weigel	Theater in der Josefstadt

Jahr	Titel des Werkes/Opuszahl	Bezeichnung	Buch- und Textautoren	Uraufgeführt
1964 25. III.	*Frühjahrsparade* daraus: Wenn die Vöglein musizieren; Oft genügt ein Gläschen Sekt; Wenn sich zwei wie wir gegenüberstehn; Ich freu mich wenn die Sonne lacht; Singend, klingend, ruft dich das Glück; Im Frühling, im Mondschein, in Grinzing in Wien; Du bist mein ganzes Dasein; Frühjahrsparade-Marsch, Jung san ma, fesch san ma	Operette	E. Marischka/ H. Wiener	Volksoper Wien
1965	*Wiener Café* (Neufassung von op. 646 *»Zum goldenen Halbmond«/ »Zum goldenen Kipferl«*) daraus: Ein herrlicher Tag; Kipferl, du mein liebes Kipferl; Hei, die Türken fliehn in Scharen; Hier in Wien kann man lustig sein; Ich bin für die Musik geboren; Wiener Café-Walzer, Ich möcht in deinem Leben das Erlebnis sein; So ein Wiener Ober, da gibt es ein Künstlercafé; Das ist ein Kaffee; Kleiner Husar	Operette	R. Gilbert/ F. Koselka/ W. Göttig	Opernhaus Graz
1969 22. VII.	*Hochzeit am Bodensee* (Neufassung von op. 633 *»Himmelblaue Träume / »Grüezi« / »Servus, Servus«*) daraus: Hochzeit am Bodensee; Wenn du kommst nach Budapest; Servus, servus sagt man in Österreich	Operette	R. Gilbert/ H. Wiener/ Burghart	Seebühne Bregenz
1977 28. IX.	*Das Konzert* (Mit Musik aus dem Nachlaß)	Musikal. Lustspiel (basiert auf Hermann Bahrs Bühnenstück »Das Konzert«)	Hans Weigel	Kammerspiele/Theater in der Josefstadt, Wien
1977 25. X.	*Robert Stolz und sein Jahrhundert*	Musikalische Multimediashow Idee und Buch: Dr. Marcel Prawy		Opernhaus Graz

b) Filmmusiken von Robert Stolz und die bekanntesten Lieder
daraus

1. Stummfilm

1913 Stummfilmbegleitmusik für den Alexander-Girardi-Film
Der Millionenonkel

2. Tonfilme

1930 *Zwei Herzen im Dreivierteltakt*
In Wien, wo der Wein und der Walzer blüht, op. 529
In deinen Augen liegt das Herz von Wien, op. 542
Zwei Herzen im Dreivierteltakt, op. 548
Auch du wirst mich einmal betrügen, op. 549
In Wien hab ich einmal ein Mädel geliebt
In Wien hab ich einmal ein Mädel geliebt, op. 526
Heute nacht – eventuell
Heute nacht eventuell komm ich zu dir, op. 545
Ich hab bei der Trude das Küssen studiert, op. 546
Ihr reizenden Frauen, nach mir wart ihr verrückt, op. 547
Hokuspokus
Ich will deine Kameradin sein, op. 543
Das Kabinett des Dr. Larifari
Mein kleiner Bruder träumt von Ihnen Tag und Nacht, op. 544
Ein Tango für dich
Das Märchen vom Glück, op. 551
Du bist meine Greta Garbo, op. 552
Du bist mein Maskottchen gewesen, op. 553
Münchner Kindl, op. 554
Musikant, Musikant, wo ist deine Heimat, op. 555
Ich wünsche mir ein Töchterlein, op. 556
Das Lied ist aus
Frag nicht, warum ich gehe, op. 557
Ja, wenn das Wörtchen »wenn« nicht wär, op. 558
Adieu, mein kleiner Gardeoffizier, op. 559
Die Liebe, die ist wie ein Tonfilm, op. 560
Prinz Kuno und die Postmeisterstochter, op. 561
Leutnant warst du einst bei den Husaren
Leutnant warst du einst bei den Husaren, op. 533
Der Hampelmann
Schön wär's, ja wunderschön wär's, op. 563
Steige ein, mein Liebchen, ins blaue Auto, op. 564
Bin ein armer Hampelmann, op. 565
Der Herr auf Bestellung
Dein Hemdchen ist aus Crêpe de Chine, op. 569

Karte genügt, komme ins Haus, op. 570
Die Mutter braucht ja nichts davon zu wissen, op. 571
Hab keine Angst vor dem ersten Kuß, op. 572
1931 *Die Marquise von Pompadour*
Marquise von Pompadour, op. 532
Schöne Frau, ich wär so stolz, Ihr Adjutant zu sein, op. 550
Die lustigen Weiber von Wien
Das Lied vom Vater, op. 574
Ich lieb nur eine, op. 575
Spatzenlied, op. 576
Der Raub der Mona Lisa
Warum lächelst du, Mona Lisa, op. 588
Du dummer, kleiner Korporal, op. 589
Liebeskommando
Kamerad, wir sind die Jugend, op. 591
Ich möcht einmal wieder verliebt sein, op. 592
Eine kleine Freundschaft mit dir, op. 593
Im Traum hast du mir alles erlaubt, op. 594
1932 *Ein Lied, ein Kuß, ein Mädel*
Ein Lied, ein Kuß, ein Mädel, op. 595
Nur um dich zu lieben, möcht ich ewig leben, op. 596
Du, um dich mach ich mir Kummer, op. 597
Sag, was sagt der Don zur Donna in Sevilla, op. 598
Der Prinz von Arkadien
Ich hab ein großes Heimweh, op. 581
Das ist die Sonne von Arkadien, op. 599
Ein Spaziergang durch Wien mit Robert Stolz
Das ist Wien und das bleibt immer so, op. 573
Ich will nicht wissen, wer du bist
Ich will nicht wissen, wer du bist, op. 566
So eine Nacht wie heute müßte es sein, op. 568
Ein Mann mit Herz
Liebling, du bist ein Mann mit Herz, op. 601
O wie schön ist ein Feiertag, op. 602
1933 *Was Frauen träumen*
Der Weg zu dir ist nie zu weit, op. 603
Ja, die Polizei, die hat die schönsten Männer, op. 604
Die Nacht der großen Liebe
Traumland, sei gegrüßt, op. 605
Türkischer Marsch, op. 605a
Jeden Tag vergnügt sein, op. 606
Wann kommst du, op. 607
So eine Stunde kommt nur einmal im Leben, op. 608
Hochzeit am Wolfgangsee
Das ist das einzig Wahre, op. 615
Einmal hinschaun, einmal herschaun, op. 616

Nur bei uns gibt's Gemütlichkeit, op. 617
1934 *Abenteuer im Südexpreß*
Heut, mein Schatz, op. 622
Warum find ich die Welt grad heut so schön, op. 623
Mein Herz ruft nach dir
Mein Herz ruft immer nur nach dir, o Marita, op. 618
Ich sing mein Lied heut nur für dich, op. 619
Der verhexte Speisesaal, op. 620
Frühjahrsparade
Singend, klingend ruft dich das Glück, op. 624
Ich freu mich, wenn die Sonne lacht, op. 625
Weißt, Kinderl, wo man blond sein muß, op. 626
Frühjahrsparade (Heut geht's los), op. 627
Der Herr ohne Wohnung
Ein Lied aus Wien und ein Mädel wie du, op. 629
Genoveva, ich könnte weinen, op. 630
Baby, I Love You So, op. 631
Der schönste Zustand auf der Welt ist das Verliebtsein, op. 632
1935 *Der Himmel auf Erden*
Mein Himmel auf Erden bist du, op. 639
Waren Sie schon mal in Lindenau, op. 640
So verliebt ist man auf der Welt nur einmal, op. 641
Wenn's einmal kommt zum Abschiednehmen, op. 642
Ich liebe alle Frauen
Schenk mir dein Herz heute nacht, op. 643
Ob blond, ob braun, ich liebe alle Frau'n, op. 644
Zirkus Saran (Knox und die lustigen Vagabunden)
Ein bißchen Singsang, op. 647
Brüderlein, lach, op. 648
Vergiß nicht die Heimat, wohin du auch gehst, op. 649
1936 *Herbstmanöver*
Sei mir wieder gut, kleine Frau, op. 651
Oft fängt das Glück beim Walzer an, op. 652
Lieber Kamerad, reich mir die Hand, op. 653
Erst kommt ein Blick, dann kommt ein Gruß, op. 654
Auf der Heide blühn die letzten Rosen, op. 655
Wer zuletzt küßt (Ungeküßt soll man nicht schlafen gehn)
Ungeküßt sollst du nicht schlafen gehn, op. 657
Ich hätt so gern an dich geglaubt, op. 658
Konfetti (Das lustige Abenteuer)
Oft genügt ein Gläschen Sekt, op. 659
Heiß brennt die Liebe, op. 660
Das Frauenparadies
Sag, was du träumst, op. 663
Niemand hat mich so verrückt gemacht, op. 664
Ich hab den Wein gern, op. 665

Einmal hin und einmal her, op. 666

1937 *Liebe im Dreivierteltakt (Wiener Fiakerlied / Der letzte Wiener Fiaker)*

Damals war noch ein Wein im Flascherl, op. 667

Wenn das Pferd kein Heu mehr hat, op. 668

Mach Musik, Schatz, op. 669

Husaren, heraus

Husaren, heraus, op. 674

Darf ich mich heut nacht in dich verlieben, op. 675

Laß uns beide ganz allein durch den Wald gehn, op. 676

Frühstückslied, op. 677

Die Austernlilli

Wenn jetzt der Richt'ge käm, op. 670

Mon chéri, mon ami, op. 671

Eine goldige Frau, op. 672

Man darf bei den Mädels nicht schüchtern sein, op. 673

Millionäre (Ich möcht so gern mit dir allein sein)

Liebling, ich möcht so gern mit dir allein sein, op. 682

Ein jeder träumt das Märchen vom großen Glück, op. 683

Geh, rutsch mir mal den Buckel runter, op. 684

Die unentschuldigte Stunde

Zauber der Bohème

Ich liebe dich, op. 686

Weine nicht, bricht eine schöne Frau dir das Herz, op. 687

Musik für dich

Musik für dich, op. 689

Wem gehört Ihr Herz am nächsten Sonntag, op. 690

So schön wie heut, so war's noch nie, op. 691

Ja, mein Beruf ist ein Beruf, op. 692

1940 *Spring Parade*
1944 *It Happened Tomorrow (Was morgen geschah)*

Someday (When Tomorrow Comes Along), op. 747

The Crackerbarrel Polka, op. 748

1947 *Une nuit à Tabarin*

Une nuit à Tabarin, op. 801

Comme les saisons, op. 802

J'adore le thé, op. 803

1948 *Rendezvous im Salzkammergut*

Du brauchst nur einen Kameraden, op. 809

Ein kleiner Jodler klingt durchs Land, op. 810

Nie war die Nacht so schön, op. 811

Anni (Eine Wiener Ballade)

Wenn man tief ins Glaserl schaut, op. 812

1949 *Kleine Melodie aus Wien*

Kleine Melodie aus Wien, op. 21

Veilchenblau, op. 822

Drei kleine Heinzelmännchen, op. 823
Mein Freund, der nicht nein sagen kann (Mein Freund Leopold)
Ein bezaubernder Schwindler
Fang dir einen kleinen Sonnenstrahl, op. 842
Wenn man verliebt ist, ist kein Weg zu weit, op. 843
Bei Tag und Nacht nur du, op. 844
Jazz, op. 845
1951 *Tanz ins Glück*
Rote Lippen, roter Wein, op. 891
Inez, o mi primavera, op. 892
Juchhu, jetzt kann es losgehn, op. 893
1955 *Die Deutschmeister*
Wenn die Vöglein musizieren, op. 963
Im Frühling im Mondschein im Prater in Wien, op. 964
Mir ist's gleich, op. 965
Ballwalzer, op. 966
1958 *Im Prater blühn wieder die Bäume*
Das ist Musik für Verliebte
Schön ist die Aussicht heut
1959 *A Breath of Scandal (Prinzessin Olympia)*
A Breath of Scandal, op. 1308
Gestern – Heute – Morgen
(Abat jour = Salome)
1965 *Der Kongreß amüsiert sich*
Ich glaub, mein Glaserl hat ein Loch
Sag ja
1967 *Verliebt in Österreich*
Après-Ski-Flirt
Komm nach Grinzing
Verliebt in Österreich
Wien ist die schönste Stadt der Welt

c) *Produktionen der » Wiener Eisrevue« mit Musik von Robert Stolz*
   (chronologisch)

Saison   Titel
1952/53 *Die ewige Frau*
1953/54 *Wünsch dir was (Die Zauberkugel)*
1954/55 *Glück muß man haben*
1955/56 *Alles nach Wunsch*
1956/57 *Melodien der Liebe (Das Lebzeltherz/Wiener G'schichten)*
1957/58 *Sylvia*
1958/59 *Zauber der Liebe*
1959/60 *Im Land der Träume (Hafenromanze/Die Frau im Mond)*
1960/61 *Illusionen (Der Magier/Die Zaubergeige)*

1961/62 *Kapriolen*
1962/63 *Festival der Liebe (Fiesta/Der Clown)*
1963/64 *Glücksträume (Der Talisman/Die Katze)*
1964/65 *Tanzende Welt*
1965/66 *Regenbogen*
1966/67 *Maskeraden*
1967/68 *Episoden*
1968/69 *Confetti*
1969/70 *Cocktail*
1970/71 *Eisparade*

d) Lieder und Orchesterwerke von Robert Stolz
Komponiert ab 1910. In der Reihenfolge ihres Entstehens (Auswahl)

Servus, Du!
Wien wird bei Nacht erst schön
Im Prater blühn wieder die Bäume
Das ist der Frühling in Wien
In Wien gibt's manch winziges Gasserl
Du sollst der Kaiser meiner Seele sein
Das Glückerl
Mosaik – 30 neue Cabaretlieder (Zyklus)
Salome
Hallo, du süße Klingelfee
Dann geh ich hinaus in den Wienerwald
A klane Drahrerei
Vater Strauß, schau runter
Einmal im Mai
Guter Mond, schau uns nicht zu
Mädi
Halt dich fest, daß du die Balance nicht verlierst
Komm in den Park von Sanssouci
Turandot
Komm doch in den Grunewald
Wolga, in deinen Fluten
Schönes Berlin, armes Berlin
Küß mich zum letztenmal, Natascha
20 Blumenlieder (Zyklus)

In Wien hab ich einmal ein Mädel geliebt
Leutnant warst du einst bei den Husaren
Das Mädel vom Rhein ist ein Frühlingsgedicht
Sag du, sag du zu mir
Pierrot, Pierrot, komm trag mich nach Haus
In Wien, da weht ein eigner Wind
Von Rüdesheim bis Heidelberg
Schlaf ein, mein kleines Sonnenkind
Zwei Herzen im Dreivierteltakt
Die ganze Welt ist himmelblau
Adieu, mein kleiner Gardeoffizier
Auch du wirst mich einmal betrügen
Frag nicht warum ich gehe (Das Lied ist aus)
Mein Liebeslied muß ein Walzer sein
Musikant, Musikant, wo ist deine Heimat
Ich will deine Kameradin sein
Du bist mein Maskottchen gewesen
Du bist meine Greta Garbo
In deinen Augen liegt das Herz von Wien
Ja, wenn das Wörtchen »wenn« nicht wär

Münchner Kindl
Die Liebe ist wie ein Tonfilm
Trinke nach dem ersten Gläschen
Im Traum hast du mir alles erlaubt
Ich lieb nur eine
Ich möcht einmal wieder verliebt sein
Kamerad, wir sind die Jugend
Die Mutter braucht ja nichts davon zu wissen
Schenk mir ein paar süße Blicke, Peppina
Warum lächelst du, Mona Lisa?
Ich hab ein großes Heimweh
Du dummer kleiner Korporal
Nur um dich zu lieben, möcht ich ewig leben
Jeden Tag vergnügt sein
Wann kommst du, meine Träume warten
Wenn die kleinen Veilchen blühen
Ich hab ein Mädel gern
Im Casino, da steht ein Pianino
In Bacharach am Rhein
Venus in Seide
O mia bella Napoli
Spiel auf deiner Geige
Ein Lied, ein Kuß, ein Mädel
Ja, so bin ich
Spiel mit mir auf der kleinen goldnen Mandoline
Nur für dich schlägt mein Herz allein
Das ist Wien und das bleibt immer so
Du, du, du schließ deine Augen zu
Es lebe die Liebe
Erst hab ich ihr Komplimente gemacht
Vor meinem Vaterhaus steht eine Linde
Mein Herz ruft immer nur nach dir, o Marita
Ich sing mein Lied heut nur für dich

Frühjahrsparade-Marsch
Singend, klingend, ruft dich das Glück
Weißt Kinderl, wo man blond sein muß
Heute besuch ich mein Glück
Du bist meine schönste Träumerei
Wenn man zweimal leben könnte
Ave Maria
Jedes kleine Mädel hat eine kleine Lieblingsmelodie
Genoveva, ich könnte weinen
Mein Himmel auf Erden bist du
Himmelblaue Träume
Ich freu mich wenn die Sonne lacht
Ob blond, ob braun, ich liebe alle Frau'n
Schenk mir dein Herz heute Nacht
Auf der Heide blühn die letzten Rosen
Ungeküßt sollst du nicht schlafen gehn
Oft genügt ein Gläschen Sekt
Damals war noch ein Wein im Flascherl
Wenn jetzt der Richtige käm
Man darf bei den Mädels nicht schüchtern sein
Einmal muß man leider von der Liebe scheiden
Ich liebe dich
Weine nicht, bricht eine schöne Frau dir dein Herz
Träume an der Donau
Mon cheri, mon ami
Wem gehört Ihr Herz am nächsten Sonntag
In einer deutschen Kleinstadt
Jung san ma, fesch san ma
Ich habe das Gefühl
Ich bin in Grinzing einheimisch
Quand l'Amour
Les Yeux d'une Blonde
The World's Fair Waltz

Paris Rêveries
Nostalgia
God bless my Homeland
Smiles of Vienna
Tears of Vienna
My Thoughts are roaming Tonight
Heaven's little Acre
Just for a Kiss or two
Your Lips are like Champagne
Ich habs gern mitten in der Nacht
Auf der Piazetta (Dreamy Gondo-
    lier)
Freedom Ring
A Love Letter
Someday
Grüß mir Graz an der Mur
A Shepherd's Prayer
Mr. Strauss goes to Boston
Into the Night
Who knows
Memories of a Waltz
Gott segne Österreich
Wohin ist das alles, wohin?
Persian Nocturne
Es wird immer einen Mondschein
    geben
Tränen fallen im Herbst einer
    Liebe
Wenn man tief ins Glaserl schaut
    (Heartstring Melody)
Comme les Saisons
Une nuit à Tabarin
Fang dir einen kleinen Sonnen-
    schein
Kleine Melodie aus Wien
Veilchen blau
Gibt's in Wien a Hetz, a Drahrerei
Zieht der Frühling durch den
    Prater
Wiener Musi, Wiener Walzer
Rainbow Square
Be my Sunday Girl
You're so easy to know
Ich bin verliebt in meine eigene
    Frau
Schön war's heute Abend

Bißchen Liebe tut gut
Spiel mein lieber Werkelmann
Gruß aus Wien – Marsch
Wenn die Vöglein musizieren
Behalt mich lieb, Chérie
Ich sag es dir noch einmal
Clarissa
Mir ist's gleich
Hafenromanze
Im Frühling, im Mondschein, in
    Grinzing in Wien
Verliebte muß man gar nicht erst
    in Stimmung bringen
UNO-Marsch
Das ist Musik für Verliebte
African Moon
A Breath of Scandal
Ich hab mich tausendmal verliebt,
    immer in eine
Ein schöner Herbst
Zwischen Häuserl am Roa und
    dem Häuserl am Stoa
In jedem Gläschen ist ein ganz
    bestimmter Schluck
Vietnamese Ballade
Die Glocken von St. Stephan
Olympia-Marsch
Mein Herz hängt an dir, Heimat-
    land
Wenn in Heidelberg die Rosen
    blühn
Träume unterm Christbaum
Frühling in Amsterdam
Follow the Sun
Ich liebe die Welt
Es blüht eine Rose zur Weih-
    nachtszeit (Christrosenlied)
Die Mädchen von Berlin
Presseball-Walzer
Philatelisten-Walzer
Angelo, Angelo
Wenn wir uns wiedersehn
Das Signal erklingt (Zapfenstreich
    für Verliebte)
People in Love can be lonely
    (Warum macht Liebe so einsam)

Auswahl-Discographie
der wichtigsten Robert-Stolz-Platten

a) *Kompositionen von Robert Stolz*

Robert Stolz im Glanz berühmter Stimmen
(René Kollo u. Julia Migenes)
Ariola – 200840 – MC 400840

Milva singt Robert Stolz
Schön war's heute abend
Metronome 388 371 – MC 393 355

Marjon Lambriks singt Robert Stolz
Philips 6423133 – MC 7111283

Nicolai Gedda singt Robert Stolz
Electrola SHZE 335

Anneliese Rothenberger singt Robert Stolz
Electrola 1C061-28816 – MC 1C261-28816

Eine Nacht in Wien
Renate Holm singt Robert Stolz
RCA – RL 30350

Mein Herz grüßt die Heimat
Peter Minich singt Robert Stolz
RCA CL 29654 – MC CK 29654

Ob blond, ob braun, ich liebe alle Frau'n
Rudolf Schock singt Robert Stolz
Ariola 26113 OU – MC 57822 GU

Das goldene Robert Stolz Album
Weltstars singen Robert Stolz
N. Gedda, A. Rothenberger, R. Holm, W. Anheisser, F. Gruber u. a.
Electrola 1C061-30225 – MC 16243-30225

Servus, Robert Stolz
A. Rothenberger, H. Güden, E. Mayerhofer, J. King, P. Anders, B. Kusche u. a.
Telefunken NT 429

Das große Galakonzert der Weltstars
Robert Stolz zum 90. Geburtstag
A. Rothenberger, N. Gedda, G. Frick, U. Reichart, H. Friedauer
Electrola C062-28056/57 (2 LP)

Robert Stolz – Operettenwelterfolge
A. Rothenberger, N. Gedda, D. Koller, H. Friedauer, W. Anheisser
Electrola 1C187-28848/49 (2 LP)

Die ganze Welt ist himmelblau
Stars gratulieren Robert Stolz
S. Geszty, E. Köth, A. Moffo, M. Schramm, R. Schock, P. Alexander, U. Jürgens u. a.
Eurodisc 80646 XDU (2 LP) – MC 90535 WU

Robert-Stolz-Evergreens
N. Gedda, A. Rothenberger, W. Anheisser, G. Frick
Crystal 133 EMD 30727/28 (2 LP) – MC 433 EMD 30729

Du sollst der Kaiser meiner Seele sein
M. Dahlberg, M. Muszely, F. Gruber, R. Schock
Ariola 28419 OE

MC = Music-Cassette

Linke Reihe von oben nach unten: Sylvia Geszty, Udo Jürgens, Günter Noris, Bruce Low. *Rechte Reihe:* Fritz Wunderlich, Peter Minich, Ferry Gruber, Rex Gildo.

*Rendezvous der Stars – Ewig
junger Robert Stolz*
R. Holm, E. Köth, M. Schramm,
P. Alexander, F. Gruber,
R. Schock
Eurodisc 79807 XFE (3 LP).

*Unvergessene Tenöre singen
Robert Stolz*
J. Kiepura, R. Tauber, L. Slezak,
J. Schmidt, M. Wittrisch,
P. Anders, F. Wunderlich,
H. Bollmann, H. E. Groh
(Historische Aufnahmen)
Marcato 63386
(Club-Auflage)

*Nur um dich zu lieben, möcht ich
ewig leben*
Rudolf Schock singt Robert Stolz
Eurodisc 87874 IE

*Mit Robert Stolz in Wien beim
Wein*
P. Minich, M. Irosch, D. Koller,
E. Schütz
Eurodisc 87896 IU

Peter Alexander singt Robert Stolz
Ariola (Marcato-Club-Auflage)
92563

Marko Bakker singt Robert Stolz
EMI 5C061-24303

Mit Robert Stolz beim Wein
W. Anheisser, F. Gruber
Electrola C062-28807

Mein Herz grüßt die Heimat
Wolfgang Anheisser singt Robert
Stolz
Electrola C062-28892

Meine schönsten Melodien
E. Köth, B. Kusche, Chr. Gör-
ner, W. Wilhelm, W. Hagara
Europa 111 136.1 –
MC 511136.6

Blumenlieder
Anneliese Rothenberger
BASF 20 21458-3 – MC
2131458-3

*Robert Stolz dirigiert seine Welt-
erfolge und die Wiener Sym-
phoniker*
H. Winter, H. Conrads, L. Augu-
stin, E. Bieler, Orchester
Robert Stolz und Wiener
Symphoniker
Amadeo AVRS 311

Zwei Herzen im Dreivierteltakt
Die schönsten Melodien von
Robert Stolz
A. Rothenberger, H. Staal,
H. Hoppe, H. Friedauer
Decca ND 268

Lolita singt Robert Stolz
RCA PL 28354

*Schenk mir dein Herz heute
Nacht*
R. Schock, E. Köth, L. Augustin,
M. Dahlberg, M. Muszely,
F. Gruber
Eurodisc 86786 XDE (2 LP)

Danke, Robert Stolz
P. Alexander, F. Wunderlich,
W. Schneider, Fischerchöre
Polydor 2371 592

Stars singen Robert Stolz
P. Alexander, V. Torriani, P.
Pascal, U. Jürgens, F. Bertel-
mann, W. Hagara, R. u. W.
Leismann, R. Gildo, Rosy-Sin-
gers
Hallo RTL 340398 (Club-Auf-
lage)

*Robert Stolz und seine großen
Erfolge*
S. Barabas, A. Durand, F. Ber-
telmann, K. Terkal
MFP 1C048-28629

Robert Stolz im Wunderland der Melodien
DAS BESTE 37035 / 36 / 37 / 38 / 39 / 40 / 41 / 42 (8 LP)

Robert Stolz – Ein Leben für die Musik
Marcato 64 920 2 (5 LP) (Club-Auflage)

b) Instrumental-Aufnahmen von Robert-Stolz-Kompositionen

Die schönsten Melodien von Robert Stolz
Orchester Robert Stolz
Karussell 2345027

Robert Stolz dirigiert Melodien von Robert Stolz
Wiener Symphoniker
Sonic 9076

In memoriam Robert Stolz
Orchester Robert Stolz
Fontana 6433018

Robert Stolz dirigiert seine Welterfolge
Berliner Symphoniker
Ariola 25471 OU – MC 57256-GU

Stargala – Robert Stolz
Orchester Robert Stolz, Berliner Symphoniker
Polydor 2664 190 (2 LP) – MC 3578106

Robert Stolz in Gold
Orchester Robert Stolz
Polydor 2459170 – MC 3146 170

In memoriam Robert Stolz
Wiener Symphoniker
Arcade LP 191

Die schönsten Melodien von Robert Stolz
Orchester Robert Stolz
Polydor 2428603 – MC 3128603

Robert Stolz dirigiert Robert Stolz
Bellaphon BI 1868 – MC BMC 2868

Zwei Herzen im Dreivierteltakt
Robert Stolz dirigiert seine Welterfolge
Orchester Robert Stolz
BASF 2921120-7

Robert Stolz – Die großen Erfolge
Metronome 40.076 – MC 640076

Im Prater blüh'n wieder die Bäume
Berliner Symphoniker
Eurodisc 88602 IU

James Last spielt Robert Stolz
Polydor 2371768 – MC 3150 768

Robert Stolz for Dancing
Orchester JoMent
Ariola (SR-International) 92179 (Club-Auflage)

Günter Noris spielt Robert Stolz
Ariola 200684

Alfons Bauer spielt Robert Stolz
Polydor 2418659 – MC 3190659

Gruß aus Wien
Hoch- und Deutschmeisterkapelle spielt Robert Stolz
Dirigent: Horst Winter
Ariola 200949

Adieu, mein kleiner Gardeoffizier
Klaus Wunderlich spielt Robert Stolz
(Hammond-Orgel)
Telefunken 621173 AS – MC 421183 CT

Ernst Mosch und seine Original
  Egerländer Musikanten spielen
  Robert Stolz
Telefunken 621098 A5 – MC
  421098 CT

Meinen Freunden zur
  Erinnerung
(Die letzten Klavieraufnahmen
  von Robert Stolz)
RCA VL 30377 (2 LP) – MC VK
  30377 CT

Robert Stolz spielt seine schönsten
  Evergreens
(Klavieraufnahmen)
Eurodisc 79593 IU

Robert-Stolz – Meine Melodien
(Klavieraufnahmen)
Heinz Sandauer
Elite SOLP 444

De Picos spelen Robert Stolz
(Akkordeon)
Telstar Special TSP 16946 TL –
  MC 6812

De Nachtigaal speelt Robert
  Stolz
(Akkordeon)
CBS 53776

Erinnerungen an Robert
  Stolz
(Akkordeon)
Tonny Eyk – Polydor 236233

In der Bar mit Robert
  Stolz
(Klavieraufnahmen)
Fritz Schulz-Reichel
Polydor 236792

Ein Leben für die Musik
Polydor 3652095 (2 LP) – MC
  2573055

c) Operettenaufnahmen
   Operetten von Robert Stolz
   Dirigent: Robert Stolz

Zwei Herzen im Dreivierteltakt
Wenn die kleinen Veilchen
  blühen
Zwei Operetten-Querschnitte
R. Holm, H. Fassler, M. Musze-
  ly, A. Dallapozza, R. Schock,
  F. Gruber
Ariola 89893 IE – MC 55920 DE

Himmelblaue Träume
Großer Operetten-Querschnitt
M. Dahlberg, E. Köth, M. Mus-
  zely, R. Rohr, M. Schramm,
  H. Wisniewska, H. Friedauer,
  F. Gruber, R. Schock
Ariola 89891 IE – MC 55923 DE

Hochzeit am Bodensee
Großer Operettenquerschnitt
M. Dahlberg, E. Köth, M. Mus-
  zely, R. Rohr, M. Schramm,
  H. Wisniewska, H. Friedauer,
  F. Gruber, R. Schock
Eurodisc 79239 IE

Venus in Seide
Großer Operetten-Querschnitt
M. Schramm, R. Schock,
  L. Schmidt, F. Gruber
Ariola 89872 IE – MC 55918 DE

Frühjahrsparade
Großer Operettenquerschnitt
P. Minich, M. Coertse, G. Lö-
  winger, E. Kuchar, F. Liewehr
Ariola 200096-365 – MC
  400096-371

Lenteparade (Frühjahrsparade)
Großer Operettenquerschnitt in
flämischer Sprache – Eufoda
1019

Die schönsten Melodien aus:
Frühjahrsparade, Venus in
Seide, Zwei Herzen im Drei-
vierteltakt, Wenn die kleinen
Veilchen blühen
Vier Operetten-Querschnitte
M. Coertse, P. Minich, H. Fass-
ler, R. Holm, G. Löwinger,
M. Muszely, L. Schmidt,
M. Schramm, A. Dallapozza,
F. Gruber, E. Kuchar,
P. Minich, R. Schock
Eurodisc 86783 XDE (2 LP)

Trauminsel
Großer Musical-Querschnitt
C. Nicolai, J. Cox, H. Konetzni
BASF 2021246-7

Ein schöner Herbst
Ausschnitte
Elfriede Ott, H. M. Lins
Ariola 200004-315 – MC
400004-352

d) Oper

Die Rosen der Madonna
Gesamtaufnahme · Einaktige
Oper
G. Janowitz, W. Kmentt, E.
Waechter, A. Pernerstorfer
BASF 20 21261-0

e) Robert Stolz dirigiert Ope-retten

Die Fledermaus (Johann Strauß)
Gesamtaufnahme
R. Schock, W. Lipp, W. Berry,
C. Nicolai, R. Holm, C. Cur-
zi, F. Gruber, E. Steiner
Eurodisc 71567 XFE (2 LP)
Eurodisc 88610 XDE (2 LP) –
MC 56695 SGE
Querschnitt
Ariola 89985 IE – MC 55896 DE

Wiener Blut (Johann Strauß)
Gesamtaufnahme
R. Schock, B. Kusche, H. Gü-
den, M. Schramm, E. Kunz,
W. Lipp, F. Gruber, E. Ott,
H. Fassler
Eurodisc 72751 XFE (2 LP)
Eurodisc 88616 XDE (2 LP)
Querschnitt
Ariola 89896 IE – MC 55897 DE

Der Zigeunerbaron (Johann
Strauß)
Gesamtaufnahme
E. Wächter, K. Schmitt-Walter,
B. Kusche, L. Schädle, H.
Konetzni, F. Gruber, E. Hazy,
E. Schärtel, M. Röhrl
Eurodisc 71 455 XFE (2 LP)
Eurodisc 88 613 XDE (2 LP) –
MC 56698 SGE
Querschnitt
Ariola 89897 IE – MC 55898 DE

Der Bettelstudent (Carl Millöcker)
Gesamtaufnahme
H. Güden, R. Schock, H. Ko-
netzni, L. Schädle, F. Ollen-
dorff, P. Minich
Eurodisc 74273 XE (2 LP)
Großer Querschnitt
Ariola 89887 IE – MC 55893 DE

Die lustige Witwe (Franz Lehár
Gesamtaufnahme
M. Schramm, R. Schock, D.
Chryst, C. Nicolai, B. Kusche,
J. Jennings
Eurodisc 27184 XDE (2 LP)
Eurodisc 74 445 XFE (2 LP)

Querschnitt
Eurodisc 89882 IE – MC 55890
  DE
Decca 6.22992 AF – 422992 CH

*Das Land des Lächelns (Franz
  Lehár)*
Gesamtaufnahme
R. Schock, M. Schramm,
  L. Schmidt, F. Gruber
Eurodisc 85502 XFE (2 LP)
Eurodisc 27181 XDE (2 LP) –
  MC 56701 SGE
Querschnitt
Ariola 89881 IE – MC 55889 DE

*Der Graf von Luxemburg (Franz
  Lehár)*
Großer Querschnitt
Ariola 89880 IE – MC 55887 DE

Paganini (Franz Lehár)
Querschnitt
M. Schramm, R. Schock, D.
  Chryst, F. Gruber
Ariola 89883 IE – MC 55891 DE

Der Zarewitsch (Franz Lehár)
Querschnitt
Ariola 89885 IE – MC 55892 DE

Zigeunerliebe (Franz Lehár)
Querschnitt
Ariola 89886 IE – MEC 55919
  DE

*Die Csárdásfürstin (Emmerich
  Kálmán)*
Querschnitt
M. Schramm, R. Schock, D.
  Chryst, F. Gruber
Ariola 89875 IE – MC 55883 DE

*Gräfin Mariza (Emmerich
  Kálmán)*
Querschnitt
M. Schramm, R. Schock,
  D. Chryst, F. Gruber
Ariola 89876 IE – MC 55884 DE

*Die Zirkusprinzessin (Emmerich
  Kálmán)*
Querschnitt
M. Schramm, R. Schock, G.
  Löwinger, F. Gruber
Ariola 89877 IE – MC 55885 DE

Ein Walzertraum (Oscar Straus)
Querschnitt
Eurodisc-Marcato 79495 (Club-
  Auflage)

*f) Verschiedene Operettenlie-
  der, Dirigent: Robert Stolz*

*Ja, das Studium der Weiber ist
  schwer*
Ein Streifzug durch die Operette
  mit Peter Alexander
Eurodisc 88947 OE – MC 55537
  GE

Zwei Herzen im Dreivierteltakt
A. Rothenberger und N. Gedda
  singen berühmte Operetten-
  Liebesduette
Electrola 1 C 061-28818 – MC
  1 C 243-28818

*Rendezvous der Stars · Ewig
  junger Johann Strauß*
Eurodisc 80 397 XFE

Grüß mir mein Wien
Die schönsten Operettenmelodien
Peter Minich
RCA RL 30339

Robert Stolz – Ein Abend in Wien
  (Live-Mitschnitt)
Gerda Scheyrer und Heinz
  Hoppe
EMI 5 C 061 24088

*Leise, ganz leise (Oscar-Straus-
  Welterfolge)*
Ariola 25288 OE – MC 57260 GE

g) *Orchestrale Aufnahmen,*
Dirigent: Robert Stolz
(vorwiegend Werke anderer
Komponisten)

Die goldene Zeit der Wiener
Musik (Grand Prix du Dis-
que-Paris)
Eurodisc 85253 XU (20 LP)
(auch als Einzelkassetten erhält-
lich):
1. Eurodisc 85704 XHU (5 LP)
2. Eurodisc 85705 XHU (5 LP)
3. Eurodisc 85706 XHU (5 LP)
4. Eurodisc 85707 XHU (5 LP)

Goldenes Wien · Ein Ball bei
Johann Strauß
Eurodisc 87360 XBU (2 LP)

Im Zauberreich der Wiener Wal-
zerkönige
Eurodisc 77159 XFU (3 LP)

Kaiserwalzer
Eurodisc 27151 XAK – MC
55969 VK

Kaiserwalzer
Polydor 2634 (2 LP) – MC
3511074

Johann Strauß bittet zum Ball
Polydor 2634082 (2 LP) – MC
3511073

Johann Strauß in St. Petersburg
Polydor 2634083 (2 LP)

Liebeslieder
Polydor 2634085 (2 LP)

G'schichten aus dem Wienerwald
Polydor 2634086 (2 LP)

Die schöne Welt des Walzerkönigs
Polydor 2634087 (2 LP)

Das goldene Marsch-Album
Polydor 2634084 (2 LP)

Goldene Märsche der Heimat
Polydor 2371759 – MC 3150759

Das große kaiserlich-königliche
Marsch-Festival
Polydor 2371761 – MC 3150761

Die schönsten Polkas der Welt
Polydor 2371760 – MC 3150760

Robert Stolz dirigiert die schön-
sten Wiener Walzer
Eurodisc 80397 XFE

Robert Stolz dirigiert Johann
Strauß
Bellaphon BI 1869 – MC 2869

Robert Stolz dirigiert weltbe-
rühmte Märsche
Eurodisc 87245 EU

Sechs berühmte Walzer von Emil
Waldteufel
Eurodisc 73833 IU

Johann Strauß · Die schönsten
Wiener Walzer
Electrola 1 C 037-29238 – MC
1 C 225-29238

Unsterbliche Klänge aus dem
goldenen Wien
Eurodisc 80393 XFU (3 LP)

Strauß-Polkas
Bellaphon BI 1826

Wiener Bonbons
Philips 6610009 (2 LP) – MC
7581511

Wien im Walzertakt
Eurodisc 87364 XHU (5 LP)

Wiener Gold mit Robert Stolz
Philips MC 7259504

Das Goldene Sonntagskonzert
Robert Stolz dirigiert das Schön-
ste von Johann Strauß und
Franz Lehár
Bellaphon BB 23240

Berühmte Wiener Walzer
Electrola C187-29238/9 (2 LP)

Wein, Weib und Gesang
Eurodisc-Marcato 92465 (Club-
Auflage) (3 LP)

Heut spielt der Strauß
Eurodisc 63545 (8 LP)

Galakonzert mit Robert Stolz
Maritim 47031 FE

*Robert Stolz dirigiert die schön-
sten Melodien von Jacques
Offenbach und Peter Tschaikowskij*
Decca ND 518

Traummelodie
Polydor 2371756

Musical Festival
Polydor 2371755 – MC 3150755

Tango Festival
Polydor 2371757 – MC 3150757

*Wie's damals war – Robert Stolz
dirigiert Evergreens*
Eurodisc 85349 IU

*Mein Liebeslied muß ein Walzer
sein · Ein unvergänglicher
Melodienreigen*
Eurodisc 86277 XBE (2 LP)

h) Verschiedenes

Hab' Dank, liebe Mutter
Polydor 2430298 – MC 3230298

*Festliche Weihnachten mit Robert
Stolz*
BASF 2021096-0

*Robert Stolz spielt, singt und
erzählt aus seinem Leben*
Amadeo-Gold AVRS 14703

Personenregister

Abraham, Paul 334, 337, 350 ff., 371 f., 374 f.
Adaler, Frau 467, 471
Adler, Victor 149
Albach-Retty, Wolf 206
Albers, Hans 258
Alexander, Peter 190, 306, 508
Alfano, Franco 256
Alfonso XIII., spanischer König 114
Alisch, Heinz 450 ff., 494
Alt, Salome 94
Altenberg, Peter (= Richard Engländer) 29 f., 54 f., 57, 116, 148, 152 f., 168, 170 ff., 173, 178, 182
Anders, Peter 272
d'Annunzio, Gabriele 134
Aranka 90, 91–97, 126, 283
d'Arc, Jeanne 241
Arden, Jula 435, 438
Arden, Robert 435, 438
Arno, Siegfried 272
Arnold, Karl 309
Astaire, Fred 303, 324, 480
Auer, Mischa 394
Austerlitz, Kantor 131
Awdjejew, russischer Leutnant 469 f.

Bach, Johann Sebastian 401
Bahr, Hermann 182
Bailey, Philip James 366
Baker, Josephine 282
Balanchine, George 418, 433
Balzac, Honoré de 152
Bamberger, Josef 493
Barrison Sisters 59–63, 71, 148; s. auch Loos, Bessie

Barrymore, John 396
Barrymore, Lionel 396
Bassermann, Albert 475
Baudouin, belgischer König 456
Bauer, Jörg 449
Baumfeld, Teddy 397, 435
Beecham, Thomas 307
Beer, Otto F. 506
Beer, Theaterdirektor 246 f.
Beethoven, Ludwig van 20, 37, 40, 97, 153, 155, 205, 208 f., 401, 430, 459, 466
Benatzky, Ralph 303 f., 480
Berber, Anita 273
Berg, Alban 229
Bergner, Elisabeth 272, 299
Bernhardt, Sarah 134
Bernstein, Leonard 384, 510
Bernstein, Louis 352, 368
Bing, Rudolf 420
Birkmeyer, Tony 474
Bismarck, Otto von 29
Bizet, Alexandre C. L. (gen. Georges) 413
Blant, Else 131 f.
Blum, Robert 258
Blumenthal, Oskar 303
Böhm, Karl 27, 28, 313, 510
Bollmann, Hans Heinz 272
Holton, Guy 480
Bolvary, Géza von 297 f.
Boosey, Leslie Arthur 337 f., 479
Boyer, Charles 389
Brahms, Johannes 27, 29, 31–40, 42 ff., 82, 84, 86, 205, 224, 282, 313, 327, 355, 424, 466

Brammer, Julius 188
Braun, Chauffeur 325 ff., 331
Brecht, Bert 272, 315, 372, 392 f.
Brentano, Felix 418, 433
Brodt, Johann (»Schani«) 328 f., 465
Bruckner, Anton 27, 29, 33, 34 f., 42–45, 82, 224, 239, 313, 355, 466
Buck, Gene 479
Bülow, Cosima von s. Wagner, Cosima
Bülow, Hans von 33
Bunche, Ralph 208 f., 426, 510
Bunche, Ruth 208 d.
Busoni, Ferruccio 355

Cabot Lodge, Henry 403
Capra, Frank 292
Carlos I., König von Portugal 40, 42
Caruso, Enrico 254
Celler, Emmanuel 381
Chamberlain, Neville 259
Chaplin, Charlie 389, 396 f.
Charell, Eric 303
Charles, Ray 229
Chevalier, Maurice 190, 333
Chopin, Frédéric 282
Chotek, Gräfin Sophie C. 198
Churchill, Sarah 303
Churchill, Winston 303
Clair, René 397
Clarissa, 350, 409, 420–424, 454, 456 ff., 485, 517
Clark, Petula 229
Clementi, Musio 49
Colette 125 ff.
Cooper, Melville 418

Costa, Carl 74
Costa, Wladi 449 f.
Coward, Noel 440
Crosby, Bing 389, 510
Csokor, Franz Theodor 225
Cummings, Robert 206, 394
Curtiz, Michael
s. Mihály, Kertész

Dante Alighieri 463
Danzer, Emmerich 495
Darnell, Linda 397
Decsey, Ernst 160
Deutsch, Ernst 299
Dietrich, Marlene 272, 299, 302, 315 f., 355, 372, 385
Dietz, Howard 385
Dix, Otto 272
Döblin, Alfred 315, 372
Döring, Theodor 475
Dollfuß, Engelbert 264, 320 f.
Dorsch, Käthe 299
Douglas, Kirk 510
Douglas, Nigel 498, 501
Dreyfus, Max 384
Duncan, Isadora 282 ff.
Durbin, Deanna 206, 394
Durieux, Tilla 299
Duse, Eleonora 134
Dvořák, Antonín 25, 39, 164

Ebert, Friedrich 270
Edelman, Cele 381
Eder, Adolf 494
Edison, Thomas Alva 135 f., 138 ff.
Eggerth, Martha 308, 324, 356, 372, 411, 418
Einstein, Albert 200, 208, 371, 398, 424–429, 510
Eisenstein, Sergej 290
Elisabeth, österreichische Kaiserin 13, 22, 191

Emanuel, Onkel 11 ff., 18–25, 31, 143, 264
Engert, Wilhelm 55, 450
Engländer, Richard
s. Altenberg, Peter
Ernst, Toningenieur 137 f.
Esenin, Sergej Alexandrowitsch 283 ff.
Eulenburg und Hertefeld, Philipp Fürst zu 116 ff., 214

Fall, Leo 148, 166, 179 f., 185 ff., 205, 214, 412
Farkas, Karl 259, 334, 337, 372, 474
Ferdinand I., Zar der Bulgaren 114
Fields, W.C. 389, 394, 396
Figl, Leopold 481
Finck, Werner 274
»Fini« s. Stolz, Josephine
Fischberg, Jack 375
Fischer, Franz 516
Fischer, Gotthilf 449, 458
Florath, Albert 299
Flynn, Errol 396
Ford, Gerald 456
Forst, Willi 272, 298, 301 f., 306, 356, 433
Fowler, Gene 396
Frankfurter, Kaiserlicher Rat 142
Frankowski, Hans 303
Franz, Offiziersbursche Franz Lehárs 164
Franz Ferdinand, Erzherzog 197 f., 201, 216 f., 320
»Franzi« s. Stolz, Franzi
Franz Joseph I., Kaiser von Österreich, König von Ungarn 23 f., 28, 45, 97 f., 101, 150, 157 f., 190 ff., 198, 206, 213, 217 ff., 223

Freud, Sigmund 16 ff., 148, 239, 315, 323 f., 359
Friedrich II. (der Große), preußischer König 205, 310
Fritsch, Willy 301, 356
Fuchs, Horst 450 ff., 494
Fuchs, Robert (»Serenaden-Fuchs«) 46

Gaal, Franziska 206
Gabin, Jean 225
Gable, Clark 389, 391 f.
Garbo, Greta 389, 393
Garland, Judy 383, 389, 392, 394
Gasteiger, Fräulein von 32
Gedda, Nicolai 137, 306
Geiringer, Jean (Hans) 350, 374 f.
George, Heinrich 299
Gershwin, George 255
Gert, Valeska 282
Gilbert, Jean 304
Gilbert, Robert 302 ff., 315 f., 324 f., 328, 372, 414, 429, 475, 491
Gilbert, W.S. 25, 135
Ginsburg, Kalman 497 ff.
Giraudoux, Jean 347
Girardi, Alexander 27, 151, 188, 190 ff., 291
Glatz, Hertha 382
Glawari, Hanna 159
Gleason, Helen 403
Glinka, Michail Iwanowitsch 103
Goebbels, Joseph 310, 315, 410, 336
Göring, Hermann 356
Goethe, Johann Wolfgang von 53, 276, 312, 499
Götz, Bürgermeister 458
Goldmann, Wiener Modeschneider 200

Goya, Francisco de 463
Grabner, Pauline 37
Graetz, Paul 274
Granichstaedten, Bruno
 303
»Hauptmann Grasl« 38
Gratz, Leopold 507
Grey, Lord Edward 199
Grillparzer, Franz 146
Grünfeld, Alfred 120 ff.
Grünwald, Alfred 188,
 258, 334, 339, 372,
 433
Güden, Hilde 306
Günther, Mizzi 160
Gutenberg, Johannes
 33

Haas, Dolly 302
Haase, F. 475
Haeusserman, Ernst
 476 f.
Hahn, Kurt 491
Haid, Liane 301
Hammarskjöld, Dag 208
Hammerstein, Oscar
 384, 412 ff.
Hanslick, Eduard 33 f.
Hanussen (= Brett-
 schneider) 300
Harbou, Thea von 290
Harden, Maximilian 119
Hardt-Warden, Bruno
 10, 97 f., 241 ff., 257,
 476 f.
Harvey, Lilian 301, 350,
 356
Hauptmann, Gerhart
 272
Haydn, Joseph 43, 205,
 401
Hearst, Siegfried 376
Hecht, Ben 385
Heimann, Julius 294,
 296 f., 299
Hein, Otto 226 f., 228,
 231–236, 238, 246
Heine, Heinrich 316,
 348, 369, 499
Heldmaier, Doris 449
Helga 114, 116–122

Helmesberger, Josef 88,
 162
Hennig, Manfred 491 f.
Henry, Zirkusdirektor
 122 f.
Henry, Clarissa 350,
 409, 420 ff., 454,
 456 ff., 485, 517
 (Tochter von Einzi
 Stolz)
Henry, Marc 422 ff.,
 517
Henry, Natascha 423 f.,
 517
Henry, Nicolas Robert
 423 f., 517
Herczek, Geza 385
Herger, Alfred 474
Hermann, Julius 205
Herzl, Theodor 264
Hesse, Hermann 300
Hindemith, Paul 371
Hindenburg, Paul von
 310
Hitler, Adolf 151, 184,
 259, 269, 300, 310 f.,
 321 f., 326, 328 f.,
 331, 339, 343, 346 ff.,
 372, 397, 410, 428 f.,
 433 f., 464, 499
Hodge, Colonel 468
Hörbiger, Attila 474
Hörbiger, Paul 206, 475
Hofmannsthal, Hugo
 von 88, 148
Holm, Eleanor 385
Holm, Grete s. Stolz,
 Grete
Hoppe, Heinz 137
Horowitz, Wladimir
 120
Hortense, Mademoiselle
 58 ff., 63
Horthy von Nagybánya,
 Miklós 165, 219
Hrastnik, Franz 506
Hubberten, Hans 508
Hübel, Major 213
Hühn, Paul 343, 346 f.
Hugenberg, Alfred 292
Hume, Paul 432

Humperdinck, Engel-
 bert 46, 224, 355

Iffland, August Wilhelm
 475
Ippolitow-Iwanow,
 Michail 104

Jacob, Berthold 359
Jäger, Anna 65 ff., 75,
 94
James, Generaldirektor
 der Performing Rights
 Society 479
Jannings, Emil 292,
 293, 299
Janowitz, Gundula 244
Janssen, Walter 298
Jaray, Hans 372
Jedliczka, Familie 131
Jeritza, Maria (= »Miz-
 zi« Jedliczka) 130 ff.,
 253
Jessner, Leopold 299
Jolson, Al 293 f.
Jonas, Franz 230
Juliana, Königin der
 Niederlande 456, 511
Julie, Hausgehilfin
 13 f., 76
Jungbluth, Robert 495

Kadelburg, Gustav 303
Kálmán, Emmerich 148,
 166, 179 f., 182–185,
 312, 334, 337, 371,
 373, 492
Kandinsky, Wassily 272
Karajan, Herbert von
 506, 511
Karczag, Wilhelm
 159 f., 161 f., 188
Karl, Regieassistent 96
Karl I., Kaiser von
 Österreich 165, 209,
 216–220, 278, 355,
 447, 460
Karlweis, Oskar 298,
 372
Karner, Lilli s. Stolz,
 Lilli

Katharina II. (die Gro-
ße), russische Zarin
284
Kempinski, Hotelier
296 f.
Kennedy, Jimmy 228
Kern, Jerome 414, 417
Khatchaturian, Aram
Iljitsch 103
Kiepura, Jan 137 f.,
272, 306 ff., 324, 356,
372, 411, 418 ff.
King, James 137, 507
Kirchschläger, Rudolf 510
Kiss, Baronin s. Schratt,
Katharina
Kissinger, Henry A. 47,
50, 456
Klabund (= Alfred
Henschke) 272
Klemperer, Otto 371
Klitzsch, Ludwig 292
Kmentt, Waldemar 244
Koch, Student 49, 98
König, Franz 458
Körber, Hilde 299
Körner, Theodor 262 f.
Kokoschka, Oskar 149,
152, 199, 272, 322
Koller, Dagmar 512
Kollo, René 137
Kollwitz, Käthe 326
Kolowrat-Krokowsky,
Graf Alexander 291
Korda, Alexander 291
Korjus, Miliza 382
Kortner, Fritz 291, 299
Kotanyi, Gustav 360 ff.
Kraus, Karl 148 f.,
150 ff., 193 f., 197 f.,
210, 220, 239, 241,
264, 319 ff.
Krauß, Clemens 322
Krauß, Werner 299, 475
Kreisky, Bruno 481
Kreisler, Fritz 315, 427
Kremsner, Eduard 87
Krenek, Ernst 413
Kreuger, Ivar 348
Kreuzkamp, Herr 122 f.
Krüger, Oskar 507 f.

Kuhn, Gerhard 449
Kulmann, Charles 382
Kurz, Hans 261, 329 f.,
463–467
Kurz, Selma 138 f.

Labarr, Martha 350
Lang, Fritz 290 f.
Laubrunn, Klaus 244
Lawrence, Robert 410
Lebedenko, russischer
General 468 ff.
Lechner, Theaterdirek-
tor 128 ff.
Ledebour, Graf 217 f.
Lee, Rowland 403 f.
Lehár, Anton 165
Lehár, Franz 88, 139,
143, 148, 154,
158–162, 164 f.,
178 ff., 182–185, 205,
306, 312, 319, 334,
355, 387, 414, 418,
492, 507
Lehár, Sophie 143, 158
Lehmann, Maurice 339
Leigh, Adele 498, 501
Lenya, Lotte 372
Leon, Victor 160, 186,
188, 312, 339
Leopoldi, Hermann 320
Lesky, Albin (sen.)
50 ff., 75 (Schwager
von Robert Stolz)
Lesky, Albin (jun.) 52
Lesky, Mizzi s. Stolz,
Mizzi
Lesky, Peter 52
Lessing, Gotthold Eph-
raim 502
Lewinsohn, Leonard L.
433
Liebermann, Max 272
»Lilli« s. Stolz, Lilli
Lingen, Theo 324
Liszt, Cosima s. Wag-
ner, Cosima
Liszt, Emanuel 230
Liszt, Franz 33, 255
Littler, Prince 480 f.
Lodge, John 403

Loeb, Regimentsarzt
99 ff.
Löbl, Karl 507
Loos, Adolf 148 f.,
199 f.
Loos, Bessie 148 f.;
s. auch Barrison Sisters
Loren, Sophia 229, 333
Lubitsch, Ernst 272,
291 f.
Ludendorff, Erich von
292
Lüftner, Egmont 492 f.
Lueger, Karl 149 ff.
Lukas, Paul 350 f.

Maffetti, Mario 127 f.,
170, 178
Mahler, Alma 199
Mahler, Gustav 138 f.,
147, 160, 199, 255,
413, 506
Malinowski, Arzt 358
Mann, Frederick 504
Mann, Heinrich 272,
315
Mann, Sylvia 504
Mann, Thomas 315, 504
Marek, Bruno 230
Maria 349 ff., 353,
359 f., 362
Maria Theresia, Rö-
misch-deutsche Kaise-
rin 204, 218
Mario 249, 251
Marischka, Ernst 191,
206, 475
Marx Brothers 389
Marx, Karl 315
Mary, Königin 302
Masaryk, Thomas G.
151
Massary, Fritzi 272, 299
Massey, Ilona 374
Mayen, Herta 474
Mayer, Bäckermeister
66 f., 75
Mayerhofer, Elfie 475
Meinrad, Josef 475
Mendelssohn-Bartholdy,
Felix 224

Mero-Irion, Yolanda 415 ff.

Meznik, Fritz 468

Mihály, Kertész (= Michael Curtiz) 291

de Mille, Agnes 413

Miller, Gilbert 384

Millöcker, Karl 312, 406

Minelli, Liza 392

Minich, Peter 137, 306, 507

Mistinguette 333

Mohn, Reinhard 493

Molnár, Ferenc 385 f., 407

Moltke, Kuno Graf von 117 ff.

Monroe, Marilyn 389 ff.

Morgan, Paul 272, 275

Moritz, Portier 161

Moser, Hans 212

Mosheim, Grete 372

Mozart, Wolfgang Amadeus 13, 20, 36 f., 86, 88 f., 130, 138, 205, 253, 313, 377, 401, 458

Murnau, Friedrich Wilhelm 292

Mussolini, Benito 321, 433

Mussorgskij, Modest Petrowitsch 103

Myhre, Wencke 508

Nestroy, Johann 147, 153, 475

Nielsen, Asta 299

Nietzsche, Friedrich 29, 335

Nikolaus II., Zar von Rußland 102 f.

Nissim, Rudolf 479

Novotna, Jarmila 272, 382

Oakie, Jack 397

Oberleitner, Max von 132

Odillon, Helene 190

Österreicher, Rudolf 328, 464

Offenbach, Jacques 25, 153, 180 f., 312, 348

Olczewska, Maria 132

Ophüls, Max 182

Oppelt, Kurt 495

Ormandy, Eugene 504

Otto von Habsburg, Erzherzog 24

Pabst, G. W. 292

Pal, Fotograf 375

Paley, William 334

Pallenberg, Max 272

Papier, Rosa 140 f.

Paschkes, Sophie s. Lehár, Sophie

Pasternak, Joe 206, 352, 360, 362

Paumgartner, Bernhard 32 f.

Pawlowa, Anna 282

Pechstein, Max 272

Peerce, Jan 382, 430

Peres, Shimon 501 ff.

Pernerstorfer, Alois 244

Petter, Edith 494

Petter, Will 494

Picasso, Pablo 511

Piccaver, Alfred 253

Pinelli, Aldo von 475

Polterauer, Arzt 55, 476 f., 485 f.

Porten, Henny 299

Powell, Dick 397

Prawy, Marcel 130, 154, 244, 306, 384, 446, 458, 460 f.

Princip, Gavrilo 194

Prokofjew, Sergei S. 510

Prokosch, Frau 63–68, 75 f., 94

Prokosch, Ida (»Iderl«) 63–68, 71 f., 91, 93 ff., 97

Pschigode, Karl 476

Puccini, Giacomo 133, 160, 252–257, 276, 355, 447

Purcell, Harold 480

Rachmaninow, Sergej Wassiljewitsch 103

Rademann, Wolfgang 507 f.

Raimund, Ferdinand 190

Reinhardt, Else 380

Reinhardt, Max 88, 272, 315, 371, 379 f., 385 f., 416 f.

Reisch, Walter 70, 196, 294, 318

Reiter 340 ff., 346, 378 f.

Remarque, Erich Maria 272, 315

René, Monsieur 354

Ressel, Franzi s. Stolz, Franzi

Richter, Swjatoslav 510

Rilke, Rainer Maria 199

Rillo, Richard 285

Rimskij-Korssakow, Nikolai 103

Ringelnatz, Joachim 274

Ritter, Leo 336, 338

Robinson, Armin 302, 318

Robitschek, Kurt 222, 274 ff., 328, 372

Rodgers, Richard 412 f.

Rogers, Ginger 303

Roller, Alfred 138

Roosevelt, Eleanor 376, 405, 431

Roosevelt, Franklin Delano 430 ff.

Rose, Billy 385 f., 405

Rossini, Gioacchino Antonio 76, 253

Rossini, Hulda 373

Rossini, Luigi 373

Roth, Joseph 318, 334

Rothenberger, Anneliese 242, 244, 306, 507 f.

Rott, Adolf 314, 491

Rotter, Fritz 240 f.

Rubenstein, Serge 406 f., 409, 411, 417

Rubinstein, Arthur 104, 430

Sacher, Frau 160
Sandner, Gertrude 458
Sarraut, Albert 353
Sauter, Frau 92 f., 95
Schacht, Hjalmar 270
Schaefer, Dieter 449
Schärf, Adolf 495, 512
Schaible, Alfred 449
Schaljapin, Fedor Iwa-
    nowitsch 104, 282
Schapiro, russischer
    Leutnant 467 f.,
    471 f.
Scherbaum, Gustav 31
Schier, Franzl 263
Schiller, Friedrich von
    128, 312, 370, 499
Schmeling, Max 49
Schmidt, Militärkame-
    rad 99 f.
Schmidt, Joseph 212,
    272, 306, 356
Schmitt-Rottluff, Karl
    272
Schneider, Romy 206
Schneider, Willi 137
Schnitzler, Arthur 29,
    148, 150, 182, 229
Schock, Rudolf 137,
    306, 313
Schönberg, Arnold 38,
    147, 352 f.
Schollwer, Edith 272
Schostakowitsch, Dmitri
    103
Schratt, Katharina 158,
    190 ff., 206
Schuba, Trixi 495
Schubert, Franz 35 ff.,
    377
Schütz, Klaus 508
Schulz, Franz 294
Schulze, Erich 478 ff.
Schumann, Clara 32
Schumann, Robert 296
Schuschnigg, Kurt 320,
    328 f.
Schwarz, Sissy 495
Schwarz, Wolfgang 495
Schwenzen Per 414, 491
Sechter, Simon 43, 224

Seidl, Victor 100 ff.
Seidmann, russischer
    Major 467 f., 471
Shakespeare, William
    153
Shaw, George Bernard
    181
Short, Hassard 314
Shubert, J. J. 402 ff.
Shubert, Lee 402
Sibelius, Jan 34
de Sica, Vittorio 229
Siegfried, Max 330,
    332
Simoni, Renato 253 f.,
    256, 276
Simpson, Wallis
    s. Windsor, Herzogin
Slezak, Leo 133, 291,
    306
Slezak, Walter 324, 372
Sobek, Franz 463
Sobieski, Jan, König von
    Polen 205
Sobotka, Felix 278 ff.
Somlo, Josef 291
Sonja, Magda 291
Sour, Robert 433
Sousa, John Philip
    203 f.
Spartakus 284
Speer, Albert 322
Sperber, Harry 368 f.
Springer, Axel Cäsar
    428
Springer, Axel (jun.)
    428
Stein, Leo 160
Steininger, Theatersekre-
    tär 161
Stepanek, Frau 471
Stepanek, Hausmeister
    467
Stoeger, Alfred 475
Stojan, Betty 103
Stokowski, Leopold
    128, 384
Stolz, Franzi (zweite
    Ehefrau) 168–171,
    173, 193 f., 210, 213,
    220 f., 226, 228 f.,

231, 235 f., 238 f.,
    246, 291, 306
Stolz, Grete (erste Ehe-
    frau) 141 ff., 151,
    165, 166–173, 174,
    182, 193, 232, 291,
    306
Stolz, Hans 517
Stolz, Ida (Mutter)
    12 ff., 18, 24 f.,
    28–32, 38 ff., 42,
    46 f., 50 f., 54 ff., 58,
    63, 74 ff., 77, 87, 98,
    109 ff., 113, 228,
    326 f., 348, 354 f.,
    357 f., 373, 400 f.,
    421, 424, 426, 454,
    456, 503, 506
Stolz, Jakob, auch Jacob
    (Vater) 12 ff., 18, 25,
    27 ff., 31 ff., 39 f.,
    43 ff., 50 f., 54 ff.,
    66 f., 71, 74 ff., 77,
    81 ff., 87, 98, 100 ff.,
    109 ff., 120, 126, 129,
    214 f., 223 ff., 312,
    348, 354 f., 373,
    400 f., 426, 454, 465,
    506
Stolz, Josephine (»Fini«)
    (dritte Ehefrau)
    246–249, 251 f., 255,
    258, 259–263, 276 f.,
    380, 482, 486 f.
Stolz, Leopold (Bruder)
    214 ff.
Stolz, Lilli (vierte Ehe-
    frau) 287 ff., 300,
    312, 326, 328, 332,
    339–343, 347 ff., 352,
    359, 377–382, 416,
    435, 467
Stolz, Mizzi (Schwester)
    14, 46, 50–52, 75, 348,
    421
Stolz, Pauline (Schwe-
    ster) 14
Stolz, Rudolf (Bruder)
    29
Stolz, Susi (Schwester)
    14

Stolz, Therese (Groß-
tante) 134
Stoß, Franz 486
Straus, Erwin 181
Straus, Noel 410
Straus, Oscar 148, 166,
179–182, 184, 186,
312, 319, 334, 337,
371, 385, 492
Strauß, Adele 83 ff.,
154–158, 162, 421
Strauss, Franz 229
Strauß, Johann (Vater)
20, 22, 23, 25
Strauß, Johann (Sohn)
20, 25, 27, 35 f., 77 f.,
81–88, 89, 95, 120,
139, 154–158, 160,
162, 207, 224, 255,
300, 312, 324, 355,
375 ff., 409 ff., 414,
421, 457, 492, 506,
510, 516
Strauss, Richard 147,
160, 229 f., 313, 335 f.
Strawinsky, Igor F. 371,
398–401, 418
Sullivan, Arthur Sey-
mour 25, 135
Suppé, Franz von 162,
312
Szakall, Szöke 206, 394

Tatjana G. 106 ff., 110
Tauber, Richard 158,
272, 302, 305 ff., 355
Taubner, Karl 277 f.
Taylor, John 485 f.
Taylor, Patricia 484 ff.
Temple, Shirley 394
Theimer, Gretl 298
Thimig, Helene 380
Tito, Josip Broz 79 f.,
504
Tolstoi, Leo 180, 435
Toscanini, Arturo 252,
256 f., 371, 383,
430 f., 447, 458, 499
Treumann, Louis 160

Trotzki, Leo Dawido-
witsch 152
Truman, Harry S.
432 f.
Truman, Margaret
432 f.
Tschaikowskij, Modest
104 f.
Tschaikowskij, Peter Il-
jitsch 25, 103 f., 255,
384, 430, 472
Tschernakow, russischer
General 470
Tucholsky, Kurt 272,
274, 315
Twain, Mark 399
Twardowski, Hans Hein-
rich von 274

Ucicky, Gustav 291,
301
Ujvary, Kabarettist 229

Valetti, Rosa 274
Verdi, Guiseppe 134,
253
Viertel, Berthold 393
Viertel, Salka 393
Vigny, Benno 175 f.
Visconti, Lucchino 510
Vössing, Kurt 492 f.
Voltaire 240

Waechter, Eberhard 244
Wagner, Cosima (vorm.
Bülow, geb. Liszt)
33, 215
Wagner, Richard 29, 33,
35, 89, 253, 313, 466,
334
Wagner, Siegfried 215
Waldoff, Claire 272
Walker, Jimmy 384 ff.,
402
Walter, Bruno 322, 371,
375
Watteau, Jean-Antoine
17
Watzek, Militärkapell-

meister 203 ff.,
207 ff.
Weigel, Hans 152, 454,
486, 508
Weill, Kurt 272, 303,
371, 385
Weinert, Erich 274
Weingartner, Felix von
322
Weinstein, Ida 434
Weinstein, »Poldi« 434
Weinstein, Susi 434
Welles, Orson 469, 510
Wendel, Ingrid 495
Wengraf, Senta 474
Werfel, Franz 299, 315,
319, 372
Werner, Fritz 272
Wessely, Paula 260
West, Mae 389
Weys, Rudolf 324
Wieman, Mathias 299
Wiener, Hugo 206, 324
Wilhelm II., deutscher
Kaiser 116 ff., 213 f.,
215 f.
Willemetz, Albert 338,
343
Wilson, Woodrow 403
Windsor, Edward, Her-
zog von 302, 334
Windsor, Herzogin von
302, 334
Wittrisch, Marcel 272,
302, 306
Wolf Dietrich (von Rai-
tenau), Fürstbischof
94
Wolf, Hugo 34
Wunderlich, Fritz 137,
306

Zabranski, Leo 201 ff.
Zapatka, Josef 449
Zilk, Helmut 512
Zita, österreichische
Kaiserin 216 f.
Zuckmayer, Carl 268
Zweig, Stefan 188, 315, 319

Fotonachweis

Fred Bayer Pressefoto (3); von Bernard (1); Bildarchiv der Österreichischen Nationalbibliothek (1); Bildarchiv Preußischer Kulturbesitz (2); Blume und Partner (1); Bockelmann (1); Branz (1); Deutsches Institut für Filmkunde (1); dpa (1); Karoly Forgács Budapress (1); Elisabeth Hausmann (1); Michael Horowitz (1); Siegfried Lauterwasser (1); Horst Maack (1); Parik (2); Pascuttini (1); Kurt Pollak (1); Carl Pospesch (1); Rabanus (1); Sander (1); Sauter (1); Othmar Schlosser (1); Selzer (1); Josef Stejskal (1); Süddeutscher Verlag Bilderdienst (2); Theater-Museum München (1); Felicitas Timpe (2); Toepffer (2); Ullstein Bilderdienst (8); von Wesselow (1). Alle übrigen: Archiv Stolz.

Umschlagfoto: A. Grimm / H. Wölk / ZEFA

*

»Robert Stolz und sein Jahrhundert« ist der Titel einer von und mit Professor Dr. Marcel Prawy am Opernhaus in Graz und im Theater an der Wien präsentierten Multi-Media-Show, sowie eines von der Ariola produzierten Schallplattenalbums. Für die Genehmigung, den Titel als Untertitel dieses Buches zu verwenden, bedankt sich der Verlag bei Herrn Professor Dr. Prawy.

Der Verlag bedankt sich bei der S. Fischer Verlag GmbH, Frankfurt am Main, für die Genehmigung eines Teilabdrucks aus Carl Zuckmayer »Als wär's ein Stück von mir« © Carl Zuckmayer 1966.

Für die freundliche Genehmigung zum Abdruck von Liedtexten haben wir den folgenden Verlagen zu danken:
Für »Im Prater blüh'n wieder die Bäume« und »Wohin ist das alles, wohin?« der Edition Rex Yvonne L. Stolz Musikverlag KG, München; für »Musikant, Musikant, wo ist deine Heimat«, »Adieu, mein kleiner Gardeoffizier«, »Komm in den Park von Sanssouci« und »Frag nicht, warum ich gehe« der Dreiklang-Dreimasken Bühnen- und Musikverlag GmbH München; für »Durch Berlin fließt immer noch die Spree« der Rondo-Verlag GmbH Hamburg; für »Vor meinem Vaterhaus steht eine Linde« den Bühnen- und Musikverlagen Dr. Sikorski KG, Hamburg; für »Servus Du« der Adolf Robitschek Ges. m. b. H., Wien.

Inhaber von Rechten, die der Verlag nicht ermitteln konnte, werden gebeten, eventuelle Ansprüche geltend zu machen.

Seit über fünf Jahrzehnten ist er ein gefeierter, umschwärmter Publikumsliebling, quer durch alle Generationen: Johannes Heesters, Schauspieler, Sänger und Entertainer.

»Der deutsche Maurice Chevalier«, »Der Gründgens der Operette« – das sind zwei der zahlreichen Etiketten, die man ihm um- oder anhängte. Seine Karriere ist ohne Beispiel, dabei war Heesters ein Star ohne Skandale, ohne Allüren. Vielleicht ist das ein Geheimnis seines Erfolges.

Und so wie Johannes Heesters selbst ist sein Buch: bezaubernd, klug, charmant und – beste Unterhaltung.

344 Seiten
mit 24 Seiten
s/w-Fotos

Blanvalet